# 財産管理の理論と実務

編集代表
水野紀子　窪田充見

日本加除出版株式会社

# はしがき

　本書は,「財産管理」というテーマで, 理論的, 実務的に重要な問題を取り上げ, 現在, 第一線で活躍する研究者, 実務家によって執筆されたものである。全体の構成は,「第Ⅰ部　総論」,「第Ⅱ部　各種の財産管理」,「第Ⅲ部　相続と財産管理」,「第Ⅳ部　実務家の視点から」,「第Ⅴ部　フランス法の視点から」から構成されている。

　財産管理というキーワードで語られる問題が, 現在, 極めて重要なものであることはいうまでもない。実務においては非常に多様な財産管理が必要とされており, それぞれの問題については, 実務の要請に応えて先行業績もある程度蓄積されている。それらの先行業績は, 例えば成年後見制度の導入に伴う先行業績のように優れたものも多いが, 個別の問題の分析に特化した傾向があったように思われる。つまりそれらの分析が, 財産管理に関する諸制度を縦断的に比較する視点をもって行われることは, 必ずしも多くはなかった。また, 財産管理論として一般論を構築する試みがなかったわけではないが, 学界や実務で共有される総論的な理論はまだ確立されていない。

　財産管理自体は, 古くから, 民法の中でも最も難しい基本的な問題の一つとして位置づけられてきたが, そうした状況は, 現在においても, なお存在し続けている。一人の学者が, この難問を解決し, 独創的な財産管理論の総論を構築することは, おそらく不可能なのではないだろうか。この難問に取り組むためには, 何人もの学者や実務家が, 財産管理という共通した視点をもちながら, それぞれの問題に取り組む「場」を設定することが, むしろ現在求められているように思われる。本書の企画は, そのような「場」を設けることであった。

　本書第Ⅰ部は, 財産管理について, 他者による財産管理が理論的にどのように正当化されるのか, あるいは, 他の制度とどのような関係

はしがき

に立つのか等の基本的なレベルでの問題を考える「場」とした。ここには，財産管理という制度それ自体の意義，あるいは，財産管理という制度を支える背景について検討を行う論文を収めた。

第Ⅱ部には，未成年後見や成年後見等の具体的な財産管理を扱う論文を収めた。こうした具体的な財産制度における問題が実践的にも理論的にも重要なものであることはいうまでもない。そこでは，現在の制度をふまえて，なお明確ではない点を含めて，検討を行っている。これらの諸制度を概観することによって，財産管理という言葉が有する複合的な意味が立ち上がってくる「場」になることが期待される。

第Ⅲ部には，人の死亡という局面を扱うものをまとめた。この局面においては，財産管理と相続という法的には二つの制度が交錯するような状況が生ずる。権利主体としての地位を失う死亡という状況と，それまで主体であったものの財産や債務をどのように処理するのかという問題は，単に相続による権利義務の承継という相続の枠組みだけでは処理することができない，あるいは処理することが適切ではないと感じさせる問題を提起している。

以上の第Ⅰ部から第Ⅲ部については，研究者による分析検討を中心としている。

それに対して，現実に財産管理に関わる実務家による問題提起と検討がなされているのが，第Ⅳ部である。もっとも，これらの実務家による論稿は，いずれも所与の財産管理制度に関する個別的な問題の検討に限定されるものではなく，理論的にも明確ではない問題，制度設計にも関わる問題が提起されている。

その意味でも，第Ⅰ部から第Ⅲ部が研究者による理論的研究，第Ⅳ部が実務家による実践的な研究というように色分けされるべきではなく，共通に，財産管理に関する基本的な問題，根源的な問題を扱い，現在の財産管理に関するあるべき姿，将来の財産管理制度の構想に関

わる問題を扱っているものと位置づけられる。

　最後の第Ⅴ部は，外国法の視点からの研究，具体的にはフランス人研究者による財産管理関係の論文が収められている。フランス法は，日本民法の，とりわけ相続法分野の主たる母法として，現在でも日本法の研究において不可欠の参考対象である。本書に，現在の第一線のフランス人研究者の論文を収めることができたのは，次に述べる本書のもう一つの企画の趣旨によるものであった。すなわち執筆者たちの松川正毅先生への友情によって，寄稿が可能になったものである。

　本来は，まず冒頭に記すべき事柄であったかもしれないが，本書は，松川正毅大阪大学教授の還暦をお祝いする論文集として企画されたものである。

　この還暦記念論文集については，財産管理をテーマとするという前提で，水野紀子，窪田充見が，編者を依頼された。水野，窪田，それに，大阪大学において松川先生のご指導を受け，この論文集について献身的な作業をしてくれた冷水登紀代甲南大学教授，宮本誠子金沢大学准教授，それに出版を引き受けてくれた日本加除出版とも相談し，執筆者に自由にテーマを決めて書いてもらうという通常の記念論文集の構成とは異なるが，研究者だけではなく，実務に携わる方々にも読んでもらうことができるものにしようということになった。

　この企画会議の中で，全体の構成やテーマを検討し，執筆者には，それぞれ依頼したテーマでのご執筆をお願いしたものである。財産管理をテーマとするということについては，松川先生のこれまでの研究者としてのあゆみをふまえたものであると同時に，現在の学界において最も重要な問題だと考えたからである。

　家族法を主たる研究領域とする松川先生のご業績は，遺言（神戸大学において博士号を取得した『遺言意思の研究』（成文堂，1983）），生殖補助

*3*

はしがき

医療（尾中郁夫・家族法学術賞を受賞した『医学の発展と親子法』（有斐閣，2008））等，多岐にわたっているが，そうした研究領域の一つに，財産管理がある。松川先生が中心となり，司法書士との成年後見制度に関する研究会は現在も継続しているが，その成果の一つが，『成年後見における死後の事務——事例にみる問題点と対応策』（日本加除出版，2011）である。

　こうした観点から，松川先生の還暦をお祝いする企画として，財産管理をテーマとするとともに，実務家にも積極的に参加してもらうこと，また，研究者としての松川先生にとって学問的な第二の故郷ともいえるフランスの研究者にも参加をしてもらうこととなったものである。なお，松川先生は，トゥールーズ社会科学大学で学位を取得し，その後，トゥールーズ第1大学，パリ第1大学，パリ第2大学，リヨン第3大学において客員教授を務め，2004年にはフランス政府教育功労賞（パルムアカデミック）を受賞されている。

　こうした松川先生の還暦をお祝いする本書が，同時に，研究者，実務家にとって新たな視点を提供するものとなり，学問的，実践的な意義を有するとすれば，それは編者として，望外の喜びである。また，最後に，お忙しい中，自由なテーマで執筆をお願いする通常の献呈論文集と異なり，このような変則的な依頼を快くお引き受けくださった上，珠玉の論文を寄せてくださった執筆者の皆さんには，心から感謝申し上げる次第である。

　2015年5月吉日

編集代表　水野紀子
　　　　　窪田充見

## 執筆者一覧 (50音順)

岩志和一郎（早稲田大学法学部教授）

大村　敦志（東京大学法学部教授）

片山　直也（慶應義塾大学大学院法務研究科教授）

金山　直樹（慶應義塾大学大学院法務研究科教授）

河上　正二（東京大学大学院法学政治学研究科教授）

窪田　充見（神戸大学大学院法学研究科・法学部教授）

齋藤　由起（大阪大学大学院法学研究科准教授）

潮見　佳男（京都大学大学院法学研究科教授）

冷水登紀代（甲南大学法科大学院教授）

ジャック・ラリュー（トゥールーズ大学法学部教授）

武田　直大（大阪大学大学院法学研究科准教授）

多田　宏治（司法書士・公益社団法人成年後見センター・リーガルサポート副理事長）

道垣内弘人（東京大学大学院法学政治学研究科教授）

遠山信一郎（弁護士・中央大学法務研究科教授）

床谷　文雄（大阪大学大学院国際公共政策研究科教授）

幡野　弘樹（立教大学法学部法学科教授）

古谷恭一郎（東京高等裁判所判事）

松井　和彦（大阪大学大学院高等司法研究科教授）

ミシェル・グリマルディ（パリ第2大学教授）

水野　紀子（東北大学大学院法学研究科・法学部教授）

宮本　誠子（金沢大学大学院法務研究科准教授）

山本　敬三（京都大学大学院法学研究科教授）

ユーグ・フルシロン（リヨン第3大学法学部教授）

ルイ＝オーギュスタン・バリエール（リヨン第3大学法学部教授）

## 翻訳者一覧

白須真理子（福岡大学法学部専任講師）

マルセロ　デ　アウカンタラ（お茶の水女子大学基幹研究院人間科学系准教授）

# 目　次

## 第Ⅰ部　総　論

財産管理と社会的・制度的条件 …………………………… 水野　紀子　*1*
民法の改正と意思能力の明文化―その意義と残された
　　課題 ……………………………………………………… 山本　敬三　*23*
財産管理と物権法 …………………………………………… 片山　直也　*63*
成年後見人等の責任―要保護者の不法行為に伴う成年
　　後見人等の責任の検討を中心に― …………………… 窪田　充見　*87*

## 第Ⅱ部　各種の財産管理

身体障害者の財産管理 ……………………………………… 大村　敦志　*127*
不在者財産管理の理論的課題 ……………………………… 武田　直大　*147*
共同親権における財産管理 ………………………………… 齋藤　由起　*167*
未成年後見人による財産管理―2011年改正を踏まえて
　……………………………………………………………… 岩志和一郎　*189*
未成年後見から成年後見への移行 ………………………… 金山　直樹　*213*
有料老人ホームへの入居契約について …………………… 河上　正二　*255*
親族による財産管理と法的地位 …………………………… 冷水登紀代　*273*

## 第Ⅲ部　相続と財産管理

遺産分割前の財産管理 ……………………………………… 床谷　文雄　*297*
相続債務の処理 ……………………………………………… 宮本　誠子　*319*
遺言能力とその判断方法 …………………………………… 松井　和彦　*339*

目次

フランスにおける遺言執行者・死後委任……………幡野 弘樹 *359*
信託による財産承継にあたっての受託者の権限と義務
　……………………………………………………道垣内弘人 *387*
民法（債権関係）の改正に関する要綱仮案と「遺贈の
　担保責任」…………………………………………潮見 佳男 *397*

## 第Ⅳ部　実務家の視点から

説明義務に関する2,3の論点についてのスケッチ
　〜金融商品取引事件を題材に〜……………………古谷恭一郎 *421*
家族法と倒産法との交錯………………………………遠山信一郎 *451*
親族後見人に対する監督と支援………………………多田 宏治 *467*

## 第Ⅴ部　フランス法の視点から

民法典からみる相続財産管理の形態としての不分割
　および分割について…………ルイ＝オーギュスタン・バリエール *491*
　　　　　　　　　　　　　　　　　　翻訳・白須真理子
《それぞれの人にそれぞれの家族があり,それぞれの人
　に「それぞれの権利」がある》—ヨーロッパにおけ
　る家族と人権をめぐる自由な話題………………ユーグ・フルシロン *519*
　　　　　　　　　　　　　　　　　　翻訳・白須真理子
画家,家族及び著作権………………………ジャック・ラリュー *543*
　　　　　　　　　　　　翻訳・マルセロ　デ　アウカンタラ
尊属分割はどうなったのか…………………ミシェル・グリマルディ *567*
　　　　　　　　　　　　翻訳・マルセロ　デ　アウカンタラ

# 第 I 部
# 総論

# 財産管理と社会的・制度的条件

水 野 紀 子

## 第1 財産管理の多様性と社会の複雑性

　財産管理という言葉によって，イメージされるものは多様である。資産家がポートフォリオを資産運用のプロに委ねる場面から，認知症を患う老人の生活費を管理する場面まで，管理は極めて多岐にわたる。財産管理の目的も，もっとも多くの経済的利益を上げることを目的とする財産管理，事業を展開するための財産管理（その事業の目的も多様である。），所有者の福祉を目的とする財産管理，不特定多数の福利のための公益目的の財産管理など，さまざまである。資産家が資産運用のプロに委託するときは，リスクを最小化するとともに資産増大機会を増加するために，取引や情報のコストを計算して行うだろう。一方，認知症の高齢者が必要とするのは，死が訪れるまでの生活をできるだけ快適にかつ最後のときまで安心できるように支出してもらうことである。このように異なる財産管理を，一律に設計することがはたしてできるだろうか。

　財産管理の法的枠組みとしては，委任，代理，事務管理，後見，親権，信託，法人など多くのものが考えられる。しかし大陸法では，管理に関する法技術は，主に委任の規定が担い，それ以外の法的枠組みは，基本的に委任の規定を利用して運用される構造である。英米法の信託と比較すると，信託は委任より詳細な管理技術を伴う制度であるため，委任では採ることが難しい管理方法も，柔軟に実現することができる。具体的には，受任者の権限の範囲を自由に設計すること，委任の解約権を制限すること，受任者の権限行使

を統制し監督する仕組みを設けることなどである。そして大陸法においても，20世紀を通じて次第に複雑な財産管理が必要となったため，委任規定の限界に直面して，信託法を導入したり，成年後見法を改正する[1]など，各国ごとに立法の努力が行われている。

ただしこれらの努力は，既存の体系との慎重なすりあわせのもとに進められている。たとえばフランス法では，2007年2月19日法が民法典に信託fiducieが導入されたが，この信託は恵与libéralitésを対象から除いている。もっともそれに先立つ2006年6月23日法による相続法改正で，段階的恵与libéralités graduellesと死後委任mandat à effet posthumeという制度が設けられており，これらによって被相続人の遺産処分はより自由に設計できるようになっていた。死後委任は，死後継続型委任mandat post mortemと違って，相続人に受任者の解任権がなく，被相続人の意思凍結機能をもつ点で，信託に近づく[2]。既存の体系は，その内部に，被相続人の自由，相続人の権利，相続財産の取引の安全などのそれぞれ対立する法益の調整を内包させている。新しい法的制度を導入する際には，対立する法益について配慮するために，その調整の体系との関係を再調整する必要がある。死後委任は，それが認められた分だけ相続人の権利を従来より制限するものであるが，その限界も同時に再調整されている。

日本法においても，同様に財産管理手段を多様化するための諸立法が行われた。しかし成年後見制度にせよ，信託にせよ（あるいは財産管理とは離れるが，法科大学院創設などの司法改革にせよ），目先の不都合を解消するために，母法国における機能のメリット面だけが選択的に主張された結果，いざ実際に導入したときに，思いがけない副作用や機能不全を生じる傾向があるよう

---

[1] フランス成年後見法においては，2007年改正法によって任意後見や人格的決定に関する権限付与などの改正が行われた。小林和子「後見—後見に関する2007年3月5日の法律第308号（立法紹介）」日仏法学25号229頁以下（2009），清水恵介「フランス新成年後見法」日本法学75巻2号491頁以下（2009），今尾真「フランス成年者保護法改正の意義と理念」新井誠・赤沼康弘・大貫正男編『成年後見法制の展望』165頁以下（日本評論社，2011），山城一真「フランス成年後見法の現状観観」実践成年後見42号126頁以下（2012），山城一真「法定後見申立権者の範囲に関するフランス法の規律：成年後見制度の『担い手』論への布石として」早稲田法学89巻3号177頁以下（2014）など。
[2] フランス法のこれらの改正については，中原太郎「フランス民法典における『信託』について」水野紀子編著『信託の理論と現代的展開』253頁以下（商事法務，2014）に詳しい紹介がある。

に思う。まず第一に，あらゆる法的仕組みがそうであるように，その仕組みそのものに内在するメリットと限界があるが，とかくその限界を検討しない傾向がある。たとえば2000年（平成12年）に成年後見法改正と同時に行われた遺言法改正は，聾唖者が手話通訳によって遺言を遺せるようになることだけを考えたために，そのような通訳による遺言が遺言者の真意を担保しない危険性を看過した立法となっている。[3] さらに第二に，前述した民法の体系との調整が不十分である。典型的には信託法立法にみられたように，信託という手段で委託者＝被相続人が「できる」自由ばかりが強調され，民法が守っている他の法益との調整がなされなかったため，それは立法後の課題となっている。[4] そして最後の第三に，社会的・制度的条件の問題がある。その仕組みの背景にあって機能を保障している母法国の社会的・制度的条件があるため，それらの条件の有無によってその仕組みの働きも違ってくる。本稿では，この最後の問題について若干の考察を試みたい。

人体は，その内部メカニズムが複雑な連携と相互作用をもつ複雑系だといわれる。我々の社会も，そのような複雑系の人体に似たところがある。新薬が治験過程を経ていても思いがけぬ副作用をもつことがあるように，新しい法制度の導入が，狙った効果より強い副作用をもたらすこともある。また，医学が，患者の生活条件を考慮に入れないと治療方針が立てられないように，法学も，法的な仕組みを導入するときには，導入される社会の文脈を考えなくてはならない。日本法は，明治時代以降に西欧近代法を継受したものであり，そのことの限界がまだ多くの点で乗り越えられていないように思う。もとより伝統的な独自性をもつ日本では，西欧法の導入そのものが国情に合わないなどというつもりではない。むしろ西欧近代法の導入が，日本社会の条件に合致するように，ないしは必要な条件を整備することとともに，きちんと行われてこなかったゆえに，社会の運営にひずみや無理が生じていることが多く，その点をこそ直視したいと考える。日本は，とりわけ公的介入によって人権を保障する法治国家機能に大きな弱点があり，いわば高度に発達

---

[3] 遺言法改正については，水野紀子「成年後見人の身上監護義務」判タ1030号97頁以下，注(30)（2000）参照。

[4]「シンポジウム民法から信託を考える」信託法研究36号（2011），沖野眞已「信託法と相続法」論究ジュリ10号132頁以下（2014）など。

した発展途上国という側面をもつ。

　しかしひずみや無理の存在は否定できないとはいえ，異なる条件のもとで，日本人は，母法国から移植した近代法の仕組みを相当な努力をして運営してきた。ときには制度の機能を喪失させたり変質させたりもしたが，制度に代替する工夫を講じたり，現場で関与する者の大変な努力によってなんとか運営されることもあった。たとえば戦後民法改正後の共同相続システムは，それにふさわしい遺産分割手続きも構築されないまま，家庭裁判所と地方裁判所に管轄も分断されつつ運営されてきたが，このような状態でよく70年間もなんとか運営されてきたという評価も可能であろう[5]。

　国によって異なるのは，行政組織，身分関係や住所の登録システム，交通や通信の安定的な供給の有無などの制度的なものばかりではなく，それらの制度を動かす国民の行動パターン，さらに生活習慣や商習慣，生活文化，治安の善し悪しなど，国民のうちに内面化した文化資源まで含まれる。それらのさまざまな要素がもたらす日本という国のかたちに従って，継受法はなんとか運営されてきた。

　そしてまた，法をはじめとする制度の側が，日本人の意識に影響して社会意識の変化をもたらす場合も少なくない。家族関係や家族意識は，もっとも基本的な刷り込みであるから，変化しにくいものであるが，制度的な変更が国民意識を変えることもあり得る。たとえば古くは明治政府の作り上げた戸籍や明治民法が国民の家族意識を形成した側面は大きく，その結果もたらされた新しい習慣であった夫婦同氏や家墓も現在では日本古来の習慣と広く誤解されている。近年では，1997年（平成9年）の国会で制定された介護保険法に基づき，2000年（平成12年）4月1日から施行された介護保険制度の導入が，家族介護以外の選択肢を可能にしたため，高齢者の老後イメージにもたらした変化は大きいものであった。

　先述したように，社会は人体と同様に複雑系の存在であるため，法制度の創設や改革は，予測のつかない思わぬ結果をもたらしがちである。複雑で困難な予測を，予期せぬ副作用がないようにできるだけ慎重に見極めるととも

---

[5) 水野紀子「日本相続法の特徴について」同編著『信託の理論と現代的展開』195頁以下（商事法務，2014）。

に，副作用を認めたら柔軟に軌道修正をすることが必要である。しかも日本社会が抱える早急に対応しなければならない難題は，児童虐待問題をはじめ，枚挙にいとまがない。

## 第2 高齢者の財産管理

　近年，財産管理に関する関心が集まっているのは，高齢者の財産管理が問題となっているからであろう。日本社会は，明治時代の民法立法をはじめとする改革によって近代化の離陸に成功し，太平洋戦争で受けた打撃を乗り越えて，戦後の高度成長を遂げた。そして現在，未曾有の超高齢化社会に突入しつつある。高度成長期に蓄えられた富は，現在の高齢者の個人資産に反映しており，税や社会保障が幼少者支援より高齢者を優遇してきたこともあって，それなりの資産をもつ高齢者も多い。これらの高齢者を狙って振り込み詐欺をはじめとする各種の詐欺が横行し，甚大な被害が生じている。認知症患者も増加しており，弱者となった高齢者の保護は，深刻な課題となっている。

　身体的な介護については，介護保険制度をはじめとして，危機意識を持ってなされた対応が，ある程度有効に日本社会に行き渡ってきた。しかし高齢者の財産的な保護については，介護保険法と同時に施行された成年後見法改正立法がそれに対応する制度とされたが，介護保険制度に比較すると利用者は限られており，またその運営においても家庭裁判所は限界を迎えていて，成功しているとは言いにくい。精神能力の衰えた高齢者をまんべんなく守る成年後見体制になっておらず，高齢者の消費者被害も深刻であり，高齢者の資産を奪っていく振り込め詐欺等を行う国際的犯罪集団の恰好のターゲットとなっている。そして成年後見が発動されても，後見人業務を細かく監督できる裁判所の体制がないため，たとえ良心的な後見人が選任されても，本人のために支出したくとも資産の減少を望まない家族が反対して思うに任せない問題がある一方，後見人が家族と結託したり，あるいは家族のいない場合には，不当な財産横領でさえ防止できない。高齢者がリフォーム業者等と任意後見契約を締結して財産を奪われる被害も少なくなかった。

　信託法の改正によって民事信託が導入されたため，「遺言代用信託」など

を用いて受託者に資産を委ねることが可能になった。現在は税法上のデメリットによってあまり用いられていないが，受託者が信託銀行のような信頼できる機関ではなく個人である場合には，弁護士等の有資格者であろうと権限濫用の危険は免れず，受託者が所有名義人となる信託では，成年後見よりもなお一層，信託財産が受託者によって費消されるリスクが大きい。

　高齢者は，かつての村落共同体や親族共同体の中で培われたケアの負担形態や意識を引きずって，全てを誰かに委ねて任せる発想を抱きがちである。その誰かが共同体規範に従い共同体に生存を依存している者であるときには，その発想は有効に機能したが，社会の都市化・資本主義化によって，その時代条件は失われて久しい。高齢者が親切にしてくれるセールスマンを信頼して財産を任せてしまうという消費者被害も，この生活習慣と発想からもたらされたものといえよう。また老人ホーム契約は，住居の賃貸契約と介護サービス契約の混合契約であると考えられるが，かつて一時金で終身の介護を保障する老人ホーム契約が顧客を集めた。この一時金による契約は，巨額のプリペイドカードを購入するような危険な契約で，消費者にとってはとても合理的な契約とはいえないにもかかわらず，日本では多くの高齢者が契約を締結したのも，この発想ゆえであったといえよう。介護保険制度が成立しなければ，この契約の被害者となって資産を失った多くの高齢者が路頭に迷ったものと思われる[6]。

　共同体に代替する存在として，国家や地方公共団体や裁判所などに，高齢者の財産管理を支援する仕組みを要求する意見もないわけではないが，日本の現状では，それだけの人的資源を持つ公共セクターを想定することは，あまり現実的ではない。そして成年後見制度の立法は，日本の裁判所という脆弱な公共セクターに過大な負担をかける制度的無理があったように思われる。成年後見法改正がモデルにしたフランス民法では，成年後見を監督する後見判事は，いわばスーパーマーケットのような身近な裁判所であるが[7]，日本の

---

[6] 水野紀子「『相続させる』旨の遺言の功罪」久貴忠彦編集代表『遺言と遺留分・第1巻 遺言（第2版）』199頁以下（日本評論社，2011），老人ホーム契約については，同論文223頁以下・注(27)参照。

[7] 水野紀子「フランス法における成人後見」野田愛子編『新しい成年後見制度をめざして』103頁以下（社会福祉法人東京都社会福祉協議会・東京精神薄弱者・痴呆性高齢者権利擁護センター，1993）。

家庭裁判所においては、はるかに少ない数の判事が多種類の多くの事件を管轄している。十分な監督機能を果たせないであろうことは、当初より想像に難くなかった。

　2013年（平成25年）12月末日時点における、成年後見制度（成年後見・保佐・補助・任意後見）の利用者数は合計で176,564人（前年は166,289人）であり、対前年比約6.2％の増加となっている[8]。前述したように、この数字は、認知症患者など意思能力の衰えた高齢者の一部にしかすぎないが、その一部の成年後見においても順調に運営されているとは言いがたい。

　成年後見の申立ての多くは、相続紛争の前哨戦として、将来の共同相続人間で被相続人の財産の管理権、つまり近い将来の遺産をめぐる紛争として家庭裁判所に現れた。成年後見事件の実態としては、被後見人の面倒をみる対価として相続財産を得る合意がある場合が少なくない。しかし法的には、その合意には利益相反となることをはじめ、問題が多く、成年後見制度と相容れない[9]。そして家庭裁判所の監督も実効的ではないため、前述したように後見人が自己のために権限を濫用することを事実上ほとんど制約できない。実際に後見人による不正行為が相次いだため、2012年（平成24年）2月に成年後見支援信託制度が設けられた。これは、まとまった金額が必要になると、後見人が家裁の許可を得て信託銀行から引き出す仕組みである。最高裁が促しているため利用は進んでいるが、信託銀行の本来の機能からこの利用は財産保全に傾きがちであり、高齢者のために財産を適切に使用することが難しいという批判がある。

　裁判所が、児童虐待対応や成年後見などにかかわるときは、脆弱な法主体の支援という役割を継続的に果たさなければ十分に機能しない。そのような役割は積極的な監督業務であって、当事者の持ち込む事件を受け身で判断する伝統的な民事裁判所の役割とは、ずいぶん異なる。しかしまだ日本の裁判所は、そのような役割に慣れていない。また裁判所がこの役割を果たすためには、脆弱な法主体に具体的に寄り添う支援者と協力する必要があるが、それらの支援者の準備は極めて不十分である。もっとも最近では、ボランティ

---

[8] 最高裁判所事務総局家庭局「成年後見関係事件の概況」http://www.courts.go.jp/vcms_lf/20140526koukengaikyou_h25.pdf
[9] 水野・前掲注3）参照。

アの市民後見人が組織する良心的なNPO団体も育ちつつある。団体であるため，金銭管理を組織的に行うことによって，後見人の財産管理権の濫用をチェックすることができるメリットがある。このような活動の芽を育てることが大切であろう。2012年（平成24年）4月に，後見業務ができる人材の育成や活用を図るための必要な措置を講ずることを地方自治体に求めた老人福祉法第32条の2が新設され，市民後見をとりまく環境が改善されることが期待される。

　とはいえ，成年後見制度に過大な期待をするわけにはいかないだろう。司法インフラの不備が基本的にネックになるからである。2011年（平成23年）の児童虐待対応の親権法改正においても，親を監督しながら子を育てさせる親権制限がもっとも望ましいのにもかかわらず，親権の喪失以外に停止を立法するしかなかったように，恒常的な監督は，今の家庭裁判所には望み得ない。児童の一時保護を行政権の判断だけで可能にしている児童福祉法も，かりに近代法の枠組みに従って司法チェックを必須として設計すると，司法インフラの不備が必要な救済の手足を縛ってしまうことになるのである。本来の近代法であれば司法判断を経由すべき精神病患者の強制入院についても，長年，家族の同意のみで足りる精神保健法の医療保護入院制度が採られてきた。もとより医療保護入院には問題が多いため，少なくとも第三者である行政の介入する判断による入院システムに改正する必要があろうが，それも司法インフラの不備ゆえにやむを得ない制度ではあった。[10]

　また消費者保護法の領域では，高齢者は被害者となるターゲット集団であるが，未成年者と異なり，高齢者の場合は，健全な判断力をもつ高齢者と精神能力の衰えた高齢者を年齢で区別することができない。契約の自己決定の領域と消費者保護の領域をより明瞭に分けられる西欧諸国の消費者保護法と異なり，2008年（平成20年）の特定商取引に関する法律や割賦販売法の改正は，広範囲に判断能力の衰えた高齢者の保護を抱え込まざるを得なかった。この背景にも，成年後見が衰えた高齢者をまんべんなく救済できる体制にはない日本の現状がある。[11]

---

10) 水野紀子「医療における意思決定と家族の役割——精神障害者の保護者制度を契機に，民法から考える——」法学74巻6号204頁以下（2011）。
11) 水野・前掲注10）229頁，236頁注(45)参照。

超高齢化社会は，必然的に認知症対策を必要とする。厚生労働省は2013年（平成25年）度から，認知症の人が地域で暮らし続けられるための「認知症施策推進5か年計画（オレンジプラン）」を始めている。行政が今後どのような対応を構築していくのか，その全貌はまだ定かではないが，高齢者の財産管理についても，悪徳商法対策をはじめとして，医療や介護と連携した施策が必要になるだろう。日本では，司法インフラの脆弱さを行政が補わざるを得ない。そのような司法インフラのもとで，日本法の法的な財産管理が従来どのように行われてきたのか，その構造的な特徴を認識することも必要な作業であろう。

## 第3 民法と日本社会

　明治民法が成立してから，本書の出版時で117年が経過したことになる。明治政府が継受して立法した明治民法は，個人の法主体性を確立し，所有権を定めて，法的に近代化の準備を整えた。民法は，西欧社会において形成されてきた近代法であるから，異なる社会である日本がその民法を受け入れたとき，伝統的な日本社会との齟齬が問題になる。日本の近世は，日本人全てがいずれかのイエに帰属してイエの職業を営んで生きた家職国家（渡辺浩）であった。[12] イエは，ある種の「法人」ないし「機構」であって，財産はイエの家産であった。しかし民法の世界では，イエの法主体性はもとより認められず，家産は戸主の個人財産となった。

　他方で，明治民法は，立法段階で「家」制度を創設し，イエ制度という伝統と民法の共存をはかった。つまりイエ制度は，明治初期に整備された戸籍制度を媒介として，明治民法の中に「家」制度として取り込まれた。明治民法の家族法は，イエの自治を大幅に取り入れ，家族を「家」の自治に委ねた。とはいえ，短時間の立法では，民法と日本の実情の齟齬を消失しきれるものではなく，異質な継受法をそのまま条文化する場合もあった。

　異質な継受法であった部分は，その後，資本主義の進展によって社会その

---

[12] 渡辺浩『日本政治思想史』70頁以下（東京大学出版会，2010）は，近世日本を「家職国家」として描く。「原則として，人は必ずいずれか一つのイエに属し，そのことによって家業・家職に従事して生きたのである」同71頁。

ものが変容していくにつれて，民法がなじむ場合もあれば，なじまないまま用いられない場合も，さらに判例によって空文化されてしまう場合もあった。個人の法主体性や所有権などの財産法の領域は，直ちになじんだ領域といえるだろう。しかし母法の社会がもっていた法的インフラの存在が前提にされている部分は，にわかになじめるものではない。

　まずフランス法の公証人慣行をもたないことが大きい。日本法も公証人制度を創設はしたが，その管轄を大幅に奪ったため，芸娼妓契約の抱主に対する前借金並稼業契約の公正証書を作成して生活を維持する公証人がいた時代があった[13]。これに対して，母法における公証人は，さながらホームローヤーとして不動産取引をはじめ，多くの場面で契約や相続などを管掌する[14]。日本民法は，物権変動をフランス民法から輸入したにもかかわらず，この公証人慣行がないため，登記手続きに公証人が関与することによって取引安全が保障されている母法と違って，物権変動の対抗要件主義がうまく機能せず，虚偽の登記名義が頻出した。この問題については，判例が，表見代理や虚偽表示の類推適用を活用して取引の安全を図ってきた。この手法によって権利を喪失する不動産の本権者は，自分の家族によって自分の財産を第三者に売却されたケースが多かった。たしかに取引安全は，長年，民法学のいわば至上命題であったが，このようなケースでは，伝統的なイエ文化にみられる家族の一体性も，家族の共同責任を正当化して，判例理論を支える基盤となっていたといえるだろう。

　相続法の領域では，遺産分割に公証人が関与する母法と異なり，相続人の自由に委ねられた遺産分割処理が，困難な問題を頻出させている。家督相続が廃止された後，戦後改正の起草者は，共同相続の処理が法主体の消滅を処理する私法体系にとって不可欠な複雑な手続きであることを軽視して，単なる積極財産の家族承継問題と考える傾向があったためか，遺産分割を家族の自治に委ねた。当然にそれでは，家族間でも，対第三者との関係でも紛争は頻出する。昭和時代の判例は，法定相続を前提に相続財産の取引安全を図っていたが，近年，相続紛争を予期して遺言を遺す被相続人が増え，遺留分減

---

13)　『日本公証制度沿革史』45頁以下（日本公証人連合会，1968）。日本の公証人制度の歴史については，村上一博教授のご教示を受けた。記して感謝する。
14)　松川正毅「フランスにおける公証人と紛争予防」公証法学33巻1頁以下（2003）。

殺請求権も行使されるようになった。遺言の増加自体は，民法がなじんできた例ともいえるであろうが，相続財産の取引安全がかつての判例理論では図れなくなったという至難の課題を抱え込むことになっている。[15]

　なにより問題は，司法インフラが圧倒的に足りないという日本の制度的条件である。明治民法は「家」の自治を大幅に認めることで，この不備が支障をもたらさないように対応した。母法の民法は，離婚を全て裁判離婚とするなど，家族を守るために司法が法的に家族に関与する条文を多くもっていたが，それらを元老院等の民法立法段階で徹底的に削除し，日本民法においては，母法と異なり，裁判所を経由しない協議離婚，養子縁組と離縁が立法されている。また親権者の親権行使を制限して裁判所の許可を入れた条文を削除し，親権者の権限を非常に大きくして子の財産の処分権限をももたせた。このような日本民法の特徴は，日本家族法が家庭内の弱者を守れない脆弱性をもつ所以となっている。

　また，民法が母法にならって裁判所の関与を定めた規定をおいていても，使われない場合が少なくなかった。イエの家産は，戸主の個人財産となったから，近世の時代と異なり，戸主の蕩尽や能力の衰えによって家産が失われる危険は高まった。禁治産・準禁治産制度は，そのような事態に対して民法が準備した制度である。準禁治産者に浪費者が入っていたように，これらは家族の保護のために家産を維持することを目的の一つとしていた。しかし日本では，通常の取引で，意思能力をもたない成年者が取引主体となるときでも，わざわざ裁判所で禁治産宣告を受けることはごく例外的であり，事実上の代理人が意思決定を代行して契約を締結してきた。前述したように，精神病患者などの場合であっても，民法ではなく社会福祉法が担当して，禁治産・準禁治産制度はほとんど用いられなかった。1950年（昭和25年）立法の精神衛生法によって強制入院制度が整備されてから，収容主義と揶揄されるほど，精神病院に隔離される傾向が進んだが，これらの医療保護入院制度と民法の禁治産制度は，その間の調整も問題にされず，成年後見法改正の際に医療保護入院を優先して，入院に裁判所の許可を要求していた民法第858条第2項が削除された。

---

15) 水野・前掲注6）199頁以下。

第Ⅰ部　総　論

　なお司法インフラという点では，裁判所に限らず，検事の相違も大きい。日本法では，母法と異なり，検事は刑事事件だけにおいて活動し，民法が予定したように民事で能動的に働くことはない。その結果，たとえば親権喪失規定は，社会を代表して親権喪失を提起して子を守る役割を果たすべき検事がそれを提起しなかったため，児童虐待に有効に対応できなかった。

　しかし一方で，民法が前提とした制度的条件を欠いていた反面，日本には，母法国になかった制度的条件が存在した。身分証書制度を前提とした民法と，戸籍制度を確立させた日本社会とでは，制度的条件が異なる。戸籍制度という完璧な身分登録簿が，日本社会と民法の関係にどれほど大きな影響を与えてきたか，その全貌はまだこれから分析が必要であろう。民法への影響の端的な例としては，親子関係法については，戸籍制度は決定的であった。そもそも血縁上の実親子関係と異なる法律上の実親子関係という民法の概念も，日本人にはなじみがなかったが，それが戸籍制度と結びついて，血縁という「真実」の親子関係を戸籍に記載させなくてはならないという実務を形成した。その結果，実親子関係法の多くの規定は，戸籍訂正のために認められた親子関係存否確認請求訴訟の判例によって空文化されていった。

　財産法領域においても，戸籍は大きな役割を果たしてきたように思う。先述したように，昭和期の「相続と登記」に関する判例が取引安全の頼りにしたのは，第三者からも容易に共同相続人の存在がわかる戸籍制度であった。戸籍制度は，日本人の親族登録であるばかりではなく住民登録でもある。日本人は，住所と身分関係が組み込まれた網の目のような戸籍というバーチャルな世界に，一対一対応のアバターをもって登録されている。[16] この抜群の個人把握力のある戸籍の機能が，おそらくは印鑑証明を通じて，取引社会に一定の安定をもたらしてきたと思われる。

　印鑑は近世以降，商業・権利契約の際に広く使用されるようになっていたが，1871年（明治4年）の太政官布告第456号「諸品売買取引心得方定書」によって，登録制度による公的な裏付けが開始された。これが同時期に整備された住民登録である戸籍制度とあいまって，住民の印鑑を押捺して保管す

---

16) 水野紀子「日本の戸籍制度の沿革と家族法のあり方」アジア家族法会議編『戸籍と身分登録制度』13頁以下（日本加除出版，2012）。

12

るシステムが形成された。戸籍はやがて寄留簿つまり現在の住民登録制度と分離したが、もともとは住民登録であり、戸籍附票を通じた連結によってその機能を維持している。同一の印鑑（印影）をもたらす印章を作製することは物理的に難しかったし、住民登録と連動しているから、本人による確認もたやすく可能であった。印鑑証明は、本人の特定と意思の確認機能を果たしてきた。また禁治産・準禁治産者は印鑑証明がとれなかったから、ある程度は、行為能力の証明もできた。公証人慣行による契約への関与がない日本では、この仕組みが取引を支えてきた基盤の一つであったのではなかろうか。

戸籍と同様に、不動産についても、日本には網羅的な登録システムである不動産登記がある。戸籍制度創設の主たる動機が徴税と兵役であったように、もともとは、徴税目的で不動産の物理的現況を明らかにするものとして、1871年（明治4年）廃藩置県と同時に課税台帳が設けられ、やがて土地台帳及び家屋台帳が税務署に備えられた。一方、1872年（明治5年）に地所永代売買が解禁されて土地売買が始まると、その権利関係を登録する必要が生じる。1873年（明治6年）に地所質入書入規則によって割印帳が、1875年（明治8年）建物書入規則制定によって建物公証簿が、1880年（明治13年）土地売買譲渡規則によって土地公証簿が、それぞれ戸長役場に設けられたが、これらは1886年（明治19年）の登記法制定によって登記簿にまとめられる。不動産登記は、戦前においては、不動産の権利関係のみを公示するものであって、区裁判所が管轄する登記簿と税務署が管轄する課税台帳は、連絡は取れたものの、別々に運用されていたが、戦後、この両者の密接な関係から、台帳が登記所に移管されて（昭和25年7月31日法律第227号）、今日にいたる。公証人慣行や相続債務の組織的清算機能を欠く日本法では、債務者の責任財産の把握が難しいが、このような不動産登記システムがあるゆえに、債権者は、責任財産に期待せず、主に不動産担保に依存して債権回収を図る「土地本位制」を採れたのであったろう。

登記法が制定された1886年（明治19年）は、戸籍についても大規模な制度改革が行われて、今日の戸籍の基礎が固められた年であった。[17] 現在の日本

---

17) 水野紀子「親子関係存否確認訴訟の生成と戸籍訂正(2)」名大法政論集136号87頁以下（1991）。

社会を運営する基礎的なインフラのルーツが，同時に確立した事実は興味深い。このように人と不動産の網羅的な登録簿を短期間に作り上げることができたのは，近世の蓄積が大きかったのであろう。統治の訓練を積んだ旧武士階層が役人として改革を設計し，町役人や村役人（名主らの村方三役）などの行政組織や高札制度などによって，庶民の隅々にまで「お上」の法令が行き渡る伝統が形成されていた。イエは，「世間」に受け入れられることに敏感な共同体であり，村落共同体であるムラは，村請制度や檀家制度によって緊密な共同関係を形成していた。国家による統制に従順な国民性が培われていたのである。江戸時代と現代は，案外，地続きなのであろう。戸籍や登記のシステムを稼働させている行政コストは，相当な金額にのぼるが，日本人にとっては空気のような存在になっているために，その当否や機能を分析する視点が，従来は薄かったように思う。

なお，小規模閉鎖会社という会社の日本社会におけるありようは，これもイエ制度の文化を引き継いだもののように思われるが，民法領域を離れるのでここでは触れない。

## 第4　判例の傾向と今後の展望

家族内の財産管理においては，伝統的な日本民法学では，家族内の代理権濫用や無権代理などの事案で，表見代理や虚偽表示の類推適用などを活用して，取引相手となった第三者を保護する傾向にあった。この傾向の背景にも，家族集団を一体として考える，日本人の文化的遺伝子とも言うべきイエ制度の歴史があるように思われる。もとより産業構造の変化によって実態としてのイエは崩壊して久しいが，人々の理念と発想は，実態よりむしろ遅れて変化する。イエの自治の伝統に従い，家族を「家」に委ねた明治民法の発想は，負担になる要保護者の面倒をみるのは第一義に家族であって，家族は「世間」つまり社会に迷惑をかけないようにする義務があると考えがちである。社会福祉の遅れが著しい日本で，精神障害者や乳幼児を家族に委ねて社会が支援をしない「家族依存社会」と揶揄される現代日本にまで，さまざまな残滓を遺している。

取引の紛争においても，かつては取引の安全という要請のもと，家族財産

が流出することを甘受させる判例傾向が強かったように思う[18]。民法第21条は，制限行為能力者が行為能力者であることを信じさせるために詐術を用いた場合には，行為を取り消すことができないと規定する。最判昭和44年2月13日民集23巻2号291頁（以下，昭和44年判決）は，制限行為能力者が単に黙秘していた場合には詐術に当たらないと判示したが，いわば当然の結論であって，そうでなければ制限行為能力制度の意味が失われるだろう。しかし昭和44年判決の当時，取引の安全を重視して，判例に反対する学説は少なくなかった。最判平成6年9月13日民集48巻6号1263頁（以下，平成6年判決）は，事実上の後見人が自ら締結した契約を，後に正式の後見人に就任して追認拒絶することを原則として認めたが，昭和44年判決の頃，この事件が現れていたら，おそらく最高裁は，事実上の後見人の追認拒絶を認めなかったのではなかろうか。平成6年判決の頃には，成年後見法改正の気運が高まっており，本人保護のための制度であることが浸透していた。

　しかし平成6年判決は，事情によっては追認拒絶が信義則上許されないという次のような留保をつけた。「(1)右契約の締結に至るまでの無権代理人と相手方との交渉経緯及び無権代理人が右契約の締結前に相手方との間でした法律行為の内容と性質，(2)右契約を追認することによって禁治産者が被る経済的不利益と追認を拒絶することによって相手方が被る経済的不利益，(3)右契約の締結から後見人が就職するまでの間に右契約の履行等をめぐってされた交渉経緯，(4)無権代理人と後見人との人的関係及び後見人がその就職前に右契約の締結に関与した行為の程度，(5)本人の意思能力について相手方が認識し又は認識し得た事実，など諸般の事情を勘案し，右のような例外的な場合に当たるか否かを判断して，決しなければならないものというべきである」。この基準は，判断基準となるメルクマールとは言えず，要するに「大岡裁き」になってしまうだろう。とはいえ，成年後見制度が司法インフラの不備などによって使いにくく，意思無能力者に成年後見をつけなければ取引をしないことを要求することは，実務にとって現実的ではない。無権代理人

---

[18] これらの判例の分析などについては，水野紀子「日本における家族・地域の変容と制度設計のあり方」実践成年後見50号24頁以下（2014）と内容的に重複する。平成6年判決が事例ごとに大岡裁きの含みをもたせた判示をしたことについては，水野・前掲注10) 228頁でも指摘した。

と無効な契約をした第三者であるからといって，そのリスクを完全に第三者に負担させる結論は採れないだろう。

このように制度的不備によってもたらされる，やむを得ない一定の紛争を，「大岡裁き」で解決する手法は，日本の判例傾向の通奏低音となっているように思う。裁判官の裁量性の強い「大岡裁き」という手法は，民法の発想，つまり裁判官の価値観に懐疑的で，法によって裁判官を拘束する発想とは相容れないが，日本人の古層意識にとってはむしろ裁判の原型である。

印鑑証明や土地登記によって一定の取引の安全ははかられているものの，公証人が関与する取引のような形式的な手続きが確立していないために，本権者にある種の隙があると，虚偽の登記を得た第三者が現れる。この場合の本権者と第三者のどちらを守るかという判断は，表見代理や虚偽表示の類推適用によって裁判所が決定するが，その判断は微妙なものにならざるを得ない。民法第94条第2項と第110条の重畳適用の法理など，学説は客観的な基準を見いだそうと努力しているが，必ずしも成功しておらず，これもまた，いわば「大岡裁き」に近い判断基準になっているのではなかろうか。しかしかりに裁判では裁判官の能力によって妥当な解決をはかられたとしても，取引の制度的な安定性は保障されない。

司法インフラの不備等で財産処分に必要な権限が備えにくいという問題は，成年後見の場合に限られない。たとえば，不在者の財産管理の場合も同様である。最判昭和44年12月18日民集23巻12号2476頁は，配偶者の日常家事代理権を基本代理権として表見代理を認容したリーディングケースである[19]。このような表見代理を認容すると夫婦の財産的独立を害するという危惧に対して，最高裁は，表見代理を認めてもその範囲は日常家事債務に限定した。この判例を受けて，現在では夫婦間の保証契約でもそれぞれの印鑑証明を用いて本人の署名捺印をとることが習慣化している。しかし最高裁が代理権そのものを端的に日常家事債務の範囲に限定せずに，その範囲で表見代理を認容するという技巧をなぜ凝らしたかという理由は，たとえば夫の長期不在のような場合に妻が夫の財産処分をする必要があるという学説（我妻説）の指摘

---

19) 水野紀子「夫による妻所有の不動産の売却と日常家事代理権の範囲・最高裁昭和44年12月18日判決評釈」『不動産取引判例百選（第3版）』26頁以下（2008）。

を配慮したものであったと推測される。つまり不在者の財産管理は、本来であれば家庭裁判所の授権によって簡便に行えるはずであるが、そのような手続きは実際にはほとんど用いられないという認識が、この判断の背景にあった。

　他にも、裁判所判断を要求する民法の手続きが実務に支障を来している例は、相続人不存在の場合にも見られる。相続人の存在が明らかでない場合、民法は、家庭裁判所が選んだ相続財産管理人が相続人の有無などを詳しく調査し、遺産を清算すると定めている。相続人の公告などを定めたこの規定自体が、身分関係の登録を身分証書で運用しているために相続人の存否がわかりにくい母法の規定を受け継いだもので、戸籍で簡便に相続人がわかる日本法にはふさわしくない規定であるが、この相続財産管理人の選定手続きが負担になる場合もあろう。具体的には、公営住宅で孤独死した入居者の相続人がいない場合、地方自治体によっては、この手続きを踏まずに廃棄処分にしている。この廃棄処分を法的に問題があるとする報道があったが[20]、やむを得ない措置であると思われる。民法の要求する手続きが日本社会に合わないのであれば、報道においても民法の法的手続きをこそ問題にすべきではなかろうか。

　認知症の高齢者など、意思能力に不安がある当事者を相手に契約を締結する際に、まんべんなく成年後見の手続きを要求することは、現状では極めて困難である。たとえば従来から取引を続けてきた顧客に、銀行は成年後見の申し立てを要求できるだろうか。東京高判平成14年3月28日判時1793号85頁では、このような場面で銀行が採った自衛策、つまり家族に本人に借入意思があることを確認させた念書が問題になった。銀行がその念書を作成した家族（本件では妻）に不法行為に基づく損害賠償を請求したところ、過失相殺7割とはされたものの、不法行為責任が認められた。この判決の評釈（河上正二[21]）は、次のように分析する。「配偶者の不法行為責任を（部分的にせよ）肯定することは、結果的に、一方で意思無能力者の行為を無効として保護しつつ、他方で、財布を共にするその配偶者から損害賠償による責任をとらせ

---

20) 朝日新聞デジタル 2014年2月17日(日)5時36分配信。
21) 河上正二『私法判例リマークス（法律時報別冊）』27号6頁（2003）。

ることで，いわば『右手で与えつつ左手で奪う』という帰結をもたらすだけに，より慎重な検討を必要とするように思われる。」，「銀行が主として本人以外の者を相手として契約締結行為をなしたことが明白である以上，実質的な形で銀行側が本人の意思確認を行うことが必要となるが，これは決して容易ではない。かといって取引を拒絶したり，医師の診断を受けさせたり，後見人を付けてもらうことを強いて要求できないところに，実務の苦悩がある。」，「成年後見法が制定された今日，かかる制度の創設が，銀行側と顧客側のいずれに有利に作用するかは微妙である。制度が整備された以上，それを利用しない者には意思能力が備わっているという推定を強く働かせてよいとまでは言い切れまい。」，「過失相殺のあり方を含め，さらに慎重な検討を要しよう。」。

　ここには，司法インフラの限界から機能しない成年後見法を抱える日本で，日常を動かさなくてはならない「実務の苦悩」への理解がある。しかし「慎重な検討」をしているうちに，取引実務に過剰な負担をかけて取引コストの上昇を招いたり，必要な取引から排除される高齢者が生じたりする危険がある。また判例による秩序形成には，特有の危うさがある。裁判官が第一義に考えるのは，当該事案の妥当な解決であり，その解決がもたらす社会への波及効果は，どうしてもそれに劣後しがちだからである。

　とりわけ不法行為法においては，被害者保護が強い要請原理となっている。もちろんその要請が実際に必要な保護をもたらすことも少なくない。訴訟を契機にマスコミが問題をとりあげて「世論」が形成されると，それに対応する措置が講じられるという流れで，制度的対応がなされるという経緯は，珍しいものではない。またよく言われるように日本人は秩序意識が強く，法によって禁じられていない行動でも「世間」をはばかって自粛する傾向がある。サンクションのある法による規範と，それのない行政的なガイドラインとが，区別なく遵守される。江戸時代には，高札の命じる規範に違反すると，「天下の大罪」であるとして違反者は死罪などの重い刑に処せられることが多かった。もとより現在では刑事罰は科されないが，不法行為として損害賠償を命じられることとマスコミによるバッシングが，それに代替する機能を果たしているようにも思われる。

　しかしこのような手法による秩序形成は，ときに振り子のように大きく揺

れる。医療過誤訴訟ゆえに萎縮治療が生じる例のように，危険性をはらむが必要な行為を行った加害者に被害者保護のために賠償を命じることが，加害者の行動を抑制して予期せぬ社会的コストをもたらすこともある。問題が司法インフラの不備のような社会的条件にあるときに，そしてそのような社会的条件が短期的には解消しないときに，対立する諸正義・諸利益を共存させ，かつ安定的に運用できる実務基準を早急に確立することが必要であろう。

　近時の下級審判決には，いわゆるディープ・ポケットである銀行や国に損害賠償責任を認めるものが散見される。東京地判平成26年8月21日金判1453号56頁は，原告が別居していた娘に犬の世話を頼んで外泊したところ，娘は父親の通帳と印鑑などを勝手に使って預金を引き出したという事案で，被告銀行が「金融機関に要求されている注意義務を尽くしたとは認めがたい」として，請求通り2,082万円の支払いを命じた。この東京地裁判決は，第三者を守ってきた従来の表見代理などの判例の基準とは，相当に乖離があり，おそらく消費者保護という正義の視点が影響したものと思われる。しかしこのような高度な注意義務を金融機関に課すことのコストは，慎重に考えなくてはならないだろう。

　また宮崎地判平成26年10月15日判時2247号92頁は，未成年後見人が被後見人の死亡した母親の保険金を横領した事案で，国家賠償法に基づき国に約2,500万円の支払いを命じた。確かに被害者である被後見人は気の毒である。しかし家庭裁判所は，後見の監督機関とは位置づけられてはいるが，日本の脆弱な司法インフラで十分な監督を行うことは，事実上非常に困難である。成年後見事件の負担は，新受件数のみでははかれず，監督業務が年々蓄積していく。現在でも破綻に近い負担を負っている家庭裁判所が監督しきれなかった被害を，国家賠償法で保障して良いものだろうか。

　児童虐待においては，行政機関が虐待を察知しており救出できるはずであったにもかかわらず，それに失敗したために被害が生じたときには，国家に賠償責任が生じる国もある。しかし，日本でそのような国家賠償責任が認められるだろうか。児童相談所による一時保護で子と引き離された親が行政訴訟を提起したことによって，児童相談所の活動にチリング・エフェクトが生ずることは実際に見受けられるが，逆に児童相談所が児童の救出に失敗したために，深刻な身体障害を負った子が国家賠償を求めて認められるだろう

か。児童虐待防止法は，児童虐待の防止に関する国及び地方公共団体の責務を定めてはいるものの，おそらく子の保護は家族の責任とされて，国のサービスは，賠償責任によって担保される義務とはされないであろう。行政機関のみならず，親権行使や面会交流への介入は，家庭裁判所の管轄である[22]。家庭裁判所で調停委員のアドバイスに従って面会交流をさせたために子を連れ去られたときに，国家賠償法に基づいて損害賠償を認められるであろうか。筆者は，このような児童に関する保護にこそ国家賠償責任が認められる水準の責務があるべきであるとは思うが，現在の日本では，現実的な結論ではなかろう。

　高齢者の財産管理も考えるべき重要な課題ではあるが，その制度設計は管理費用を当事者に負担させることが可能である。銀行などの信頼できる機関とよく組織された市民後見と行政が適切に協力すれば，現行民法を前提にしても，現在の日本社会にふさわしい運営方法が見いだせないわけではなく，実際に成年後見の現場は急速に動いている。むしろ目下の急務は，そのような財産を持たない，もっとも弱い存在である子どもたちの保護である。児童虐待の現場から子どもたちを救済する仕事は，当事者から費用を徴収することはまったく不可能であるが，子ども時代の虐待経験がその一生に影響することを考えると，その深刻さは，この上ないものである。この領域にこそ公費をかけた公的な介入が行われなくてはならないだろう[23]。

　財産管理法は，成年後見，代理，信託，雇傭契約，請負契約，委任契約，有償事務処理契約，その他の非典型契約，遺言，相続など多領域にまたがる。これらは実態においては緊密な関連をもつべき諸制度であるから，ばらばらに進められた研究では，視野も限られたものになってしまう。また本稿で概説したように，司法インフラをはじめとする前提を欠く日本に，成年後見や信託等の西欧社会の制度を取り入れたときに生じる困難と混乱も，認識しなければならない。それでもやはり民法は，ローマ法以来の長年の間，利益衡

---

[22] 水野紀子「DV・児童虐待からみた面会交流原則的実施論の課題」梶村太市ほか編『子ども中心の面会交流――こころの発達臨床・裁判実務・法学研究・面会支援の領域から考える』（日本加除出版，2015）。
[23] 民間の支援体制も，高齢者支援のもののほうが子ども支援より充実している。公益社団法人家庭問題情報センター（FPIC）は，貴重な支援組織であるが，資金的な苦しさは恒常的で，公正証書遺言の証人活動などを並行してかろうじて運営されている。

量を積み重ねて市民社会の基礎を形成してきた法体系であり，日本も一世紀以上，この民法体系によって社会を運営してきた。そして「周知のごとく，複雑な現象を理解するには，その複雑さを単純化する鋭敏な能力が必要だが，法学においてまさに唯一それを可能にするのは，基本概念と方法の十分な習得に他ならない」(オリヴィエ・ジュアンジャン[24])のである。日本社会の今後の財産管理法は，民法と照らし合わせることによって方向性を確認しながら，柔軟にかつ慎重に，可能な手段を活用して，構築していくしかあるまい。

(東北大学大学院法学研究科・法学部教授)

---

[24] オリヴィエ・ジュアンジャン，石川裕一郎訳「フランス法の現状を考える」慶応法学23号287頁以下 (2012)。引用は，292頁。ただしフランスでさえ，基本概念と方法の「まさにその習得こそが，すでに広く弱体化している」と危惧されている。

# 民法の改正と意思能力の明文化
## ——その意義と残された課題

山 本 敬 三

## 第1 はじめに

　現在，債権法を中心として，民法の抜本的な改正をおこなうための作業が進められている。法制審議会民法（債権関係）部会では，2009年11月から審議が開始され，2011年5月に，「民法（債権関係）の改正に関する中間的な論点整理」（以下では「中間論点整理」という。）[1] 2013年2月に，「民法（債権関係）の改正に関する中間試案」（以下では「中間試案」という。）[2] 2014年8月

---

1) 法制審議会民法（債権関係）部会「民法（債権関係）の改正に関する中間的な論点整理」（以下では「中間論点整理」として引用する。）。これは，法務省のホームページに公表されているほか（http://www.moj.go.jp/content/000074989.pdf），NBL953号（2011）の付録としても公刊されている。また，この中間論点整理に即して，法制審議会民法（債権関係）部会における議事の概況等を整理したものとして，法務省民事局参事官室「民法（債権関係）の改正に関する中間的な論点整理の補足説明」（以下では「中間論点整理補足説明」として引用する。）も，同様に法務省のホームページに公表されているほか（http://www.moj.go.jp/content/000074988.pdf），商事法務編『民法（債権関係）の改正に関する中間的な論点整理の補足説明』（商事法務，2011）として公刊されている。
2) 法制審議会民法（債権関係）部会「民法（債権関係）の改正に関する中間試案」（平成25年7月4日補訂。以下では「中間試案」として引用する。）。これは，法務省のホームページに公表されているほか（http://www.moj.go.jp/content/000112242.pdf），NBL997号（2013）に収録されている。また，この中間試案について，各項目ごとにそのポイントを要約して説明する「（概要）」欄を付したものとして，法務省民事局参事官室「民法（債権関係）の改正に関する中間試案（概要付き）」（平成25年7月4日補訂。以下では「中間試案（概要付き）」として引用する。）も同様に法務省のホームページに公表されているほか（http://www.moj.go.jp/content/000112244.pdf），商事法務編『民法（債権関係）の改正に関する中間試案（概要付き）〔別冊NBL143号〕』（商事法務，2013）として公刊されている。また，これに詳細な説明を加える「（補足説明）」欄を付

に，「民法（債権関係）の改正に関する要綱仮案」（以下では「要綱仮案」という。）が決定された後[3]，2015年2月に，「民法（債権関係）の改正に関する要綱案」が決定され，要綱の決定および閣議決定を経て，国会での審議に付される予定である。

今回の改正では，債権関係の中でも，特に契約に関する規定を中心に見直しをおこなうことが企図されている。そのため，債権編の中でも，契約ないし取引に関わる規定が検討の対象とされるとともに，総則編でも，法律行為と時効に関する規定が検討の対象とされている。本稿では，このうち，意思能力に関する問題を取り上げることとする。

意思能力に関しては，次のような規定を新たに設けることが提案されている。

---

民法第3条の2
　法律行為の当事者が意思表示をした時に意思能力を有しなかったときは，その法律行為は，無効とする。

---

「意思表示をした者が意思能力を欠いていたときは，その意思表示は無効となる」という準則は，現民法に規定されていないものの，起草者も当然のこととして認めていた[4]。その後，判例[5]および学説[6]により，異論なく認められて，現在にいたっている。したがって，上記のような規定を明文化する

---

したものとして，法務省民事局参事官室「民法（債権関係）の改正に関する中間試案の補足説明」（平成25年7月4日補訂。以下では「中間試案補足説明」として引用する。）も，同様に法務省のホームページに公表されているほか（http://www.moj.go.jp/content/000112247.pdf,），商事法務編『民法（債権関係）の改正に関する中間試案の補足説明』（商事法務，2013）として公刊されている。
3) 法制審議会民法（債権関係）部会「民法（債権関係）の改正に関する要綱仮案」（以下では「要綱仮案」として引用する。）。これは，法務省のホームページに公表されているほか（http://www.moj.go.jp/content/001127038.pdf），NBL1034号（2014）に収録されている。この要綱仮案の概要について解説したものとして，潮見佳男『民法（債権関係）の改正に関する要綱仮案の概要』（金融財政事情研究会，2014）を参照。
4) 現民法の立法過程については，須永醇「意思能力・行為能力理論の変遷」同『意思能力と行為能力』53頁以下（日本評論社，2010，初出1984），熊谷士郎『意思無能力法理の再検討』46頁以下（有信堂高文社，2003）を参照。

ことについては，特に問題は感じられないかもしれない。

　もっとも，この提案は，「意思能力」と述べるのみで，それが何を意味するかは示していない。審議の過程では，この点を明示することについて議論されたが，意見の一致をみることができず，解釈に委ねられることになっている。また，効果についても，意思無能力を理由とする無効は，意思無能力者の側のみが主張できるとされ，取消しに類似した相対的無効と考えられてきたため，[7]これを端的に取消しとして定めることも検討されたが，結論として効果は無効とされ，その意味は解釈に委ねられることになっている。

　このように，意思能力に関して上記のような規定が明文化されるとしても，その意味を確定する作業が今後も残されている。もっとも，まさにそのような確定作業のための手掛かりが，審議の過程における議論にあらわれている。そこで，本稿では，上記のような提案にいたる審議の過程で，意思能力についてどのような議論がおこなわれていたかということを確認することによって，上記の改正案の意義と残された課題を明らかにすることとしたい。

---

5) 大判明治38年5月11日民録11輯706頁。判例の状況については，前田泰「財産取引における意思能力の判断基準」同『民事精神鑑定と成年後見法』120頁以下（日本評論社，2000，初出1999），高村浩編著『民事意思能力と裁判判断の基準』（新日本法規，2002），熊谷・前掲注4）283頁以下，澤井知子「意思能力の欠缺をめぐる裁判例と問題点」判タ1146号87頁（2004）を参照。

6) 岡松参太郎「意思能力論(1)-(5)」法協33巻10号1頁・11号45頁・12号27頁，34巻2号78頁・3号65頁（1915〜1916），鳩山秀夫『日本民法総論（増訂改版）』52頁以下（岩波書店，1930），我妻榮『民法総則』67頁以下（岩波書店，1930），同『新訂民法総則』60頁以下（岩波書店，1965）等を参照。意思能力に関する従来の議論状況については，須永・前掲注4）57頁以下，武川幸嗣「意思無能力無効」椿寿夫編『法律行為無効の研究』291頁以下（日本評論社，2001），熊谷・前掲注4）84頁以下を参照。

7) 幾代通『民法総則（第2版）』59頁（青林書院，1984），四宮和夫＝能見善久『民法総則（第8版）』31頁（弘文堂，2010），須永醇『新訂民法総則要論（第2版）』41頁以下（勁草書房，2005），内田貴『民法Ⅰ（第4版）』103頁（東京大学出版会，2008），山本敬三『民法講義Ⅰ（第3版）』41頁（有斐閣，2011）等を参照。

第Ⅰ部 総論

# 第2 意思能力に関する立法提案——債権法改正の基本方針

法制審議会における審議に先立ち，2009年に，民法学者を中心とした民法（債権法）改正検討委員会（以下では「改正検討委員会」という。）が『債権法改正の基本方針』（以下では「基本方針」という。）を発表している。[8] この提案は，その後の法制審議会における審議の出発点の一つと目されることから，最初にその内容を確認しておこう。

## 1 意思能力に関する一般準則

まず，「基本方針」【1.5.09】は，意思能力に関する原則規定として，次のように定めることを提案している。

---

【1.5.09】（意思能力）
〈1〉 法律行為をすることの意味を弁識する能力（以下「意思能力」という。）を欠く状態でなされた意思表示は，取り消すことができる。
〈2〉 〈1〉の場合において，表意者が故意または重大な過失によって一時的に意思能力を欠く状態を招いたときは，意思表示は取り消すことができない。ただし，表意者が意思能力を欠いていたことを相手方が知り，または知らなかったことにつき重大な過失があったときは，この限りでない。

＊効果に関して，次のように定めるという考え方もある。
〈1〉 法律行為をすることの意味を弁識する能力（以下「意思能力」という。）を欠く状態でなされた意思表示は，無効とする。
〈2〉 〈1〉の場合において，表意者が故意または重大な過失によって一時的に意思能力を欠く状態を招いたときは，意思表示はその効力を妨げられない。ただし，表意者が意思能力を欠いていたことを相手方が知り，または知らなかったことにつき重大な過失があったときは，この限りでない。

---

### (1) 規定の必要性

「基本方針」の解説によると，まず，「意思表示をした者が意思能力を欠いていたときは，その意思表示は無効となる」という準則は，古くから当然のこととして異論なく認められているとされ，このような意思能力に関する準

---

[8] 民法（債権法）改正検討委員会編『債権法改正の基本方針（別冊NBL126号）』24頁（商事法務，2009，以下では『基本方針』として引用する。），同編『詳解・債権法改正の基本方針Ⅰ』79頁以下（商事法務，2009，以下では『詳解Ⅰ』として引用する。）

則は,「法律行為・意思表示制度の基本原則に相当するものであり,実践的にも重要な意味を持つ」と考えられることから,明文化すべきであるとされる[9]。

(2) 意思能力の定式

その上で,「基本方針」は,意思能力を「法律行為をすることの意味を弁識する能力」と定式化することを提案している。これは,次のような考慮にもとづく[10]。

現民法では,行為能力制度に関する規定の中で,意思能力に相当するものを指すために,「事理を弁識する能力」という文言が用いられている。もっとも,「事理を弁識する能力」では,人の行為という一般的な観念を想定して,そのような行為を「みずからした」といえるために必要な能力は何かという問題の立て方をすることになる。それに対して,意思能力で問題となるのは,そのような行為一般ではなく,契約——これもさらにさまざまな種類の契約に分かれる——をはじめ,さまざまな種類の法律行為を構成する制度を前提として,そのような制度の趣旨に照らして「みずからその行為をした」といえるかどうかである。意思能力とは,そうした各種の制度ごとに,その種の法律行為をみずからしたといえるために必要とされる一種の資格要件として位置づけることができる。意思能力の基準が行為の種類によって違ってくる可能性があることがしばしば指摘されるのも,このためだと考えられる。

このような考慮から,「基本方針」は,意思能力を上記のように定式化することとしている。これは,「そのような法律行為をすればどのようになるかということを理解する能力」を意味するとされ,この能力は,おこなわれる法律行為の種類,特に行為の複雑性や重大性等によって違ってくるとされている[11]。

(3) 一時的な意思能力の欠如

また,「基本方針」がこのような能力を「欠く状態でなされた」と定めることを提案しているのは,継続的に意思能力を欠く場合だけでなく,一時的

---

9) 前掲注8) 基本方針24頁,前掲注8) 詳解Ⅰ81頁以下。
10) 前掲注8) 基本方針24頁,前掲注8) 詳解Ⅰ82頁以下。
11) 前掲注8) 基本方針24頁以下,前掲注8) 詳解Ⅰ83頁。

な疾病や極度の疲労，さらに飲酒や薬物等の影響により，一時的に意思能力を欠く場合も含めるためであるとされる。[12]

(4) 効　果

次に，「基本方針」は，意思無能力の効果を取消しとすることを提案している（取消構成）。これは，かつてのように，意思無能力者の行為はそもそも「存在しない」という意味で無効であると考えるのではなく，意思無能力者の保護が目的であると考えるのであれば，効果を取消しと構成し，行為能力の制限による取消しに関するルールと同様の取扱いを認めてよいと考えられるからである。これにより，無効と取消しの二重効としてこれまで議論されてきた問題も，このかぎりで解消することが可能になるとされる。[13]

これに対して，＊で示したように，現行法のもとでの一般的な理解と同じく，効果を無効とすることも考えられる（無効構成）とされる。「法律行為をすることの意味を弁識する能力」を欠く場合は「みずからその行為をした」といえないと考えるのであれば，そのような行為はそもそも効力を生じないと構成するのが趣旨にかなっているからである。ただし，この場合の「無効」は，現在の一般的な理解と同じく，相対的無効を意味する。[14]

無効構成が主張されるのは，幼児やそれに相当する程度の能力しか持たない者がした行為でも，取消構成によると，取り消されないかぎり有効とされることが問題視されたためである。もっとも，そのような場合でも，行為能力の制限を理由とする取消しが認められることに異論はなく，無効構成が問題視する状況は，現民法のもとでもこれまで容認されてきたということができる。むしろ，意思能力に関するルールが実践的に意味を持つのは，加齢その他の理由によって判断能力が低下している場合である。そこでは，複雑な行為になればなるほど，その意味を理解できなくなることが少なくなく，「およそ法的に意味がない行為」と「法的に意味はあるが，取り消しうる行為」を截然と区別することがそもそもできなくなっている。しかも，そこで無効構成を採用するとしても，それを相対的無効と考えるのであれば，このような区別をする実際上の意味は乏しい。「基本方針」の本案は，以上のよ

---

12) 前掲注8) 基本方針25頁，前掲注8) 詳解Ⅰ84頁。
13) 前掲注8) 基本方針25頁，前掲注8) 詳解Ⅰ84頁。
14) 前掲注8) 基本方針25頁，前掲注8) 詳解Ⅰ84頁。

うな考慮から，こうした区別を排して，効果を取消しに一元化することを提案している。[15]

もちろん，これによっても，たとえば意識が朦朧としている者の手を持ってサインをさせた場合など，極端なケースについては，そもそも「意思表示」といえるものがないと考える可能性は残されているとされている。[16]

(5) **意思能力を喪失した原因に問題がある場合の特則**

このほか，「基本方針」【1.5.09】〈2〉は，意思能力を喪失した原因に問題がある場合について，特則を定めることを提案している。具体的には，まず，本文で，表意者が故意または重大な過失によって一時的に意思能力を欠く状態を招いたときは，意思表示は取り消すことができないとし，ただし書で，相手方に悪意または重大な過失がある場合は，意思表示は取り消すことができるとしている。これは，意思能力を喪失した場合は，心裡留保および錯誤の場合と共通した側面があるため，それらに関する規律と同様に考えるという考慮にもとづくとされている。[17]

## 2 日常生活に関する行為の特則

次に，「基本方針」【1.5.10】は，日常生活に関する行為の特則として，次のように定めることを提案している。

> 【1.5.10】（日常生活に関する行為の特則）
> 　現民法9条ただし書に該当する行為は，意思能力を欠く状態でなされたときでも，取り消すことができない。

---

15) 前掲注8）基本方針25頁，前掲注8）詳解 I 85頁。
16) 前掲注8）基本方針25頁，前掲注8）詳解 I 85頁。
17) 前掲注8）基本方針25頁。能力ではなく，意思を欠いていた場合について，そのことを表意者が知っていた場合は，心裡留保に関する現民法第93条によると，意思表示の効力は妨げられない（基本方針の【1.5.11】（心裡留保）でも同様である。）。また，表意者に重過失があった場合は，錯誤に関する現民法第95条によると，表意者は意思表示の無効を主張できない。【1.5.09】〈2〉は，意思能力を喪失した場合についても，これらと同様に考えることができるという考慮にもとづくとされる。ただし，錯誤に関する【1.5.13】〈3〉は，このような場合でも，相手方に悪意または重大な過失がある場合は，意思表示の取消しを認めることとしている。【1.5.09】〈2〉のただし書は，意思能力を喪失した場合についても，これと同様に考えることができるという考慮にもとづくとされる（前掲注8）詳解 I 85頁以下を参照）。

> ＊1　効果に関して，次のように定めるという考え方もある。
> 　現民法9条ただし書に該当する行為は，意思能力を欠く状態でなされたときでも，その効力を妨げられない。
> ＊2　本案および＊1案について，現民法9条ただし書に該当する行為に関する特則を置かないとする考え方もある。

### (1) 現民法9条ただし書の趣旨と射程

　現民法第9条ただし書によると，成年被後見人のした行為であっても，「日用品の購入その他日常生活に関する行為」については，取消しは認められないとされている。問題は，その成年被後見人が意思能力を欠くときにどう考えるかである。この点については，現民法のもとでも，この規定の趣旨をどのように考えるかに応じて，立場が分かれる。[18]

　まず，現民法第9条ただし書は，ノーマライゼーションの考え方にしたがい，成年被後見人も可能なかぎり通常の生活を送ることができるようにするために，日常生活に関する行為についてはその決定を尊重するという趣旨にもとづく規定であると理解するならば，成年被後見人が意思無能力であるときは，もはや自己決定を語ることはできないため，意思無能力を理由とする無効主張を認めるべきであると考えられる。これによると，【1.5.09】で意思能力に関する規定を新設する場合でも，＊2のように，現民法第9条ただし書に該当する行為に関する特則を置くべきではないということになる。[19]

　これに対して，現民法第9条ただし書は，日常生活に関する行為について取り消されるおそれがなくなれば，相手方も安心して成年被後見人と法律行為をしてくれることになる結果，成年被後見人が自分で日常生活を送ることも容易になるという趣旨にもとづく規定であると理解するならば，意思無能力を理由とする無効主張を認めると，相手方は成年被後見人との法律行為に応じないことになりかねないため，この場合は意思無能力を理由とする無効主張も否定すべきであると考えられる。これによると，【1.5.09】で意思能力に関する規定を新設する場合には，【1.5.10】の本案のように，現民法第9条ただし書に該当する行為に関する特則を置くべきであるということ

---

18) 山本・前掲注7）57頁以下を参照。
19) 前掲注8）基本方針26頁，前掲注8）詳解Ⅰ88頁以下・90頁。

になる（【1.5.09】（意思能力）について，＊で示した案を採用し，意思能力を欠く状態でされた場合の効果を無効とするときは，＊1で示した案により，「その効力を妨げられない」とすることになるとされる。)[20]

### (2) 「日常生活に関する行為」の意味

【1.5.10】の本案のように，現民法第9条ただし書に該当する行為に関する特則を置くとするときには，「日常生活に関する行為」の意味をどのように考えるかが問題となる。

現民法第9条ただし書にいう「日常生活に関する行為」については，これを現民法第761条の「日常の家事」と同じく，本人が生活を営む上で通常必要な行為を指すものと理解するか，日用品の購入に準ずるような，日々の生活を営むのに不可欠と考えられる行為に限られると理解するかが争われている[21]。

ここで，前者のように広く理解するときは，【1.5.10】の本案によると，意思能力を欠く者がした法律行為が相当広い範囲で確定的に有効とされることになり，意思能力を欠く者の保護に欠ける結果となることが強く懸念される。しかし，後者のように限定的に理解するのであれば，この提案は，意思能力を欠く者が日常生活に関する行為をする必要性と意思能力を欠く状態でされた行為を有効とすることによって生ずべき不利益とのバランスを図るものと考えることができるとされている[22]。

もっとも，「日常生活に関する行為」を後者のように限定的に理解したとしても，日常生活に必要な物品を大量に購入するような場合——特に日常生活に必要な物品の売買契約を不必要に，かつ異なる相手方との間で繰り返す場合——には，個々の売買契約は日常生活に関する行為にあたるとされる可能性がある。これによると，【1.5.10】の本案のような特則を定めると，その限りで意思能力を欠く者の保護が認められないことになる。このような懸念が，意思能力を欠く者自身による取引の必要性を上回るものであると考えるならば，＊2のように，現民法第9条ただし書に該当する行為に関する

---

[20] 前掲注8）基本方針26頁，前掲注8）詳解 I 89頁・90頁。
[21] 山本・前掲注7）58頁以下を参照。
[22] 前掲注8）基本方針26頁，前掲注8）詳解 I 89頁。

第Ⅰ部 総 論

特則を置くべきではないとされることになる。[23]

# 第3 法制審議会における審議の状況

次に，意思能力に関する法制審議会民法（債権関係）部会における審議の状況を順にみていくことにする。これは，中間論点整理の決定までを区切りとする第一読会（第1回会議（2009年11月24日）から第26回会議（2011年4月12日）），中間試案の決定を区切りとする第二読会（第30回会議（2011年7月26日）から第73回会議（2013年6月18日）[24]），その後要綱案の決定までを区切りとする第三読会（第74回会議（2013年7月16日）から第99回会議（2015年2月10日））に分かれる。以下では，これらの審議の状況を概観しておこう。[25]

## 1 第一読会における審議

第一読会では，第10回会議（2010年6月8日），[26] 第22回会議（2011年1月25日），[27] 第25回会議（2011年3月8日）[28] において，意思能力について審議され，

---

23) 前掲注8）基本方針26頁，前掲注8）詳解Ⅰ90頁。
24) 第27回会議（2011年6月7日）から第29回会議（2011年6月28日）は各種団体からのヒアリングにあてられている。また，中間試案は第71回会議（2013年2月26日）に決定されているが，その後，第72回会議（2013年5月28日）と第73回会議（2013年6月18日）は，中間試案において残された課題について検討することとされ，第二読会に位置づけられている。
25) 意思能力に関する法制審議会における審議の状況を分析・検討したものとして，林邦彦「意思能力等」ジュリ1430号61頁（2011），石崎泰雄「意思表示（意思能力・心裡留保・虚偽表示・錯誤・詐欺・強迫・不実表示・意思表示の到達及び受領能力）──法制審議会の議論をめぐって」法学会雑誌（首都大学東京）53巻1号33頁（2012），熊谷士郎「消費者法における意思無能力法理の展開」現代消費者法15号9頁（2012）等がある。
26)「法制審議会民法（債権関係）部会資料12-1」3頁以下（http://www.moj.go.jp/content/000048758.pdf，以下では「部会資料12-1」として引用する。），「法制審議会民法（債権関係）部会資料12-2」17頁以下（http://www.moj.go.jp/content/000048759.pdf，以下では「部会資料12-2」として引用する。）のほか，「法制審議会民法（債権関係）部会第10回会議議事録」17頁以下（http://www.moj.go.jp/content/000050017.pdf，以下では「第10回会議議事録」として引用する。）を参照。
27)「法制審議会民法（債権関係）部会資料22」31頁以下（http://www.moj.go.jp/content/000066519.pdf，以下では「部会資料22」として引用する。）のほか，「法制審議会民法（債権関係）部会第22回会議議事録」46頁以下（http://www.moj.go.jp/content/000069744.pdf，以下では「第22回会議議事録」として引用する。）を参照。
28)「法制審議会民法（債権関係）部会資料25」79頁以下（http://www.moj.go.jp/content/000071261.pdf，以下では「部会資料25」として引用する。）のほか，「法制審

第26回会議（2011年4月12日）で，中間論点整理が決定されている。

(1) 第10回会議

まず，第10回会議では，意思能力について，事務局から次のような問題提起がされ[29]，審議がおこなわれた。

---

部会資料22　第2　意思能力

　意思能力を欠く状態で行われた法律行為の効力が否定されるべきことは，判例・学説上，異論のないところであり，民法の基本的な法理の一つであるといわれることもある。しかし，現行民法は，その旨を明らかにする規定を置いていない。

　この点については，高齢化等の進む社会状況の下で，意思能力の有無をめぐる法的紛争が現実にも少なくないことを踏まえ，新たに規定を設けるべきであるという考え方があるが，どのように考えるか。

1　要件（意思能力の定義）

　現行民法においては，行為能力に関する規定中の「事理を弁識する能力を欠く常況」という文言が，意思無能力の状態にあることを指しているとされており（民法第7条），この「事理を弁識する能力」という文言を用いて意思能力を定義すべきであるという考え方が提示されている。他方，この文言は，判例上，不法行為の過失相殺において被害者に要求される能力を示すために用いられており，適当でないと指摘し，「法律行為をすることの意味を弁識する能力」とすべきであるという考え方も提示されている。

　これらの考え方について，どのように考えるか。

（関連論点）日常生活に関する行為の特則

　意思能力を欠いた状態でされた意思表示であっても，「日常生活に関する行為」に当たる場合には，当該行為を確定的に有効とすべきであり，そのことを明文化すべきあるという考え方がある。この考え方は，「日常生活に関する行為」について，意思無能力を理由として法律行為の効力を否定することができるとすると，取引の相手方にとっては法律行為の効力が不安定になり，成年被後見人等が日常生活に関する行為を自ら行う必要性に対応できなくなるおそれがあることを理由とする。

　もっとも，この考え方に対しては，意思能力を欠く状態で行われた意思表示の効力を確定的に有効とすると，表意者の保護が十分に図れなくなるおそれがあると指摘されている。

　以上を踏まえ，前記のような考え方について，どのように考えるか。

---

議会民法（債権関係）部会第25回会議議事録」42頁以下（http://www.moj.go.jp/content/000073172.pdf，以下では「第25回会議議事録」として引用する。）を参照。
29) 前掲注26) 部会資料12-1・3頁以下を参照。

> 2　効果
> 　意思能力を欠く状態で行われた法律行為の効力について，判例は，無効としているところ，一般に，この無効とは意思無能力者の側からのみ主張することができるもの（相対的無効）であると解されている。これを踏まえた立法論としては，相対的無効という効果がほとんど取消しと変わりがないことを指摘して，取消しとすべきであるという考え方が提示されている。他方で，現行法の解釈上の一般的な理解にしたがって，その効果を無効とする（それが相対的な無効であることは解釈にゆだねる。）という考え方も提示されている。
> 　これらの考え方について，どのように考えるか。

　以上の問題提起を受けて，第10回会議では，意思能力を欠く状態でおこなわれた法律行為の効力について明文の規定を設けることについては，異論がみられなかったものの，上記の各論点については，意見が分かれた。また，特に一時的に意思能力を欠く状態で意思表示がおこなわれる場合について，取引の安全も考慮する必要があることが指摘された[30]。

(2)　**中間論点整理の取りまとめに向けた審議**

　第22回会議では，第10回会議での議論を踏まえて，「1　要件（意思能力の定義）等」，「2　日常生活に関する行為の特則」，「3　効果」という3つの論点に集約することが提示された[31]。これに対して，第22回会議でも，特に一時的に意思能力を欠く状態で意思表示がおこなわれた場合は，相手方に不測の損害が発生する可能性があるという問題が指摘された[32]。

　そこで，第25回会議では，以上の3つの論点に加えて，「4　一時的に意思能力を欠く状態で行われた法律行為の効力」という論点を付け加えることが提案された[33]。もっとも，第25回会議では，特にこの論点の位置づけについて疑問が出され，最終的には，これは「1　要件等」の問題として位置づけることが確認された[34]。

---

30)　前掲注26）第10回会議議事録21頁（藤本拓資関係官）。
31)　前掲注27）部会資料22・31頁以下。
32)　前掲注27）第22回会議議事録47頁（佐成実委員）。
33)　前掲注28）部会資料25・80頁。具体的には，「一時的に意思能力を欠く状態で行われた法律行為であっても，意思能力を欠く場合の法律行為としてその効力が否定されるものとすべきかどうかについて，これが否定されると契約関係が不安定になるおそれがあるなどの指摘があることを踏まえ，検討してはどうか。」という問題提起がおこなわれた。
34)　前掲注28）第25回会議議事録42頁以下，特に45頁を参照。

### (3) 中間論点整理

以上の議論を受けて，第26回会議では，次のように中間論点整理が取りまとめられた。[35]

> 民法（債権関係）の改正に関する中間的な論点整理　第29　意思能力
> 1　要件等
> (1) 意思能力の定義
> 　意思能力を欠く状態で行われた法律行為の効力が否定されるべきことには判例・学説上異論がないが，民法はその旨を明らかにする規定を設けていない。そこで，意思能力を欠く状態で行われた法律行為の効力について明文の規定を設けるものとしてはどうか。
> 　その場合には，意思能力をどのように定義するかが問題となる。具体的な規定内容として，例えば，有効に法律行為をするためには法律行為を自らしたと評価できる程度の能力が必要であり，このような能力の有無は各種の法律行為ごとに検討すべきであるとの理解から，「法律行為をすることの意味を弁識する能力」と定義する考え方がある。[36] 他方，各種の法律行為ごとにその意味を行為者が弁識していたかどうかは意思能力の有無の問題ではなく，適合性の原則など他の概念が担っている問題であって，意思能力の定義は客観的な「事理を弁識する能力」とすべきであるとの考え方もある。[37] これらの考え方の当否を含め，意思能力の定義について，更に検討してはどうか。
>
> (2) 意思能力を欠く状態で行われた法律行為が有効と扱われる場合の有無
> 　意思能力を欠く状態で行われた法律行為であっても，その状態が一時的なものである場合には，表意者が意思能力を欠くことを相手方が知らないこともあり，その効力が否定されると契約関係が不安定になるおそれがあるとの指摘がある。[38] また，意思能力を欠いたことについて表意者に故意又は重大な過失がある場合には，意思能力を欠くことを知らなかった相手方に意思能力の欠如を対抗できないという考え方がある。これに対し，意思能力を欠く状態にある表意者は基本的に保護されるべきであるとの指摘もある。[39]
> 　以上を踏まえ，意思能力を欠く状態で行われた法律行為が有効と扱われる場合の有無，その具体的な要件（表意者の帰責性の程度，相手方の主観的事情等）について，検討してはどうか。

---

35) 前掲注1）中間論点整理88頁以下。前掲注1）中間論点整理補足説明216頁以下も参照。
36) 前掲注26）第10回会議議事録18頁以下（山本敬三幹事），同19頁（鹿野菜穂子幹事），同20頁（岡田ヒロミ委員）。
37) 前掲注26）第10回会議議事録20頁（深山雅也幹事），同20頁以下（松本恒雄委員），前掲注27）第22回会議議事録47頁（深山幹事）。
38) 前掲注28）第25回会議議事録45頁（佐成委員）。
39) 前掲注28）第25回会議議事録42頁・43頁・45頁（中井康之委員）。

## 2 日常生活に関する行為の特則

意思能力を欠く状態で行われた法律行為であっても，それが日常生活に関する行為である場合は意思能力の不存在を理由として効力を否定することができない旨の特則を設けるべきであるとの考え方がある。これに対しては，不必要な日用品を繰り返し購入する場合などに意思無能力者の保護に欠けるおそれがあるとの指摘や，[40] 意思能力の意義について当該法律行為をすることの意味を弁識する能力とする立場に立てばこのような特則は不要であるとの指摘がある。[41] これらの指摘も踏まえ，日常生活に関する行為の特則を設けるという上記の考え方の当否について，更に検討してはどうか。

## 3 効果

現在の判例及び学説は，意思能力を欠く状態で行われた法律行為は無効であるとしているが，これは意思無能力者の側からのみ主張できるなど，その効果は取消しとほとんど変わりがないことなどから，立法論としては，このような法律行為は取り消すことができるものとすべきであるとの考え方も示されている。[42] このような考え方に対し，取り消すことができる法律行為は取消しの意思表示があるまでは有効と扱われるため取消しの意思表示をすべき者がいない場合などに問題を生ずること，取消しには期間制限があるために意思無能力者の保護が十分でないこと，意思無能力者が死亡して複数の相続人が相続した場合の取消権の行使方法が明らかでないことなどから，意思能力を欠く状態で行われた行為の効果を主張権者が限定された無効とすべきであるとの考え方もある。[43] これらを踏まえ，意思能力を欠く状態で行われた法律行為の効果を無効とするか，取り消すことができるものとするかについて，更に検討してはどうか。その検討に当たっては，効力を否定することができる者の範囲，効力を否定することができる期間，追認するかどうかについての相手方の催告権の要否，制限行為能力を理由として取り消すこともできる場合の二重効についてどのように考えるかなどが問題になると考えられるが，[44] これらについて，法律行為の無効及び取消し全体の制度設計（後記第32）にも留意しつつ，検討してはどうか。

---

40) 前掲注26) 第10回会議議事録22頁（潮見佳男幹事），同23頁（岡正晶委員）。
41) 前掲注26) 第10回会議議事録19頁（鹿野幹事），同23頁（岡委員）。
42) 前掲注26) 第10回会議議事録24頁以下（山本敬幹事）。
43) 前掲注26) 第10回会議議事録19頁以下（鹿野幹事），同20頁（岡田委員），同22頁（村上正敏委員），同22頁以下（中田裕康委員），同24頁（高須順一幹事），前掲注27) 第22回会議議事録47頁（中田委員），前掲注28) 第25回会議議事録45頁以下（岡委員），同46頁（松岡委員）。
44) 前掲注26) 第10回会議議事録24頁以下（山本敬幹事），同21頁以下（潮見幹事）。

## 2 第二読会における審議

次に,第二読会では,第30回会議(2011年7月26日),[45] 第64回会議(2012年12月4日),[46] 第70回会議(2013年2月19日)[47]において,意思能力について審議され,第71回会議(2013年2月26日)で,中間試案が決定されている。

### (1) 第30回会議

第30回会議では,中間論点整理を踏まえて,次のように提案が整理された上で,[48]審議がおこなわれた。

> 部会資料27　第2　意思能力
> 1　要件等
> (1)　意思能力の定義
> 　意思能力の定義については,以下のような考え方があるが,どのように考えるか。
> 【甲案】意思能力を,その法律行為をすることの意味を弁識する能力と定義する旨の規定を設けるものとする。
> 【乙案】意思能力を,事理を弁識する能力と定義する旨の規定を設けるものとする。
> 【丙案】意思能力の定義規定を設けないで,これを欠く状態で行われた法律行為の効力について規定するものとする。

意思能力の定義については,意思能力に関連する能力として,厳密にいうと,①およそ人の行為といえるための前提となるミニマムな能力,②個別具体的な法律行為の意味を理解する能力,③法律行為の性質に応じて異なるその意味を理解する能力,④一定の法律行為をするための資格として必要とさ

---

45) 「法制審議会民法(債権関係)部会資料27」15頁以下(http://www.moj.go.jp/content/000077664.pdf, 以下では「部会資料27」として引用する。)のほか,「法制審議会民法(債権関係)部会第30回会議議事録」45頁以下(http://www.moj.go.jp/content/000078908.pdf, 以下では「第30回会議議事録」として引用する。)を参照。
46) 「法制審議会民法(債権関係)部会資料53」4頁以下(http://www.moj.go.jp/content/000104766.pdf, 以下では「部会資料53」として引用する。)のほか,「法制審議会民法(債権関係)部会第64回会議議事録」5頁以下(http://www.moj.go.jp/content/000111136.pdf, 以下では「第64回会議議事録」として引用する。)を参照。
47) 「法制審議会民法(債権関係)部会資料58」2頁以下(http://www.moj.go.jp/content/000107835.pdf, 以下では「部会資料58」として引用する。)のほか,「法制審議会民法(債権関係)部会第70回会議議事録」(http://www.moj.go.jp/content/000114930.pdf, 以下では「第70回会議議事録」として引用する。)1頁以下を参照。
48) 前掲注45)部会資料27・15頁以下。

れる判断能力（適合性原則に相当するもの），⑤より高い経済的合理性を判断する能力が考えられ，そのどこまでを意思能力として考慮すべきかが議論された。

上記の甲案は，①だけでなく，②から⑤の能力を包摂する可能性がある（ただし，乙案にいう「事理を弁識する能力」についても，1999年改正の立案担当者は「十分に自己の利害得失を認識して経済合理性に則った意思決定をするに足りる能力」——⑤の能力に相当する——とみていたことが指摘されている[49]）。そのため，①の能力のみを意思能力としてとらえることを支持する見解は，少なくとも甲案を採用すべきではないと主張する[50]。また，④や⑤の能力を考慮する必要があることは否定しないものの，意思能力は①の能力を指す概念として理解すべきであり，④や⑤の能力は意思能力とは別の制度において考慮すべきであると主張する見解も，甲案に対して消極的である[51]。

これに対して，甲案を支持する見解は，「その法律行為をすることの意味を弁識する能力」は④や⑤の能力を包摂するものではなく，②の能力[52]ないしは③の能力[53]のみを指すものであることを強調する。このほか，「その法律行為をすることの意味を弁識する能力」という定式は多様なものを含む

49) 前掲注45）部会資料27・16頁を参照。小林昭彦＝原司『平成11年民法一部改正法等の解説』64頁（法曹会，2002）によると，意思能力は，「法律行為を行った結果（法律行為に基づく権利義務の変動）を理解するに足る精神能力」を指すものであり，「有効な意思表示の存否を決するために，その有無のみが問題とされるのであって，その『程度』を問題にする余地は概念上ない」のに対し，「意思能力は有しながらも，取引の実際にあって，十分に自己の利害得失を認識して経済合理性に則った意思決定をするに足る能力の存在が想定できるのであり，これが法律行為における判断能力（事理弁識能力）である」とされている。その上で，「右の整理の下においても，個別具体的な法律行為の内容に即して意思能力の有無の判断がされるべきとの理解は可能であるし，事理を弁識する能力が欠如した状態を『意思無能力』であると解すべきことは，これまでと変わらない（事理を弁識する能力の不十分な状況，著しく不十分な状況，欠如した状況が，程度の問題として観念でき，そのうち欠如した状況を意思無能力と捉えることになるのである。）」とされている。
50) 前掲注45）第30回会議議事録47頁以下（岡崎克彦幹事），同53頁（村上委員）。同50頁（佐成委員），同49頁以下（岡委員）も同旨と考えられる。
51) 前掲注45）第30回会議議事録48頁（深山幹事），同50頁以下（松本委員）。ただし，この見解は，②ないし③の能力を意思能力の中に位置づけるかどうかについては，かならずしも明確に述べていない。
52) 前掲注45）第30回会議議事録48頁以下・50頁（鹿野幹事）のほか，同54頁（道垣内弘人幹事）を参照。
53) 前掲注45）第30回会議議事録53頁以下（山本敬幹事）のほか，同46頁以下・48頁（大村敦志幹事），同47頁（内田貴委員）も参照。

可能性があるため，積極的に支持できないとしても，②ないし③の能力のように，意思能力を法律行為に応じて相対的にとらえることには賛成する意見もみられた。[54]

> (2) 意思能力を欠く状態で行われた法律行為が有効と扱われる場合の有無
> 　意思能力を欠く状態で行われた法律行為は効力が否定されるのが原則であるが，表意者の帰責性の程度や相手方の主観的事情等によっては，相手方を保護して法律関係を安定させるため，意思能力を欠く状態で行われた法律行為が有効と扱われるべきであるとの考え方がある。例えば，表意者は意思能力の欠如を善意の相手方に対抗できないという考え方や，表意者の帰責性を考慮し，表意者が意思能力を欠くことについて故意又は重大な過失がある場合には，意思能力の欠如を善意の相手方に対抗することができないという考え方である。このような考え方について，どのように考えるか。

　これについては，一方で，意思能力を欠くに至ったことについて表意者に帰責性があるのであれば，相手方が表意者の意思無能力を知っていた場合は別として，表意者は意思能力の欠如を相手方に主張できないとする意見や，[55] 少なくとも表意者が意思能力を欠くことについて故意または重過失がある場合には，意思能力の欠如を善意の相手方に対抗できないとする意見があらためて主張された。[56]

　しかし，これに対しては，特に意思能力を上記の①の能力に限定する立場から，そのようなミニマムな能力も欠く場合には，表意者の帰責性や相手方の信頼にかかわりなく，効力を否定すべきであるとする見解が主張された。[57]

> 2　日常生活に関する行為の特則
> 　意思能力を欠く状態で行われた法律行為の効力を原則として否定するとしても，当該法律行為が日常生活に関するものであった場合についての特則を

---

54) 前掲注45) 第30回会議議事録51頁（中井委員）。同49頁以下（岡委員）も，相対的にとらえることは支持している。
55) 前掲注45) 第30回会議議事録52頁（岡本雅弘委員）。
56) 前掲注45) 第30回会議議事録52頁（佐成委員）。
57) 前掲注45) 第30回会議議事録53頁（村上委員）。同53頁（岡委員）も同旨。同51頁・53頁（中井委員）は，意思能力を①の能力に限定するわけではないが，意思能力を欠く場合には，本人自体に帰責事由はないので，相手方を保護するのは行きすぎであり，その原因を自ら招くような場合も，実際には稀であり，通常であれば相手方も認識できるはずなので，規定を置くまでもないとする。

第Ⅰ部 総　論

> 設け，このような場合には法律行為の効力が妨げられないものとすべきであるかどうかが議論されている。この点については，次のような考え方があり得るが，どのように考えるか。
> 【甲案】意思能力に関する規定の特則として，日常生活に関する行為は，意思能力を欠く状態で行われたことを理由に効力を否定することができない旨の規定を設けるものする。
> 【乙案】意思能力を欠く状態で行われた法律行為の効力について，日常生活に関する行為の特則を設けないものとする。

　日常生活に関する行為の特則については，まず，甲案を支持する見解から，上述した「基本方針」と同様に，意思能力についても日常生活に関する行為の特則を定めなければ，相手方は効力を否定されることをおそれて，意思無能力者との法律行為に応じないことになりかねないという問題が指摘された[58]。
　これに対して，意思能力を法律行為に応じて相対的に考える見解の多くは，それによると，日常生活に関する行為について意思能力が欠ける場合は現実にはほとんどなく，また実際にその意味での意思能力が欠ける場合にはその行為の効力は否定すべきであるとして，乙案を支持する[59]。さらに，このような特則を定めると，日常的な行為を反復してする場合に，意思無能力者を保護することができなくなることも，甲案の問題点として指摘された[60]。

> 3　効果
> 　意思能力を欠く状態で行われた法律行為の効果については，次のような考え方があり得るが，どのように考えるか。
> 【甲案】意思能力を欠く状態で行われた法律行為は，無効とする旨の規定を設けるものとする。
> 【乙案】意思能力を欠く状態で行われた法律行為は，意思能力を欠く状態でその法律行為をした者又はその代理人，承継人若しくは同意をすることができる者が取り消すことができる旨の規定を設けるものとする。

---

58) 前掲注45）第30回会議議事録53頁以下（山本敬幹事）。同（佐成委員）55頁以下は，さらに，日常生活に関する取引は社会的にみて効率的におこなわれることが必要であることからも，日常生活に関する行為の特則を定める必要があるとしている。
59) 前掲注45）第30回会議議事録54頁（道垣内幹事），同54頁（松岡委員），同54頁以下（鹿野幹事），同56頁（中井委員）。
60) 前掲注45）第30回会議議事録56頁（中井委員）。

効果に関しては，意思能力の定義について，上述した①の能力のみに限定する見解や②の能力ととらえる見解のほか，いずれにしても限定的にとらえる見解からは，そのような能力を欠く以上，無効とすべきであるとして，甲案が支持された。さらに，乙案を採用し，効果を取消しとする場合には，取り消されるまでは有効であるため，履行を事実上強制されるおそれがあるほか，法定代理人が存在しない場合に取消権の行使について問題が生じることや，意思無能力者が死亡して共同相続が開始した場合に誰が取消権を行使することができるかという問題が生じることもあらためて指摘された[61]。

これに対して，乙案を支持する見解からは，甲案にしたがい，効果を無効とする場合には，無効を主張できる者の範囲や主張できる期間のほか，不当利得返還の範囲等についてのルールを明確にする必要があることが指摘された[62]。

### (2) 中間試案の取りまとめに向けた審議
#### ア 第64回会議

第64回会議では，第30回会議での議論を踏まえ，中間試案のたたき台として次のような案が示され[63]審議がおこなわれた。

---

部会資料53　第2　意思能力
　法律行為の当事者が，その法律行為の時に，その法律行為の結果を理解してその法律行為をするかどうかを判断する能力を有していなかったときは，その法律行為は，無効とするものとする。
（注）意思能力の定義について，「事理弁識能力」とする考え方のほか，特に定義を設けず，意思能力を欠く状態でされた法律行為を無効とすることのみを規定するという考え方がある。
　　意思表示を欠く状態でされた法律行為の効力について，本文の規定に加えて日常生活に関する行為についてはこの限りでない（無効とならない）旨の規定を設ける別案がある。

---

61) 前掲注45) 第30回会議議事録51頁・56頁以下（中井委員），同57頁（村上委員），同58頁（鹿野幹事）。同57頁以下・60頁（松本委員）は，①のミニマムな能力すら欠く場合は，むしろ意思表示が存在しない場合にあたり，端的に無効とすれば足りるとする。これに対し，同60頁（中田委員）は，その判断は実際には難しく，うまく機能するかは疑問であるとする。
62) 前掲注45) 第30回会議議事録58頁（山本敬幹事），同59頁以下（内田委員）。
63) 前掲注46) 部会資料53・4頁以下。

第Ⅰ部　総　論

　中間試案の取りまとめに向けた審議については，「今後の審議でコンセンサスを形成する見込みがあるものに絞り込んでいく必要があるという観点から，論点の取捨選択」をするという方針が採用された。[64] このような観点から，まず，上記1(2)「意思能力を欠く状態で行われた法律行為が有効と扱われる場合の有無」という論点は取り上げられないこととされた。また，効果については，第30回会議では，上記3の乙案（取消案）に対する批判が強かったことから，甲案（無効案）にしたがい，「その法律行為は，無効とする」ことが提案されている。[65]

　意思能力の定義については，上記1(1)の甲案に相当するものが本案とされ，乙案および丙案が別案として注記されている。もっとも，甲案では「その法律行為をすることの意味を弁識する能力」とされていたのに対し，ここでは，「その法律行為の結果を理解してその法律行為をするかどうかを判断する能力」とされている。しかし，第64回会議では，これによると，「高いレベル」の能力を要求していると読めることから，批判が相次ぎ，[66] 表現について再検討を要することとなった。[67]

　また，日常生活に関する行為の特則については，第30回会議の審議を踏まえ，これを定めないとする上記2の乙案が本案とされ，これを定めるとする甲案が別案とされた。

### イ　第70回会議

　第64回会議の議論を受けて，第70回会議では，意思能力の定義について，もとの上記1(1)の甲案に戻り，「その法律行為をすることの意味を理解する能力」と改めることが提案された。[68]

### (3)　中間試案

　以上の議論を受けて，第71回会議では，次のように中間試案が取りまとめ

---

64) 前掲注46) 第64回会議議事録8頁（筒井健夫幹事）。その前提にある審議の方針については，同1頁以下（深山卓也委員）を参照。
65) 前掲注46) 部会資料53・5頁以下を参照。
66) 潮見佳男「中間試案のたたき台(1)についての意見」（http://www.moj.go.jp/content/000104779.pdf）1頁のほか，前掲注46) 第64回会議議事録13頁以下（岡委員），同14頁以下（三上徹委員），同15頁（松本委員）。
67) 前掲注46) 第64回会議議事録15頁以下（筒井幹事）。
68) 前掲注47) 部会資料58・2頁以下。

られた。[69]

> 民法（債権関係）の改正に関する中間試案　第2　意思能力
> 　法律行為の当事者が，法律行為の時に，その法律行為をすることの意味を理解する能力を有していなかったときは，その法律行為は，無効とするものとする。
> （注1）意思能力の定義について，「事理弁識能力」とする考え方や，特に定義を設けず，意思能力を欠く状態でされた法律行為を無効とすることのみを規定するという考え方がある。
> （注2）意思能力を欠く状態でされた法律行為の効力について，本文の規定に加えて日常生活に関する行為についてはこの限りでない（無効とならない）旨の規定を設けるという考え方がある。

### 3　第三読会における審議

　さらに，第三読会では，第82回会議（2014年1月14日），[70] 第90回会議（2014年6月10日），[71] 第95回会議（2014年8月5日）[72] において，意思能力について審議され，第96回会議（2014年8月26日）で，要綱仮案が決定された。その後，第97回会議（2014年12月16日）[73] で，要綱案の決定に向けてさらに審議がおこ

---

[69] 前掲注2）中間試案1頁。前掲注2）中間試案補足説明7頁以下も参照。

[70] 「法制審議会民法（債権関係）部会資料73A」24頁以下（http://www.moj.go.jp/content/000118685.pdf，以下では「部会資料73A」として引用する。）のほか，「法制審議会民法（債権関係）部会第82回会議議事録」36頁以下（http://www.moj.go.jp/content/000124765.pdf，以下では「第82回会議議事録」として引用する。）を参照。

[71] 「法制審議会民法（債権関係）部会資料79-1」1頁（http://www.moj.go.jp/content/000124056.pdf，以下では「部会資料79-1」として引用する。），「法制審議会民法（債権関係）部会資料79-3」1頁（http://www.moj.go.jp/content/000124058.pdf，以下では「部会資料79-3」として引用する。）のほか，「法制審議会民法（債権関係）部会第90回会議議事録」20頁以下（http://www.moj.go.jp/content/001128483.pdf，以下では「第90回会議議事録」として引用する。）を参照。

[72] 「法制審議会民法（債権関係）部会資料82-1」1頁（http://www.moj.go.jp/content/000125959.pdf，以下では「部会資料82-1」として引用する。）のほか，「法制審議会民法（債権関係）部会第95回会議議事録」（以下では「第95回会議議事録」として引用する。）3頁以下を参照。

[73] 「法制審議会民法（債権関係）部会資料84-1」1頁（http://www.moj.go.jp/content/001130015.pdf，以下では「部会資料84-1」として引用する。），「法制審議会民法（債権関係）部会資料84-2」（http://www.moj.go.jp/content/001130016.pdf，以下では「部会資料84-2」として引用する。）のほか，「法制審議会民法（債権関係）部会第97回会議議事録」（以下では「第97回会議議事録」として引用する。）4頁を参照。

なわれている。

(1) **第82回会議**

　第82回会議では,「民法（債権関係）の改正に関する要綱案のたたき台」として次のような素案が提示され,[74] 審議がおこなわれた。

---

部会資料73Ａ　第4　意思能力
　　意思能力を有しない者の法律行為は, 無効とする。

---

　これは, 中間試案のうち, 意思能力の定義について,（注1）に示された後段の別案を採用するものであり, また, 日常生活に関する行為の特則について,（注2）の別案を採用しないことを明らかにしたものである。

　このうち, 意思能力の定義について, 中間試案の本案と異なり, 特に規定を設けないこととされたのは, 判例でも, 特に定義することなく「意思能力」という文言が用いられ, この文言が定着していることから,「その内容をさらに具体化する必要は乏しいと考えられ」, また,「理論的には, 意思能力の判断に当たって, 精神上の障害という生物学的要素と合理的に行為をする能力を欠くという心理学的要素の双方を考慮するか, 心理学的要素のみを考慮するかという問題や, 判断・弁識の能力だけでなく, 自己の行為を支配するのに必要な制御能力を考慮するかどうかという問題について見解が分かれており, 意思能力の具体的な内容については, 引き続き解釈に委ねるのが相当であると考えられる」からであるとされた。[75]

　しかし, 第82回会議では,「その内容をさらに具体化する必要が乏しい」という指摘は不適当であり, 基準が明確でなければ, 意思能力の有無について判断できないことになるため, 必要性はあるというべきであり, その内容について意見の一致がみられなかったことがこのような提案にいたった理由であることを認めるべきであるという指摘がされた。[76] ただし, 中間試案のような定義をおこなうべきであるという見解からも, コンセンサスが得られ

---

74) 前掲注70) 部会資料73Ａ・24頁以下。
75) 前掲注70) 部会資料73Ａ・26頁。
76) 前掲注70) 第82回会議議事録36頁（山本敬幹事）。

ない以上，このような案でもやむをえないとされ，[77]この時点で定義は断念されることとなった。

(2) 第90回会議

これに対して，その後，第90回会議では，上記の素案を次のように修正することが提案された。[78]

> 部会資料79-1　第1　意思能力
> 　法律行為の当事者がその法律行為の時に意思能力を有しないときは，その法律行為は，無効とする。

これは，「意思能力の有無は法律行為が行われた時点で問題となることから，その点を明確にするために表現を改め」たのであるとされる。[79]

もっとも，第90回会議では，契約を例にすると，「法律行為の時」とは，承諾の意思表示が到達した時を指すため，申込みの意思表示が到達した後，承諾の意思表示が発せられて到達するまでの間に申込者が意思能力を喪失した場合は，「法律行為の時」，つまり承諾の時に意思能力がないことになり，その法律行為が無効になってしまうが，そのようなことが意図されているわけではないはずであるということが指摘された。むしろ，これは「意思表示の効力の問題」であり，「表意者がその意思表示の時に意思能力を有しないときは，その意思表示は，無効とする」と定めることが提案された。[80]さらに，これは，規定の配置にもかかわり，意思能力の規定は人の箇所ではなく，法律行為の箇所に置くことが望ましいという指摘もされた。[81]

(3) 第95回会議

第90回会議の指摘を受けて，第95回会議では，上記の素案をさらに次のよ

---

77) 前掲注70）第82回会議議事録36頁（山本敬幹事），同37頁（岡田委員），同37頁（大村幹事）。これに対し，同36頁（岡委員）は，弁護士会の多数は素案に賛成であるとし，同37頁（中原利明委員）は，中間試案の「その法律行為をすることの意味を理解する能力」というのは，曖昧であり，解釈に幅が生じることになりかねないので，端的に「意思能力を有しない者の法律行為は，無効とする」にした方がよいとする。
78) 前掲注71）部会資料79-1・1頁。
79) 前掲注71）部会資料79-3・1頁。
80) 前掲注71）第90回会議議事録20頁以下（山本敬幹事）。
81) 前掲注71）第90回会議議事録22頁（潮見幹事）。

うに修正することが提案された。[82]

> 部会資料82-1　第2　意思能力
>   意思能力について，次のような規律を設けるものとする。
>   法律行為の当事者が意思表示をした時に意思能力を有しないときは，その法律行為は，無効とする。

　これによると，上記の指摘にしたがい，意思能力が必要とされる時点は「意思表示をした時」に改められている。しかし，その他の点では「法律行為の当事者」，「その法律行為は，無効とする」とされ，法律行為に関する規定として維持されている。

　第95回会議では，行為能力は「人に関する制度」であるのに対し，意思能力は「人に関する規定」ではなく，個々の意思表示の効力に関する規定であることから，これを人に関する規定の箇所に置くべきではなく，また，「意思表示は，無効とする」と改めるべきであるという意見があらためて主張された。[83]

　これに対して，意思能力については，「意思表示がされた時点に着目して，意思表示の効力として捉えるという見方」と「意思能力を欠いている人の意思表示であるということに着目する」見方があるとし，その検討の結果が上記の素案であるという理解を示す指摘もされた。それによると，意思能力に関しては，このほかにも，第3の4(3)の意思表示の発信後の意思能力の喪失，第3の5(1)意思表示の受領能力，第5の1(3)無効行為の原状回復，第27の5契約申込者の発信後の意思能力の喪失について規定され，第2の意思能力の規定はそれらの基礎となる上位規範として一般性を持つとして，「意思表示」とは独立の規定として位置づけるのがよいとされている。[84]

(4) 要綱仮案

　以上の議論を受けて，第96回会議では，次のように要綱仮案が取りまとめ

---

[82] 前掲注72)部会資料82-1・1頁。
[83] 前掲注72)第95回会議議事録3頁以下（山本敬幹事）。同4頁（能見善久委員）もこれを支持する。
[84] 前掲注72)第95回会議議事録4頁以下（中田委員）。

られた。[85]

> 民法（債権関係）の改正に関する要綱仮案　第2　意思能力
>   意思能力について，次のような規律を設けるものとする。
>   法律行為の当事者が意思表示をした時に意思能力を有しないときは，その法律行為は，無効とする。

### (5)　第97回会議

その後，要綱仮案をもとに条文化の作業が進められ，第97回会議では，次のような案が示され，あわせてこの規定を第3条の2として，「人」の箇所に配置するという案が示された。[86]

> 部会資料84-1　第2　意思能力
>   意思能力について，次のような規律を設けるものとする。
>   法律行為の当事者が意思表示をした時に意思能力を有しなかったときは，その法律行為は，無効とする。
>
> 部会資料84-2　第1編　総則　第2章　人　第2節　意思能力
> 第3条の2
>   法律行為の当事者が意思表示をした時に意思能力を有しなかったときは，その法律行為は，無効とする。

このような規定の配置案に対しては，第95回会議と同様に，法律行為ないし意思表示の箇所に規定すべきであるという意見が強く出されたのに対し，[87] 原案のように「人」の部分に規定した上で，それを法律行為との関係でどう位置づけるかは解釈に委ねるべきであるという意見も出された。[88] 少なくとも「人」の箇所に定めることについてコンセンサスがあったとはいえないのではないかという指摘に対し，事務局から，配置については複数の考え方があるけれども，一つのわかりやすい配置としてこのような案があるという説

---

85) 前掲注3) 要綱仮案1頁。
86) 前掲注73) 部会資料84-1・1頁, 同部会資料84-2・4頁。
87) 前掲注73) 第97回会議議事録5頁以下（大村幹事），同7頁（山本敬幹事），同7頁以下（潮見幹事）のほか，同11頁（中井委員）もこれを支持する。
88) 前掲注73) 第97回会議議事録8頁・11頁（中田委員）。

明がされている[89]。

# 第4 改正案の意義と残された課題

　意思能力に関する法制審議会の審議の状況は，以上のとおりである。以下では，そこでみられた意見を整理することを通じて，改正案の意義と残された課題を明らかにすることにする。

## 1　改正案の意義

　法制審議会における審議を通じて，意思能力を欠く状態でおこなわれた法律行為の効力を否定する旨の規定を明文化することについては，まったく異論がなかった。高齢化が進む社会状況の下で，意思能力の有無をめぐる紛争が現実に少なくなく，むしろこれからさらに増大していくことが予想されることが，その背景にある[90]。

　民法を「国民一般に分かりやすいものとする」という今回の民法改正の目的からすると[91]，少なくとも判例等により現在通用している民法の規範を明文化し，それを民法典から読み取れるようにすることが最低限求められる。意思能力に関する規定は，まさにその代表例の一つとして位置づけられる。

## 2　意思能力の定義と制度趣旨

　問題は，その上で，意思能力をどのようなものとして理解するかである。「第3」において概観したように，審議の過程では，意思能力を「法律行為をすることの意味を弁識する能力」と定義するか，「事理を弁識する能力」と定義するかという問題設定がおこなわれていた。もっとも，上述したように，前者の「法律行為をすることの意味を弁識する能力」に関しては，これを②個別具体的な法律行為の意味を理解する能力とみるか，③法律行為の性質に応じて異なるその意味を理解する能力とみるか，④一定の法律行為をするための資格として必要とされる判断能力（適合性原則に相当するもの）とみ

---

89)　前掲注73)　第97回会議議事録8頁（筒井幹事）。
90)　前掲注26)　部会資料12-2・17頁を参照。
91)　「諮問第88号」(http://www.moj.go.jp/content/000005084.pdf) を参照。

るか，⑤より高い経済的合理性を判断する能力を含むものとみるかについて，理解が分かれていた。また，後者の「事理を弁識する能力」に関しても，①およそ人の行為といえるための前提となるミニマムな能力とみる理解のほか，⑤より高い経済的合理性を判断する能力まで含むとみる理解があることが指摘されていた。このように，意思能力の定義をめぐって争われていたのは，これらの能力のどこまでを意思能力に含めるべきであり，その結論を表現するためにどのような定式を採用するのが適当かということであったとみることができる。

これらの能力は，大きく分けると，2つの性質を異にする能力に区別することができる。

(1) **存立要件としての能力**

第一は，そもそも行為があるといえるために必要となる能力であり，行為の存立要件としての能力とでもいうべきものである。

上記の能力のうち，まず，①およそ人の行為といえるための前提となるミニマムな能力がこれにあたる。このような能力を欠く者が外形的には何らかの行為にあたることをしたとしても，それはそもそも行為ではないと評価されることになる[92]。これによると，そもそも行為が存在しない以上，その効果も無効とされる。また，日常生活に関する行為であっても，この意味での能力が欠ければ，行為が存在しない以上，その効果はやはり無効とされることになる[93]。

この①の能力は，人の行為一般を措定して，その存立要件としての能力を観念するものである。しかし，行為の存立要件は，実際におこなわれる個々の具体的な行為ごとに観念することもできる。上記の能力のうち，②個別具体的な法律行為の意味を理解する能力は，このような意味での個別具体的な法律行為の存立要件としてとらえられているとみることもできる。このような能力を欠く者が外形的には法律行為にあたることをしたとしても，それはそもそも法律行為として認められないと評価するわけである。これによると，同様に，そもそも法律行為が存在しない以上，その効果も無効とされること

---

[92] 前掲注45) 第30回会議議事録57頁以下・60頁（松本委員）がこのことを明言する。
[93] 前掲注45) 第30回会議議事録48頁（深山幹事），同50頁以下・57頁以下・60頁（松本委員）の主張は，このように理解することができる。

になる。また，日常生活に関する行為であっても，その意味を理解する能力が欠ければ，やはり法律行為が存在しない上，その効果は無効とされることになる[94]。

(2) **資格要件としての能力**

第二は，一定の行為をするための資格として必要とされる能力であり，資格要件としての能力とでもいうべきものである。これはさらに，どのようなレベルの能力をそのような資格要件として要求するかによって，次の2つに分かれる。

ア　資格要件としての合理性判断能力

1つは，「十分に自己の利害得失を認識して経済的合理性に則った意思決定をするに足る能力」[95]にあたるものである。

上述したように，この能力は，成年後見制度を導入する際に，立案担当者が「事理を弁識する能力」として想定したものとされている。これにしたがえば，現在の行為能力制度で問題とされているのは，この意味での能力であるということになる。上記の⑤の能力は，これに相当するとみることができる。

かりに意思能力はこの意味での能力であるとみるならば，意思能力制度は行為能力制度と同質的なものと位置づけられることになる[96]。もちろん，行為能力が制限されている場合は，その能力の有無は定型的に判断されることになるのに対し，意思能力については，行為者がこの意味での能力を実際に備えていたかどうかが個別的に判断されることになる。しかし，問題とされている能力が同じものである以上，違いは，その有無が定型的に判断されるかどうかにあるだけである。したがって，これによると，意思能力制度は，行為能力制度を補完する一般的な制度として位置づけられることになる。このように考えるならば，必然的ではないものの，意思能力が欠ける場合の効

---

94) 前掲注26）第10回会議議事録19頁以下（鹿野幹事），前掲注45）第30回会議議事録48頁以下・50頁・54頁以下・58頁（鹿野幹事）の主張は，このように理解することができる。
95) 前掲注45）部会資料27・16頁，小林＝原・前掲注49）64頁を参照。
96) こうした理解は，現行法のもとでの舟橋諄一「意思能力，特にその行為能力との関係について」法政研究29巻1号351頁（1963）のほか，須永・前掲注4）74頁，同・前掲注7）42頁以下等の見解につながる。

果は，取消しとみることも可能となり，[97]日常生活に関する行為の特則も，行為能力制度と同様に定めてよいことになる。

この⑤の能力は，法律行為一般を措定して，その資格要件としての能力を観念するものである。しかし，資格要件としての能力は，法律行為の類型ごとに観念することもできる。上記の能力のうち，④一定の法律行為をするための資格として必要とされる判断能力（適合性原則に相当するもの）は，このような法律行為の類型ごとに必要とされる資格要件としてとらえられているとみることもできる。もっとも，部会の審議では，このような適合性原則に相当する能力を意思能力としてとらえる意見はみられず，このようなものの必要性は否定しないものの，それは意思能力ではなく，別の独立した制度として検討すべきであるとされていた。[98]

イ　資格要件としての意味理解能力

もう1つは，そのような利害得失や経済的合理性の判断より前に，そもそも自分がしていることの意味を理解する能力である。

このような能力を法律行為一般について考えるならば，上述した行為の存立要件としての能力と実際には重なることになる。そのため，これを行為の存立要件としてとらえているのか，資格要件としてとらえているのかがかならずしも明らかではなく，いずれにしても結論に違いを見て取れないことも少なくない。[99]

しかし，意思能力を③法律行為の性質に応じて異なるその意味を理解する能力としてとらえる立場では，法律行為の「種類」に応じて，その意味を理解する能力が異なってくることも指摘されていた。[100]これは，法律行為の類

---

97) 前掲注45)　第30回会議議事録47頁・59頁以下（内田委員）は，このように理解することもできそうである。
98) 前掲注26)　第10回会議議事録20頁（深山幹事），同20頁以下（松本委員），前掲注27)　第22回会議議事録47頁（深山幹事），前掲注45)　第30回会議議事録48頁（深山幹事），同50頁以下（松本委員）等。
99) 前掲注45)　第30回会議議事録51頁以下（中井委員），同49頁以下（岡委員）等を参照。
100) 前掲注26)　第10回会議議事録18頁以下（山本敬幹事），前掲注45)　第30回会議議事録49頁（山本敬幹事）。前掲注45)　第30回会議議事録51頁（鎌田薫部会長）では，「要するに法律行為の種類ごとに，あるいは類型ごとに要求される意思能力の高さというのは変わってき得るんだという考え方と，とにかく意思能力というのは一律にあるかないかで画一的に決められるという考え方，そこの対立が甲案と乙案にあ」るというまとめがされている。

型ごとに，それをおこなうための資格として，そうした法律行為の意味を理解する能力を要求しているとみることができる。このような理解は，「基本方針」において，よりはっきりと示されていた。それによると，意思能力で問題となるのは，「契約――これもさらにさまざまな種類の契約に分かれる――をはじめ，さまざまな種類の法律行為を構成する制度を前提として，そのような制度の趣旨に照らして『みずからその行為をした』といえるかどうかである。意思能力とは，そうした各種の制度ごとに，その種の法律行為をみずからしたといえるために必要とされる一種の資格要件として位置づけることができる」[101]。意思能力をこのような意味での資格要件としてとらえるならば，必然的ではないものの，意思能力が欠ける場合の効果を取消しとし，日常生活に関する行為については例外的に資格を認めることも可能になると考えられる[102]。

　これによると，この意味での能力は，法律行為の類型ごとに考えられることになるため，上述した適合性原則に相当するものと連続性を有することになる[103]。部会の審議において，意思能力を「法律行為をすることの意味を弁識する能力」と定式化することについて一致がみられなかったのも，一つには，この定式が適合性原則を包含する可能性を有することが危惧されたためだとみることができる[104]。しかし，③法律行為の性質に応じて異なるその意味を理解する能力は，適合性原則のように，利害得失や経済的合理性――とりわけリスクの有無――の判断をおこなう能力を問題とするものではなく，そもそも自分がしていることの意味を理解する能力という最低限度の資格要件を問題とするものである。このような違いが十分に理解されなかったことが，法制審議会における審議の問題として指摘することができるだろう。

---

101) 前掲注8) 基本方針24頁，前掲注8) 詳解Ⅰ82頁以下。
102) 前掲注26) 第10回会議議事録24頁以下（山本敬幹事），同21頁以下（潮見幹事），前掲注45) 第30回会議議事録53頁以下・58頁（山本敬幹事）等を参照。
103) 前掲注8) 詳解Ⅰ83頁は，「意思能力の有無がこのように行為の種類と相関的に判断されることになるとすれば，従来，適合性原則の問題として考えられてきた場合のうち，とくに知的能力にかかわるものがこの中に取り込まれる可能性が出てくる。本提案〈1〉は，その限度で，意思能力制度の『現代化』を進めるという意味を持ちうる。」としている。
104) 前掲注45) 第30回会議議事録50頁（佐成委員）等を参照。

## 3 残された課題
### (1) 意思能力の意味と判断基準

　意思能力の定義については，法制審議会において，上記のようなさまざまな意見が主張され，結果として意思能力を明文で定義することは断念された。これは，以上にみたように，単に言葉の定義について一致をみなかったというだけではなく，意思能力に関する規定ないし制度の趣旨について共通の理解が十分に形成されなかったことによると考えられる。

　その結果，今後は，「法律行為の当事者が意思表示をした時に意思能力を有しなかったときは，その法律行為は，無効とする。」という規定を前提として，そこでいう「意思能力」の意味をどのように解釈するかという問題が残されることになる。審議の過程では，「法律行為をすることの意味を理解する能力」と定式化する案が示され，それが明示的に採用されなかったことは確かであるが，それにより，意思能力を上記の②から⑤の能力を意味すると理解する立場が否定されたわけではない。それは，意思能力を「事理を弁識する能力」と定式化する案が示され，それが明示的に採用されなかったことから，意思能力を①や⑤の能力を意味すると理解する立場が否定されたわけではないのと同様である。

　ただ，審議の過程では，従来の裁判例によると，意思能力の有無は，画一的に判断されているわけではなく，当事者がした法律行為の性質や難易等を考慮して判断されていることは，いずれの立場においても前提とされ，特に異論は述べられていなかった。このことは，今後の解釈にあたっても前提とすることができるだろう。これによると，少なくとも意思能力を①およそ人の行為といえるための前提となるミニマムな能力に限定することはできないと考えられる。従来の裁判例を整合的に説明するためには，②個別具体的な法律行為の意味を理解する能力か，③法律行為の性質に応じて異なるその意味を理解する能力のいずれかと考える必要がある。そのいずれが適当であるかは，上述したように，意思能力に関する規定ないし制度の趣旨を行為の存立要件を定めたものととらえるのが適当か，資格要件を定めたものととらえるのが適当かによることになる。

　方向としては，「基本方針」が指摘していたように，これを資格要件としてとらえ，意思能力を③法律行為の性質に応じて異なるその意味を理解

能力とみるのが適当というべきだろう。[105]

いずれにしても，今後は，以上のような議論を踏まえて，特に意思能力の有無を判断するための基準を明らかにすることが必要となる。この点については，現行法のもとでも，裁判例の分析や成年後見における能力判定の方法等を参照しながら，具体的な基準を明らかにすることが試みられている。[106] こうした試みを続け，議論を蓄積していくことが，意思能力の内実を表す適切な定義について共通の理解を形成していくために不可欠である。

### (2) 意思能力を欠く状態でおこなわれた法律行為が有効と扱われる場合の有無

中間試案にいたるまでの段階では，表意者の帰責性の程度や相手方の主観的事情等によっては，相手方を保護して法律関係を安定させるために，意思能力を欠く状態でされた法律行為を有効と扱う可能性――例えば，表意者は意思能力の欠如を善意の相手方に対抗できないとすることや，表意者が意思能力を欠くことについて故意または重大な過失がある場合には，意思能力の欠如を善意の相手方に対抗することができないとすること――が検討の対象とされていた。しかし，上述したように，この点は，中間試案の取りまとめに向けた審議の過程で，コンセンサスを形成する見込みがないものとして，検討の対象から外されることになった。その理由は，次のように理解することができる。

まず，意思能力を行為の存立要件としてとらえる立場によると，意思能力がなければ，そもそも行為があるといえない以上，表意者の帰責性や相手方の主観的事情にかかわりなく，無効とすることが要請される。また，意思能力を資格要件としてとらえる立場によっても，意思能力がなければ，その行為をする資格がないのであるから，やはり表意者の帰責性や相手方の主観的事情にかかわりなく，その効力を認めることはできない。いずれにしても，意思能力の意味と制度趣旨をこのようにとらえるかぎり，表意者の帰責性や

---

105) 山本敬三「契約規制の法理と民法の現代化(2)」民商141巻2号15頁以下（2009）を参照。
106) 注7）に掲げた文献のほか，五十嵐禎人「意思能力・行為能力・事理弁識能力の判定について――精神医学の立場から」須永醇先生傘寿記念論文集『高齢社会における法的諸問題』63頁（酒井書店，2010）等を参照。

相手方の主観的事情に照らして，例外的に法律行為を有効と扱うことは難しいといわざるをえない[107]。

表意者の帰責性や相手方の主観的事情は，錯誤や詐欺・強迫などの意思表示の有効要件に関する規定において考慮される要因である。意思能力についてこのような要因を考慮することを主張する立場は，意思能力に関する規定を意思表示の有効要件に関する規定と同質的なものととらえていると考えられる[108]。たしかに，錯誤や詐欺・強迫に関する規定を解釈・適用する際に——さらに暴利行為に関する準則についても同様である——，しばしば表意者の能力の程度が考慮されている。実際，表意者の能力が低い場合は，これらの規定と意思能力に関する準則の適用が同時に主張されることも少なくない。しかし，このように，意思能力に関する準則が意思表示の有効要件に関する規定と機能的に重なる場合があるとしても，意思能力に関する準則の固有の趣旨は，行為の存立要件か資格要件かのいずれかにあるというべきだろう。このように考えるならば，改正案において，表意者の帰責性や相手方の主観的事情を考慮する規定が置かれなかったことは，是認できる。

もちろん，このように考えるとしても，「基本方針」に示されていたように，いわゆる原因において自由な行為に相当するものについては，別に考慮することが可能である。しかし，そのようなケースが実際にどの程度あるかということを考えるならば，特に明文の規定を置かず，今後も解釈に委ねることは，十分理解することができる。

---

107) したがって，表意者の帰責性や相手方の主観的事情を考慮すべきであることを主張する立場が，他方で，意思能力を上述した①およそ人の行為といえるための前提となるミニマムな能力に限定することを主張していたのは，整合性を欠いていたといわざるをえない。
108) 熊谷・前掲注4) 345頁以下は，意思無能力法理の根拠を，①行為の不存在（行為が存在しないほど能力が低下している場合），②私的自治の正当性保障機能の維持のための排除の法理（取引ルールを維持するために判断能力の劣る者を排除しておく場合），③判断能力が低下した者の保護（相手方の悪性や契約内容の不当性等をあわせて考慮して，判断能力が低下した者を保護すべき場合）に求め，それぞれの根拠に即して，意思無能力の判断枠組みを明らかにしようとしている。①は，行為の存立要件，②は，資格要件，③は，意思表示の有効要件に対応する。③について，熊谷・前掲注4) 362頁は，「このような機能を意思無能力法理が有するべきではないという積極的な理由も見当たらない」とし，合意の瑕疵に関する諸法理の運用は流動的であり，とりわけ「状況の濫用」法理が明確に確立していない段階において，「意思無能力論がこれらの法理についての一部を担うことが期待されてもよい」としている（同362頁）。

### (3) 日常生活に関する行為の特則

　意思能力について，日常生活に関する行為の特則を定めるかどうかは，中間試案の段階まで検討されたが，最終的に，この特則は定めないこととされた。

　上述したように，意思能力を行為の存立要件としてとらえる立場からは，意思能力を欠く場合は，そもそも行為があるといえないため，日常生活に関する行為であっても無効とされることになる。この立場によると，日常生活に関する行為の特則が定められなかったのは，当然であるということになる。

　これに対して，意思能力を資格要件としてとらえる立場によると，日常生活に関する行為については，例外的に資格要件を認めると考えることが可能になる。もっとも，実際にそのように考えるかどうかは，日常生活に関する行為の特則の趣旨をどのように理解するかに左右される。

　「基本方針」についてみたように，現民法第9条ただし書は，ノーマライゼーションの考え方にしたがい，日常生活に関する行為についてはその決定を尊重するという趣旨にもとづく規定であると理解するならば，表意者に意思能力が欠けるときは，もはや尊重すべき決定があるといえないため，例外を認める必要はないことになる。これによると，日常生活に関する行為をするための資格要件が欠けている以上，原則どおりその行為の効力は認められないと考えてよいことになる。この立場からは，意思能力について日常生活に関する行為の特則が定められていないのは，このような理由によると説明されることになるだろう。

　これに対して，現民法第9条ただし書は，日常生活に関する行為について取り消されるおそれがなくなれば，相手方も安心して成年被後見人と法律行為をしてくれることになる結果，成年被後見人が自分で日常生活を送ることが容易になるという趣旨にもとづく規定であると理解する場合には，同じ考慮は，意思無能力者にもあてはまると考えられる。これによると，現民法第9条ただし書については，成年被後見人が意思能力を欠く場合でも，意思無能力を理由とする無効主張が認められないと解釈することになり，また，意思能力に関する規定については，現民法第9条ただし書を類推し，意思無能力を理由とする無効主張は認められないとすることになるだろう。ただし，その場合は，日常生活に必要な物品を繰り返し購入するケースについて，少

なくとも，例えば相手方に悪意または過失がある場合はその限りでないとするような解釈をすることが要請されると考えられる。

### (4) 意思無能力の効果

意思無能力の効果を無効とするか，取消しとするかは，中間論点整理の後まで検討されたが，比較的早い段階で，無効とする案が確定した。

上述したように，意思能力を行為の存立要件としてとらえる立場からは，意思能力を欠く場合は，そもそも行為があるといえないため，効果は無効とされることになる。これに対して，意思能力を資格要件としてとらえるならば，必然的ではないものの，制限行為能力と同様に，意思能力が欠ける場合の効果を取消しとすることも可能である。しかし，部会の審議では，効果を取消しとする場合には，取り消されるまでは有効であるため，履行を事実上強制されるおそれがあるほか，法定代理人が存在しない場合に取消権の行使について問題が生じることや，意思無能力者が死亡して共同相続が開始した場合に誰が取消権を行使することができるかという問題が生じることなど，実践的な考慮から，無効とする案が採用されたとみることができる。[109]

問題は，そこでいう無効の意味である。意思能力を行為の存立要件としてとらえる立場によると，それは絶対的無効を意味すると考える可能性が出てくる。[110] もっとも，部会の審議では，ここでいう無効は，現行法のもとでの一般的な理解と同様に，相対的無効を意味するという理解が大多数の共通の前提とされていた。効果を取消しとする案は，それならば，実質は取消しと同じであるから，ルールを明確化し，また二重効問題を解消するために，効果を取消しとすることを提案していた。このような提案を退け，効果を無効とするのであれば，無効を主張することができる者の範囲，無効を主張することができる期間等についてのルールを明確化する必要があるはずである。[111] しかし，結果として，これらの点について明文化は見送られ，今後も解釈に

---

109) 前掲注26）第10回会議議事録19頁以下（鹿野幹事），同20頁（岡田委員），同22頁（村上委員），同22頁以下（中田委員），同24頁（髙須幹事），前掲注27）第22回会議議事録47頁（中田委員），前掲注28）第25回会議議事録46頁（中田委員），同46頁以下（岡委員），前掲注45）第30回会議議事録56頁以下（中井委員），同57頁（村上委員），同58頁（鹿野幹事）．
110) 前掲注45）第30回会議議事録60頁（松本委員）はこのことを明言する．
111) 前掲注26）第10回会議議事録21頁以下（潮見幹事），同24頁以下（山本敬幹事），前掲注45）第30回会議議事録58頁（山本敬幹事），同59頁以下（内田委員）．

委ねられている。無効の主張が認められるのは意思無能力者の側だけであるという点については，すでに解釈としても確立しているとみてよいものの，とりわけいつまで無効を主張することができるかという点については，大きな問題を残しているというべきだろう。[112]

これに対し，法律行為が無効である場合の効果のうち，原状回復の範囲に関しては，意思無能力についての特則を定めることが提案されている。それによると，制限行為能力者に関する現民法第121条ただし書と同様に，「行為の時に意思能力を有しなかった者は，その行為によって現に利益を受けている限度において，返還の義務を負う」と定めることが提案されている。[113] これについては，「意思能力を欠く状態でした法律行為を無効とするのは，財産の管理や処分について十分な能力を有しない者を保護するものであって，制限行為能力者の保護と同様の趣旨に基づくから，その返還義務についても，意思能力を欠く状態で法律行為をした者の保護を図るため，同条ただし書と同様の制限を加える必要がある」という説明がされている。[114] この説明は，意思能力を資格要件としてとらえる立場と親和的であるとみることができるが，意思能力を行為の存立要件としてとらえる立場からも，このような特則

---

112) 前掲注45) 第30回会議議事録60頁（中田委員）は，「時間が非常にたったにもかかわらずあのときに意思無能力であったという証明ができたときには無効としてよいというのが多分現行法の考え方ではないか」としている。これによると，制限行為能力者が意思無能力でもあったときは，行為能力の制限を理由とする取消しは期間制限にかかっていても，意思無能力であったことを証明できれば，無効主張を認めてよいことになる。この結論は，意思能力を行為の存立要件としてとらえる立場からは理解することができるが，後述するように，中田委員は，意思能力制度を意思表示ないし法律行為に着目した制度ではなく，人に着目した制度であるととらえていることからすると，どのように説明するかという問題が残るというべきだろう。
113) 前掲注73) 部会資料84-1・5頁（第5「無効及び取消し」1「法律行為が無効である場合又は取り消された場合の効果」(3)）。制限行為能力とは異なり，意思能力は一時的に欠如する場合もありうるため，中間試案の段階までは，「意思能力を欠く状態で法律行為をした者が意思能力を回復した後にその行為を了知したときは，その了知をした時点でその法律行為によって現に利益を受けていた限度において，返還の義務を負うものとする」ことが提案されていたが（前掲注2）中間試案8頁，前掲注2）中間試案補足説明58頁を参照），第三読会において，この点は，現行法のもとでも「法律行為をした時点や給付を受領した時点以後に事情の変化が生じた場合の原状回復義務の範囲については，受領者の主観的事情の変化や行為能力の回復も含めて，解釈に委ねられている」ことから，意思能力についても同様に解釈に委ねることとされている（「法制審議会民法（債権関係）部会資料66A」(http://www.moj.go.jp/content/000118124.pdf，以下では「部会資料66A」として引用する。) 39頁）。
114) 前掲注113) 部会資料66A・38頁以下。

を定めること自体は支持されるとみてよいだろう。

## 第5 意思能力に関する規定の体系的位置

　意思表示に関する規定を明文化する意義とその内容に関する検討は，以上のとおりである。最後に，この規定の体系的な位置，したがってまた民法典の編成についても，問題点を整理しておこう。

　この点について，「基本方針」では，意思表示に関する規定を第1編「総則」第5章「法律行為」の第1節「総則」に続く第2節「意思表示」の冒頭に配置することが提案されていた。これは，意思能力は意思表示の効力に関する規定であるという理解によるものと考えられる。

　法制審議会でも，部会資料および公表された中間論点整理・中間試案・要綱仮案では，一貫して，「法律行為通則」――当初は法律行為の意義等の明文化や公序良俗違反の具体化，第90条の「事項を目的とする」という文言の削除，法令の規定と異なる意思表示，強行規定と任意規定の区別の明記，任意規定と異なる慣習がある場合が検討課題としてあげられていたが，最終的には第90条の「事項を目的とする」という文言の削除のみに絞られた――と「意思表示」の間に「意思能力」が配置されてきた。部会資料の編成は最終的な規定の編成につながるものではないとしても，ここからは，意思能力は法律行為に関する事柄であり，しかも「法律行為通則」に包含されるものではなく，「意思表示」の前提問題であると理解されてきたことがうかがえる。

　これに対し，第97回会議において，はじめて規定の配置案が示され，そこで，第1編「総則」第2章「人」の第1節「権利能力」の次に，新たに第2節「意思能力」を設け，そこに意思能力に関する規定として第3条の2を配置することが提案された。[115] すでにふれたように，事務局からは，配置については複数の考え方があるけれども，一つのわかりやすい配置としてこのような案があるという説明がされている。[116]

　法制審議会の審議を振り返ると，かなり早い段階から，意思能力を「法律

---

115) 前掲注73) 部会資料84-2・4頁。
116) 前掲注73) 第97回会議議事録8頁（筒井幹事）。

行為のレベルの問題として捉えるか，それとも継続的に意思無能力状態にある人の保護の問題として捉えるのか」という見方の違いの問題があることが指摘されていた[117]。規定の配置については，これを後者の意味での「人の保護」の問題として捉えるならば，第1編「総則」第2章「人」に配置するのが適当ということになる。もっとも，この立場は，そこまで明確に主張するわけではなく，第95回会議では，意思能力に関する規定はほかにも存在するため，それらの上位規範として，「意思表示」とは独立の規定として位置づけるという考え方が示されている[118]。もっとも，意思能力の定義を示すのであればともかく，「法律行為の当事者が意思表示をした時に意思能力を有しなかったときは，その法律行為は，無効とする」と定める規定が，上位規範として「意思表示」とは独立の規定として位置づけられるということには無理があるというべきだろう。

　上述したように，意思能力を行為の存立要件としてとらえるのであれば，これは「法律行為」ないし「意思表示」に関する規定として位置づけられることになるだろう。これに対し，意思能力を資格要件としてとらえる場合には，行為能力との関係が問題となる。もっとも，行為能力は，人の性質に応じて定型的に規定された資格要件であり，「人」に関する規定として定めることに合理性がある。それに対して，意思能力は，一時的に欠如する場合も含むものであり，人について定型的に設定されるものではない。特にこれを③行為の性質に応じて異なるその意味を理解する能力としてとらえる場合には，これはその種の法律行為ないし意思表示をおこなうための資格要件として位置づけられる。これは，「意思能力を欠いている人」の意思表示の問題[119]ではなく，その種の「法律行為」ないし「意思表示」の問題だというべきだろう[120]。これによると，意思能力に関する規定は，第1編「総則」第

---

117) 前掲注28) 第25回会議議事録43頁（中田委員），前掲注45) 第30回会議議事録58頁以下（中田委員）。
118) 前掲注72) 第95回会議議事録4頁以下（中田委員），前掲注73) 第97回会議議事録8頁・11頁（中田委員）。
119) 前掲注72) 第95回会議議事録4頁以下（中田委員），前掲注73) 第97回会議議事録（中田委員）。さらに，「法制審議会民法（債権関係）部会第99回会議議事録」（http://www.moj.jp/content/。以下では「第99回会議議事録」として引用する。) 7頁（中田委員）も参照。
120) 前掲注119) 第99回会議議事録6頁以下（山本敬幹事）も参照。

5章「法律行為」の第1節「総則」の次に第2節「意思能力」という節を新たに設けて，そこに配置するのが適当である。[121] この点で，今回の改正提案には大きな問題があるというべきだろう。


［後記］

　本稿脱稿後，2015年2月10日に，法制審議会民法（債権関係）部会で「民法（債権関係）の改正に関する要綱案」が決定され（http://www.moj.go.jp/content/001136445.pdf），これにしたがい，2015年2月24日に，法制審議会総会で「民法（債権関係）の改正に関する要綱」が決定された（http://www.moj.go.jp/content/001136889.pdf）。その後，2015年3月31日に，「民法の一部を改正する法律案」が閣議決定され（http://www.moj.go.jp/content/001142181.pdf），第189回国会の審議に付されている。その内容は，本稿で検討したものと変わらない。

（京都大学大学院法学研究科教授）

---

121）この方向と考えられるのは，前掲注71）第90回会議議事録22頁（潮見幹事），前掲注72）第95回会議議事録3頁以下（山本敬幹事），前掲注73）第97回会議議事録5頁以下（大村幹事），同7頁（山本敬幹事），同7頁以下（潮見幹事），同11頁（中井委員）である。

# 財産管理と物権法

片 山 直 也

## 第1 はじめに

今日,「財産管理」という用語は,極めて多義的な意味で用いられている[1]。我が国では,伝統的には,信託,代理,授権,委任などの制度や法技術によって,管理者が他人のために他人の財産の管理を行う場合(以下,本稿では「他益管理」という。)が想定されてきた。他方,フランスでは,「財の管理」(gestion des biens)というとき,より広い意味で用いられているようである。すなわち,委任契約(le contrat de mandat)や管理信託(fiducie-gestion)だけではなく,用益権(usufruit)や管理賃貸借(location-gérance)などを用いて,管理者が他人の財産を自己のために管理(活用)し収益を得る場合(以下,「自益管理」という。)も含めて,現代取引社会における財産管理の適用領域が拡大されつつあると理解されている[2]。

かつて,於保不二雄博士は,『財産管理権論序説』において,「自己の財産」と「他人の財産」の区別を超えた,いずれにも共通する「財産管理権」の確立を目指したが[3],今日の「財産管理」論は,仮に「他人の財産」の管理

---

[1]「財産管理」に関する包括的な研究として,田高寛貴「財産管理論」北居功=花本広志=武川幸嗣=石田剛=田高寛貴『コンビネーションで考える民法』299頁以下(商事法務,2008)がある。同論文は,「財産管理」概念を広く捉えて,「ある者が所有する財産に対して別の者がコントロールを及ぼすこと」と定義し(299頁),代理や信託などの伝統的な財産管理制度だけではなく,担保権者による財産管理や責任財産保全の制度も射程に入れた上で(315頁以下),総合的な考察を行っている。
[2] 片山直也「財産の管理」新世代法政策学研究17号110頁以下(2012)など参照。
[3] 於保不二雄『財産管理権論序説』4頁(有信堂,1954)。

63

に限定するとしても，一方では，管理者がその他人のためにする管理（「他益管理」）だけではなく，管理者が他人の財産を自己のためにする管理（「自益管理」）をも取り込んで，その範囲を拡張しつつ，他方で，「他益管理」と「自益管理」との法律関係の本質的な相違点を明確に認識することによって，現代取引社会のニーズに対応した法理論の構築を可能とすることができると思われる[4]。

両者は，究極的には，（α）権利（主観的権利）とは区別された，目的拘束を伴う「権限（pouvoir）」の問題か[5]（β）所有権に基礎づけられる「権能（prérogatives）」の問題か[6]というディメンジョンを異にする2つの問題に収斂される。そのうち，本稿の課題（「財産管理と物権法」）は，従前あまり光が当てられて来なかった後者（β）について，問題意識を喚起する点に存する。

ところで，財産管理と物権法の関係については，フランスにおいては，「用益権（usufruit）」をめぐって議論がなされてきたが[7]，我が国においては，旧民法には取り入れた用益権制度が明治民法では「本邦ニ慣習ナシ」として

---

4) かかる着眼点は，髙秀成准教授との議論及び同准教授の一連の著作から示唆を得た（髙秀成「フランス法における権限（pouvoir）と財産管理制度」慶應法学23号105頁以下（2012），同「権限と権限濫用——フランス法からの示唆」NBL987号40頁以下（2012），同「財産管理と権利論」吉田克己＝片山直也編『財の多様化と民法学』520頁以下（商事法務，2014）など参照。

なお，この点に関して，若干，概念の整理をしておく必要があろう。信託法においては，「他益信託」と「自益信託」を少なくとも理念的に区分することが有用であるとの指摘が存するが（新井誠『信託法（第3版）』66頁以下（有斐閣，2008）など参照），この区分とは，誰に照準を合わせた区分かという点でそもそも視点を異にする。「他益信託」と「自益信託」との区分は，信託という行為をなす委託者に照準を合わせた上で，委託者（本人）以外の第三者（受益者）のためにする信託（他益信託）か，委託者＝受益者（本人）のためにする信託（自益信託）かという区分である（新井・前掲書67～68頁）。これに対して，本稿で提言する「他益管理」と「自益管理」の区分は，管理をなす管理者（信託では受託者）に照準を合わせた区分であり，他人の財産の管理を前提として，管理者がその他人のために行う管理を「他益管理」，管理者自身の利益のために行う管理を「自益管理」と定義している。ちなみに，ここでは，他人（財産の所有者）と管理者の二者のみが想定されており，受益者がそれ以外の第三者であるか否かは別次元の問題であるので，本稿の考察対象からは捨象している。

5) 前掲注4）の髙論文参照。
6) 片山直也「財の集合的把握と財の法」NBL1030号56～57頁（2014）参照。
7) 片山・前掲注2）107頁以下，原恵美「用益権の現代的意義」吉田克己＝片山直也編『財の多様化と民法学』598頁以下（商事法務，2014），吉井啓子「所有権の支分権」比較法研究76号144～146頁（2014）など参照。

削除されたことから,[8] いわば議論の土俵を失い,実益が見出されないまま今日に至っている。

ところが近時,「民間資金等の活用による公共施設等の整備等の促進に関する法律」(以下,「PFI法」という。)の2011年（平成23年）の改正により,「公共施設等運営権」という新たな権利の設定が認められたことによって,「財産管理と物権法」をめぐる議論に新たな素材を提供することとなった。というのは,公共施設等運営事業とは,民間事業者が,「他人」である公共施設等の管理者等（国や地方公共団体など）が「所有権」を有する公共施設等について,「運営等」（運営及び維持管理並びにこれらに関する企画）を行い,利用料金を自らの収入として収受するもの（PFI法2条6項）を指し,それはまさしく本稿にいわゆる「自益管理」に該当する。さらに,公共施設等運営事業を実施する権利である「公共施設等運営権」（同第2条7項）は,同法第24条により「みなし物権」と性質決定されていることから,[9] 財産管理と物権（法）の関係を検討する端緒となることが予測される。[10]

このような現代的取引における管理（「自益管理」）は,客体たる財や資産,事業の収益把握に結びついた「積極的な管理」であり,フランスでは「活用

---

8) 福島正夫『穂積陳重立法関係文書の研究』123頁,129頁（信山社,1989）,併せて,法務大臣官房司法法制調査部監修『法典調査会民法主査会議事速記録（日本近代立法資料叢書13）』73〜80頁（商事法務,1988）など参照。法典論争の文脈において,旧民法の用益権規定に対しては,「余輩は知る,未だ我帝国には往古より今日に至る迄,用益権に干する習慣の存せざることを,又之に類似も慣例も之なきことを,然るに帝国民法財産篇第二章には,儼然として用益権に干するの規定あるは,余輩の理解し能はざる一事たり」等の批判がなされていた（平井恒之助「用益権の真性を論じて帝国民法の規定に及ぶ」（明治23年6月）村上一博「『日本之法律』にみる法典論争関係記事(一)」法律論叢80巻4＝5号331頁（2008）参照）。
9) 倉野泰行＝宮沢正知「改正PFI法の概要(3)」金法1927号122頁以下（2011）,同「改正PFI法の概要(5)」金法1930号80頁以下（2011）,内藤滋＝宮﨑圭生＝幸田浩明（編著）・杉本幸孝（監修）『PFIの法務と実務（第2版）』259頁以下（金融財政事情研究会,2012）など参照。
10) この点について,片山直也「『活用（exploitation）』概念と『権能』論——PFIにおける公共施設等運営権を契機として—」法研88巻1号29頁以下（2015）参照）。

(exploitation)」や「運用 (valorisation)」[11]という行為概念で示される。[12]

本稿では，以上のような現代的な取引を念頭に置きつつ，「他益管理」と「自益管理」を対比しながら，「財産管理」の基礎理論として，「物権」構成によることの意義を検討したいと考えている。

## 第2 財産管理の概念と法制度

### 1 財産管理の概念

(1) 伝統的な「管理行為 (acte d'administration)」論

フランスでは，伝統的に，一方では，所有権の権能 (des attributs ou des prérogatives) は，使用，収益及び処分 (l'*usus*, le *fructus* et l'*abusus*) であるとされ，[13]他方では，所有権の行使として保存行為，管理行為及び処分行為 (l'acte conservatoire, l'acte d'administration et l'acte de disposition) の3つの行為の類型を区別する。[14]

この中で，「管理行為」は，財産の日常的な管理 (la gestion courante) に必要な行為であり，元本としての価値 (la valeur en capital) を損なうことなく収益を得る行為と定義され，「処分行為」すなわち物の本質や存在を損なう物理的行為や物の譲渡・移転を構成する法律行為と区別されてきた。[15]

---

11) exploitation 概念は，特許権の「実施」，著作権の「利用」，事業については「経営」に該当する多義的な概念であり，それらを総称して，本稿では，「活用」と訳出しておく。他方，valorisation 概念については，金融資産の価値増殖を意味するので，「運用」と訳出する。以上につき，片山直也「財産―― bien および patrimoine」北村一郎編『フランス民法典の200年』184頁（有斐閣，2006）参照。

12) *Cf. ex.* Le Fur (A.-V.), « L'acte d'exploitation de la chose d'autrui », *RTD civ.*, 2004, pp. 429 et s. ; *etc.*

13) *Cf. ex.* Terré (Fr.) et Simler (Ph.), *Droit civil, Les biens*, 9ᵉ éd., 2014, Dalloz, nº 120, pp. 131-132. ; Dross (W.), *Droit civil, Les choses*, 2012, LGDJ, nº 6, pp. 11-12 ; *etc.* なおフランス民法典第544条は，「所有権は，…物を享受し処分する権利である (La propriété est le droit de jouir et disposer des choses…)」と規定し，「使用 (usus)」と「収益 (fructus)」を併せて，jouissance として，disposition (abusus) と対置する二分法を用いている。本稿では，使用・収益を含めたjouissance 概念を「利益享受」と訳出しておく（同訳語につき，森田宏樹「財の無体化と財の法」NBL1030号41～42頁 (2014) 参照）。

14) Le Fur, *op. cit.*, p. 430 ; たとえば，不分割 (indivision) につき，*cf. ex.* Terré et Simler, *op. cit.*, nᵒˢ 577 et s., pp. 468 et s. ; *etc.*

15) Verdot (René), *La notion d'acte d'administration en droit privé français, Bib. dr. Privé*, t. XL, 1963, LGDJ, nᵒˢ 249 et s., pp. 187 et s. ; Le Fur, *op. cit.*, p. 430, note(7) ; *etc.*

そしてその区分が，権限論のベースになる。すなわち他人の財産権を行使する者の「権限」について，権限の定めのない者の権限の範囲を「管理行為」に限定するという考え方が支配的となった。この区別を前提とした「管理行為」概念は，ボワソナード[16]を経由して，現行民法[17]にも継受されている。[18]

原則として，管理行為・処分行為の概念区分は，所有権者の権能の概念区分に対応したもので，使用・収益は管理行為に，処分は処分行為に対応しており，他人の財産の管理における権限論が，所有権の権能論と結合していることが看取されよう。

しかし，この行為の重大性による区別は，古くから批判がなされ，管理行為と処分行為の区別は困難であるといわれてきた[19]。カルボニエは，集合体 (masse) としての有価証券 (valeurs mobilières) を念頭に置いて（今日的には有価証券ポートフォリオ），個々の財産の維持ではなく，集合体の金銭的価値の確保が重要であるゆえに，管理行為とは，資産の価値を維持する行為及び通常の活用行為 (acte de mise en valeur et d'exploitation normal du patrimoine) を指すと指摘していた。[20]

(2) 「活用 (exploitation)」概念と財産管理

別稿において詳述したように，フランス法においては，古くから，農業経

---

16) Boissonade (G.), *Projet de Code civil pour l'Empire du Japon, accompagné d'un commentaire*, t. III, 1888, n° 750, p. 903.
　【旧民法財産取得編第232条第2項】
　　総理代理ハ為ス可キ行為ノ限定ナキ代理ニシテ委任者ノ資産ノ管理ノ行為 (les actes d'administration du patrimoine) ノミヲ包含ス
17)【甲号議案第105条】（現行民法第103条の草案）
　　代理ノ範囲ニ付キ別段ノ定メナキトキハ代理人ハ管理行為ノミヲ為ス権限ヲ有ス
　　財産ノ保存，改良又ハ利用ノ為メニスル行為ニシテ権利ヲ喪失セシムルニ至ラサルモノハ之ヲ管理行為トス但果実又ハ損敗シ易キ者（ママ）ヲ有価ニ処分スルハ此限ニ在ラス
18) 片山直也『詐害行為の基礎理論』150頁以下，202頁以下（慶應義塾大学出版会，2011）参照。
19) Verdot (R.), De l'influence du facteur économique sur la qualification des actes «d'administration» et des actes de «disposition», *RTD civ.*, 1968, n° 1 et s., pp. 449 et s. 管理行為としての賃貸借と処分行為としての賃貸借の区別につき，片山・前掲注18) 116頁以下参照。
20) Carbonnier (J.), *Droit civil, Tome 1*, PUF [coll. «Quadrige Manuels»], 2004, n° 297, p. 554 ; n° 294, p.551.

営，営業財産などの事業財産の活用や知的所有権の利用・実施などで広く「活用（exploitation）」概念が用いられてきた[21]。フランスにおける「活用（exploitation）」概念の展開は，「無体財産（biens incorporels）」論のそれと軌を一にしている。1930年代，ヴォワラン（Voirin）及びルビエ（Roubier）の論文において確立された無体財産権の二大領域は，営業財産（fonds de commerce）及び知的財産権（droits intellectuels）であり，前者については，包括財産（fonds）の本質を顧客（clientèle）と捉えるならば，「顧客への権利（droit à la clientèle）」と言い換えることもできる[22]。その分析視角はその後，フランスにおける「財の法（droit des biens）」の一つの支柱として，今日まで承継されている[23]。

今日，財の管理（gestion des biens）は，財の単なる消極的な使用収益（simple usage passif）に止まらず，より積極的な行為を示す「活用

---

21) 片山・前掲注10) 30頁以下参照。
22) Voirin (P.), La composition des fortunes modernes au point de vue juridique, *Rev. gén. droit*, 1930, pp. 103 et s ; Roubier (P.), Droits intellectuels ou droits de clientèle, *RTD civ.*, 1935, pp. 251 et s., surtout, p. 295.
23) *Cf.ex.* Ripert (G.) et Boulanger (J.), *Traité de droit civil d'après le Traité de Planiol, t.* II : *Obligations (Contrat-Responsabilité), Droits réels (Biens-Propriété)*, 1957, LGDJ, n°s 2871 et s., p. 997 ; Zenati-Castaing (Fr.) et Revet (Th.), *Les biens*, 3ᵉ éd., 2008, PUF, n°s 53 et s., pp. 99 et s. ; Tafforeau (P.), *Droit de la propriété intellectuelle*, 2ᵉ éd., 2007, Gualino édituer, n°s 19-20, n°s 14 et 18, pp. 28 et 30 ; Catala (P.), La transformation du patrimoine dans le droit civil moderne (1966), n° 19, p. 25, *do*, L'évolution contemporaine du droit des biens, Exposé de synthèse (1991), n° 21, p. 74, in *Famille et patrimoine*, 2000 ; 片山・前掲注11) 189頁など参照。
なお，他方，相続財産の共有を意味する「不分割（indivision）」の規定に関しても，「活用（exploitation）」概念が定着している。すなわち，1976年12月31日法によって「通常の活用（exploitation normale）」概念が導入され，2006年6月23日法による現行法では，不分割者（共有者）は，3分の2の多数で，不分割財の管理行為（actes d'adminstration）をなすことができるが（フランス民法典第815-3条第1項第1号），「通常の活用（exploitation normale）」の範囲に属さない全ての行為及び第3号に規定された以外の処分行為（acte de disposition）をなすには，全員の同意が必要である（同条2項）と規定されている。1976年改革により導入され，2006年法によって承継された「通常の活用（exploitation normale）」概念は，古典的な「管理行為（acte d'administration）」概念を，経済的な意味で再定立したもの（reformulation économique）であり，一般委任では管理行為（acte d'administration）しかなし得ず，処分行為（acte de disposition）をなすには特別委任が必要であるとの原則（民法典第1988条）が存するので，他人の財産の管理（gestion des biens d'autrui）においては，この新しい基準が妥当であるとの分析がなされている（*Cf. ex.* Zenati-Castaing et Revet, *op.cit*, n° 386, p. 565.)。

(exploitation)」概念と結びつけて説明されることが多くなってきている。たとえば，キュイフ（Cuif）は，管理契約として，「活用管理契約（contrat de gestion d'exploitation）」と「運用管理契約（contrat de gestion valorisation）」の２つのカテゴリを提示する。具体的には，前者としては，会社のマネジメント，ホテル等の事業，船舶の管理，公共サービス（水道供給，交通サービスなど）の管理契約が想定されている。管理者は，企業（entreprise）すなわち経営のための物的かつ人的資源の総体を引き受ける。後者としては，有価証券や金融手段の運用，知的所有権（特に著作権）の独占実施，金銭，退職年金基金の投資が挙げられる。[24]

さらに，ル・フュール（Le Fur）は，「他人の物の活用行為（L'acte d'exloitation de la chose d'autrui）」という論文において，財の法（droit des biens）の基本概念，すなわち所有権の権能の三分類（usus, fructus, abusu）やその権能の行使としての行為の三分類（保存，管理及び処分行為）によっては，「活用（exploitation）」につき，「活用権者（expoitant）」の権能を十分に説明できないと批判し，[25]利益享受権（droit de jouissance）[26]には２つのレベルがあり，消極的利益享受権（droit de jouissance passive）は，名義人に特別な行為なくしてひとりでに果実を得ることを可能とするが，積極的利益享受権（droit de jouissance active）は，労働やノウハウを用いた活用行為（l'acte d'exploitation）により媒体である物から富（richesses）を創出することを可能とするとの区別を行う。[27]その上で，今日の経済活動としての財産管理については，管理行為と処分行為の区別や物権と債権の区別など従前の古典的な区分では不十分で，「活用（exploitation）」概念を用いることが有用であると主張する。[28]

以上のように，近時のフランス法においては，財の管理（gestion des biens）は，積極的な価値増殖行為を示す「活用（exploitation）」概念と結び

---

24) Cuif (P.-Fr.), *Le contrat de gestion*, Economica, 2004, pp.9-11.
25) Le Fur, *op.cit*, p. 430.
26) 本稿において，使用・収益を含めた「jouissance」概念（フランス民法典第544条）を「利益享受」と訳出する点につき，前掲注13）参照。
27) *Id*, p. 429, 440. *V. aussi*, Blanluet (G.), *Essai sur la notion de propriété économique en droit privé français, recherchesau confluent du droit fiscal et du droit civil*, 1999, L.G.D.J., n<sup>os</sup> 170 et s., pp.125 et s.
28) Le Fur, *op. cit.*, p.437.

つけて説明がされることが多くなってきている。

　ちなみに，ケベック民法典は，他人の財産の管理について，「単純管理（simple administration）」と「完全管理（la pleine administration）」を区別して規定している点が注目されるが，「完全管理」は，「exploitation（活用）」や「valorisation（運用）」を想定した管理であり，ル・フュールのいう「積極的利益享受」に対応していると分析できる[29]。

　もっとも，ケベック民法典の「他人の財の管理」に関する規定は，財産（物権）編に独立した章を設けて規定されているが，内容としては，主として「他益管理」が想定されていることから，財産（物権）編に規定を置くことには立法論的な批判がなされているところではある[30]。

　確かに，これまで，他人のためにその他人の財産の管理を行う場合（「他益管理」）の管理者の「権限」の問題と，他人の財産を自己のために管理（活用）し収益を得る場合（「自益管理」）の管理者の「権能」の問題が混同されてきた面が存したということはできるであろう。よって，両者を区別して論じることは重要であるが，[31] 同時に，現代取引社会における後者（「自益管理」）の意義が看過されてはならない。

---

29) ケベック民法典　第7章　他人の財の管理（de l'administration du bien d'autrui）
　【第1301条】
　　単純管理（simple administration）をなす義務を負う者は，財の保存に必要な全ての行為（tous les actes nécessaires à la conservation du bien），又は財が通常の用途を維持するために有益な全ての行為（ceux qui sont utiles pour maintenir l'usage auquel le bien est normalement destiné）をしなければならない。
　【第1306条】
　　完全管理（la pleine administration）をなす義務を負う者は，財を保存し，かつ収益を挙げ（conserver et faire fructifier le bien），資産を増大させ（croître le patrimoine），又は受益者の利益又は信託の目的の追求がそれを要求するときには，その充当目的（l'affectation）を実現しなければならない。
30) カンタン・キュマンは，他人の財産管理が，財産権の行使（l'exercice de droits patrimoniaux）ではなく，権限の行使（l'exercice de pouvoirs）であることから，財産（物権）編に規定を置くことには批判的である（Cantin Cumyn, De l'administration du bien d'autrui, 3.C.P. du N., 1988, p. 313, cité par Lauzon（G.）, L'administration du bien d'autrui dans le contexte du nouveau Code civil du Québec, 24 R.G.D. 107-133, 1993, p. 110）。
31) Cf. ex. Gaillard（E.）, Le pouvoir en droit privé, 1985, Economica ; Julienne（E.）, La gestion des biens pour autrui（Contribution à l'élaboration d'une théorie générale）, R.R.J., 2008, pp. 1323 et s: etc. 髙・前掲注4）542頁以下，552頁以下に詳しい。

## 2 財産管理の法制度

我が国では，財産管理制度としては，他人のための財産管理（「他益管理」）を念頭に置いて，代理，契約（委任，寄託，組合），遺言執行，信託などを列挙するのが一般的であるが[32]，ここでは，自己のための財産管理（「自益管理」）も念頭に置いて，フランスの管理賃貸借（location-gérane）や用益権（usufruit）も取り上げることとする。私人間の取引（合意）による財産管理に限定するならば[33]，それらは大別すると，契約（債権契約）による財産管理，所有権移転形式による財産管理（具体的には信託），物権すなわち支分権（制限物権）の設定による財産管理（具体的にはフランスの用益権）に分けることができよう。

### (1) 契約による財産管理

まずは債権契約であるが，キュイフ（Cuif）は，それを「管理契約（Contrat de gestion)」として総称する。それによれば，管理契約とは，「被管理者（géré）と呼ばれる者が，その1つ又は複数の財を，管理者（gestionnaire）と呼ばれる他の者の処分下に委ね，被管理者の計算において，あらゆる法律上の又は事実上の行為をなす権限（pouvoir）を管理者に付与することによって，財の価値増殖（valorisation）の目的において管理行為を行うことを管理者に義務付ける契約」と定義される[34]。管理義務を負わせる点で債権契約が想定されている。

実務において，管理契約は多くの領域[35]をカバーする。たとえばフランスにおける営業財産の活用・経営（l'exploitation du fonds de commerce）の管

---

[32] 新井・前掲注4）106頁以下など参照。
[33] 制限能力者の財産管理，不在者の財産管理，相続財産の管理など法定の財産管理制度（田髙・前掲注1）304頁以下など参照）については，本稿では取り上げない。
[34] Cuif, *op.cit.*, n° 750, p.516. この定義による限り，「被管理者の計算」によるとする点，「権限」を管理者に付与するとする点から，「他益管理」が念頭に置かれているようであるが，後述のように，実務上，「管理契約（contrat de gestion）」は，自益管理も含めたより広い制度として想定されている。
[35] 知的財産権については，「譲渡契約（la cession)」，「ライセンス契約（la concession de licence)」，「集合的活用又は管理（l'exploitation ou la gestion collective)」，「組合契約（contrat de société)」などに分類することができる，様々な種類の「活用契約（contrats d'exploitation)」が選択肢として与えられている（*Cf. ex.* Marino (L.), *Droit de la propriété intellectuelle*, PUF, 2013, p. 80 ; n$^{os}$ 36 et s., pp. 83 et s. ; Binctin (N.), *Droit de la propriété intellectuelle*, 3$^e$ éd., LGDJ, 2014, n$^{os}$ 942 et s., pp. 571 et s. ; *etc.*）。

理については，管理者の自律の程度に応じて，雇用契約に基づく雇用管理者 (gérant salarié)，委任契約に基づく支店受託管理者 (gérant mandataire de succursale)，管理賃貸借契約に基づく賃借管理者 (locataire-gérant) に区分される。賃借管理者は，自由管理者 (gérant libre) とも呼ばれ，自身の名義かつ計算で，自身のリスクにおいて営業をなし，所有者に使用料 (redevance) を支払う。[36]

　我が国では，財産管理に関する契約は，主に，委任ないし準委任契約として法的性質が決定されてきたが，[37] フランスでは，典型契約としては，雇用，委任又は賃貸借を基本とした管理契約の類型が想定されていることが分かる。賃貸借をベースとした管理賃貸借は，営業財産の所有者に使用料が支払われるものの，賃借人には，営業財産を下に自由な収益活動が許容されていることから「自益管理」に整理することが可能であろう。

(2) 所有権移転形式による財産管理（信託）

　次いで，所有権移転形式を採る財産管理制度として，信託が挙げられる。我が国において，信託は，1922年（大正11年）に旧信託法が制定以来，2000年（平成12年）の法改正を経て，主として信託銀行によって，財産管理，投資，流動化のヴィークルとして広く活用されてきた。信託は，我が国における財産管理のもっとも典型的な法制度であるということができる。[38] 信託法は，信託とは，「特定の者が一定の目的（専らその者の利益を図る目的を除く。同条において同じ。）に従い財産の管理又は処分及びその他の当該目的の達成のために必要な行為をすべきものをすること」（同法2条1項）と定義され，信託が財産管理（「一定の目的」に従った「財産の管理又は処分」）の制度[39]で

---

36) Cf. ex. Lemeunier (F.), *Fonds de commerce, Achat et vente, Exploitation et gérance*, 16ᵉ éd., 2004, Delmas, n°1201 p. 151; Delpech (X.), *Fonds de commerce, Achat, Vente, Exploitation, Gérance, Évaluation, EIRL*, 18ᵉ éd., 2011/2012, Delmas, nᵒˢ 101.15 et s., pp. 341-342 ; *etc.*
37) 於保・前掲注3) 6頁，田高・前掲注1) 299頁など。なお，「財産管理的要素」，「財産管理の委託」に委任契約の典型性を認めるとするものとして，淺生重機「預金者の取引経過開示請求権の有無」金法1700号80頁 (2004)，髙秀成「金融機関の預金者に対する預金取引経過開示義務について」慶應法学19号563～564頁 (2011) など参照。
38) 能見善久『現代信託法』1頁以下（有斐閣，2004)，新井・前掲注4) 77頁以下など参照。
39) 信託の機能について，「基本的類型」，「保全・保護的類型」及び「利殖・投資的類型」の3つの類型を分けて，そのうち「基本的類型」は，「信託財産の安全・保持を期し，

あることが分かる。

なお，信託法は，信託の対象である信託財産について，「財産（受託者に属する財産であって，信託により管理又は処分をすべき一切の財産）」[40]と規定している（同法2条3項）。「信託財産」は，積極財産に限定され，消極財産である債務は含まれないとされるが[41]，委託者の債務について，受託者が民法上の債務引受をすることによって，「信託財産責任負担債務」とすることは可能であり（同法21条1項3号），さらに，信託法は，「事業の信託」すなわち積極財産と消極財産（債務）の集合体としてすでに運営されている事業自体を信託財産とすることを認めていないが，信託の設定時において，信託行為の定めをもって，ある事業の積極財産を信託するとともに，委託者の負担する（当該事業に関係する）債務を信託財産責任負担債務とすることができるから，両者を組み合わせることによって，「事業の信託」をしたのと実質的に同様の状態を作り出すことができるといわれている[42]。

なお，フランスでは，2007年2月19日法によって「信託（fiducie）」（民法典2011条以下）が導入された[43]。当初から，信託から生じた債務につき設定者が責任を負う場合があるなど（民法典2025条2項），法の不備が指摘され，財産管理の方法として実務における利用は期待できないといわれてきたが[44]，今後の展開を見守る必要があろう[45]。

---

また相当な利殖を図ること（安全にして，かつ，有利な財産管理）」が信託目的であり，「財産保全機能」と「利殖機能」の調和が求められると分析するものがある（田中實「信託の機能的類型化について」加藤一郎＝水本浩編『民法・信託法理論の展開』389～414頁（弘文堂，1986），新井・前掲注4）77～78頁参照）。

40) 旧法第1条は「財産権」と規定しているのに対して，新法は，単に「財産」とのみしたが，これは，信託の対象となるためには，①具体的な名称で呼ばれるほどに成熟した権利である必要はなく，②金銭的価値に見積もることができる「積極財産」であり，かつ，③委託者の財産から分離することが可能なものであれば全て含まれるとの趣旨を明らかにしたものである（寺本昌広『逐条解説新しい信託法（補訂版）』32頁（商事法務，2008）。

41) 寺本・前掲注40) 75頁注(2)。

42) 寺本・前掲注40) 88頁注(12)。

43) フランス法の信託については，小梁吉章『フランス信託法』（信山社，2011），中原太郎「フランス民法典における『信託』について」水野紀子編『信託の理論と現代的展開』253頁以下（商事法務，2014）など参照。

44) ピエール・クロック＝平野裕之訳「フランス民法典への信託の導入」法学研究81巻9号98頁以下（2008），クリスティアン・ラルメ＝野澤正充訳「信託に関する2007年2月19日の法律（フランス）」立教法務研究2号75頁（2009）など参照。

45) 中原・前掲注43) は，たとえば，金融法分野における狭義の管理目的フィデュシにつ

本稿の考察にとって重要な点は，信託は基本的に「他益管理」のための制度であり，「自益管理」は想定されていないという点である。

ちなみに，信託に関しては，「他益信託」と「自益信託」の区別があるが，この区分が，信託という行為をなす委託者に照準を合わせた上で，委託者（本人）以外の第三者（受益者）のためにする信託（他益信託）か，委託者＝受益者（本人）のためにする信託（自益信託）かという区分であるのに対して，本稿における「他益管理」と「自益管理」の区分は，管理をなす管理者（信託では受託者）に照準を合わせた区分であり，他人の財産の管理を前提として，管理者がその他人のために行う管理を「他益管理」，管理者自身の利益のために行う管理を「自益管理」としている。[46] この点に関していえば，信託法第2条第1項（括弧書き）が，「（専らその者の利益を図る目的を除く。）」とすることからも明らかなように，「自益管理」としての信託（受託者が専ら自らの利益を図る目的の信託）は想定されていないということになるであろう。

(3) 物権設定による財産管理（フランスの用益権）

最後に，物権すなわち支分権（制限物権）方式の財産管理制度を取り上げる。フランスにおける用益権（usufruit）は，所有権の支分権の一つであるが，近時，用益権の領域は，無体物（営業財産，有価証券，知的所有権，債権，金銭）に拡大し，特に親族間で，財産の移転と移転した財産の合理的な管理の維持を同時に実現することを可能とする管理の手段として広く用いられている。[47] 特に近時の破毀院判例[48]によって，有価証券ポートフォリオに用益権

---

いては，その重要性が強調されながらも（272頁），「財産管理のための所有権移転の一般的仕組みが構築されたわけではな（く）」，個別的な問題に関しても，「委任その他の既存の法技術の修正にとどまり，狭義の管理目的フィデュシそのものが達成されたわけでなく，それに類似した枠組みが実現したに過ぎない」（275頁）と整理しつつ，「狭義の管理目的フィディシの具体的な活用可能性は，今も模索状態である」（が）（314頁），「そのことによって，委任の難点を克服した新たな財産管理方法が定められたことの抽象的意義が否定されるわけではない」（314〜315頁）と分析する。

46) 前掲注4）参照。
47) Malaurie (Ph.) et Laurent (A.), *Les biens*, 5e éd., 2013, Defrénois, no 802, pp.261-262 ; no 814, pp.269-270.
48) 破毀院の判例（バイレ判決）は，有価証券ポートフォリオを「事実上の包括体」と性質決定し，その用益権者が，補填することを条件に構成要素を処分できることを帰結した（l'arrêt Baylet, Civ 1re,12 nov. 1998, *Bull.civ.* I, no 315. 同判決につき，原恵美「有価証券資産に対する用益権の設定」松川正毅他編『判例にみるフランス民法の軌跡』75頁以下（法律文化社，2012）参照）。

を設定し，用益権者にポートフォリオの構成要素である個々の有価証券を処分する権能が認められ，運用資産の「動的管理（gestion dynamique）」が可能となっている[49]。しかし用益権が活用されるのは専ら相続の局面であって，実務において頻繁に管理目的で合意により用益権が設定されるというわけではなく，営業財産についていえば，管理賃貸借（location-gérance）が用いられるのが一般的だとされている[50]。

物権としての用益権が設定されるか，債権としての賃借権が設定されるかは別として，ここで想定されている財産管理は，他人の財産につき，管理者（用益権者又は賃借人）が，自己のために管理をなし収益を得ることが想定されている。すなわち「権限」の問題ではなく，「権能」の問題であり[51]，それゆえに物権（所有権の支分権）としての構成に親和的ということができよう。

## 第3 財産管理における「権限」と「権能」

### 1 財産管理と権限（pouvoir）論

ガイヤール（Gaillard）は，その著名なテーズにおいて，委任の受任者や団体の代表者の権限を中心とするが，用益権者の権限も射程に入れた「私法における権限の一般理論」を打ち立てた[52]。ガイヤールは，「権利（droit subjectif）」と「権限（pouvoir）」を截然と区別し，権利は名義人に自己の利益のための決定権を付与するものであるのに対して，権限の名義人は他人のために決定をなし，法秩序を変更し，他人の法的世界に介入するものである

---

49) 原・前掲注7）600頁参照。「動的管理（gestion dynamique）」につき，cf. Dross, op.cit., n° 425, pp.785.
50) Cf. ex. Lemeunier op.cit., n° 1621 p. 233 ; Delpech op.cit., n° 133.12, p. 457 ; etc.
51) 「自益管理」である用益権者も，虚有権者に対して報告義務を負うが（前掲注48）のバイレ判決参照）．これは，「他益管理」の「権限」に伴う義務（収益活動（exploitation）報告義務）とは異なり，単に所有権の客体たる財の実体（substance）を維持する義務に基づくものではないだろうか。
52) Gaillard (E.), Le pouvoir en droit privé, Economica, 1985, p.7. なおガイヤールの理論につき，髙・前掲注4）「フランス法における権限（pouvoir）と財産管理制度」105頁以下，同・前掲注4）「財産管理と権利論」525頁以下など参照。なお，高論文によって，フランスにおいては，「権利」と「権限」の区別は，ダバン（Dabin）の「職分としての権利（droit-fonctions）」概念を経て，ルビエ（Roubier）によって確立されたとことが紹介されている（髙・前掲注4）「財産管理と権利論」537～542頁参照）。

とされる。[53]

　ガイヤールの理論は，財産管理に特化したものではないが，これに関連して，ケベック新民法典が，「他人の財産の管理（de l'administration du bien pour l'autrui）」と題する章を財産編の中に設けて，充当資産（patrimoine d'affectation）や信託（fiducie）を規定している点が注目される。[54] カンタン・キュマン（Cantin Cumyn）は，他人のための財産管理の制度と「権限」との結びつきを強調し，管理者は「権利」を行使するのではなく，他人の財産についての「権限」を行使するのであり，財産の名義人である他人の排他的利益のために「権限」を行使することから「誠実義務」が帰結されると説明している。[55]

　以上のように他益管理に関しては，財産権の実質的な帰属者（被管理者）のために，管理者が当該財産権の管理処分権を行使するという目的拘束から，「権限」という概念が必要となるが，自益管理に関しては，管理者が自己のために管理処分権を行使するのであるから，目的拘束ないし「権限」概念を観念することは不要となる。他方，他益管理，自益管理を問わず，管理処分の効果を財産権に結びつけるための構成が必要となる。この点を模索したのが，於保「財産管理権」論である。[56] 同理論は，近代資本主義経済社会における「財産の帰属」と「財産の管理」の普遍的分化の事象の上に立って，「管理権」は，「所有・財産と契約・管理行為との媒介的地位」にあるべきものとして位置づけ，財産管理の法律上の手段を，「現象的・外形的手段である法律行為」と，「観念的・内在的手段である管理権」との二本建てと構成し，「法律行為により与えられる抽象的な法律効果が，管理権によって媒介されて，管理財産に具体的に帰属する」という法理を抽出する。[57] だが，そ

---

53) Gaillard, *op.cit.*, n° 216, pp.138-139 ; n° 218, p. 140.
54) ケベック法につき，マドレーヌ・カンタン・キュマン＝高秀成訳「他人の財産の管理」慶應法学22号185頁以下（2012），同「ケベック信託」慶應法学22号163頁以下（2012）参照。
55) Cantin Cumyn (M.), *L'administration du bien d'autrui*, Ed. Yvon Blais, 2000, n° 94, p. 79 ; no 3, p. 4.
56) 「権限」論と「権利」論の対比という視角から，於保「財産管理権」論を分析するものとして，高・前掲注4）「財産管理と権理論」525頁以下など参照。
57) 於保・前掲注3）22頁，25頁。その他，四宮，新井，道垣内等により，信託制度を起点とした財産管理法の構築が試みられている（四宮和夫「財産管理制度としての信託について」『於保不二雄先生還暦記念・民法学の基礎的課題（中）』20頁以下（有斐閣，

こで想定されていたのは，代理権や授権などの財産権外在的な権利（処分権）[58]であった。しかし，現代取引社会において財産管理に求められているニーズは，事業や収益活動すなわち「活用（exploitation）」にあり，法的な根拠は財産権（所有権）内在的に求められる必要がある。

## 2 財産管理と所有権の権能
### (1) 権能の束としての所有権

前稿においても指摘してきたように，[59] 財及びその活用の多様化は，財のもたらす「効用」の分配という視角から，「所有権」論自体の見直しを促している。そもそも「所有権」概念自体が歴史的な産物である。中世ローマ法学（バルトロス）は，所有を3つの権能（usus, fructus, abusus）によって定義するようになり，dominium を権能の意味で用いて，分益小作人等の土地保有者の権利をdominium utile（いわゆる下級所有権）と呼んだ。dominiumは，いわば「権能の束」としての所有権であり，そこから封建社会の土地制度を基礎づける「分割所有権」（propriété divisée, démembrement）や「同時併存的所有権」（propriétés simultanées, saisine）などの重層的所有権概念が導かれた。これらは，法思想的には，近代的所有権論によって一掃されることになるが，逆に，現代社会における財の多様化に対応することが可能な法技術的契機を内包しており，用益権や信託など財産管理の局面を中心に，[60] 財のもたらす「効用」の分配という視点から，再評価の兆しがある。この点に関連して，フランスでは，近時，«経済的»所有権（propriété «économique»）

---

1974)，新井誠『財産管理制度と民法・信託法』（有斐閣，1990)，道垣内弘人『信託法理と私法体系』（有斐閣，1996）など参照)。

58) この点に関して，森田・前掲注13) が，所有権に含まれる法的権能の1つである「処分（abusus）」（民法206条）は，消費や毀損などの事実行為による物理的な処分に限定され，法的処分（譲渡や放棄などの法律行為による処分）は含まれないとの民法起草者の理解（梅謙次郎『訂正増補民法要義巻之二物権編』104頁（有斐閣，1911)，富井政章『民法原論第二巻物権』93〜94頁（有斐閣，1923）など）を前提に，「所有権その他の物権や債権などの有用性をもたらす財産が法主体に排他的に帰属することにより，その者に認められる法的権能が『処分権』である」（42〜43頁）とし，「財産権の処分権は，財産権の内容を構成するものではなく，その帰属に関わるものであって，理論的なレベルを異にするものである」（44頁）と分析する点が示唆に富む。

59) 片山・前掲注6) 57頁など参照。

60) ミカエル・クシファラス＝藪本将典訳「現代所有権理論に見る道具的・ドグマ的アプローチとモデル化」慶應法学12号323頁以下（2009）など。

第Ⅰ部　総　論

論[61])が有力に主張されているところである。

(2)　「活用（exploitation）」概念と「権能」論

次いで，財及びその活用の多様化は，所有権につき「権能の束」としての側面を再認識させると同時に，効用の分配という視角から，「権能」の再整理・再類型化を促しているといえよう。この点については，前述のとおり，近時，フランスにおいて，資産の活用（exploitation）や運用（valorisation）といった現代取引社会のニーズを反映して，「権能」の3分類（使用・収益・処分）を見直すことが主張されている点が注目される。[62])

そもそも，「活用（exploitation）」概念[63])は，古くはローマ法において，賃料貸借（baux à loyer）と活用貸借（baux d'exploitation）の区別が存したし，民法典（1804年）は，農地の活用に欠くべからざる動産につき「不動産化（immobilisation）」を承認していた。民法典以外でも，営業財産や知的所有権につき，exploitation（経営や実施・利用の意）概念が用いられ，[64])さらに，理論的には，「新たな所有権」概念（la notion de propriété nouvelle）として，「活用所有権（propriété de l'exploitation）」概念[65])などが主張されてきたところである。

以上の経緯を踏まえて，ル・フュール（Le Fur）は，財の法（droit des biens）の基本概念，すなわち所有権の権能の3分類（usus, fructus, abusu）やその権能の行使としての行為の3分類（保存，管理及び処分行為）によっては，「活用（exploitation）」につき，「活用権者（expoitant）」の権能を十分に説明できないと批判し，[66])一歩踏み込んで，財の法（物権法）における「活用

---

61) *cf. ex.* Rochfeld (J.), *Les grandes notions du droit privé*, 2e éd., PUF, 2013, pp. 316-320は，「経済的所有権（propriété «économique»）」を「他人に所有権が帰属する財の経済的な本質の全てを積極的又は消極的に処分する権利」と定義し，信託と支分権（用益権など）を並列的に検討する。V. aussi, Blanluet, *op. cit.*, nos 303 et s., pp.197 et s.
62) 詳しくは，片山・前掲注10）41頁参照。
63) 片山・前掲注2）184頁参照。
64) Le Fur, *op. cit*, pp. 429-430.
65) Savatier (R.), *Les Métamorphoses économiques et sociales du droit privé d'aujourd'hui*, 3e serie, Approfondissement d'un droit renouvelé, 1959, Dalloz, n° 243 ;1950 ; Ripert (G.), *Les forces créatrices du droit*, L.G.D.J, 1955, nos 84 et s pp.210 et s. ; Théry (R.), De l'utilisation à la propriété des choses, *Etudes Ripert*, 1950, t.II, L.G.D.J., pp. 17 et s. ; Ourliac (P.), Propriété et exploitation : l'évolution récente du droit rural, *Mélanges Marty*, 1978, Université des Sciences Sociales de Toulouse, pp.881 et s.
66) Le Fur, *op.cit*, p. 430.

行為」の再定位を主張したわけである[67]。それによると，フランス民法典第544条が規定する「利益享受権（droit de jouissance）」は，所有権の権能のうち使用（usus）及び収益（fructus）を包含した概念とされてきたが，この「利益享受権」については，「消極的利益享受権（droit de jouissance passive）」と「積極的利益享受権（droit de jouissance active）」の2つのレベルが区別されるべきである。すなわち「消極的利益享受権」は，名義人に特別な行為なくしてひとりでに果実を得ることを可能とするのに対して，「積極的利益享受権」は，労働やノウハウを用いた資本（capital）の活用（exploitation）から生じる産出物（produits）として，物から富（richesses）を創出することが可能となる[68]。

その上で，今日の経済活動として行われている「他人の物の活用（l'exloitation de la chose d'autrui）」に関しては，管理行為と処分行為の区別や物権と債権の区別など従前の財の法（物権法）の古典的な区分では不十分で，「活用（exploitation）」概念に対応した規定を設けることが必要であると主張するのである[69]。

### (3) 財産管理と「権能」論

この点については，マロリー＝エネスが，「信託的所有権（propriété fiduciaire）」として，「権利」と「権限」の構造を以下のように説明している点が注目される。「受託者は，それゆえ所有権の名義人である。しかし，受託者が物について行使する権限（pouvoir）は，所有者であれば自身の固有の利益として活用（exploitation）から引き出すことができる経済的効用（utilité économique）を，受託者に与えるためのものではない。他人（受益者）の利益のためという受託者に課される義務，及び，信託の必然的に一時的な性格によって，所有者の権能（prérogatives）の行使には重要な制限が課される。……（改行）受託者の権限（pouvoirs）は，所有者のそれ，すなわち使用，収益及び処分（l'usus, l'abusus et le fructus）である。しかし，受託者は，その権限の行使において，委託者が受託者に置いた信頼に応えなければならない。すなわち，受託者は，所有物を受け取った目的（objectifs）に適った用

---

67) *Id*, 440-441.
68) *Id*, pp. 429, 440.
69) *Id*, p.437.

途（usage）で所有権を行使しなければならない。」[70]

　以上の説明は，逆説的ではあるが，広義の財産管理から「他益性」の制約を取り除いたならば，すなわち，少なくとも自益管理においては，さらに，自益・他益を問わず財産管理の一般理論を構築するに際しては，財産管理と所有権（財産権）の権能論との関係を正面から論じる必要性があることを示しているといえよう。

　この点に関しては，フランスにおいて，物権（所有権の支分権）である「用益権」が，財産管理に広く活用されている点を再び想起されたい。我が国においては「用益権」制度は導入されなかったが，近時，PFI法の改正により，「みなし物権」としての「公共施設等運営権」が創設され，財産管理と物権（用益物権）との関係を論じる契機が生まれたといえよう。さらに，翻って，担保法のパラダイム転換により，収益に着目した担保における「管理機能」に注目が集まっている。現段階では，コベナンツ等の担保合意の効力として論じられているが，財産権（所有権）の権能として「活用」を論じる余地も存するであろう。

## 第4　財産管理と物権法の再構築

　別稿において詳しく紹介を行ったとおり[71]「民間資金等の活用による公共施設等の整備等の促進に関する法律」（PFI法）の平成23年改正法（改正PFI法）は，「公共施設等運営権」制度（いわゆる「コンセッション方式」）を導入した。「コンセッション方式」とは，利用料金の徴収を行う公共施設等について，施設の所有権を公的主体に残したまま，公共施設等の経営を民間事業者（SPC）が独立採算で行うスキームであり，同方式の導入が期待される対象事業としては，上下水道，空港等が想定されている。[72] そして，このコンセッション方式の法的な基礎となるのが，「公共施設等運営権」制度である。[73]

---

70) Malaurie et Aynès, *op.cit.*, n° 757, p.251.
71) 片山・前掲注10) 42頁以下参照。
72) 福田隆之他・日本政策投資銀行PFIチーム編著『改正PFI法解説』2頁，8～9頁，38～39頁（東洋経済新聞社，2011）など参照。
73) 「公共施設等運営権」制度のねらいは，①民間事業者の自由度を高め，民間事業者にとって魅力ある事業を組成すること，②金融機関からの資金調達を円滑にすることの2

公共施設等運営事業とは，民間事業者が，「他人」である公共施設等の管理者等（国や地方公共団体など）が「所有権」を有する公共施設等について，「運営等」（運営及び維持管理並びにこれらに関する企画）[74]を行い，利用料金を自らの収入として収受するもの（PFI法2条6項）を指し，公共施設等運営事業を実施する権利を，「公共施設等運営権」（同法2条7項）と呼ぶ。

　重要な点は，「公共施設等運営権」が，PFI法第24条により「みなし物権」と性質決定され，原則として不動産に関する規定が準用されるという点である。[75] 一般に，契約によって権利が発生するとなると，当該権利を物権とみなすことが法的に困難となるので，運営権の設定という設権行為（講学上の特許）に基づき施設を運営する権利が付与されると解されている。[76]

　「みなし物権」と構成することの意義は，①運営権を抵当権の目的を可能とすることにより（PFI法25条），金融機関からの資金調達の円滑化を図ること，②運営権の譲渡を可能とし，併せて登録制度による対抗要件の具備（同法27条）を通じて，運営権の安定的な譲渡システムを構築することにより，公共サービスの安定的な維持を可能にすることに存すると解されている。[77]

　「みなし物権」としての性質であるが，物権法定主義との関係で，新たな物権の創設のためには法律による定めが必要となる（民175条）。同様の性質を有する先例として，漁業権（漁業法），鉱業権（鉱業法），ダム使用権（特定多目的ダム法）がある。たとえば，漁業権は，「漁業」という事業（水産動植物の採捕又は養殖の事業）を営む権利であり，漁業者の運用によって公共の用に供する水面である漁場を総合的に利用する権利である（漁業法1条，2条1項，6条）。漁業権は，物権とみなされ，土地に関する規定を準用され

---

　　点にあるとされる（倉野＝宮沢・前掲注9）「改正PFI法の概要(3)」125頁など参照）。
74) 広くPFI事業として想定されている「公共施設等の建設，製造，改修，維持管理若しくは運営又はこれらに関する企画」（PFI法2条2項）のうち，「建設，製造，改修」は運営権の対象とならない。後述のように，運営権は物権とみなされ，不動産の規定が準用されるので，物権の対象としての特定性が必要となるからである（内藤＝宮﨑＝幸田（編著）・杉本（監修）・前掲注9）261～262頁など参照）。
75) 【PFI法第24条】（性質）
　　公共施設等運営権は，物権とみなし，この法律に別段の定めがある場合を除き，不動産に関する規定を準用する。
76) 倉野泰行＝宮沢正知「改正PFI法の概要(4)」金法1928号96頁（2011），内藤＝宮﨑＝幸田（編著）・杉本（監修）・前掲注9）262頁など参照。
77) 倉野＝宮沢・前掲注9）「改正PFI法の概要(5)」金法1930号81頁（2011）など参照。

(同法23条)、抵当権の設定も可能となる（同法24条）。[78]

「公共施設等運営権」は、公的主体が有する公共施設の所有権に基づき、公共施設を処分する権能はないものの、公共施設を利用する（運営する）権利及び果実（利用料金）を収受する権能を包含するものであり、「用益物権」に類似する性格を有しているとの分析がなされているが、[79] 本稿の考察からすると、まさしく「積極的な利益享受（jouissance active）」を意味する「活用（exploitation）」を内容とする物権を正面から認めた画期的な例と位置づけることができよう。その点からは、従前から存する漁業権等の「みなし物権」も、公共施設等運営権と同様に、「活用（exploitation）」を目的とした用益物権の性質を有する物権（用益物権）の設定を認めるものとして整理することが可能である。

今後は、「公共施設等運営権」の導入を契機として、フランスにおける用益権と対比しつつ、我が国においても、「公共施設等運営権」等を、財産管理（「自益管理」）という視角からの分析の俎上に乗せることが有用となるであろう。

## 第5 結びに代えて──もう一つの「管理」

さらに翻って、担保については、担保法のパラダイム転換の議論[80]以降、「清算価値」（実行時の売却価値）を担保客体の交換価値として排他的に把握する「優先弁済的効力」を中心とした従来の担保像に対置して、プロジェクト・ファイナンスやABLなど、企業や事業の「継続価値（going concern value）」を把握する「収益管理型担保」の重要性が認識されるようになった。[81]

---

78)【漁業法第23条第1項】（漁業権の性質）
　漁業権は、物権とみなし、土地に関する規定を準用する。
79) 倉野＝宮沢・前掲注9)「改正PFI法の概要(5)」81頁など参照。
80) 内田貴「担保法のパラダイム」法教266号7頁以下（2002）、経済産業省・企業法制研究会「企業法制研究会（担保法制研究会）報告書──『不動産担保』から『収益性に着目した資金調達』へ」（2003）別冊NBL86号『新しい担保法の動き』所収185頁以下（2004）など参照。
81) 債権管理と担保管理を巡る法律問題研究会「担保の機能再論──新しい担保モデルを探る──」金融研究27巻法律特集号1頁以下（2008）、山本慶子「再建型倒産手続における将来取得財産に対する担保権の処遇──事業収益型担保の処遇を中心に──」金融研究29巻2号159頁以下（2010）など参照。

そこでは，ウォーターフォールによる収益管理，モニタリングやステップインなどの経営監視など，いわゆる「管理」機能が，担保の機能・効力として論じられている。[82] たとえば，2008年（平成20年）の日本銀行金融研究所のペーパーは，「担保の機能」として，「優先弁済確保機能」，「倒産隔離機能」と並んで，「管理機能」を挙げ，担保付与信でも無担保与信でも，「債権者サイドとしては，債務者の機会主義的な行動を防止すべく，融資実行後も，債務者が適切に事業活動を遂行するか監視（モニター）する必要がある」が，担保には，第1に，「担保の目的物の種類毎にそのリスク評価をより行いやすい債権者に対して，比較優位を持ったモニタリング（より低コストでのモニタリング）を行わせることを可能とする面」があるだけでなく，第2に，「担保権者が債務者に対して実現する法的地位として，管理機能がその内容として含まれていることが，担保付与信の前提ともなる」ので，「契約条項の設計」が極めて重要となり，それが実現される場合には，「あたかも，担保権が債務者の事業の継続的なモニタリングを可能にし，債務者の行動を『コントロール』しているような事態」が出現するとしている。[83] 特に「事業収益型担保」においては，「事業収益を構成する財産の担保化は，債務者の特定の事業を一体的に把握し，それを包括的に担保化することで，債務者に対するモニタリング機能の向上等を図ることができる」の分析がなされている。[84]

　その後，抵当権や債権質における「担保価値維持義務」に関する判例法理の形成を契機として，集合動産譲渡担保（在庫担保）を中心に，担保の「機能」論を一歩進めて「効力」論が展開され，「管理機能」を実現する効力として「担保価値維持義務」が位置づけられるようになった。たとえば，森田修論文は，「担保権を機能的に分析すると，そこには①優先弁済を確保する機能，②責任財産を分離する機能，③目的物を管理支配する機能（以下「コントロール機能」という）の3つが認められる（が）」，「在庫担保においては

---
82) 西村総合法律事務所編『ファイナンス法大全・下』357頁以下（商事法務，2003），水上貴央＝松井さやか「継続価値把握型の再エネ事業融資――ABLの要素を取り入れた融資手法」銀行767号30頁以下（2014）など参照。
83) 債権管理と担保管理を巡る法律問題研究会・前掲注81）25〜26頁。
84) 債権管理と担保管理を巡る法律問題研究会・前掲注81）31頁。

③の機能が①の機能を実現する上で決定的に重要であることがわかる」と分析した上で,「この機能の法的表現が上述した担保価値維持義務なのである」と指摘する。[85]

今後の議論は,この管理機能に基づく効力としての「担保価値維持義務」を契約条項による約定の効力と位置づけるか,一歩踏み込んで,担保権(物権)の効力自体として位置づけるかという形で展開されることが予想される。たとえば,増担保請求(義務)や在庫補充請求(義務)は,集合動産譲渡担保契約の契約条項として必ず挿入されるが,定型的に想定される範囲では,集合動産譲渡担保権(物権)の効力として論じることも必要であろう。

さらにプロジェクト・ファイナンスやABLにおいては,「担保価値維持」を超えて,フォーターフォールによる融資者による融資先からの事業収益からの直接の「回収」(取立て)も制度設計されており(「収益回収型担保」という。),「自益管理」の側面がより強く現れている。

以上から,「収益管理(回収)型担保」については,SPCや中小企業など融資先である「他人」が所有する資産や事業について,金融機関が「担保(権)」の効力として,その継続価値を維持するために管理を行う「自益管理」を内容とするものであり,「活用(exlpoitation)」とはやや異なるが,今後は,担保物権についても,物権の効力として財産管理(「自益管理」)を位置づける余地が存するといえよう。[86]

前稿においても指摘したとおり,[87] 法(秩序)の目的は,「各人に各人のモノを与えよ」との命題によって示され,長らく,富の分配は,「物権法」において,「物」の分配(先占・加工を中心とする原始取得と交換による承継取得)を秩序化することによりなされてきたが,財及びその活用の多様化が進行した現代取引社会においては,多様な「財」によってもたらされる「効用」の分配を秩序化することが求められている。そのためには,「物権」法を,「権能」論の視角から再構成し,現代取引社会への対応を可能とすることが不可

---

85) 森田修「ABLの契約構造──在庫担保取引のグランドデザイン──」金法1959号39〜40頁(2012)参照。
86) 担保権者による財産管理も視野に入れて「財産管理論」の構築を試みるものとして,田高・前掲注1) 315頁以下がある。
87) 片山・前掲注6) 57頁参照。

欠であると思われる。「財産管理」という視点から「物権」法の在り方を論じた本稿の趣旨もそこに存する。

(慶應義塾大学大学院法務研究科教授)

成年後見人等の責任
——要保護者の不法行為に伴う成年後見人等の責任の検討を中心に——[1)2)]

窪 田 充 見

# 第1 はじめに——後見人の責任をめぐる問題

## 1 後見制度をめぐる状況——後見人の確保の必要性の増大

　後見というしくみが，現在において，そして，今後はさらに，その重要性を増していくことは間違いがない。また，それに伴って，従来以上に，幅広く後見人となる者が求められていくことも確かである。高齢化社会の著しい進展は，要保護者たる者の増大をもたらすし，かつての制度では後見人となる最優先順位に置かれていた配偶者[3)]も，同時に高齢化していくことに照ら

---

1) 本論文で扱う問題関心と共通するテーマについては，すでに水野紀子教授によって，すぐれた論稿が公表されている（水野紀子「精神障害者の家族の監督者責任」岩瀬徹・中森喜彦・西田典之編『刑事法・医事法の新たな展開　下巻（町野朔先生古稀記念）』（2014年，信山社）249頁以下）。そこでは，わが国の社会的な歴史をふまえたうえで，家族の監督責任という観点から分析を行い，不法行為法における重要な議論の欠落があるのではないかという問題提起がなされている。本論文は，そうした問題意識を共有しつつ，監督者とされる側についての検討とともに，被害者救済制度としての不法行為法という観点からみた場合，この問題がどのようにとらえられるのか，そして，それをふまえてどのような制度設計が考えられるのかという点に焦点を当てて検討したいと考えている。
2) 本論文で扱う内容については，潮見佳男教授を代表者とする現代不法行為法研究会（2014年12月14日）で報告をし，潮見教授，米村滋人教授をはじめ，出席者から多くの示唆を得たことを記しておきたい。もとより，本論文の内容については，筆者が責任を負うものである。
3) 平成11年改正による配偶者法定後見人制度の廃止。改正前の民法840条は，「夫婦の一方が禁治産の宣告を受けたときは，他の一方は，その後見人となる」とされていた。

第Ⅰ部 総論

せば，むしろそれ以外の者による後見が必要となる。また，流動化が進む社会，人の移動の激しい社会においては，成年に達した親子が同居しているということは当然ではなく，家族の中に後見人となるべき者を見出すことは，困難になっていくだろう。さらに，未成年後見まで視野に入れれば，平成23年改正によって導入された親権停止のように親権制限の枠組みを拡張することは，同時に，未成年後見が開始する場面を増加させることを意味している。親権制限に関する法改正に伴って，未成年後見人についての1人の自然人という限定が外されたことも，このような状況を受けたものとして，理解することができる。

　こうした状況の中で，いわゆる「市民後見人」といったアイデアも出され，地方自治体等が主体となった養成講座も開設されるなどしている[4]。高齢化社会の進展等の社会状況，それに伴った新たなタイプの後見人の養成等の必要性については，上記のとおりであり，その流れは十分に理解できるものである。

## 2　後見人の責任に関する明確な説明の欠落

　しかしながら，同時に，そうした状況が，「後見人の責任」という観点から見た場合，そこでの問題状況，特に後見人に就任することに伴うリスクについて，十分に把握したうえで，市民後見人の養成といった事業が進められているのかという点に関しては，いくらかの懸念を覚えざるを得ない。特に，認知症の高齢者が原因となった事故について，その後見人にどのような責任が生ずるのかという点について，十分に情報を提供したうえで市民後見人の養成がなされているのか，市民後見人としての養成を受けた者は，そうしたリスクを十分に理解したうえで成年後見人に就任しているのであろうかという点については，なお疑義を残しているのが現在の状況ではないかと思われ

---

[4] 厚生労働省は，成年後見制度の需要はさらに増大することが見込まれ，それに対応するためには，「弁護士などの専門職後見人がその役割を担うだけでなく，専門職後見人以外の市民後見人を中心とした支援体制を構築する必要がある」として，市民後見推進事業実施を進める（同事業の実施要項は，http://www.mhlw.go.jp/topics/kaigo/dl/suishin_youkou.pdf）。市民後見推進事業の実施主体は地方自治体であり，すでに多くの自治体で進められている（実施の状況等については，http://www.mhlw.go.jp/stf/seisakunitsuite/bunya/hukushi_kaigo/kaigo_koureisha/shiminkouken/）。

るのである。

　たまたま目についた一例にすぎないが，大阪府社会福祉協議会による「市民後見人養成講座に関するQ&A」[5]の中では，「後見人であるからには，そこには法律的，社会的な重い責任が伴います。後見人の業務は，ご本人が亡くなられるまで，責任をもって担っていただくことになります。また，後見業務については，家庭裁判所の監督を受け，収支状況の報告等の事後処理も適切に行う必要があります」（傍点は筆者による）と記載されている。しかし，そこで，「法律的，社会的な重い責任」として示唆されているのは，もっぱら要保護者との関係での責任であるように思われる。こうした説明は，後見人に就任することに伴う法的な責任について，正しく，また適切に伝えているといえるのだろうか。こうした地方自治体の市民後見人の養成事業を促したのは，厚生労働省であるが[6]厚生労働省では，成年後見人の責任について，十分に検討をなしたうえで，このような事業が進められているのだろうか。

　このような疑問を投げかけることが，それ自体として社会において必要とされている活動，そして良心に基づく善意の活動に水を差すことになりかねないことは，筆者自身も承知している。しかし，そうした善意に基づく活動だからこそ，それに伴って，予想もしない責任のリスクにさらされることのないよう，前提状況について適切に判断される必要があるのではないか，というのが本稿の問題提起である。

　なお，結論を先取りすれば，この点についての現在の法律状態はきわめて不透明であり，断定的な判断を下すこと自体ができない状況だといわざるを得ない。特に，最近の関連する法改正は，不法行為法の観点から見た場合には，法の欠缺をもたらしているのではないかとも考えられ，その点でも，特に，不法行為法の観点からは，明確な答えを導くことができない状況に陥っている。すなわち，《市民後見人に就任しても，要保護者の不法行為等について監督義務者としての責任を負わされることはない》と断定的に述べることは，およそ困難であるように思われるのである。

　成年後見に関する問題は，従来，もっぱら「後見」という視点からなされ

---

5) http://www.osakafusyakyo.or.jp/kouken/pdf/public_guardianship03.pdf
6) http://www.osakafusyakyo.or.jp/kouken/pdf/public_guardianship01.pdf

第Ⅰ部 総論

てきたとの印象があるが，本稿では，不法行為法の視点から光を当てた場合にどのような問題があるのか，解釈論的，立法論的に，どのような課題があるのかということに焦点を当てて，検討を行いたいと思う。そして，そうした検討は，今後の成年後見という制度のあり方を考えていくうえで，不可欠の作業であると考えている。

## 第2 前提となる法律関係の説明

以下の検討に先立って，要保護者のなした不法行為についての成年後見人等の法的責任に関する基本的な法律関係を確認しておくことにしよう。

### 1 不法行為法の枠組み

不法行為法は，民法712条（未成年者の責任能力），713条（一般の責任能力）において，加害者の責任能力について規定している。713条は，「精神上の障害により自己の行為の責任を弁識する能力を欠く状態にある」者については，不法行為責任を負わないことを規定する。これは，実際に，成年後見が開始しているか否か等に関わらないものであり，加害者の不法行為時の実際の能力に基づいて判断される。

他方で，民法714条は，「その責任無能力者を監督する法定の義務を負う者」が，そうした責任無能力者の行為について賠償責任を負うことを規定している（直接の加害者が責任能力を有さない場合の補充的責任）。

こうした判断枠組みは，①責任の弁識能力を有さない者について，不法行為責任を負わないとすることで，そうした社会的弱者を保護し，その一方で，②直接の加害者の責任を否定することによって不法行為法（民法709条）による救済を受けられなくなる被害者を，監督義務者の賠償責任（民法714条）を通じて保護しようとするものであり，制度全体として，そのバランスが図られているものだと理解される。

### 2 法定の監督義務者についての規定

#### (1) 法定の監督義務者についての不法行為法の立場

もっとも，上記のとおり，民法714条は，誰がこうした責任を負うかにつ

いては具体的には明示せず,「その責任無能力者を監督する法定の義務を負う者」と規定するだけである。そのために,誰が監督義務を負担するかが問題となる。それについては,規定の文言からすれば,基本的に不法行為法以外の規律に委ねられていると理解することも可能である[7]。その意味では,民法712条から714条は,民法典成立以来,その内容を変更していないが,714条の意味内容は,監督義務について法定する他の規定の改正等によって影響を受ける可能性がある構造になっているのである。

従前,未成年者が責任無能力である場合については親権者が,一般の責任無能力者については後見人等がこうした法定監督義務者に該当すると考えられてきた。その際の説明のしかたとしては,ふたつのものがあったように思われる(両者のアプローチは排他的な関係に立つわけではない)。

### (2) 民法上の規定に依拠した説明

ひとつは,後見人等の要保護者の身上監護に関する権利義務からの説明である。未成年の責任無能力者について親権者が監督義務者であるということについては,現在でも,親権者の身上監護に関する権利義務から説明されるものと考えられており[8],こうした説明は,親族法にその手がかりを求めるという点で,未成年者の場合と共通する。もっとも,そもそも後見人の事務の規定を手がかりとすることができるのかという点も問題となるほか,後見人の事務に関する規定が周知のように改正を経てきているという点も確認しておく必要がある。すなわち,「禁治産者の後見人は,……その療養看護に努めなければならない」とされていた民法858条1項は,平成11年改正で,「成

---

7) もっとも,完全に他の規定に委ねられているのかについては,なお議論の余地は残されているように思われる。かりに具体的な監督義務を法定する特別の規律が存在しないとしても,不法行為法独自の視点から法定の監督義務者を確定するというアプローチは,論理的には排除されていないとも考えられるからである。民法709条の権利侵害要件について,権利を定める特別の規定を必要とするとした桃中軒雲右衛門事件(大判大正3年7月4日刑録20輯1360頁)に対して,不法行為法上保護されるべき権利が何であるかは不法行為法自体によって規定されるとして,権利侵害から違法性への流れの契機となった大学湯事件(大判大正14年11月28日民集4巻670頁)のようなアプローチは考えられないわけではないだろう。

8) もっとも,この点も,実はそれほど自明なわけではない。本論の直接の対象とするものではないが,親権制限に関する制度改正に伴って,「親権を行う者は,子の利益のために子の監護及び教育をする権利を有し,義務を負う」として,「子の利益のために」という文言が付け加えられたが(民法820条),これが法定の監督義務という点に無関係なのかは,なお検討の余地を残しているように思われる。

年後見人は，成年被後見人の生活，療養看護及び財産の管理に関する事務を行うに当たっては，成年被後見人の意思を尊重し，かつ，その心身の状態及び生活の状況に配慮しなければならない」とされたが，そこには，法定の監督義務の判断にも関わるニュアンスの変化といったものを見出すことができるかもしれない[9]。

なお，かりにこうした後見人の事務に関する規定に法定の監督義務の根拠を求めるとしても，これは，「精神上の障害により自己の行為の責任を弁識する能力を欠く状態にある間に他人に損害を加えた者」（民法713条）の不法行為のすべてをカバーするわけではなく，あくまで後見が開始している事案に限られるものであり，その点で限定的なものであるということは，確認をしておくべきであろう。

(3) **精神障害者に関する特別法に依拠した説明**

もうひとつの手がかりが精神障害者に関する特別法の規律である。こうした特別法が，ある時期まで，より端的に，「法定の監督義務」の根拠であったことは間違いない。そこでは，民法上の後見人の事務を手がかりとするまでもなく，そうした特別法において，後見人が法定の監督義務者であることが明示されていた（もっとも，そこでは以下に述べるように，後見人が最優先順位の監督義務者とされていたので，いずれの観点から説明するかは，実質的にはさほど重要な意味を持たなかった）。

しかしながら，そうした特別法は，以下に見るように大きな改正を経てきている。あくまで本論文の問題関心からのみ，その改正をみていくと，そこでは3つの時期に分けて整理することができるように思われる。

**第Ⅰ期（～平成11年）**　　まず，こうした精神障害者に関する特別法の中で，法定の監督義務に相当する内容が直接的に規定されていたと考えられる時期である。

---

9) 改正前の規定も，厳密に言えば，「療養看護」についての義務を規定しているのであり，厳密には監督義務を直接に規定しているわけではない。「身上監護」といういわば中間的な概念を通じて，法定の監督義務に結びつけられていたとも思われる。平成11年改正は，民法714条の視点をまったく度外視すれば，こうした療養看護に関する後見人の事務が，まさしく要保護者の利益に向けられたものであるということをより鮮明にしたという理解は可能であろう。

戦前の精神病者監護法（明治33年）は，精神病者の後見人，配偶者，親権を行う父又は母等を「監護義務者」としていた（同法1条）。その後，同法は，昭和25年の精神衛生法の成立によって廃止されるが，精神衛生法20条2項は，後見人，配偶者，親権者，扶養義務者の中から裁判所が「保護義務者」を定めることが規定されていた。さらに，精神衛生法は，昭和62年に部分改正され，精神保健法となるが，そこでも保護義務者に関する規定は，精神衛生法の規定が引き継がれている（精神保健法20条）。以上の精神病者監護法，精神衛生法，精神保健法については，それぞれの法律の性格等において大きな変化を見出すことは可能であるが，「法定の監督義務者」という観点では，いずれも，監護義務者，保護義務者を通じて，それを十分に説明できるものであったといえる。

　このような保護義務者という概念は，平成7年に改正され，精神保健及び精神障害者福祉に関する法律（精神保健福祉法）と法律の名称も改められた中では，「保護者」という言葉に置き換えられる（同法20条）。この保護者になり得る者としてリストに示されているのは，後見人，保佐人，配偶者，親権者，家庭裁判所が選任した扶養義務者，居住地の市町村長である。もっとも，当初は，この保護者については，精神障害者の自傷他害防止監督義務が規定されていた。

　以上のように，精神衛生法，精神保健法，精神保健福祉法と，法律の名称自体を含む大きな改正を伴いながらも，この第Ⅰ期においては，自傷他害防止監督義務を通じて，民法714条の法定の監督義務を説明することが可能であったのである。

　**第Ⅱ期（平成11年～平成25年）**　　しかし，外形的には小さな変化であるが，平成11年の精神保健福祉法の改正で，この保護者の自傷他害防止監督義務が廃止された。

　すなわち，民法714条の法定の監督義務の手がかりとなる自傷他害防止監督義務の規定が失われることになったのである。

　**第Ⅲ期（平成25年～）**　　そして，現在に至る第Ⅲ期の出発点となるのが，平成25年の精神保健福祉法の全面的な改正である。この改正では，保護者制度それ自体が廃止されることになったのである。

　ここでは，そもそも義務の前提となる保護義務者ないし保護者という法的位置づけ自体が失われることになる。なお，「主に家族がなる保護者には，

精神障害者に治療を受けさせる義務等が課されているが，家族の高齢化等に伴い，負担が大きくなっている」等が，その理由として挙げられている。

すでに述べたとおり，上記のうち，第Ⅰ期については，監護義務者とされるのか，保護義務者とされるのか，あるいは，保護者として，その名称から「義務」という言葉が削除されたかといった違いはあるにしても（それがこうした特別法において大きな意味を有するものであるとしても），不法行為法上の監督義務を説明するうえでは，そうした者について「自傷他害防止監督義務」が規定されていた以上，これらの規定を民法714条の法定の監督義務を説明するための直接の手がかりとすることができたのである。

他方，第Ⅱ期では，精神保健福祉法における比較的小さな改正であったとはいえ，上記の直接の手がかりとなる自傷他害防止義務の規定が廃止されたのであり，このことは不法行為法上は大きな意味を持つことになる。そして，第Ⅲ期では，そうした義務の主体として規定されていた保護者という概念それ自体が失われることになったのである。

以上の認識を前提に，こうした改正がどのような観点からなされたのか，そして，それが不法行為法にとってどのような意味を有するのかという点について，補足的に検討をしておこう。

## 3　精神保健福祉法の改正と後見人等の監督義務者としての責任
### (1)　自傷他害防止監督義務の廃止の位置づけ

上記の変化の中でも，民法714条との関係で特に重要な転機と考えられるのは，第Ⅱ期への移行，すなわち自傷他害防止監督義務の廃止である。

この改正にあたっては，当時，以下のように説明されている（公衆衛生審議会精神保健福祉部会精神保健福祉法に関する専門委員会審議資料[10][11]）。

---

10) 公衆衛生審議会精神保健福祉部会精神保健福祉法に関する専門委員会第4回議事録（平成10年5月13日）。http://www1.mhlw.go.jp/shingi/s9805/txt/s0513-2.txt参照。
11) 公衆衛生審議会精神保健福祉部会精神保健福祉法に関する専門委員会「精神保健福祉法に関する専門委員会報告書」（平成10年9月。http://www1.mhlw.go.jp/shingi/s9809/s0907-2_9.html）では，「自傷他害防止監督義務については，保護者としては，病状が悪化した場合に医療を受けさせることしかできず，実質上は医療を受けさせる義務と同一である。この条項を維持することによりかえって保護者に過度の負担をかけるおそれがあるため廃止するべきである」とされている。

①　精神障害者の自傷他害について予測することは，専門の精神科医師でも困難であり，また，保護者といえども精神障害者を保護拘束することは禁じられていることから，保護者が同義務を果たすためには，精神障害者に医療を受けさせることしか考えられない。したがって，自傷他害防止監督義務は，保護者の精神障害者に医療を受けさせる義務と実質的には同じである。いいかえれば，精神症状を有し，入院治療を必要とするまでに至っている精神障害者に対して，「治療を受けさせるという」保健医療的な観点からとらえたのが，「医療を受けさせる義務」であり，治療を受けさせないことによって自傷他害行為がおこるのを防止するという社会防衛的な観点からとらえたのが，自傷他害防止監督義務だと考えられる。

②　自傷他害防止監督義務は，民法714条の監督義務者の責任という問題につながっているが，平成11年の時点において判例の傾向を総合すると，保護者が保護責任を問われうるのは，専門家により精神障害の診断がなされていることを前提として，(1)現在明らかに危険が切迫した状態にあること，(2)著しい病的状態が認められること，(3)過去にも同様の状態があった，のいずれかの状態があるにもかかわらず，実行可能な対応行動をとらなかった場合である。この場合の実行可能な対応とは，医師との連携や相談，警察や保健所等への連絡をいう。しかしながら，精神保健福祉法の性格を考えると，精神障害者に治療を受けさせるという保健医療に関する機能で十分であり，異常な状態を察知して，警察等に連絡することまでを保護者に要求するのは過大な負担だという議論もあった。

以上のように，平成11年改正においても，民法714条に関する問題がまったく意識されていなかったわけではない。そこでの議論からは，自傷他害防止監督義務の廃止は，後見人等の民法714条の責任を免除するという意味も有していたと解される可能性がある。そうした理解は，その後の動き（特に，厚生労働省によってリードされた市民後見制度の推進事業）にも影響を与えているのかもしれない。

しかし，このような経緯，そして，それによる後見人等は民法714条の責任を負わないという考え方については，以下の問題を指摘せざるを得ない。

まず，第1に，上記の説明は，結局，民法714条責任との関係で何を説明

しているのか，実はそれほど判然としていない。精神保健福祉法における保護者の自傷他害防止監督義務を廃止することによって，後見人等は民法714条の法定監督義務者ではなくなったという趣旨のものであるのか，あるいは，そもそも後見人等を含む保護者は，当時の「判例」に照らして，民法714条の監督義務者としての責任を負うことはなかったのであるから，自傷他害防止監督義務を廃止しても，この点に影響を与えないというものであったのかが明確ではないのである。[12]

　第2に，上記の点とも関わるが，上述の説明が不法行為法上の議論を正確にふまえたものとはとうてい思われないという点も確認しておかなければならない。「平成11年の時点において判例の傾向を総合すると」と説明されているが，そもそも民法713条を受けた民法714条に基づく監督義務者の責任についての裁判例は決して多くはない（そもそも最上級審の判断としての「判例」はほとんど存在していない）。さらに，それを整理したものとされる内容も，実は，不法行為法の観点からは，典型的な過失責任の判断基準を示したものにすぎず，民法714条のような中間責任（未成年者の親権者の責任についていえば，実際には，免責の余地はきわめて小さい実質的な厳格責任として運用されている。民法714条自体は，民法712条と713条に基づく場合を区別しているわけではない）を説明しているものとは思われないのである。

　現に，以下に取り上げるJR東海事件は，上述の区分でいうと第Ⅱ期に当たるものであり，当該事件では後見は開始していなかったが，その判断の中では，後見人が民法714条の法定監督義務者に当たるということは，当然の前提とされているようにも思われる。上記専門委員会の中でも，民法714条との関係で若干の議論は見られるものの，民法714条を十分に意識し，少なくとも不法行為法の一般的な理解とも共有されるような議論がなされ，報告書に至っていると考えるのは困難であるように思われる。

　第3に，ここで議論されているのは，特に身内の後見人等に責任を負わせ

---

12) なお，自傷他害防止監督義務の廃止が，実際の裁判例において民法714条に関する家族の責任に直接的な影響を与えていないのではないかということについては，水野・前掲注1）264頁参照。そこで示されている状況は，公衆衛生審議会精神保健福祉部会精神保健福祉法に関する専門委員会における自傷他害防止規定の廃止に関する審議の際に，判例の状況として示されたものとは，まったく異なっている。

96

ることは過大であるという観点からのものであり，民法714条の監督義務者にはならないという説明にはつながり得るが，他方で，それだけで終わるのであれば，民法714条の法定の監督義務者は存在せず，同条は実質的な意味を失い，不法行為の被害者について何ら手当をしないまま放置するということを意味することになる。すでに触れたように，民法713条の責任無能力を理由とする免責は，民法714条の監督義務者の責任とセットになることで，全体として制度的な正当性（社会的弱者としての責任無能力者を保護しつつ，不法行為の被害者を放置しない）を確保しているのだとすれば，責任無能力者の監督義務者が不存在であるということは，実質的に，その制度的なバランス，制度としての正当性に疑問を投げかけることになるのである。もちろん，このこと自体は，精神保健福祉法の枠組みの中で議論されるべき事柄ではなく，不法行為法の問題である。しかし，法定の監督義務者に関する規定が，たとえばAではなく，Bを法定の監督義務者であるとすることは，民法714条において比較的容易に受け止めることができるとしても，監督義務者が存在しないという特別法の判断をそのまま民法714条に受け入れることについては，同様に受け止めることはできないように思われる。

　以上に照らすならば，上記の第Ⅱ期，第Ⅲ期に至る改正というのを，そのまま民法714条の監督義務者を考える場合に反映させることが適切なのか，少なくとも，自明なのかという点は，不法行為法の視点からすれば，なお議論の余地を残したままなのである。

(2) **保護者概念の廃止**

　保護者等の自傷他害防止監督義務の廃止に対して，精神保健福祉法における保護者概念それ自体の廃止は，その最終的な到達点であったという理解もできるだろう。しかし，保護者概念の廃止については，別の見方もあり得るように思われる。

　すなわち，保護義務者，保護者等の概念を規定していた旧精神衛生法，旧精神保健法，そして，改正前の精神保健福祉法は，民法714条との関係で意味を有し得る特別法，すなわち，法定の監督義務を規定する特別法であった。しかし，そうした概念をいっさい失った精神保健福祉法は，もはや民法714条とはまったく無関係の法律にすぎないという見方もできるからである。

　それは，自傷他害防止監督義務やより抽象的な保護義務（保護義務者），あ

るいは，義務と明示されていないとしてもその手がかりとなり得る保護という概念を失った精神保健福祉法は，あくまで精神障害者の福祉に徹した法律であり，民法714条の法定の監督義務を考える場合に参照すべき特別法ではないという見方である。そこでは，民法714条の監督義務の法律上の根拠も他に求められるべきであり，精神保健福祉法については，それが何らかの形で間接的に参照されるとしても，もはやそれ以上の意味を持たないということになる。

## 第3 JR東海事件が投げかけた問題

　現実の問題として，認知症の高齢者が起こした事故がどのような法律問題をもたらすのかという点を意識させるようになったのが，報道でも大きく取り上げられたJR東海における事故である。[13] 本論文にとっては，JR東海事件の第一審・控訴審判決は，ニュースとしては重視された結論の妥当性（遺族に酷であるかどうかといった問題）以上に，現在の法律状態それ自体に対する問いかけとして大きな意味を持っている。

　すなわち，精神保健福祉法の改正に際しての民法714条をめぐる議論がどの程度妥当性を有していたのかということを直接的にも問題とするものであるし，さらに，それをふまえて民法714条の法定の監督義務者が何を根拠にどのように決まるのかという点でも重要な意味を有していると思われるのである。

### 1　JR東海事件の概要

　まず，この事件は，認知症の高齢者であるA（後見開始手続はなされていない）が，東海旅客鉄道株式会社（本件訴訟の原告。以下，「JR東海」）の駅構内を列車が通過する際，正当な理由なく線路に立ち入り，列車と衝突したというものである。JR東海は，列車に遅れが生じるなどして損害を被ったと主張して，Aの遺族（法定相続人）であるY$_{1-5}$に対し，損害賠償を求めた。

---

13）第1審判決については，朝日新聞2013年9月27日朝刊，控訴審判決については，朝日新聞2014年4月25日朝刊等。

この事件については，以下に述べるように，第1審，原審とも一定の範囲で損害賠償責任を認めたが，その報道の中では，上述のように，遺族の責任が苛酷すぎるというニュアンスのものも少なくなかった[14]。ただ，そうした受け止め方の背景のひとつには，ここでの損害賠償が，「列車の遅延による財産的損害の賠償」を「公的な性格を有する鉄道会社」が求めたということもあったように思われる。かりに認知症を患っている高齢の歩行者が赤信号を無視して交差点に進入し，それを避けようとした自動車運転者等に死傷損害が生じた場合，あるいは，認知症の高齢者が高速道を逆行して事故を起こし，他の運転者が死傷したという場合，その遺族の責任を認める判決が出された場合に，同様のニュアンスで報道されるのか，そのニュースがどのように受け止められるのかについては，大きく異なってくるように思われる（認知症の高齢者については民法713条で責任能力が否定されるから賠償責任を負わない。また，その家族も民法714条の法定の監督義務者には当たらないのだから，民法709条の過失が肯定されるような事案を除けば，賠償責任を負うことはない。したがって，被害者は，天災に遭ったのと同様に，誰にも損害賠償を求めることができない。そうした結論を，JR東海事件と同様に当然に受け止めるのかという問題である）。

　その点で，本論文の問題関心からは，公的な性格を有する企業による財産損害の賠償請求という側面を強調せずに，判決が示している内容を冷静に受け止め，判断することが必要であると思われる。

　結論からいえば，JR東海事件においては，第1審判決（名古屋地裁平成25年8月9日判決），控訴審判決（名古屋高裁平成26年4月24日判決）とも，Aの責任能力を否定したうえで，一定の範囲で遺族の損害賠償責任を認めている。しかし，誰が，どのような法的構成によって責任を負うのかについての判断は大きく異なっており，民法714条の法定の監督義務者についての判断も異なっている。

　以下では，それぞれの判決が，誰について，どのような法的根拠に基づく

---

14) 第1審，控訴審判決後の朝日新聞では，家族に賠償責任を認めるのは酷であるといった意見が，連日，投書欄に掲載されている。また，控訴審判決を報じる朝日新聞2014年4月25日の社会面では，「介護の負担，軽減に逆行　徘徊中の列車事故，妻に賠償命令　名古屋高裁」という見出しで，識者の意見等を報じている。

責任を認めたのかという観点から、両判決の内容を確認する。

## 2 第1審判決（名古屋地判平成25年8月9日判時2202号68頁）

まず、第1審判決は、Aの妻Y₁、Aの長男Y₂の責任を認めた。同判決は、Aと同居していなかったY₂については民法714条に基づいて、またY₁については民法709条に基づいて責任を認めている。

### (1) Y₂の責任（民法714条に基づく監督義務者の責任）

まず、Aの長男Y₂について、第1審判決は、(1)Aは常々長男であるY₂に将来の面倒を見てほしいと言っており、自らがAの介護の方針を判断し決定する立場にあったとの認識をY₂が有していたことなどに照らせば、本件事故に先立つ家族会議はY₂が主催して、Y₂において最終的に方針を判断し決定したものであること、さらに、(2)Aについて成年後見の手続は執られていないが、実質的にはその手続が執られているのと同様に、Y₂によってAの財産が管理されていたことを挙げて、「本件事故当時のY₂は、社会通念上、民法714条1項の法定監督義務者や同条2項の代理監督者と同視し得るAの事実上の監督者であったと認めることができ、これら法定監督義務者や代理監督者に準ずべき者としてAを監督する義務を負い、その義務を怠らなかったこと又はその義務を怠らなくても損害が生ずべきであったことが認められない限り、その責任を免れない」（傍点は筆者による）として、Y₂が民法714条の法定監督義務者や代理監督者と同視し得るとして、その法的地位を説明する。そのうえで、「Y₂がAを監督する義務を怠らなかったと認めることはできないし、被告Y₂が同義務を怠らなくても損害が生ずべきであったと認めることもできない」とし、民法714条1項ただし書の免責事由を満たさないとして、その賠償責任を認めた。

### (2) Y₁の責任（民法709条に基づく過失責任）

他方、Aの妻Y₁の賠償責任については、(1)介護体制は、Y₁が一定の範囲でAの介護を行うことを期待して取り決められたものであり、Y₁自身も、自己に期待されているところを認識し、その役割を引き受けていた、(2)Y₁においては、日中の本件事務所などの外部に開放されている場所にAと二人だけでいるときに自分がAから目を離せば、Aが独りで外出して徘徊し、本件事故のように線路内に侵入したり、他人の敷地内に侵入したり、公道上に

飛び出して交通事故を惹起したりなどして，第三者の権利を侵害する可能性があることを予見し得た，(3)Y₁には，少なくともA宅の外部に開放されている場所にAと二人だけでいるという場面においては，Aの動静を注視した上，Aが独りで外出して徘徊しそうになったときは，自らにおいてこれを制止するか又はAに付き添って外出するなどの対応をするか，仮にそれが困難であれば，BらにAの状況を速やかに伝えて上記のような対応をすることを求めるなどの，Aが独りで徘徊することを防止するための適切な行動をとるべき不法行為法上の注意義務が存した，(4)Y₁は，本件事故当時85歳で，自らも要介護1の認定を受けていたから，Aの行動を制止することは不可能に近く，Aから目を離したのは最大でも6，7分程度であり，かかる僅かな時間，Aから目を離したことをもって過失ということはできないと主張するが，本件におけるAの介護体制は，介護者が常にAから目を離さないことが前提となっていたとして，「Y₁は，本件事故当日，Aが……帰宅した後で事務所出入口に施錠等がされる前の時間帯において，Bが自宅玄関先で段ボール箱を片付けていて，本件事務所内において自己とAとの二人だけになっていた際に，まどろんで目をつむり，Aから目を離していたのであるから，上記注意義務を怠った過失がある」とし，民法709条に基づく責任を認めた。

　上記の判断については，そのポイントを以下のように整理することができるだろう（なお，判決文はかなり長文であり，上記のような整理自体，筆者によるものであることをお断りしておく）。

　①　民法714条に基づく責任が認められたのは，同居していない長男であるY₂についてであり，同居していた妻Y₁の責任は，民法709条に基づいて認められている。

　②　Y₂が民法714条の責任を負担することについては，Y₂は，「社会通念上，民法714条1項の法定監督義務者や同条2項の代理監督者と同視し得るAの事実上の監督者」であり，「法定監督義務者や代理監督者に準ずべき者」と説明されている。

　③　Y₂が②の監督義務者に準ずべき者であるとの説明の中では，Aの監護に関する家族会議を主催する等，Y₂が監護に関する判断に際して主導的な立場にあったことが挙げられるとともに，Y₂がAの財産管理を行ってい

た事情が挙げられている。

　なお，第1審判決の概要の中には示さなかったが，本論文との関係では，以下の点をさらに示しておくことが必要だろう。

　④　被告らの主張の中では，精神保健福祉法の平成11年改正による自傷他害防止監督義務の廃止について言及されているが，第1審判決自体は，それについて明示的に言及していない。
　⑤　第1審判決は，その他の被告の責任を否定しているが，その中，次男であるY_3については，家族会議が行われた頃は関東にいたため同会議には参加しておらず，本件事故当時はドイツのミュンヘンにいたものであり，本件事故に至るまで，Aの介護についてY_3がY_2らと相談したことがあったことすらうかがわれないという事情を挙げて，その責任を否定している。

## 3　控訴審判決（名古屋高判平成26年4月24日判時2223号25頁）

　他方，控訴審判決は，A妻Y_1についての民法714条に基づく責任のみを認め（Y_1を含むすべての被告について，民法709条に基づく責任は否定された），それについても5割の過失相殺を行っている。すなわち，第1審判決と異なり，民法714条に基づく責任をY_2ではなく，Y_1について認めたのである。

### (1)　Y_1の責任（民法714条に基づく監督義務者の責任）

　控訴審判決は，出発点として，民法714条1項の監督義務者としては，未成年者である責任無能力者に対する親権者，精神上の障害による責任無能力者に対する成年後見人又は精神保健及び精神障害者福祉に関する法律（精神保健福祉法）20条に基づく保護者が挙げられるとし，Aは，本件事故当時，重度の認知症による精神疾患を有する者として，精神保健福祉法5条の精神障害者に該当することが明らかであった者と認められるから，同法20条1項，2項2号により，Y_1はAの配偶者として，その保護者の地位にあったとする。
　そのうえで，控訴審判決が詳細に述べているY_1が法定の監督義務者に該当するという説明については，大きくふたつの観点からなされているものと理解される。
　第1に，婚姻関係に基づく夫婦の協力扶助義務からの説明である。すなわ

ち,「夫婦は,婚姻関係上の法的義務として,同居し,互いに協力し,扶助する義務を負うところ,この協力扶助義務は,……あたかも相手の生活を自分の生活の一部であるかのように,双方の生活の内容・程度が同一のものとして保障し,精神的・肉体的にも物質的にも苦楽をともにして営まれるべきことを内容とするものであるから,婚姻中において配偶者の一方（夫又は妻）が老齢,疾病又は精神疾患により自立した生活を送ることができなくなったり,徘徊等のより自傷又は他害のおそれを来すようになったりした場合には,他方配偶者（妻又は夫）は,上記協力扶助義務の一環として,その配偶者（夫又は妻）の生活について,それが自らの生活の一部であるかのように,見守りや介護等を行う身上監護の義務があるというべきである。そうすると,現に同居して生活している夫婦については,上記協力扶助義務の履行が法的に期待できないとする特段の事情があれば格別,そうでない限りは,……上記協力扶助義務として,他の配偶者（夫又は妻）に対し,……その生活全般に対して配慮し,介護し監督する身上監護の義務を負うに至るものというべきであり,婚姻関係にある配偶者間の信義則上又は条理上の義務としても,そのように解される」とする。これは,民法の家族法上の法律関係から民法714条の監督義務者責任を説明しようとするものである。

もうひとつは,精神保健福祉法上の保護者の観点からの説明である。ここでは,積極的にそれに基づくというより,自傷他害防止監督義務の廃止が,この点でどのような意味を有するかについて説明されている。すなわち,「精神保健福祉法上の保護者については,平成11年の同法改正によって,従前存在していた保護者の自傷他害防止義務は削除されたが,保護者には,依然として,精神障害者に治療を受けさせ,及び精神障害者の財産上の利益を保護しなければならず（同法22条1項）,精神障害者の診断が正しく行われるよう医師に協力し（同条2項）,また,精神障害者に医療を受けさせるに当たっては,医師の指示に従わなければならない（同条3項）との義務があるものとされているところ,同法は,精神障害者に後見人又は保佐人がない場合には,配偶者が保護者となる旨定めている（20条2項）。このような同法の定めは,医師と連携を取って精神障害者への適切な医療を確保しつつ,その財産上の利益を保護することとされる保護者の義務が,精神障害者の配偶者が,夫婦間の協力扶助義務の一環として,精神障害者の生活全般に対し

て配慮し，介護し監督する義務を履行することにより，履行される関係にあるとの趣旨によるものと解されるのである。……配偶者の一方が精神障害により精神保健福祉法上の精神障害者となった場合の他方配偶者は，同法上の保護者制度の趣旨に照らしても，現に同居して生活している場合においては，夫婦としての協力扶助義務の履行が法的に期待できないとする特段の事情のない限りは，配偶者の同居義務及び協力扶助義務に基づき，精神障害者となった配偶者に対する監督義務を負うのであって，民法714条1項の監督義務者に該当する」と説明している。

そのうえで，「監督義務者の責任無能力者に対する監督義務を怠ったとの監督上の過失の有無は，責任無能力者が実際に行った加害行為に対する過失（当該加害行為の発生を予見できたのに予見せず，又は，その発生を回避することができたのに回避義務を尽さなかったこと）ではなく，責任無能力者に対する一般的な監督義務違反をもって足りる」とし，$Y_1$について，民法714条1項ただし書の免責事由を認めることはできないとして，その賠償責任を認めた。

(2) $Y_2$の責任

なお，第1審判決では民法714条に基づいて肯定された$Y_2$の責任について，控訴審判決がどのように述べているかについて，簡単に触れておく。

控訴審判決は，$Y_2$がAの介護に深く関与しており，また，Aについて成年後見の申立てがなされ後見開始決定がされた場合には，$Y_2$が成年後見人に選任される蓋然性が大きかったものと推認されるとしつつ，$Y_2$は，Aの長男としてAに対して民法877条1項に基づく直系血族間の扶養義務を負っていたものの，この扶養義務は，夫婦間の同居義務及び協力扶助義務とは異なって，経済的な扶養を中心とした扶助の義務であり，$Y_2$に対して，Aと同居してその扶養をする義務（引取り扶養義務）を意味するものではなく，実際にも，$Y_2$は，本件事故の相当以前からAとは別居して生活していたとし，「Aは本件事故の相当前から，精神保健福祉法上の精神障害者に該当する状態にあったが，$Y_2$はAの扶養義務者にすぎないので，同法20条2項により，家庭裁判所の選任行為を待って初めてAの保護者となる」ものであるが，そのような選任はされておらず，保護者の地位になかったとし，民法714条に基づく責任を否定した。

## 4　JR東海事件に関する両判決についての若干のコメント

本論文の問題関心，すなわち認知症の高齢者が起こした事故について，民法714条がどのように適用されるのかという点について，JR東海事件に関する両判決は，多くの問題を投げかけているように思われる。以下，そうした点について，若干の考察をしておくことにしよう。

### (1)　精神保健福祉法の改正（自傷他害防止監督義務の廃止）と民法714条に基づく法定の監督義務者の責任

まず，本論文の冒頭でも取り上げた問題関心から指摘しておきたいのは，第1審判決と控訴審判決とでは，誰を民法714条の法定監督義務者と解するかについては判断が分かれるものの，最終的に家族の誰かが，法定の監督義務者とされているという点は共通するということである。

精神保健福祉法の平成11年改正による自傷他害防止監督義務の廃止については，第1審でも被告側から主張されているが，それを顧慮することなく，第1審判決は，長男であるY₂が民法714条の法定の監督義務者となることを認めている。また，控訴審判決は，精神保健福祉法の保護者が民法714条の法定の監督義務者となることを前提に，自傷他害防止監督義務の廃止は，同条の監督義務者としての認定を否定するものではないとの判断を示している。

JR東海事件における両判決についてはさまざまな評価が考えられるが，精神保健福祉法の自傷他害防止監督義務の廃止という一事を以て，民法714条責任が否定されるというのが，ごく一般に損害賠償法の判断で共有されているわけではないという点は，まず確認することができるだろう。

なお，控訴審判決は，その中で，民法709条の過失責任と民法714条の監督義務者責任の相違について，かなり詳しく述べており，後者が単なる過失責任ではないことについても言及されている。このような理解は，少なくとも，比較的詳細に論じられてきた未成年の責任無能力者についての監督義務者としての親の責任については，ごく通常の説明ともいえる。その点で，すでに言及したように，精神保健福祉法の平成11年改正における説明（「平成11年の時点において判例の傾向」とされるもの）は，ここでもまったく機能していないのである。

### (2)　民法714条の法定の監督義務者の認定のあり方

他方で，両判決が目を惹くのは，いずれも民法714条に基づく責任を肯定

しつつ，誰がその責任を負うのかについて異なるという点である。それは，法定の監督義務がどのように基礎づけられるのかという説明にも関わっている。

すでに述べたように，第1審判決で重視されているのは，(1)$Y_2$がAの介護について主導的に判断する立場であったということ，(2)事実上の後見人としてAの財産を管理していたことのふたつであると考えられる。まず，(1)は，事実上の監護をしている者が監督義務を負担するという説明につながる（だからこそ，介護に事実上関わっていない$Y_3$の責任は否定される）。また，(2)は，後見人であれば法定の監督義務者と認められるということを前提に，$Y_2$が，事実上，その法的地位にあったということを根拠として挙げるものであろう。

他方，控訴審判決では，親族法上，どのような義務を負うのかという観点から説明され，それをふまえたうえで，精神保健福祉法の保護者の概念につなげ，法定の監督義務を導いている。そこでは，$Y_1$についての夫婦間の協力扶助義務と$Y_2$についての扶養義務との法的性格の違いが強調され，それが$Y_1$の責任の肯定と$Y_2$の責任の否定という結論を導いているのである。

両判決において民法714条の法定の監督義務を誰について認めるのかという判断の相違は，この問題の難しさと同時に，その基本的なスタンスとして，大きく異なるものがあることを示しているように思われる。すなわち，第1審判決では，誰が介護について主導的な立場にあったのかという事実関係が重視されているのに対して，控訴審判決では，法的義務として当事者間にどのような法律関係が認められるのかという規範的評価がより重視されているように思われるのである。

この点については，事実上の関係を重視すること自体については，やはり慎重な態度が求められるべきであろう。要保護者のために尽力した者は，要保護者の行為について重い責任を負担せざるを得なくなり，他方，介護等に協力しさえしなければ，そうした責任を免れるというのは，いかにも不当な結論を導きかねない。その点で，第1審判決の上記(1)の観点のみを強調することは適当ではなく，むしろ(2)が一定の意義を有していると理解すべきであろう。

(3) **後見人の法的責任**

JR東海事件では，Aについて後見が開始していない事案であるので，後

見人の法的責任（民法714条の監督義務者であるか否か）については，直接，触れるものではなく，この点について直接的に何らかの結論を導くことはできない。

しかし，両判決においては，後見人が，民法714条の監督義務者として責任を負うことについては，むしろ当然の前提とされているように思われる。

すなわち，第1審判決でY₂が民法714条の法定の監督義務者とされる理由のひとつは，すでに触れたように，Y₂が事実上の後見人としてAの財産管理をしていたということであり，その点を軽視することはできない。財産管理それ自体は，JR東海事件における事故と直接の関係があるものではない。にもかかわらず，その点について言及されているのは，後見人であれば当然に民法714条の法定の監督義務者として責任を負うということを前提に，事実上，後見人としての財産管理に当たることをしていたY₂は，その責任を免れないという説明がなされていると理解することができるように思われる。

また，控訴審判決では，その冒頭で確認されるように，精神上の障害による責任無能力者に対する成年後見人は，当然に，民法714条の法定の監督義務者に該当するということを前提としており，後見が開始していない本件においては後見人がいないので，精神保健福祉法20条の保護者を手がかりに，民法の家族法上の規律を手がかりとして，Y₁を民法714条の法定の監督義務者としているのだと理解することができる。

そうだとすれば，JR東海事件のように配偶者がいる事案においても，後見が開始されており，後見人が選任されていた場合，その後見人が民法714条の法定の監督義務者となることは，いずれの判決においても排除されていない（むしろ，後見人が法定の監督義務者に当たることは当然で，そのうえで後見人ではない配偶者や子についても法定の監督義務が認められるかが問題となるにすぎないように思われる）。そして，その場合の後見人が親族である後見人であるのか，市民後見人のようなものであるのかを区別すべき規律は，どこにも存在していないのである。

(4) 現在の法律状態を前提としたJR東海事件の両判決の評価

なお，すでに言及したように，JR東海事件は，精神障害者に関する規律との関係では，第Ⅱ期に位置するものである。第Ⅲ期の現在において，それがどのような意味を有するのかという点についても触れておくべきであろう。

すなわち，すでに「保護者」概念自体が失われた現在の状況において，同様の事故が発生した場合，どのように判断されるのであろうか。

まず，JR東海事件第1審判決のように，精神保健福祉法にそもそも言及せず，そこでの保護者概念を手がかりとしない判断をするのであれば，この点は大きな変更をもたらすものではない。

他方，控訴審判決は，精神保健福祉法の「保護者」概念を手がかりに結論を導いているので，その点について改正があり，保護者概念が廃止された以上，そのままでは判断を維持することができないのではないかが問題となる。もっとも，それでは控訴審判決のような判断がまったく維持できないのかというと，必ずしもそうではないように思われる。控訴審判決が，法定の監督義務の手がかりとしているのは，親族法上の協力扶助義務であり，保護者概念は，いわば形式的なものとして，法定の監督義務者であることを説明するものとして使われているにすぎない。だからこそ，精神保健福祉法における自傷他害防止規定の廃止も，Y1が法定の監督義務者であるという判断を導く障害とはなっていないのである。かりに保護者概念が廃止されたとしても，控訴審判決のような判断枠組みからは，親族法上の協力扶助義務を手がかりとして，配偶者が民法714条の法定の監督義務者であると導くということは十分に考えられるのではないだろうか。

## 第4 不法行為法の観点からの考えられる制度設計―比較法的な視点から

### 1 責任能力制度の正当性と成年後見人等の責任

特に認知症の高齢者について，後見人等が民法714条の責任を負う可能性があるということを指摘することは，冒頭に述べたように，後見人等を広く確保する必要性の増大，そして，そうした状況に対応するものとしての市民後見人の養成といった動きに水を差すものとなりかねないということは，筆者も十分に認識している。

それでは，なぜ，実際にも苛酷なものとなりかねないものだと認識しつつ，そうした後見人等の不法行為責任（民法714条）にこだわるのであろうか。後見人等には，民法714条に基づく不法行為法上の責任はないとした方が，よ

ほど一般的には評判がよさそうであるにもかかわらず，なぜ峻烈な印象を与えるような問題にこだわるのであろうか。不法行為法研究者のひとりとして，筆者自身がこだわるのは，後見人等の民法714条責任を否定することが，同時に，不法行為法における責任能力制度の正当性の基盤を喪失させかねないと考えるからである。

すでに述べたように，民法712条，713条は，責任の弁識能力を欠く者について，その不法行為責任を免除することで，そうした社会的弱者を保護しようとしている。しかし，それと同時に，そうした責任無能力者の不法行為による被害者を救済するために，民法714条という，責任無能力による免責とカウンターバランスをとる制度を用意しているのである。かりに，民法714条で誰も責任を負わないのであれば（他に民法709条等によって責任を負う者がいない限り），被害者は放置されることになるのである。

なるほどJR東海事件では被害者は，公的な性格を帯びた企業であり，そこでの損害は，当該被害企業にとっては十分に負担可能なものであったかもしれないし，そうした状況があるからこそ，遺族の責任を認めた判決に対しても厳しすぎるという受け止め方があったのであろう。そうしたニュアンスは，私自身も共有しているが，しかし，繰り返しになるが，被害が生じたのが個人であり，そこで生じた損害が死傷といった損害であったような場合にも，その同じ結論を当然のものとして受け止めることができるのであろうか。

その点で，後見人等の民法714条の責任の有無は，不法行為法にとって，軽視することのできない重要な意味を有し，また，責任能力という制度の正当性を問いかけるものとなっているのである。

もっとも，そのための解決としては，後見人等の民法714条の責任を認めるという以外にも選択肢は残されている。特に，制度設計という観点からは，別のアプローチも存在するように思われる。その点について，比較法的な素材をもとに検討を行うとともに，わが国の不法行為法の責任能力制度の位置づけ（あるいは制度的な欠陥ともいうべき特殊性）を確認し，考えられる選択肢について検討を行うことにしたい。

## 2 比較法的な観点からの複数の制度設計アプローチ

比較法的には，責任能力に関する制度設計として，複数のアプローチが存

在している。以下，その概略を説明する。[15]

(1) 責任無能力による免責＋監督者責任＋衡平責任（ドイツ民法型）

ア）精神的障害を理由とする責任無能力と監督者の責任という枠組み

まず，ひとつのアプローチは，わが国と同様に，未成年者に関する責任無能力と精神障害等を理由とする責任無能力の両方を定め，そのうえで監督義務者の責任を定めるというものである。この立法例のひとつがドイツ民法であり，ここでは「ドイツ民法型」と呼んでおくことにしよう。

ドイツ民法は，責任能力に関して，以下の規定を置いている（いずれの立法においても定められている原因における自由な行為に関する部分と本論文の直接の対象ではない未成年者に関する部分，精神的障害を理由とする責任無能力に際してのいわゆる「原因における自由な行為」に関する特則は省略し，精神的障害を理由とする免責と監督者の責任についての基本的な枠組みのみを示す。なお，※は筆者による注釈である）。

827条（責任の減免）意識喪失の状態又は自由な意思決定を妨げる精神の病的障害のもとで他人に損害を加えた者は，その損害について責任を負わない。……

829条（衡平に基づく損害賠償義務）823条から826条までの場合（※不法行為の成立原因に関する規定）において，827条（※精神的障害による免責に関する規定），828条（※未成年者の免責に関する規定）を理由として自らが生じさせた損害について責任を負わない者は，監督義務を負う第三者に対して損害賠償を求めることができない場合に限り，諸事情，特に当事者間の関係に照らし損害填補をなすことが衡平によって求められ，かつ，その者が相応な生計ならびに法律上の扶養義務の履行のために必要な資力を失わせない限度で，損害を賠償しなければならない。

832条（監督義務者の責任）①　未成年又は精神的もしくは身体的状態のために監督を必要とする者について法律上の監督義務を負う者は，

---

15) 責任能力制度に関するヨーロッパ法の状況については，フォン・バール著（窪田充見編訳）『ヨーロッパ不法行為法(1)』（1998年，弘文堂）69頁以下参照。また，各国の条文については，やや古いものとなるが，同書513頁以下を参照されたい。

被監督者が第三者に違法に生ぜしめた損害を賠償する義務を負う。監督義務者が義務を尽くした場合，又は，適切な監督を行ってもその損害が生じたであろう場合には，賠償義務は生じない。
② 契約により監督を引き受けた者も，同様の責任を負う。

同様の立法例，すなわち精神的障害を理由とする不法行為責任の免除を認め，それについて監督者の責任を規定するドイツ民法型の立法例は，他にも，イタリア民法，ギリシア民法，ポルトガル民法等に見出すことができる。

民法712条で未成年者の責任無能力を，また，民法713条で精神的障害を理由とする一般的な責任無能力を定め，それを受ける形での監督義務者の責任を規定するわが国の民法は，基本的には，こうしたドイツ民法型のひとつだということができる。

イ）責任無能力とされる者の衡平に基づく例外的な責任

もっとも，ドイツ民法型の立法例はわが国と共通すると書いたが，それは「責任無能力による免責＋監督者責任」についてだけであり，それ以外の部分で看過することができない決定的な相違も存在している。

すなわち，ドイツ民法は，上記のとおり，その829条において，監督義務者に対して損害賠償を求めることができない場合には，一定の考慮すべき事情を挙げたうえで，責任無能力者が賠償責任を負う可能性を肯定しているのである。

イタリア民法も，監督義務者の賠償責任を規定する2047条1項に続けて，その2項において，「被害者が，監督義務者から損害賠償を得られない場合には，裁判所は，両当事者の経済状態を考慮して，損害惹起者に適当な補償を命ずることができる」としている。また，ギリシア民法918条も，「損害を生ぜしめた者が915条ないし917条の規定（※責任無能力に関する規定）に基づいて責任を負わない場合に，損害が他に填補され得ないときは，裁判所は，両当事者間の関係を衡量して，損害を生ぜしめた者に相当の補償を命じることができる」とし，ポルトガル民法489条1項も，「損害を生ぜしめる行為が責任無能力者によってなされた場合，賠償が監督義務者によってなされ得ない限りにおいて，責任無能力者は，衡平の原則にしたがって，損害の全部又は一部の賠償を命ぜられ得る」と規定しているのである。

すなわち，少なくとも，ドイツ法型として示した上記の立法例のいずれにおいても，直接の加害者の責任能力が否定されつつ，監督義務者の不存在等によって監督義務者責任を追及することもできず，被害者がそのまま放置されるということは生じない構造となっているのである。

(2) **精神的障害を理由とする一般的な免責の否定（＋未成年者に関する責任無能力＋監督者責任）（フランス民法型）**

責任無能力に関するもうひとつのしくみが，フランス民法等が示すものである。これを「フランス民法型」とさしあたり呼ぶことにしよう。

責任無能力との関係でフランス法の状況を描くことは必ずしも容易ではないが，[16] フランス法においても，当初は，事理弁識能力の欠如はフォートを否定するものであり，それによって不法行為責任が否定されると理解されていた。

それに対して，1968年の改正において，「他人に損害を加えた者は，精神障害の影響下にあった場合においても，賠償の責任を負う」と規定する489－2条が加えられた。この改正は，「成人無能力者に関する法」による改正であり，その位置からも，成人に関する規定であったが，その後，免責の否定は，未成年者にも及ぶことになる。[17]

最後の点は，フランス不法行為法におけるフォートの理解とも関わるものであるが，立法例としては，まず成人の精神障害を理由とする免責が明示的に排除されたという点を確認することは許されるだろう。また，フランス民法においては，その1384条において，さまざまなタイプの監督者責任に相当するものが規定されているが，そこでは，監護権を行使する父親ならびに母親が同居している未成年者の子どもの不法行為について責任を負うことが規定されているが，精神障害を理由とする場合の監督者責任についての規定はない。

類似の立法例としては，ベルギー民法が挙げられるが，その1382-2条は，「行為の制御を不可能とするような錯乱状態又は心身喪失もしくは心神耗弱の初期的状態にあった者によって，他人に損害が生ぜしめられた場合には，

---

16) フランス法における改正の経緯とその後の判例の展開等については，廣峰正子「フランス民事責任におけるフォート概念の存在意義」立命館法学323号18頁（2009年）参照。
17) 廣峰・前掲注16) 論文28頁以下のほか，フォン・バール・前掲注15) 76頁以下。

裁判官は，それらの者に対して，彼らが自己の行為をコントロールできていたとすれば義務づけられたであろう賠償の全部又は一部を命ずることができる」と規定し，精神的障害を理由とする一律の免責ではなく，むしろ賠償責任を認めることができるという原則を明示している。なお，未成年の子についての父母の監督者責任のみが明示的に規定されている点は，フランス民法と共通である。また，スペイン民法も，こうしたフランス民法型の立法例として挙げることができる。

さらに，比較的最近の立法であるオランダ民法も，こうしたフランス民法型の系譜にあるものと理解することができるかもしれない。すなわち，オランダ民法 6 編（※債権法総則）は，責任能力について，以下のように規定している。

> 6-164条　14歳未満の子どもの行為は，不法行為としてその子どもに帰責されない。
>
> 6-165条　①　14歳以上の者の作為とみなされるべき行為が，精神的又は身体的な不完全さの影響の下で生じたという事情は，その行為を不法行為としてその者に帰せしめる障害とはならない。
> 　②　第三者が不完全な監督を理由として同時に被害者に対して責任を負う場合，この第三者は，責任の全額について損害賠償を負担すべき義務を加害者に対して負う。
>
> 6-169条　①　14歳未満の子どもの作為とみなされるべき行為によって第三者が被った損害で，かつ，年齢による免責がなければこの行為は不法行為としてその子どもに帰せしめられるような損害については，その子どもについて親権を行使し又は後見をなす者が，責任を負う。
> 　②　14歳以上16歳未満の子どもの瑕疵ある行為によって第三者が被った損害については，その子どもについて親権を行使し又は後見をなす者が，責任を負う。ただし，子どもの当該行為を妨げなかったことについてその者を非難することができない場合には，この限りではない。
>
> 6-183条　①　本節（※第 2 節「人及び物についての責任」）に基づく責任に関しては，若年者であること，又は，精神的もしくは身体的に未成

熟であることのいずれの抗弁も主張され得ない。
② 14歳未満の子どもについて親権を行使し又は後見をなす者は，これらの者に代わって，173条ならびに179条に規定された物ならびに動物についての責任を負う．ただし，それらが営利のために用いられる場合には，この限りではない．

　対比のために，本論文では直接の対象としない未成年者の責任無能力についても引用したが，そこに示されるように，オランダ民法では，14歳未満の子どもの賠償責任の否定を規定するとともに，その年齢以上の者については精神的未成熟さが免責事由とならないことを規定する。そして，それとあわせて，14歳未満の子の親権者又は後見人の責任（厳格責任）と14歳以上16歳未満の子の親権者又は後見人の責任（中間責任）を規定しているのである。

(3) **責任無能力による限定的責任又は免責（北欧法型）**
　最後に，やや異なるタイプの立法例として，北欧法についてみておくことにしよう。ここでは，「北欧法型」として，ふたつの立法を紹介しておくことにしよう。
　まず，ひとつがスウェーデンの「損害賠償法」である。同法は，以下のように規定し，未成年者，精神的障害によって不法行為を行った者のいずれについても，「衡平に合致する限りにおいて」，損賠償責任を負うことを規定する（フィンランド損害賠償法も，同趣旨の規定を置く）。

2条　18歳未満の者が人身損害又は物的損害を生ぜしめた場合には，その年齢と発育，行為の種類と方法，責任保険の有無とその他の経済的状態その他すべての事情を考慮して衡平に合致する限りにおいて，その損害を賠償しなくてはならない。

3条　精神病又は精神的発育障害の影響下で人身損害又は物的損害を生ぜしめた者は，その者の精神状態，行為の種類と方法，責任保険の有無とその他の経済的状態その他すべての事情を考慮して衡平に合致する限りにおいて，その損害を賠償しなくてはならない。自ら惹起したのではないその他の一時的な精神活動の障害の下で損害を生ぜしめた場合にも，同様とする。

他方，基本的には同じ発想に立ちつつ，原則と例外を逆転させたのが，デンマークの「未成年と後見に関する法律」である。すなわち，同法は，以下のように規定する。すなわち，一定年齢以下であることや精神的障害によるという事情があることは，賠償責任を否定するものではないという原則に立った上で，諸事情をふまえて「衡平に合致する限りで」，その責任を減免することが認められているのである。

63条 15歳未満の子どもは，15歳以上の者と同様の規定に基づいて損害賠償義務を課される；ただし，子どもの発育の不十分さ，行為の種類，又は，その他の諸事情，特に，加害者と被害者の損害負担能力の関係とその他の者によって損害が負担される見込みを考慮して，衡平に合致すると判断される場合には，損害賠償義務は軽減又は免除され得る。

64条 ① 精神病，精神薄弱，一時的精神障害その他類似の事情によって，理性的に行動できる状況になかった者は，不法行為について，精神的健常者と同様の規定に基づいて損害賠償義務を課される；ただし，その者の精神状態，行為の種類，又は，その他の事情，特に，加害者と被害者の損害負担能力の関係とその他の者によって損害が負担される見込みを考慮して，衡平に合致すると判断される場合には，損害賠償義務は軽減又は免除され得る。
② 加害者が，麻薬の濫用又はその他の方法により，一時的に前述の精神状態に陥った場合には，損害賠償義務の軽減は認められない。

上記のスウェーデン法とデンマーク法では，原則と例外は逆の関係に立っているが，いずれも一定年齢以下の子どもと精神的障害を有する者について，それぞれ規定を置きつつ，その場合でも，衡平に合致する限り責任が認められる／責任が減免されるというルールが採用され，責任の弁識能力がない場合には免責されるという例外のない原則が採用されているわけではない。

(4) DCFRの示す責任能力制度

最後に，立法例ではないが，上記のヨーロッパ各国の制度をふまえたうえでなされている最近の制度設計の提案，すなわち，「ヨーロッパ私法の原

*115*

則・定義・モデルの準則―共通参照枠草案（DCFR）」[18]について触れておくことにしよう。

Ⅵ.-3.103条（18歳未満の者）　①　18歳未満の者は，当該事案の事情の下で，合理的な注意深さを備えた同年齢の者に期待される注意を尽くさなかった場合に限り，Ⅵ.-3:102（過失）(b)の規定により法的に重要な損害を生じさせたことについて帰責される。
②　7歳未満の者は，故意又は過失によって損害を生じさせたことについて帰責されない。
③　①及び②の規定は，次に掲げるすべての要件が満たされるときは，その限りで適用しない。
　(a)　被害者が，この編の規定により，他の者から損害賠償を得られないこと
　(b)　当事者の資力その他当該事案のすべての事情を考慮して，損害賠償義務を課すことが公平にかなうと認められること

Ⅵ.-3:104条（子ども又は被監督者が生じさせた損害についての責任）　①　14歳未満の者が，成年者であれば故意又は過失とされる行為によって損害を生じさせたときは，その父母又はその監護を法律上義務づけられた者は，法的に重要な損害の発生について責任を負う。
②　ある者を監督することを義務づけられた施設その他の団体は，次に掲げる要件のすべてを満たすときは，第三者の受けた法的に重要な損害の発生について責任を負う。
　(a)　その損害が，人身侵害，Ⅵ.-2:202条（人身侵害又は死亡により第三者に生じた損失）の対象とされる損失又は財産の損傷であること
　(b)　施設その他の団体の監督義務に服する者が，故意もしくは過失によって損害を生じさせ，又は，その者が18歳未満である場

---

18) DCFRについては，窪田充見・潮見佳男・中田邦博・松岡久和・山本敬三・吉永一行監訳『ヨーロッパ私法の原則・定義・モデル準則―共通参照枠草案』（2013年，法律文化社）。以下の規定も，同書の翻訳による。

合には，成年者であれば故意又は過失とされる行為によって損害を生じさせたこと

(c) 施設その他の団体の監督義務に服する者が，同種の損害を惹起するおそれがあること

③ ①及び②の規定により損害について責任を負う者が，損害を生じさせた者に対する監督の懈怠がなかったことを証明したときは，損害の発生についてこの条による責任を負わない。

Ⅵ.-3:301条　精神的な能力の欠如．法的に重要な損害を惹起した行為の時点で精神的な能力を欠いていた者は，その者の資力その他の当該事案のすべての事情を考慮して，それが公平にかなうと認められる場合に限り責任を負う。責任は，合理的な補償に限定される。

② 自己の行為の性質について十分な弁識能力を欠く者は，精神的な能力を欠く者とみなす。ただし，十分な弁識能力の欠如が，自己の不適切な行為の一時的な結果であるときは，この限りでない。

　まず，このDCFRにおいても，未成年者については責任無能力を理由とする免責を規定し，一定の範囲で衡平責任を導入する形で規定されているのに対して，精神障害を理由とする場合については，むしろ当然に免責が認められるわけではなく，「その者の資力その他の当該事案のすべての事情を考慮して，それが公平にかなうと認められる場合に限り責任を負う」と規定されている（なお，両者の条文が離れているのは，Ⅵ.-3.103条とⅥ.-3.103条が「帰責」の章に規定されているのに対して，Ⅵ.-3:301条が「抗弁」の章に規定されていることによる）。なお，この規定については，衡平責任を認める各国法とともに，北欧法が参考とされている。[19]

　次に目を惹くのが，監督義務者に関するⅥ.-3:104条の規定である。同条は，その1項が，14歳未満の子どもについて父母又は監護義務者の責任を規定する一方，2項は，「ある者を監督することを義務づけられた施設その他の団

---

19) Ⅵ.-3:301条については, *Christian von Bar and Eric Clive,* Princples, Definitions and Model Rules of European Private Law; Draft Common Frame of Reference（DCFR）, Full Edition（2009）pp. 3689-3698参照。

体」の責任を規定しており，精神障害を理由として施設に入所している者については，こちらの規定によって規律されることになる[20]。従来，わが国においては，民法712条を受ける民法714条の法定監督義務者の典型は親権者であり，民法713条を受ける法定監督義務者の典型は後見人だと考えられてきた（ヨーロッパの各国の民法典においても，そうした状況がみられる）。そうした状況に照らすと，むしろ施設管理者の責任を前面に出したVI.-3:104条2項の意義は，軽視されるべきではないだろう。すなわち，そこでは，未成年者についての両親の責任，すなわち家族関係における監督者の責任とは異なる性格の法的責任が規定されていると考えられるのである。

## 3　比較法的な考察と考えられる制度設計

上記のように制度設計としては，いくつかのアプローチがあるが，その点を意識しつつ，比較法的な観点からは，以下のことを指摘することができるのではないだろうか。

第1に，未成年者の場合と異なり，精神的障害を理由として責任能力を否定し，不法行為責任を阻却するということは，必ずしも，比較法的に広く共有されているわけではないという点である。確かにわが国と同様のスタイルをとるドイツ民法型の国においては，精神的障害を理由とする責任無能力が認められている。しかし，他方で，いわゆる大陸法系の国々であっても，精神障害を理由とする免責については明示的に規定していない，むしろ積極的に責任が免除されないことを規定している立法例も存在しているのである（フランス法型，北欧法型）。その点で，わが国の民法713条のように，精神的障害を理由とする不法行為法の免責を規定することは，必ずしも，比較法的に一致して認められる，いわば常識ではないということになる。

この点に関連しては，特に，フランス法型の国々における責任能力制度のあり方も，わが国にとっては大きな意味を持つ。すなわち，わが国においても，責任能力と過失との関係はかつて好んで議論された問題であり，そこでは責任能力が過失の前提能力であるという見解もあった。その立場によれば，民法712条や713条のような規定がなくても，過失が否定される以上，責任の

---

[20] *Christian von Bar and Eric Clive*, op. cit., pp. 3434-3452参照

弁識能力を有さない者について民法709条の責任が認められることはない。しかし，現在では，過失の客観化（客観的な行為態様としての過失理解）を前提として，過失と責任能力を切断し，責任能力は社会的な弱者を保護するという制度目的を有するものとして理解する見解が一般的になってきているものと思われる[21]。それは，フランス法においてまさしくフォートとの関係で論じられたところと共通するものである。フランス民法489-2条も，そうした文脈の中で理解されるものであり，だからこそ，その後，同条の形式的な位置づけにもかかわらず，未成年者に関しても，その射程が及ぶとの判例の展開につながっているのである[22]。そうしたフランス法における状況と対比するのであれば，責任能力を過失とは切り離しつつ，民法713条を当然に維持するということについては，それが考えられる選択肢のひとつであるとしても，より実質的な説明が求められるものだということになる。

第2に，精神障害を理由とする免責を定めるドイツ民法型の国々においても，責任無能力は絶対的な免責事由ではなく，例外的に，責任無能力とされる者の賠償責任を認める規定を置いているという点である。すでに触れたように，これらのドイツ民法型の立法例では，責任を負うべき監督者が存在しない場合，あるいは，監督者の責任が認められない場合には，もちろん，諸事情を考慮することが要件となるとしても，責任能力が否定された直接の加害者の賠償責任を認める可能性が残されているのである。

このようにみてくると，わが国の責任能力に関する不法行為制度は，比較法的に見ても，実は，かなり特異なものと位置づけられることになるのではないかと思う。

すなわち，精神障害を理由とする責任能力の否定による不法行為責任の免責については例外が設けられておらず，監督者の責任についての民法714条は「責任無能力者を監督する法定の義務を負う者」として，誰が監督者であ

---

21) 責任能力の位置づけと理解については，窪田充見『不法行為法』（2007年，有斐閣）162頁以下参照。
22) 廣峰・前掲注16) 28頁以下参照。なお，同論文においては，フォートの客観化をめぐる問題についてのフランスにおける議論が詳細に検討されており，わが国における過失と責任能力との関係を考えるうえでも，示唆に富む。

るかは明示していない[23]。特に,後者の点については,誰が法定の監督義務者であるかは不法行為法以外に委ねられているのだと考えるのであれば,そうした不法行為法以外の法律が改正されることによって,法定の監督義務者が存在しないという状況が生じ得るということを意味している。その結果,直接の加害者は責任無能力を理由として不法行為責任を負わず,民法714条に基づいて賠償責任を負担すべき者も存在しないという状況が発生することになるのである。

これは不法行為法の制度設計としては,あり得ないものであるようにすら思われる。精神障害を負っている者について,その法的な保護が必要であるとしても,そうした精神障害による加害行為の被害者については,自然災害に遭ったのと同様に,損害を受け止め,それを何人にも転嫁することができないというのは,法秩序のあり方として受け止めがたいものなのではないだろうか。

そうだとすれば,そこで残されている現実的な選択肢は,次のふたつしか残されていないように思われる(将来的な3番目の選択肢については後述する)。

ひとつは,現行の不法行為法を前提としたうえで,《民法714条の法定の監督義務者は常に存在する》という解決である。今まで法定の監督義務者の手がかりとなってきた特別法が改正されても,そして,それによって従来の法定の監督義務者が変更されることになっても,しかし,誰かは法定の監督義務者であることを確保することによって,民法712条ないし民法714条の責任無能力制度の正当性を確保するという選択肢である。

もうひとつは,責任無能力を理由とする加害者の免責を制限するというアプローチである。ここでは,さらに下位のバリエーションとして,《法定の監督義務者が存在しない場合には,責任無能力を理由とする加害者の免責を認めない》というもの(民法712条,民法713条の規定に,免責が認められない場合を追加的に規定する)と,《精神的障害を理由とする加害者の免責を認めな

---

[23] 多くの立法例では,未成年者については,誰が監督者として責任を負うか(両親,父母,親権者等),不法行為法自体がそれを定めている。また,精神障害を理由とする場合についても,後見人を明示している立法例も少なくない。その点で,民法714条のきわめて抽象的な規定のしかたは,例外的ともいえる。

い》というもの（民法713条の廃止）が考えられるだろう[24]。前者は，民法712条，713条の両方に共通するが，それが実際上も重要な意味を有するのは，精神障害を理由とする民法713条の免責についてであると考えられる。

# 第5 おわりに

## 1 現在の法律状態に関する若干のコメント

　最後に，現在の法律状態に関して，簡単に確認しておくことにしよう。と言っても，すでに述べてきたところからも明らかなように，現在の法律状態はきわめて不透明なものであり，それについて断定的な判断を下すことはきわめて困難である。

　なるほど精神保健福祉法の改正によって，民法714条の法定の監督義務者を判断する手がかりとしての保護者の自傷他害防止監督義務は廃止され，さらには保護者概念そのものも失われた。しかし，保護者について自傷他害防止義務が削除された後のJR東海事件においても，民法714条の監督義務者責任は問題とされ，そこで後見人が法定の監督義務者に該当すると理解されていたことについては，すでに述べたとおりである。そして，そうした理解は，当該具体的な事案の解決としてはともかく，不法行為法の理論からは，一定の合理性を有するものであるとの見方はなお否定できない。そうである以上，現在においても，後見人が民法714条の監督義務者として賠償責任を負う可能性は排除されていないというのが，現在の法律状態についての中立的な判断であるように思われる。精神保健福祉法の改正，特に，自傷他害防止監督

---

[24] 民法改正研究会（加藤雅信代表）による「日本民法典財産法改正試案・仮案（平成21年1月1日案）」では，その657条（責任弁識能力）において，現行民法712条，713条にほぼ対応する責任の弁識能力の欠如を理由とする免責を規定し，また，665条（責任弁識能力を欠く者の監督義務者等の責任）で，現行民法714条にほぼ対応する責任無能力者の監督義務者の責任を規定しつつ，666条（責任弁識能力を欠く者の衡平責任）を新設し，「①（新）第657条（責任弁識能力）の規定にかかわらず，裁判所は，加害行為の態様，責任弁識能力を欠く者の資産状況その他を考慮して，責任弁識能力を欠く者に損害の全部又は一部を補償する填補責任を負わせることができる。②前条に基づき責任弁識能力を欠く者の監督義務者等が損害賠償責任を負うときは，その監督義務者等と前項の損害填補責任を負う責任弁識能力を欠く者は，連帯して責任を負う。この場合において，裁判所がその裁量により両者の責任の優先劣後を定めることを妨げない。」と規定することを提案している。

義務の廃止に伴ってなされた議論は，民法714条に言及するものであったとしても，こうした状況を明示的に覆すだけの十分なものであったとはいえないのである。

冒頭に記したように，現在の市民後見制度は，その必要性も，また，善意の人々によって支えられているという状況もよく理解できるが，しかし，後見人等に就任することに伴う「不法行為責任」について何も説明せずに，そうした事業を進めるとすれば，それはあたかも高リスクの金融商品を善意の人に勧めるのと同様だということになりかねない。

少なくとも，そうした事業を推進するのであれば，後見人に就任する際には，後述のように，必ず賠償責任保険に加入させるなどの対応をしない限り，[25] こうした市民後見人を損害賠償責任という予想外のリスクにさらすことになるのであり，無責任であるとの誹りを免れないのではないだろうか。

## 2 直近の制度設計のあり方について

すでに述べたところであるが，現在の状況は，不法行為法の責任能力制度の制度的な欠陥ともいえるのではないかと思われる。そうした問題を解決するためには，すでに述べたように，民法714条の法定の監督義務者を必ず確保するという解決か，責任無能力に関する免責規定（特に，民法713条）に一定の制約を付するかのいずれかが，実践的な選択肢として考えられるだろう。

私自身は，認知症の高齢者のケースを考えるならば，後者のアプローチは十分に合理性を有しているのではないかと考えている。従来，未成年者に関する民法712条を前提に，責任能力の肯定は必ずしも被害者救済につながらないということが指摘されてきた。すなわち，未成年者については資力が乏しく，賠償責任を肯定し，補充的責任にすぎない民法714条責任を否定することは，かえって被害者にとっては不利だと考えられてきたからである。他方，認知症の高齢者のケースでは，必ずしも，そのようなことが当てはまる

---

[25] なお，実際に，市民後見人の要請に当たって，賠償責任保険の手当がなされている例もあるようである。小林有紀子「成年後見制度における市民後見人の養成と活用──多摩南部成年後見センターの取組みからの考察」21世紀社会デザイン研究2011・No.10（http://www.rikkyo.ac.jp/sindaigakuin/sd/research/journal201110/pdf/022.pdf）252頁。

わけではない(現に，JR東海事件においても，判決文からは，直接の加害者たるAには十分な資力が認められることがうかがわれる。なお，訴訟自体は，Aの相続人すべてを被告として訴えているものであり，その点では，JR東海事件を別の視点からとらえることもできるように思われる)。そうだとすれば，精神障害を理由とする責任無能力という制度を全面的に廃止しなくても，民法714条の法定の監督義務者が存在しない場合に，例外的に賠償責任を認めるというしくみを考えることは可能であり，それは立法論としても，それほどハードルの高いものではないように思われる。

　しかし，そのことを確認しつつ，また，それがかりにハードルが高いものではないとしても，立法論であるということも確かである。民法712条，713条に免責される場合の例外を規定するにしても，民法713条を廃止するにしても，それを解釈論として導くことはきわめて困難であろう。

　その点では，かりに現在生じつつある実際の事案に解釈論のレベルで対応するとすれば，民法714条の法定監督義務者を何らかの形で見つけていくということにならざるを得ないのではないだろうか。その点で，さまざまな議論と評価があるJR東海事件であるが，少なくとも不法行為法の観点からは，そこでの判断はある程度理解可能であり，単純に非難することはできないようにも思われるのである。

## 3　長い目で見た制度設計のあり方について

　最後に，もう少し長い目で制度設計を考えられないかについて，触れておくことにしよう。

　筆者自身は，それに水をかけるようなことばかり述べてきたが，市民後見といった制度の意義や重要性，必要性も十分に理解しているつもりである。そうした支えなしには，今後の後見制度を支えていくことが困難であるということも確かである。また，JR東海事件における判断が苛酷であるという多くの声も理解できるものだと感じている。

　そうした筆者の共感を支えているのは，認知症の高齢者をめぐる問題は，日本という社会が抱えている問題であり，単に家族や身内の問題ではないという認識である。現実の社会においては，認知症だと診断されれば，特別養護老人ホームにすぐに入所できるといった状況にはない。資産が十分にあれ

ば，民間の施設を利用することができるとしても，それはすべての人にとって実現可能な選択肢ではない。

そうした状況の中で，《自らも要介護１の認定を受けている85歳の妻が，最大でも６，７分程度，まどろんで目をつむり，夫から目を離したということが過失である》と言わざるを得ない状況（JR東海事件第１審判決）は，法的にあまりにも苛酷なことを家族に求めるものであるということは否定できない。

かりに「家族の復権」といったことが，こうした文脈の中で語られるとすれば，それは社会が担うべき責任の放棄にすぎず，むしろ，そうした美しい名目のもとで，実際には家族を破壊していくことにしかならないのではないだろうか（家族として親身になればなるほど，苛酷な責任を課されるのだとすれば，できるだけ家族とは距離を置くことが，法的には賢明な態度だということになる）。

こうした観点からは，被害者の救済に向けた法制度（国家）の役割をふまえつつ，介護者の実質的な負担を考え，精神障害者についての自傷他害防止監督義務を廃止するのであれば，それに代わる国の責任といったものが考えられてもよいのではないだろうか。実は，これが上述したふたつの選択肢とは別の第３の選択肢だと考えている。直近の制度設計としてふたつの選択肢を示したが，しかし，あるべき社会の姿，将来像を考えるならば，国の役割をふまえつつ，この問題についても制度設計することが必要なのではないだろうか。DCFR Ⅵ.-3:104条の２項が規定する「ある者を監督することを義務づけられた施設その他の団体は，次に掲げる要件のすべてを満たすときは，第三者の受けた法的に重要な損害の発生について責任を負う」という規定は，監督義務者責任についてのひとつの将来像を示している。しかし，それも，必要に応じて，そうした施設を利用することができるという前提があって，はじめて機能するものであるように思われる。この点に関するわが国の状況は，あまりにも貧しい姿であるように思われるのである。

そして，それがまだ実現できない遠い将来のことだとすれば，少なくとも現在の状況においては，認知症の高齢者の後見人には必ず賠償責任保険を付するようなしくみを導入するということが不可欠であり，さらには，高齢者の認知症は日本社会が受け止めるべき問題であるとするならば，その費用を

公的に負担するということが考えられてもよいのではないだろうか。[26]

(神戸大学大学院法学研究科・法学部教授)

---

26) なお,賠償責任保険による対応は,本論文の主たる検討対象ではなく,また,最終的にあるべき制度の姿だと,筆者自身が考えているわけでもない。しかし,直近に考えられる比較的容易に実現できる対応として,若干の補足をしておくことにしよう。認知症の高齢者に関して生じている状況は,一方で,精神的な障害から他人を害してしまう可能性を否定することはできず(実際には,事故の被害者となる場合がはるかに多いとしても),しかし,他方で本人やその家族が賠償責任を負担することは苛酷であるというものである。まったく異なるようであるが,そこには,自動車の運行に関して生じている状況との一定の共通性を見出すことができるように思われる(不可避的な軽微なミスやミスがなくても生じ得る重大な損害についての賠償責任)。その点で,本文で述べる内容も,自賠責保険の導入に相当するものを念頭に置いたものである。そのうえで,そうした賠償責任というしくみをどのように確実なものとして維持するのか,誰がその費用を負担するのかという問題がある。後者については,自動車の場合,運行供用者に一定の利益が帰属するということを前提に,その保険料の負担が正当化されるが,他方,高齢者の認知症が個人や家族が受け止めるべきものではなく,社会が受け止めるべきものだとすれば,さらに保険料についても国や自治体が負担するということが考えられてもよいのではないかというのが本文での指摘である。さらに,認知症等が進んだケースにおいても,必ずしも,後見が開始されるわけではないという状況に照らせば,自賠法の政府補償事業(自賠法72条。ひき逃げや無保険車事故のように自賠法3条に基づく賠償責任者を見出すことができない場合)に相応するしくみも必要となるのではないだろうか。自賠法による補償制度が,古典的な損害賠償制度(不法行為法)と定型的な事故に対する事故補償制度のいわば過渡的な形態であるということに照らせば,こうした精神的障害を理由とする不法行為についての制度的な責任賠償保険制度は,単なる不法行為法の枠組みを超えた補償制度に向けたものとして位置づけられることになる。

# 第 II 部
# 各種の財産管理

# 身体障害者の財産管理

大　村　敦　志

## 第1　問題の所在

　民法の世界に主体として登場するのは「人」である。ここでいう「人」とは，抽象的な権利義務の帰属点のことであり，自然人のみならず法人をも含む。しかし同時に，民法典には能力に関する規定も置かれており，外国人・未成年者・障害者（そして，かつては妻）といったカテゴリーに応じて，権利能力・行為能力に制限が設けられている。

　以上のことは法学を学ぶ者ならば誰もが知っていることである。多くの人々は，このことを前提とした上で，各々の制限の仕組みのあれこれを知ることへと向かう。しかし，民法が，「原則的な人＝日本国籍を有する（かつては帝国臣民たる）健全な成年者（かつては成年男子）」と「例外的な人＝外国人，障害者，未成年者（そして女子）」とを対比していることの意味は，必ずしも十分に理解されていない。

　筆者はしばらく前に，上記の原則・例外を包含する「人」を「マジョリティ」「マイノリティ」というカテゴリーに分化してとらえることによって，マイノリティの処遇という観点から民法の思想と制度を探究するという課題を設定してみた。[1] この課題設定に基づいて，その後，市民としての外国人のあり方を検討し，未成年から成年への段階的移行の可能性につき論じてきた。[2]

---

1) 大村敦志「マイノリティと民法」同『新しい日本の民法学へ』（東京大学出版会, 2009, 初出，2008）。
2) 前者につき，大村敦志「『市民的権利の法』としての民法」同・前掲注1）（初出，

なお残されているのは障害者と女性に関する問題群であるが，本稿では，障害者に関する問題の一部を取り上げてみたい[3]。

　具体的には，本稿で取り上げるのは「身体障害者の財産管理」である。財産管理という視点を立て，障害者の中から身体障害者を抽出しているのは，半ばは本書の性質によるものである。すなわち，本書全体が「財産管理」をテーマとすること，そして，（精神上の障害にかかわる，広義の）成年後見に関しては，おそらくは複数の寄稿が見込まれるであろうことを考慮した結果である。しかし，筆者の側により積極的な理由がないわけでもない。1979年と1999年の民法改正における身体障害者の取扱いを批判的に再検討してみたい，と常々考えていたのを，この機会にこれを実現したいと考えたのである。

　1979年の民法改正によって，身体障害者は民法（行為能力法）から退場した。すなわち，聾者・唖者・盲者が準禁治産の対象から除外された。しかし，その20年後，1999年の民法改正によって，身体障害者は民法（遺言法）に再び登場した。聴覚・言語機能障害者の遺言に関する特則が設けられたのである。一方は，身体障害者の財産管理における自律を尊重しようというものであり，他方は，身体障害者の財産管理への支援を行うものであった[4]。二つの改正の趣旨は，一言で言えばこうなるであろう。しかし，より立ち入って考えてみると，話はそれほど簡単でもない。それぞれの改正は，結果として何を含意することになったのか。妥当な改正であったと言えるのか，別様の考

---

2006)，同『他者とともに生きる―民法から見た外国人法』（東京大学出版会，2008) など，後者につき，大村「民法4条に関する立法論的考察」同・前掲注1）（初出，2007)，同編『18歳の自律』（羽鳥書店，2010)，『22歳＋への支援』（羽鳥書店，2011）などを参照。

3) さらに残る問題群は女性であるが，現行民法典の外に目をやれば，労働者や消費者も「マイノリティ」としてとらえることができる。このうち，女性については，家族という観点から，大村『家族法』（有斐閣，第3版，2010）や同『文学から見た家族法』（ミネルヴァ書房，2012）など，女性の権利，労働者の保護という観点から，同『不法行為判例に学ぶ』（有斐閣，2011）などで，消費者については大村・消費者法など（有斐閣，第4版，2011）で若干の検討を行ってきたが，別途，「人の法（人事法）」という観点から総合的な検討を行うことを予定している。

4) こうした考え方は，1979年改正の際にすでに現れていたと言える。たとえば，次のような見通しが述べられていた。「これからはろうあ者や盲人の行為能力を制限するという消極的な保護策ではなく，むしろ法的には健聴者や晴眼者と同等とし，ハンディキャップを補う福祉対策として手話通訳の完備など積極的な自立促進策を講ずる方向に進むべきである」（野村好弘「準禁治産制度と法人制度の改正問題」ジュリ696号39～40頁）。

え方はあり得ないのか。以下においては，こうした問題を考えてみたい。
　順序としては，まず，身体障害者の退場を取り巻く制度状況を検討し（第2），続いて，再登場に至る経緯へと進みたい（第3）。最後に，問題を一般化した上で，若干の見通しを述べることにしたい（第4）。

## 第2 身体障害者の退場──聾者・唖者・盲者の行為能力

### 1 準禁治産制度の純化

#### (1) 家産保護から自己決定へ

1979年改正以前の民法典には，次のような規定が置かれていた。
民法旧11条
　心神耗弱者，聾者，唖者，盲者及ヒ浪費者ハ準禁治産者トシテ之ニ保佐人ヲ附スコトヲ得

　本条の趣旨は，次のように説明されていた。「本条ニ規定スル所ノ者ハ未タ全ク心神ヲ喪失スルニ至ラス又ハ之ヲ喪失スルコトアルモ未タ其常況ニ陥ラサル者ニシテ唯精神常人ニ及ハス法律行為ノ利害得失ヲ十分ニ弁識スルノ智能ヲ具ヘサル者ナリ」。これに「聾者，唖者，盲者及ヒ浪費者」が加えられている理由は，次のとおりである。「而シテ聾者，唖者，盲者ハ各五感ノ一ヲ欠ク者ニシテ其知識多ク常人ニ及ハス動モスレハ他人ノ為メニ欺カルル虞アリ」。「浪費者モ亦一種ノ精神病者ニシテ仮令他ノ智能ニ欠クル所ナキモ理財ノ一事ニ至リテハ隻ニ常人ニ及ハサル者ナリ」。こうした人々を保護するには，「必ス其能力ヲ画限シ恣ニ法律行為ヲ為スコトヲ得サラシメサルヘカラス」というのである[5]。

　以上のように，心神耗弱者が「智能」一般において不十分であるのに対して，聾者・唖者・盲者は「知識」が不十分，浪費者は特殊な「智能」すなわち「理財」能力に関して不十分であることが，保護の理由とされていた。では，行為能力を制限してこれらの者を「保護」するのはなぜか。この点については，次のように説明されていた。「本条（＝旧12条，現13条。筆者注）ニ列挙セル行為ハ皆重大ナル行為ニシテ精神ノ完全ナラサル者ハ恣ニ之ヲ為ス

---

5) 以上の引用は，梅謙次郎『民法要義巻之一』30頁（明法堂，1896）。

*129*

コトヲ得サルモノトスルニ非サレハ家産ヲ蕩尽スル虞アルモノナリ」[6]。このような家産保護の思想は，今日ではもはや行為能力制度を正当化するものではありえない。

この点は，1999年改正によって同条から浪費者が削除された際の説明によく現れている。「十分な判断能力を要する者を浪費者として保佐開始の審判の対象とすることは，十分な判断能力を有する者の金銭等の費消方法について裁判所が介入してその適否を判断し，更にそれに規制を加えるということであって，たとえ家族に対する扶養義務を果たさない者という限定を付したとしても，国家の市民生活に対する関わりのあり方として不適当であるといわざるを得ない」[7]。こうして1999年改正により，「成年後見制度は，精神上の障害により判断能力が不十分な者の保護を図る制度として純化された」が，1979年改正により「聾者，唖者及び盲者を当時の民法11条の準禁治産者の要件から削除した改正も，その一環であった」というわけである[8]。

(2) ノーマライゼーションの主張

1979年改正・1999年改正の推進力としては，ノーマライゼーションの主張についても触れておく必要がある。その影響は，特に1999年改正において顕著であった。立案担当者は次のように述べている。「1983年の国際障害者年及びこれに続く『国連・障害者の10年』における国際連合の提言を受けて，我が国においても，近年，ノーマライゼーションの理念が各種の施策の中で推進されており，平成5年の障害者基本法の改正，平成7年の『障害者プラン（ノーマライゼーション7か年計画）』（内閣総理大臣官房内政審議室・障害者施策推進本部）の策定など，障害者福祉の充実は政府の重要な施策として位置づけられている。今回の改正は，このような要請に応えるものである。」[9]

もっとも，ここでいう「ノーマライゼーション」の意義は明らかではない。上記の立案担当者は，「ノーマライゼーションとは，障害のある人も家庭や地域で通常の生活をすることができるような社会をつくるという理念であり，北欧諸国で提唱されて以来，それらの国々の福祉政策の基本理念となるとと

---

6) 梅・前掲注5) 33頁。
7) 小林昭彦＝原司『平成11年民法一部改正法等の解説』93頁注7 (法曹会, 2002)。
8) 小林＝原・前掲注7) 91頁，95頁注10)。
9) 小林＝原・前掲注7) 3～4頁。

もに，1970年代のアメリカの福祉政策を推進する理念になるなど，現在では国際的に定着した概念であるとされている」と注記している。[10] 確かに，元々の「ノーマライゼーション」は，「(施設ではなく) 家庭や地域で……生活をすることができる」という点に重点があったようだが，そのことと成年後見制度とはどのように関連づけられているのだろうか。

試みに，後見，保佐及び補助の部分を含む『新版注釈民法(25)　親族(5)〔改訂版〕』[11]の索引を引いてみると，「ノーマライゼーション」は5か所に現れる。しかし，そのうちの4か所では「障害のある者も家庭や地域で通常の生活ができるような社会を作るという理念」という説明が繰り返されるだけで，制度との具体的な関連については特に触れられていない[12]。

やや立ち入った説明が見られるのは，1か所だけである[13]。そこでは次のように説かれている。「自己決定の尊重及びノーマライゼーションの視点からは，彼らの契約締結能力を一般的かつ一律に否定してしまうのではなく，むしろ，明確な反証がない限り，その能力の存在を前提としつつ，各事案の具体的妥当性を検討していく姿勢が必要であると思われる。」ここでは「契約締結能力を一般的かつ一律に否定すべきではない」ことの論拠の一つとして，「ノーマライゼーション」が挙げられている。

論旨は必ずしも明確ではないが，その趣旨を忖度するならば，ここではむしろ「家庭や地域で……生活ができる」ことよりも，「……」で省略した部分，すなわち「通常の」という点が重視されているのではないかと思われる。障害があるということだけで，「○○ができない」とせずに，できるだけ他の人と同様に扱おうということであろう。

この点は，1979年改正の際に言われていたことをあわせて考えると，よりよく理解できる。まず前提として，この改正については，「民法11条の改正部分は，ろうあ者（聴覚言語障害者）による10年近い法改正運動の成果であ

---

10) 小林＝原・前掲注7) 19頁注2)。
11) 於保不二雄＝中川淳編（有斐閣，2004)。
12) 於保＝中川・前掲注11) 245頁，493頁，550頁，620頁。なお，制限行為能力の部分を含む谷口知平＝石田喜久夫編『新版注釈民法(1)　総則(1)〔改訂版〕』（有斐閣，2002)の索引には「ノーマライゼーション」という語句は採録されていない。
13) 於保＝中川・前掲注11) 662頁。

る」[14]という位置づけがされていたことを確認しておこう。なぜ法改正が要請されたかについては、さらに次のように説明されている。「いうまでもなくその規定は、身体上の障害のために行動能力が十分でない『聾者、唖者、盲者』本人を保護することを目的としている。しかし、実際にはそのような本来の目的どおり運用されることは少なく、かえってそれに反した仕方で用いられ、ろうあ者や盲人の自立を阻害するだけでなく、新たな差別や偏見をうみ、障害者らは非常な屈辱感、挫折感を強いられてきたのである」[15]と。

当時はまだ「ノーマライゼーション」という言葉が普及していなかったのかもしれないが、今日では、「ノーマライゼーション」との言葉を用いて、こうした差別・偏見の払拭への期待が語られているのではなかろうか。

## 2 補助・任意後見の創設
### (1) 代理権付与のための制度

1999年改正は、ある意味では大胆な制度を導入した。新設された補助と任意後見契約とがそれである。

「保佐」が「精神上の障害により事理を弁識する能力が著しく不十分な者」を対象とするのに対して、「補助」は「精神上の障害により事理を弁識する能力が不十分な者」を対象とする。その意味では、補助は保佐の連続線上にあり、保佐による保護を拡張した制度であると見ることができる。

しかし、他方で、被補助人には行為能力の制限をなされないことがある。もちろん、一定の行為について、補助人の同意を必要とする審判を求めることは可能ではあるが、補助においてはむしろ代理権の付与に重点が置かれている。立案担当者も次のように述べていた。「実際には、代理権の活用を中心に補助の制度が運用されていくものと考えられる。改正法立案当時においては、代理による取引を行うことについて強いニーズがあることが意見照会等を通じて感じられたところであり、実際の運用においても同様であると思われる」[16]と。こうなると、保佐が行為能力制度であるのに対して、補助は必ずしもそうではないということになる。

---

14) 野村・前掲注4）37頁。
15) 野村・前掲注4）38頁。
16) 小林＝原・前掲注7）354頁注1）。

このことは任意後見契約において，より明確になる。任意後見契約とは「委任者が，受任者に対し，精神上の障害により事理を弁識する能力が不十分な状況における……に関する事務の全部又は一部を委託し，その委託に係る事務につき代理権を付与する委任契約」（任意後見法 2 条 1 号）であり，この契約によって委託者本人の行為能力が制限されることは全くないからである。これが行為能力制度でないことは明らかであろう。

　以上を言い換えるならば，補助は事実上，任意後見契約は制度上，代理権を付与するための制度であることになる。もっとも，代理権の付与には特別な制度的な手当は必要ではない。委任者は受任者との間で委任契約を締結すれば十分である。実際のところ，任意後見契約は委任契約にほかならない。通常の委任契約と異なる点は，任意後見監督人を選任することを通じて，裁判所が受任者（任意後見人）の行動を監督してくれる点にある。1999 年改正はこうした特異な契約類型を導入したのである。[17]

### (2) 裁判所による保護の正当化原理

　このような制度の導入には疑義も呈されていた。この点につき，立案担当者は「補足説明」を引きつつ，次のような屈折した表現をしている。「仮に任意後見制度（公的監督を伴う任意代理制度）を創設する場合には，①任意後見制度は，任意代理の委任契約に公的機関の監督を付すという点で，理念的に，民法の私的自治の原理とは異なる原理を導入する制度であるということができる……」[18] という説明である。

　ここで「私的自治の原理とは異なる原理を導入する」と言われているのは，裁判所による保護を正当化しなければならないからである。仮に委任契約に監督が必要であるとしても，私的自治の原理を貫徹するならば，当事者が契約によって監督機関を設ければよい，ということになるはずである。裁判所が公的監督を行うのには，私的自治の原理とは別の正当化原理が必要だというわけである。

　では，この場合の正当化原理は何か。この点は立案担当者によっても十分には説明されていない。「『任意後見制度』は，関係各界のニーズを踏まえた

---

17) 大村「現代における委任契約」同・前掲注 1 ）（初出，2000）。
18) 小林＝原・前掲注 7 ）381 頁注 9 ）。

本人保護の事前的な方法として，私的自治の観点から，本人が自ら締結した任意代理の委任契約に対して本人保護のための必要最小限の公的な関与（家庭裁判所の選任する任意後見監督人の監督）を法制化することによって，自己決定の尊重の理念に則して，本人の意思が反映されたそれぞれの契約の趣旨に沿った本人保護の制度的な枠組みを構築する制度として構想されたのである」[19]という説明は，決して歯切れのよいものではない。ここに現れているのは「本人保護」の要請であるが，それが立法に結実したのは，（自己決定を主張しつつも）本人保護を求める「関係各界のニーズ」によるところが大きいと言わざるを得ない。

## 第3 身体障害者の再登場——遺言における通訳の問題

### 1 手話通訳による遺言

#### (1) 改正法の内容

1999年改正においては，遺言の方式につき，次の2点が改められた。一つは公正証書遺言の方式，もう一つは秘密証書遺言と死亡危急者遺言・船舶遭難者遺言の方式である。改正の内容を順に概観することから始めよう。

前者に関しては，聴覚・言語機能障害者が手話通訳等の通訳又は筆談により公正証書により遺言することを可能とするものであった。民法969条2号が求める「口授」「読み聞かせ」に代えて，「通訳人の通訳による申述」「通訳人の通訳」又は「自書」「閲覧」でもよいとする規定を新設したのである（民969条の2第1項，新民969条3号・969条の2第2項）。後者に関しても，聴覚・言語機能障害者が手話通訳等の通訳により，これらの方式の遺言をすることを可能にするものであった。具体的には，一方で，秘密証書遺言につき民法970条3号が求める「申述」を「通訳人の通訳により申述」する又は封紙に「自書」することでよいとし（新民972条），他方，死亡危急者遺言・船舶遭難者遺言につき民法976条・979条の「口授」「口頭」を「通訳人の通訳」に代える規定を置いた。改正の中心課題であったのは前者であり，後者はこれに付随する形で行われた。それゆえ以下においては，主として前者につい

---

19) 小林＝原・前掲注7) 378頁。

て検討する。

　1999年改正以前は，公正証書遺言に関しては，遺言意思の真実性を確保するために口頭主義が採用されたとされ，聴覚・言語機能障害者はこの方式による遺言を行うことができないと解されていた。しかし，公正証書遺言による遺言には遺言の適法性が確保される，紛失や改ざんのおそれがないなどのメリットがある。そこで，聴覚・言語機能障害者にも公正証書遺言利用の道を開くことが考えられた[20]。そのための主たる方策が，「口授」を「通訳人の通訳」に代えるということだったというわけである。なお，自書が認められればそれで足りるようにも思われるが，公正証書遺言がもともと「無筆者，重病者」による利用を想定していたことからすると[21]，これらの者による利用を可能にするには「通訳人の通訳」が必要だということになる。

(2) 困難の所在

　確かに，以上のような改正は，聴覚・言語機能障害者による公正証書遺言利用の道を開くものである。しかし，条文を一見するだけで明らかなように，そこには一つの困難が存在する。「通訳人の通訳」によって，遺言意思の真実性を確保し得るかという問題である。特に，新設された民法969条の2においては，次のような緩やかな考え方が採用されているために，困難は一層大きくなる。

　すなわち，民法969条の2においては，まず，「通訳人の通訳」という表現が用いられているが，これには手話通訳のほかに，「読話（口話），触読，指点字等の方法が含まれる」とされている。また，通訳人の資格についても厚生労働大臣の認定する手話通訳士に限らず，その適確性は公証人の判断に委ねられるとされている[22]。

　ここには複数の問題が存在する。第一に，正確性に関する問題がある。これはさらにいくつかのレベルに分かれる。まず，通訳（翻訳）には誤訳の可能性が常に存在している（原理的レベルでの困難）。もちろん，一定程度の能力を持つ通訳者（翻訳者）によれば，全体としては原意はほぼ正しく伝わるだろう。多くの場合には，それで用が足りる。次に，一般の言語以外の「言

---

20) 小林＝原・前掲注7) 21頁。
21) 梅謙次郎『民法要義巻之五』282頁（明法堂，1900）。
22) 小林＝原・前掲注7) 498〜499頁。

語」(伝達手段)の場合，当該言語に十分な表現力が備わっているか，さらには，一定程度の能力を持つ通訳者(翻訳者)が常に調達可能かという問題もある(実用的レベルでの困難)。これらの点に関しては，緊急の必要がある以上は，ある程度までの性能を備えた「言語」や能力を有する者によるほかないということもある。しかし，他のテクストについてはともかく，遺言のようなテクスト，その文言の意味の解釈が焦点となるようなテクストについて，大意の通訳(翻訳)でよいかという問題は残る(対象の特殊性のレベルでの困難)。第二に，誠実性に関する問題がある。通訳者(翻訳者)が誠実に通訳(翻訳)を行っていることをいかに保証するかという問題である。翻訳の場合には少なくとも，原テクストと翻訳テクストが保存されれば，事後的にその当否を確認することが可能になる。通訳の場合にはこのような手段がない。

もっとも，類似の困難は，これまでにも存在しなかったわけではない。

## 2 類似の困難との対比

### (1) 主体：外国人の場合

通訳の必要ということで考えられるのは，外国人の場合である。外国人という限定をすると，遺言の準拠法の問題などが生じるので，ここではむしろ外国語を用いる者の場合とした方がよい。本稿のテーマとの関連で関心が持たれるのは，外国語で遺言をする場合に，同様の問題は生じないか，生じるとすれば，どのような対応がなされているか，という点である。

この点については，これまで十分な検討はなされておらず，断片的な言及があるにとどまるが，結論は一致しているものと見られる[23]。第一に，遺言に用いる言語には明文の制約がないので，一般論としては日本語には限られない。判例も，全文英語によるものを有効としている[24]。第二に，公正証書遺言については，用いられるべき言語につき民法上の制約はないものの，公正証書は日本語によって作成されることを前提としており，「嘱託人日本語ヲ解セサル場合……ニ於テ公証人証書ヲ作成スルニハ通事ヲ立会ハシムルコ

---

23) 中川善之助＝加藤永一編『新版注釈民法(28) 相続(3)』91頁〔久貴忠彦〕(有斐閣，改訂版，2002)。
24) 最判昭和49年12月24日民集28巻10号2152頁。

トヲ要ス」（公証人法29条）とされている。この規定を踏まえて，公正証書遺言を行うことも可能と解されているが[25]，そこでは，「口授」「読み聞かせ」も「通事」（通訳）によることができるという前提が採られているのだろう。

　問題はこの先にある。では，ここでいう「通事」に，正確性・誠実性の点で疑義が生ずることはないのか，そうした疑義がありうるとすれば，どのような対応策が講じられているのか。この点については，公証人法の問題であるためか民法学者は特に関心を示していないが，公証人法の条文を見る限り，立会人から一定の者が排除されていることは確かである。たとえば，「嘱託事項ニ付利害ノ関係ヲ有スル者」などは立会人になれない（公証人法34条3項4号）。通事にもこの規定は適用されるのであれば，少なくとも誠実性の要請はある程度までは確保される。しかし，通事に関する明文上の制約は存在しない[26]。

　実は，公証人法29条が通事の立会いを求めているのは，「日本語ヲ解セサル場合」だけではない。前出の条文の省略部分には，「聾者若ハ唖者其ノ他言語ヲ発スルコト能ハサル者ニシテ文字ヲ解セサル場合」が掲げられている。つまり，公正証書の作成一般に関しては，外国人（日本語を解さない者）も言語・聴覚障害者も同様に，「通事」を用いることにより，日本語で証書を作ることができるとされているのである。

　以上のように，公正証書（遺言）作成にあたって，通訳を使用することに対する警戒心は，もともと公証人法には希薄なのである。

(2)　**場面：訴訟の場合**

　では，通訳の正確性・誠実性は全く問題にされてこなかったのか。この点がとりわけ問題となるのは，訴訟の場面においてであろう。日本の裁判所においては日本語が用いられるため（裁判所法74条は「裁判所では，日本語を用いる。」と定めている。），日本語を解さない者については通訳が必須になる。実際のところ，法の世界における通訳の問題と言えば，これまで法廷通訳に関するものがほとんどであった。ここでは法廷通訳に関する様々な議論の詳

---

25）中川＝加藤・前掲注23）110頁〔久貴忠彦〕。
26）公証人法34条3項を類推適用するという議論も見られないようである。法務省民事局編『公証人法関係解説・先例集』85頁，488～489頁（商事法務研究会，1986），岩本信正『条解公証人法』49～50頁（朋文社，1981）。

細には立ち入らず[27], 実定法上の規律について述べるにとどめる。

まず，民事訴訟法には次のような規定が置かれている。

（通訳人の立会い等）

民事訴訟法154条

　口頭弁論に関与する者が日本語に通じないとき，又は耳が聞こえない者若しくは口がきけない者であるときは，通訳人を立ち会わせる。ただし，耳が聞こえない者又は口がきけない者には，文字で問い，又は陳述をさせることができる。

2　鑑定人に関する規定は，通訳人について準用する。

この規定は，旧民事訴訟法134条に由来するものであり，旧法以来，「日本語ニ通セサルトキ」と「聾若ハ唖ナルトキ」とはパラレルな位置づけをされていた。なお，「鑑定人に関する規定」とは，民事訴訟法212条〜218条を指す。212条 1 項は「鑑定に必要な学識経験を有する者は，鑑定をする義務を負う」と定めるが，鑑定人の資格に関する規定は置かれていない。なお，214条 1 項は「鑑定人について誠実に鑑定をすることを妨げるべき事情があるときは」，当事者はこれを忌避することができるとしている。この規定は通訳にも準用されるであろう。さらに，虚偽通訳が再審事由の一つとされていることを付言しておく（民訴338条 1 項 7 号）。

次に，刑事訴訟に関しては，次の規定が存在する。

刑事訴訟法175条

国語に通じない者に陳述をさせる場合には，通訳人に通訳をさせなければならない。

刑事訴訟法には，民事訴訟法の場合とは異なり，言語・聴覚障害者に関する明文の規定はないし，忌避の規定もない。また，通訳人の資格や欠格事由

---

27) 以下には，若干の文献のみを例示的に掲げておく。憲法の観点から，江橋崇「立ち遅れた法廷通訳制度」法セミ428号（1990），刑事訴訟法の観点から，酒巻匡「アメリカにおける法廷通訳の現状」ジュリ1043号（1994），比較法学の観点から，ベロニカ・L・テイラー「法廷通訳の問題を日本はどのように解決していくべきか」時の法令1515号（1996）。また，通訳の観点から，長尾ひろみ「法廷通訳人から見た外国人事件の現状と課題」自由と正義48巻10号（1997），言語研究者の観点から，糸魚川美樹「法廷通訳に求められる正確性のかたられかた」社会言語学10号（2010），吉田理加「法廷談話実践と法廷通訳」社会言語科学13巻 2 号（2011）。なお，判例研究として，田中康代「法廷通訳の正確性等が争われた事例」法と政治49巻 1 号（1998）。

に関する規定がない。この点では，民事訴訟法の場合と同様である。

では，実際には，刑事訴訟の通訳人はどのように運用されているか。この点につき，最高裁は次のように説明している。[28]

「裁判においては，中立・公正な立場で，法廷での発言を忠実かつ正確に通訳することが必要になります。このような通訳人は，それぞれの裁判において，通訳が必要となった場合に裁判所が最高裁判所が取りまとめている通訳人候補者名簿を参考にするなどして選任しています。通訳人も通訳人候補者も，裁判所の職員ではありません。

通訳人として選任されることを希望する人に対しては，各地方裁判所において裁判官が面接を行います。面接の結果，通訳人としての適性を備えていると認められた人に対しては，刑事手続の概要や法律用語，通訳を行うに当たっての一般的な注意事項を説明し，これらの手続を経た人が通訳人候補者名簿に登載されます。日本国内でその言語を理解する人の数が少ない言語については，裁判手続や法律用語を理解してもらうための法廷通訳セミナーという研修も実施しています。」

このような手続で「誠実性」は確保できるとしても，「正確性」までが確保されるかどうかは判然としない。また，手話通訳等についても同様の候補者名簿が同様のやり方で作成されているかどうかは，必ずしも明らかではない。

# 第4 若干の考察

## 1 現行法の評価

### (1) 本人保護の必要性

1979年改正に先立ち，後見法の専門家[29]は興味深い立法提案をしていた。「聾・唖・盲の結果，心神耗弱とみられるべき状態になっている場合には，

---

28) 裁判所ホームページの「通訳人」を参照（http://www.courts.go.jp/saiban/zinbutu/tuyakunin/）。なお，各種データも含む裁判所作成のパンフレット「ごぞんじですか法廷通訳（平成26年版）」もネット上で閲覧できる（http://www.courts.go.jp/vcms_lf/h26ban-gozonji.pdf）。
29) 鈴木ハツヨ『子供の保護と後見制度』（創文社，1982）。

心神耗弱を理由として行為能力を制限すればよいのであるから，聾者等に対する行為能力制限はこれを廃止し，ただ，ドイツ法にならって，聾者等本人からの申立がある場合にかぎって，かれを包括的に代理して行為する者を附しうることとすべきであろう」[30] しかし，この提案は採用されなかった。その理由は，「①本来の趣旨に反した運用がなされる危険性があること，②障害者についての差別と偏見をなくす効果がないこと，③立法政策としては障害者のみならずねたきり老人等を含めて，民法11条問題とは切り離した形で検討すべきであること，などの理由によって，今回のような削除という形で改正を図る法律案になった」と説明されている[31]。

このうち，①の趣旨は必ずしもはっきりとしない[32]。③に関しては，とりあえず一つの例を開き，順次必要な制度を整えるということは，論理的には十分にありうるところである。②の効果（立法の象徴効果）には確かに見るべきものがあるが，それだけでは必要な規定を設けないことの理由にはなるまい。また，民法（旧）11条を削除し，それとは別の制度を創ることは十分に考えられる。

では，実質的な理由はどこに求められるのか。次の説明の中にヒントがあるように思われる。「視聴覚および言語機能に障害があっても，それに基づく判断能力の欠如を理由としての準禁治産宣告がなされないかぎり，自ら取引に当たるとか，信頼のおける任意代理人を選任して取引を行わせるかして，本人が自己防衛しなければならない。『改正法が聾者，唖者及び盲者を準禁治産宣告の対象から除外したということは，このようにこれらの者が自らの利益を自らの力で守ることを期待したものである，といってよい』」であろう[33]。

---

30) 谷口知平編『注釈民法(1) 総則(1)』216頁〔鈴木ハツヨ〕（有斐閣，1964）。
31) 野村・前掲注4）42頁注7）は，厚生省（当時）の資料を引いてこのように述べている。
32) 準禁治産の申立てが本人の以外の者からなされることの弊害は以前から指摘されてきたが，申立人を本人だけに限れば，このような弊害は除去される。もちろん，本人以外の者が本人を誘導して自ら申立てをさせる可能性は残る。しかし，それを弊害と呼ぶならば，1999年改正によって可能とされた公正証書遺言もまた同様の弊害を免れないということになろう。
33) 谷口知平＝石田喜久夫編『新版注釈民法(1) 総則(1)』302頁〔鈴木ハツヨ〕（有斐閣，1988）。なお，引用は当時の立案責任者の見解である。やや穿った見方であるが，引用者自身は本人の「自己防衛」に対して，必ずしも賛成ではないようにも読める。

おそらくは，ここに現れる自己防衛・自己責任の考え方が，行為能力を制限しない形での保護をも退けたのであろう。そこには，「保護」の対象となっている限り「マイノリティ」（劣った存在）からは脱却できないという発想が伏在しているようである。このような考え方は，1999年改正の際に再び示された。というのは，要綱試案の段階では注において「重度の身体障害により意思疎通が著しく困難であり，適切な表示行為をすることができない者を補助類型の対象に含めることの適否については，なお検討するものとする」とされていたが，結局，身体障害者は除かれたからである。その理由について，「①成年後見制度の本来の趣旨からすれば，判断力の不十分な者のみが制度の対象となること，②身体障害者団体の意見の大多数が反対・消極であったことに加え，③昭和54年の民法改正における議論の状況をも考慮して」身体障害者は除外されたと説明されている[34]。

　このうち③に現れている理由については，必ずしも説得的ではないことは前述のとおりである。①については一つの考え方ではありうるが，すでに一言したように，1999年改正法は「本来の趣旨」の範囲内にあるのか，という問題がある。この点はさらに後述するが，これを除外するならば，結局のところは②が最大の理由となる[35]。では，なぜ，身体障害者団体が新制度の適用を望まないかと言えば，それは「保護」であると受け止められたからであろう。

　しかし，1979年当時に指摘された「ねたきり老人」や1999年当時に検討された「重度の身体障害により意思疎通が著しく困難であり，適切な表示行為をすることができない者」につき，何の対応をしなくてもよいのだろうか。もちろん，「任意代理制度や事実上の補助者の活用のほか，社会福祉立法・施策の中で身体障害者のコミュニケーション手段等に関する全般的な支援体制の整備を進め，その権利擁護を図っていくことが相当であると考えられる」[36]のではあるが，このことが直ちに民法上の本人保護――「保護」がマイ

---

34) 小林＝原・前掲注7) 131頁。
35) ほかに，一方で，コミュニケーションの困難を理由に，補助制度による保護を与え，他方，コミュニケーション困難を否定して，公正証書遺言を認めるという立法を，一時に行うことに対する危惧が存在したのかもしれない。しかし，コミュニケーションの困難を認めつつ，公正証書遺言を認めることは決して背理ではない。
36) 小林＝原・前掲注7) 136頁注9)。

ナス・イメージを惹起するのであれば「支援」と言ってもよい—を不要とする理由にはならないだろう。[37]

**(2) 必要条件から十分条件へ**

手話を全く解しない者にとって，手話の伝達力がどの程度のものであるかはなかなか理解しにくい。しかし，メディアに現れる手話通訳や初級の手話教科書を見るだけでも，手話には相当高度な伝達力があることは想像できないわけではない。[38] 法制審議会民法部会身分法小委員会の審議においても，関係者からの意見聴取に際しては，聴覚・言語障害者が手話通訳を使って意見表明・質疑応答を行うことにより，その伝達力に関するデモンストレーション（例示）がなされたようである。[39] これによって，手話の威力を実感した委員も少なくなかっただろう。以上に鑑みるならば，各種の手話は一種の言語であると理解してよさそうである。

しかし，問題はその先にある。「手話は一種の言語である」という命題からは，手話通訳につき常に正確性と誠実性が確保されるという保証は導けない。ある言語がいかに高い表現力を持ち，当該言語と日本語とを架橋する通訳にいかに能力の高い人が存在するとしても，ある特定の通訳の場面において，正確性・誠実性の要請が確保されるということにはならない。このことは手話に限らず，すべての通訳に妥当する。[40]

---

37) もちろん，身体障害者の中には，自己防衛が可能な人々も少なくなかろう。そのような人々にとっては，差別のシンボルとなる「保護」制度の廃止がより重要であり，民法上の「支援」には多くを期待しないというのが合理的な選択かもしれない。しかし，それがすべての身体障害者にとって望ましい選択であるとは断じがたいように思われる。

38) もっとも，手元には，僅かな入門書（岡典栄＝赤堀仁美『文法が基礎からわかる日本手話のしくみ』（大修館書店，2011））や報告（キャロル・パッデン＝トム・ハンフリーズ〔森壮也＝森亜細美訳〕『「ろう文化」案内』（晶文社，2003））があるだけであり，十分な認識を持つには至っていない。

39) 小林昭彦「公正証書遺言等の方式に関する民法改正の解説—手話通訳・筆談等による公正証書遺言等」NBL679号33頁（1999）。なお，小林＝原・前掲注7）22頁は，「約5000語の標準手話の中には，相当数の法律関係の専門用語も含まれており，たとえば，民法，改正，相続，遺産，裁判，司法等の法律用語も，既に標準手話の語彙の中に含まれている。さらに，五十音を指で表す『指文字』を補完的に使用して特定の法律用語を読み方で表すとともに，手話通訳者が当該用語の意味についての公証人等の説明をわかりやすく手話で説明することにより，いかなる法律用語についても，その内容を手話により通訳することが可能となっている。そうした手話通訳の技法については，既に法廷における手話通訳を通じて，長年にわたる実務の蓄積と体系的な養成カリキュラムの研究により，手話通訳士等の手話通訳者において十分な習熟がされている」としている。

40) 小林＝原・前掲注7）25頁注4）は，「現に，近年，聴覚・言語機能障害者である複数

この点については，自身が中途失聴者である弁護士が極めて適切な指摘をしている。すなわち，（口授の要件につき）「通訳を介しても意思疎通を十分に図ることができるのなら，この要件を満たすと解して何ら問題はないはずである」し，「外国人の場合には外国語通訳付で公正証書遺言を作成してもらえることは公証人も認めているが，この場合と区別するべき必要性がない」[41]と。これらの指摘はそれ自体は全くもっともなものである。しかし，この立論が成り立つためには，著者自身が認めるように，「通訳を介しても意思疎通を十分に図ることができるのなら」という条件が満たされている必要がある。また，「外国人の場合……と区別するべき必要性がない」と言うのもそのとおりであるが，そもそも外国人の通訳に同様の問題があったことが，手話通訳を通じて明らかになったと言うべきではないか[42]。

さらに問題なのは，1999年改正（民969条の2）によって認められた「通訳人の通訳」が手話通訳に限られないということである。手話通訳が相当程度の伝達力を持つとしても，読話（口話），触読などが同様の伝達力を持つことの保証にはならない[43]。もちろん，日頃生活をともにしている近親者間では，

---

の司法試験合格者が，手話通訳により司法修習を修了して弁護士資格を取得しており，法律用語の手話通訳については，一定の水準の技法がすでに確立されているということができよう」としているが，司法修習において十分な手話通訳がなされたとしても（そして，手話通訳によって修習をなしうることの意義は大きいが），すべての手話通訳に同様のことが期待できるわけではない。

41) 山田裕明「公正証書遺言と聴覚障害者差別」法セミ522号15頁，16頁（1998）。
42) 1999年改正を厳しく批判する論者は，次のように述べている。「従ってもちろん外国人がその外国語を解さない公証人に通訳を通じて遺言することは認められない。外国人が自分の意思がその遺言に実現されていることを直接確認することができないからである。しかるにわが国では，この問題を論じる学説がほとんどなかったためであろうか，外国人が通訳によって公正証書遺言をすることができるという解釈がなぜか行われていた。外国人ができるのであれば，聾唖者が手話通訳で遺言できてしかるべきであるという議論になってしまい，それが立法された。」（水野紀子「成年後見人の身上監護義務」判タ1030号108頁注30）（2000））。前述のように，公証人法29条は，日本語を解さない者が通訳を介して公正証書を作成すること認めている。これだけでは直ちに公正証書遺言の「口授」も通訳を介してでよいということにはならないが，この部分は「なぜか」よいと解されてきた。そうだとすれば，口授の用語からはやや離れるが，手話通訳ではいけないという理由はないということになる。しかし，遺言者の意思が証書に実現されているかどうかを確認するというプロセスを重視するならば，通訳を介した公正証書遺言は認めないとまでは言わないとしても，通訳の正確性・誠実性に対するコントロールは必要であろう。
43) 山田・前掲注41) 14頁も，読話につき，「長い内容のコミュニケーションには向かず，読み違いも多い」としている。

読話や触読によっても高い程度のコミュニケーションを達成することは可能かもしれない。[44] しかし，近親者の介在には，誠実性との関係で問題がないわけではない。また，読話・触読の利用について何らかの制限が課されているわけではないので，十分な伝達力を持たない者が通訳を行う危険性は，手話の場合に比べて高いのではないか。

## 2 支援のための制度と原理
### (1) 障壁除去と制度新設

民法における身体障害者の処遇に関しては，これまでのところ既存の制度的障壁を除去する点に重点が置かれてきた。その結果として，行為能力制度の対象から「聾者，唖者，盲者」が除かれ，続いて，公正証書遺言の不適格者から「口のきけない者」が除外された。これらの改正の象徴的な効果には，確かに大きなものがあったと思う。しかし，法的な観点から見た場合に，これだけでよかったのかという点には疑問が残る。

とりわけ，1999年改正による「通訳人の通訳」の適確性（正確性や誠実性）の確保には，一層の配慮がされてしかるべきではないかと考える。これは，手話通訳のみならず，外国語通訳を含む通訳一般に関する課題である。もちろん，当該社会において大多数の人々によって使用されている言語（日本社会では日本語）による場合にも，コミュニケーションに伴う障害はないわけではない。たとえば，錯誤の法理にはこれに対応する側面も見出される。しかし，少数者が用いる言語については，異言語間における等価物の探究（通訳・翻訳）を必要とするために，さらに次元の異なる問題がこれに加わる。

ところが，通訳・翻訳に関する問題に対して，我々はこれまであまり敏感ではなかった。公正証書作成の場面における通訳に関しては，公証人の判断に委ねる，裁判の場面における通訳に関しては，裁判官の判断に委ねる，と

---

44) ある通訳学研究者は，（福祉の場で通訳を必要とする）「移民は自分のことをあまり知らないプロの通訳者よりも，親戚や友人など『内輪』の中から多少英語を話す人に通訳をしてもらう方を好む」という外国での調査結果を示し，「通訳の専門的訓練を受けていない親戚や友人は，たとえバイリンガル能力，また，福祉サービスの内容や専門用語の知識の面で問題があったとしても，通訳ユーザーの事情をよく理解しており，献身的に忠誠心をもって通訳してくれる。さらに，秘密を漏らす危険もない。つまり，信用できる通訳者とみなされるからだという」という解釈を紹介している（武田珂代子『東京裁判における通訳』187頁（みすず書房，2008））。

いうことで切り抜けてきた。そのような対応による問題解決もある程度までは可能であるし，また，実際上も有効ではあろう。しかし，たとえば，公証人にすべてを委ねるというのは，場合によっては過大な負担を負わせることにもなる[45]。より確かな制度的な対応が必要なのではなかろうか。

　公正証書作成に関与する通訳に一定の要件を課し，これによって正確性を確保する，また，一定の欠格事由を定め，これによって誠実性を確保する，というのは，現時点においては現実的なことではないかもしれない。しかし，だからと言って，現状のままでよいということにはなるまい。手話通訳は，外国語通訳との対比で，その利用が許容されたわけであるが，そもそも外国語通訳について，これまで制度的保障が十分ではなかったことが意識されるべきではないか。ここで具体的な提言を行う余裕はないが，同時的あるいは回顧的に通訳の正確性・誠実性を確保するための制度を考えていくべきだろう。

　そのためには，グローバル化・多文化化の進む現代においては，通訳・翻訳は例外的な事態であるという認識そのものを改めることも必要だろう。

(2)　能力者への支援

　もう一つ重要なのは，人間や法のイメージを修正することだろう。一方で，（身体障害者を含む）すべての人に自己防衛・自己責任を求めることが，本当に妥当なことなのだろうか。この点については，マクロ・ミクロ両面からの考察が必要である。第一に，過去30年来，「保護」から「支援」へという大きな動きが見られる。その代表格は消費者である。かつて消費者は「保護」の対象たる「弱者」であるとされたこともあったが，今日では消費者は「支援」を得ることによって，初めて複雑な消費社会を生き抜くことができる「普通の人」であるととらえられるようになっている。第二に，1999年の成年後見制度改革に際して，我々は任意後見契約や補助類型を導入することによって，必ずしも判断力が低下しているわけではない（行為能力の制限を必要としない）人に対しても，裁判所による法的支援を与えうるという考え方に立った。この考え方に立つのであれば，（身体障害者を含む）一定の人々が

---

[45]　松野嘉貞「後発的言語・聴覚障害者による公正証書遺言」公証法学30号118頁（2001）以下の公証人の責任に関する考察は興味深い。

仮に完全な能力者であるとしても，正当な理由があるのであれば，これらの人々に対する支援を拒む理由は，原理的には存在しない。

　他方，法が提供している制度の中には，他律的な保護ではないものもありうることに注意すべきである。たとえば，上記の任意後見契約や代理権付与のみを行う補助を見てみよう。これらの制度が発動されることによって，本人の行為能力は一切制限されない。もっとも，自分以外の者の行為の効果が自分に及ぶという意味では，一定の制約を受けていることになるとも言える。しかし，そのための申立てを行うのが本人だけに限られているのならば，代理人の行為を引き受けるという決定を行った結果として制約が生じているだけのことである。この理屈は，行為能力の制限にも及ぼしうる。さらに言えば，このような制約すら生じない制度もありうる。実は，準禁治産という制度はそうした制度であった。1999年改正前の準禁治産制度においては，12条（現13条）所定行為を行うのには保佐人の同意が必要であり，同意なしに行われた行為は取消可能であった。しかし，取消権を行使できるのは本人だけであったので，本人の意思に基づかずにその行為の効力が失われることはなかった。もちろん，こうした制度があることによって，相手方は同意を得ていない本人と取引をすることを避けようとするだろう。だが，本人がそのような地位に自分を置くことを望むならば，それはそれでよいのではないか。自己防衛はむしろ，このような制度の利用によって実現されることになろう。そして，それを利用するか否かは本人の自己決定に委ねられるのである。

（東京大学法学部教授）

# 不在者財産管理の理論的課題[1]

武 田 直 大

## 第1 序論

　不在者財産管理制度については,「議論自体があまりなく,最近ではほとんど論じられない」というように,全体的に議論の乏しさが指摘されている[2]。ただし,何らの議論もされていないというわけではなく,近時においては,他の財産管理制度との比較という視点から,幾つか注目すべき見解が提起されている。すなわち,成年後見制度を補完するものとして不在者財産管理制度を再評価する見解[3]や,任意後見契約制度との共通性を指摘する見解[4]である。もっとも,これらの見解は,重要な問題提起であるとはいえ,不在者財産管理制度そのものの考察から一段進んだ議論である。そのような議論がされる背景には,やはり,「不在者財産管理だけを取り上げても,改めて議論すべき事柄は少ない」との考慮が窺われる。しかしながら,不在者財産管理制度それ自体にも,依然として検討すべき課題が残されているのではないだろうか。このような問題意識から,本稿においては,不在者財産管理制度に伏在する理論的課題を明らかにしていきたい。

---

1) 本論文の執筆に当たっては,2013年11月16日に同志社大学にて開催された関西若手研究者民事判例研究会において検討の機会をいただき,参加諸氏に多くの教示をいただいた。この場を借りて,謝意を申し上げる。
2) 大村敦志『民法読解　総則編』92頁（有斐閣,2009）。
3) 谷口知平＝石田喜久夫編『新版注釈民法(1)　総則(1)』435頁以下〔田山輝明〕（有斐閣,改訂版,2002）,田山輝明『成年後見法制の研究　上巻』107頁以下（成文堂,2000）,同『続・成年後見法制の研究』110頁以下,313頁以下（成文堂,2002）。
4) 大村・前掲注2）95頁以下。

その方法として，まずは，相続人の中に行方不明者がいる場合における不在者財産管理の問題について，従来の議論を取り上げる。これは，次のような理由による。第一に，不在者財産管理の総論における議論の少なさが指摘される一方で，この問題については，一定の先行議論を見出すことができる。そして，それらの議論の中に，不在者財産管理制度の核心に迫る幾つかの問題点を見出すことができるからである。第二に，相続事例がこの制度の利用される主要な場面となっているのではないかと推察されるからである。理論的な関心の薄さとは裏腹に，実務上，不在者財産管理制度には一定の利用実績がある[5]。そして，遺産分割協議を目的とした利用が相当数を占めることが，指摘されている[6]。したがって，相続事例は，理論的な意味で不在者財産管理の典型例といえるかはともかく，実際上の代表例ということができるものである。

また，個々の問題点を検討するに際しては，ドイツにおける類似制度である不在者監護を参考にする。かねてより，我が国の不在者財産管理制度については，幾つかの点で，ドイツ法を承継するものであることが指摘されてきた[7]。しかしながら，両者を子細に見れば，看過し得ない相違点や日本では見られない議論を見出すことができる。それらを確認することは，我が国の制度の在り方を考える上で，有益である。

序論の最後にあらかじめ断っておくと，本稿の検討範囲は，不在者財産管理制度の全体に及ぶものではない。まず，不在者財産管理の方法について，民法25条1項は，一般的に「財産の管理について必要な処分を命ずることができる」とするが，本稿では，「必要な処分」の代表である管理人の選任にのみ焦点を合わせる。また，民法は，不在者自身が委任した管理人についても規定を置いているが（26条，27条2項・3項，28条後段），これらも検討の対象外とする。

---

[5] 内田貴『民法Ⅰ』131頁（東京大学出版会，第4版，2008）は，平成18年までの統計を示し，不在者財産管理制度の利用数が近年伸びているとする。

[6] 実務家の手による近時の文献においては，東京家庭裁判所における不在者財産管理人の選任にかかる申立ての約70パーセントが，遺産分割協議を目的とするものであると指摘されている。片岡武ほか著『家庭裁判所における成年後見・財産管理の実務』128頁（日本加除出版，2011）を参照。なお，同書第2版（2014）の該当箇所（152頁）では，この指摘が削除されている。

[7] 谷口知平編『注釈民法⑴』260頁〔遠田新一〕（有斐閣，1964）。

## 第2　遺産分割と不在者財産管理

相続事例における不在者財産管理の機能，とりわけ遺産分割における同制度の活用については，従来，次のような議論が展開されてきた。

### 1　相続人に行方不明者がいる場合の財産管理の方法

まず問題となるのが，共同相続人中に行方不明者・生死不明者がいる場合に，どのような形で相続財産の管理を行い，また遺産分割を行うのかである。この点に関する議論は，次の2つの説に整理することができる。

#### (1)　不在者財産管理説[8]

実務においても採用されている我が国の通説的見解は，不在者財産管理人を選任した上で，遺産分割をすべきことを説いている。この見解は，次のような論理立てとなっている。

##### ア　不在者財産管理人の選任

第一に，不在者財産管理を開始するには，管理すべき財産の存在が要件となるところ，生死不明者に相続の効果が帰属しているのでなければならず，したがって，生死不明者が生存しているものとして扱われなければならない。この点について，民法総則レベルでの一般的な説明は，生死不明の不在者も，失踪宣告を受けない限りにおいて，生存しているものと推定されるとするものである（生存推定）。[9] これを受けて，相続法の通説は，相続の開始に際して，戸籍上相続人となる者がいる場合には，その者が生死不明であったとしても，相続主体が現存している以上，相続財産法人（民951条以下）は成立せず，民

---

[8]　加藤令造＝石井健吾＝上田豊三「共同相続人中の一部の者の生死不明と遺産分割」東京家庭裁判所身分法研究会編『家事事件の研究』215頁，221頁以下（有斐閣，1970），糟谷忠男「相続人の確定」小山昇ほか編『遺産分割の研究』125頁，127頁（判例タイムズ社，1973），日野原昌「相続人中に不在者のいる場合の遺産分割」山畠正男＝泉久雄編『演習民法（相続）』201頁以下（青林書院，1985），谷口知平＝久貴忠彦編『新版注釈民法(27)　相続(2)』351頁以下〔伊藤昌司〕（有斐閣，1989），財産管理実務研究会編『不在者・相続人不存在　財産管理の実務』49頁，53頁（新日本法規，新訂版，2005）など。

[9]　我妻榮『新訂　民法総則』99頁（岩波書店，1965），米倉明『民法講義　総則(1)』163頁（有斐閣，1984，初出1982～1984），遠藤浩ほか監修『民法注解　財産法　第1巻　民法総則』158頁〔大塚直〕（青林書院，1989），谷口＝石田編・前掲注3）442頁以下〔田山〕。

法25条以下に基づく不在者財産管理制度により，遺産管理が行われるとしている。[10]

　　イ　不在者財産管理人による相続の承認・放棄

　第二に，遺産分割の前提として，不在者財産管理人は，不在者に代わって，相続の承認又は放棄をし得るものとされている。このことは，次の2つの論拠によって基礎づけられている。すなわち，①相続の承認・放棄は，身分上の行為の性質を有しているが，主として財産法上の効果をねらったものである（行使上の一身専属権であることの否定），[11] ②不在者財産管理人は，相続人たる不在者の法定代理人であり，制限行為能力者の法定代理人に準じる（民917条を参照），[12] という論拠である。

　その上で，不在者財産管理人が相続の承認・放棄をするに際して，家庭裁判所の許可を要するかが問題とされている（民28条）。この点，相続放棄については，その性質上，価値減少行為（財産の現存価値を減少させ，あるいは，その増加を妨げる行為）であることや，民法上，意思表示が必要とされていることから，許可が必要とされている。これに対して，承認については，通常，価値増加的なものであること，意思表示に基づかない期間徒過による承認の制度が設けられていることから，許可不要とされている。[13] ただし，限定承認については，許可を要するとの異説もある。[14]

　　ウ　遺産分割

　第三に，共同相続人の中に生死不明者がいる場合の遺産分割の方法については，幾つかの見解が主張されている。通説的見解は，ここまで整理してきた処理を前提として，不在者財産管理人を選任した上で，この管理人と他の共同相続人との間で遺産分割をすべきことを説いている。[15] ただし，生死不

---

10) 中川善之助＝泉久雄『相続法』453頁（有斐閣，第4版，2000），谷口＝久貴編・前掲注8）647頁〔金山正信〕など。
11) 昭和54年度高等裁判所管内家事事件担当裁判官会同・家月33巻11号53頁以下，55頁（家庭局見解）。
12) 竹田央「相続の承認及び放棄」岡垣學＝野田愛子編集『講座・実務家事審判法3』44頁（日本評論社，1989）。
13) 加藤ほか・前掲注8）220頁以下，財産管理実務研究会編・前掲注8）51頁以下。
14) 竹田・前掲注12）56頁。
15) 糟谷・前掲注8）127頁，中川＝泉・前掲注10）321頁，谷口＝久貴編・前掲注8）351頁。

明者の死亡の蓋然性が極めて大きい場合には，その者を除外して遺産分割をし得る，との説もある。[16]

　ここで注目すべきは，管理人を加えた遺産分割方法のほかに，家庭裁判所が遺産分割の申立てを公告の上，不在者を除外して遺産分割をする方法も，論じられているところである。[17][18] 通説の側は，公告の方法によって不在者の除外を正当化し得ないことや，後に不在者が出現した場合に，遺産分割の協議・審判が無効となり，困難な問題が生じることを理由に，後者の方法を排斥している。[19] 不在者を除外し得るかという効果の問題はさておき，両説を方法論的に見比べるならば，後述のように，そこには注目すべき対比が見出される。すなわち，所在不明者との間の法律関係を処理する方法として，代理方式と公示方式とが，対比されているのである。

(2)　**相続財産管理説**[20]

　以上のような通説に対して，一部では，不在者財産管理制度を利用して遺産分割問題を処理することに反対する見解が説かれている。その概要を整理すると，次のとおりである。

　　ア　熟慮期間中の相続財産管理

　第一に，相続の承認・放棄をなし得る権利は，相続人が行方不明であっても，その保存を図る必要がなく，ただ不在者が相続を承認したときに不在者に帰属する相続財産を保存する必要があるだけである。したがって，この場合の財産管理は，民法918条の相続財産管理によるべきであるとする。これによると，財産管理人は，相続人のために承認・放棄をする権限を有さず，相続人が承認又は放棄をするまで，相続財産を保存することだけを任務とすることになる。[21]

---

16)　加藤ほか・前掲注8）220頁。
17)　星野英一「遺産分割の協議と調停」中川善之助還暦記念『家族法大系Ⅵ（相続(1)）』370頁（有斐閣，1960）のほか，本文後述(2)ウも参照。
18)　その他に，民法907条2項の「協議をすることができないとき」に該当し，審判分割を申し立てることができるとの見解もあるが，ここでは省略する。この見解については，鳥取家審昭和35年3月31日家月12巻7号121頁を参照。
19)　加藤ほか・前掲注8）219頁，財産管理実務研究会編・前掲注8）56頁。
20)　金田宇佐夫「共同相続人の一人が行方不明のときと遺産の分割」前掲注8）『遺産分割の研究』141頁以下，泉久雄ほか著『民法講義8　相続』212頁以下〔上野雅和〕（有斐閣，1978）。
21)　金田・前掲注20）143頁以下。

### イ 不在者財産管理人による相続の承認・放棄の否定

第二に、不在者財産管理人は、相続人に代わって相続の承認又は放棄をする権限を有しないとする。その理由としては、第一に、権利の性質の点から、承認・放棄は、身分的行為の色彩を有しており、相続人の自由な意思決定に委ねるべきであること、つまり、相続の承認・放棄をする権利は、行使上の一身専属権であることが述べられている。第二に、制限行為能力者の法定代理人と不在者財産管理人とでは、権限の範囲が異なることが指摘されている。すなわち、前者は、原則として身上監護人でもあるから承認・放棄の代理を認めてよいが、後者は、純粋に財産上の行為しか代理できないとされ、また、前者には包括的な権限があるのに対して、後者の権限は限定的・制約的である（民28条を参照）といわれる。さらに、民法917条に対応する規定が、不在者財産管理人については存在しないことも挙げられている[22]。

### ウ 不在者を除外した遺産分割

第三に、この見解においても、不在者の死亡が確定し、あるいは、失踪宣告や認定死亡の手続によらない限り、不在者が出現するまで、遺産分割を行い得ないとはされていない。むしろ、不在者を除外して遺産分割を行う方法が提案されている。それによれば、①遺産分割の必要性が強度である場合において、②家庭裁判所が、遺産分割の申立てがあったことを公告して行方不明者の出現を促すとともに、行方不明者の所在を探し、なおかつその所在が判明せず、かつ、③行方不明者が仮に出現し、遺産分割手続に加わったとしても、その者に対し金銭を分配することが、民法906条の基準に違背しないと認められるときは、行方不明の相続人を除外して、遺産分割の審判をすることができるとされている[23]。

## 2 遺産分割前の不在者死亡が判明した場合の処理

次に、不在者財産管理人を加えた遺産分割が可能であることを前提にして、遺産分割後に、不在者が当該遺産分割前に死亡していたことが判明した場合に、当該遺産分割の効力がどうなるのかが議論されている[24]。これは、「不在

---

22) 金田・前掲注20) 145頁以下、泉ほか・前掲注20) 212頁以下。
23) 金田・前掲注20) 150頁以下。
24) 同様の問題は、遺産分割後に不在者が失踪宣告を受けた場合において、死亡したもの

者財産管理人の権限が不在者の死亡によってどのような影響を受けるか」という総論レベルの問題の反映である。そして，この問題については，次の2つの見解が対立している。

(1) 権限消滅説

一方で，不在者が死亡すれば財産管理人の職務権限は消滅するが（民111条1項1号，653条1号），裁判所の選任した不在者財産管理人についても委任終了時の善処義務の規定（民654条）を類推して，その範囲で権限が存続すると論じる見解がある。[25] そこから先の展開は定かでないが，委任に関する規定による処理を推し進めていくならば，不在者の相続人等が財産管理人に対して権限の消滅を主張することができるのは，財産管理人が不在者の死亡を知ったときということになろう（民655条）。また，第三者の保護については，表見代理の規定（民112条）によることになる。

この見解に従って遺産分割の効力を考察すると，次のようになるものと推論することができる。すなわち，遺産分割が善処義務の射程に入ってくるとは，通常考えにくい（民654条にいう「必要な処分」とはいえないだろう。）。したがって，財産管理人が行った遺産分割は無権代理であり，共同相続人の保護は民法112条に委ねるしかないと考えられる。

(2) 権限存続説

ア　相続開始後・遺産分割前に不在者が死亡していた場合

他方で，不在者が死亡したとしても，家庭裁判所が選任を取り消さない限り（旧家審規則37条，家事手続147条を参照），選任管理人の権限は消滅しないとの見解が存在しており，こちらが，通説となっている。[26] この見解の論拠としては，①財産管理人選任の審判が形成力を有していること，②不在者財産管理制度は，不在者の生存推定の上に成り立っているとはいえ，将来不在者の死亡が判明したり，失踪宣告を受ける可能性があることを前提としてい

---

とみなされる時期が遺産分割前に遡るときにも生じるが，この問題については，検討を省略する。
25) 我妻・前掲注3) 103頁。
26) 谷口＝石田編・前掲注3) 449頁〔田山〕，遠藤ほか編・前掲注9) 160頁〔大塚〕，大阪高判昭和30年5月9日下民6巻5号941頁，大判昭和15年7月16日民集19巻1185頁など。

ることなどが挙げられる。[27]

不在者財産管理人が行った遺産分割の効力に関しても，この見解を前提として，遺産分割前の不在者死亡が判明しても遺産分割は無効にならないとされている。[28] その上で，死亡した不在者に相続人がいれば，分割の効果はその相続人に承継され，相続人がいなければ，不在者財産管理人の管理下に置かれた財産を再分割すればよい，と説かれている。[29]

### イ　相続開始前に不在者が死亡していた場合

もっとも，生死不明の不在者が相続開始前に死亡していたことが判明した場合については，その者がそもそも相続人となっていないと考えられることから，権限存続説の中でも見解が分かれている。

一方で，この場合には，相続人でない者の代理人を加えて遺産分割をしたことになる以上，当該遺産分割を無効とせざるを得ない，とする見解がある。[30] この見解は，不在者という財産帰属主体の存在に管理人の権限をかからしめる点において，権限消滅説と同じ発想を含むものである。

他方で，第一の場合における権限存続説の処理と同様に，不在者財産管理人を加えてした遺産分割の効力を否定する必要はないとする見解もある。その後の処理としては，代襲相続人がいる場合には，不在者財産管理人が管理していた権利関係をその者が承継し，代襲相続人がいない場合には，再分割をすればよいとする。[31] この見解は，「不在者財産管理は，不在者の生死に左右されない」という考え方を，貫徹するものといえる。

## 3　検討課題の摘示

以上のような議論の中から，不在者財産管理制度の一般にかかわる検討課

---

27) 青木敏行「判批：東京高判昭和46年10月29日」民商69巻3号169頁，172頁以下（1973）。
28) もっとも，この説によると，委任管理人の権限についてなお問題が残る。この点について，糟谷・前掲注8) 128頁は民法654条の類推適用を説くが，先に述べたように，遺産分割が善処義務の範囲に含まれるかは疑問である。
29) 財産管理実務研究会編・前掲注8) 69頁，糟谷・前掲注8) 128頁，中川＝泉・前掲注10) 322頁，328頁，泉久雄『総合判例研究叢書　民法(26)』112頁（有斐閣，1965），谷口＝久貴編・前掲注8) 351頁以下。
30) 中川＝泉・前掲注10) 322頁，泉・前掲注29) 112頁。
31) 高裁会同・前掲注11) 56頁（家庭局見解)，斎藤秀夫＝菊池信男編『注解家事審判法』511頁［野田愛子]（青林書院，改訂版，1992）(ただし，相続人の順位が変動するときは疑問があるとする。)，財産管理実務研究会編・前掲注8) 69頁。

題として，次のものを指摘することができる。

　第一に，不在者の定義の問題である。所在不明・生死不明の相続人について不在者財産管理を利用することができるというためには，その者が「不在者」の定義に当てはまるのでなければならない。この問題は，先の議論整理には現れていないが，不在者財産管理制度の射程や位置づけを考える上で，重要である。

　第二に，管理財産の帰属主体について，どのように考えられるべきかという問題である。我が国における一般的な説明によれば，生死不明の不在者も，失踪宣告を受けない限り，生存しているものとして扱われる。しかしながら，不在者の死亡が判明した場合の処理においては，不在者財産管理が不在者の死亡も想定したものであることが強調される。そうであるならば，そもそも管理開始の当初から，不在者を生存しているものとして扱わなくてもよいのではないか。ここに，第二の検討課題がある。

　第三に，不在者財産管理人の権限の範囲の問題である。すなわち，相続の承認・放棄や遺産分割について，不在者財産管理人に不在者を代理する権限があるか否かは，どのように考えればよいのかという問題である。後述のように，通説はこの点について十分な説明を成し得ていない。

# 第3　検討

## 1　不在者の定義

　民法25条1項によれば，不在者とは「従来の住所又は居所を去った者」である。住所の意義については，客観主義と意思主義の対立があるが，いずれにせよ「生活の本拠」と呼べる場所である（民22条）。また，居所（民23条）についても，人が多少の期間継続して居住する場所とされる[32]。したがって，不在者財産管理における「不在者」も，これらの場所を去った者，換言すると，従来はこれらの場所にいた者ということになる。ところが，相続人の所在不明という事態は，必ずしもその者が住所・居所を去ったがゆえに生じるというわけではない。むしろ，相続人となるべき者が端から相続開始地にお

---

32）我妻・前掲注9）97頁。

らず，どこにいるかも分からないために，そのような事態が生じるということが考えられる。そうすると，相続人の所在不明という場合を，全て不在者財産管理で処理し得るのかが問題となってくる。

不在者の定義の問題について，失踪宣告の申立てに関する裁判例には，不在者とは「従来の住所又は居所を去って帰来する見込のない者」をいうのだとして，従来の住所・居所自体が不明の場合は，不在者の概念に含まれないとするものがある[33]。これに対して，学説には，広く「従来の滞在地を去りたる者」とすることにより，宿屋の客が散歩に出たまま帰らず遺留品がある場合なども，不在者財産管理の対象とすべきであるとするものがある[34]。しかし，このような拡張説も，あくまで不在者が従来ある一定の場所にいたことを前提とするものである。これらの見解に立ち，ある場所を去ったことを不在者の必要条件とするならば，相続人の所在が不明であるが，不在者財産管理を行うことができない場合が出てくることになろう。

これに対して，ドイツ不在者監護（Abwesenheitspflegschaft，ドイツ民法典1911条）[35]においては，「不在」（Abwesenheit）の概念を住所と結びつけない見解が支配的である。それによれば，ドイツ民法典1911条における「不在」の概念としては，財産事務につき保護を必要とする場所にいないことをもって足り，住所（Wohnsitz）ないし居所（Wohnort）にいないことは，不在者監護の要件ではないとされる。また，同条2項は「帰還」（Rückkehr）が妨げられていることを監護の要件としているが，ここにいう「帰還」についても，自ら事務を統制し得る場所に行くことと解されており，従来いた場所に戻ることは必要とされていない[36]。このような見解の背景には，不在者監護の要否にとっては遠隔性ゆえに財産事務の処理が妨げられていることが決定

---

33) 長崎家佐世保支審昭和43年3月16日家月20巻9号82頁。
34) 大谷美隆『失踪法論』683頁（明治大学出版部，1933）。
35) ドイツ民法典1911条
　(1) その滞在所が不明である成年の不在者には，その財産事務について，保護が必要な限りにおいて，不在者監護人が付与される。とりわけ，不在者が委任又は代理権の授与によって保護を図っていたが，委任又は代理の撤回をもたらす事情が生じた場合には，監護人が選任されなければならない。
　(2) 滞在所が知られている不在者が，帰還を妨げられ，又は財産事務の処理を妨げられている場合にも，同様とする。
36) RGZ 98, 263; Münchener Kommentar, zum BGB（6.Auflage. 2013），§1911 BGB Rn. 5 und 9（Dieter Schwab）

的であり，監護を必要とするのは住所を去った者に限られない，との考慮が見出される[37]。

このようなドイツ法の解釈の根拠には，ドイツ民法典1911条が住所・居所との結びつけた不在の定義をしていないこと，また，規定の位置的にも住所法（ドイツ民法典7条以下）と切り離されていることもあろう。これに対して，我が国においては，民法25条1項が明示的に住所・居所と結びつけて不在者を定義しており，文言解釈として同じ解釈論を展開することには無理がある。また，規定の位置的にも，住所法のすぐ後となっている。しかしながら，目的論的に見れば，従来の住所又は居所を去ったという場合以外にも，不在者財産管理の適用範囲を広げることは，考えられてよいのではないか。ある人が場所的な理由で自己の財産を自ら管理することができなくなるのは，何も住所・居所を離れた場合に限られないからである[38]。

## 2 財産の帰属主体

### (1) 日本法の議論の分析

既述のように，我が国においては，財産管理の開始（管理人の選任）に際して，生死不明の不在者が生存しているものとして扱われており，このことから，生死不明の不在者に相続の効果が（少なくとも不確定的に）帰属すると考えられている。不在者財産管理説と相続財産管理説の対立も，この共通の前提の上に，不在者の相続分をどのように管理するかが争われているにすぎない。したがって，管理開始の当初において，不在者財産管理は，不在者という特定主体に帰属する財産の管理として捉えられていることになる。

ところが，特定主体に帰属する財産の管理という観念は，財産管理の終了の場面において揺らいでくる。すなわち，不在者の死亡が判明した場合の処理に注目すると，通説たる権限存続説は，この場面で，特定の帰属主体と財産との結びつきを緩和しているといえる。というのは，この説は，不在者本

---

[37) Staudinger/Werner Bienwald (2006), § 1911 BGB Rn. 7 は，このような考慮を推し進め，「不在」概念ではなく，人が財産事務を自ら処理し又は他人に処理させることができないことが，決定的なのだとする。
38) 大谷・前掲注34) 744頁は，立法論として，失踪者が行方不明となった後に相続した財産についても管理規定を設けるべきであるとする。ただし，そこでは，本文で指摘したような不在者概念の問題が意識されているというわけではない。

人が生存していなくとも，不在者に相続人がいればその者，相続人がいなければ代わって財産を承継する者を財産帰属主体と捉えて，管理人の権限をなお有効とするものだからである。不在者財産管理人は，「その財産の主体たる特定の個人の利益のために管理するというよりも，むしろその特定の財産そのもののために……これを管理するものである」[39] ともいわれているが，その趣旨は，権限存続説において如実に表れている。ここでは，不在者財産管理は，実質的に見て，帰属主体が不特定な財産を管理する制度として理解されているといえる。

これに対して，権限消滅説は，「不在者財産管理人は，特定の不在者の財産を管理する者であり，その不在者が死亡すれば権限を失う」とするものであり，不在者という特定主体の財産の管理としての理解を貫徹する見解といえる。さらに，相続開始前に不在者が死亡していた場合における無効説も，既述のように，同様の発想を含んでいる。

(2) **ドイツにおける不在者監護と遺産監護**

以上のような日本法の状況と比較して特徴的なのが，ドイツ法における相続事例の処理である。そこでは，財産管理の開始当初から，財産の帰属主体を不特定とする処理，すなわち，相続人となり得る者が生死不明である結果，誰が相続人であるか特定できないとして，当初から不特定の主体のために管理人を選任する処理が考えられている。

このことは，ドイツ失踪法（Verschollenheitsgesetz）の枠組みに起因する。そこでは，失踪者に対する死亡宣告（Todeserklärung）による死亡推定と生存推定とが別に定められており，失踪者に対する生存推定が，死亡宣告を受ける前においても，一定の時期までしか及ばない仕組みとなっている。普通失踪の原則的なルールを例にとると，次のとおりである。まず，現存する消息によれば失踪者がなお生存していた最後の年の末から10年を経過したとき

---

39) 我妻・前掲注9）332頁を参照。我妻は，さらに続けて，不在者財産管理において財産の主体は不明又は不確実であり，したがって，「その管理人を特定の者の代理人とすることは，甚だしく擬制的色彩を帯びる」とし，「かような場合には，むしろ，管理人が，管理人の資格において管理行為をなし，その財産に属する権利関係の変動を生じ，本人はただ財産帰属者たる地位においてその効果を受けるものとすることが，はるかに真実に近いように考えられる」と述べる。しかしながら，以上のような記述は，我妻がとっていると思われる権限消滅説よりも，権限存続説の方に親和的である。

に，死亡宣告が許容される（ドイツ失踪法3条1項）[40]。失踪者は，死亡宣告を受ければ，一定の時点において死亡したものと推定される（ドイツ失踪法9条）[41]。これに対して，死亡宣告がされない限りにおいて，現存する消息によればなお生存していた最後の年から5年目の末まで，失踪者の生存が推定される（ドイツ失踪法10条[42]，9条3項）。このようなルールであるから，失踪者について，生存も死亡も推定されない場合が存在することになる。

このことを前提として，相続人となるべき者が不在者である場合の財産管理の方法については，次のように考えられている。まず，考えられる財産管理制度として，不在者監護と遺産監護（Nachlasspflegschaft，ドイツ民法典1960条）[43]とがある。日本法との対比でいえば，前者は不在者財産管理に，後者は熟慮期間中や相続人不存在の場合の相続財産管理に対応する。そこで，この2つの監護制度のうちのいずれを用いるかが問題となってくる。ドイツ

---

40) ドイツ失踪法3条
   (1) 失踪者が現存する消息によればなお生存していた最後の年の末から10年が経過したときは，死亡宣告が許容される。失踪者が，死亡宣告の時に満80歳を迎えたであろう場合には，5年が経過したときとする。
   (2) 失踪者が満25歳となるであろう年の末まで，第1項によって死亡宣告がされてはならない。
41) ドイツ失踪法9条
   (1) 死亡宣告は，失踪者が決定において確定された時点において死亡したとの推定を基礎づける。死亡宣告の前に異なる時点が死亡登記簿に登記された場合も，同様とする。
   (2) 死亡の時点として，調査の結果により最も蓋然性のある時点が確定されなければならない。
   (3) 前項の時点を挙げることができない場合には，次の各号の時点が死亡の時点として確定されなければならない。
      a) 3条の場合においては，失踪者が現存する消息によればなお生存していた最後の年から5年目の末。失踪者が満80歳を迎えたであろう場合には，3年目の末とする。
      b) ～ d) (省略)
   (4) 死亡時が日によってのみ確定されている場合には，当日の末を死亡の時点とする。
42) ドイツ失踪法10条
   失踪者が死亡宣告を受けていない限りにおいて，9条3項，4項に掲げられた時点までなお生存し，又は生存していたものと推定する。
43) ドイツ民法典1960条
   (1) 相続の承認があるまで，遺産裁判所は，必要がある限りにおいて，遺産を保全に努めなければならない。相続人が不明であり，又は相続人が相続を承認したかが不確定である場合も，同様である。
   (2) 遺産裁判所は，(中略)相続人となる者のために，監護人（遺産監護人）を選任することができる。
   (3) (略)

の判例及び支配的見解[44]は，この問題を次のように処理している。すなわち，失踪者に生存推定が及ぶ場合や，現に生存していることが証明された場合には，その者が相続人となるため，その相続分について不在者監護を用いることができる。これに対して，失踪者に生存推定が及ばず，かつ，実際に生存していることも証明することができない場合には，保護を必要とする不在者の財産があるとは認められないため，不在者監護を利用することができない。したがって，相続人が不明の場合として，遺産監護を用いるべきものとされる。[45] 単純化していえば，相続人となる者の生死不明状況が長く続けば，その者が相続人であるとは特定されないことになるのである。

　不在者監護と遺産監護の効果面での違いとしては，前者において，監護人が相続の承認・放棄をすることができるとされているのに対して，[46] 後者においては，監護人が相続の承認・放棄をし得ないことが挙げられる。[47] これに対して，遺産分割については，遺産監護人が自ら分割を進めることはできないが，他の共同相続人が進める遺産分割において，不明な相続人を代理し得るとされている。[48]

### (3) 考　察

　以上のような日本法とドイツ法との相違は，失踪法の規定構造の違いに起因するところ大であり，ドイツ法の処理をそのまま日本法に持ち込むことは困難であろう。生存推定について明文の規定のない我が国においては，不在者が相続人になったものとして不在者財産管理による場合とそうでない場合とを截然と区別する処理が難しい。また，不在者財産管理によらないとした場合に，どのような枠組みで相続財産管理を行うのかも問題である。

　しかしながら，我が国の議論の中にも，ドイツ法の処理と共通するものを見出すことができる。すなわち，相続財産管理説が，遺産監護による財産管

---

44) BGHZ 5, 240, 244; Egon Arnold, MDR 1949, 600, 602; ders., NJW 1949, 248, 250; W. Müller NJW 1956, 652; a. A. P. Jansen, DnotZ 1954, 592, 593
45) 以上のような処理の背景には，「人が生存し続けていることから権利を導き出す者は，その生存継続を，人の死から権利を導き出す者は，その死を証明しなければならない」という立証ルールがある（RGZ 93, 110）。したがって，生存推定の及ばない失踪者について，既存財産の帰属とそれについての不在者監護まで認められないわけではない。
46) Münchener Kommentar, a.a.O. (Fn. 36), § 1943 BGB Rn. 7 (Dieter Leipold)
47) Arnold, a.a.O. (Fn. 44), 250; Müller, a.a.O. (Fn. 44), 652
48) Münchener Kommentar, a.a.O. (Fn. 36), § 1960 BGB Rn. 59 (Dieter Leipold)

理と共通点を有している。つまり、いずれにおいても、生死不明者について相続の承認又は放棄がされ、さらに、その者のイニシアティブで遺産分割がされるという事態が、回避されている。関連して、相続財産管理説を支持する論者は、通説に対して、権限存続説によれば不在者が死亡していた場合に管理人は不在者の相続人を代理して承認・放棄をしたことになるが、このことは相続人の意思を度外視することになる、との問題点を投げかけている[49]。このような問題点をも考慮すると、不在者財産管理による処理としても、生死不明の不在者について生存しているものとして相続関係の処理を進めることについては、再考の余地があるのではないか[50]。

## 3 不在者財産管理人の権限の範囲
### (1) 不在者財産管理説の問題点

不在者財産管理人が、不在者本人に代わり、相続の承認・放棄、遺産分割をすることができるかについては、生死不明者を生存しているものとして扱うか否かという点だけでなく、不在者財産管理人の権限の範囲が問題となってくる。この問題について、通説たる不在者財産管理説の説明は、不十分といわざるを得ない。というのは、相続の承認・放棄の権限についていうと、通説の挙げる2つの論拠は、次のように説得力を欠いているのである。

第一に、これらの権利が行使上の一身専属権でないという論拠は、単に本人以外の者でも権利行使が可能であるということをいっているにすぎず、積極的に不在者財産管理人の権限の範囲内にあることをいうものではない。たとえ一身専属権でない財産権であるとしても、ある権利を行使するか否か、どのように行使するかは、第一次的に権利者の自由に委ねられるべき事柄であり、なぜ他者が不在者の法律関係に介入し得るのかについては、さらなる

---

49) 関連して、金田・前掲注20) 145頁以下は、権限存続説によれば、不在者が死亡していた場合に、管理人は不在者の相続人を代理して承認・放棄をしたことになるが、このことは相続人の意思を度外視することになる、との問題点を指摘する。実質的に相続人が確定されていない状況で承認・放棄をすることの問題性が、ここにも表れている。
50) なお、近時の学説にも、相続人が確定されない段階での遺産分割についても、不在者財産管理人は、不在者本人の承認・放棄未定の状態で管理する財産を特定するために、遺産分割の当事者資格を認めるべきであり、不在者が後に相続を放棄すれば、これを追加的に分割することになるとし、相続放棄の権限については管理人に認めていないと読めるものがある。谷口＝久貴編・前掲注8) 341頁〔伊藤〕を参照。

説明が必要である。

　第二に，不在者財産管理人と制限行為能力者の法定代理人を同視する論拠については，相続財産管理説の論者が指摘するように，民法28条の定める不在者財産管理人の権限が限定的であることを無視している。同条によれば，不在者財産管理人の権限の範囲は，民法103条の定めるいわゆる管理行為を原則とし，必要な場合にのみ，それを超える処分行為が付け加わる。必要な処分行為の例として，起草者は，管理困難な財産を高額で売却することを挙げており，保存行為に近いものが念頭に置かれているようである[51]。また，不在者財産管理制度の立法趣旨としても，財産が滅失・毀損しないようにすることで，直接的には，まず不在者を，次に相続人・債権者その他の利害関係人を保護し，間接的には国家の経済上の利益を保護する，と述べられている[52]。これらのことに鑑みると，不在者財産管理制度がもともと想定している管理人の権限は，管理財産の現状維持的なものであるといえる。だとすれば，相続人となるべき者が不在者である場合に，承認・放棄の前の不確定状態で財産を管理し，不在者の帰来を待てばよいと考えても[53]，あながちおかしくない。

　以上のことからすると，相続の承認・放棄の権限が不在者財産管理人に認められるというには，さらに論証が必要である。同様のことは，遺産分割の権限についても当てはまる。そこで考えるに，不在者財産管理人が一定の範囲で不在者を代理する権限を有するというのは，不在者本人の側からすれば，自らの意思によらずに，その私的自治の領域に干渉されることになる。管理人の権限の範囲を決めるには，不在者の私的自治への介入がどのような場合に，いかなる理由で正当化されるのかを，明らかにしなければならない。この点，次の2つの方向からの説明が考えられる。

### (2) 不在者の利益

　第一の方向性として，不在者財産管理人にある権限を与えることが，不在者本人の利益に資するという観点から，管理人の権限を正当化することが考

---

51) 梅謙次郎『民法要義巻之一総則編』68頁（有斐閣，明治44年復刻版，1984）。
52) 梅・前掲注51) 64頁，富井政章『訂正増補　民法原論　第1巻　総論』196頁（有斐閣，大正11年合冊版復刻版，1985）。
53) 我妻・前掲注9) 99頁は，不在者管理制度について，「本人はまだ生存していると推測して，残留財産を管理してやって当人の帰来を待つ」ものであるとする。

えられる。いわば，事務管理と同様の発想に立って，本人の利益になるのであれば，その私的自治の領域への干渉を認めるとするものである。

このような発想によると，承認・放棄前の不確定状態もしくは遺産共有の状態で財産を管理することが困難であり，又は，管理財産の価値低下をもたらすというのであれば，上記のような不在者財産管理制度の趣旨に鑑みても，管理人に承認・放棄及び遺産分割の権限を認めるべきことになろう。また，相続の承認・放棄さらに遺産分割が管理財産の現状維持的な性質のものでないとしても，不在者の利益につながるというのであれば，不在者財産管理人にそれらの権限を認める余地がある。

(3) **第三者の利益**

不在者財産管理説においては，不在者財産管理人による遺産分割を肯定せんとする際に，しばしば財産状態の早期確定に対する共同相続人の利益を指摘していることが，注目される[54]。ここには，第三者（不在者本人及び財産管理人以外の者）の利益のために——ここでは，遺産分割請求権という第三者の権利の実現のために——，不在者財産管理人に一定の権限を付与するという思考を見出すことができるのであり，このような処理が可能なのかが問われてくる。不在者財産管理制度の趣旨としては，先に挙げたように，相続人・債権者などの利害関係人の利益の保護も謳われているが，そこでいわれているのは，不在者の財産を維持することで，二次的にそれらの者の利益を保護するということであり，第三者の利益を第一次的に考慮して，不在者財産管理人の権限を定めることには，なお検討が必要である。

この問題について，ドイツ不在者監護における次のような議論が参考になる[55]。すなわち，ドイツ民法典1911条は，不在者監護人を選任する要件として，不在者の財産事務が保護（Fürsorge）を要することを挙げているが，この要

---

54) 財産管理実務研究会編・前掲注8）50頁は，不在者財産管理人は相続放棄をし得るかという論点に関して，「不在者財産管理人は，不在者の財産についての関係者の利益を保護するためにも選任された法定代理人であることを重視し，相続関係の早期確定に資する積極説による運用が望ましい」と述べる。竹田・前掲注12）44頁も同旨。
55) ドイツ監護制度においては，日本の民法28条のような独自の権限規定がなく，後見法の準用のもと（ドイツ民法典1915条1項），監護人の権限の範囲は，選任行為によって決まるものとされているが，遺産分割における不在者監護については，特則が存在しており（家事事件及び非訟事件の手続に関する法律FamFG 364条），その権限が解釈論上の問題とはなってこなかった。なお，この規定は，2013年に廃止されている。

163

件の理解について，以下のように見解が分かれている。

　下級審裁判例を中心とする支配的見解は，この要件を，「(少なくとも第一次的には)不在者の利益のために必要な限りにおいて」という意味に解している。[56]このことは，専ら不在者に対する権利を追及するために，第三者が不在者監護を申し立てることはできないことを意味する。監護人が選任されるには，あくまで，そのことが不在者の利益になるのでなければならない。もっとも，監護人が選任されない結果，不在者の義務が履行されないことや公示送達手続がとられることは，かえって不在者の不利益となるので，その点から不在者に対して権利を有する第三者の申立ても認められるとされている。[57]

　これに対して，学説においては，不在者に対して権利を有する第三者のための不在者監護も認められるべきである，との見解が有力に主張されている。それによれば，不在者監護の目的は，不在者を法的取引から逃れさせることにあるのではなく，不在者も法的取引に参加させることにあるとされる。[58]このような趣旨から，「法によって不法が隠されているとの非難なしに，権利追及が遮断され得る場合」でない限り，第三者の利益を顧慮して不在者監護人を選任すべきであるとか，[59]「不在者が，不在でなければ，合理的にみて代理人を選任したか」を基準とすべきである，[60]といった見解が主張されている。

　このような議論——とりわけ，後者の見解——から，次のような示唆が得られる。すなわち，不在者財産管理制度については，不在者のためにその残留財産を管理してやる制度として捉えるほかに，第三者が不在者又はその財産と関係する法律関係を処理し，自らの権利の実現を図ることを可能にする

---

56) OLG f. d. brit. Zone Köln, NJW 1948, 552; BayObLGZ 152, 129; BayObLGZ 152, 315; OLG Zweibrücken FamRZ 1987, 523; OLG köln FamRZ 1996, 694; OLG Zweibrücken FamRZ 2003, 258; OLG Nuanburg RPfleger 2003, 188; LG Potsdam FamRZ 2009, 2119 usw.
57) OLG Braunschweig, NJW 1952, 31; LG Augsburg DNotZ 1968, 558; OLG Zweibrücken FamRZ 2003, 258
58) Joachim Gernhuber/Dagmar Coester-Waltjen, Familienrecht (6. Auflage, 2010), 976; Münchener Kommentar, a.a.O. (Fn. 36), § 1911 BGB Rn. 15 (Schwab); Staudinger/Bienwald, a.a.O. (Fn. 37), § 1911 BGB Rn. 12
59) Gernhuber/Coester-Waltjen, a.a.O. (Fn. 58), 976
60) Münchener Kommentar, a.a.O. (Fn. 36), § 1911 BGB Rn. 15 (Schwab); Erman/Andreas Roth, BGB (12. Auflage, 2008), § 1911 BGB Rn. 6

ための制度として，この制度を位置づける余地があるということである。ここでは，不在者に対する権利実現の困難さゆえに，不在者の私的自治の領域に介入し，管理人との間で法律関係を処理することが許され，不在者もそのような事態を甘受しなければならないということになる。

ところで，第三者の権利実現を可能にするという制度目的を見出す場合に，不在者財産管理と公示による意思表示や公示送達制度等との関係が問題となってくることも，ドイツ法の議論から窺われるところである。このことを抽象化すると，所在不明者との関係で法律関係を処理する方法として，代理方式と公示方式とがあることになる。両者の対比は，既述のように，遺産分割方法の議論において，管理人選任の方法と遺産分割を公告の上で不在者を除外する方法とが唱えられていたところにも，見出される。そこで，両方式の関係・使い分けが問われることになる。このような観点から従来の学説を眺めると，かつて民法98条（旧97条ノ2）の導入（1938年）よりも前に，債務者の夜逃げ等の場合を想定し，立法論として，法律関係当事者のための管理人を選任し得るようにすべきことが主張されていたことが，注目される[61]。また，近時においても，不在者が消極財産のみを有する場合にも不在者財産管理人を選任することができるかという問題について，公示催告・公示送達の方法をとるよりも，管理人の選任を認める方が，債権者の利益保護になるとする見解がある[62]。

# 第4 結論

以上の検討の結果を整理すると，次のとおりである。

第一に，不在者の定義について，現行の民法25条1項どおり住所・居所と結びつけた形で限定的に解するのか，それとも，より広く場所的な理由で財産管理を妨げられている場合を含めるのか，という問題が見出された。仮に不在者の範囲を拡大するとなると，不在者財産管理制度は，住所法と本質的な関連性を有しないことになる。このことは，同制度の体系的位置について，

---

61) 大谷・前掲注34) 745頁以下。
62) 谷口＝石田編・前掲注3) 448頁〔田山〕。

再考を促すことになろう。

　第二に，生死不明の不在者が関わる財産の管理については，当該不在者が生存しているものとして，その特定の主体に帰属する財産を管理するのか，それとも，生死不明である以上，財産の帰属主体は不特定であるとして財産管理を行うのかで，財産管理終了時の処理だけでなく，管理そのものの在り方に，違いが生じてくる可能性がある。ドイツにおける不在者監護人と遺産監護人の権限の違いに目を向けるならば，一般的にいって，前者においては，その財産帰属主体のために何か積極的な措置を講じることも認められる可能性があるのに対して，後者においては，財産の帰属先が確定するまでの間，当該財産を維持することが，財産管理の主任務となろう。

　第三に，管理人にどのような権限を与えるかに関連して，不在者財産管理制度の捉え方としては，不在者本人のために財産を管理してやる制度として捉えるほかに，第三者の不在者に対する権利実現を可能にするための制度として捉える可能性もあるのではないかという点を指摘した。このような制度理解の相違は，何故不在者本人の私的自治の領域に介入し得るのかという問題について，異なる説明をもたらすものである。

　このように，不在者財産管理の制度設計は，その根幹に関わる部分において，幅があり得るものである。本稿においては，その検討課題を摘示することに重点を置いたが，最終的にどのような形でこの制度を構成すべきかについては，今後の研究に委ねたい。

（大阪大学大学院法学研究科准教授）

# 共同親権における財産管理

齋 藤 由 起

## 第1 はじめに

　未成年の嫡出子について，父母の婚姻中，父母は共同して親権を行う（民818条3項）。親権共同行使の原則は，1947年（昭和22年）の民法第四編・第五編の改正の際に，両性の本質的平等（日本国憲法24条・民2条）という憲法上の要請に基づき，導入された。そこでは，親権の行使について父母が共同の意思で決定することが求められる[1]。

　しかし，我が国には，共同親権の行使について父母の意見を調整する規律がないため，父母の意思が一致しない場合には，論理上，共同親権者が親権を迅速かつ適切に行使できないおそれがある[2]。家庭裁判所の介入による意見調整規定の創設は，1947年（昭和22年）改正の際にGHQからの要請にもかかわらず，「日本の社会に不都合は生じまい」として見送られた[3]。父の意見を抑えるために母が家庭裁判所に申請することは実際上期待できない[4]。家庭円

---

1) 我妻榮『親族法』326頁（有斐閣，1961），於保不二雄編『注釈民法(23)親族(4)』23頁（有斐閣，1969）〔山本正憲〕，中川淳『親族法逐条解説』339頁（日本加除出版，1977），於保不二雄＝中川淳編『新版注釈民法(25)親族(5)（改訂版）』31頁（有斐閣，2004）〔岩志和一郎〕。
2) 國府剛「親権」星野英一編集代表『民法講座第7巻親族・相続』245頁（有斐閣，1984），谷口知平「親権と後見について」同『親子法の研究（増補）』127頁（信山社，1991）。
3) 我妻榮編『戦後における民法改正の経過』166～167頁（日本評論新社，1956）。
4) 我妻・前掲注3）167頁。

満のために望ましくない、[5] 国家に干渉させるべき問題でない、[6] また，意見調整がつかず裁判所に頼るときはすでに父母の婚姻関係は破綻しており，離婚の際の親権者の決定という形で処理するしかなく，個々の親権行使（例えば子の進路）について裁判官が判断するのが現実的でないとの指摘もある中、[7] 主に子の身上監護を念頭において，意見調整規定の立法必要論は根強く主張されている。[8]

これに対して，財産管理・法定代理権（民824条）については，子の財産保護の観点から意思の共同性を厳格に要求すべきとの意見があるにとどまり、[9] 意思欠缺規定の欠缺にどう対処するかはあまり議論されてこなかった。

親権者による子の財産管理においては，何よりもまず，①親権者の行為によって子の財産に損害を生じさせないこと（子の財産の保護）が重要である。また，②親権行使の迅速性も子の利益に適う。さらに，法律行為（契約）については，親権行使によって生じる法律関係に第三者を巻き込むため，③第三者の取引安全への配慮も要請される。

こうした要請がある中，財産管理・法定代理権の共同行使の方法については，民法第825条が，父母の一方が共同名義でした子の財産に関する法律行為の代理・同意について，③の観点から表見代理の法理に基づく特則を定める以外は，親権一般に関する民法第818条第3項の解釈に委ねられている。

そこで，本稿では，親権者の財産管理・法定代理権（民824条）の範囲を明らかにした上で（第2），財産管理・法定代理権を「共同で行使する」ため，父母の共同の意思による決定はどの程度確保され，また，上述の3つの要請

---

5) 我妻・前掲注1）328頁。
6) 河野力「親権後見制度はいかにあるべきか」法律のひろば12巻10号32頁（1959）。
7) 鈴木禄弥『親族法講義』32頁（創文社，1988），内田貴『民法Ⅳ親族・相続（補訂版）』236頁（東京大学出版会，2004）。
8) 「法制審議会民法部会小委員会における仮決定及び留保事項（その二）」（1959年6月30日）第4(ロ)において，父母の意見不一致の場合の救済規定の創設が検討課題として挙げられた。中川・前掲注1）339頁，於保＝中川編・前掲注1）33頁〔岩志〕，許末恵「親権をめぐる法規制の課題と展望」家族〈社会と法〉24号133頁（2008），水野紀子「親権法」中田裕康編『家族法改正——婚姻・親子関係を中心に』134頁（有斐閣，2010）「民法改正委員会家族法作業部会改正草案」〔E-2〕⑥，136〜138頁。犬伏由子「親権・面会交流権の立法的課題」家族〈社会と法〉26号44頁（2010），二宮周平『家族法（第4版）』211頁（新世社，2013）。
9) 我妻榮『改正親族・相続法解説』114頁（日本評論社，1949），於保＝中川編・前掲注1）33頁〔岩志〕。

がいかに考慮されているかを分析したい（第3）。その上で，我が国の親権者の財産管理・法定代理権の規制が，子の財産保護の観点からみて不十分であることは繰り返し指摘されているところ，[10] 親権共同行使の原則が，子の財産的保護の実現のための果たし得る機能について検討したい（第4）。

## 第2 親権者の財産管理・法定代理権

### 1 財産管理・法定代理権の範囲

親権者は，親権の一内容として，子の財産を管理し，かつ，財産に関する法律行為について子を代表する権限を有する（民824条）。

まず，親権者の財産管理とは，管理行為（保存・利用・改良）を目的とする一切の事実上又は法律上の行為であり，管理目的の範囲内での処分行為（腐敗・変質のおそれのある物や値下がり傾向にある株式等の売却）が包含されることに争いはない。これに対して，管理目的を超える処分行為が含まれるかは問題となる。

現行民法第824条と同内容の明治民法第884条において，立法者は，財産管理権に一切の処分行為を含むとしており，[11] 親権者である父は，全ての財産行為について独断で親権を行使できた。[12] これに対して，母が親権者である場合，一定の重要な財産行為（営業，借財又は保証，不動産又は重要なる動産に関する権利の喪失を目的とする行為，不動産又は重要な動産に関する和解又は仲裁契約，相続放棄，贈与又は遺贈の拒絶）に関する代理や同意をする前に親族会の同意を要し（明民886条），これに反する行為は取り消し得た（明民887条）。このような制限は，梅謙次郎により，親を絶対視することの危険性と子の財産保護の観点から，父母に共通の監督的規定として提案されたが，[13] 激

---

10) 谷口・前掲注2）131頁, 田中通裕「親権法改正への課題」石川稔他編『家族法改正への課題』391頁（日本加除出版, 1993），星野英一「明治以来の日本の家族法」ジュリ1118号54頁（1997），合田篤子「親権者による財産管理権の濫用的行使の規制」神戸法学雑誌51巻1号119頁（2001），許・前掲注8）141頁（注35），犬伏・前掲注8）44頁，西希代子「親権(2)——親権の効力」大村敦志他編『比較家族法研究——離婚・親子・親権を中心に』299頁（商事法務, 2012）．
11) 梅謙次郎『民法要義巻之四親族編（明治45年版復刻版）』361頁（有斐閣, 1984）．
12) 梅・前掲注11) 359頁, 大判明治34年2月4日民録7輯2巻18頁．
13) 『法典調査会民法議事速記録6』（日本近代立法資料叢書6）452頁（商事法務研究会,

しい反対にあい，母についてのみ残ったという経緯がある。[14] 1947年（昭和22年）改正が，父母平等の観点から母の財産管理権の行使制限を削除したという経緯は，現行民法第824条の財産管理権に，親権者が管理権を有する子の名義の財産の売却や担保権の設定，子の名義の借金も含まれるとする通説的解釈[15]につながっている。

次に，財産に関する法律行為の「代表」とは，子の財産に影響を及ぼす財産上の法律行為（身分行為を除く。）の法定代理であり，[16]例えば，現に子に帰属しない財産の売却，[17]子のために家を賃借する契約等である。

このように財産管理と代表（法定代理）は本来区別できるが，「代表」を「子の財産法上の人格を全面的に代位体現する」と表現し，法律行為により子の財産を管理するには代理権が必要であるから，両者を親権という地位に付随する1つの属性の両面であると理解したり，[18]代理権を財産管理権より派生する権利として，管理権の効果と位置づけるものがある。[19]

判例も両者を区別せず，親権者の財産管理・法定代理権の範囲を極めて広く解している。例えば，親権者による代理権の濫用が問題となった判例において，「親権者は，原則として，子の財産上の地位に変動を及ぼす一切の法律行為につき子を代理する権限を有する（民法824条）」として，子所有の不動産に第三者の債務の担保のための根抵当権を設定する行為が親権者の法定代理権に含まれることが前提とされていた。[20]

## 2 子の財産的損害を防止する規制の不十分さ

親権者の財産管理・法定代理権の行使による子の財産的損害を防ぐための

---

1984)。
14) 同条の立法経緯については，合田・前掲注10) 112〜114頁が詳しい。
15) 於保不二雄『財産管理権論序説』7頁（有信堂，1954)，我妻・前掲注1) 335頁，中川善之助『新訂親族法』509頁（青林書院新社，1965)，中川・前掲注1) 361頁，久貴忠彦『親族法』266頁（日本評論社，1984)。
16) ただし，子の労働契約のように子の行為を目的とする債務を生じる場合には，同意権を有するにとどまる（民824条但書・労基58条1項)。
17) 大判大正4年3月13日民録21輯371頁。
18) 中川・前掲注15) 510・518頁。
19) 薬師寺志光『日本親族法論下巻』1011頁（南郊社，1942)，中川＝於保編・前掲注1) 129頁〔中川淳〕。
20) 最判平成4年12月10日民集46巻9号2727頁。

事前的規制として，利益相反（民826条），事後的規制として，管理権喪失（民835条），代理権濫用の法理[21]等がある。本稿では個々の解釈に立ち入らないが，親権者の恣意的な処分等のような事情は個別に判断されるにとどまり，実際になされてしまった行為の効力を事後的に否定し得る利益相反（民826条）と代理権濫用の法理の適用は限定的である。[22]

この状況の中，学説では，子の財産的損害を「予防」する観点から，親権者の財産管理・法定代理権（民824条）の範囲を狭く捉えて，管理行為と財産管理目的の範囲内の処分行為に限定する見解[23]，処分行為自体を財産管理権に含むことに疑問を投じる見解[24]が主張されている。

他方で，前述（第2.1）の梅の立法提案のように，重要な財産行為に関する親権の行使を事前に規制することも考えられる。後見については，後見事務の処理が種々の形で家庭裁判所及び後見監督人の監督に服する点で親権と異なるが，[25]民法第859条の3は，成年後見人による成年被後見人の居住用の建物又はその敷地の売却，賃貸，賃貸借の解除又は抵当権の設定等の処分につき，本人の居住環境の変化がその心身及び生活に与える影響の重大さを考慮して，[26]家庭裁判所の許可を要するとする。現行の民法典が，制限行為能力者にとって重要な財産を保護するため，家庭裁判所による監督を設けていることは注目に値する。親権者による子の財産に重大な影響を及ぼす財産

---

21) 前掲注20)・最判平成4年12月10日。代理権濫用は，民法（債権関係）改正により，条文化される予定である（「民法〔債権関係〕改正要綱仮案」〔2014年8月26日法制審議会民法〈債権関係〉部会決定〕第4.6)。
22) 合田・前掲注10) 96〜97頁,佐久間毅「親権者による代理からの子の保護」民研526号14〜21頁（2001）等。
23) 薬師寺・前掲注19) 1005頁, 中川善之助他『註解親族法（第4版）』256頁（法文社, 1951)，松坂佐一『民法提要親族法・相続法（第3版）』145頁（有斐閣, 1981), 中川=於保編・前掲注1) 126〜127頁〔中川〕，高木多喜男=松倉耕作編『条解民法Ⅲ親族相続法（改訂版）』（三省堂, 1988), 梶村太市他著『家族法実務講義』272頁（有斐閣, 2013)，二宮・前掲注8) 214頁, 高橋朋子他『民法7親族・相続（第4版）』193頁（有斐閣, 2014)。
24) 佐藤隆夫『親権の判例総合解説』86頁（信山社, 2004)。
25) 財産管理について親権と後見の統一を提案したものとして，中川善之助「親権廃止論―附・親権後見統一法私案」法時31巻10号4頁（1959)。この見解の後の展開については，久貴忠彦「親権後見統一論について」川井健他編『講座現在家族法第4巻親権・後見・扶養』3頁以下（日本評論社, 1992)。
26) 小林昭彦他編『新版一問一答新しい成年後見制度』123頁（商事法務, 2006)。

*171*

行為についても家庭裁判所の事前許可制とすべきだとする立法論は[27]極めて正当であるが，実現していない。

しかも，親権者に課された注意義務の程度は，自己のためにするのと同一の注意義務であり（民827条），その合理性はさておき[28]親の自然の愛情を担保として[29]委任者（民644条）や後見人（民869条）の善管注意義務よりも軽減されている。このような現行規定は，子の財産管理について親権者に全幅の信頼をおいているともいえるが，同時に，親の義務性の希薄な親のための親権法であるといえ，親権者による子の財産的損害の予防は十分ではない[30]

## 第3　財産管理・法定代理権と親権共同行使の原則

このように，親権者による財産管理・法定代理権の行使について，原則的に国家＝家庭裁判所による監督がない現行規定の下では[31]親権者の財産管理・法定代理による子の財産的損害の防止は，親権者の良心にかかっているといっても過言ではなく，共同親権の場合には，父母の相互の監督によって，財産管理・法定代理権が適切に行使されることが期待される。

そこで，現行法の下，親権共同行使の原則が，財産管理・法定代理権の行使において，子の財産的保護・迅速な行使・第三者の取引安全の3つの要請をいかに考慮し，他方で，意思調整規定の欠缺にいかに対応しているかを明らかにするため，財産管理・法定代理権が共同行使される場合(1)と父母の婚姻中に例外的に単独行使が認められる場合(2)の両面から，法状況を分析する。

---

27) 我妻・前掲注1）341頁，合田・前掲注10）162頁，前田泰「法定代理と表見代理」法時66巻4号80頁（1994），同「親権者の法定代理権の範囲」椿寿夫＝伊藤進編『代理の研究』272頁（日本評論社，2011），水野・前掲注8）147頁（〔E-7〕），内田貴他「特別座談会　家族法の改正に向けて――民法改正委員会の議論の現状」中田編・前掲注8）278〜279頁〔水野紀子発言〕。
　　佐久間・前掲注22）21頁は，立法解決が望ましいが，当面は，民法第826条を緩やかに適用し，民法第12条第1項を参考に，子に不当な不利益を課し，親権者が背後で利得する恐れのある行為を全て利益相反とすることを主張する。
28) 二宮・前掲注8）214頁。
29) 梅・前掲注11）375頁。
30) 中川・前掲注15）519頁，沖野眞已「民法826条（親権者の利益相反行為）」広中俊雄＝星野英一編『民法典の百年Ⅳ』160〜162頁（有斐閣，1998）等。
31) 田中・前掲注10）391頁は，親権者による子の財産管理につき家庭裁判所の監督を強化すべきであるが，現在の家庭裁判所の態勢ではその実現は困難であると指摘する。

## 1 財産管理・法定代理権の共同行使

親権を「共同して行う」（民818条3項本文）とは，親権の行使について父母共同の意思で決定すること（以下では，「意思の共同性」という。）であり,[32] その行使は父母の共同名義でされるのが理想である（以下では，「名義の共同性」という。）。[33] しかし，実際には，意思の共同性と名義の共同性のいずれかあるいは双方が欠ける場合もあり，これらの場合に共同行使があったと認めるべきかどうかは，とりわけ，財産に関する法律行為の代理・同意について問題となる。そこでは，制限行為能力者である子の財産保護の要請と親権者の親権行使への関与可能性が，共同行使されたと信じる第三者の取引の安全の要請と衝突し得るからである。[34]

また，そもそも，財産管理・法定代理権の対象となる全ての行為が，父母の意思の共同性をもって行われなければならないかは，子の財産的損害の防止と親権の迅速な行使の要請を考量して，検討すべき課題である。

我が国の財産管理・法定代理権の共同行使の在り方は，財産管理・法定代理の対象となる行為が，(1)財産に関する法律行為の代理・同意，(2)訴訟行為，(3)財産に関するそれ以外の行為，のいずれであるかによって決定づけられている。

### (1) 財産に関する法律行為の代理・同意

#### ア　意思の共同性の必要性

共同親権者による代理は共同代理である。[35] 共同代理の場合，原則的に，能動代理については，数人の代理人が共同名義で代理行為をしなければ代理の効果を生じない。[36] 共同代理の趣旨は，一般に，代理人相互のコントロールによって代理権の濫用から本人を保護することにあるからである。[37] これに

---

32) 前掲注1）に掲げた文献を参照。
33) 意思の共同性，名義の共同性という分析視角は，佐藤良雄「親権の共同行使」久貴忠彦＝米倉明編『家族法判例百選（第5版）』101頁（別ジュリ132号，1995）による。
34) 於保＝中川編・前掲注1）133頁〔中川淳〕，中川・前掲注1）366頁参照。
35) 我妻榮『新訂民法総則』341頁（岩波書店，1965），川島武宜『民法総則』344頁（有斐閣，1965），於保不二雄編『注釈民法(4)総則(4)』29頁（有斐閣，1967）〔浜上則雄〕，幾代通『民法総則（第2版）』341頁（青林書院新社，1984）。
36) 我妻・前掲注35）340～341頁，川島・前掲注35）345頁，於保編・前掲注35）29頁〔浜上則雄〕，幾代・前掲注35）342頁。
37) 川島・前掲注35）345頁，於保・前掲注35）29頁〔浜上則雄〕，幾代・前掲注35）42頁。

対して，受働代理については，意思表示を受領する場合には本人に不利益をもたらす危険は少なく，共同受領を要求すると相手方からの意思表示が困難になるため，代理人全員の共同を要しないとされる。[38]

父母共同親権（民818条3項本文）の趣旨は，①父母の意見が不一致の場合に親権の行使を不可能にすることにより，子の利益を保護するためであるという理解がある一方で，[39]②その制定経緯に照らして，父母が平等の立場で未成年子の養育に協力することを確保することにあり，相互監督機能を主目的とするのではないとの理解がある。[40] 後に行う分析の結論を先取りすれば，財産に関する法律行為の代理・同意について，名義や意思の共同性の要請が緩和されていることは，②の理解に親和的である。

能動代理について，[41] 本来は父母の共同名義で代理行為がされなければならないが，[42]父母の共同の意思があれば，共同名義である必要はないとされる。[43] つまり，共同親権の場合に共同代理の一般原則が緩和されている。

意思の共同性は，単独名義人たる親権者に他方の親権者が代理権を授与したり同意したりする場合等にも認められる。同意について，判例は，共同親権者である父が単独名義で子名義の不動産を売却する際に，同席した母が反対の意思を表示しなかったため，他に特段の事情がない以上母の承諾があったとして，黙示の同意による意思の共同性を認めた。[44] また，共同親権者である父が単独名義でした子所有の土地の賃料の催告と条件付契約解除の効力について，催告並びに解除の意思表示に母の氏名の表示がなくても，後に母が建物収去土地明渡請求訴訟提起に加わったことからその意思に反しなかっ

---

38) 我妻・前掲注35) 341頁，川島・前掲注35) 395頁，於保編・前掲注35) 30頁〔浜上則雄〕，幾代・前掲注35) 342頁．
39) 我妻・前掲注9) 114頁，中川他・前掲注23) 241頁，258-259頁，谷口・前掲注2) 127頁．
40) 川島・前掲注35) 345頁．
41) 受働代理について単独行使を許すべきかは，「仮決定及び留保事項（その2）」・前掲注8) 第40(ハ)でも検討事項として取り上げられたが，その後は議論されていないようである．
42) 中川他・前掲注23) 241頁，松坂佐一「父母の共同親権」『家族法大系Ⅴ〈親権・後見・扶養〉』39頁（有斐閣，1960)．
43) 我妻・前掲注1) 326頁，川島・前掲注35) 345頁，於保編・前掲注35) 29頁〔浜上則雄〕，最判昭和32年7月5日集民27号27頁．
44) 前掲注43)・最判昭和32年7月5日．

たことが推測され,「民法825条本文の趣旨」からも,その効力を妨げられないとした裁判例もある。[45] 一部の例外を除き,[46] 黙示の同意は比較的緩やかに認められているようであり,このことは,父母の相互監督機能を担保するために,名義及び意思の共同性を厳格に要求していない点で,共同親権の機能を前述②とする理解に親和的である。

名義の共同性が不可欠ではないという立場が判例・学説で確立されたのは,親権共同原則の導入後間もない時期である。親権行使の迅速性という観点のみならず,改正以前には原則的に父が単独親権者として単独署名していたことや,当時の男女の平等性に関する意識や慣行の下では母が父と並んで法定代理人として共同署名することが現実的でなかったことを便宜的に考慮したものと推測される。

父母平等による親権の行使が民法上実現して約70年経過した現在において,親権の義務性の発展に伴い,親権共同行使の原則を,父母(特に母)のための制度ではなく,適切な親権行使について父母に責任を負わせて相互に監督させる仕組みとして機能させるならば,少なくとも子の財産に重大な影響を及ぼす財産行為について,名義の共同性を不要とする考えを貫くことには疑問がある。

イ　意思の共同性を欠く場合——表見代理の法理

共同親権者の一方が,他方の同意なく又は他方の意思に反して,子の財産に関する法律行為の代理又は同意を行うことは,親権共同行使の原則(民818条3項本文)に反する。しかし,民法第825条は,善意の第三者(法律行為の相手方)との関係において,名義の共同性を意思の共同性に優先させている。[47]

---

45) 東京高判昭和35年4月28日下民11巻4号950頁。
46) 当時の我が国の実情に照らして,「農村家庭では女性の地位低く控え目であることや忍従が美徳とされるので,内心反対でも黙っていることが多い」ことに照らし,両性の本質的平等を追求する共同親権の原則を空文化しないためにも,母の沈黙を黙示の同意と認めず,父の単独名義による代理行為を無効とすべきだとする学説(谷口知平「日本における親子と法律」『家族問題と家族法Ⅳ親子』296頁,305～306頁(酒井書店,1957))や,この観点から,母の黙示の同意を否定した東京高判昭和28年10月2日下民4巻10号1387頁がある。
47) 佐藤・前掲注33) 101頁,於保＝中川編・前掲注1) 32頁〔岩志〕。

(ア) 共同名義の場合

　父母の一方が共同名義で，他方の意思を無視して，財産に関する代理又は同意をした場合，つまり，名義の共同性はあるが意思の共同性を欠く場合，他方の意思表示に関する部分は，本来，適法な追認のない限り，無効となるはずである。[48] この場合，他方の親権者は自分の意思に反していることを理由に行為の無効又は取消しを主張できるとするのが，子の利益に適う。[49]

　しかし，当該行為が父母の共同の意思に基づいて行われたと信じる相手方の信頼も無視できない。そこで，民法第825条は，父母の一方が共同名義で行った財産に関する法律行為（契約・相手方ある単独行為）の代理又は同意は，他方の意思に反していても，相手方が悪意でない限り有効となり，共同行使の効果を生じるとする。同条は民法第110条の特則であり，共同親権の原則と相手方の取引の安全との調整を図る趣旨であるとされ，[50] 意思を無視された父母の一方の犠牲と代理行為・同意された行為の効果の帰属する子の犠牲において，善意の取引相手方を保護するものであると説明される。[51]

　民法第825条は，明治民法下で，親権者である母の代理行為が親族会の同意を欠くため取り消し得る場合への民法第110条の適用を肯定し，それ以前の判例・学説上の論争に決着をつけた大審院連合部判決[52]を前提とするのであろう。[53] ここに，民法第825条の起草者が親権共同行使の原則において，父母の相互監督による子の財産保護の要請を重視していないことが再び見出される。子の財産保護の観点が重視されたならば，共同名義があるからといって，少なくとも，第三者の信頼保護要件は民法第110条のそれよりも緩和されないであろう。当該行使に反対する親権者は，予め告知するなどして

---

48) 中川・前掲注23) 258〜259頁，我妻・前掲注1) 326頁。
49) 松坂・前掲注42) 39頁。
50) 我妻・前掲注9) 114〜115頁，中川・前掲注1) 365頁，於保＝中川編・前掲注1) 133・136頁〔中川〕。
51) 於保＝中川編・前掲注1) 134頁〔中川〕，中川・前掲注1) 366頁。
52) 大連判昭和17年5月20日民集21巻571頁。判例の変遷については，我妻栄「聯合部判決巡歴第6話」ジュリ54号24頁（1954）が詳しいのでそちらに譲る。
53) もっとも，共同親権者が共同して法定代理人として子の土地を売却したが，一方の親権者の意思表示にのみ無効原因（要素の錯誤）があった場合について，広島高判昭和44年6月5日下民20巻5・6号410頁は，民法第825条の類推適用を否定して代理行為の全体を無効とした。

相手方を悪意にするしかないのである。[54] 他方で，民法第825条は，善意の第三者を保護するために，共同名義で財産管理・法定代理権を行使した親権者の意見を押し通すことによって，意見調整規定の欠缺を埋める作用も有する。しかし，父母による共同決定の要請が第三者の取引安全に劣後する結果，法律行為の帰属により実際に財産的利益を害され得るのは，意見を無視された親権者ではなく，制限行為能力者たる子であるというねじれた構造がある。

　民法第825条の対象となるのは，「財産に関する法律行為」の代理と同意であり，法律行為の対象となる財産の重要性（民法859条の3参照）や当該財産行為の重大性・危険性（保証契約，担保権の設定，贈与等）を問わない。したがって，共同名義から共同親権者の意思の共同性を信頼した第三者の前では，実質的には，一方の親権者のみの意思によって，重大な財産行為を行うことができ，利益相反（民826条）や代理権濫用に該当しない限り，たとえ子に不利益を生じるものであっても，子に効果が帰属する。このことは，単独親権者による財産管理・法定代理権の行使についても，原則的に，家庭裁判所等による監督のないこととの均衡からは仕方がないともいえる。[55] つまり，民法典は，単独親権に対して共同親権の場合の方が，適切な親権行使が担保されているとは考えていないようである。共同親権と単独親権のいずれにおいても，子の財産を確実に保護するには，特に重大な財産行為等を家庭裁判所の事前許可制とするのが理想的である。しかし，その前段階として，共同親権の場合には，親権共同行使の原則を子のための父母の相互監督機能と捉え

---

54) 中川・前掲注23) 259頁。
55) これに対して，フランス法では，親権は，婚内子と婚外子を問わず両親に帰属し（仏民371-1条），共同で行使される（仏民372・373-2条）。財産管理・法定代理については（法定管理），親権者に目録調製義務が課され（仏民386条参照），善管注意義務を負い，親権者が後見裁判官及び大審裁判所検事正の一般的監督に服する（仏民388条-3）点で日本法と異なるため，単純に比較できないが，①片親の死亡等によって単独親権行使者が法定管理人となる場合（仏民383条1項・389条），法定管理者は後見裁判官の監督に服するのであり（仏民389-2条。司法的監督下の法定管理），②共同親権行使の場合に父母が法定管理者となる場合（仏民383条1項・389条。単純法定管理）とは，後見裁判官による監督の度合いに差がある。②の場合，父母の相互監督により子の利益の尊重が担保されるのに対して（Maryline Bruggeman, L'administration légale à l'épreuve de l'autorité parentale, Presses Universitaires d'Aix-Marseille, 2002, n° 208, p. 148 ; n°211, p. 149），①の場合には後見裁判官が，監督機関の役割を越えて片親の役割を担っていると説明される（Bruggeman, op. cit., n°220, p. 154）。

直し，民法第825条を制限解釈し，[56]その適用を制限すべきではないだろうか。

　(イ)　単独名義の場合

　父母の一方の単独名義で，他方親権者の同意や許諾による意思の共同性なくされた子の財産のための代理行為は，判例により無効とされるが，[57]正確には無権代理であり，他方の追認のない限り無効である。[58]単独名義で同意を与えられた法律行為は取り消し得る。[59]取消しは同意していない親権者が単独ですることができる。

　名義の共同性を欠く場合に民法第825条のような特則はなく，同条は適用されない。[60]しかし，交通事故の被害者である子の損害賠償請求権について，示談に反対する母に無断で委任状を偽造した父が単独名義で示談契約を締結し，加害者が母も示談に同意していると過失なく信じていた場合に，民法第110条の表見代理の成立を認めた裁判例がある。[61]学説では，そもそも制限行為能力者を本人とする法定代理への民法第110条の適用を否定する見解が有力である一方で，[62]これを肯定する見解もあり，[63]後者には，第三者の正当理

---

56) さしあたり，第三者の信頼保護要件として善意のみならず無過失を要求することが考えられる。
57) 最判昭和28年11月26日民集7巻11号1288頁，最判昭和42年9月29日判時497号59頁，宇都宮地判昭和44年1月24日交民3巻5号1357頁。
58) 我妻・前掲注1）326頁，松坂・前掲注42）40頁，於保編・前掲注1）25頁〔山本〕，於保＝中川編・前掲注1）32頁〔岩志〕，東京高判昭和39年3月17日判タ162号175頁。
59) 於保編・前掲注1）25頁〔山本〕，於保＝中川編・前掲注1）32頁〔岩志〕。
60) 中川・前掲注15）519頁，我妻・前掲注1）326頁
61) 神戸地尼崎支判昭和62年4月24日（後掲大阪高判昭和63年7月28日・後掲注76）の原判決）未公表（判時1295号66頁，高森八四郎「判批」判時1312号〔判評366号〕209頁参照）。高森は，親権者の一方が他方の偽造委任状を持参・呈示して単独名義で署名して代理行為を行った場合には，実質的に共同名義と同視し，民法第825条を類推適用すべきとする。
62) 「〈シンポジウム〉表見代理」私法26号（1964年）22頁〔石田喜久夫発言〕，36頁〔谷口安平発言〕，遠田新一「契約解釈の二元性」遠藤浩他編『現代契約法大系2巻』31頁（有斐閣，1984），川島・前掲注35）388頁，安永正昭「越権代理と帰責性」奥田昌道編代『現代私法学の課題と展望 中』58頁（有斐閣，1982），潮見佳男『民法総則講義』390頁（有斐閣，2005），佐久間毅『民法の基礎1総則（第3版補訂版）』275〜277頁（有斐閣，2008）等。
63) 我妻・前掲注1）326頁，松坂・前掲注42）40頁，中川・前掲注1）340・367頁，高木＝松倉・前掲注23）255頁，於保編・前掲注1）25頁〔山本〕，於保＝中川・前掲注1）136頁〔中川〕，四宮和夫＝能見善久『民法総則（第8版）』337頁（弘文堂，2010）（一般論として否定するが，包括代理権を有する成年後見人の権限が後見監督人がいることにより制限される場合は，例外的に民法第110条の適用を肯定する。)，窪田充見『家族法（第2版）』290頁（有斐閣，2013）。

由（善意・無過失）によって利益調整を図ろうとするものがある[64]。

親権者の一方により単独名義でなされた法律行為の代理・同意に表見代理を認めるのであれば，名義の共同性と意思の共同性の両方がなくても，共同行使の効果が生じ得るということであり，事実上の単独行使を認めるに等しい。このような帰結は，財産に関する法律行為（処分行為）について，共同親権者の単独名義による代理・同意の場合にも，黙示の同意による意思の共同性を肯定し，親権の共同行使を認めたこと（前述第3.1(1)ア）に起因する。

(2) **訴訟行為**

子の財産に関する権利の内容を実現することも財産管理の一つであり，そのために訴訟が手段として選択されることもある。親権者は，子のために一切の訴訟行為を行う権限を有する（民訴28条・民824条参照）。共同親権者による訴訟行為の共同代理（民824条参照・818条3項）については，実体法上の法定代理と基本的考えは共通するが，訴訟行為の性質に照らして異なる点がある。

訴え及び上訴の提起並びに民事訴訟法第32条第2項所定の行為については，その重要性を考慮して，全員が明示的に共同でのみ行うべきであるとするのが通説である[65]。共同代理の趣旨が，慎重さの要求と相互牽制の期待にあるからである[66]。これは共同代理一般に関する理由づけとして述べられるものであるが，共同親権の場合も同様に扱われている。

その他の積極的な訴訟行為も，共同で行われなければならないが，全ての訴訟行為に共同代理人の参加を求めるのは現実的ではないため，共同代理人の1人が単独で訴訟行為が行った場合も，他の代理人が異議を述べないときには，追認されたとみなされる[67]。

---

64) 幾代・前掲注35) 389頁・390頁注3は，同意書が偽造された場合のような，代理権の存否の性格の判断が外部者にとって困難な場合を除き，相手方の誤信に正当な理由はないとする。

65) 兼子一『新修民事訴訟法体系（増訂版）』129頁（酒井書店，1965)，三ヶ月章『民事訴訟法（第3版)』244頁（弘文堂，1992)，中野貞一郎他『新民事訴訟法講義（第2版補訂2版）』116頁（有斐閣，2008)〔坂原正夫〕，新堂幸司『新民事訴訟法（第5版)』175頁（弘文堂，2011)，上田徹一郎『民事訴訟法（第7版)』111頁（法学書院，2011)，松本博之＝上野泰男『民事訴訟法（第7版)』106頁（弘文堂，2012)，伊藤眞『民事訴訟法（第4版補訂版)』140頁（有斐閣，2014)。

66) 高橋宏志『重点講義民事訴訟法上（第2版補訂版)』208頁（有斐閣，2013)。

67) 三ヶ月・前掲注65) 244頁，中野他・前掲注65) 116頁〔坂原正夫〕，新堂・前掲注65)

この点，共同親権者の一方により共同名義で行われた訴訟行為について，他方が異議を述べる場合に，民法第825条は適用されるかが問題となる。かつては，学説上，否定説[68]と肯定説[69]とに分かれていたが，判例は，[70]父が母の知らない間に父母連名で法定代理人として行った訴訟委任の効力が争われた事案において，訴訟行為の効力は一義的に明白であることが必要であり，また，訴訟行為が外形上父母の共同名義で行われていれば，他方の意思に反した場合でもその効力に影響がないと解することは，民事訴訟法が，親権共同行使の原則の下で未成年者が適法に代理されているかを職権調査事項とし，これを看過した場合を絶対的上告理由（民訴312条2項4号）及び再審事由（民訴338条1項3号）と規定することと相容れないとして，訴訟行為への民法第825条の適用を否定した。[71]

共同代理人の訴訟行為が相互に矛盾するときは，本人に有利な効力を認めればよいとされる。[72]

相手方及び裁判所の訴訟行為の受領は，民法第859条の2第3項（民876条の5第2項・876条の10第1項）の趣旨に基づき，共同代理人の1人が単独でできる（送達について，民訴102条2項）。[73]しかし，期日呼出状の送達については，共同で訴訟行為を行う機会を保証するため，民事訴訟法第102条第2項を適用せず，共同代理人全員に対して送達すべきであるとするのが学説上通説である。[74]

---

175頁，上田・前掲注65）111頁，松本＝上野・前掲注65）106頁，髙橋・前掲注66）208頁，伊藤・前掲注65）140頁。

68) 田中加藤男「共同親権の規定に違反する訴訟行為の効力」兼子一編『実例法学全集民事訴訟法上巻』49頁（青林書院新社，1963）。

69) 竹下守夫「訴訟行為と表見法理」鈴木忠一＝三ヶ月章監修『実務民事訴訟講座Ⅰ』182頁（日本評論社，1969）。

70) 最判昭和57年11月26日民集36巻11号2296頁。

71) なお，非訟行為についても，訴訟行為と同様に民法第825条が適用ないし類推適用されないとされる（「東京家庭裁判所身分法研究会議事録昭和36年度第5回〔昭和36年5月23日〕」家月13巻12号96頁）。

72) 新堂・前掲注65）175頁，上田・前掲注65）111頁，中野他・前掲注65）116頁〔坂原正夫〕，兼子一他『条解民事訴訟法（第2版）』169頁（弘文堂，2011），松本＝上野・前掲注65）106頁，伊藤・前掲注65）140頁。

73) 上田・前掲注65）111頁，伊藤・前掲注65）140頁。

74) 新堂・前掲注65）175頁，竹下守夫＝伊藤眞『注釈民事訴訟法(3)』538頁（有斐閣，1993）〔近藤崇晴〕，中野他・前掲注65）116頁〔坂原正夫〕，松本＝上野・前掲注65）106頁，伊藤・前掲注65）140頁。

### (3) 財産に関する法律行為以外の行為

子の財産に関する「法律行為」の代理・同意以外の行為については，民法第825条のような特則がないため，原則通り，父母の共同の意思によって行使されなければならない（民818条3項本文）。

しかし，母の意思に反して，[75] 父が単独でした交通事故により受傷した子の有する損害賠償債権の弁済受領行為について，本来親権者が共同して受領すべきであるとしつつ，「債務の弁済は，すでに発生している法律関係を決済するだけで本人に新たな利害関係を生ぜしめるものではなく，本人に不利益を及ぼす危険もない」として，代理権濫用のような「特段の事情」のない限り，共同親権者の一方が単独で弁済を受領できるとした裁判例がある。[76]

この裁判例の理由づけに対して，学説には，弁済受領行為には受働代理と同様に共同代理の制限が妥当しないとして正当化する見解がある。[77] しかし，財産に関する法律行為以外の行為を父母の一方が単独で行えるかを，「法律行為」の能動代理と受働代理とのいずれに準じるかを基準に判断することは適切でない。この基準によれば，例えば，一般に準法律行為と解される弁済や裁判外での債務の履行の請求（催告―意思の通知）は，常に能動代理と同様に扱うべきことになろう。

この点，身上監護権について，日常の監護行為のように比較的重要でない事務については，父母がそれぞれ単独ででき，これが著しく不当であるときは，他方が共同親権に基づき差止めを請求できるべきだとする見解が有力であり，[78] 他方で，重要な身上監護行為や財産管理行為にまで単独行使を認めることは，濫用の危険を生み，共同行使を求める民法の趣旨に反するとされる。[79] しかし，我が国の民法上，重要な財産行為が法律行為によりなされる場合には，表見代理の法理によって，共同親権者の意思の共同性がなくても共同行使の効果が生じ得ることは既にみた通りである。

---

75) 本件では，母は，本件損害賠償金の支払の前提として，加害者と父との間で示談契約を締結することについて反対していた。
76) 大阪高判昭和63年7月28日判時1295号66頁（前掲注61）・神戸地尼崎支判昭和62年4月24日の控訴審）。
77)「匿名コメント」判時1295号67頁，高森・前掲注61）211頁。
78) 我妻・前掲注9）113～114頁，松坂・前掲注42）39頁，於保編・前掲注1）24頁〔山本〕，中川・前掲注1）339頁。
79) 於保＝中川編・前掲注1）33頁〔岩志〕。

財産管理行為のうち，子に不利益を生じる危険性が低い行為について，親権者の一方による財産管理・法定代理権の行使を認めようとする向きがある。裁判外で妨害排除請求権や登記抹消請求権が行使される場合について，このような保存行為を単独で行えるとすることに異論はみられないが，その正当化根拠は，保存行為は通常未成年者に有利な行為であるから，親権者の一方が単独で行為すれば，他方の黙示的同意あるいは推定的同意があるとして，親権の共同行使があるとする立場[80]と，保存行為の性質上，親権者の一方だけで行えるべきとの立場[81]とに分かれている。なお，このような請求権も裁判上行使される場合には訴訟行為に関するルールによる（第3. 1(2)）。

共同行使の在り方を，財産管理・法定代理権の対象が法律行為，訴訟行為又はそれ以外のいずれであるかのみならず，当該行為の子の財産に対する影響の重大性をも考慮に入れて再構成するのであれば，子の財産への影響や損害発生の危険が小さい行為については，一方の親権者が単独で行うことを正面から認める必要性が高いと思われる。事実，このような行為には，親権行使の迅速性が要請されるものが多い。問題は法的構成である。一方の親権者が単独名義で行うことに他方の同意が推定・擬制されるという構成や，親権者が単独行使できるという構成が考えられる[82]。

---

80) 田中・前掲注68）51頁。
81) 「身分法研究会議事録」・前掲注71）96頁。
82) 例えば，フランス法は，法定管理者の権限は管理行為のみならず処分行為も含むとし，財産行為の重要度の低い順に，①各親権行使者が単独で行う行為（保存行為・管理行為等），②両親の合意を要する行為（仏民389-5第1項。実務上共同署名によって行われる〔Phlippe Malaurie, Droit civil, Les personnes, La protection des mineurs et des majeurs, LGDJ et lextenso édition, 7ème éd., 2014, n°620, p. 273.〕），③両親の合意に加えて後見裁判官の許可を要する行為（仏民389-5第3項），④禁止される行為（仏民389-7・509条），と区別される。①について，「単純法定管理において，両親はそれぞれ，第三者に対して，後見人がいかなる許可なく行うことのできる行為を単独で行う権限を他方から受領したものとみなされる」（仏民389-4条）。競合的管理（gestion concurrente）とする方がシンプルだとする見解もあるが（François Terré et Dominique Fenouillet, Droit civil Les personnes personnalité-Incapacité Protection, Dalloz, 8ème éd., 2012, n°453, p. 463. Voir aussi, Bruggeman, op. cit. (note55), n° 266～n°271, p. 180～183），権限の推定（委任の推定）と解されており，他方親権者が当該行為に反対していることにつき第三者が悪意であることを他方親が立証すれば，単独でされた行為の有効性が否定される（Terré et Fenouillet, op. cit., n°453 et s., pp. 462）。

## 2　父母の婚姻中における親権の単独行使

　最後に，父母の婚姻中であっても，父母の一方が親権を行うことができないとして，親権の単独行使が認められる例外的場合（民818条3項但書）が，親権共同行使の原則の下で果たしている機能を分析する。

　「親権を行うことができない」とは，一般に，親権者の長期不在，行方不明，重病，心神喪失，受刑，管理権喪失（民835条）等，事実上又は法律上親権を行使できない場合である。[83] 共同親権者の一方のみと子の利益が相反する行為について，判例は，共同生活を営む夫婦間の利害の共通と相互の影響力を考慮して，親権者の請求により家庭裁判所から選任された特別代理人（民826条）と他方の親権者が共同代理するとし，民法第818条第3項但書の適用を否定する。[84]

　では，父母の夫婦関係が破綻し別居している場合には，父母の一方に親権行使の事実上の障害（民818条3項但書）があるといえるだろうか。

　学説には，離婚後単独親権の原則（民819条1項・2項）を前提に，父母が事実上離婚状態の場合にこれを肯定する見解がある。[85] 事実，夫婦関係が破綻し別居している父母の意見調整は非常に困難であるため，この場合に単独行使を認めると，意見調整規律の欠缺を一部埋めることはできる。しかし，親権者の一方を親権行使から排除するだけなので，子の利益にとって必ずしも望ましいとはいえないだろう。判例・裁判例も，一般論として，事実上の離婚状態における親権の単独行使（民818条3項但書）を認めているが，実際の紛争類型は限られている。

### (1)　財産に関する法律行為の法定代理

　民法施行直後，民法附則第14条により父母の協議離婚後も共同親権であった時期に，離婚後数年を経過した父母の間に音信がなく母の親権行使が事実上不可能であったとして，民法第818条第3項但書の趣旨に照らして，父の単独による子の合資会社の社員の議決権の代理行使を認めた裁判例がある。[86]

---

83) 我妻・前掲注1) 326～327頁，於保編・前掲注1) 26～27頁〔山本〕，於保＝中川編・前掲注1) 33～34頁〔岩志〕等。
84) 最判昭和35年2月25日民集14巻2号279頁。
85) 我妻・前掲注1) 327頁，中川・前掲注1) 340頁。
86) 東京高判昭和31年8月3日下民7巻8号2083頁。

これに対して，婚姻中の父母の夫婦関係が破綻して別居している場合に関する公表裁判例・決定は探し得なかった。財産に関する法律行為の代理・同意が親権者の一方により共同名義でされた場合には，民法第825条により共同行使の効果を生じ得るし，単独名義でされた場合も，他方親権者が異議を唱えない限り黙示の同意が認められ，場合によっては民法第110条が適用され得るので，事実上の離婚の場合にわざわざ親権の単独行使を認める必要性が表面化しにくいと推測される。

(2) その他の行為の法定代理

現行法の下で現れた裁判例・決定は，訴訟行為（訴え提起）と子の氏の変更と身分行為（代諾養子縁組）に関するものであり，いずれも法定代理人である共同親権者が共同意思及び共同名義で行うことが強く求められる行為であった。裁判例・決定に現れた事案には，父母の夫婦関係が破綻して別居しているだけでなく，子の法定代理人として単独で訴え等を申し立てる父母の一方と，その相手方（被告）ないし利害関係人が，他方親又は他方親と密接な関係にある者であり，当該紛争において，父母の利害が広い意味で対立しているという特徴がある。

父母の一方の単独による子の損害賠償請求の訴えの可否が問題となった事案は，父母の婚姻関係が事実上破綻し，その一方が他の男又は女と同棲し，子との別居が長期に及んでいる場合に，子と同居する親が法定代理人として単独で，他方親の愛人に対して慰謝料請求訴訟を提起したものであり，「父母の婚姻関係が事実上破綻し，父母の一方が他の…女と同棲し，子との別居が長期に及んでいるような場合も」，「親権を行うことができない」として，親権者の単独による子のための損害賠償請求訴訟の提起を適法とした[87]。

また，父母の別居中に子を監護教育している母が法定代理人として単独で，父の意思に反して，扶養義務者である父方の祖父に対して扶養料請求訴訟を提起した事案についても，「父母の婚姻関係が破綻して別居し，事実上の離

---

87) これを明言したものとして，東京地判昭和37年7月17日下民13巻7号1434頁《慰謝料請求棄却》。その他の判例・裁判例は，これを当然の前提として本案を審理している（慰謝料請求を認容したものとして，東京地判昭和44年2月3日判タ234号202頁，広島地判昭和48年9月21日判時726号80頁，東京地判昭和49年6月28日民集33巻2号318頁，大阪高判昭和53年8月8日判タ371号94頁。棄却したものとして，最判54年3月30日民集33巻2号303頁，最判昭和54年3月30日判タ383号51頁）。

184

婚状態にあり，子をその母が引取って監護養育している本件のような場合には，母が単独で子の法定代理人として子の扶養義務者に対し子の扶養料の請求をすることができる」とした。[88]

このように，子の損害賠償請求ないし扶養料請求の訴え提起について，法定代理人である父母の利害が広い意味で対立し，意見の調整が極めて困難な事例について，共同親権者である父母が事実上の離婚状態にあることから親権行使の事実上の障害が肯定され，単独親権の行使（民818条3項但書）が緩やかに認められた。[89] このような事案においては，親権者の一方による単独行使を認めた上で本案審理をすることが子の利益に適うといえる。

他方で，財産管理に関するものではないが，父母の一方が法定代理人として単独で，子の氏の変更（民791条3項）[90] ないし代諾養子縁組（民797条1項）[91] を行い，後に他方の親権者から単独親権行使を理由に当該行為の取消し・無効が申し立てられた事案においては，事実上の離婚状態にあることを否定したり，[92] 法律上も事実上も親権を行使できない状態でないとしたりして，[93] あるいは，子の奪い合いという事情を考慮して，[94] 民法第818条第3項但書の適用を否定し，結果的に，単独行使により申し立てられた氏の変更及び代諾養子縁組の無効・取消が認められた。これらの事案においても父母が別居中であるため，前出の損害賠償・扶養料請求訴訟に関する裁判例に従えば，単独親権行使が認められそうであるが，「子の奪い合い」という要素によっ

---

[88] 東京高決昭和58年6月28日判タ510号191頁。
[89] 小谷眞男「夫婦の別居と『親権共同行使の原則』」社會科學研究49巻1号44頁（1997）。
[90] 高松高決昭和49年6月26日家月27巻5号121頁は，婿養子縁組を離縁復氏した父が単独で3名の子（いずれも15歳未満）の氏を自分と母が復氏した氏への変更許可審判を申し立てて許可されたが，母が，この改姓申立ては父の単独親権行使であることを理由に職権による取消しを求め，原裁判所は取り消したのに対し，父が抗告した事案である。
[91] 東京高判昭和59年4月25日判時1116号68頁は，父母が別居中で未成年の子2名を実力で奪い合った後にその親権者指定をめぐり離婚訴訟で争っている間に，子の1人（15歳未満）を実際に監護している父が，単独で代諾して，その子と自分の両親の間の養子縁組をしたところ，後に裁判離婚によって子ども達の単独親権者となった母が，その子の法定代理人として，養親に対して養子縁組無効確認を求めた事案である。
[92] 前掲注90）・高松高決昭和49年6月26日。
[93] 前掲注91）・千葉地八日市場支判昭和58年10月10日。
[94] 前掲注91）・東京高判昭和59年4月25日。

て,[95] また,監護配偶者側の脱法的単独親権行使の弊害を避けるため,[96] 民法第818条第3項但書の適用が否定されたと評価できる。

　これらの裁判例を分析した学説には,父母が事実上離婚状態にあるというだけで常に父母の一方に親権の単独行使を認めるべきではなく,父母の婚姻関係の破綻・別居の際における単独親権行使の可否は,親権内容が,監護教育,財産管理,代理行為,子に対する同意等のいずれか又はその重要度別に,必要性と緊急性を考慮して子の利益保護を優先して個別に決すべきとする見解がある。[97] この点,裁判例では,父母の利害関係が意見も対立する限られた場面について,子の利益を追求して,夫婦関係破綻・別居中の父母の一方に単独親権行使を認めるべきかが実質的に判断されている。民法第818条第3項但書は,このような限定的な場面において,事実的離婚状態にある父母のために意思調整の規律に代わる機能を果たしているが,意思調整の規律が整えばその役目を終えるであろう。現在では,離婚後ないし非嫡出子の共同親権も立法論として構想されるが,[98] それが実現すればなおさら,事実上の離婚状態のみを理由に単独親権行使を認めることは否定されるであろう。

# 第4 おわりに

　以上より,我が国では,共同親権者の一方による単独名義での財産に関する法定代理権の行使について,他方親権者の黙示の同意があれば,親権の共同行使があると認められ,また,表見代理の法理により,共同親権者の一方の意思のみで共同行使の効果を生じることが広く承認されてきた。さらに,諸事情を考慮して,事実上の離婚状態を理由とする単独行使（民818条3項但書）も認められてきた。財産管理・法定代理について,父母の意思調整規定の欠缺が従来あまり問題にならなかったのはそのためであろうし,迅速な親

---

95) 小谷・前掲注89) 44頁。
96) 松倉耕作「事実上の離婚と単独代諾縁組の可否」判タ543号140頁 (1985)。
97) 松倉耕作「別居中の単独親権行使の可否」法時56巻6号135〜136頁 (1984),同・前掲注96) 140〜141頁,清水節「判例先例親族法Ⅲ親編」46頁 (日本加除出版, 2000),於保＝中川編・前掲注1) 34頁〔岩志〕。
98) ヨーロッパの法動向を受けて,多数の学説が主張している。例えば,田中・前掲注10) 392・395頁,許・前掲注8) 132頁等,水野・前掲注8) 133〜134頁〔E-2③⑤⑥〕。

権行使が可能となり，第三者の取引安全も保護されてきた。しかし，その反面，財産管理の場面において共同親権者間の相互監督機能が重視されてこなかったことは確かである。

　子のための親権法の発展の一環として，子の財産の保護を主眼において財産管理制度を再構成するならば，子の財産に特に重大な影響を及ぼす財産行為については，父母の共同申請による家庭裁判所の許可制とする立法が理想的である。この立法が実現するまでの間，また，実現したとしても家庭裁判所の許可を要するほどでないが子にとって重大な財産行為については，親権共同行使の原則の相互監督機能を強化すべく，共同行使のための意思と名義の共同性の要請を厳格化し，共同親権者の自律性による適切な財産管理・法定代理権の行使を促進することが必要であろう。もっとも，親権共同行使の原則の実質化は，父母の意思を調整する仕組みの確立[99]，そして，単独親権の場合の監督体制の整備と併せて行う必要があろう。

　他方で，子の財産に重大な影響を及ぼさない行為については，法的構成は留保するが，一方の親権者が単独で行うことを認めることが，事務処理の能率を高め，迅速な親権行使の要請に適うと思われる。

　本稿では，親権者の行為による子の財産の保護を親権行使の態様に着目して実現する観点から，現行法の下での法状況の分析と問題点の解明に努めた。将来の立法論のための比較法的検討は，今後の課題としたい[100]。

（大阪大学大学院法学研究科准教授）

---

[99] 立法により解決されるべきだが，現行法の解釈としては，重要事項について夫婦の協力義務（民752条）の問題として家庭裁判所の審判手続にて解決することが主張されている（中川・前掲注1）339頁）。高橋他・前掲注23）186頁〔床谷文雄〕は，夫婦間の協力扶助に関する処分（家審9条1項乙類1号）を挙げる。

[100] 本稿では注にとどめたが，親権行使の態様及び財産行使の性質・重要性に応じて細やかに監督形態を規定するフランス法が示唆深い。フランス親権法の網羅的研究として，田中通裕『親権法の歴史と課題』（信山社，1993），西・前掲注10）273頁以下，特に299頁以下，栗林佳代「フランス」床谷文雄＝本山敦編『親権法の比較研究』174頁以下（日本評論社，2014）。

# 未成年後見人による財産管理
## ―2011年改正を踏まえて

岩 志 和一郎

## 第1 はじめに

　親権を行う者は，未成年の子の財産を管理し，また，その財産に関する法律行為についてその子を代表する（民824条本文）。未成年者に対して親権を行う者がないとき，又は親権を行う者が管理権を有しないときには，未成年後見が開始し（民838条1号），指定あるいは選定によって未成年後見人となった者が，被後見人である未成年者の財産を管理し，かつその財産に関する法律行為について未成年者を代表する（民859条1項）。

　未成年後見の開始原因である，「親権を行う者がないとき」あるいは「親権を行う者が管理権を有しないとき」とは，親権を行う者が死亡した場合，親権喪失の審判を受けた場合（民834条），管理権喪失（民835条）の審判を受けた場合などを指すが，これらのうち，親権喪失及び管理権喪失については，2011年5月27日に成立（6月3日公布・2012年4月1日施行）した「民法等の一部を改正する法律」によって，親権停止制度（民834条の2）の導入をはじめ，重要な改正がなされた。

　この改正は，児童虐待防止に向けた親権制度の見直しという制約された目的の下で行われたものであるが，併せて，関連する複数後見や法人後見など，未成年後見に関する規定，さらには離婚後の子の監護に関する民法766条の規定も改正され，全体として親権及び未成年後見の領域について大きな影響を与えるものとなった。また，まさに予期せぬこととはいえ，改正法成立の直前，2011年3月に発生した東日本大震災は，多数の，親の双方が死亡又は

*189*

行方不明となった未成年者を生み出すに至り,[1] それらの未成年者保護のため,未成年後見制度の活用が注目されるに至った[2]。

本稿は，2011年法による改正を踏まえ，未成年後見人による財産管理の問題について検討しようとするものである。

## 第2 未成年後見の開始

### 1 未成年後見の開始と未成年後見人の就職

未成年後見は，審判によって開始する成年後見（民7条，838条2項）の場合と異なって，後見開始原因の発生によって自動的に開始する（民838条1項）。未成年後見開始の原因は，先に触れたように，「未成年者に対して親権を行う者がないとき」と，「親権を行う者が管理権を有しないとき」である。もっとも，後見開始原因が発生しても，未成年後見人が就職し，任務を開始できるようになるまでは，実質的に後見は開始しない。

遺言で指定される指定未成年後見人（民839条1項）の場合には，遺言が効力を有するに至ったとき，すなわち遺言者の死亡の時（民985条1項）に就職することとされている（大正8年4月7日民835号法務局長回答）。しかし，その時点で遺言の存在や内容が知られているとは限らず，実際の後見開始までは時間的に間隔が生じ得る。

指定未成年後見人がない場合には，家庭裁判所の審判によって選定未成年後見人が選任されることとなるが（民840条1項），この場合には，就職自体が審判の効力発生後（家事手続74条1項・当事者（被選任者）への告知）にずれ込む。また，この未成年後見人の選任は，未成年被後見人，その親族，その他の利害関係人，さらに児童相談所長（児童福祉法33条の8第1項）の申立

---

1) 厚生労働省の発表では，2011年7月時点で両親とも死亡又は行方不明の震災孤児（18歳未満）は229人となっている（朝日新聞デジタル版2011年8月1日）。また，家庭裁判所の未成年後見人選任審判の新受件数は，2003年の3,044件をピークに漸減傾向にあり，2010年には2,380件にとどまっていたが，2011年には2,661件と増加し，翌2012年には2,426件と再び減少している（司法統計年報家事編より）。
2) 改正法の審議に当たった国会の衆参両法務委員会では，法案議決に当たり，「東日本大震災により親権者等が死亡し又は行方不明となった児童等について，未成年後見制度，親族里親制度等の活用により適切な監護が行われるよう必要な支援を行うこと」という附帯決議がなされている。

てに基づいて審判で行われることになるため，審判の申立てが行われない場合には，いつまでも未成年後見人が欠けるという事態が生じ得る。親族が里親となって子を養育しているような場合には，実質的に未成年後見人選任の必要性を感じないということもあるであろうが，子が相続によって財産を取得しているような場合もあり，その管理責任を明確にするためには選任がなされるべきであろう。

## 2 親権を行う者がないとき
### (1) 意 義

「親権を行う者がないとき」とは，親権者について，死亡，破産，後見開始（民111条1項2号）という代理権の一般的消滅事由の発生，あるいは親権喪失（民834条），親権の辞任（民837条1項）などがあり，法律上親権を行う者がなくなった場合だけでなく，親権者の生死不明，精神上の障害（札幌家審昭和56年3月16日家月33巻12号68頁），服役（水戸家土浦支審昭和35年7月19日家月12巻9号198頁）など，事実上親権を行うことができなくなった場合をも含む。また，2011年改正では，新しく親権停止（民834条の2）制度が導入されたが，この親権停止の審判があった場合にも，他に親権を行使する者がいなければ，「親権を行う者がないとき」に該当し，未成年後見が開始する（未成年後見人選任の必要性について，民841条）[3]。

親権喪失や停止，管理権の喪失の審判の申立てがあった場合に，子の利益のため必要があると認めるときは，審判事件を本案とする審判前の保全処分として，親権者の職務の執行を停止し，又はその職務代行者を選任することができるが（家事手続174条1項），この場合には，親権喪失等の審判は確定していないから，未成年後見が開始することはない。

児童福祉施設に入所中の児童で，親権を行う者又は未成年後見人のない者に対しては，親権を行う者又は未成年後見人があるに至るまでの間，児童福

---

3）この点については，親権停止は親権を剥奪せずに一定期間行使を制限するものであり，親権者から親権を剥奪して法律上親権者のいない状況となる親権喪失とは異なるとの見地から，子の保護手段については，未成年後見以外の他の選択肢の可能性も含めて十分に議論すべきではなかったかという批判がある（許末恵「児童虐待防止のための親権法改正の意義と問題点—民法の視点から」法律時報83巻7号70頁）。

祉施設の長が，入所中の児童について親権を行う（児童福祉法47条1項）。しかし，このことによって，未成年後見が開始しないわけではない[4]。児童福祉法は，親権を行う者のない児童等について，その福祉のため必要があるときは，児童相談所長は家庭裁判所に対し未成年後見人の選任を請求しなければならないと規定しており（児童福祉法33条の8第1項），したがって，児童福祉施設の長の親権代行は，保護者が欠ける事態を回避するための，暫定的な処置である。しかし，児童相談所長による未成年後見人選任の申立ては極めて数が少なく[5]，事実上児童が児童福祉施設から退所するまで，施設長の親権行使が継続しているのが現実である[6]。

なお，児童相談所長が，未成年後見人の選任の請求を行う場合には，児童福祉施設に入所中の児童等を除き，未成年後見人が選任されるまでは，児童相談所長が親権を行う（同法33条の8第2項）。また，一時保護した児童についても，同様に，児童相談所長が親権を行う（同法33条の2第1項）。

「親権を行う者がないとき」のうち，重要なのは親権者の死亡，親権喪失，親権停止であるが，ここでは次に，この3者について触れておきたい。

(2) 死 亡

「親権を行う者がないとき」の典型は，親権を行う者が死亡（自然死亡であると，法定死亡であるとを問わない。）した場合である。父母が婚姻中である場合には，共同で親権を行使するから（民818条3項），その一方が死亡しても後見が開始することはない。父母が離婚し，親権者と定められた父母の一方が死亡した場合や，非嫡出子の親権者たる母が死亡した場合など，単独親権者の死亡により，直ちに後見が開始するのか否かについては議論がある。現在の裁判実務及び多数説は，後見人が就職しているか否かにかかわらず，生存している父母の他方（非嫡出子の父の場合には，子を認知していることが

---

[4] 於保不二雄＝中川淳編『新版註釈民法(25) 親族(5) (改訂版)』252頁〔山口純夫〕（有斐閣，2011）。

[5] 若干古いデータではあるが，1989年度から2008年度までの20年間において，児童相談所長による後見人選任請求は179件，うち認容されたものは134件ということである（毎日新聞2010年2月20日朝刊）。

[6] 施設入居中の申立ては，多額の財産の管理や法律上の手続を行うために，親権代行ではなく，未成年後見人の選任が必要な場合について認めるという行政指導がなされている（「児童相談所運営指針の改正について」（雇児発0321第2号平成24年3月21日）第4章第9節3(1)）。

必要である。）が親権者変更を申し立て，それに基づいて家庭裁判所が子の監護及び財産の管理に適任であると判断した場合には，審判によって親権者変更をなし得るとする解釈（無制限親権回復説）に立っている[7]。養親が死亡した場合については，学説では，養親の死亡によって養子縁組が当然に解消されるわけではないことから，実親の親権は復活せず，後見が開始するという見解が多数を占める。これに対して，裁判例は分かれており，死後離縁前でも，実親が親権者であることを希望し，親権者として適格である場合には，民法819条6項を準用して実親への親権者変更を認めるものもある[8]。

(3) **親権喪失**

親権を行う者について親権喪失の審判があったときには，他に親権を行使する者がいなければ，後見が開始する。親権喪失に関する民法834条は，2011年法によって，「父又は母による虐待又は悪意の遺棄があるときその他父又は母による親権の行使が著しく困難又は不適当であることにより子の利益を著しく害するときは，家庭裁判所は，子，その親族，未成年後見人，未成年後見監督人又は検察官の請求により，その父又は母について，親権喪失の審判をすることができる。ただし，2年以内にその原因が消滅する見込みがあるときは，この限りでない。」と改正された。この新834条の規定は，「親権を濫用し，又は著しく不行跡であるとき」という旧規定の喪失原因に比べ，虐待や悪意の遺棄を具体的な喪失原因として挙げるとともに，さらに「その他父又は母による親権の行使が著しく困難又は不適当であることにより子の利益を著しく害する」ことを挙げることで，父母の非難可能性の存否にかかわらず，客観的に「子の利益を著しく害する」ことが喪失原因となることを明文化した点において評価できる[9]。この2011年改正は，「児童虐待の

---

7) 最高裁家庭局の見解（家月22巻9号31頁）もこれを支持しているといわれる。その点を含めた，裁判例並びに学説の詳細については，許末恵「未成年後見をめぐる諸問題（監護養育）」野田愛子＝梶村太市総編集『新家族法実務大系2 親族Ⅱ』402頁以下（新日本法規，2008），於保＝中川・前掲注4）50頁以下〔田中通裕〕及び252頁以下〔山口純夫〕，清水節『判例先例親族法Ⅲ―親権―』128頁以下（日本加除出版，2000）等参照。
8) 清水・前掲注7）21頁以下，於保＝中川・前掲注4）25頁以下〔岩志和一郎〕。
9) 立法担当者は，近時は，親権者の非難可能性の有無にかかわらず，親権喪失の審判をすることができるという考えが有力だったとし，改正によって親権喪失の対象が拡大したわけではないと説明している（飛澤知行編著『一問一答・平成23年民法等改正 児童虐待防止に向けた親権制度の見直し』41頁（商事法務，2011））。また，改正前の民法

防止等を図り，児童の権利利益を擁護する観点から」行われたものであることから，身上監護（監護養育）の面で大きな意義があるが，子の財産の不当な処分や，不当な債務を負わせる行為，利益相反行為の制限を無視した行為があった場合などに，財産管理が著しく困難又は不適当であるとして親権を喪失させることも可能である。ただ，従来からこの点を理由として認めた裁判例は少ない。[10]

親権喪失の審判があった場合には，裁判所の嘱託により戸籍記載が行われる（家事手続規則76条1項1号）。

(4) **親権停止**

2011年改正では，「父又は母による親権の行使が困難又は不適当であることにより子の利益を害するときは，家庭裁判所は，子，その親族，未成年後見人，未成年後見監督人又は検察官の請求により，その父又は母について，親権停止の審判をすることができる。」（民834条の2第1項）として，親権停止の制度が新設された。「家庭裁判所は，親権停止の審判をするときは，その原因が消滅するまでに要すると見込まれる期間，子の心身の状態及び生活の状況その他一切の事情を考慮して，2年を超えない範囲内で，親権を停止する期間を定める。」（同条2項）が，親権停止の期間満了後も，引き続き親権を停止し続けたい場合には，改めて停止の審判の申立てをすることとなる。[11]

親権停止の要件は，「親権の行使が困難又は不適当であることにより子の利益を害するとき」とされており，親権喪失の要件に比べて緩和されている。親権停止の審判があり，他に親権を行使する者がいない場合には，未成年後見が開始し，家庭裁判所の定める停止期間の間，親権が停止される。親権の復活には必ず審判を必要とする親権喪失の場合と異なり（民836条），停止の

---

834条の意味内容が明確であるとは言い難いものであったともしている（佐野文規「児童虐待防止のための親権制度の見直し―親権停止制度の新設，未成年後見制度等の見直し等」時の法令1900号21頁）。

10) 於保＝中川・前掲注4）195頁〔辻朗〕。なお，これまで公表されている裁判例は極めて少ないが，何らの成算もなく多額の借財のために未成年者の財産に抵当権を設定し，その借財による金員はことごとく無意味に消費した結果に終わったような場合（広島家呉支審昭和33年12月15日家月11巻3号155頁）や，夫の死亡補償金を受領した妻が，夫の父母との間でその補償金は未成年者の将来の養育のために双方が管理に当たり協議の上，支出するものとすると合意していたにもかかわらず，自分のために費消した場合（大津家審昭和34年12月23日家月12巻3号141頁）などが挙げられる。

11) 飛澤・前掲注9）48頁。

194

場合には，期間が満了したときは，格別の手続をとる必要はなく，親権が回復する。[12]

親権停止の審判があったときも，裁判所の嘱託による戸籍記載が行われる（家事手続規則76条1項1号）。

## 3 親権を行う者が管理権を有しないとき

「管理権を有しないとき」とは，親権者が管理権を喪失（民835条），又は辞任（民837条1項）したときをいう。このうち中心となる財産管理権喪失に関する民法835条の規定は，2011年改正により，「父又は母による管理権の行使が困難又は不適当であることにより子の利益を害するときは，家庭裁判所は，子，その親族，未成年後見人，未成年後見監督人又は検察官の請求により，その父又は母について，管理権喪失の審判をすることができる。」と変更された。旧規定では，「親権を行う父又は母が，管理が失当であったことによってその子の財産を危うくしたとき」と要件設定されていたが，新規定では，「失当」という文言を用いないことで父母の非難可能性を要件から切り離し，また「子の財産を危うく」するまでに至らなくとも，「子の利益を害する」と評価されれば，管理権喪失審判対象となり得ることが明らかとされた。[13] なお，管理権については，喪失のみが認められ，停止は認められていない。[14]

管理権喪失の審判があり，他に親権を行使する者がいない場合には，未成年後見が開始する。[15] その場合，未成年後見人は，財産に関する権限のみを

---

12) 停止期間中に原因が消滅した場合には，取消しの審判が必要である（民836条）。
13) 立法担当者の挙げた例によれば，年長の未成年者が，アパートを借りようとした場合に，親権者が特段の合理的理由もないのに，アパートの賃貸借契約に同意せず，子の生活に支障が生じるような場合が挙げられている。
14) 立法担当者は，制限する期間を設けないからといって親子の再統合の支障になるわけではない，管理権の行使が不適当である父母が，一定の期間の経過により適切に管理権を行使できるようになるとは考えられないといった理由を挙げている（飛澤・前掲注9）58頁）。なお，親権停止の「親権の行使が困難又は不適当であることにより子の利益を害するとき」という要件は，管理権喪失の要件と同じであるから，独自に管理権停止という形での制限を認めなくても，実質的な不都合は存在しないといえる。
15) 共同親権者の一人が管理権を失った場合には，他方の親権者が管理権を有する限り，後見は開始しない。この場合，監護教育については共同親権，財産管理権については，他方親権者の単独行使ということになる（島津一郎＝松川正毅『基本法コンメンタール親族（第5版）』235頁〔田山輝明〕（日本評論社，2008））。

有し（民868条），管理権を喪失した親権者は，身上監護のみを行使する。共同親権者の一方が管理権を失っても，他方が管理権を有するときは，その者が単独で管理権を行使することになるため，後見は開始しない。

## 第3 未成年後見人

### 1 指定未成年後見人と選定未成年後見人

未成年後見の執行機関である未成年後見人には，指定未成年後見人と選定未成年後見人とが存在する。

#### (1) 指定未成年後見人

未成年者に対して最後に親権を行う者は，遺言で，未成年後見人を指定することができる（民839条1項本文）。ただし，親権者であっても財産管理権を有しない者は，指定を行うことができない（同項ただし書）。「最後に親権を行う者」とは，その者が死亡すれば他に親権を行使する者がいなくなる立場にある者をいい，[16]そうでない者が指定を行っても無効である。

先にも触れたように，未成年後見人の指定は遺言者の死亡の時から効力が発生し（民985条），その時から指定された者が未成年後見人に就職することになる。指定未成年後見人は，戸籍法の定めるところにより，就職の日から10日以内に，遺言の謄本を添付して，後見開始の届出を行わなければならない（戸81条）。しかし，実際には，その遺言の存在自体が，遺言者の死亡時に知られているとは限らない。また，指定があれば，未成年後見人として適格かどうかに関する格別の審査の必要もなく就職できることから，制度自体について批判も存在する。[17]

#### (2) 選定未成年後見人

未成年後見が開始し，かつ指定未成年後見人がいないとき（民840条1項前段），及び未成年後見人が欠けたとき（同項後段）には，家庭裁判所は，未成年被後見人又はその親族，その他の利害関係人の請求によって，未成年後見人を選任する。この民法840条1項の選任の請求は任意である。

---

16) 誰が「最後に親権を行う者」となるかについては，先に後見開始原因の「親権を行う者がないとき」について述べたところ（前記第2の2(1)）が，そのまま当てはまる。
17) 於保＝中川・前掲注4）295頁〔久貴忠彦〕。

これに対して，民法841条は，「父若しくは母が親権若しくは管理権を辞し，又は父若しくは母について親権喪失，親権停止若しくは管理権喪失の審判があったことによって未成年後見人を選任する必要が生じたときは，その父又は母は，遅滞なく未成年後見人の選任を家庭裁判所に請求しなければならない。」という，義務的選任請求の規定を置いている。この規定は，「父又は母が親権若しくは管理権を辞し，又は親権を失ったことによって」という文言であったものを，2011年改正で，「父若しくは母が親権若しくは管理権を辞し，又は父若しくは母について親権喪失，親権停止若しくは管理権喪失の審判があったことによって」と変更されたものである。意味のあいまいさを指摘されていた「又は親権を失った」という文言が，「親権喪失，親権停止若しくは管理権喪失の審判があった」として，具体化・明確化が図られたという点で評価できるが，この規定には，従来，単なる文言のあいまいさのみならず，より根本的な批判が寄せられてきた。すなわち，この規定は，親権辞任や親権喪失など，ある人の意思に基づいて選任の必要が生じた場合に，未成年後見人が欠ける事態をできるだけ回避するために，その者に選任請求義務を負わせたものであるが，辞任の場合はともかく，親権喪失，親権停止若しくは管理権喪失の審判によって強制的に親権や管理権を剥奪された父や母にまで選任請求義務を課すことは妥当ではないという強い批判である。[18] 1999年改正の際にこのような批判の検討はされたが，結局は問題がないとされ,[19] 2011年改正でも未成年被後見人保護の観点から，親権停止の場合にも広げる形で規定は維持されたのである。[20] しかし，この義務付けに問題がないとしたとしても，その違反に対しては何の制裁もないため，義務付けの実効性は弱い。また違反して請求がなされない場合には，職権による選任は認められていないため，未成年後見人は選任されないままになる。既に触れたように，児童福祉施設に収容された場合には，施設長が親権を行使するし（児童福祉法47条1項），「子の福祉のために必要があるとき」には，児

---

18) 於保=中川・前掲注4）301頁〔犬伏由子〕。
19) この批判は，1999年の改正時にも認識されていたが，問題ないとの評価に立って維持され（小林昭彦=原司『平成11年民法一部改正法等の解説』209頁（法曹会，2002)），2011年改正においても改正は行われなかった。
20) 飛澤・前掲注9）80頁。

童相談所長に未成年後見人選任請求が義務付けられていることから（児童福祉法33条の8第1項）,[21] 最終的にはこれで解決される可能性はあるが，早急に未成年後見人を選任すべきという民法841条の趣旨に照らして，それでよいのかどうか検討の余地はあるであろう。

　未成年後見人を選任するには，未成年被後見人の年齢，心身の状態並びに生活及び財産の状況，未成年後見人となる者の職業及び経歴並びに未成年被後見人との利害関係の有無，未成年被後見人の意見その他一切の事情を考慮しなければならない（民840条3項）。この条文は，家庭裁判所に対し，未成年後見人の選任基準を明示したものであり，2011年改正において，追加されたものである。成年後見人の選任に関する民法843条4項に対応するものであり，未成年被後見人と利益相反の関係にある者の適切な排除，未成年被後見人の意見の尊重といった観点から導入されたものであるが，成年後見については含まれていない未成年被後見人の年齢が考慮事項に加えられていることが特徴的である。[22]

　未成年後見人の選任は家庭裁判所の審判によって行われる。この審判には，選任の審判，却下の審判のいずれについても即時抗告を認める規定はないが，却下の審判については，「未成年者が親権者（後見人）のないまま放置される事態を生ずる場合には，即時抗告を適法なものとして救済を認めるべきである。」として認めた例がある（東京高決平成11年9月30日家月52巻9号97頁）。

　未成年後見人選任の審判があった場合，家庭裁判所からの戸籍記載の嘱託はなされないため，指定未成年後見人に関する戸籍法81条の規定に準じて，未成年後見人となるべき者が未成年後見開始の届出をするとされている（平成25年3月28日民一315号回答）。

## 2　複数後見人

　民法制定以来，未成年後見，成年後見を問わず，後見人の数は1名と規定

---

21) そのほかにも，義務的請求としては，未成年後見人が欠けたときの未成年後見監督人の請求（民851条2号），未成年の被保護者のための生活保護の保護実施機関の請求（生保81条）が存在する。
22) 未成年被後見人の年齢により，未成年後見人に実際に求められる職務の内容や継続期間等が大きく異なるため，年齢が重要な考慮事項となる（飛澤・前掲注9）66頁）。

されていた（明治31年民法906条，旧843条）。しかし，1999（平成11）年の民法改正で，成年後見人について複数後見が認められ（民859条の2），未成年後見人については，新たに民法842条に，「一人でなければならない。」とする規定が置かれた。未成年者の監護教育に当たる未成年後見人の職務の性質上，複数の未成年後見人間の方針に齟齬が生じることは未成年者の福祉の観点から相当でない，と考えられたためである。[23] しかし，未成年後見は未成年者の監護教育を含め，いわば親代わりとして，極めて広範な職務範囲について義務を負わなければならない。そのため，それに躊躇して，未成年後見人の引き受け手がなかなか見つからないということが指摘されていた。[24] そこで，2011年改正は，上記の民法842条を削除し，未成年後見の場合にも，複数の未成年後見人を置くことができるようにした。「未成年後見人の選任の仕方や権限行使の定め方次第では，複数の未成年後見人が適切に職務遂行することが可能であるといえ，一律に複数の未成年後見人の選任を禁ずるまでの必要性は乏しく，むしろ，複数の者が協議するなどしながら慎重に未成年後見の事務を行うことが適当である場合もある」と考えられたからである。[25]

842条の削除により，未成年後見人の指定に当たって，遺言で複数の者を指定することも許され，[26] 未成年後見人の選任に当たっても，家庭裁判所は複数の者を選任することができることとなった。さらに，「未成年後見人がある場合においても，家庭裁判所は，必要があると認めるときは，前項に規定する者若しくは未成年後見人の請求により又は職権で，更に未成年後見人を選任することができる。」（民840条2項）と規定され，既に未成年後見人がある場合の追加的選任も認めている。この追加的選任は，例えば，親族などが未成年後見人に選任され，一般的な身上監護・財産管理は行われているが，財産状態に重大な変更があり，財産の管理については弁護士などの専門職に任せる方が望ましいといった場合に意味を持つ。また，この追加的選任は，

---

[23] また，その弊害は権限の調整規定によって解決し得る性質のものではない，ともされている（小林＝原・前掲注19）211頁）。
[24] 弁護士など専門職が就任しづらい状況について，日本弁護士連合会「未成年後見制度をより使いやすくするための制度改正と適正な運用を提案する意見書」（2012年2月16日）第2の3(1)。
[25] 飛澤・前掲注9）62頁。
[26] 飛澤・前掲注9）77頁。

未成年後見人や，未成年被後見人の親族らが申立てを行わないでいる場合を想定して，家庭裁判所において，監督的な観点から，職権でもできることとなっている。[27]

未成年後見人が数人あるときの，権限行使については，後述（第5の2参照）する。

### 3 法人未成年後見人

先にも述べたように，制定時に「後見人ハ一人タルコトヲ要ス」（明治31年民法906条）と規定されて以来，法人がこの「一人」となることができるかが問題となってきた。1999年改正によって，成年後見人選任に当たっての考慮事由の中に，「成年後見人となる者が法人であるときは，その事業の種類及び内容並びにその法人及びその代表者と成年被後見人との利害関係の有無」という事由が加えられたことで，法人が成年後見人となることが明確化された。[28]しかしながら，未成年後見人については，成年後見人と異なって親権者と同一の権利義務を有し，その職務に子の身上監護が含まれるため（民857条），法人を含めることに疑問があり，法人未成年後見人の規定は置かれなかった。

2011年改正では，組織で対応することにより，未成年後見人の負担を軽減するというメリットなどを考え，[29]法人を未成年後見人とすることが明文で認められるようになった。ただし，その規定の形式は，成年後見人の場合と同じく，間接的な規定の仕方であり，民法840条3項で，未成年後見人選任に当たっての考慮事由として，「未成年後見人となる者が法人であるときは，その事業の種類及び内容並びにその法人及びその代表者と未成年被後見人との利害関係の有無」を挙げるという方法によっている。

法人が後見人となった場合には，後見人の死亡などによって後見人が欠け

---

27) 飛澤・前掲注9）64頁。
28) このような間接的な規定形式がとられたのは，一般に民法が「人」と規定しているときには法人が含まれており，ここで直接的な規定形式をとると，民法の他の規定の解釈に影響を与えることを考慮したためである（小林＝原・前掲注19）224頁）。
29) 事実上自立した年長の未成年者であれば，未成年後見人が引き取って監護するということはなく，実際の職務内容としては，財産に関する権限の行使が主なものとなる，ということも理由として挙げられている（飛澤・前掲注9）62頁）。

ることがないため，長期的な職務執行が考えられるケースについて有用性があり，また法人内部で専門性を有する人材を組織的に活用して職務に当たることができるという利点もある。そのため，成年後見の分野では，特に若年障害者の，親亡き後の保護に有効な制度として活用され始めているが，未成年後見の場合に，法人後見にどれほど需要があるかは，予測しづらいところがある。未成年後見は，子が成年に達するまでと期限が限られており，また児童福祉施設に措置入所しているような場合には，施設長が親権代行をすることができるため（児童福祉法47条1項），入所している施設を運営する法人を未成年後見人とする必要はないといえるからである[30]。立法担当者も，当面，社会福祉法人が運営する児童福祉施設から自立した未成年者について，当該社会福祉法人を未成年後見人に選任する場合など，限定的な想定をしているようであるが，将来的には，NPO法人の中から，未成年後見事務を遂行するのに適した組織，体制を備えた者が育ってくることを期待している[31]。

## 第4 未成年後見の監督

未成年後見の監督機関は，未成年後見監督人と，家庭裁判所である。

### 1 指定未成年後見監督人と選定未成年監督人

未成年後見監督人は，未成年後見の監督機関であるが，必須的機関ではない。未成年後見人を指定することができる者は，遺言で，未成年後見監督人を指定することができる（民848条。指定未成年後見監督人）。未成年後見監督人の指定がない場合，及び未成年後見監督人が欠けた場合において，必要があると認めるときには，家庭裁判所は，未成年被後見人，その親族若しくは未成年後見人の請求により，又は職権で，未成年後見監督人を選任するこ

---

30) そもそも，児童福祉法では，施設への入所措置は，未成年後見人の意に反して採ることができないとされていること（児童福祉法27条4項）等から，児童を受け入れた法人を未成年後見人に選任することは，児童福祉法の予定するところで合致するものではないといわれる（飛澤・前掲注9）68頁，吉田恒雄「未成年後見」月報司法書士485号14頁）。

31) 飛澤・前掲注9）68頁。弁護士が中心となって「未成年後見センター」のような法人を作ることも検討されるべきとする提言もある（日弁連・前掲注24）第2の4）。

とができる（民849条。選定未成年後見監督人）。未成年後見監督人の選任については，家庭裁判所の職権選任が認められている点であり，これは1999年改正の際に，後見監督体制の充実の観点から導入されたものである[32]。

未成年後見監督人の数については従来から，一人に限定する規定がなく，それゆえ複数であってもよいと解されてきた。未成年後見監督人が複数ある場合には，民法857条の2の規定が準用され（民852条），未成年後見人が数人ある場合と同じ扱いがなされている。

また，2011年改正で，明文で民法840条3項が準用されたことで，法人が未成年後見監督人となることも明確になった（民852条）。後見人の欠格事由に関する民法847条も後見監督人に準用されるが（民852条），これに加え，後見人の配偶者，直系血族及び兄弟姉妹は，公平な職務遂行が期待できない可能性があることから，後見監督人となることができない（民850条）。

未成年後見監督人の職務は，①未成年後見人による後見の事務の執行を監督すること，②未成年後見人が欠けた場合に，遅滞なくその選任を家庭裁判所に請求すること，③急迫の事情がある場合に，必要な処分をすること，④未成年後見人又はその代表する者と未成年被後見人との利益相反行為について，未成年被後見人を代理すること（特別代理）である（民851条）。また後見の事務の監督のために，未成年後見人に後見の事務の報告若しくは財産目録の提出を求め，さらに後見の事務若しくは被後見人の財産の状況を調査することができる（民863条1項）。これらの職務を行うに当たり，未成年後見監督人は善良な管理者としての注意義務を負う（民852条による644条の準用）。

## 2　家庭裁判所

家庭裁判所は，未成年後見監督人と並ぶ未成年後見の監督機関である。職権で，未成年後見人や未成年後見監督人を選任（民841条，849条）したり，解任（民846条，852条）したりすることができ，また辞任の許可（民844条，852条）の権限を持つ。さらに，いつでも未成年後見人に事務の報告や財産

---

[32] 後見監督人の主要な任務は後見人の監督にあるところ，その選任を後見人の請求にかからせても実効性は乏しく，親族の請求も十分に機能していないという実情を踏まえ，家庭裁判所の裁量により迅速かつ適切に後見監督人による監督を行うことを可能とする，というのが理由である（小林＝原・前掲注19）242頁）。

目録の提出を求め，後見事務若しくは財産状況の調査をする権限（民863条1項），後見事務について「必要な処分」を命ずる権限（同条2項）を有する。この場合，家庭裁判所は，「適当な者」あるいは家裁調査官に調査をさせ，また「必要な処分」として，財産管理者を選任し，臨時に財産の管理をさせることができる（家事手続180条による124条の準用）。未成年後見監督人が必須的機関でないため，家庭裁判所の監督機関としての役割は重要である。

## 第5　未成年後見人による財産管理

### 1　未成年後見人の事務の概要

　未成年後見人の職務は，未成年後見の事務の執行に当たることである。後見の事務には，被後見人の身上に関する事務と財産に関する事務とがある。
　このうち，身上に関する事務として，未成年後見人は，子の監護・教育，居所指定，懲戒，職業許可について，親権者と同一の権利義務を有する（民857条本文）。ただし，親権を行う者が定めた教育の方法及び居所を変更し，営業の許可・許可の取消し・制限を行うには，未成年後見監督人があるときは，その同意を得なければならない（同条ただし書）[33]。
　財産上の事務としては，就職時の事務と，就職後の通常の事務が存在する。
　就職時の事務は，未成年被後見人の財産と未成年後見人の財産が混合することを避けるため，遅滞なく未成年被後見人の財産を調査し，その目録を作成することである（民853条1項）。財産調査及び目録の作成は，未成年後見監督人があるときは，その立会いがなければ無効である（同条2項）。また，未成年後見人が未成年被後見人に対して債権を有し，又は債務を負っている場合において，未成年後見監督人があるときは，財産の調査に着手する前に，未成年後見監督人に申し出なければならない（民855条）。その他，未成年被後見人の身上監護及び財産の管理のために毎年費やすべき金額（歳費）も，その就職時に予定しなければならない（民861条1項）。財産の調査及び目録の作成は，調査を始めてから1箇月以内に完了しなければならないが，この

---

[33] このただし書には，「未成年被後見人を懲戒場に入れ」ることも含まれていたが，2011年改正によって，民法822条が改正されたことに伴い，削除された。

期間は家庭裁判所において伸長することができる（民853条1項ただし書）。

就職後，未成年後見人は，通常の事務として，親権者と同様に，未成年被後見人の財産を管理し（財産管理権），その財産に関する法律行為について未成年被後見人を代表（法定代理権）する（民859条）。また，未成年被後見人が行う法律行為について同意を与え（民5条），同意がない行為については取り消すことができる（民120条）。しかし，以下の点で，親権者とは異なる。

i 未成年後見人又は未成年後見人が代理する者と未成年被後見人の利益が相反する場合には，親権者の場合と同様に，特別代理人を選任しなければならないが（民860条による826条の準用），未成年後見監督人が置かれている場合には，未成年後見監督人が未成年被後見人を代理する（民860条ただし書）。

ii 未成年後見人が未成年被後見人を代理して営業若しくは民法13条1項に掲げる行為をしたり，未成年被後見人がそれらの行為をすることに同意をする場合に，未成年後見監督人があるときは，その同意を必要とする（民864条）。これに違反してなされた行為は，未成年被後見人又は未成年後見人において取り消すことができる（民865条）。

iii 未成年後見人が未成年被後見人の財産又は未成年被後見人に対する第三者の権利を譲り受けたときには，未成年被後見人はこれを取り消すことができる（民866条）。

iv 親権を行う者は，自己のためにするのと同一の注意をもって，財産管理に当たらなければならないが，未成年後見人の注意義務は一層強化され，善良な管理者の注意義務をもって，未成年被後見人の財産管理に当たらなければならない（民869条による644条の準用）。

## 2 複数後見と権限の行使
### (1) 共同行使の原則

2011年改正は，未成年後見人を一人と規定していた民法842条を削除し，未成年後見についても複数後見を認めた。複数後見の場合には，それぞれの未成年後見人の権限行使によって衝突が起きる可能性があり，それは子の福祉にとって相当とはいえない。そのため，1999年改正で一足早く複数後見が認められた成年後見の場合と同様に，数人の未成年後見人の権限行使を調整

する規定が置かれた。

　未成年後見人が数人あるときには，それら未成年後見人は共同してその権限を行使する（民857条の2第1項）。成年後見では，「家庭裁判所は，職権で，数人の成年後見人が，共同して又は事務を分掌して，その権限を行使すべきことを定めることができる。」（民859条の2第1項）と規定されているのに対し，未成年後見では，共同行使は，民法の定める原則である。成年後見と異なって，未成年後見の主たる事務は身上監護にあり，身上監護に関する事務を複数の未成年後見人が単独で行ったり，事務を分掌して行ったりすると，子の安定的な監護を害するおそれがあり，また財産に関する権限についても，複数の未成年後見人が協議するなどしながら慎重に行う方が子の利益になる場合が多い，と考えられたからである[34]。

　共同行使の場合には，数人の未成年後見人は，各自が単独で権限を行使することができず，全員の意見が一致した場合にのみ権限の行使をすることができる[35]。この場合，行使の方法としては共同名義で行われるのが相当であろうが，婚姻中の父母による親権の共同行使（民818条3項）の場合には，判例は，必ずしも共同名義で行われる必要はなく，親権者のうちの一人が他の親権者の明示若しくは黙示の同意を得て単独で行うことも認められるとしており，未成年後見の場合にも同様の扱いができると思われる[36]。

　共同行使であるにもかかわらず，未成年後見人のうちの一人が単独で権限を行使した場合には，どうなるか。成年後見の場合は，財産行為に関してのみ権限があり，しかも代理権のみが問題となるが，未成年後見の場合には，代理権の行使に加えて，日常の監護・教育に関する事実行為，未成年者の法律行為についての同意権の行使も問題となる。したがって，この場合についても，解釈としては，親権の共同行使の場合の解釈が参考となるであろう[37]。

　事実行為については，全てが完全な合意の上でなされなければならないとするのは合理的でないが，未成年後見人の一人が独断で不当な監護行為を

---

34) 飛澤・前掲注9）71頁。
35) 成年後見人の共同行使の場合についてであるが，小林＝原・前掲注19）280頁。
36) 最判昭和32年7月5日裁判集民27巻27頁。親権については，於保＝中川・前掲注4）31頁〔岩志和一郎〕。また，成年後見の場合に同様であることについて，島津＝松川・前掲注15）260頁〔神谷遊〕，於保＝中川・前掲注4）417頁〔吉村朋代〕。
37) 親権の共同行使の場合の解釈として，於保＝中川・前掲注4）31頁〔岩志和一郎〕。

行った場合には，理論的には他の未成年後見人は，その監護行為の差止めを求めることができると考えられる。

代理行為については，未成年後見人の一人が，単独名義で行った場合には，無権代理となると解される。ここに民法110条の表見代理を適用できるかは，相手方において，正当理由の存在を立証することができるか否かにかかる。未成年後見人が複数ある場合は，共同行使となることが民法上明示されており，また事務の分掌が定められた場合には戸籍に記載されるので（家事手続規則76条1項5号），相手方が戸籍の提示を求めるなどして，未成年後見人の権限を確認しなかった場合には，正当理由を主張することは難しいであろう[38]。

では，未成年後見人の一人が，未成年後見人全員の名義（共同名義）を使用して行った場合にはどうであろうか。親権の共同行使については，特別の規定があり，親権者の他の一方の意思に反したときであっても，相手方が善意であれば，その効力は妨げられることはない（民825条）。この規定は，婚姻中の父母の親権共同行使が法律上の原則であることに照らし，善意の相手方保護を図ったものであり，民法110条の表見代理と同趣旨のものである。複数の未成年後見人がある場合にも共同行使が法律上の原則であるという点からすれば，未成年後見人についても，民法110条を経由することなく，この規定を適用（類推適用）して解決を図ることができよう。

未成年者の法定代理人である未成年後見人には，未成年者の行う法律行為についての同意権が帰属している（民5条1項）。この同意権について，未成年後見人の一人が単独名義で行使した場合には，他の未成年後見人の同意が欠けており，その同意は無効と考えられる。したがって，その同意による法律行為は，取消しの対象となる（民5条2項，120条1項）。未成年後見人の一人が，共同名義で同意したときには，代理の場合と同じく民法825条の適用の可能性が認められるべきであろう。

(2) **財産に関する権限のみの行使**

未成年後見人が数人あるときは，共同行使の例外として，家庭裁判所は，職権で，その一部の者について，財産に関する権限のみを行使すべきことを

---

[38] 飛澤・前掲注9）76頁。成年後見について，同旨の解釈を示すものとして，小林＝原・前掲注19）281頁，島津＝松川・前掲注15）260頁〔神谷遊〕，於保＝中川・前掲注4）418頁〔吉村朋代〕。

定めることができる（民857条の２第２項）。もともと身上監護が職務に入っていない成年後見については，このような権限行使の分割の規定は存在しない。このような権限の制限の定めは，家庭裁判所の職権により，審判で行われ（家事手続別表第一第78項），裁判が確定した場合には嘱託により戸籍に記載される（家事手続規則76条1項5号）。

　財産に関する権限のみを行使する定めがなされた未成年後見人は，他の未成年後見人とともに財産に関する権限を共同行使するが，身上監護については他の未成年後見人が行使する。なお，身上監護に関する権限のみを行使する未成年後見人は認められていない。日常の監護教育に関する職務を行うに当たって，財産行為を伴う場合（例えば，洋服を買って着せる等）があるからである。

(3) 財産に関する権限の単独行使

　未成年後見人が数人あるときは，家庭裁判所は，職権で，財産に関する権限について，各未成年後見人が単独で行使すべきことを定めることができる（民857条の２第3項）。先にも述べたように，成年後見ではこの単独行使の職務執行が原則とされるが（民859条，859条の２第1項），未成年後見では家庭裁判所の裁量に委ねられている。

　このような定めがあった場合，各未成年後見人は，身上監護に関する権限は共同で行使しなければならないが，財産に関する権限については，それぞれが独立の判断の下で行使することができる。各未成年後見人は他の未成年後見人の同意を得られなくても代理や同意を有効に行うことができ，それを別の未成年後見人が取り消すことは原則としてできない[39]。そのため，各未成年後見人が同一事項について異なる決定をすると，その効力はいずれも未成年被後見人に及ぶこととなり，未成年被後見人にとって不利益が生ずる可能性がある。したがって，家庭裁判所としては，このような矛盾する決定が起きないようなケースかどうかを見極めて判断することになるが，それでも，矛盾する決定で未成年被後見人に不利益が生じた場合には，未成年後見人の善管注意義務違反（民869条，644条）が問われることになると解してよい[40]。

---

39) 成年後見についての解釈であるが，島津＝松川・前掲注15) 416頁〔神谷遊〕。
40) 島津＝松川・前掲注15) 416頁〔神谷遊〕。

この定めは，家庭裁判所の職権により，審判で行われ（家事手続別表第一第78項），裁判が確定した場合には嘱託により戸籍に記載される（家事手続規則76条1項5号）。

### (4) 財産に関する権限の分掌行使

未成年後見人が数人あるときは，家庭裁判所は，職権で，財産に関する権限について，数人の未成年後見人が事務を分掌して，その権限を行使すべきことを定めることができる（民857条の2第3項）。この分掌が認められることによって，監護養育のために近親者を未成年後見人に選任し，それに伴う日常の財産行為に関する権限の行使を委ねるが，不動産など重要な財産の管理などについては専門知識を有する者を未成年後見人に選任し，その事務を分掌する，といったことが可能になる。この権限の分掌行使も，家庭裁判所の審判で行われ（家事手続別表第一第78項），裁判が確定した場合には嘱託により戸籍に記載される（家事手続規則76条1項5号）。

未成年後見人の一人が，分掌された範囲の権限を越えて権限を行使した場合には，代理の場合には無権代理，同意の場合には同意の無効が問題となり得る。無権代理については，民法110条の表見代理の成立の可能性が問題となるが，権限の分掌も戸籍から明らかになるから，正当事由の立証は難しくなるであろう[41]。権限の範囲外の事項についての同意については，無効であるから，当該同意によってなされた法律行為は取り消し得べきものとなる。

### (5) 利益相反行為

既に述べたように，未成年後見人は，未成年後見人自身又は未成年後見人が代理する者と未成年被後見人の利益が相反する場合には，家庭裁判所に特別代理人の選任を請求しなければならない（民860条，826条）。利益相反行為となるかどうかの判断基準について，判例・多数説は古くから形式判断説に立ってきたといわれるが，学説では実質判断説が力を増し，また判例にも，未成年後見人が未成年被後見人の所有する土地を，未成年後見人の内縁の夫に無償譲渡したというケースで，内縁夫婦の「相互の利害関係は，特段の事情のないかぎり，共通するもの」であるとし，実質的利害関係にまで踏み込

---

41) 成年後見についてであるが，この点に触れるものとして，島津＝松川・前掲注15) 261頁〔神谷遊〕。

んで，当該無償譲渡を利益相反行為としたものがある（最判昭和45年5月22日民集24巻5号402頁）[42]。

複数後見の導入は，従来の利益相反の解釈に，さらに新たな問題をもたらした。すなわち，共同代理の関係にある数人の未成年後見人の一部の者とのみ利益相反関係にある場合，どのように考えるかという問題である。この点についても，親権の共同行使の場面での議論を参考とすれば，㋐他の未成年後見人が単独で権限を行使するとする見解，㋑利益相反の関係にある未成年後見人について特別代理人を選任し，他の未成年後見人と共同で権限を行使するとする見解，㋒特別代理人を選任し，その特別代理人が単独で権限を行使するとする見解が展開され得るであろう。親権について，判例（最判昭和35年2月25日民集14巻2号279頁）・多数説は㋑を採用しているが，複数未成年後見の場合も，同様に解してよいであろう。

## 3 後見制度支援信託を利用した管理

既に述べたように，未成年後見人は，その就職に当たって，遅滞なく未成年被後見人の財産を調査し，その目録を作成して，未成年後見人の財産を未成年被後見人の財産と未成年後見人の財産を混合させることなく，管理しなければならない（民853条1項）。しかし，現実には，それらを混合させてしまったり，さらには未成年後見人が未成年被後見人の財産を横領してしまったりする事件も発生し，特に未成年後見人が直系血族など，近親である場合には，刑法の親族相盗例（刑法255条による刑法244条1項の準用）との関係さえも問題とされてきた[43]。

そのような事態を事前に回避するための制度として，2012年2月から後見

---

[42] 坂野征四郎「親権者と未成年者・後見人と被後見人の利益相反」野田愛子＝梶村太市総編集『新家族法実務大系2　親族Ⅱ』420頁（新日本法規，2008）。

[43] この点につき，最決平成20年2月18日刑集62巻2号37頁は，「刑法255条が準用する同法244条1項は，親族間の一定の財産犯罪については，国家が刑罰権の行使を差し控え，親族間の自律にゆだねる方が望ましいという政策的な考慮に基づき，その犯人の処罰につき特例を設けたにすぎず，その犯罪の成立を否定したものではない」ところ，「未成年後見人の後見の事務は公的性格を有するものであって，家庭裁判所から選任された未成年後見人が，業務上占有する未成年被後見人所有の財物を横領した場合に，上記のような趣旨で定められた刑法244条1項を準用して刑法上の処罰を免れるものと解する余地はないというべきである。」としている。

制度支援信託が実施されてきている。この後見制度支援信託とは，法律によって制度化されたものではないが，法定成年後見制度及び未成年後見制度を対象に，被後見人の現金・預貯金を信託銀行が信託財産として管理する制度であり，最高裁判所が中心となって法務省，信託協会と図って導入されたものである。この制度は，被後見人の財産のうち，日常的な支払をするのに必要十分な金銭を預貯金等として後見人が管理し，通常使用しない金銭は信託銀行等に信託して，元本補てん契約の付された指定金銭信託で運営することで，被後見人の財産の適切な管理，利用を図ろうとするものである。

利用の手続としては，まず，未成年後見人選任の申立て等があった場合に，家庭裁判所の判断で後見制度支援信託を紹介し，利用することとなった場合，家庭裁判所がその旨の指示書を後見人に対して発行する。この場合，原則として弁護士，司法書士等の専門職が後見人に選任される必要があり（親族後見人との分掌でもよい。），契約する信託銀行等や財産の額等については，その専門職後見人が本人に代わって決めた上，家庭裁判所の指示書を提示した上，信託銀行等との間で信託契約を締結する[44]。信託の期間は，成年後見の場合には，原則として本人が死亡するまで，未成年後見の場合には本人が成年に達するまでであり，本人が成年に達したときには，信託財産は本人に引き渡される。その間，信託財産を払い戻したり，信託契約を解約したりするにはあらかじめ家庭裁判所が発行する指示書を必要とする[45]。

未成年後見の場合にも，未成年被後見人が多額の財産を有している場合はもちろん，そうでなくても，未成年被後見人が現有している財産を，現在の生活の維持，将来の自立のための糧として，安全かつ有効に管理・活用する必要があり，その意味で，この後見制度支援信託は有意性を持ち得る[46]。しかし，一方で，専門職後見人の確保及び報酬の支払，信託銀行に対する手数料等の支払といった金銭的負担の面からの懸念も示されるほか，成年後見とは異なり，成長とともに精神的，肉体的能力が増大し，進学や職業の選択など，生活面での欲求の尊重が必要になってくる未成年者に対する後見の在り

---

44) 信託銀行等の実務では，当初信託金額は1,000万円以上とされている。
45) 家庭裁判所の説明リーフレットは，http://www.courts.go.jp/vcms_lf/210034.pdf
46) 成年後見実務の立場から評価するものとして，矢頭範之「『後見制度支援信託』の運用について」月報司法書士481号84頁以下。

方として，専ら財産の安全な管理という側面から枠組みを設定し，それを固定する形の，いわば消極的な財産管理（手続的には，変更は可能であるが）が相当かという疑問も生じてくる[47]。

## 終わりに——未成年後見の社会化——

　2011年改正は，2007（平成19）年の児童虐待防止法改正の際に付せられた，施行後3年以内に，「児童虐待の防止等を図り，児童の権利利益を擁護する観点から親権に係る制度を見直し」，必要な措置を講ずるという附則（2条）に基づいて行われたものである。このことからも明らかなように，この改正の眼目が，親権喪失の見直し，親権停止の導入など，児童虐待に対応するための親権への介入の部分にあったことは確かであるが，親権介入の改革は，介入した場合の子の保護をどうするかという問題との連動が不可欠である。この改正で，未成年後見制度に幾つかの新たな展開があったのはそのゆえである。しかし，制度的に改革がなされたとしても，現実にそれを運営していくには，その新たな制度運営を担うだけの人的な資源が必要である。超高齢社会への移行のため，制度運営の資源の増大が急務である成年後見の場合に比べれば，未成年後見の場合には，少子化の進行もあって，その絶対的必要数は小さい。しかし，監護養育を職務に含み，日々成長する存在である子の能力と必要を見極めつつ子の保護に当たらなければならない未成年後見の場合には，その責任の重さゆえに，未成年後見人の引き受け手がいないという，深刻な問題がある。2011年改正で複数後見や法人後見が導入されたのも，そのような問題に対処するため，選択肢の拡大，負担の軽減を考えたからである[48]。

　このような未成年後見人確保の要請は，さらに2011年改正時に，衆参両院の法務委員会における，「未成年後見人の報酬に対する公的支援，職務に伴う損害賠償保険に関する保険料の負担に対する支援等，制度の利用の支援のために必要な措置を講ずること」という附帯決議として現れ，それを受けて，

---

47) 吉田・前掲注30）16頁，日弁連・前掲注24）。
48) 佐野・前掲注9）23頁，中田裕康「民法改正——児童虐待防止のための親権制度等の改正」法学教室373号65頁。

厚生労働省は，2012年に未成年後見人支援事業を立ち上げた。[49] この未成年後見人支援事業は，児童福祉法33条の8の規定により，児童相談所長の請求によって家庭裁判所に選任された，親族以外の者の未成年後見人であって，被後見人の預貯金等の評価額が1,000万円未満である場合を対象に認められる，報酬補助事業と損害賠償保険料補助事業の2つからなっている。前者は，家庭裁判所が定める報酬額のうち2万円を補助するものであり，後者は，未成年被後見人が第三者に損害を与えるなど，未成年後見業務の遂行に起因して発生する不測の事故に対する損害賠償請求に備えて，未成年後見人が加入する損害保険の保険料を補助するものである。このような公的支援の整備は，社会的なシステムとして未成年後見の利用を促進していく姿勢，すなわち未成年後見の社会化の姿勢の現れとみてよいであろう。[50]

未成年後見は，たとえ財産管理の面から後見人を必要とする場合であっても，財産管理と子の監護教育は密接に関係しており，その両者の切り離しは難しい。[51] 2011年改正によって，未成年者の必要に応じて，親族，専門職，法人等により，多様かつ弾力的な保護の体制を組むことができる制度構築がなされたが，その運用を支える社会的資源の確保に向けては，一層の取組が求められるところである。[52]

（早稲田大学法学部教授）

---

49) 雇児発0502001号（雇児発0514第1号改正）。
50) 吉田・前掲注30）は，この事業が「親代わり」から子どもへの社会的支援という未成年後見の趣旨を明確化したものと位置づける。
51) 日弁連・前掲注24）は，家裁が弁護士を未成年後見人として積極的に選任すべきであるとした上で，権限の分掌が財産管理についてしか認められていないことにつき，財産管理権のみの分掌では，専門職後見人が子どもに直接に接する機会が制約され，子どもの意見を聞く機会を持ちにくいと指摘し，身上監護権と財産管理権の両方を持った上で，親族後見人と専門職後見人との役割分担の中でそれぞれの権限行使の強弱をつけながら協働することがより子どもの権利擁護に資するのか，今後，運用を見ながら検討していくことが必要であるとしている（第2章の4(1)）。
52) 吉田・前掲注30）は，この制度が，児童相談所長の申立てによって選任された未成年後見人に限定されるなど，未成年後見人の負担が全て解消されるのではないということに鑑み，未成年者の保護に対する社会的責任として想定するのであれば，事業対象をさらに拡大する必要があるとする。

# 未成年後見から成年後見への移行

金 山 直 樹

## はじめに

　未成年者に関しては，親が親権を行使して，その身上監護ならびに財産管理を行うのが原則である（818条以下参照）。未成年後見人が登場するのは，「未成年者に対して親権を行う者がないとき，又は親権を行う者が管理権を有しないとき」に限られている（838条1号）。民法上，未成年後見人は，原則たる親に代わって，まさに「親代わり」として，包括的かつ持続的な権限を有する者として設計されている。しかし，未成年後見制度の実際の運用においては，とても「親代わり」にはなりえていないと言われている。未成年後見人は，親族の事実上の保護・愛情，そして，児童福祉法上発動される制度（例，児童養護施設）と相携えて，部分的かつ補充的な役割を担うに留まっているという実情が語られているのである。

　そこで，本稿においては，まず，未成年後見人をめぐる現場の実態を確認しておこう（→第1）。それを踏まえて，近時の法改正を検討するとともに，最新の現場担当者の声に耳を傾けることによって，今後の方向性を探ってみたい（→第2）。その上で，最後に，「未成年後見から成年後見への移行」という本項目に即して，未成年者が成年後に備えて予め成年後見に付される場合に生じる問題を検討しよう（→第3）。

## 第1 未成年後見の実態と審判例

　未成年後見の実態と課題を明らかにするため、まず、その出発点として、家庭裁判所における未成年後見人選任に関する実態調査によって得られた知見をまとめておきたい（→1）。その上で、後見開始事由たる「親権の制限」について、最近の審判例に則して検討しよう（→2）。この二方向からの検討によって、未成年後見法の現状と課題が明らかになるだろう。

### 1　鈴木ハツヨ実態調査

　未成年後見に関する実態調査に基づく貴重な鈴木ハツヨ研究が公にされて久しい[1]。それは、昭和23年・28年・33年、そして43年・51年・52年度分の家事審判資料を通じて実態を浮き彫りにしたものである。この研究によって、民法の制度上の建前と現実との乖離が明らかにされた。そこで得られた知見は、今日でもほぼそのまま通用すると思われるので、その要点を敷衍しながらまとめてみよう。それは以下のようである。

　未成熟子は、(1)身上に関する監護教育、(2)財産がある場合にはその管理、(3)生活の糧の供与をそれぞれ必要とする。民法によると、子に親があれば、これら3つの職分は親が担い、親子法の問題となる。親は、親権者の資格において(1)(2)を担い、直系血族の資格において(3)を担うわけである。そこに後見人が登場する余地はない。未成年後見人が登場するのは、子に親が欠けたとき、または、親がいても子に対する職分を果たしえないときである。そのため、未成年後見制度は親権制度の延長として扱われ、未成年後見人は親権者とほぼ同様の包括的かつ持続的な権限が与えられ、子が成年に達するまで(1)および(2)の職分を担当する。これが民法の基本的な制度設計である（36頁）。

　ところが、未成年後見制度は、現実にはこれと著しく異なった運用がなされている。まず、法律上は、未成年後見が開始していても、後見人を選任すべき状態が生じているにすぎないことを確認しておく必要がある。だから、

---

1) 鈴木ハツヨ『子供の保護と後見制度』（創文社、1982）、とくに36頁以下、117頁以下所収の論文参照（以下、本文において、同書は頁数のみにて引用する）。なお、同研究に関しては、我妻栄『親族法』（有斐閣、1961）355頁、松川正毅『民法親族・相続』（有斐閣、第3版、2012）184頁参照。

多くの場合には後見人選任の申立てはなく，法定代理人を立てる具体的な必要に迫られたときに初めて，たとえば，養子縁組（125頁参照），不動産売却，年金・保険金の受領の必要性が生じたときに初めて，当該事項を処理するに相応しい後見人選任の申立てがなされるのが常態である（118頁，122頁参照）。そして，一旦後見人が選任されても，予定した事項の処理が終われば，民法上は未成年後見人でありつつも，それ以降は，ましてや他の事項に関しては，後見人は機能していない（36～37頁）。このように，いわばワンポイントに限って登場するのが，現実の未成年後見人なのである[2]。

民法は，未成年者が保護を必要としていることに鑑みて，未成年後見人がいわば親代わりの保護者になることを予定しているが，現実には未成年後見人と実際の保護者は食い違っているのが普通である（37頁）。未成年後見制度においては(3)の扶養の点が捨象されているので，(1)(2)に関する実態を分析するならば，次のようである。

(1) **身上監護**

子はどこかで育てられなければならない。どこかの家庭，あるいは，どこかの施設において。民法が未成年後見人に親権者とほぼ同様の権限を付与しているのは，当該後見人が未成年の監護教育を担当することを想定しているからである。しかし，そうした例は少ない。まず，後見人を持たない者が極めて多い（39頁）[3]。次に，未成年後見人が選任された場合でも，監護教育を目的としていることはほとんどない（123頁，152頁）。後見人選任事例として実際に多いのは，すでに未成年者を監護教育している者が，保護の途上において代理人の資格を必要とする事柄に遭遇した場合，とくに代諾養子縁組をする場合である（123～124頁参照）。養子になれば，未成年者は現在の社会で望みうる最高の状態に近い成長の場を養親の膝下に見い出すことができる。ここでの後見人の役割は決して軽視できないが，そうなると，もはや問題は後見法の領域から出て，親子法の領域（818条2項参照）に回帰することになる（42～43頁）。未成年後見法は，そこにまで至らない場合を扱っているのであ

---

2) 現在でも，この状況は基本的に変わっていないようである（松川・前掲注1）184頁，二宮周平『家族法』（新世社，第4版，2013）227～228頁）。
3) もっとも，この点は，著者による後の調査によって，後見が開始すると，あまり時を置かずに後見人が選任されるようになってきたことが明らかにされている（142頁）。

実際には，ある親族共同体に孤児が出ると，まず，現実の受け入れ条件によって監護者が決まり，その下に置かれた子は，法律上・事実上，その扶養を受けるのが常である。例外的に，年金や社会保障費の受領のため，同居する監護者が未成年後見人に選任される場合もあるが，それらの給付金で足りない分は，保護者の費用支出となるのみならず，逆に，未成年後見人に資力がないときには給付金によって生活していることも少なくない（131頁参照）。その結果，保護者と子の生活は，経済面においても完全に混淆してしまっており，身上監護は実際上，扶養を含む形になっている。要するに，子の保護は未成年後見制度によって与えられるのではなく，一族という親族共同体的な意識，あるいは広い人間愛的な意識を基礎としている。そうした意識が強ければともかく，弱くなると，いかに法の力といえども，子のためだからといって強制的に保護者を求めることはできない。意思に反して無理矢理に保護させても，子の福祉に合しないことは明らかだからである。せいぜい，養育費の強制的な取立てが限界である。後は，里親や養子を斡旋する機関の設置が望まれるが，それらは未成年後見制度とは直接には関係がない（41～47頁）。

(2) **財産の管理**

　未成年者が例外的に財産を有している場合でも，現実の財産管理者は，事実上，財産を保有・利用するだけのことが多く，正規の権限を持っているとは限らない。もっぱらある特定の財産（不動産）を処分する場合に，法律上，名義書換に必要な権限を持った未成年後見人が登場するに留まっている。だから，この場合でも，未成年後見人は，民法の制度設計通りに，包括的・継続的な財産管理権を持つ者としての一般的機能を果たしているとは言い難い。当該財産の処分に必要な限りで未成年後見人が選任されるにすぎず，それ以外の財産については誰かが事実上処分してしまっており，法の捉えるところとはならないのである。ただ，その限りにおいてではあっても，未成年後見制度は，財産管理の場面では，監護教育の場面におけるよりは大きな意味を持っている（47～48頁）。

　たとえば，両親が死亡して，子に財産が遺された場合，親類の誰かが財産管理を担当するに至ることが多いが，親族共同体意識に支えられている限り

において，財産は家産ないし共同体全体の財産と捉えられてしまうので，後見人と被後見人の財産を峻別するような扱いは関係者には期待できない。その結果，未成年後見人に悪意がなくても，しばしば子の財産は流用されてしまう。だから，未成年後見人の選任に際しては，裁判所は慎重であるべきであるが，家庭裁判所の調査は極めて杜撰であり，事後の監督もほとんど行われていない（121頁参照）[4]。たしかに，不動産が問題になる場合には，後見監督人が選任されることが少なくない（129頁）。けれども，たとえ後見監督人が選任されても未成年後見人とグルになったり，見て見ぬ振りをする場合が多い。もちろん，未成年後見人の解任を請求することも考えられるが，親族間がうまく行っている場合にはわざわざ事を荒立てるまでもないし，そうでなくても，後見人に恨まれるのは必定であるから，誰もあえて火中の栗は拾わない。要するに，未成年者の財産は未成年後見人による不正な侵害を受ける危険に常に晒されている。そこで，専門家が未成年後見人に就任することが考えられるが，民法は専門家が職業人として就任することは認めておらず，あくまでも一個人として就任することができるに留まっている[5]。また，仮に専門家の後見人就任を正面から認めたとしても，それが機能するのは，未成年者が相当の財産を有しており，職業人たる未成年後見人に十分な報酬を与えることができる場合に限られる。だが，そのような場合は例外中の例外であって，通常は，一軒の住居，数反の田畑，一戸の小売店，数万円の金が遺されているにすぎない。そうした場合には，監護教育と財産管理を切り離して，それぞれを適任者に委ねるという方法を採用することは不可能である（48～54頁）。

　未成年後見制度の最大の弱点は，実際に子供の監護教育や財産管理を担当

---

4) この点も，著者による後の調査によると，後見人選任に際しての家庭裁判所の調査が一般に精密になり，適切な調査方法を講じようとする努力がみられるようになってきているようである（鈴木・子供の保護（前掲注1）160頁）。現場からも，家庭裁判所の調査官がいかなる事案についてどのような努力をし，またその成果がどうであったに関する調査の一端が披露されている（関利之ほか「実親が後見人となるとき――未成年後見監督における現状と問題点」ケース研究156号（1976）98頁）。一言でいって，調査官の監督業務の範囲は無限の広がりを持っているようである。
5) もちろん，本文は，平成11年の成年後見制度導入，平成23年の未成年後見制度改正も知らない時代の話である。

しようとする者がいない場合に露呈する[6]。その場合，いくら「子供の福祉のため」という理念を掲げたところで，後見制度は無力である（54〜57頁）。

以上，やや詳しく実態調査によって得られた知見を紹介してきた。たしかに，法律は改正が施され，専門家の関与は，その後の立法によって，まず，平成11年に，成年後見制度に関して，民法旧840条の「夫婦の一方が禁治産の宣告を受けたときは，他の一方は，その後見人となる」という規定が廃止されるとともに，そこに未成年後見人の選任に関する規定が置かれるという——偶然といえばそれまでだが——象徴的な改正によって，正面から認知され，次に，平成23年改正によって，その精神が未成年後見人にまで広げられたといえるので（後述第2・1(4)参照），この点は隔世の感があるといえよう。

けれども，そこで述べられている社会的事実は，現在でも基本的に変わっていないのではないだろうか。とくに，民法の制度設計と異なり，未成年後見人がごく限られた職務を担っているに過ぎず，だから登場する機会も少ないという状況は，今日でも続いているように思われる。さらに，財産を持たない未成年者については監護教育と財産管理の分離が不可能であるという指摘は，後見人複数制が認められた現在においてこそ，とくに留意すべきである。これらの点は，次に検討する審判例からも窺えるところである。

## 2　親権の制限と未成年後見

ここで，未成年後見の実態に関する上記のような認識が今日でも有効であるかの検証を兼ねて，最近の審判例を検討しておきたい。そのための素材として，具体的には，未成年後見開始の事由たる親権の制限に関する審判例を取り上げる。ここで親権の制限に着眼するのは，それが後見開始に直結しなくても，結びつく可能性が極めて高いからである。未成年後見開始の典型例は，親権者たる親の死亡であるが，これについては後に，「現場の声」を紹介する中で扱うに留めたい（後述第2・2参照）。また，ここでは未成年後見

---

[6] 実際，家庭裁判所の調査官によれば，未成年の引取り手が少ないことが最大の問題であって，たとえば監護者である親権者が死亡した場合，まず非親権者である他の生存親が引き取れないだろうかと考えられているので，実親でない後見人に対して親権者と同一以上の義務を負わせることは大きな負担（扶養，住居，教育等々）を強いることになり，担当官としては，まさに「お願いする」しかないのが実態である（関利之ほか「未成年者後見事件の現状と問題点」調研紀要29号（1976）44〜45頁）。

の開始に関する審判例は扱わない。というのは，そこでは誰かが子の保護者に任ぜられることから子の福祉に問題は生じない点で，未成年後見制度の実態と限界を浮き彫りにするためには必ずしも有意的でないと考えられるからである。

　以下においては，「誰」がいかなる「理由」に基づいて親権の制限の申し立てたかという観点から，審判例を整理したい。

### (1)　元妻の申立てに基づく**親権者の管理権喪失**
①高松家審平成20年1月24日家月62巻8号89頁（家事審判官・大藪和男）

　F子とM男が結婚し，子Eが生まれた。その後，FはEの親権者をMと定めてMと協議離婚した。離婚当時，Mは無職であったが，Mの父Pが不動産などの財産を有していたことから，Eに財産を承継させるため，Fが希望してMをEの親権者としたのであった。後にPは死亡し，Pの遺贈によってEは一定の不動産を承継した。ところが，Mは，離婚当時から生活費，ギャンブル代および飲酒代のために相当額の負債を抱えており，その返済のために，Eの不動産を売却し，Eの申入れにもかかわらず，その売買代金をEの希望どおり大学の授業料として使わなかったのみならず，さらにEの別の不動産を売却しようとしていた。そこでFがEの財産を守るため，Mの職務執行の停止を求めて審判前の保全処分を申し立てるとともに，Mの管理権喪失の審判を申し立てた。裁判所は，即座にMのEに対する職務執行を停止し，Fを職務代行者に選任する等の保全処分を行った。その上で，審判は，Mは「管理が失当であったことによって未成年者の財産を危うくした」として（〔旧〕835条参照），Mの未成年者に対する管理権を喪失させた（請求認容・確定）。

　本審判の結果，FがEの財産管理に関して未成年後見人となることが予想される。とはいえ，Mは，なおEにつき依然として身上監護権（820条以下）を有し，かつそれらの権利を行使することができる。したがって，財産管理と身上監護の間に矛盾が生じる可能性がある。ただ，本件では，離婚後も，FがEの食事の世話のためにM宅へ通い，さらにその後，次第に3人で暮らすようになったという事実が認定されている。しかもEは成人直前である。したがって，今後，実際に何か問題が生じる可能性は少ないケースだと思われる。

219

(2) 児童相談所の長の申立てによる親権喪失

平成23年改正前の民法834条によれば，親権制限に関する申立権者は，「子の親族又は検察官」に限られていた。もっとも，以前から児童の保護責任を負う児童相談所長にも，親権喪失の申立権が与えられている（児童福祉法旧33条の5〔現33条の7〕）。児童相談所長は，検察官と並んで，児童の福祉に関する公の代表者として位置づけられているのである。児童相談所長が申立権を行使した事例として，次のものがある。

ア　虐　待

②名古屋高決平成17年3月25日家月57巻12号87頁（裁判官・青山邦夫，田邊浩典，手嶋あさみ）

F女とM男は，平成5年に婚姻し，子Eをもうけたが，平成13年7月31日，子供の親権者をFと定めて協議離婚した。Fは，平成14年5月以降，当時交際相手だったKとともに，Eを虐待するようになった。そこで，児童・障害者センターが，Eを施設に入所させる保護措置を講じたが，Fが施設入所の同意（児童福祉法27条1項3号参照）に応じないため，名古屋家庭裁判所豊橋支部の審判を受けて，情緒障害児短期治療施設に入所させる措置をとった。それとともに，Mは親権変更を申し立てた（調停→審判）。その間，Fの交際相手Kは，児童・障害者センターによって子を虐待したと扱われたことに怒り，激しい抗議や苦情を繰り返すようになり，教育委員会職員に対する暴行・傷害に及んだことから逮捕・勾留され，罰金15万円の略式命令を受けている。ところが，その後FはKと婚姻し，Eについて自身が代諾者となってKと養子縁組をしたため，上記親権変更の申立ては却下された。ただし，面接交渉については，MがEと毎月2回程度許可する旨の審判が下され，その後MはEと良好な関係を築いている。そこで，同センター長がFらの親権喪失宣告を申し立てたところ，それが認められた。これに対してFらが抗告したのが本件である。

本決定は親権喪失宣告申立を認容した原審判を正当として是認するに際して，次のように説く。「Fらは，結局のところ，未成年者の福祉のためにこれらの行動に及んでいるわけではなく，未成年者に対する虐待を行ったとされたことに憤慨して，親権の行使に名を借りた抗議や苦情を繰り返しているのみであり，その態様や程度も，社会的に相当な範囲を超えているものとい

わざるを得ない」。Ｆらが急いで子の養子縁組を行ったのは，「その主たる目的はＭに対する親権者変更を実質的に阻止する点にあったものと判断せざるを得ない」。「Ｆらの親権の行使は，全体として未成年者の福祉を著しく損なうものであり，親権の濫用に当たると言わざるを得ない」（抗告棄却・確定）。

　児童虐待の防止等に関する法律（2000年）は，「民法（明治29年法律第89号）に規定する親権の喪失の制度は，児童虐待の防止及び児童虐待を受けた児童の保護の観点からも，適切に運用されなければならない。」と規定している（15条）。本件で親権喪失の判断が示されたのは，Ｆら，とくにＫの顕著な悪性に着眼してのことである。もっとも，虐待対策として，親権喪失宣言を求めることは，例が少ないようである[7]。ともあれ，本決定によってＦらの親権喪失が確定した結果，Ｅにつき後見が開始することになる。おそらくＭが後見人に選任され，その下でＥは育てられることになろう。ＭはＥの実父であり，未成年後見人として，Ｅに対して継続的かつ包括的な権限を持つに相応しい立場にあるといえよう。

　**イ　医　療**

③**大阪家岸和田支審平成17年２月15日家月59巻４号135頁**（家事審判官・宮尾尚子）

　宗教上の理由から幼児の手術に同意しない親権者たる両親がいた。家庭裁判所は，〔旧〕家事審判法15条の３〔現・家事事件手続法105条〕，〔旧〕家事審判規則74条〔同174条〕に基づいて，両親の親権者としての職務執行を停止するとともに，その職務代行者として，「未成年者の病状，手術への適応，手術の危険性等の諸条件を子細かつ慎重に検討した上で，最も適切な医療措置を選択する能力がある」ことを理由に医師Ｄを選任する保全処分を命じた。その際，審判は，「手術に同意しないことは，たとえこれが宗教的信念ないし確信に基づくものであっても，未成年者の健全な発達を妨げ，あるいは生命に危険を生じさせる可能性が極めて高く，未成年者の福祉及び利益の根幹をなす，生命及び健全な発達を害する結果になるものといわざるを得ない」と述べている（本案審判申立事件の審判が確定するまでの親権者の職務執行の停止請求を認容）。

---

[7]　木村茂喜「本件評釈」社会保障判例百選・第４版（別冊ジュリ191号）202頁。

④名古屋家審平成18年7月25日家月59巻4号127頁（家事審判官・岩田嘉彦）

　これも上記と同種の事案につき同様の判断を示した審判であるが、その理由として、「事件本人らは、未成年者の親権者として、適切に未成年者の監護養育に当たるべき権利を有し、義務を負っている」と述べて、明確に親権者の義務を認めている点が注目される（本案審判申立事件の審判が確定するまでの親権者の職務執行の停止請求を認容）。

　ところが、同じく親権者の不同意の事案であっても、より深刻な問題を提起するものとして、次の審判例がある。

⑤津家審平成20年1月25日家月62巻8号83頁（家事審判官・堀内照美、田中正哉、薄井真由子）

　1歳前後の幼児について、緊急に右眼摘出手術、左眼局所療法および全身化学療法を行えば、約90パーセントの確率で治癒が見込まれるが、右眼の視力が失われるのみならず、温存される左眼の視力もほぼ失われるのに対して、緊急に上記手術・治療をしなければ、腫瘍の眼球外浸潤が起こり、数か月以内には死亡することになるとの医者の所見が示された。親権者たる両親は、再三にわたり関係者から幼児の病状と手術・治療の必要性につき説明を受けたが、「治療はしたくない。自分は育てられない」と言って、障害を持つ子供を育てていくことに不安があるとの理由から、同意しなかった。そこで、審判前の保全処分として、児童相談所長が親権者の職務執行停止および職務代行者選任を申し立てたのが本件である。審判は、「事件本人ら〔両親〕は、未成年者の親権者として、適切に未成年者の監護養育に当たるべき権利を有し、義務を負っているところ、未成年者は緊急に手術・治療を施さなければ死亡を免れない状況にあるのに、事件本人らは再三の説得にもかかわらず同意をせず、このまま事態を放置することは未成年者の生命を危うくするものであるし、事件本人らの対応に合理的理由を認めることはできない」と述べて、その親権者としての職務の執行を停止させるとともに、未成年者の監護養育を本案審判確定まで図る必要があるとして弁護士Bをその職務執行代行者に選任している（本案審判申立事件の審判が確定するまでの親権者の職務執行の停止請求を認容）。

　以上の③～⑤審判は、いわゆる医療ネグレクトに該当する事案である。医療というワンポイントにおいて保全手続を用いることによって、親権者によ

る同意があったかのように，医療行為が実施されている。ここで保全手続を用いることは，子の命を守るためには必要・不可欠であろう。けれども，そこには根本的な問題が残されている。それは，③④審判に則して考えるならば，親権者の信仰に反して子に治療を施したことの副作用をどう考えるか，という問題である。親は，自らの意思に反する医療行為を受けた子をそれまでと同様に受け入れ，育てることができるのだろうか。

　この問題の深刻さを最も鮮明に浮かび上がらせているのが，⑤審判である。たしかに，この審判の認めた保全処分によって，子の命は救われたであろう。国が子の命の価値を尊重する義務は，国際的義務でもあり（児童の権利に関する条約第6条[8]），その結論自体に異論はありえない。だが，両親は意に反する医療行為につき，自発的に医療費を払うだろうか。もちろん，医療費については強制的に取り立てれば済むので，これは本質的な問題とはいえない。問題の核心は，医療行為の結果，ほぼ全盲の子が生を保つという両親にとっては受け入れ難い現実である。そもそも，子は，両親にきちんと引き取られるのだろうか。また引き取られたとしても，その運命はどうなるのだろうか。しかも，子が成長するならば，子自身もこの厳しい現実と向き合わなければならない。その現実は，子の命が続く限り消えることはない。たしかに，医療ネグレクトをした両親の態度は，社会的には決して望ましくなかったかもしれない。けれども，公権力が介入して，社会通念上，子の福祉に合致するとされる医療行為を強行した以上，その結果については社会の側で責任を持たなければならないのではないだろうか。結局，社会の側に，障害を持った子を安心して育てられる体制が整っているかが問われている。その体制が十分でないとすれば，⑤審判だけでは，何ら問題は解決していないことを理解すべきである。

　要するに，医療ネグレクトに関して保全処分を行えば，問題はさらに深刻化する危険性がある。家庭裁判所としては，子の命を救うために一時的な介入をする際には，そのもたらす影響についても，十分に目配りをしなければならない。それは長期間にわたるであろう。実際，まず親のケアが必要であ

---

8) 第6条　①締約国は，すべての児童が生命に対する固有の権利を有することを認める。
　　②締約国は，児童の生存及び発達を可能な最大限の範囲において確保する。

ろうが，後に子が成長すると，子が生きる力を持つことができるように，子自身のケアも必要である。盲目の子が成長するに及んで，よもや「なぜ自分は生まれてきたのだろうか。生まれてこなかった方がよかった」と感じてしまう悲劇だけは避けるべきだからである。子が「生まれてきて，そして手術をしてもらって良かった」と思えるようにしなければならない。それは，親の無条件の愛が注がれることによって子が持つことができるような感情である。だとすると，まず親が変わらなければならない。重い課題である[9]。この点，実際の対応は，どうなっているのだろうか。現場の実情に暗い私の杞憂に終われば幸いである。

### (3) 未成年者本人の申立てによる親権停止

⑥宮崎家審平成25年3月29日家月65巻6号115頁（家事審判官・藤本ちあき）

親権者は，未成年者Eの母F，および，Fの夫でEの養父Cである。Eは平成7年に未熟児として誕生したが，生まれてすぐに体重が減り，ミルクを飲むことができず，3か月間入院した。FはEを出産後，入院中のEを置き去りにして病院から失踪し，育児を放棄した。そのため，Eは，退院後，曾祖母の家に引き取られ，曾祖母，祖母の兄および近所に住む祖母の妹に育てられた。Eが6歳になったころ，FがEを家に連れて帰ったが，EはFになつかず，大泣きしたので，1日も経たずにFはEを再び曾祖母のもとに返した。平成23年，Eは，親戚に入学費用を出してもらって私立高校に入学し，1か月弱の間，Fの家に住んだが，Fによって勝手に退学届が提出されたため，不本意な形で退学を余儀なくされた。のみならず，Fらは，Eのアルバイト先にまで行って，Eの給料を勝手に受け取ったこともあった。その後，Eは，原因不明の高熱を出して救急車で病院に運ばれ，親戚の同意により入院できたが，その後，Fは，より詳しい検査が必要であるという医師の判断を無視してEを退院させ，通院もさせなかった。Eは，自らを監護する親戚らとFとの仲が悪いことから，その板挟みとなり，精神的に不安定となって生活が乱れ，事件を起こして少年鑑別所送致にもなった。だが，Fらは一度も面会に行かず，審判にも出席しなかった。その後，Eは，再び原因不明の

---

[9] たとえば，羽生香織「⑤紹介」民商144巻2号313頁は，この深刻な問題には全く触れていないが，それはもっぱら〈紹介〉だからだと考えたい。

高熱を出して救急車で病院に運ばれたが，Ｆらは，正当な理由なく入院に同意しなかった。Ｅは，再度親戚の同意により入院して治療を受け，退院している。その後，Ｅの症状は一応治まっているが，Ｆらが医療行為に同意しないため，詳しい検査は未了であり，定期的な通院もできておらず，今後再発の可能性もある。Ｅは，その後，祖母の妹Ｉの家で生活し，今後も引き続き同人と生活して，その養育監護を受ける希望を有しており，Ｉとしても，Ｅの後見人となって，Ｅが社会人として独り立ちするまで，その養育監護を継続する意向である。そこで，ＥがＦらの親権停止を求めて審判を申し立てた。なお，本件についてＦらの陳述を聴取するため，審判期日を指定して呼び出したが，同人らは出頭していない。

　裁判所は，審判において，次のように説いている。「Ｆらは，Ｅを養育監護しておらず，今後も必要な養育監護をする意思は認められない。また，Ｅについて何らかの疾病の存在が疑われるが，事件本人らが正当な理由なく医療行為に同意しないため，Ｅは，詳しい検査を受けたり，定期的な通院をすることが困難な状況にある。したがって，本件は，父母による親権の行使が不適当であることにより子の利益を害する場合に当たり，Ｆらの親権を停止する必要がある。そして，今後２年内に親権停止の原因が消滅するとは認めがたいこと，Ｅの生活状況及びその意向等を考慮すれば，ＦらのＥに対する親権停止の期間はいずれも２年間と定めるのが相当である」（２年間の親権停止請求を認容）。

　本件は，そもそもＦが育児放棄をした時点から親権の行使に問題があり，たまたま審判の時点で表面化していたのが，医療ネグレクトの問題だったともいえる。本件で注目される点は，新設の民法８３４条の２によって新たに導入された「親権停止」が適用されたことであり（後述第２・１(2)参照），かつ，本人が申し立てた事件ということである（後述第２・１(1)ア参照）。なお，本件においては，Ｆらの親権停止期間中に，Ｅは成人に達する見込みであり，親権停止とはいえ，実質的には親権喪失と同じ効果をもたらした審判だといえよう。

## ３　小　括

　鈴木ハツヨ研究の功績は，何よりも未成年後見人がワンポイントで登場す

る実態を明らかにしたことであった。その分析は，法律の改正を経た現在でも，決して色褪せていない。なぜなら，医療ネグレクトに関する審判例を見れば分かるように，誰かが親の代わりに登場しても，それはあくまでもワンポイント限りであることが明らかだからである（③～⑤審判）。親権者による未成年者の不動産処分を防ぐために財産管理権を喪失させた事案も（①審判），制限された権限の対象が特定の不動産に限られており，その意味ではワンポイント型に位置づけることができよう。もっとも，医療ネグレクト事案においては，親権を制限しつつも，正式に未成年後見人が選任される至る前に保全処分によって問題が解決されている。

　もちろん，親権に対するワンポイント的な介入であっても，介入がもたらす副作用は考えなければならない。たとえば，子の財産管理権を失った父親が子に対する身上監護権を適切に行使できるのか，また，適切に行使することを期待できるのか，という問題が残っている（①審判）。また，ワンポイント介入によって医療ネグレクト自体は解決できたとしても（③～⑤審判），そのもたらす副作用を十分に考えた上で，関係者が対処すべきことは先に述べた通りである。

　以上に対して，ワンポイントではなく，継続的・包括的な職務遂行が後見人に期待されるような事案も存在している。典型的には児童虐待（②審判）や育児放棄（⑥審判）の場合である。これらの場合には，できる限り早急に子を親から引き離して安全な所で監護する必要があり，そのためには全人格的かつ継続的な身上監護が不可欠となろう。このような場合に，未成年後見制度は最も良く機能する。というのは，未成年後見人には，成年後見人と異なり（858条参照），親権者とほぼ同一の権利，具体的には監護権および財産管理権が与えられているからである（857条参照）。ここで，未成年後見人は，いわば親代わりとなる。とはいうものの，若干の留保が必要である。

　まず，虐待を受けた子のために実父が登場する事案（②審判）については，まさに「親」として，自ら親権者の変更を求める審判を申し立てることができるとすべきであって（819条6項参照），かつ，本来，それが相応しいのではないだろうか。それが認められないのは，実務上，養子縁組が成立している場合，非親権者から親権者変更の申立てをすることが許されていないからである。[10] したがって，そこでの未成年後見人選任の手続は親権者変更の代

替手段として位置づけることができる。しかも，虐待に関しては，監護者の指定という制度（766条）を柔軟に活用して，第三者，たとえば叔母を監護者に指定して，その下で子が安心して暮らせるようにすべきだとも説かれており，[11] それが機能する限り，わざわざ未成年後見人を選任する必要はない。

また，育児放棄の事案（⑥審判）については，たしかに，親権停止中，祖母の妹が未成年後見人に選任される可能性があり，そうなれば，未成年後見は継続的・包括的になるだろう。けれども，この事案では，子が成人する日は遠くない。

以上，要するに，実際の現場を見ても，審判例を見ても，民法典が用意した未成年後見制度がそのまま機能している場面は多いとは言い難い。では，こうした現状を前にして，これまで立法はどう対応してきたのだろうか。また，近時，現場からはどのような声が聞かれるのだろうか。

## 第2 未成年後見に関する法改正と現場の声

未成年後見の実情，とくに子の置かれた状況を目の前にして，立法も手をこまねいていたわけではない。とくに，平成23年の民法改正は未成年後見にとって重要な変革をもたらした。そこで，まず，同改正の要点を概観しておこう（→1）。その上で，現在，未成年後見の現場で何が起こっているのかを探り（→2），最後に，今後の方向性を考えてみたい（→3）。

### 1 未成年後見法の改正

平成23年の民法改正は，直接的には児童虐待の防止を目的としたものである。だが，立法に際しては，親子法に関する通説的解釈を明文化し，あるいは新制度を導入することによって，親権制度ならびに未成年後見制度についても幾つかの改正をもたらした。いずれも，子の利益の観点からの改正である。[12] その概要は次の通りである。

---

10) 二宮・家族法（前掲注2）190頁，我妻・親族法（前掲注1）274頁参照。
11) 古くは，鈴木・子供の保護（前掲注1）135頁。近時のものとしては，二宮・親族法（前掲注2）226～227頁，窪田充見『家族法』（有斐閣，第2版，2013）311頁。
12) この改正に関しては，窪田充見「親権に関する民法等の改正と今後の課題」ジュリ

## (1) 親権喪失

### 【改正前】
（親権の喪失の宣告）
第834条　父又は母が，親権を濫用し，又は著しく不行跡であるときは，家庭裁判所は，子の親族又は検察官の請求によって，その親権の喪失を宣告することができる。

### 【改正後】
（親権喪失の審判）
第834条　父又は母による虐待又は悪意の遺棄があるときその他父又は母による親権の行使が著しく困難又は不適当であることにより子の利益を著しく害するときは，家庭裁判所は，子，その親族，未成年後見人，未成年後見監督人又は検察官の請求により，その父又は母について，親権喪失の審判をすることができる。……

#### ア　申立権者の拡大

改正前においては，申立権者は「子の親族又は検察官」に限られていたが，改正によって，「子，……未成年後見人，未成年後見監督人」にまで広げられた。とくに，子自身が申立権を持つことは，年長の未成年者にとって，親権の濫用から自分の身を守る武器になることが期待できるだろう。もっとも，子に申立権を認めることの可否については法制審議会において争われ[13]，立法後も反対意見が公表されている[14]。たしかに，そこで論じられているように，親権者変更に関しては，子自身にではなく，「子の親族」に申立権が付与されているので（819条6項），それとの不整合があることは認めなければならない。けれども，整合性の維持のために本条から「子」を除くというのは，

---

1430号（2011）4頁，中田裕康「民法改正――児童虐待防止のための親権制度等の改正」法学教室373号（2011）58頁，佐野文規「児童虐待防止のための親権制度の見直し」時の法令1900号（2012）17頁参照。なお，改正批判として，許末恵「児童虐待防止のための民法等の改正についての一考察」法曹時報65巻2号（2013）267頁がある。

13)　この点については，たとえば窪田・前掲注12）6頁，中田・前掲注12）63頁・65頁参照。
14)　改正時の反対論として，たとえば許末恵「児童虐待防止のための親権法改正の意義と問題点」法時83巻7号（2011）70〜71頁参照。

本末転倒であろう。整合性は民法819条6項の改正で達成すべきだからである。また，論者は，申立権の問題は，解釈論に委ねるべきだとするが，改正法はこの点を解釈に委ねることなく，法文で明確化することを決断したのであって，そのこと自体は尊重すべきではないだろうか。さらに，実際に子による申立ての運用が見込めないのに，なぜ立法化するのかとも批判されているが，上掲⑥審判は，未成年者本人が自ら申し立てた事案であって，早速，改正の効果が表れたものとして理解すべきである。

　イ　要件の具体化

　改正前には，要件として，やや抽象的な「濫用」や「不行跡」の概念が用いられていたが，改正法は，より精緻化して，「虐待又は悪意の遺棄があるときその他父又は母による親権の行使が著しく困難又は不適当であることにより子の利益を著しく害する」という文言に改められている。とくに，〈不行跡〉の語は，本来は身持ちの良くないことを表すが，「倫理的に非難される母は必ずしも不適当な親とはいえないのみならず，他の者よりはましだ，という場合は少なくない」ので，独立の原因とする必要がないとして，改正前から削除論が唱えられていた。[15] なお，新たな要件は，新設の親権停止制度（次述(2)参照）の定める「親権の行使が困難又は不適当である……」という要件との対比において理解すべきである。

　ウ　「宣告」から「審判」へ

　親権喪失の「宣言」が「審判」へと用語変換されている。これは，平成11年の成年後見法の改正の際に，「禁治産の宣告」から「成年後見の審判」へと表現が改められたことに歩調を合わせたものである。[16]

---

15) 我妻・親族法（前掲注1）348～349頁。
16) その趣旨としては，「宣告」では，破産宣告，失踪宣告などのように，個人の権利の公権的な剥奪の事実を宣言して広く周知するというニュアンスがある等の点が挙げられていた（小林昭彦＝原司『平成11年民法一部改正法等の解説』（法曹会，2002）60頁）。ただし，平成11年改正法の時点では，親権喪失は権利剥奪を伴うので，「宣告」の語が相応しいという位置づけであった（同前）。

(2) **親権停止制度の導入**

【新　設】

（親権停止の審判）

第834条の2　父又は母による親権の行使が困難又は不適当であることにより子の利益を害するときは，家庭裁判所は，子，その親族，未成年後見人，未成年後見監督人又は検察官の請求により，その父又は母について，親権停止の審判をすることができる。

2　家庭裁判所は，親権停止の審判をするときは，その原因が消滅するまでに要すると見込まれる期間，子の心身の状態及び生活の状況その他一切の事情を考慮して，2年を超えない範囲内で，親権を停止する期間を定める。

改正前においては，親権の制限としては，親権喪失という大きな効果を伴う制度しか認められていなかった。そのようなドラスティックな制裁を前にすると，関係者はどうしても躊躇してしまい，親権制限の制度は余り用いられない，という結果に陥っていた。[17]　そこで，親権の制限態様をいわば二段構えにして，具体的事案に適した制度を当事者が選択して用いることができるように改められた。このような経緯から導入されたのが，親権停止の制度なのである。

(3) **管理権喪失**

これについても，文言が再考され，以下のように改正されている。

【改正前】

（管理権の喪失の宣告）

第835条　親権を行う父又は母が，管理が失当であったことによってその子の財産を危うくしたときは，家庭裁判所は，子の親族又は検察官の請求によって，その管理権の喪失を宣告することができる。

---

17) この点は，二宮・家族法（前掲注2）225〜226頁が詳しい。

【改正後】
(管理権喪失の審判)
　第835条　父又は母による管理権の行使が困難又は不適当であることにより子の利益を害するときは，家庭裁判所は，子，その親族，未成年後見人，未成年後見監督人又は検察官の請求により，その父又は母について，管理権喪失の審判をすることができる。

　この改正によって，単に，親が子の財産を勝手に処分するような積極的な態度をとる場合のみならず（上掲①審判参照），未成年者が第三者と取引をしようとする際に，親権者が合理的理由なくして同意しない場合のように消極的な態度をとる場合も含まれることになった。[18]

(4)　未成年後見人の数と法人後見人
　改正前においては，民法842条において，未成年後見人の数は，1人でなければならないと定められていた。

【改正前】
(未成年後見人の数)
　第842条　未成年後見人は，1人でなければならない。

　この条文は，もともと未成年後見人がまさに「親代わり」の役割を果たすという見方を前提に，1人の後見人に，身上監護権ならびに財産管理権を集中させることが望ましいという考えを表したものであった。この点は，平成11年の成年後見制度導入に際しても，なお未成年後見制度の本質的特徴として認識されていた。[19]
　本条が平成23年改正によって削除され，人数制限が撤廃されたのは，あまりにも大きな権限を後見人に与えるとその責任も包括的になってしまい，未成年後見人の引き受け手が現れにくいという実情を考慮したからである。[20] 今後は，たとえば財産管理は専門家に委ねつつ，監護は親戚の者が行うといっ

---

18) 佐野・前掲注12) 22頁，二宮・家族法（前掲注2) 215頁。
19) 例，小林＝原・平成11年民法一部改正（前掲注16) 211頁。
20) のみならず，民法840条2項によって，家庭裁判所は，すでに未成年後見人がいる場合でも，必要があると認めるときは，更に未成年後見人を選任することができる。

た形で，未成年後見人の役割を分担することが考えられたのである。そして，複数の後見人間の調整を図るため，以下の条文が新設された。

【改正後】
（未成年後見人が数人ある場合の権限の行使等）
第857条の2　未成年後見人が数人あるときは，共同してその権限を行使する。
2　未成年後見人が数人あるときは，家庭裁判所は，職権で，その一部の者について，財産に関する権限のみを行使すべきことを定めることができる。
3　未成年後見人が数人あるときは，家庭裁判所は，職権で，財産に関する権限について，各未成年後見人が単独で又は数人の未成年後見人が事務を分掌して，その権限を行使すべきことを定めることができる。
4　家庭裁判所は，職権で，前二項の規定による定めを取り消すことができる。
5　未成年後見人が数人あるときは，第三者の意思表示は，その1人に対してすれば足りる。

　第1項が，未成年後見人が複数選任された場合には，各人はその権限を共同で行使すると定めているのは，両親による親権行使が共同であることを模したものである（818条3項参照）。この点は，成年後見において，複数の後見人がいても，各自がその権限を独自に行使できるのが原則であること（859条の2）と対比すべきである。未成年者については複数の後見人が権限をバラバラに行使して矛盾が生じることがないように，その間で調整・連携することを促しているわけである。
　しかも，未成年後見人になるべき者に求められる資質が明文化されるとともに，成年後見の場合と同様，法人にもその資格が与えられている。そのことを定めているのが，未成年後見の選任に関する次の条文である。

【新　設】
（未成年後見人の選任）
第840条

3　未成年後見人を選任するには，未成年被後見人の年齢，心身の状態並びに生活及び財産の状況，未成年後見人となる者の職業及び経歴並びに未成年被後見人との利害関係の有無（未成年後見人となる者が法人であるときは，その事業の種類及び内容並びにその法人及びその代表者と未成年被後見人との利害関係の有無），未成年被後見人の意見その他一切の事情を考慮しなければならない。

以上，要するに，平成23年改正によって，未成年後見制度は，疑似的な親を作り出す「親権に近い制度」から，「成年後見制度に近い制度」へと脱皮している[21]。具体的には，まず，複数の後見人の承認や，法人後見人の承認は，成年後見法の足跡を辿るものと位置づけることができる。さらに，親権の停止が将来における親権の復活を予定していることや，親権復活前でも子の代諾縁組につき停止親権者が同意権を有すること（797条2項後段）は，未成年後見制度が，親権に「代わる」制度ではなく，一定の範囲で親権を制限しつつも未成年者本人を「支援する」制度であることを顕著に表しているといえよう。このように，未成年後見が，いわば「大きな制度」から「小さな制度」へと変貌したことによって，今後，未成年後見制度は利用しやすくなるだろう。

では，改正法はいかに評価すべきか。すでに，その一部は上記の審判例の検討において明らかになったと考えるが，以下では審判例に上がってこない現場の生の声に耳を傾けてみよう。

## 2　現場の声

未成年後見人経験者による現場報告を2つ紹介しよう。いずれも，司法書士が未成年後見人に就任した事例である。そこで未成年後見人が置かれている状況は，それぞれ印象的である。

### (1)　ケース1 ── 裁判所と施設との板挟みの未成年後見人

未成年後見人単独制下での話である。離婚して親権者となった母が，その子Mが8歳の時に自殺した。その後，親族間でMを押しつけ合うような状況

---

21)　窪田・前掲注12)　8頁。

を経て，叔父（母の弟）がめんどうを見ようということになったが，Mとは折り合いが合わず，現在Mは児童養護施設に入園している。母の死亡後，1ヶ月足らずで叔父から未成年後見開始の申立てがあり，司法書士Sが後見人に選任された。叔父の申立動機は，母名義の車を自分名義に変更すること，母名義の不動産を処分すること，保険金を受領することであった。家庭裁判所の審問期日において，裁判官からは，Sは後見業務としては財産管理のみを行い，身上監護については叔父が行うべきこと，書類上の後見人はSだが，事実上の親代わりは申立人の叔父と明言され，書記官からは，未成年者には被愛欲求が強いため面会の頻度は3，4ヶ月に1回程度でよいと言われた。Sは，相続財産の調査，居住用財産の保存・管理・処分（賃貸借）を行ったが，Mとの面会時にはケーキを持参するなどに留め，身上監護が行きすぎることのないように心がけたつもりでいた。ところが，施設の担当者からSは偽善者呼ばわりされ，「Mには心のケアが必要なので，月1回は来て欲しい」と言われたのみならず，「母親のような愛情をもっと注ぐべきだ」との非難を受けた。そこで，Sとしては裁判所の立場を説明したが，M自身が，より頻繁な交流を望んでいたし，成年後見における経験から信頼関係の構築・維持のためには月1回の面会が必要だと考えて，裁判所の指示は適切でないと割り切り，月1回の面会を行っている。Mは次第にSに信頼を寄せ，心を開いてきているようである。ただ，Sには，次の2つの点につき，わだかまりが残っている。第一は，裁判所が認めた報酬額が，たとえ財産管理についてだけ評価したものであったとしても，Sの業務実態を十分に評価したとはいえず，そもそも報酬額の算定基準が明確でないことである。第二は，財産管理のみという名目で後見人に就任しても，「涙を浮かべて身上監護を懇願する子供の瞳を目の当たりにすれば」，現実には，身上監護を余儀なくされてしまうことである。Sは，未成年後見人の任務を終えて，未成年者本人の希望，施設の博愛主義や道徳論，そして，裁判所の法律論の間で，未成年後見人は結局のところ都合良く利用されるだけではないか，という疑問を抱いている。[22]

　このケースにおいて確認できることは，次の2点である。第一に，未成年

---

[22] 是枝真紀「未成年後見」月刊司法書士2006年1月号25頁。

者本人Mに財産があるから，第三者であり専門家であるSが未成年後見人に就任したことを指摘しておかなければならない。財産の存在は，後見人による管理を必要とするのみならず，後見人に対する報酬支払いの原資となる点で欠かせない要素である。第二に，Sが感じている通り，裁判所には，現場に対する理解ないし思いやりが不十分なのではないだろうか。実際，裁判所には，財産管理だけ（868条参照）を専門家たる司法書士に委ねると考える傾向が見られるようである。[23] だが，とくに未成年後見においては，財産管理と愛情を峻別するような論理は裁判所でしか通用しないようである。だとすると，裁判所としては，自ら頻繁に関係者（施設・後見人・本人）と連絡を取って，きちんと現場の声を聞いた上で，未成年後見人の職務に関して適切な助言をし，その上で，正当な報酬を与えるべきではないだろうか。

(2) ケース2 ── 臨機応変な未成年後見人

離婚して親権者となった母が死亡して，15歳の女子Jが残された。遺された財産としては，保険金と娘名義の預金があり，Jが大学を卒業するまでの資金を十分にまかなうことができる状況であった。実父は再婚して2人の子供がいる。亡母の親戚からの未成年後見人選任の申立てがあり，母の婚約者Kが候補者となっていたが，裁判所はKが保険金のことを隠そうとしていたとして，不信感を抱き，司法書士Sを未成年後見人として選任した。Sは3人の子供を育て上げた経験を持っており，その経験から，Jの人生の手助けをしたいと思って引き受けた。Sの財産管理人としての仕事は，保険金の受取り（亡母の告知義務違反を問われて減額），Jの居住アパートの確保であった。後者については，アパートの名義をJに変更することになったが，Jの実父がJのために保証人になると言ったにもかかわらず大家が実父を信用しなかったため，仕方なく，Sが ── 未成年後見人就任中に限って ── 保証人になった。身上監護としては，Sは「母親」にはなれないが，せめて「母親代わりの言葉」は機を捉えて繰り返し伝えるようにしていたようである。たとえば，「食べ物はいろいろ品数を多くして野菜をなるべく多く食べる。自分の身は自分で守る。お金は貯めるのが大変だから，節約して残した方がよ

---

[23] 赤松大賀ほか「司法書士と未成年後見業務〈座談会〉」月刊司法書士2011年1月号21頁〔比嘉良泉発言（26頁），山口純子発言（27頁 ── 後見監督人も同じだと言う）〕。

い」等。これは，本人の心に残っている，とSは信じている。また，たまには手作りのおかずを作って持って行くこともあった。Sは，Jが独り立ちした時の精神面，体調面を考え，本人の発達途上の人格を尊重し，本当はまだ甘えたい子供であることに注意しながら，未成年後見業務を担当したとのことである。[24]

　本件においては，第一に，未成年後見人の業務遂行が具体的場面に応じて臨機応変なものであること，むしろ臨機応変でなければならないことが示されている。その典型がSがJのために保証人になったことである。もちろん，保証契約の締結はSの職務外だとして断ることは可能であり，法的には，むしろそうすべきだったと言える。しかし，Sが保証人になったことによって，Jは住み慣れたアパートにおいて成年になるまでの4年余りを過ごすことができたことも事実である。未成年後見人がこうした臨機応変な対応ができるよう，保険等によるサポート体制が確立しているのかが懸念されるところである。第二に，Sが「母親代わり」として，Jに繰り返し投げかけた言葉は，まさにJの成長の糧となるようなものではないだろうか。そのような言葉がどれだけ適切に発せられるかは，未成年後見人の資質と愛情に大きく依存している。Sの対応には，未成年後見人の職務の奥深さ，法的にいえばその給付が無形であり，かつその内容が本来的に不特定であって場面場面に応じてしか具体化しえないことを感じないわけにはいかない。報酬を得る見返りだといえばそれまでだが（もっとも報酬は862条によれば当然ではない），そのことと未成年後見人が被後見人本人に対して愛情を注ぐこととは，矛盾するわけではないだろう。

## 3　未成年後見の今後の方向性

　今後，未成年後見は，どのような方向に向かうべきか。幾つかの方向性を検討するが，それぞれが排他的なわけではない。ベストミックスを考えるべきである。

### (1) 継続的・包括的な権限

　子供は周囲から注がれる愛情によって育つ。未成年後見がいわば親権の代

---

[24] 中野三保子「未成年後見人となって」登記情報556号（2008）132頁。

替として位置づけられ，身上監護権と財産管理権が与えられているのは，愛情をもって子供を守り，育てるためであり，もしそう言ってよければ，個別具体的な状況に応じて，目に見える形で愛情を注ぐためである（含，躾け）。ところが，そのような未成年後見人は，子に財産がある場合には市場によって与えられるが（→ア），財産がない場合には財政的援助が必要である（→イ）。そして，市場によって後見人を得ることができない未成年者は，別の方策に頼るしかない（→ウ）。それぞれにつき分説しよう。

　　ア　市場的解決

　かつては，後見人は1人と定められ，継続的かつ包括的権限が与えられる反面，それに応じた責任も伴うことから，後見制度は機動性を欠く重い制度となっていた。この点を──成年に関する平成11年の改正を追うような形で──未成年につき改めたのが平成23年の法改正であった。その結果，未成年者も，成年者と同様，複数の後見人（〔旧〕842条の削除，857条の2）や法人の後見人（840条3項）を持つことができるようになった。これは，現場の声を反映した改正であって高く評価すべきである[25]。

　この改正によって，未成年者につき，たとえば財産管理と身上監護をそれぞれ別の専門家ないし施設に委ねることができるようになった。その結果，未成年後見人の一人一人は，親と同様の全一的・包括的な義務からは開放され，あくまでも子供の生活の一部にだけ入り込み，その場面に限って子供を支援すれば足りることになった[26]。こうした複数後見人制度によって，それまで職業後見人が抱えていたディレンマ，すなわち，同居するわけではない第三者が専門家として未成年後見人に選任され，親権者と同一の権利義務を果たすようにと要望されても，事実上それは不可能であり，しかも，未成年については，成人に比べて身上監護面が重要であるにもかかわらず，その面までは十分に手が回らない[27]，という現場のディレンマが解消される条件が整えられたわけである。のみならず，複数の未成年後見人は，原則として，

---

25) たとえば，赤松ほか・前掲注23) 27頁，32～33頁〔比嘉発言〕，佐伯祐子「未成年後見（監督）事件アンケートの分析と今後の課題」月刊司法書士2011年1月号38～39頁。
26) これは，改正前に，ある司法書士が理想的・希望的な役割分担として述べたところに対応している（赤松ほか・前掲注23) 34頁〔久保隆明発言〕）。
27) この点は，改正前に，後見人複数制を求める理由として現場で語られていたところに対応している（赤松ほか・前掲注23) 32～33頁〔比嘉，赤松発言〕）。

管理権・監護権を共同して行使することになっているので(857条の2第1項)，トータルな形で未成年者に質の高いサービスを提供することができるだろう。このようにして，成年後見に続いて，未成年後見に関しても，後見という名の商品を開発して提供する機会が専門家に対して与えられたわけである。今後，市場において様々な〈未成年後見商品〉が提供されることになるかもしれない。

　この新たな制度は，専門家の力を借りることによって，子の状態と成長に合わせてきめ細かく，また多角的に対応できるようになっており，子の福祉の観点からは高く評価できる。ただし，その恩恵は，財産を持つ未成年者にしか及ばないことを忘れてはならない[28]。専門家サービスに対して報酬を払うことのできない未成年にとっては，未成年後見の商品化は無関係・無意味だからである。

　では，財産を持たない未成年者の成長と福祉は，誰がどのようにして担うのだろうか。

### イ　報酬の補助

　財産を持たない子供にも後見制度の恩恵が行き渡ることが重要だとの認識は広がっている。そのことが表れたのが，平成23年の民法改正時の付帯決議であって，それに基づいて，厚生労働省は，2012年度予算として未成年後見人支援事業を計上し，本人の資産などが1,000万円未満の児童につき，未成年児童相談所長によって後見人選任の申立てがなされた場合（児童福祉法33条の8第1項），報酬の補助（月2万円の範囲内）および後見人が加入する損害賠償保険料の補助が始まった。これらの措置によって，市場による解決の及ぶ範囲，いいかえれば未成年後見の商品化の恩恵を受ける者の範囲がわずかでも広げられた。このように，財政面で支援することができれば，需要とともに後見商品の供給も増えて，後見サービスの質の向上にも繋がるかもしれない。もっとも，この補助制度が実際に何をもたらすかは，しばらく見守るしかない。現時点で言えることは，未成年後見制度が〈親代わり〉の制度であることから脱皮して，市場を介して，〈社会的に〉子供を支援する制度

---

28) 平成23年改正前のことであるが，未成年後見人を経験した司法書士が座談会において語った事例では，未成年者は例外なく一定の財産を有している（赤松ほか・前掲注23）24頁以下参照）。

へと組み替えられていく契機が与えられた，ということである[29]。
　ウ　親族・近親者・施設
　未成年後見の商品化の恩恵を受けることができない子は，その多くが親族ないし近親者に預けられ，その事実上・法律上の監護に置かれている。そこでは，たとえ子がわずかな財産を持っていても，監護者によって扶養され，財産も監護者に管理させるほかない。その財産が身上監護の費用ならびに日常生活費の原資となるからである。ここには後見の商品化とは無縁の世界がある。そして，この社会的現実を変えることは，ほぼ不可能である。
　身寄りもなく，財政的支援も役に立たないような子供達は，その多くが児童養護施設において育てられているのが現実である。たしかに，その大部分は未成年後見人を欠いている。けれども，それは，入所中の児童等で親権を行う者または未成年後見人を持たない者については，児童福祉施設の長が親権を行使することができるからである（児童福祉法47条1項）。児童養護施設で暮らす未成年（原則として18歳までだが，場合によって20歳まで延長できる）は，児童福祉施設の長という親権行使者と別に，わざわざ後見人を持つまでもないのである。しかも，平成23年改正を受けて，児童養護施設は，必要があれば，法人として未成年後見人になる道が開かれている。そして，児童福祉施設の長は，他に親権を行う者ないし未成年後見人がいない場合には，里親に委託中の児童に関しても親権を行使することができる（同47条2項本文）。児童福祉施設の長は，この権利に基づいて，たとえば里子につき――都道府県知事の許可を得て（同項但書）――代諾縁組をすることができ，また里子の手術につき同意することができる。
　なお，未成年後見人の公示方法は，改善すべきであろう。現在は，戸籍への記載となっているが（戸81条），成年後見登記とのバランス上（後見登記等に関する法律参照），やはり登記に委ねることが望ましいと考える。それは，未成年者本人の利益を配慮すべきだからだけでなく，後見人にも自分の名前が戸籍に記載されて永久に残ることにつき心理的抵抗が大きいからである[30]。

---

29) 吉田恒雄「未成年後見」月報司法書士2012年7月号14〜15頁。
30) 日本弁護士連合会『未成年後見制度をより使いやすくするための制度改正と適正な運用を提案する意見書』（2012年2月16日）3〜4頁，赤松ほか・前掲注23）28頁〔山口純子発言〕。

(2) ワンポイントの介入

ワンポイントの介入の必要性があるのは、医療ネグレクト（→ア）、代諾養子縁組（→イ）、そして、財産処分の場合（→ウ）である。これらの多くは、先に検討した審判例において見られたところのものである。未成年後見人は、家庭裁判所の一般的監督の下に置かれているが（863条）、むしろ家庭裁判所が前面に出るべき場合が多いように思われる。

ア　医療ネグレクト

医療ネグレクトの事案（上掲③～⑤審判）において、家庭裁判所は、保全処分として、親権者の職務を停止するとともに、職務代行者を選任して（家事手続174条）、代行者の同意に基づいて医療行為が行われることを認めている。そこでは、親権停止ないし親権喪失の審判を経て選ばれた後見人が同意する、という本来のプロセスが、緊急性のゆえに保全処分によって代替されている。もちろん、保全処分であるから、それによって後見が開始するわけではない。とはいえ、代行者が親権者に代わって同意をするわけだから、実体に即して見れば、職務内容の特定・限定された一種の特別後見人の選任だといえる。しかも、ここで職務代行者による同意は、不同意の自由を含意するものではなく、もっぱら——命の価値は何ものにも代え難いという——社会通念に基づく判断を示すしかないという意味で、予め決まった定型的なものである。そして、そのすべてを掌握しているのは家庭裁判所である。

だとすれば、ここでは職務代行者の選任および保全処分という迂路を経ることなく、個別の事項について端的に裁判所が許可をするという制度へと移行すべきではないだろうか。[31] 実際上も、現在のように迂路を経る場合には、職務代行者として選任された医者ないし弁護士は、子の医療に同意したことに関して後に訴えられて、たとえば親権者の宗教教育権を侵害したのは同意権の濫用だと非難される危険はないだろうか。そのことは、職務代行者の責任問題、ひいてはその責任保険のカバー範囲の問題にまで波及するだろう。これに対して、裁判所による許可制度を採用すれば、後に訴えられてもせいぜい国賠の問題として扱われるに留まり、関係者を無用な紛争に巻き込む危

---

31) 改正に際して議論がなされたものの、導入されなかった提案として紹介されている（窪田・前掲注12）7頁）。私見と同旨、田中通裕「④審判紹介」民商138巻1号113頁。

険性が少ないように思われる。
　もちろん，真の問題は，保全処分によるにせよ，裁判所の直接的な許可によるにせよ，親権にワンポイントで介入することよって長期的に子の福祉が達成できるのか，にある。この点は，先に述べたところである（第1の2(2)，とくにイ参照）。
　　イ　代諾縁組
　医療ネグレクトの場合とは異なり，未成年者の代諾縁組のためには，未成年後見人が選任されることが多い（上述第1の1，とくに(1)参照）。しかし，代諾縁組における未成年後見人の役割も一時的であって，実際，承諾するだけでその職責を果たしたことになる（797条1項）。しかも，代諾縁組については，最終的には，裁判所の許可が必要とされているので（798条本文），後見人の役割の形式性・定型性は，医療ネグレクトの場合とほとんど変わらない。のみならず，実際の現場においては，代諾縁組が「将来の本人の人生にどのように影響するのか」を的確に判断できるのかに関して，未成年後見人には「複雑な思い」があるように見受けられる[32]。たしかに，ある養子縁組によって子が〈幸せ〉になれるかどうかは，誰にも分からない。それにもかかわらず，誰かがこの点について責任をもって判断しなければならない。このように考えると，未成年者の代諾縁組につき，後見人と裁判所が共同で責任を負うような現行法の仕組みは，かえって責任の所在を不明確にしてしまうだけなのではないだろうか。結局，責任をもって判断すべき単一の法主体を探すしかない。そして，それに相応しいのは，未成年後見人というよりは，調査官を抱える家庭裁判所といういうべきではないだろうか。だとすれば，未成年後見人の関与を必要としない形で，家庭裁判所の許可による代諾縁組の仕組みを構想すべきだと思われる。
　　ウ　財産処分
　未成年者の財産が長期的・継続的な管理を要する場合には，財産の包括的・継続的な保護・活用のため，未成年後見人を選任すべきである。これに対して，ワンポイントで処分するにすぎない場合，たとえば，ある不動産を処分する場合のように1回的な行為については，わざわざ後見人を選任する

---

32）赤松ほか・前掲注23）28頁〔山口発言〕。

必要はなく，財産と処分行為の内容を特定して，家庭裁判所の許可を得るという扱いが適当なのではないだろうか。なぜなら，後見制度を発動すると，財産目録の作成義務などの負担が一律に後見人に課され，なすべき処分行為とのバランスを欠いてしまいかねないからである。ここでも，裁判所による許可制度の方が，直截で効率性が高いように思われる。また，そうなれば，ここでも未成年後見人に選任された者を後の無用の紛争に巻き込まないという利点があるだろう。もっとも，ワンポイントの場面でも，どうしても専門家が後見人として介入すべきだという場合もあるかもしれない。だとすれば，折衷的に，利用者が後見人選任と裁判所許可を任意に選べるような制度設計が穏当であろう。

(3) 不在者の管理人制度の導入

以前から，後見制度一般を念頭に置いて，不在者の財産管理制度を後見制度に導入することが提唱されている（於保不二雄）。それは，次のように説くものである。たしかに，被後見人の身上監護は近親者などに委ねるのが適当である場合が多く，身上監護の費用ならびに日常生活費の原資となる財産は同一の身上監護者に管理させるほかない。けれども，被後見人の財産が相当多額であり，資産として管理する必要があるときには，資産の管理を身上監護者に委ねるのは適当でなく，他の専門家に託すのが妥当である場合が多い。したがって，財産の管理については，日常生活に必要な程度の財産と資産の扱いを分けるべきである。かつ，被後見人の財産管理は，清算を目的とするものではないから，不在者の管理財産や相続財産の管理と同じく，原則として通常の財産管理に限定し，特別の管理または処分については家庭裁判所の許可を要するものとすべきである（28条参照）。[33]

この提案は，未成年後見についても一つの制度構想を提示しているように思われる。とくに，日常生活の範囲では，身上監護者に財産管理権をも付与するほかないという主張は，鈴木ハツヨ研究の示した現状認識にも見事に対応している点で（上述第1の1参照），傾聴に値する。しかも，資産の管理・処分に関して，専門家による管理権と家庭裁判所の許可制度を並存的に構想

---

[33] 於保不二雄＝中川淳編『新版注釈民法(25)』（有斐閣，改訂版，2004）241頁〔於保不二雄〕。

しているのは，後見人の専門性を活用しつつ，その権限濫用を防止しようとするものであって，一考に値する提案だと考える。

(4) 小 括

以上のような提案は，単なる思いつきのように見えるかもしれない。けれども，その内容は，すでに鈴木ハツヨ研究によって唱えられていたところと，多くの部分で一致している。そこでは，包括的・継続的な未成年後見人は権限の濫用の危険性が高いので，その権限を分解して，(a)未成年者の代諾養子縁組については，裁判所の許可が必要とされている以上，それで十分であり，(b)誰が身上監護を担当するかは民法766条の監護権の問題に解消され，(c)財産の管理処分の場合についてだけ，その任務に限ってそれに相応しい権限の未成年後見人を選任すべきだが，実際において，すでに家庭裁判所はある程度そうしている，と説かれている[34]。本稿の立場は，(a)(b)につき賛成し，そこに医療ネグレクトの事案を加えるとともに，(c)については，1回的な処分が問題になるときには家庭裁判所の許可制度で代替すべきことを提案するものである。それに加えて，(d)財産の特別の管理または処分については家庭裁判所の許可を要するという制度を提唱する於保説をも支持するものである。

包括的かつ継続的な権限付与の制度としての未成年後見制度は，多くの場面でその根幹が崩れつつあるようである。社会的現実としてのみならず，立法としてもそうした方向に歩み出している。上記の提案は，さらにその方向を進めようというものである。親代わりとなるような伝統的な未成年後見制度は，あくまでも包括的かつ継続的権限を付与することが子の成長と福祉にとって欠くことができない場合に限ってしか残存しえない。

歴史的に見れば，本章の表題にあるような「未成年後見から成年後見へ」という流れは存在しない。平成11年になされた成年後見に関する法改正が，平成23年になって未成年後見にも及ぼされた点を踏まえるならば，むしろ逆に，「成年後見から未成年後見への移行」という立法の動きが浮かび上がってくるからである。「未成年後見から成年後見への移行」は，次に論じるように，ある特定のカテゴリーに属する未成年者が成年に達する段階において見られる個別的な現象にすぎない。

---

34) 鈴木・子供の保護（前掲注1）135頁，161頁。

## 第3　未成年後見から成年後見へ

　未成年後見は，本人が成年に達すると，法律上当然に終了するので，未成年後見から成年後見への移行の問題は原則として生じない。けれども，本人が精神上の障害を抱えているときには，成年によって本人の保護が中断してしまわないよう，予め精神障害を理由とする後見，すなわち成年後見[35]の発動が求められることになる。ここに，初めて，本章の表題たる「未成年後見から成年後見への移行」という問題が浮かび上がってくる。

　これが可能なことは，禁治産制度の時代から認められていた[36]。ただし，「法務省民事局長回答」は，後見人一人制の下，戸籍実務上，未成年者のために選任された後見人は，その未成年者につき禁治産の宣告がなされても，当然にその資格を失うものではなく，引き続き禁治産後見人の職務をも行うことができるので，別の者を禁治産後見人に選任した審判は取り消されるべきであり，禁治産宣告に基づく後見開始届は受理しないのが相当だとしていた[37]。つまり，後見人一人制の下，資格を異にしたとしても二人の後見人が並存する事態はありえず，爾後，未成年後見人が禁治産後見人の職務をも全うすべきだと考えられていたのである。そこでは，後見人の人数は一人であり，かつ，後見人は未成年後見人と禁治産後見人の二つの職責を果たすべきだとされていたのである。けれども，学説は，人数の点で〈回答〉に従わず，未成年後見人と禁治産後見人とでは後見人としての資格が異なるので，二人の後見人が並存することは妨げられないと解していた[38]。

　この点を再考するきっかけとなったのが，成年者につき後見人一人制を撤廃した平成11年の民法改正である。というのは，その立法担当者が，少なく

---

[35] 保護制度としては，保佐・補助制度もあるが，論理的には成年後見と異なるところがないので，以下では成年後見のみを扱う。
[36] 我妻・親族法（前掲注1）375頁。
[37] 昭和28年12月25日民事甲2465号法務省民事局長回答（最高裁事務総局編『家事執務資料集・上巻』（最高裁判所事務総局，1968）8頁，戸籍先例全集（ぎょうせい）4巻904～904ノ1頁）。
[38] 中川善之助編『注釈親族法・下』（有斐閣，1952）163頁〔青山道夫〕，我妻・親族法（前掲注1）375頁，中川善之助『新訂親族法』（青林書院新社，1965）549頁・551～552頁注(3)。平成11年改正後，本文のような解釈を明言するものとして，於保＝中川編・新版注民㉕（前掲注33）307頁〔犬伏由子〕参照（もっとも立法論としては検討の余地があるという——同・308頁）。

とも成年後見制度導入後は，未成年後見と成年後見とでは各々権限が異なるので，両者の並存を認めることができ，またその実益もある，と説いたからである[39]。以下では，そのような並存状態を〈二重の後見〉と呼ぼう。

その理由として，成年後見は，精神上の障害を理由に民法7条に基づいて開始されるものであって，未成年後見の場合とは開始事由を異にしており，また，民法10条が，成年後見開始審判の取消しを請求できる者として，未成年後見人・未成年後見監督人を含めているのは，二重の後見が認められることを前提にしている，と述べられている[40]。そして，未成年後見に付された本人につき成年後見が開始するときには，改めて成年後見人の選任手続をすべきだが，同一人が両資格を兼ねることは構わない，という[41]。その結果，本人は，未成年の間は二重の後見に服し，成年に達すると，未成年後見が終了して成年後見にだけ服することになる。

けれども，二重の後見は根本的な問題を抱えているように思われる。まず，同一人が未成年後見人と成年後見人の両資格を兼ねた場合，未成年後見人の立場と成年後見人の立場を自在に使い分けてよいのかが問われなければならない（→1）。また，二つの別の法主体がそれぞれ成年後見人と未成年後見人に選任された場合，複数の後見人がそれぞれの権限をどのように行使すべきかに関する調整問題も避けて通ることができない（→2）。さらに，本人

---

39) 小林＝原・平成11年民法一部改正（前掲注16）63頁注(4)，200頁，205〜208頁。これを受けた，於保＝中川編・新版注民㉕（前掲注33）307頁〔犬伏由子〕，同423頁〔吉村朋代〕も参照。なお，平成11年の時点で，複数制の認められた成年後見人との対比において，立法担当者が述べていることは興味深い。いわく，「未成年後見人は父母に代わって未成年者に対する教育，居所指定，懲戒等（第857条）を行う権限と責務を有する者であり，その職務の性質上，複数の未成年後見人間の方針に離齬が生ずることは未成年者の福祉の観点から相当ではなく，その弊害は権限の調整規定によっては解決し得る性質のものではないと考えられる」（小林＝原・平成11年民法一部改正（前掲注16）211頁──傍点引用者）。このような見方は，平成23年の改正によって未成年後見人にも複数制が認められたことから，現在では否定されたといえるが，ここでは，後見人の種類が異なれば未成年の福祉に問題が生じることはないと考えられている点に注目しておきたい。後述のように，未成年後見人と成年後見人が同一内容の権限を有している限りにおいては，未成年の福祉達成のため，何らかの調整が必要だと考えるべきだからである（→後述1および2）。

40) 小林＝原・平成11年民法一部改正（前掲注16）208頁注(3)，小林昭彦＝大門匡編著『新成年後見制度の解説』（きんざい，2000）124〜125頁。於保＝中川編・新版注民㉕（前掲注33）307頁〔犬伏由子〕，島津一郎＝松川正毅編『基本法コンメンタール・親族』（日本評論社，第5版，2008）261頁〔神谷遊〕。

41) 同前。

が成年に達した時点で生じる法律問題についても考えておく必要がある（→3）。

## 1 二重資格の後見人の可否

　成年に近づいた未成年者のため，未成年後見人が成年後見開始の審判を求め，自らが成年後見人に就任したとしよう。以下では，このような後見（人）をとくに「二重資格の後見（人）」と呼ぼう。この場合，後見人は，未成年後見人の立場と成年後見人の立場とを兼ね備え，その結果，後見人は，未成年後見人としての権限および成年後見人としての権限の両方を持つことになる。もっとも，未成年後見人と成年後見人とは，基本的には権限は同一であって，本人の財産管理権（859条），財産目録作成義務（853条），利益相反行為の制限（860条），善管注意義務（869条），後見人の報酬（862条），本人を後見人が養子にする際の制限（794条）に関しては，それぞれの権限が矛盾することはない。

　だが，権限の内容が異なっている場合がある。具体的には，以下の通りである。

　第一に，本人の行った法律行為について，成年後見人は，日用品の購入その他，日常生活に関する行為を除き，たとえ自ら同意していたとしても，取り消すことができる（9条）。これに対して，未成年後見人は，本人が利益だけを受ける行為および本人による処分を許した財産を除いて，同意権を有し，自ら同意しなかった行為だけを取り消すことができる（5条）。

　第二に，本人の居住用不動産の処分について，成年後見人は家庭裁判所の許可を得なければならないが（859条の3），未成年後見人は許可を得る必要がなく，家庭裁判所の一般的な監督（863条）に服するに留まる。

　第三に，成年後見人は，本人の「意思を尊重し，かつ，その心身の状態及び生活の状況に配慮しなければならない」（858条）。これに対して，未成年後見人は，親権者に準ずる者として（857条），本人の監護教育に関する権利義務（820条），居所指定権（821条），そして監護および教育に必要な範囲内での懲戒権（822条）を有している。

　以上のように，二重資格の後見人は，未成年後見人・成年後見人，いずれの資格で行動するかによって，権限の内容・範囲が異なっている。この点，

二重の後見を肯定する説は，それぞれ権限の内容が異なっているからこそ，両者の並存を認める実益があると考えているようである[42]。つまり，後見人は，場面に応じて，自在に二つの立場を使い分けてよい，ということなのだろう。けれども，そのような解釈は問題を孕んでいる。たとえば，二重資格の後見人は，未成年後見人として，家庭裁判所の許可なくして本人の居住用不動産を処分してもよいのだろうか。また，未成年後見人として同意した本人の行為を，後に，成年後見人として取り消してもよいのだろうか。さらに，本人の日用品の購入行為を未成年後見者として取り消してもよいのだろうか。そもそも，取引の相手方や家庭裁判所は，二重資格の後見人が二つの立場を自在に使い分けても，困らないのだろうか。彼らにとっては，後見人として目の前に現われた者が，未成年後見人・成年後見人のいずれかであるかが一義的に定まっていることが望ましいのではないだろうか。

やはり，権限を合理的に調整すべきだと考える。権限の調整が必要なことは，成年後見とだけではなく，本稿では扱わないが，保佐や補助との間でも同様である。こうした問題の広がりをも念頭に置いた上で考えられる解釈論としては，成年後見優先説（→(1)）と未成年後見優先説（→(2)）の二つがありうる。

(1) 成年後見優先説

未成年後見人が成年後見人を兼ねた場合，特別法に該当する法規が優先して適用されると考えるならば，どちらの法規が特別法かが決定され，特別法とされた規定が優先的に適用されることになる。では，未成年後見と成年後見に関する法規は，どちらが特別法というべきだろうか。

未成年者も精神障害者も，どちらも人一般ではなく，あるカテゴリーの人を対象としているという点で適用範囲は限界づけられている。だが，人は例外なく未成年期を経なければ成人にはなれないのに対して，万人が成年被後見人になるわけではない。したがって，成年後見に関する法規が特別法として優先的に適用されることになる。

---

42) 小林＝原・平成11年民法一部改正（前掲注16）206〜208頁，小林＝大門・新成年後見制度（前掲注40）124〜125頁，於保＝中川編・新版注民(25)（前掲注33）307頁〔犬伏由子〕，能見善久＝加藤新太郎編『論点体系判例民法 9』（第一法規，第 2 版，2013）467〜468頁〔佐藤久文〕。

このように解するならば，二重資格の後見人は，もっぱら成年後見人として扱われる。その結果，たとえば，本人の居住用不動産の処分に際しては家庭裁判所の許可を得なければならず，また，本人に対する懲戒権は認められないことになる。実際においても，成年後見の制度は，専門家の関与を意識した結果，身内の善意をある程度は前提とせざるを得ない未成年後見制度に比べて，より強く本人の保護を意識した制度になっており（その結果，成年後見人の権限の範囲は，概して未成年後見人のそれに比べて狭い），その点でも特別法として適用されるに相応しいといえよう。

要するに，二重資格の後見が開始した瞬間から，後見人は，特別法たる成年後見規定の適用を受け，もはや未成年後見人としてではなく，もっぱら成年後見人として，その権限を行使することになる。その結果，たとえば，二重資格の後見に服する未成年者が「日用品の購入その他日常生活に関する行為」をした場合には，民法5条の適用はなく（したがって未成年後見人が登場する余地もなく），未成年者に意思能力がある限り，民法9条が適用されることになろう。

たしかに，二重資格の後見の事態が生じるのは，本人の成年後を見越してのことである。未成年の間に予め将来的な展望の下に成年後見を発動させる以上，本人が成年に達する前において，いわば先取りした形で成年後見に関する法規が優先的に適用されても，関係者の期待に反することはないのかもしれない。

(2) **未成年後見優先説**

そもそも，二重資格の後見が必要なのは，本人の保護につき成年時に切れ目が生じてしまわないようにするためである。だとすれば，本人の保護に切れ目が生じなければ十分のはずであって，本人が未成年の間に，成年者に向けられた成年後見制度をわざわざ発動させる必要性はどこにもないはずである。もっとも，その方向線上には，二つの解釈を考えることができる。

ア 二重の後見の否定

そもそも，二重の後見を認めるから権限が齟齬する事態が発生するのであるから，元となる二重の後見が発生しないようにすべきである，と考えるものである。たとえば，本人が未成年後見に服している間は，そもそも成年後見制度は発動させるべきでないという見解が，これに該当する。[43] 旧法下に

おいて，禁治産後見の対象は成年者，未成年後見の対象は未成年者と明確に区分して，未成年者につき禁治産を理由とする後見は未成年後見に吸収されるべきであると主張されていたのも，同様の発想に基づくものだといえよう[44]。

たしかに，二重の後見を認める趣旨が切れ目のない本人保護を実現することにあるというのであれば，未成年後見人はその善管注意義務の内容として，本人が成年に達する前に成年後見の審判を申し立てて，本人が成年を迎える日に成年後見開始の審判を得ることができるよう，必要な措置を講じておけば十分であって，わざわざ事前に二重の後見を認める必要はないだろう[45]。このような立場からは，とくに本人が幼少である場合には，家庭裁判所は，成年後見人選任の申立てを却下するとともに，未成年後見人の選任を申し立てるよう指導すべきだということになる[46]。

けれども，後見人一人制時代から，戸籍実務においては二重資格の後見人が認められてきており[47]，現在でも，それが変わっていないとすれば，その実務運用をいきなり変更するような解釈は通用しにくいと言わざるを得ないだろう。しかも，二重の後見を否定する解釈は，民法7条が成年後見審判の申立権者として「未成年後見人」を掲げていることと真っ向から矛盾している。また民法10条が後見審判開始の取消権者として，未成年後見人を掲げていることとも整合的でない。

---

43) 谷口知平＝石田喜久夫編『新版注釈民法(1)』（有斐閣，改訂版，2002）327頁〔鈴木ハツヨ〕。於保＝中川編・新版注民(25)（前掲注33）308頁〔犬伏由子〕は，立法論として，その方向を示唆し，切れ目を作らないため，本人がたとえば19歳になれば成年後見開始の申立てができるという対応策の可能性を示唆している。

44) 新井誠「成年後見法の課題」石川稔＝中川淳＝米倉明編『家族法改正への課題』（日本加除出版，1993）463頁。また，後見に服する未成年者が禁治産者宣告を受けることは，その保護者に対して親権以上に厳格な監督をもたらすので必要であるかどうか疑問であり，未成年後見人の事務を拡張するだけで十分だとした上で，この場合に禁治産後見人の選任を認める現行法は形式的であるとして，否定的に解する見解が見られた（河野力「親権後見制度はいかにあるべきか」法律のひろば12巻10号（1959）33頁）。

45) なお，未成年後見とは別に，特定の財産行為のみについて権限を有する補助人等を選任する必要がある場面が想定されているが（小林＝原・平成11年民法一部改正（前掲注16）45頁），現在では，未成年後見人を複数選任して，その1人に当該役割を割り当てることができるので（857条の2第3項），この場面でも二重資格の後見人は必要ではない。

46) 谷口＝石田編・新版注民(1)（前掲注43）328頁〔鈴木ハツヨ〕。

47) 前掲注37）およびそれに対応する本文参照。

### イ　二重資格の観念的競合

そこで，二重資格の後見を認めつつ，二つの異なる資格の並存はあくまでも観念的なものであって，実際には，本人が未成年の間は，未成年後見制度が優先して適用されると解するのが穏当なように思われる。つまり，後見人は，本人が未成年中は，もっぱら未成年後見人としての権限しか行使することができず，本人が成年に達することを停止条件として，成年後見人としての権限行使が可能になると解するわけである。成年後見人に比べて，未成年後見人の方が概して権限の範囲が広いので，このような解釈は，後見人の実際の便宜にも適うように思われる。

## 2　複数の後見人の相互関係

以上に対して，未成年後見人と成年後見人が別々に選任された場合には，上記の権限調整問題に加えて，複数の後見人がどのようにして権限を行使すべきかという問題が浮かび上がってくる。この点につき，民法は，一般的に複数後見人制を採用したことから，後に見るように，成年後見については民法859条・859条の2によって，未成年後見については民法857条の2によって，それぞれ複数の後見人がいかに権限を行使すべきかにつき定めている。これらの規定は，未成年後見人または成年後見人が複数選任された場合に適用されるのであって，未成年後見人と成年後見人とが並存する〈二重の後見〉にそのまま適用することはできない。そして，そのことを理由に，権限の共同行使や分掌の定めをすることはできず，それぞれが独立して単独で後見事務を執行すべきことになると説かれている。[48]

たしかに，未成年後見人と成年後見人との間には何らの権限調整規定も置かれていないので，権限が異なっている部分はもちろん，重なっている部分についても，二重の後見人はそれぞれ独立して単独で権限を行使すると解釈するのが素直なのかもしれない。けれども，そうなると，複数の後見人が各自ばらばらに行為をすることになり，各々の行為の間に矛盾が生じることにもなりかねず，結果的に本人の利益が害されてしまう危険がある。

---

48) 民法859条の2につき，島津＝松川編・基本法コンメンタール（前掲注40）261～262頁〔神谷遊〕，於保＝中川編・新版注民(25)（前掲注33）423頁〔吉村朋代〕。

やはり，ここでも何らかの調整を考えなければならない。観念的には二重資格の後見を認めるが，実際に発動されるのは未成年後見か成年後見のどちらかだと解する立場からは（上述1(1)または(2)イ），未成年後見人と成年後見人という複数の法主体が存在する場合においても，同様に解すべきことになる。ただし，後見人が実際に複数存在することから，実際には発動されることのない後見は無意味なのか，という問題が生じる。

たとえば，Aが未成年後見人として，Bが成年後見人として，それぞれ選任され，権限調整の結果，成年後見制度が優先的に適用されるという解釈が採用されたとしよう（上述(1)の解釈）。その場合，Aは何もすべきことがないのだろうか。そうではなかろう。そもそも，権限調整が必要なのは，権限内容が異なっているからであって，権限内容が同一である限り（例，民法859条の定める財産管理権），Aはなお未成年後見人としての役割を果たすべきだからである。また逆に，権限調整の結果，未成年後見制度が優先的に適用されるという解釈が採用されれば（上述(2)イの解釈），Bは，権限内容が同一である限り，なお成年後見人としての役割を果たすべきである。要するに，複数の後見人は，権限調整の結果，認められた範囲において，それぞれの職責を果たすべきことになる。

そこで，民法の規定に戻ろう。民法は，複数の後見人がいる場合につき，各々の権限の行使態様を定めている。まず，成年後見人については，各後見人は単独でその権限を行使することができ（859条），家庭裁判所は，職権で，成年後見人が共同してまたは事務を分掌してその権限を行使すべきことを定めることができる（859条の2第1項）。次に，未成年後見人については，共同してその権限を行使しなければならなず（857条の2第1項），家庭裁判所は，一部の未成年後見人について財産に関する権限のみを行使すべきことを定め，あるいは，財産に関する権限について各未成年後見人が単独でまたは数人の未成年後見人が事務を分掌してその権限を行使すべきことを定めることができる（857条の2第2項・3項）。このように成年後見人と未成年後見人で権限の行使態様に差異を設けることに，どれだけ合理性があるかはやや疑問であるが，とにかく規定の内容が異なっていることは否定できない。

二重資格の後見につき権限調整を前提にする解釈を採用する場合には，これらの規定によって複数の後見人がいる場合の権限行使の態様は定まる。す

なわち，成年後見制度が優先的に適用されると解する場合には（上述(1)の解釈），民法859条・859条の2が適用され，未成年後見制度が優先的に適用されると解する場合には（上述(2)イの解釈），民法857条の2が適用されることになる。

ただし，ここで調整が可能なのは，未成年後見人と成年後見人の権限が同一内容である限りにおいてである。それ以外の場合には，それぞれの後見人は，各自が独立して単独で自己に固有の権限を行使するしかない。たとえば，本人の監護教育に関する権利義務（820条），居所指定権（821条），そして監護および教育に必要な範囲内での懲戒権（822条）がそうである。もっとも，より実践的には，家庭裁判所は，二重の後見開始の審判に際して，民法859条の2第1項，857条の2第2項・3項——あるいはそれらの条文の趣旨——に従って，予め職権で明確な調整をしておくべきではないだろうか。

以上，二重の後見の問題点と解決方法を探ってきた。とはいえ，実務上，二重の後見が生じるのは，本人が成年に達する直前だと考えられており，[49] もしそうだとすれば，二重の後見が実際に問題になることはないのかもしれない。

### 3 成年後見への移行

本人が成年に達すると，未成年後見は終了する。未成年後見人は，それから10日以内に市町村長役所に後見終了の届けをしなければならず（戸84条），また原則として2ヶ月以内に本人のために管理の計算をしなければならない（870条）。なお，後見が終了した場合であっても，急迫の事情がある場合には，未成年後見人は，必要な措置を講じなければならない（874条→654条）。

未成年後見が終了すると同時に成年後見が開始した場合には，未成年後見人は，成年後見人に対して，その任務が終了してから2か月以内にその管理の計算をし，報告しなければならない（870条）。この義務は，未成年後見人が引き続き成年後見人に就任した場合には簡便な形で履行されるだろうが，免除されるわけではない。そして，新たに選任された成年後見人は，それまでの本人の監護状況を十分に踏まえた上で，善管注意義務（869条→644条）

---

49) 小林＝原・平成11年民法一部改正（前掲注16）208頁注5）。

をもってその職務を開始・継続しなければならない。

　なお，未成年後見と成年後見とでは，公示方法が異なっていることに留意すべきである。すなわち，未成年後見は，開始時に後見人に就任した者のイニシャティブによって戸籍に記載しなければならず（戸81条），終了時も同様であるが，成年後見は，職権で，しかも戸籍にではなく，登記簿に公示される（後見登記等に関する法律1条以下）。これは，後見の開始・終了につき，未成年後見においては，未成年後見人が自分のイニシャティブで戸籍届をしなければならないが，成年後見においては，裁判所が職権によって登記簿に公示するという制度上の違いを反映したものである。この違い，とくに戸籍への記載については批判があることは，先に述べた通りである（上述第2の3(1)イ末尾参照）。

## おわりに

　以上，与えられたテーマにできるだけ忠実に，少しでも意味のある考察を展開するように努力した。けれども，その結果は必ずしも満足のゆくものでなかったかもしれない。それはひとえに私の無力さのゆえである。

　ただ，もし本稿に少しでも家族法学に寄与できる点があるとすれば，それは長年にわたって変わることなく，兄として私を導いてきてくれた松川正毅教授のおかげである。これまで家族法に関する個別のテーマについて，とくに兄と議論をしたことはない。だが，その家族法に対する眼差しは，いつのまにか私の体の中に染みこんでいたような気がする。文字通りの拙稿であるが，心からの感謝の気持ちを込めて，松川教授にお捧げすることをお許しいただきたい。

（慶應義塾大学大学院法務研究科教授）

# 有料老人ホームへの入居契約について

河　上　正　二

## 第1　はじめに

### 1　本稿の課題

　有料老人ホーム[1]への入居契約をめぐる法的問題の多くは，ホーム入居契約そのものの複雑性，契約締結過程における情報の非対称性，長期にわたる履行過程における事情の変化（要介護状態への変化など）に対する対応の硬直性，解消時における一時金等の清算問題などに現れている。入居契約前の情報の実質的開示の重要性はいうまでもないが，契約当事者である入居者の加齢に伴う判断能力の衰退を前提とすると，様々な局面で，ホーム事業者側に

---

[1] 一般に「老人ホーム」と呼ばれるものにも，様々なタイプがあり，大きく分類すると，老人福祉法5条の3によって「老人福祉施設」として定義される「養護老人ホーム」（同法20条の4），「特別養護老人ホーム」（同法20条の5），「軽費老人ホーム」（同法20条の6）の3種と，その他の「有料老人ホーム」（同法29条）がある。有料老人ホーム以外のホームが老人福祉施設とされる意味は，それが福祉の措置対象であって，設置主体が国，都道府県，市町村，社会福祉法人に限定されている点にある（同法15条）。かかる限定を受けない有料老人ホームの設置主体は，株式会社のような営利法人，宗教法人，私人などの広範囲に及ぶ（基本は法人である［厚生労働省ガイドライン］）。「有料老人ホーム」は，老人を入居させ，入浴・排泄・食事介護・食事の提供・その他の日常生活上必要な便宜を供与する施設で，「老人福祉施設，認知症対応型老人共同生活援助事業を行う住居その他厚生労働省令で定める施設でないもの」をいい，あらかじめその施設を設置しようとする地の都道府県知事に一定事項を届け出ることを要する（老人福祉法29条1項）。介護保険制度のもとでは，有料老人ホームの提供する介護サービスは「特定施設入居者生活介護」として，在宅サービスのひとつに位置づけられている（対価への介護保険金の入居者負担分を除く9割につき，本人の同意を条件として法定代理受領権が認められる）。

255

要求される契約内容，注意義務の程度や入居者自身に必要とされるサポート体制が，柔軟かつ適切に配慮されねばならないことは明らかである。契約の構築は，ほとんどの場合，約款条項によることから，その適正化もまた重要な課題である。超高齢社会の進展に伴う高齢者の「終の住まい」の受け皿として，特に有料老人ホームは，極めて有力な施設形態の一つとして位置付けられてはいるものの，現実に消費者からの苦情が多いことを考えると，その市場行動規範を適正化し，高齢者が安心して入居できる環境を整えることが喫緊の課題である[2]。本稿では，特に有料老人ホーム入居契約における若干の

---

2) 老人ホームをめぐる法律問題については，いくつかの先行調査・研究がある。主な研究成果として，社会開発研究所「新たな形態のサービス取引に関する調査報告書」(1985)，山口純夫「有料老人ホーム契約」判例タイムズ633号59頁 (1987)，有料老人ホーム協会「有料老人ホーム入居契約書の調査研究」(1988)，山路克文「有料老人ホームの現状と問題点について」季刊社会保障研究24巻3号310頁 (1988)，田中克志「有料老人ホームの利用関係をめぐる法・政策の展開」静岡大学法経研究39巻3号49頁 (1990)，水本浩ほか「［特集］有料老人ホームの法律問題」ジュリスト949号16頁 (1990)（これには，水本浩・丸山英気・内田勝一・沢野順彦・金子正史・藤井俊二・神田裕二・橋本司郎各氏の論考が含まれている），濱田俊郎「老人ホーム契約の展望」ジュリスト972号44頁 (1991)，後藤清「有料老人ホームに関する若干の考察」民商法雑誌104巻4号445頁 (1991)，国民生活センター編『シルバー世代の最新ホーム・ガイド全国有料老人ホームの選び方』(日本評論社, 1991)，東京都生活文化局消費者部「有料老人ホームに関する表示の実態調査報告書」(1992)，本間昭子「有料老人ホームにおける消費者被害（上・下）」国民生活研究31巻4号50頁，32巻1号13頁 (1992)，丸山英気＝前田敬子『検証 有料老人ホーム』(有斐閣, 1993)，濱田俊郎「有料老人ホームをめぐる法律問題」自由と正義45巻10号18頁 (1994)，執行秀幸「有料老人ホーム契約の法的課題と展望」早法69巻4号227頁 (1994)。下森定編『有料老人ホーム契約［トラスト60研究叢書］』(有斐閣, 1995)。さらに，近時のものとして，玉田弘毅「有料老人ホーム入居契約の法的性質と入居者の権利：特に介護付終身利用型有料老人ホームを中心として」清和法学研究6巻1号15頁 (1999)，矢田尚吾「有料老人ホームの入居契約をめぐる法的一考察」明海大学不動産学部論集14号126頁 (2006)，森宮勝子「介護ビジネス研究―有料老人ホームの消費者問題」経営論集16巻1号101頁 (2006)，丸山絵美子「ホーム契約規制論と福祉契約論」岩村正彦編『福祉サービス契約の法的研究』(信山社, 2007)，内田耕作「有料老人ホームの取引の適正化と不当表示規制」彦根論叢367号75頁 (2007)，青木秀樹「シンポジウム有料老人ホームの現状と問題」消費者法ニュース84号224頁 (2010)，黒田美亜紀「高齢者の施設入居契約（有料老人ホーム契約）に関する法的問題について」明治学院大学法律科学研究所年報26号197頁 (2010)，同「有料老人ホームの入居契約をめぐる法的問題」明治学院大学法律科学研究所年報27号279頁 (2011)，吉村朋代「有料老人ホーム契約について：高齢者の居住とケアにかかる法律問題覚書(1)」広島国際大学医療経営学論叢4号7頁以下 (2011)，野澤正充「有料老人ホームをめぐる法令・判例の動向と今後の課題」現代消費者法15号17頁 (2012)，東京弁護士会『消費者問題マニュアル［第2版］』499頁以下 (2012)，山本幸則「有料老人ホームと入居金問題」実践成年後見49号53頁 (2014) など，参照。また，高齢者の財産管理との関係で，陳自強＝黄詩淳主編『高齢化社会法律之新挑戦：以財産管理為中心』(一版, 2014,

法律問題について検討を加えよう。

なお，一口に「有料老人ホーム」といっても，その形態も一様ではない。第1は，「介護付有料老人ホーム」であり，介護が必要な状態になっても当該有料老人ホームを利用しながらホームの居室で生活を継続することが可能なものがある（これにもサービスそのものをホーム職員が提供するもの［一般型特定施設入居者生活介護］と外部サービスをホームが委託するもの［外部サービス利用型特定施設入居者生活介護］がある）。第2は，「住宅型有料老人ホーム」で，これは，介護が必要となったときに，訪問介護等の介護サービスを利用しながら当該有料老人ホームの居室での生活を継続することが可能なホームである。第3は，「健康型有料老人ホーム」といわれるもので，介護が必要となった場合には，契約を解除して，ホームを退去しなければならないもので，老人ホームは，高齢者に配慮されたマンションに食事や介護等の各種のサービス機能がついたものでしかない。本来であれば，こうしたホームの形態に応じて問題を検討する必要があるところ，本稿での検討も，通常の終身利用型介護付有料老人ホームを念頭に置いた概括的なものにとどまっていることをお断りしておきたい。同様の問題は，「高齢者専用賃貸住宅」においても生ずるが，この点は，平成23（2011）年10月20日に施行された「高齢者の居住の安定確保に関する法律」改正（平成23年4月28日法律32号）で，「サービス付き高齢者向け住宅」に統合して論じられている（同法5条1項）。

## 2　問題状況

平成12（2000）年度に介護保険制度が開始したことに伴い，様々な事業者の新規参入が相次ぎ，この10年近くにわたって，毎年の新規開設数は数百件に上り，施設数全体で約5千件に達し，施設定員数合計も20万人を超えるなど，その市場は急速に拡大している（「有料老人ホームについて（統計資料）」

---

Taiwan），菅富美枝「判断能力の不十分な人々をめぐる事務管理論の再構成—本人中心主義に立った成年後見制度との統合的解釈の試み—」田山輝明先生古希『民事法学の歴史と未来』（成文堂，2014）も参考になろう。なお，やや古くなったが，下森・前掲書162頁以下の，拙稿「有料老人ホーム契約と約款の諸問題」，高齢化に伴う問題の概観として，拙稿「高齢化に伴う消費者問題」ジュリスト1034号42頁（1993）も合わせて参照いただければ幸いである。

厚生労働省老健局平成22年4月9日付け作成)[3]。同時に，全国の消費生活センター等に寄せられる老人ホーム入居契約に関する相談件数も急速に増加し，その内容をみると，消費者にとって不当な入居契約に起因するとみられるトラブルが少なくない[4]。その約8割が「契約・解約」に関する相談となっており，家賃や「入居一時金」等の名目で徴収される前払金の返還に係るトラブルが多い。契約購入金額別にみると，1,000万円以上5,000万円未満の価格帯が最も多く，次いで100万円以上500万円未満，500万円以上1,000万円未満の順となっており，また，平均契約購入金額の年度別推移をみると，概ね800万円から1,000万円の間で推移しており，かつてほどではないにしても，平成22 (2010) 年度も約874万円と高額である（平成17 (2005) 年度から平成22 (2010) 年度全体の平均は約915万円)。

問題の一端は，平成18 (2006) 年の老人福祉法改正によって，十分な監督体制のないまま，有料老人ホームの開設要件が緩和されたところにあり，とりわけ，ホームの安定した財産的基礎の欠如や，設備・人員・熟練した介護技術不足等の事業体制の弱さ，介護保険導入による資金需要をあてこんだ一部悪質事業者の参入，広告表示の不適切さや事前情報提供の不足などがトラブルの主要因となっているように思われる。

なるほど，平成18 (2006) 年改正老人福祉法では，入居者保護の観点から，倒産等の場合に備えた前払金の保全義務化や都道府県の立入検査権の付与等一定の規制強化が行われ，また，「有料老人ホーム設置運営標準指導指針」を根拠とする短期解約特例制度（いわゆる「90日ルール」）を導入した。また，「高齢者の居住の安定確保に関する法律」（平成13年4月6日公布，最終改正平成23年6月24日）の下で，登録制の「サービス付き高齢者住宅」が，現行有料老人ホームと高齢者専用賃貸住宅を統合する新たな制度として構想され，書面交付・説明義務，登録事項の情報開示，一定期間内の前払金返還義務など，一定の厳格な規制の下で，消費者トラブルを未然に防止しつつ，同時に高齢者の住まいの供給形態として有力なものとなることが期待されている。しかしながら，この登録制の基準に該当しない有料老人ホームもなお多く，

---

3) http://www.cao.go.jp/consumer/doc/100409_shiryou2-1.pdf#page=1)。厚生労働省「平成22年社会福祉施設等調査結果」（平成23年11月30日）も参照。
4) http://www.kokusen.go.jp/pdf/n-20110330_1.pdf

未登録のサービス付高齢者住宅らしきものが数多く老人福祉法規制下に残っていることも否定できない。

内閣府消費者委員会は，発足後まもなく，有料老人ホームの契約に関する実態調査報告をまとめ，[5] 平成22（2010）年12月17日に，①短期解約特例制度（いわゆる90日ルール）の徹底に向けた法制化・明確化，②前払金の保全措置の徹底（直罰規定の導入，都道府県に対する効果的な指導等の要請），③その他規定の明確化等（指導指針の規定の実効性の確保・明確化，消費者が情報入手・相談できる公的な仕組みの整備）を建議し，[6] これを受けた厚生労働省において，老人福祉法において，有料老人ホームの短期解約特例制度を導入する内容の改正法案を成立させ（平成24年4月施行），各都道府県担当部局長あてに，短期解約特例の未導入・前払金保全義務の不履行の問題について，報告徴収等による実態把握，改善命令を視野に入れた指導徹底を求める内容の通知を発出してはいる（平成23年1月）。しかしながら，これらの措置によって問題が根絶されたわけではなく，最近でも，未公開株や震災に便乗した屋根修理サービスなどと並んで，「温泉付有料老人ホーム利用権や介護施設の入居権」詐欺のトラブルが頻発したことは記憶に新しい（国民生活センターの注意喚起など参照）[7]。

わが民法典には役務関係の規定が充分でなく，加えて，老人ホーム契約が，「終身にわたる居住と介護サービス」という極めて特殊な給付を目的とする契約であるため，伝統的契約理論による把握は容易でない。有料老人ホーム契約（とりわけ終身利用権型）に特有の因子の中から，理論的に考慮に値すると思われる諸点を契機に検討をすすめよう。

## 第2 ホーム契約とは何か

最初に，一般的に，有料老人ホーム入居契約の性格をどのように把握すべきかを考えよう。これについては様々な考え方がありうる。オーソドックスな手法としては，給付の内の最も中心となるもの（例えば専用居室の利用権で

---

5) http://www.cao.go.jp/consumer/doc/101217_report_roujin_houkoku1
6) http://www.cao.go.jp/consumer/iinkaikouhyou/2010/101217_kengi.html
7) http://www.kokusen.go.jp/news/data/n-20140206_2.html

ある建物賃貸借契約)を基礎に他の附随的給付を付加したものを構想することになろうが,その実質は,賃貸借や請負,委任,寄託,売買,さらには保険的要素を含む「給付の束」であって,全ての給付が一定目的のために互いに密接不可分に関連づけられ,対価的に一つのまとまりとして捉えられる点を重視すれば,むしろ典型契約の一つに押し込んでしまうよりは無名契約として,端的に合意の内容に沿った検討(できれば法制化)を行うのが適切であろう。なるほど,民法典には,終身にわたる給付が約束される「終身定期金」に関する規定群(689ないし694条)があるが,特に「終身」であることについて意味のある規定ではない。してみると,種々の役務と不可分に結びついた「終身利用権購入契約」,もしくは「生涯権としての居住権」の購入といった観念を新たに想定してかかる方が実態に即した議論ができそうである(なお,岩村編・前掲書43頁以下 [丸山絵美子] 参照)。利用権型のホームの場合,分譲型に較べて実質的に所有権が何代かの入居者にわたってタイムシェアされているわけであるから,「一代限りの区分所有」と見ることもできようか。以上のような法的性格決定は,当該契約に関する「一応の」擬律を先ずもってどこに求めるかの態度決定に関わり,特に,借地借家法関係の規制をどこまで及ぼすべきか等の点で幾分深刻な見解の対立を生む。少なくとも,有料老人ホーム契約の施設と入居者の間の法的処理を考える上では,信頼関係を基礎に据えた施設利用と有償役務契約(とりわけ準委任)としての性格が含まれていることは疑いなく,居住に関しては(直接適用が困難にしても)借地借家法・区分所有法の基本的なルールを参照すべき点が少なくないことは確認しておく必要があろう。有料老人ホーム契約についてのこれまでの一般的理解は,ややもすると複数の給付を目的とする契約を不可分に結びつけた「複合的契約」とされ,しかも,入居者はサービスを享受する消費者的地位にとどまっている。しかし,当事者の意図は,単なる居室利用に向けられているわけではなく,同等あるいはそれ以上に,これに結びつけられたサービス(とりわけ老後の身の回りの世話や介護)への期待にも向けられ,しかも,対価(特に入居一時金)が厳密に個々の給付と対応関係に立っていないことからすると,むしろ「ホームが終生にわたって入居者の生活の場を提供し,世話をし,支援する」という,極めて抽象的かつ包括的な債務を目的とした大きな「枠契約」を考えるのが適当である。この枠契約については

委任もしくは準委任契約的色彩が最も強いが，これによって入居者が主体的に生活集団を形成するという側面や，相互扶助の保険的側面なども重要である。そこでは，終身利用を目的とした専用居室の提供を主要な手段としつつ，介護をはじめとする各種サービス体制の維持，物品の供給，個々のサービス提供などは，この抽象的債務をそのつど具体化し履行していくためのホーム側の支分的債務となる。

かくて，施設側と入居者には，信頼関係を基礎にして，この枠の中での継続的関係を円滑に維持するよう努力・協力することが求められ，とりわけ，施設は契約目的に応じた善管注意義務を負うというところから全ての議論を出発させるべきことになる。その上で，信頼関係や善管注意義務の内容を具体的に考えるに際し，問題の局面や支分的債務の性格に応じて，当面は，売買・賃貸借・請負・寄託・組合・保険・区分所有などの関連諸規定の中に，類推もしくは参照されるべき規範を探らざるをえない（その過程で約款の適正化に向けた議論も必要である。）。ホーム契約をこのようなものと捉えた場合，例えば，専用居室の利用権さえ絶対的・固定的なものではなく，枠契約の債務目的に必要な範囲で専用介護室への移動があり得るが，他方で，当初予定されていなかったタイプの介護サービスが状況によって必要な債務内容と解される余地もありえよう。この継続的な施設利用関係の中に入居者の「終身にわたる居住権」を見いだすことが必要である。

有料老人ホームへの入居契約では，成立時点での権利義務の公正な分配と，合意によって確定した債務をきちんと履行させるという伝統的な契約法の発想と同等あるいはそれ以上に，刻々と変化するリスクやコストを公平に分担しながらのホームでの生活を安定操縦していく仕組みが，検討されるべき重要な課題となる。関連して，入居者には自分達が形成しているホームというコミュニティーの構成員として主体的に行動することも期待されてよい。

## 第3 ホーム契約の市場的性格と閉鎖的性格

有料老人ホームへの入居とそこでの介護サービスは，安心で豊かな老後を過ごすための人生最後の大きな買物として，比較的資力のある高齢者層を顧客とした「商品」として構想されている。入居契約成立までの取引は，他の

商品と同様，市場に開かれ，その限りで，通常の不動産取引や保険契約，各種入会契約等と大差がない。しかし，いったん入居した後は，顧客は市場と切り離され，専ら大きな消費共同体を形成し，その構成員となる。極端な言い方をすれば，閉じた社会の中で，入居者が持ち寄った資金（少なくともその一部）は，共同で消費していくことが予定される。出資金の運用で配当を受けるわけでもなく，賃借権や会員権のように，権利が一定の客観的価値を認められて市場を流通するわけでもない。入居者の地位は，まさに「一代限り」の債権者としての地位にすぎない。したがって，入居後の問題の重心は，投下資本の回収や効率的運用による利潤分配のための仕組みのあり方というより，持ち寄った資金をどのように有効かつ計画的に消費し，長期的に安定した形で「終の棲家」としての老人ホームの目的を達成するかにある。そのため，資金の保全措置が重要な関心事となるだけでなく，ホーム経営の破綻を回避するための事業者の責任や，現実に破綻した場合における入居者の処遇に対する配慮が重要な課題となる。

そこで，有料老人ホームに入居した原告らがホームの施設・サービス・経営状況等が不十分であり，老後を託することができないものである場合，「老人ホームの設置者は，仮にホームを維持・継続するに足りる程度の入居者が確保されないことが予測される場合には，将来契約上の債務の履行が不完全に終わることが明らかなのであるから，早急に対応策を検討し，その事実を入居契約者に告知して，入居者に不測の損害あるいは不満や不安を与えないようにすべき注意義務がある」のに，これを怠ったことを理由に不法行為もしくは債務不履行に基づき責任を負うことになる（津地判平成7年6月15日判タ884号193頁＝判時1561号95頁）。施設運営の構築に際して，事業経営者の果たすべき責任は重い（本判決については，前田修志・ジュリスト1140号139頁，河上正二・別冊ジュリスト153号228頁，丸山絵美子・別冊ジュリスト191号230頁〔社会保障判例百選　第4版〕など参照）。

ホームでの生活は，通常，終身にわたることが予定され，その契約期間は長期かつ不確定である。次々と入居する新たな構成員まで含めると，事業体としては極めて長期の事業継続を覚悟しなければならない。その間，当初の目論見とは異なる経済的・社会的状況の変化や，入居者からも様々な新たな要求が生じよう。こうした状況の変化にともなう経営リスクやコストは，当

然ながら，ある程度まで事業者によって吸収されるべきものであるが，倒産の可能性を持ち出すまでもなく，契約締結時の合意内容をあくまで維持することが，結果として構成員にとって不都合をもたらすこともまれではない。事業の性格上，設置段階から，できうる限りの慎重さをもって長期の将来設計を立てておくことがホーム設置者に要求されるが，集団そのものは事実として長期にわたる運命共同体であり，契約関係を解消して新たな生活の本拠を求めることの難しさを考えれば，むしろ事情の変化に積極的に適応させていく柔軟さも必要となる。

　給付の継続性に関連して，特に配慮すべきことは，いったん開始された契約関係解消の難しさである。もちろん，入居者の側から契約関係を解消したいと考えた場合に，その自由を制限して不当に拘束することが許されるべきではない。しかし，ホーム側からの一方的解消は入居者にとって文字どおりの死活問題となりかねない。ホーム側の債務不履行に対する入居者からの解除についても同様であり，それまでの住居を処分したり手持ちの老後資金の大部分を投入せざるをえない多数の入居者の存在を考えると，契約関係を解消することによって問題を解決しようとする手法は，路頭に迷う老人を生み出すことになって，さほど有効な解決策ではない場合が多い。したがって，制度全体を考える場合は，本格的な契約関係に入る前に当事者の熟慮を最大限可能にして，不本意な契約からは決定的な経済ダメージを受けない内に速やかに撤退できるようにすること，入居後は，むしろ長期の安定的関係維持こそが最重要課題ということになろう。仮に契約関係解消という事態が不可避であるとしても，公的機関とのタイ・アップを通じて退去後の生活に対する配慮が強く要請されるところである。

　そもそも，ここでは福祉と市場原理の相克が避けられない。入居者の高齢化が進み，密な介護を必要とする段階になったとき，この問題は深刻な様相を呈する。事業者が，事業規模を拡大して当座の入居一時金を振り替えることで事態を切り抜けようとしても，やがてくる破綻は目に見えていよう。この事業は，良心的な介護をすればするほど金がかかって経営を圧迫する一方で，コストを切り詰め，入居者が早く死ねば，それだけ回転率が上がって入居一時金によって経営が安定するという「悪魔的しくみ」を内包しているのである。営利事業の活動としては自ずと限界があり，一定のところでホームの

経営を社会保障や福祉行政と連結させることが不可避であるように思われる。

## 第4 複合的役務給付と料金システム

### 1　給付の対価的透明度の低さ

　有料老人ホーム契約の給付目的や対価の透明度が低いことは，しばしば指摘されるとおりである。ホーム契約において入居者が受けるサービス給付は，専用居室や共同施設の継続的利用という共通の土俵の上に，様々な形で追加されている。この個々の具体的サービスは，後から必要に応じて変化しつつ内容が確定され，履行される。専用居室の利用自体も，入居者の健康状態いかんでは必ずしも固定された権利とは考えられていない場合が多い。電力・ガス・水道・新聞などの継続的供給契約や物の賃貸借契約のように，ある意味で均一な給付を数量的に調整するのと異なり，診療債務のように内容が質・量ともに変化するわけである。ホーム事業者の提供する給付は，専用居室の提供，共用施設の管理，食事の提供をはじめ，掃除・洗濯・健康管理・介護サービス，その他様々な事務処理から貴重品の保管，よろず相談相手まで，その給付内容がきわめて複合的である。対価との関係で見た場合，利用権の設定・物的施設利用・人的施設利用・実費・利用権消滅後のアフターサービス・保証もしくは損害担保について，一定の牽連性を見いだすことも不可能ではなく，それぞれ完全に独立しているわけではない。

　事前に支払われる「入居一時金」も概して高額である。ランニングコストとなる月々の管理費用や食費まで含めると，ホームへの入居は，「巨額のプリペイドカードを買うようなもの」と評されるように大変高額な買物である。にもかかわらず，その購入しようとしている目的物が果して対価に見合うものであるかどうかを入居希望者が予め判断する材料は必ずしも多くない。将来の状況や事情変化が充分に見通せないだけでなく，契約の給付目的が，住環境を含めた長期にわたる食事・介護等の複合的役務の複合であるために，対価的透明度が著しく低くならざるを得ない。

### 2　入居一時金の性格

　予め支払われる「入居一時金」が如何なる性格のもので，給付全体のどの

部分に割り付けられているのか，月々の費用によってカバーされるべき給付が何かなど，契約書やパンフレット等から確実に知ることは困難である場合が多い。「入居一時金」の法的性質は，金額や趣旨によっても左右され，今もって必ずしも明らかではないが，価格帯では1,000万円から2,000万円未満のものが比較的多いようである。当該入居契約によって定められた入居一時金の趣旨等の解釈によるが，一般には，「施設利用権設定の対価」および「役務提供を受ける地位の対価」，「その一部前払い，あるいは，その支払を担保する性質を有するもの」などと考えられているようである（やや古いが，澤野順彦「利用の対価」ジュリスト949号31頁（1990））。単純な「前払金」や「預かり金」に過ぎないとすれば，入居後，その償却前に入居者が死亡したり，退去により未償却となった残額についての返還請求が当然認められてしかるべきこととなる。他方，ホーム事業者にとっては入居一時金が重要な資金源であることから，できるだけ早めに初期償却を済ませて安定したホームの運営資金にしたいとの意向が働こう。かくして，入居一時金の性格，償却期間，償却率等の計算方式の妥当性が重要な鍵となるが，その算定基礎や勘案された平均余命との関連など，不明確なものが多い。

入居契約締結前に，ホームでの生活についての正確な情報，現実とあまりかけ離れることのないイメージを入居者が持つようにすることは，入居後の不満やトラブル発生を予防する意味でも重要であるが（その意味でも，一定期間の体験入居や，試行的入居期間［後述の90日ルールなど］の果たす役割は大きい。)，仮に期待にそぐわないものであったことが判明した場合に備えて，その契約解消に伴う清算方法が充分明らかにされている必要があり，その算定基礎や計算方式の合理性が担保されていなければなるまい。

## 3 入居一時金をめぐる裁判例

契約の趣旨や特約の解釈等によって左右され得る問題とはいえ，事前に支払われた入居一時金の性格や死亡や退去時の清算・返還請求の可否をめぐっては，多くの争いがある。

(1) 地位に対する対価

入居一時金を継続的事業の資金として考えた場合に，税法上，当該事業年度のホーム経営者の「収益」として課税することに無理があることは明らか

であるが，短期償却期間と組み合わされた不返還特約によって，課税対象とされる可能性があることは背景事情として留意しておくべきである。裁決例には，更新に際し受領した入居一時金は，それを返還しないことが確定した部分ごとに，その不返還確定時期の属する事業年度における益金として処理されるとしたものがある（最決平成24年8月15日税資262号順号12021）。そこでは，入居一時金は更新時期までの「役務を受け得る地位に対する対価」と捉えられている。その原審である東京高判平成23年3月30日税資261号順号11657は，明確に，入居一時金が，「一定期間の役務の提供ごとに，それと具体的な対応関係をもって発生する対価からなるものではなく，上記役務を終身にわたって受け得る地位に対応する対価であり，いわば賃貸借契約における返還を要しない保証金等に類する」旨表現している。さらに，東京地判平成24年12月13日（TKC文献No.25499202）でも，「本件入居契約における利用権金額は，その額が不相当に高額であるなど他の性質を有するものと認められる特段の事情のない限り，入居予定者が本件施設の共用施設等を原則として終身にわたって利用し，各種サービスを受け得る地位を取得するための対価としての性質を有するものであり，費用の前払金としての性格を有する一時金とは性質を異にするものであると解され，……本件入居契約における利用権金額は，共用施設等の終身利用の対価としての性質を有する」とした。このように考えることの帰結は，消費者契約法の適用結果にも影響を与える。前掲東京地判平成24年12月13日平成24年(ワ)第6069号は，「本件入居契約における利用権金額は，費用の前払金としての性格を有する一時金ではないから，……条理上，利用権金額について，その期間の割合に応じて返金すべき義務があるとはいえない」とし，結果として，消費者契約法9条1号の「消費者契約の解除に伴う損害賠償の額を予定し，又は違約金を定める条項」に該当せず，また，同法10条の要件を欠くとした。

**(2) 施設利用の前払金**

しかし，名古屋地判平成24年8月31日（平成23年(ワ)第5227号，TKC文献No.25504862）は，老人ホーム運営事業者に対し，入居者の父母らが本件入居契約における入居一時金の返還金に関する条項などが公序良俗に反し，又は消費者契約法10条により無効であるとして，入居契約締結時に支払った入居一時金の一部の返還等を求めた事案で，「本件契約における入居一時金の支払

は，基本的には，居室及び供用施設の利用の対価の前払としての性格を有するものと解され，月額利用料の金額は，一般的な居住用の共同住宅の賃料と比較すれば高額であることがうかがわれるものの，本件施設の場所，築年数等の点に照らせば本件施設の居室及び供用施設の利用の対価として著しく高額であり暴利であるとまではいえないと解するのが相当であり，本件契約及び本件転居契約における初期償却条項は，公序良俗に反するとはいえない」としており，明らかに別の性質を読み取っている。その控訴審である名古屋高判平成26年8月7日（平成24年(ネ)第1001号，裁判所ウェブサイト）は，「本件入居一時金については，契約の締結から終了までの期間が15年未満の場合は，初期償却（初期償却率15％）をした後，180か月（15年）から利用経過月数を控除した残月数に対応した残金を返却するが，15年を経過した場合には返却しない」とされているところ，このような初期償却条項は，「民法90条により，又は消費者契約法10条により無効になるということはできない」（更新料に関する最判平成23年7月15日民集65巻5号2269頁が参照されている）が，「転居契約における再度の初期償却を定めた条項が，消費者契約法10条により無効となる」とした。

## 4 保険的要素

　筆者は，かつて入居契約に枠契約としての構造を与えつつ，入居一時金には入居者相互の保険的部分が混在していると述べたことがある（下森・前掲注2）171頁［河上］）。つまり，「ホームが終生にわたって入居者に生活の場を提供し，世話をし，支援する」という，極めて抽象的かつ包括的な債務を目的とした大きな「枠契約（Rahmenvertrag）」と，個別の支分的債務を考えることが，不確定かつ長期にわたる契約には必要である。また，ホーム契約において入居者が一時金として支払う金銭は，終身の入居を前提としたものではあるが，当然ながら当初に想定した平均余命より長寿の者もあれば，早逝する者もあり，個々の当事者の最終的に受ける入居サービスと完全に対応した形で対価が決まらない。仮に，そこに前払金的意味合いがあるとしても，平均以上の長寿入居者が，以後は無償の居室利用やサービス提供を受けていると見るべきではないと考えられるからである。となると，仮に一定期間分については入居一時金とそれらの給付の間に個別の対応関係があるとしても，

ある期間（たとえば平均寿命－$\alpha$）以後は入居者の相互保険的な金銭運用が期待されていると考えねばなるまい。つまり，入居者達は，有料老人ホームという集団に参加することによって，いわば「長寿リスク」を保険的に分散させる射幸契約にも組み込まれているわけである。このような対価の構成原理と充当の仕組みを予め説得力ある根拠をもって明確にしておかないと，履行される給付と一時金の対価的バランスを考える場合や，関係解消時の清算をめぐって大きなトラブルのもとになるばかりか，一方的に「終身利用できる地位の対価」として（学納金訴訟における「入学金」と同様に）清算や返還を全く拒絶するような論理にも陥りかねない。当初，多額の一時金を要求する以上，それが将来提供されるどの給付に対応しているのか，どのような給付について，どの段階から保険数理を働かせ，これに対する一括保険料に相当する金額がいつの時点からどれだけ充当されるのかといった点について，事前に明確にしておくべきであり，合理的範囲では，むしろ別勘定にしてでも保険・相互扶助の意味を明らかにし，他方で，少なくとも平均寿命までの退去者には一時金の相当部分について原則として清算があってしかるべきである。問題は，その合理的範囲での各々の充当のあり方である。

## 5 改正老人福祉法の意義

　平成22年12月の消費者委員会「実態調査報告」によれば，入居一時金を徴収している1,196施設中1,134施設（約95％）が初期償却を実施し，その額も，50万円未満から4,000万円まで幅広い分布を示し（100万円台から200万円台の価格帯が多い），償却期間5年，初期償却率30％程度に設定している施設が比較的多かったとされている（これが消費者契約法9条，10条あるいは民法90条等に反するかどうかは別問題である。）。また，平成18年3月31日付け厚生労働省「『有料老人ホームの設置運営標準指導指針について』の一部改正について」で「契約締結日から概ね90日以内の契約解除の場合については，即受領の一時金の金額を利用者に返還すること」とし，この点を入居契約書に定めている有料老人ホームも少なくない。死亡時においても，同様の扱いとなるかは同「標準指導指針」からは明らかでないが，社団法人全国有料老人ホーム協会の「標準入居契約書」には，償却期間起算日から90日以内に入居者死亡で契約が終了した場合も，一定費用の差引残額を無利息で返還する旨が定

められている。したがって，90日ルールが適用されている限り，解除・死亡解消を問わず，初期償却が開始しないとする制度に方向づけられていることは明らかである（現実には未届ホームも少なくなく，協会未加盟ホームも90％に達するとする調査結果もあるため，実態は楽観できない。）。

さらに，改正老人福祉法（平成23年6月22日改正，平成24年4月1日施行）29条は，入居一時金をめぐって多発する紛争を前に，かなり大胆な規制の導入に踏み切っている。

第1に，改正法29条6項には，「有料老人ホームの設置者は，家賃，敷金及び介護等その他の日常生活上必要な便宜の供与の対価として受領する費用を除くほか，権利金その他の金品を受領してはならない」とした。つまり，有料老人ホーム事業者が受領しうる入居一時金は，専ら「家賃，敷金及び介護等その他の日常生活上必要な便宜の供与の対価として受領する費用」の前払金としての性格を帯び，結果として，入居一時金の一括償却は認められず，その償却期間も入居者の入居期間（平均寿命を勘案した平均入居期間）に応じたものとならざるをえない。同法附則（平成23年6月22日法72号）10条3項に定める経過措置によれば，この規定は，旧老人福祉法29条所定の届出がなされた有料老人ホームについては，平成27年4月1日から適用される。

第2に，同法29条7項は，旧29条6項が維持され，「有料老人ホームの設置者のうち，終身にわたって受領すべき家賃その他厚生労働省令で定めるものの全部又は一部を前払金として一括して受領するものは，当該前払金の算定の基礎を書面で明示し，かつ，当該前払金について返還債務を負うこととなる場合に備えて厚生労働省令で定めるところにより必要な保全措置を講じなければならない」と定める。これにより，契約締結時における前払金の内容や計算の基礎が正しく開示され，返還に関する取決めが明示的に行われることが義務づけられている。

第3に，同法29条8項では，「有料老人ホームの設置者は，前項に規定する前払金を受領する場合においては，当該有料老人ホームに入居した日から厚生労働省令で定める一定の期間を経過する日までの間に，当該入居及び介護等の供与につき契約が解除され，又は入居者の死亡により終了した場合に当該前払金の額から厚生労働省令で定める方法により算定される額を控除した額に相当する額を返還する旨の契約を締結しなければならない」とした。

同法施行規則21条1項によれば，ここにいう「一定の期間」とは，3ヶ月であり（同項1号），「入居者の入居後，一時金の算定の基礎として想定した入居者が入居する期間が経過するまでの間に契約が解除され，又は入居者の死亡により終了した場合（前号の場合を除く。）にあっては，当該期間」（同項2号）とされている。また，返還額算定方法は，1項1号の場合は「法第29条第7項の家賃その他第20条の9に規定する費用の月額を30で除した額に，入居の日から起算して契約が解除され，又は入居者の死亡により終了した日までの日数を乗ずる方法」とされ（施行規則21条2項1号），1項2号の場合は「契約が解除され，又は入居者の死亡により終了した日以降の期間につき日割計算により算出した家賃等の金額を，一時金の額から控除する方法」（施行規則21条2項2号）によるものとされている。つまり，改正老人福祉法29条8項では，入居後一定期間内の契約解除又は入居者死亡を理由とする契約終了のいずれの場合においても，入居一時金を，基本的には入居期間の割合に応じて返還すべきものへと誘導しているわけである。ここには，有料老人ホーム契約から，当たり外れのある射倖契約的な性格や相互扶助的性格をできるだけ排除しようとする政策的意図が読み取れ，この方向性は恐らく間違ってはいまい。施行規則やガイドラインを受けた地方自治体独自の「指導指針」を含め，その内容は民事的効力のレベルでも，十分に活かすべきである。

　もっとも，合理的対価性を追求し，入居者の実質選択権を更に確保しようとするならば，現在の入居金の額，使途，償却基準等についても，さらに慎重に精査する必要がありそうである。[8] 返還債務を負うこととなる場合に備

---

[8] 前掲名古屋地判平成24年8月31日は，平成23年6月の老人福祉法改正前の入居一時金に関しては「直ちに，本契約の初期償却条項や本件転居契約が公序良俗に反し，又は消費者契約法10条により無効であるということはできない」と謙抑的態度を示し，東京地判平成22年9月28日判時2104号57頁は，次のように述べ，死亡した入居者の遺族からの錯誤，消費者契約法9条，10条による入居金返還に関する主張を退けている。「①本件入居金の額，使途及び償却基準等は，いずれも東京都の有料老人ホーム設置運営指導指針に従ったものであり，被告は，これらについて届出をした上で東京都知事から事業者指定を受けていること，②原告が特に問題視する次の各点，すなわち，月額利用料（管理費，食費）及び毎月の介護費等とは別に本件入居金を徴収する点並びに一時入居金の20パーセントを契約締結時に償却する点は，いずれも上記指導方針がこれを前提とする内容の定めを設けていることがそれぞれ認められる。／そして，……被告は，本件入居契約を締結する際，原告に対し，①本件入居金1,365万円のうち入会金105万円は，利用者とその家族のための情報提供及び広報活動等に要する費用であること，②施設協力金105万円は，施設に関する設備の導入及び維持管理に伴う費用であること，③一時入居

えて厚生労働省令で定めるところにより必要な保全措置を講ずべき金額も，「500万円か又は返還債務残高のいずれか低い額」とする厚生省ガイドラインでは，事業者の元々の計算方法いかんで返還金低下の歯止めにならない可能性があることに留意すべきである。

## 第5 顧客の判断能力の相対的劣位・衰退など

　終身型の有料老人ホーム契約では，当然ながら契約当事者の一方（入居者）が相当の高齢者となる。このことは，他の一般の契約と比較して特殊な配慮を必要とする。入居者が，少なくとも入居契約時においてはなお充分な情報収集能力，判断能力，交渉力を有していると楽観することも適当ではない。さらに，加齢とともに，否応なく判断能力や活動能力の低下をもたらし，契約が終身であるとすれば，最終段階では，程度の差こそあれ誰もが無能力状態を迎えることが避けられない。当然ながら，入居者に要求される注意義務の程度は能力低下に応じて考慮されねばならないし，ホーム側が払うべき注意義務の程度は逆比例して高められる必要があろう（入居者の身体状況に応じたホーム側の安全配慮義務に関し，大阪高判平成25年5月22日判タ1395号160頁，横浜地判平成24年3月23日判時2160号51頁など参照）。入居者にしてみると，債権者としての立場で，受けるべき給付内容を吟味・交渉し，監視する能力や

---

金1,155万円は，一般居室，介護居室及び共用部分の利用のための家賃相当額に充当される費用であること，④一時入居金の額は，被告の初期投資額，入居者の年齢及び平均入居期間を考慮して算定したものであること，⑤一時入居金は，その20パーセント（231万円）を契約締結時に償却し，残りの80パーセント（924万円）を5年間（60か月間）で償却すること，⑥本件入居金は，契約締結時から90日以内に本件入居契約が終了した場合は，その終了原因が入居者の死亡であるか原告の解除通告であるかを問わず，支払済みの金員全額が返還されることについて，重要事項説明書を用いて説明をし，同説明書に原告の署名を得ていることが認められるのであり，また，上記各条項のうち一時入居金の償却について定めた条項……は，本件入居契約が被告の債務不履行により解除された場合や当初より無効であった場合についてまで，一時入居金の既償却分を返還対象外とするものとは認められず，……本件入居金は，契約締結日から90日以内に本件入居契約が終了した場合は，その終了原因が入居者の死亡であるか原告の解除通告（債務不履行による解除ではない。）であるかを問わず，支払済みの金員全額が返還されるものと定められているのであるから，一時入居金の償却は民法，商法その他の規定が適用される場合に比して消費者の利益を害するものではない。」との判断が見える。これらの具体の判断が，これで良かったかについては，おそらく見解が分かれよう。

自己の利益を防衛する能力が衰退していくわけであるから，これを後見的に補完していく制度的手当て，同時に，高齢者の財産管理能力についての配慮も必要になる。残念ながら，ここで成年後見制度や信託制度が，どこまで有効に機能するかは未知数であり，ここでは，これ以上立ち入ることを控えたい。

入居者の能力が衰退中であるという事実は，様々な方向で伝統的な考え方に対する修正を必要とする。入居者への義務づけは具体的注意義務を前提に必要最小限にとどめ，危険を一方的に転嫁しないこと，能力補充と支援体制（公的機関による後見制度）の充実が要求されることは既に述べたとおりである。今のところ，問題への的確な処方せんを提示することは困難であるが，せめて契約関係に入るまでに当事者には充分に納得のいく合意が形成されることが要請され，契約の確定的成立を強制的に遅らせてでも，入居希望者にホームでの生活の実態を十分に知ってもらってから拘束的関係に入るようにすべきである。その意味で，少なくとも2～3ヶ月程度の「体験入居」の義務づけ（いわゆる「90日ルール」）を徹底することによって，入居希望者にホームの生活の現実に近いイメージを与え，自身に適合しないホームでの生活からすみやかに撤退する可能性が制度的に保障されるべきである（望むらくは，四季を経験できる1年程度の体験期間のあることが理想である）。また，「入居一時金」についても，その初期償却はできる限り小さく押さえ（短期の初期償却は公序良俗にも反しよう。），入居一時金をとる場合にも平均寿命に至るまでの「前払金」部分及び「保険料」部分としての性格を明確化して徹底させ，それ以前での死亡時や退所時に清算することや，途中退所の場合は，なおさらに，後の生活のための資金として清算交付できるよう，資金利用・資金保全措置がとられるための確固とした法制度設計が必要であるように思われる。[9]

（東京大学大学院法学政治学研究科教授）

---

[9] 平成18年3月31日厚生労働省告示第266号が定める有料老人ホーム設置者等が講ずべき保全措置としては，①銀行等との連帯保証委託契約，②指定格付機関による特定格付が付与された親会社との連帯保証委託契約，③保険事業者との保証保険契約，④信託会社等との信託契約，⑤高齢者の福祉の増進に寄与することを目的として設立された一般社団法人又は一般財団法人との間の保全のための契約で，①から④に準ずるものとして都道府県知事が認めるものが挙げられているが，その実施状況はなお多くの高齢者住宅において十分ではない。

# 親族による財産管理と法的地位

冷 水 登紀代

## はじめに

　今日60歳以上の無収入の夫婦一世帯の生活費は，月約21万円必要であるとされている。[1] 老後に備えた資産を保有している高齢者であっても，仮に資産のない高齢者であっても，日常生活に必要な取引は一定程度あり，さらに不動産の管理に必要な事務を行ったり，心身の機能の低下に伴い介護・医療の契約を締結したり，場合によっては財産処分をするということも必要となる。そして，高齢時には，高度な取引をしなければならない場面があるにかかわらず，そのための判断能力が低下・減退していくことがままみられる[2]。
　2000年に施行された成年後見制度は，このような事態を想定して従来の旧禁治産・準禁治産制度の不備を解消し，より利用しやすい制度へと整備された制度である。それにもかかわらず，同時に施行された介護保険制度に比して[3] 利用が進んでおらず[4]，親族が介入する状況がみられる。

---

1) 総務省統計局家計調査年報（家計収支編）平成25年家計の概況31頁。
2) 平成25年6月25日厚生労働省老健局高齢者支援課認知症・虐待防止対策推進室説明資料1は，平成22年（2010年）の「認知症高齢者の日常生活自立度」Ⅱ以上の高齢者数は，280万人で，65歳以上人口に対する比率が9.5％を占めている。日常生活自立度は，ⅠからⅤランクに分類され，Ⅰは，何らかの認知症を有するが，日常生活は家庭内及び社会的にほぼ自立している，Ⅱは，日常生活に支障を来すような症状・行動や意思疎通の困難さが多少みられても，誰かが注意していれば自立できるかが基準となっており，日常生活自立度がⅡ以上になると，日常生活においても，誰かのサポートが徐々に必要となる。
3) 厚生労働省「介護給付費実態調査月報」（平成26年4月）では，介護サービスの利用者は要介護認定にある者だけで，3,775.0（単位：千人）となっている。
4) 最高裁判所事務総局家庭局「成年後見関係事件の概況―平成25年1月～12月」による

273

親族といっても配偶者と子，さらにそれ以外の親族では本人との関係性が全く異なる。夫婦は，法律上も，その生活に必要な費用は相互に分担する責任を負い（民760条），婚姻費用には通常の衣食住費や医療費が入ることから，[5] 介護に関する費用も入る余地はあり，[6] 日常家事について連帯して責任を負い，相互に代理権も有する（民761条）。[7] これに対して，子やその他の親族は，家族や近親者とはいえ日常生活を超えた事務については当然のことながら，日常生活に関する事務についての権限も法律上ない。それにもかかわらず，今日の日本社会では，明確な法律上の権限がない状態で法律行為を行っている場面はそれほど珍しいことではない。

このような法的に明確な権限がない親族による財産管理は，どのように位置づけられるのか。このような問題意識のもと，本稿では，高齢者の財産管理の問題[8] の中でも，親族がそれを行った場合の法的地位に焦点をあてて検討する。家族・親族による経済的虐待などの問題として取り上げられることが多いが，そのようなものは全体の一部であり，むしろ，良心的な財産管理をしている親族も多い。[9] 統計的にみても，同居・別居を問わず家族の支援を受けている者が多く，[10] 親族が介護サービスの利用者本人の契約に関与する

---

と，平成25年12月末での成年後見制度の利用者数は，176,564件である。
5) 我妻榮『親族法』106頁（有斐閣，1961），大村敦志『家族法〔第3版〕』63頁（有斐閣，2010）など。
6) もっとも，近年では，どのような医療・介護を受けるか，すなわち公的保険の範囲内での給付を受けるかどうかによりその費用が異なることから，夫婦の生活状況に照らしてその共同生活を維持する上で必要な費用ということになるのかどうかについて慎重に検討する必要がある。
7) 最判昭和44年12月18日民集23巻12号2476頁。
8) 第三者による「財産管理」と一口にいっても，その想定される場面が多様である。本人の預金通帳や印鑑，権利証（登記識別情報），有価証券等の保管，年金の受給とそれに必要な社会保険庁等への定期的な届出，生活に必要な金銭を銀行等の金融機関から払い戻し本人に渡すこと，公共料金の支払，生活に必要な法律行為の代理（介護サービス等の契約，医療契約，賃貸借契約等），法定代理人の場合の契約同意・取消権などが挙げられる（日本弁護士連合会法的サービス企画推進センター 遺言信託プロジェクトチーム『高齢者・障害者の財産管理と福祉信託』22頁以下（三協法規，2008））。
9)「家族の手によって良心的に介護されている痴呆性老人や障害者であっても，成年後見が必要とならないわけではない。なぜなら，金融機関等の取引相手方が，本人の判断能力や委任の有効性について疑念を抱くと，取引は成立しないはずであるからである」（水野紀子「成年後見制度」法学教室218号96頁（1998））との指摘がある。
10) 平成25年度厚生労働省「介護給付費実態調査の概況」によると，介護サービス利用者総数447,727.3千人のうち，居宅サービス利用者数31,679.2千人，居宅介護支援27,968.9千人，地域密着型サービス4,246.1千人に対し施設介護サービス10,834.0千人と在宅介護

機会が多いことが推察される。そのため，この問題は，今後の日本における福祉政策を決定していく上で，介護などの社会保障に関する契約の問題も含めて検討しておくべき課題であるとも考えられる。[11]

このような問題意識のもと，以下では，まず，親族に対する財産管理権・代理権の授与に伴う問題を検討し（第1），続いて，本人に意思能力がない状態において家族が必要に迫られて契約をする契約類型のうち特に多いと考えられる銀行取引と社会保障に関する契約について検討する（第2）。

## 第1 親族による財産管理と代理

### 1 親族に対する財産管理権・代理権の授与

#### (1) 委任（準委任）契約

老親が，子に対し自らの財産について管理させたり，処分行為するために代理させたいのであれば，その権限を子に与える必要がある。すなわち，財産管理のような委託をするためには，準委任契約を締結する必要があるし（民656条），任意代理権は，その発生を目的とする本人と代理人の間の法律行為（代理権授与行為）によって発生するからである。[12] そして，代理権授与

---

を選択している利用者が多いことが分かる。しかし，白澤政和『「介護保険制度」のあるべき姿』94〜95頁（筒井書房，2011）によると，介護保険制度のサービスだけでは，要介護にある高齢者にとって一人暮らしの在宅生活は難しく，実際，認知症高齢者の場合，火事の心配などの心配からケアマネジャーに施設入所を迫る近隣もいるなどとする。そうすると居宅介護サービスを受けている者は，同居・別居を問わず，親族等の支援を受けている者が多いと推察できる。

11) 核家族や単身世帯の増加を背景として，2000年に整備された介護保険制度導入時に目指されていた「介護の社会化」という流れと引き換えに，弱まっていた家族による支援を前提とする福祉政策の流れが，2012年に自由民主党が提案した憲法草案24条1項後段に家族の扶助義務が示され，同年8月に施行された社会保障制度改革推進法の基本理念に「自助，共助及び公助が最も適切に組み合わされるように留意しつつ，国民が自立した生活を営むことができるよう，家族相互及び国民相互の助け合いの仕組みを通じてその実現を支援していくこと」が謳われ（同法2条1項），今度は家族の支援「も」含めた政策実現に向け流れを変えるきっかけとなり，その後増え続ける社会保障費の増加を背景として，2014年の改革で要介護3までの者を居宅介護とすることで家族の支援をより強く要請するともとれる政策が打ち立てられた（後掲注63）参照）。そのため，今後親族による介護と介護保険契約にまつわる問題がより増加することが予測される。

12) 佐久間毅『民法の基礎〔第3版〕』237頁（有斐閣，2008）。代理権の授与行為の法的性質については，争いがあるところであるが，雇用，請負，委任などの契約によるとする見解が有力である（同書237頁）。

275

行為は，口頭の合意で行うこともでき特に書面による必要はないが，委任状の交付がされることも多く，ここには，本人名，代理人名，委任事項（代理権の内容）が記され，本人が署名又は記名・捺印する。このような証拠がなければ相手方から代理人であると信じてもらえないからである。[13]

しかし，日本社会において今日なお家族内で書面により近親者，通常配偶者や子などの親族に一定の事務や法律行為を委ねたり，自身の財産についての管理権を与えたりというようなことはほとんど見られない。むしろ委任の明確な意思表示とそれを証明する書面がない状態で，本人が自身の信頼する特定の親族にそれらの行為を「任せる」ことの方が多く，その内容も曖昧なことがある。しかし，このような曖昧なものであったとしても，その曖昧なものが，例えば委任契約類型に性質決定されるとするならば，その性質に着目して定型的な義務を設定する，すなわち受任者の善管注意義務（民644条）や報告義務（民645条）等の義務を導くことが信義則や公平などの諸原理によって可能となる。[14]

そうすると親族に任せた内容が曖昧であることが必ずしも問題であるとはいえないことが分かる。なぜなら，意思能力のある者は，親族に任せた事項が自らの意思に沿った形で行われているかを受任した親族に確認することができる。また，場合によっては，当事者は，いつでもその関係から離脱することができるため（民651条1項）。受任者である親族に対して不信を抱いた場合には契約を解除することもできる。さらに仮に契約に従った履行がされておらず，損害が生じているというのであれば，債務不履行に基づく損害賠償請求が可能となる。

もっとも，親族による財産管理が，本人により委任されたものでないと評価されるとするならば，その行為により本人のために有益な事務であれば，事務管理の諸規定に従うこととなる（民697条）。この場合，本人のために自己の名義で契約は可能であるが，本人を代理することはできない。ただし，事務処理に支出した費用の償還請求は可能である（民702条）[15]。また，親族が，

---

13) 佐久間・前掲注12) 237頁。
14) 大村敦志「現代における委任契約―『契約と制度』をめぐる断章」中田裕康＝道垣内弘人編『金融取引と民法法理』103頁（有斐閣，2000）。
15) 大村・前掲注14) 273頁。

本人のために行った代理行為については，代理権の授権に関する意思表示がない以上，表見代理が成立しない限り，本人にその効力は帰属しない（民113条1項）。

(2) **任意後見契約**

　財産管理等の契約を親族と締結したとしても，委任者に意思能力がなければ契約は無効である。[16] もっとも，委任者自らが契約の無効を主張することは困難であるため，親族の管理状況や代理行為に，他の親族が不審を抱いた場合に，その財産管理や代理行為をめぐって争いとなり得る。従来，このような問題は，相続開始後発覚することが多かったが，近年では，親族であるというだけで，金融機関等との取引をすることは難しくなっている。[17] そのため，親族の財産を管理する必要がある者は，本人の事理弁識能力に応じて法定後見制度である成年後見等の開始の申立てをすることになる。[18] 法定後見の場合，家庭裁判所が職権で成年後見人等を選任する（民843条1項，876条の2第1項，876条の7第1項）。これに対して，任意後見の場合には，受任者は，自らが選んだ受任者と契約することができる。任意後見は，本人の意思能力がある段階で，自らの事理弁識能力が不十分となった際の療養看護及び財産管理に関する事務を受任者に委託し，その委託に係る事務についての代理権を付与する契約を交わし（任意後見2条），登記をすることで（同条），本人の事理弁識能力が不十分となっている状況で，一定の者が家庭裁判所に任意後見監督人の選任を求め，家庭裁判所が任意後見監督人を選任することで開始する（同法4条1項）。ここで締結する任意後見契約は，受任者との契約において後見人を本人が選べるという点で，法定後見制度よりも本人の自己決定が尊重されるという側面をもち，他方で開始においては家庭裁判所が任意後見人監督人を選任し，任意後見監督人は，任意後見人を監督し家庭裁判所に定期的に報告をし，任意後見人に不正な行為等があるときには，家庭

---

16) 前田泰「意思能力の判定と本人の保護―財産取引に関する近年の判決の紹介と検討」小林一俊博士古稀記念論集編集委員会編『財産法諸問題の考察』47頁（酒井書店，2004年）など。
17) この問題については，後述する（第2，1）。
18) 馬場雅貴「成年後見業務における金融機関取引対応の現状」登記情報603号50頁（2012）。また，裁判例をみても安易に親族を成年後見人に選任しない（東京高決平成16年3月30日判時1861号43頁）。

裁判所が解任することができるなど（同法7条，8条），通常の契約とは異なる制度的側面が強い。[19]

もっとも，任意後見契約についても，本人の意思能力が低下した段階で，親族が本人の財産管理をするために締結することもあり，この契約の無効を求めて親族間で争いが生じている。[20]

近年，任意後見契約締結時には，意思能力があり，契約自体は有効としつつも，老親と同居してその財産を管理するとともに療養看護（に関する事務）をしていた親族が，財産管理の不適さや療養看護を事実上ほとんど果たしていないこと，さらに他の親族との対立が激しいとの理由から，任意後見契約に関する法律10条1項に定める「本人の利益のため特に必要があると認めるとき」に当たるとして任意後見は開始せず，他の親族の申立てにより法定後見開始を認めた大阪高裁平成24年決定がある。[21] この決定に対しては，任意後見契約に関する法律10条1項の定める任意後見契約が締結されていても法定後見が開始する「本人の利益のため特に必要があると認めるとき」に該当する場合を明らかにしたことなど意義が見いだされている。自己決定の尊重の観点から任意後見が法定後見に優先される制度設計となっているところ，契約締結から実際に効力が生じるまで時間の経過があり，その中で本人の状況に変化が生じるような場合には，本人の現状において本人の利益が積極的に検討されるべきで，具体的な事案ごとに本人の最善の支援の在り方を考慮し，任意後見と法定後見のいずれがそれに適うのかを同条をもとに判断すべきであるというのである。[22]

しかし，この事案では，任意後見契約において，契約が有効であるということは，財産管理を委ねる者は，本人の意思で選んだ者であるということで

---

19) 小賀野晶一「任意後見契約と任意後見人の権限をめぐる問題」野田愛子＝梶村太市総編集『新家族法実務大系2』550頁（新日本法規，2008），大村・前掲注14）105頁以下，特に107頁では，任意後見契約のこのような側面を強調し「監視システム付委任契約」としつつも，一般の契約との相違を過度に強調してはならないとする。

20) 公刊判例ではないが，本人が任意後見契約の無効の確認を求めて，親族が本人と任意後見人（弁護士）を訴えるケース（東京地判平成24年4月12日Lex/DB文献番号25493928）では，確認の利益がないとの理由で却下されている。

21) 大阪高決平成24年9月6日家月65巻5号84頁。

22) 羽生香織「本人の財産管理等をめぐる親族間紛争と任意後見制度優先の原則」月報司法書士501号62頁，65頁以下（2013）。

ある。このような当事者の意思を，裁判所が，契約の効力は否定することなく，任意後見人を排して法定後見人が選任される理由として，同法10条1項の「必要性」から導く場合，不十分とはいえ本人の意思能力があることが前提で，経過している同居期間の状況だけをみて，(i)財産管理が適切でないことに加え，(ii)療養看護を施設にほぼ任せていること，(iii)親族間でもその者に対する不信がある，という理由を掲げている点で疑問が残る。確かに(i)については本人のためではない支出がみられるが，任意後見契約の場合，効力が生じた後は任意後見監督人の監督を受けることになる。また，受任者に善管注意義務違反や不法行為に当たる事由があるのであれば損害賠償請求をすることで事後的な救済も可能である。(ii)については，この間，本人は要介護度は上がっているとはいえ，同居する受任者のところで，介護保険上の支援を受けながらの生活を受け入れている。この事案で問題視された居宅介護の場合に，親族の負担軽減から利用されるデイサービスとショートステイを併用した方法といえ，少なくともケアマネジャーの作成したケアプランに従ったものといえる。第三者後見であれば，施設での介護は違和感なく行われており，本件では，子がそのような形での介護をしていたから，その他の事情と合わせると療養看護を任せることはできないと判断した可能性を含んでおり，このような司法の判断がされれば，家族が後見人になる場合には療養看護の義務までが入ってくる危険性もはらむことになるからである[23]。(iii)については，他の親族の不信を考慮することは本人の自己決定を阻む可能性もある。本件は，(i)から(iii)に加え，任意後見と法定後見は制度上競合した利用ができないことから，法定後見につなげる判断をしたと思われる。一度選任された法定後見人がその者の意思に反する変更の可能性があるのは，後見人に不正な行為や，著しい不行跡その他後見の任務に適しない事由がある場合（民846条）か，後見人に欠格事由が生じた場合である（民847条）。同様に，後見開始のために任意後見人監督人が選任されない事由が，任意後見契約に関する法律4条に定められており，このような事由が生じた限りで任意後見人を解任するという判断もあり得るのではないかといえる。

---

[23] 成年後見制度の立法解説には，民法858条では，後見の「事務」は法律行為を指すのであって，事実行為を含まないことが明確にされたと説明されている。小林昭彦＝大門匡ほか『新成年後見制度の解説』142頁（金融財政事情研究会，2000）。

## 2 親族による無権代理・表見代理
### (1) 社会的背景

　繰り返しになるが，日本社会においてはなお，代理権授与行為や財産管理の委託がなかったとしても，親族による代理や財産管理が行われ，本人やその他の親族が争わない限り，その契約に対してコントロールが及ばないことが多い。このような事態が生じる背景には，かつては家制度のもとで行われていた弱者である高齢者の世話を戦後も近年に至るまでは親族が引き受けていたため，その弱者の財産の管理もその親族が，ごく自然に引き受けていたというような事情がある[24]。そして認知症等で意思能力を欠く場合の財産管理についても，2000年に現行成年後見制度が整備される以前の戦後の禁治産・準禁治産制度のもとでは配偶者がいれば配偶者が後見人となり（旧民840条）（法定後見人），法定後見人がいない場合には家庭裁判所が一定の者の請求により後見人（選定後見人）を選任するものとされていた（旧民840条）。この制度のもとでは，現実には配偶者自身も高齢などの理由で後見人の任務を果たすことができない状況など問題も多く[25]実際の利用が進まない中，家族による財産管理という側面が強かった。このような社会状況，法状況の中で，事実上，親族が高齢者の財産を管理し，処分することを日本社会は受け入れていたようである。

### (2) 無権代理

　民法上，ある者が代理権がない状態で行った代理行為は無権代理であり，

---

[24] 長男は親がそれまで築いた資産を承継する代わりに，老親と同居し世話・介護をする。家を出た兄弟姉妹は，相続時に相続財産の放棄をしたり，遺産分割で名目的な取り分に甘んじることも，特に不平等なことではなく（水野紀子「高齢者の介護と財産管理」全国社会福祉協議会地域福祉部『高齢者介護への提言』130頁（第一法規，1995）），高齢者の財産管理については，かつての農村における，同居して家業を共同する大家族では，個人財産と家族財産は混同され，相続は無償労働の対価として機能し，個人は家族に埋没した。そして村落共同体の規範が家族の逸脱を抑制する機能を持っていた。このような家族における高齢者の保護機能を今日の家族に求めることができないとする（同書140頁）。

[25] このほか，要件が厳格であるため比較的軽度の障害では保護を受けられない，禁治産者の法律行為は全て取消しになる一方で，保佐人には同意権・代理権がないなど保護の実効性が乏しく，被後見人，被保佐人になると戸籍に記載されるため差別的な偏見も少なくなかったなどの指摘がある（於保不二雄＝中川淳『新版注釈民法(25)　親族(5)〔改訂版〕』243頁〔於保・中川〕（有斐閣，2004），その禁治産・準禁治産制度の問題点については，小林＝大門ほか・前掲注23）9頁以下。

本人が追認をしなければ，本人に法的効力は生じない（民113条１項）。また，本人に意思能力がなければ，代理人に代理権を与えることはできないため，やはり代理人が本人のために行った行為は，無権代理となる。

　ところで，意思無能力者の親族が，後見人の選任前に無権代理行為をし，その後他の親族が後見人に就職した場合には，就職した後見人は，原則として，本人の財産上の地位に変動を及ぼす一切の法律行為につき代理権を有し，無権代理人によってされた法律行為の追認権・追認拒絶権もこの代理権に含まれる。したがって，「後見人は，禁治産者との関係においては，専らその利益のために善良な管理者の注意をもって右の代理権を行使する義務を負うのである（民法869条，644条）から，後見人は，禁治産を代理してある法律行為をするか否かを決するに際しては，その時点における禁治産者の置かれた諸般の状況を考慮した上，禁治産者の利益に合致するよう適切な裁量を行使してすることが要請される。」とし，追認拒絶することも可能であると解されている（最判平成６年９月13日民集48巻６号1263頁）。しかし，この最高裁平成６年判決は，以下のような信義則上制限される可能性も示唆する[26]。すなわち，「相手方のある法律行為をするに際しては，後見人において取引の安全等相手方の利益にも相応の配慮を払うべきことは当然であって，当該法律行為を代理してすることが取引関係に立つ当事者間の信頼を裏切り，正義の観念に反するような例外的場合には，そのような代理権の行使は許されないこととなる。」とする[27]。

　この判例の処理は，一定の近親者等の意思表示が法定代理人の意思表示に準じて扱われる余地を残したものといえる。このような例外的な余地が認め

---

[26] 最判昭和47年２月18日民集26巻１号46頁では，無権代理人が後見人に就職した場合には，信義則上，無権代理行為について追認拒絶できないとされていた。
[27] 最判平成６年９月13日民集48巻６号1263頁は，「禁治産者の後見人が，その就職前に禁治産者の無権代理人によって締結された契約の追認を拒絶することが信義則に反するか否かは，(1)右契約の締結に至るまでの無権代理人と相手方との交渉経緯及び無権代理人が契約の締結前に相手方との間でした法律行為の内容と性質，(2)右契約を追認することによって禁治産者が被る経済的不利益と追認を拒絶することによって相手方が被る経済的不利益，(3)右契約の締結から後見人が就職するまでの間に右契約の履行等をめぐってされた交渉経緯，(4)無権代理人と後見人との人的関係及び後見人がその就職前に右契約の締結に関与した行為の程度，(5)本人の意思能力について相手方が認識し又は認識し得た事実，など諸般の事情を勘案し，右のような例外的な場合に当たるか否かを判断して，決しなければならないものというべきである。」とする。

られるのは，成年後見制度の一部前倒し的要素が強いからであると説明されている。[28] まさに成年後見制度の趣旨に従っている。そのため，本人保護の観点からも当該行為を「無権代理行為」として，あえて無権代理行為を行った後見人に追認拒絶の機会を与える必要はないのかもしれない。しかし，今日みられる親族による事実上の後見人の場合，経済的虐待とまではいえなくとも，必ずしも本人のために代理行為をしていないような事案も見受けられる。このような場合に，信義則上，追認拒絶を制限する可能性を残すのは，相手方の保護には繋がるが，事実上後見人となった者が本人のために追認拒絶をする可能性を閉ざしてしまい，何ら落ち度のない本人がその責任を負担しなければならない状況となるため，後見人に就職した時点でいずれの者にも追認拒絶権があると解する余地があるといえる。

### (3) 表見代理

また，上記の最高裁平成6年判決の立場は，表見代理の成立の場面との比較においても，本人保護の観点が後退しているといえる。すなわち，表見代理は，表見代理が成立するためには，本人が代理権授与表示をした場合（民109条），本人が基本代理権を与えた場合（民110条），本人が与えた代理権が消滅している（民111条）場合，表見代理の基礎となる代理権を与えた本人の帰責性を前提として，その代理権を信頼した第三者を保護する制度である。本人が親族に対し基本代理権を与え，代理人がそれを超えて第三者と法律行為をした場合に，第三者が民法110条の表見代理の成立を求めるには，第三者に代理権があると信ずるべき正当事由が必要である。[29]

しかし，自称代理人と本人との間に親族関係がある場合には，自称代理人に代理権があるかのような事情があっても，第三者は本人に代理権を確認していなければ正当事由がないとされている。[30]

---

28) 河上正二「意思無能力者の署名を代行するなどした配偶者の不法行為責任」私法判例リマークス27号7頁（2003年・下）。
29) 最判昭和31年9月18日民集10巻9号1148頁では，本人の不在中本人の実印を所持していたことや，本人と無権代理人の妻同士が姉妹で，本人の不在中の財産管理を委任されていたなどの事情があったし，また最判昭和31年5月22日民集10巻5号545頁では，長男が高齢の父に代わって家政を処理していたこと，長男が以前に同一の相手方に父所有の山林を売却した事実があることなどの事情があり，相手方が売主の家に出入りしている者であれば，売買の事実について売主である父に確かめなくてもよいとされている。
30) 最判昭和27年1月29日民集6巻1号49頁，最判昭和36年1月17日民集15巻1号1頁。

(4) 署名の代行

　日本では，親族，とりわけ夫婦間や親子間では，署名の代行が一般になされている。この署名の代行についても，その効力や法的意義について，これまで十分な検討が行われていない。[31] この場合，契約の相手方と第三者が認識しているのは，署名代行者ではなく，契約書に記載された者，すなわち本人であるが，契約書の作成が第三者の面前でされてない場合には，本人が署名したかどうかがそもそも問題となる。そして，本人が署名したのではない場合には，署名代行者が本人に指示されて代理署名したのでない限り，本人には契約の効力は及ばない。

　しかし，署名代行者に基本代理権を与えていた場合や夫婦間での日常家事に当たり代理権がある場合（民761条）には，この代理権を基礎とした表見代理の成立が問題となる。判例は，本人が印鑑証明書の交付申請代理権を授与し実印を預けていた事案において，印鑑証明書が行為者の意思確認手段として重要な機能を与えており，特段の事情のない限り本人の意思に基づくものと信じることに正当理由があるが，相手方が代理人の行為について疑問を抱いていたり，重大な効果をもたらす法律行為である場合（この事件では根保証契約）に，本人が記名捺印するのを現認したわけでもない相手方としては，単に代理人が持参した本人の印鑑証明書を徴しただけでは，本人の意思に基づいて作成され，契約の締結が本人の意思に基づくものであると信ずるには足りない特段の事情があるとして，表見代理の成立を否定している。[32]

　このようにみてくると，判例に従うと，署名代行の場面でも，取引の相手方は本人への意思の確認が求められ，表見代理による保護を受ける場面は，限定的な場面ということになる。

　なお，このような場面では，取引の相手方は，代理人に対して民法117条の責任や不法行為責任を求めることになるが，相手方が，本人に対して意思の確認を怠った場合には，過失相殺がされる。[33]

---

　　最判昭和39年12月11日民集18巻10号2160頁，最判昭和42年7月20日民集21巻6号1583頁。
31）河上・前掲注28）8頁。
32）最判昭和51年6月25日民集30巻6号665頁。
33）母親が，知人の経営する会社の債務を担保するために，子に無断で署名をしていた事例である（東京地判平成11年9月24日金判1079号44頁）。また，意思無能力者の署名を代行して，銀行との間で，担当者の面前で消費貸借契約を締結した配偶者についても不

## 第2 意思無能力時でも必要となる契約

　第1では，高齢者の財産に介入する親族に法律上の明確な権限を与える場面と明確な権限がない場面において，民法上どのような処理がされてきたかを検討してきた。以下では，第1での検討結果を踏まえ，高齢時，しかも意思能力がなく，また成年後見人等も選任されていない状況の中で，必要に迫られる取引の一つである銀行取引，さらに介護保険に関する契約，診療契約について，検討していく。[34]

### 1　銀行取引

　銀行での預貯金の管理・解約は，高齢者を支える親族にとって高齢者の生活を維持するために必要な行為となり得る。もし，この行為ができなければ，親族の生活を圧迫しかねないからである。しかし，上記「第1の2(2)(3)」で検討したように，意思無能力者の親族が，本人の代理人として銀行取引に介入した場合，判例は表見代理を認めることには否定的で，また仮に表見代理が成立したとしても過失相殺を問題とする。そこで，銀行等の金融機関では，本人以外の「代理人との取引」について『銀行窓口の法務対策3800講Ⅰ』では以下のような対策を講じるよう説明されている。すなわち，「必ず本人作成の委任状や代理に関する届出（継続取引の場合）を受け，本人の代理権授与の意思および代理権の範囲を明確にしたうえで取引を行う。本人の意思確認が書類だけでは不十分であると考えられる場合は，電話や書状，訪問等による照会を行うべきである。正当な代理人の行った取引の効果は，法律上本人のものとなる」としており，無権代理の場合の追認可能性や仮に表見代理

---

　　法行為責任が肯定されたが，銀行側が本人の意思能力に疑問があったから配偶者に確認書を要求しそれを受領していることから慎重に対応していれば金員支出という損害が回避されたとして過失相殺がされている（東京高判平成14年3月28日判時1793号85頁）。
34）最高裁判所事務総局家庭局が公表する「成年後見関係事件の概況—平成25年1月～12月」によると，成年後見制度の申立ての動機として，預貯金等の管理・解約が最も多く（28,108件），次いで介護保険契約（施設入所等のため）（12,162件）となっている。医療契約をここで取り上げているのは，医療に関しては緊急性が高く成年後見開始の申立てをするまでもなく親族等の近親者の同伴により行われており，またこの分野における議論が豊富であり，介護保険に関する契約を分析する学説においても参照されているからである。

*284*

となり得る場合でも善意無過失の場合でしか保護を受けられないことから，「プロである銀行の善意無過失という微妙な判断となる救済規定に最初から保護を求めるのは妥当でない。本人と代理人との関係に不審な点がある場合は，決して形式に流れず，担当者が納得いくまで確認努力をすべきである」とする[35]。

本人の意思能力が問題となる場面では，「本人と面談して，直接，意思能力を確認すべき」であるとする[36]。

このようなマニュアルどおりの運用がされれば，夫婦や子であっても代理権が証明されなければ銀行としては疑念を抱くため取引はできず，本人の預金を銀行の窓口において出金したり，口座の解約をすることは難しく，そのため成年後見の申立てが必要となるということになる[37]。もっともATMからの出金には，出金する者が暗証番号を知っていることが前提となるため，本人からの委託があるといえ，仮に本人の望まない取引があったとしても，表見代理の範囲に収まる可能性も高いといえる。もっとも，出金が，適切に行われていなければ代理権の濫用や不法行為に繋がる。

このように銀行取引の場面では，親族による代理とはいえ特別な位置づけはなく，民法の一般的法理が妥当するため，それに従った運用が目指されている。

## 2　社会保障に関する契約
### (1)　介護保険に関する契約[38]

介護保険に関する契約は，要介護者がどのようなサービスをどこで受けるのかによりその内容は様々であるが，以下では，利用者の割合が多い居宅介護支援を目的とした介護保険に関する契約と家族の関与の問題について検討する[39]。

---

35) 五味廣文ほか監修『銀行窓口の法務対策3800講Ⅰ』385頁，387頁（金融財政事情研究会，2009）。
36) 五味・前掲注35) 383頁。水野・前掲注9）の指摘を踏まえての対応といえる。
37) 五味・前掲注35) 376頁以下参照。
38) 介護保険は，高齢化社会における介護ニーズに応えるために従前行われていた行政による「措置から契約へ」と転換された社会保険方式を採った制度である。
39) 内閣府平成26年版高齢社会白書（全体版）（厚生労働省「介護給付費実態調査月報」（平成26年1月審査分）資料）によると，要介護度が上がるにつれ施設利用者が占める

訪問介護サービスを受給したい高齢者（要介護者）は、私的なサービスを事業者から受けるのではなく、介護保険制度を利用した公的給付として訪問介護サービス（家事支援など）を受けようとする場合、まず市町村に申請し、要介護認定（1〜5）[40]を受け、居宅介護支援事業者との間でケアマネジメント契約を締結し、ケアマネジャーにケアプランを作成してもらい、それに従い（セルフプランも可能である。）、必要なサービスを、自己の選択する指定居宅サービス事業から受ける（介護保険法41条3項）ことになり、「指定居宅サービス」を提供する事業者との間で、契約を締結することになる。各種サービスの費用の額の算定基準を「介護報酬」といい、算定上それぞれの給付費は「単位」で表示され（1単位10円）、サービスの種類と地域区分により定められた割合を乗じた額を、審査支払機関である国民保険連合会に請求し、保険者から介護報酬のうち9割の支払を受け、利用者に対して1割の支払を受けることになる。[41] なお、2014年の介護保険法改正により一定以上の所得のある利用者は、2015年8月より2割負担となる。

この契約締結に当たり、事業者がその契約内容を説明することになるが、その説明の相手方は、「利用申込者又はその家族」である（指定居宅サービス等の事業の人員、設備及び運営に関する基準（以下「運営基準」と略称する。）8条1項）。どのようなサービスが提供され、どの程度の費用負担が生じるかについても、「利用者又は家族」に対して説明をし、利用者の同意を得ることになっている（運営基準20条3項）。サービスに関する苦情は、「家族」からであっても利用者と同様に適切な処理をするよう定められており（運営基準36条1項）、事故後の連絡についても「家族」が連絡の受け手となってい

---

割合が高くなるとはいえ、要介護者のうち居宅サービスを利用している者の割合が71.0％、施設サービス利用者の割合が24.1％となっており、通常意思能力は段階的に低下することから、契約時には居宅介護サービス契約を締結している利用者が過半数を超えている。また、要介護者の続柄では、6割以上の者が同居している人でありその内訳は配偶者が25.7％、子が20.9％、子の配偶者が15.2％となっており、配偶者や子の契約への関与の可能性が高いといえる（厚生労働省「国民生活基礎調査」（平成22年）資料より）。また、前掲注11）参照。

40) 要支援1・2と認定される場合には、地域包括支援センターでケアプランの作成、相談などが受けられる。予防給付の一部は、2017年4月までに地域支援事業へと移行される。

41) なお、ケアプランの作成料は、10割が保険給付である（安藤秀雄＝栗林令子『2013年版 すぐに役立つ公費負担医療の実際知識』248〜251頁（医学通信社、2013）。

る(運営基準37条1項)。このように,家族は代理権がなくとも利用者本人ではないが,契約においては一定の役割を果たすことが要請されている。契約内容や費用負担の説明がされるのは,事業者側からすると,本人の在宅介護を担う家族のニーズに応じることが本人のニーズに適うことに繋がる。さらに,本来本人が十分に理解して契約を締結しなければならないが,本人がサービス内容や費用の細かい点について理解が十分でない場合でも,家族にそれを説明しておくことで,後のトラブルが防げるなどの事実上のメリットもあるといえる。

　しかし,それとともに,サービス内容に関して,利用者の苦情の代弁だけでなく,利用者が苦情を言っていなくても,家族の視点から苦情を述べる機会が設けられていることから,事業者は家族とも契約の履行に当たり紛争の防止に努めることが期待され,その期待に沿わない問題が生じた場合に事業者と家族間でのトラブルに発展する可能性も否定できない。

　さらに介護事業者が作成するモデル契約書に,契約当事者として「利用者」ないし「契約者」とあるほか,署名を求める対象者として,「代理人」,「署名代筆者(本人の身体の状況等により署名ができない場合を想定)」あるいは「立会人」などの欄を設定し,家族が契約に加わることを想定したものとなっており,契約の当事者性について,混乱がみられる。[42]

(2) 医療契約

　医療についても,患者が医療機関から自由診療を受けることもできるが,多くの場合は,社会保険診療を受けるため,その医療給付を行った医療機関は,そこで費用のうちの一部を患者に請求し,その他は,国民健康保険連合会等の審査支払機関に診療報酬の請求をし,保険者から診療報酬の支払を受けることになる。[43] 医療機関(医師)は,医療を行うに当たり,医療関係法上指定された療養給付を行わなければならず,これらの諸規定には,一定の上限が定められている。一定の治療を除き,ある治療方法が保険診療となる療法と先進診療であり自由診療である療法とを併用するいわゆる「混合診療」

---

[42] 本澤巳代子「介護保険サービスの利用契約等に関するアンケート調査」新井誠ほか編『福祉契約と利用者の権利擁護』66頁(日本加除出版,2006),三輪まどか「介護契約と利用当事者——利用契約書から見る契約当事者——」新井ほか編前掲書100〜105頁参照。
[43] 前田和彦『医事法講義〔新編〕』114頁以下(信山社,2011)。

が行われた場合，保険診療に相当する部分について保険給付が受けられるかについて，近年の判例は，保険給付を行うことができないとする。[44]もっとも，医師が患者に提供する検査・治療と診療報酬の適性は，診療報酬を審査支払機関に請求する際，診療報酬明細書（レセプト）を添えることで審査され，仮に医療保険規制の上限を超える医療がされたとしても，それが医学的に必要であったとの説明ができれば減額査定されないことも多いとのことである。[45]

医療関係法上，医師と患者との関係は，医師は，正当な事由がなければ患者の診察治療を拒絶できないと規律する（医師法19条1項）が，保険医療機関には，領収書等の交付義務（保険医療機関及び保険医療養担当規則5条の2）や証明書等の交付義務はあるが（同規則6条），公的介護サービスの利用の際に介護事業者に義務付けられているような文書の交付義務はなく，私法上の契約関係が明確に規律されているわけではない。また，医師は，医療提供に当たって，患者を入院させる場合には入院の原因となった傷病名や治療方針などを記載した書面を作成し，患者又は家族に説明することに努めなければならない（医療法6条の4）。処方せんを交付する場合にも患者又は現にその看護に当たっている者に交付しなければならない（医師法22条）という法形式で，「患者又は家族/現にその看護に当たっている者」に対する義務が定められているにすぎない。

### (3) 社会保障給付における当事者

(2)でみたように患者が社会保険による診療を受けた場合について，私法上どのような関係になるかは明確な規律がない。しかし，患者が社会保険を利用した診療であったとしても，私法上は，医療機関は，診療契約[46]に基づき医療を提供し，契約の相手方は，患者が意思能力も行為能力も有する場合にはその患者本人であることに今日異論はない。しかし，患者に意思能力・行為能力がない場合に，誰が契約当事者となるのかということについて，(i)

---

44) 最高裁平成23年10月25日民集65巻7号2923頁。混合診療に当たる場合には，自由診療として100％患者負担とすることも考えられるが，現実には，大半の医療機関が保険診療の枠を超えた部分を実施しなかったことにし，無償で医療機関が提供しているとする（米村滋人「公的社会保障給付と私的契約」水野紀子編『社会法制・家族法制における国家の介入』101頁脚注21（有斐閣，2013））。
45) 米村・前掲注44) 104頁以下。
46) 診療契約の法的性質論についても，準委任契約説，請負契約説，無名契約説の対立があり，通説は準委任契約説とされている。

法定代理，(ii)第三者のためにする契約，(iii)不真正第三者のための構成，(iv)事務管理のいずれの構成をするかで議論が分かれている。[47]

　介護サービスについても同様の問題は生じる。介護保険の利用に当たり，本人が契約を締結できるだけの意思能力が欠いていれば無効となるはずで，[48]給付を行う緊急性がないのであれば成年後見人等の選任をすることも可能であるが，[49]親族が契約を交わしていることも多い。しかし，介護サービスを利用するためには，(1)でみたとおり，介護保険関連法規により明確に契約を締結することが規定されている。

　そのため，このような場合に，本人に意思能力がない状態で親族の行った行為は無権代理となるのか，あるいは無権代理とは構成せずに，法的効果を与えるのかについて，①無権代理構成と構成する立場と，②福祉契約の理念から，契約当事者については，「緩やかな意思表示」があれば契約の効力を認めるのが適合的であるとする見解がある。[50]②の見解は，契約者本人が，

---

47) この分野に関する論稿は，新美育文「診療契約論では，どのような点が未解決か」椿寿夫編『講座・現在契約と現代債権の展望6』247頁以下（日本評論社，1991），野田寛『医事法（中）』371頁以下（青林書院，1987）など枚挙にいとまがないが，近時のものとしては，米村・前掲注44）では，医療契約の法的性質の問題と当事者の問題を整理した上で，医療契約に影響を与える公法上の規制と私法契約との関係を分析する。
　なお，本稿が対象とするのは，あくまで契約者の問題であり，医療決定者の問題には立ち入らない。
　この構成に対しては，(i)につき，親権者や後見人などの法定代理人がいない場合には，契約締結できないという不合理があり，(ii)につき成年者であれば意思能力が回復すれば受益の意思表示が可能であるが，意思能力がない者については，弱点となるとの指摘がされている。また，(iii)についても医療機関への同伴者が親権者であれば債務の負担をしなければならないが，その他の家族やまして他人が同伴した場合にはこの構成は採りにくい。(iv)については，同伴者と医療機関との間に診療契約が成立し，診療は同伴者の事務管理として患者本人に及ぶとする構成と，医療機関の患者に対する事務管理が成立するとする構成があるが，詳細は上述した論文等を参照されたい。
48) 大阪府社会福祉協議会による「成年後見支援」に関するQ&Aでは，本人に契約締結の判断能力がなければ，家族やその他信頼できる人による代理は，法的には何ら代理する権限はなく，それらの人とした締結は，「無効な契約」となるとする。さらに，「家族による契約書への署名なども，「法的には意味はありません」と説明する。
49) 利用者が実質的に事業者と対等に交渉し得るように，立法論的には，後見人の関与を必須化することや，関与していない場合には解除することができるものとすることが考えられ，これに関係して，契約書の条文数につき，介護保険制度と支援費制度のもとではそれを利用者の理解に応じて限定することも1つの工夫である（笠井修「福祉契約と契約責任」新井ほか編・前掲注41）23頁。
50) 平田厚「福祉契約に関する実務的諸問題」新井誠ほか編・前掲注41）50頁以下では，福祉契約においては，以下のような視点から検討すべきとする。すなわち「①社会福祉

289

「何から何まで自分で決める」という決定度を意思表示で問題とはせず，「おかしなものは決めない」という許容度を意思表示の問題とする。この見解に従うと，高齢者に「一定の」介護サービスを受ける意思がある場合には，意思表示があったということになるのである。そして，その意思表示により「おかしな」契約にならないように，事業者側の情報提供義務や説明義務が重視されることになるという。

①のように，このような行為を無権代理と考えた場合でも，本人と事業者との間で効力は生じないが，無権代理人と事業者との間では契約が成立し，本人に給付がされる。しかしながら，この場合になぜ介護保険給付により，無権代理人である家族の債務が弁済されるのかという法的根拠は問題となる[51]。また，②については，できる限り本人が契約を締結したと擬定するだけであり，本人が何らかの意思を表明できない状態においては説明がつかない。

本人に一定の判断能力がある，すなわち意思能力がある状態では，本人による契約締結ができるので親族はあくまでせいぜい本人の意思を代行するにすぎない。ここで問題となるのは，意思能力を有しない者のために，親族が契約を締結した場合の構成である。

この場合に，無権代理とはせずに，上記の医療契約における議論をもとに，契約の効力を認めるものがある。すなわち，(i)代理，(ii)第三者のためにする契約，(iii)不真正第三者のためにする契約，(iv)重畳的契約による構成とその問題点を指摘し，(v)本人のみならず親族等の介護負担の負担軽減であり，自己と他者のためにする契約と構成すべきとする[52]。ただし，(v)の構成には，契

---

基礎構造改革によって，利用者が措置の対象から契約の主体へ位置づけられたこと，②契約の主体となるには，保護理論ではなく自己決定理論が必要であること（パターナリズムから自己決定へ），③従来の契約理論において擬定された人間像はフィクション性が強く，人間像自体を変容させなければならないこと，④したがって，緩やかな意思表示に基づく修正された意思主義とも言うべき考え方が適合的であること（意思主義の復権），など」である。

51) 本沢巳代子「介護保険サービスの利用契約等に関するアンケート調査」新井ほか編・前掲注41) 66頁では，本人の判断能力が落ちている場合に，家族にも代理権授与がないのが一般であるから，無権代理として訪問介護契約の当事者は署名した家族となるのか，判断能力がない者がした契約として契約が無効になるかのどちらかで，訪問介護事業者が事務管理として要介護者に訪問介護サービスを提供しているのかが問題となり，さらに，事務管理をした事業者の費用償還請求＝事業者による介護報酬の代理需要といえる法的根拠が問題となるとする。
52) 三輪まどか「介護契約と利用当事者——利用契約書から見る契約当事者——」新井ほ

約者は，利用者本人であるとしつつ，契約の趣旨に本人のみならず親族等も含まれることを意味するとする。しかし，この構成に立った場合，結局，利用料の負担者は，本人なのか親族なのか，あるいは両者が併存して負担するのかという問題を残すことになる。

### (4) 福祉契約の特殊性

近年，診療契約や介護サービスに関する契約などの「社会福祉事業において提供されるサービスを利用するための契約」を福祉契約[53]と呼ぶことがあり，このような契約類型につき，他の契約とは異なる解釈の可能性があることを次の2つの説が指摘する。

#### ① 制度的契約説

従来，介護サービスは，社会保障制度を通して給付されていたが，措置から契約へという改革のもと，介護保険契約上のサービスは，契約を通して提供されることになった。このような制度を通じて提供される財やサービスが，民営化の中で契約を通じた提供に転換されたが，ここでの契約には当事者の意思が支配する領域は限られている。つまり，介護保険に関する契約は，給付決定は行政行為とされ，ここで決定される契約内容も当事者ではなくケアマネジャーが利用者の専門的見地から社会的に評価された「必要性」に応じて決定した内容で，給付決定の基準も一定の客観的基準（省令等）に従い[54]公平・平等に行われる。この契約は，純粋な意味での私法上の契約とは異なる。このような契約の特徴から，「制度的契約」と呼び，他の取引上の契約とは区別する[55]。

#### ② 裁量・客観的基準説

①の制度的契約説に対しては，この説が企図する契約締結における個別交渉排除[56]について疑問を投げかける説がある。この説は，特に医療契約を制度的契約と捉えることは，医療保険関係の法律関係を契約に取り込んで考える合理性はあるとはいえ，個別交渉による変更が完全に排除されることに

---

か編・前掲注41）97頁，(i)から(iv)の問題点については，特に111頁以下。
53) 小西知世「福祉契約の法律関係と医療契約」社会保障法19号99頁（2004）。
54) この点については上記(1)で概略を示した。
55) 内田貴『制度的契約論―民営化と契約』62〜63頁，67頁以下（羽鳥書店，2010）。
56) 内田・前掲注54）51頁。

なり，契約の硬直化を招くおそれがあると指摘する。この説は，約款論で用いられる解釈と同様に，医療保険関係の規制に，医療水準の内容を読み込むことを通じて私法上の医療契約の内容を決定すべきであるとする[57]。

③ 検　討

以下では，上記①②説が，介護保険法の適用の場面で，どのような違いをもたらすかを検討する。

①説は，介護保険契約の公的側面をより強調することで，契約内容や基準は客観的に必要な範囲で定められることから，当事者の意思が支配する領域が限定されるとする。しかし，公的制度の側面を強調し，限定されているとはいえ当事者の意思が契約の中核となる。

介護保険関連法規で本人と並んで重要な位置づけにある家族は，その「限定された意思」しかもたない本人が契約をすることを支える位置づけで，本人の意思能力が限定的なものでも家族の支援において契約の締結が可能となる。つまり，契約内容等は，本人の意思に加え関連法規により位置づけられた家族や契約締結の相手方である専門家との協力的な関係で形成されるということになる。なお，①の考え方に従うと，介護保険法が適用され，保険給付としてサービスを受けられるのはあくまでも要介護認定により定められた支給の限度であり，この範囲を超えた給付を受けた場合には，超えた部分については全額自己負担となる。すなわち超えた部分について，私法上の効果をもたらすことになる。混合診療が，一部の指定された療法を除き無効となる医療契約とは異なる。

しかし，他方で，介護保険法の給付のみでは，在宅での単身生活は困難で，介護保険施設への入所をせざるをえない現実がある[58]。このような場面で，本人が在宅生活を望み，他方ケアマネジャーもそれが本人のためになると判断するのであれば，本人が在宅での生活を継続できる必要なサービスを定められた支給限度を超えてケアプランに盛り込むことができ，それが保険給付の対象となるのであれば，介護保険法1条が目的とする要介護者の尊厳により適う運用となる[59]。個別交渉の余地を福祉契約においても残している②説は，

---

57）米村・前掲注44）111頁以下。
58）白澤・前掲注10）参照。
59）平成26年版高齢者白書（全体版）（内閣府「高齢者の健康に関する意識調査」（平成24

このような可能性への途を広げることとなる。なお，②説は，①説とは異なり，定められた支給限度の枠を超えた交渉の余地を認めていることから，制度的コントロールが弱まるため①説以上に契約締結において当事者の意思の明確性が求められているのではないかと考えられる。契約における家族の介入は，①説同様に本人を支援する位置づけに据えられるとはいえ，①に比してその介入の程度は低下すると考えるのか，逆に個別交渉をするためには①以上に家族の支援が必要であると考えるのかについては，なお検討を要する。

　上記のように，①②説を前提に，介護保険契約における本人の意思と家族の位置づけをみたとき，契約の締結の前提として，「本人にその意思が最低限あること」が求められることが分かる。医療保険関連法規が，明確な契約構成をとらず，他方，介護保険関連法規が契約構成を明確に示し，緊急的な場面でのみ措置を認める制度設計をしていることからもそのことが裏打ちされている。とはいえ，ここで求められている「意思」は，その契約の特殊性から，一般的な取引の場面で求められる「意思」よりは緩やかに解され，その意思がある限りで契約の締結において制度上家族の支援を受けことが認められる。この意味では，一般の取引の場面よりも契約が無効となる可能性は回避されている。そうすると，そこから外れるような本人の意思能力が認められないと評価されるような状態では，親族が，法的な権限がなく介護保険契約を締結した場合には，本人の意思がない以上無権代理と解することになる。

　契約に関与する家族の側からみると，ケアマネジャーの指導のもと一定の水準のケアプランが作成され，客観的な水準を満たした契約への関与であり，家族の私利的な契約への介入は，コントロールされる。

　また，本人が当事者となって契約を締結する以上，家族は，契約締結上の協力を法的に強制されることもなく，本人に資力がある限り，その契約上生じる費用の支払等の義務を負担する必要もない。

　　年))では，介護を受けたい場所は自宅とする回答が全体の約40％とされている。

## おわりに——まとめと今後の課題

　本稿では，意思能力が不十分である者や意思能力がない者の親族が，明確な法的権限がない状態で財産管理をした場合について，現在問題となっているところを検討してきた。

　通常の取引行為については，親族といえども特別な地位は与えられない。親族とはいえ，本人から代理権を付与されることなく，代理行為をした場合には無権代理となるのが原則である。このような場面で，表見代理が成立には，本人による代理権授与ないし代理権授与に値する帰責性とその代理権を信じた相手方の正当事由が求められる。本人に意思能力がなければ代理権は授与できないため，本人による代理権授与や本人の意思に疑いがある場合には，その確認が必要となり得る。少なくとも銀行実務では民法のルールに従うように運用することが目指されていた。

　もっとも，一部の判例には，親族が後見になることで追認拒絶ができない可能性を示唆したり，通常の取引とはいえないが任意後見契約の場面では，親族間に対立がある場合は，仮に本人が受任者に選任していても受任者の地位に就けないなど，本人保護との関係では，一般的な法理と一貫しない結論を導いていた。

　一般的な取引とは異なり，介護保険契約の場面でも，その給付内容の決定に関連法規のコントロールが及ぶという特徴から，本人の意思能力の有無は緩やかに判断するという解釈が，今日の学説から導かれる解釈といえる。そしてこの緩やかな意思を支えるのが家族である。

　しかし，このような「緩やかな意思」の本人に支える家族がいない場合に本人の意思があるかどうかの判断は誰がするのかということが問題となるし，逆に家族がいる場合には家族が本人のもっともよく知る者であると同時に，他面においてもっとも利害がある者であり意思が緩やかであればあるほどその意思を歪めてしまう可能性もある。もちろん，そのような意思さえない状態で，家族が本人に代理して契約をしたのであれば，その契約は無権代理となるとはいえる。

　翻って，介護保険法には，本人の意思に基づいた制度設計の中に，家族に対する一定の役割を与えているが，この役割は，家族の法的義務とは位置づ

けられない[60]。しかし，このような役割を明文化することが，法体系全体における「介護」の負担者が不明確になるのかもしれない。このような家族・親族の位置づけが，成年後見制度の普及を遅滞させ，さまざまな法的問題を引き起こしている可能性もある。一つは，親と同居した子の一人が，第三者を家庭に入れたがらず，本人のために必要な介護保険の利用を拒み，本来なら成年後見等の申立てが必要となるような事案でもその申立てをも妨害する場合である。このような場合，親の財産に対する覇権争いや経済的虐待が行われていることもあり，もはや家族内での自治の問題ではなく，もっとも法が介入しなければならない場面である[61]。本人が成年後見の申立てが困難なこのような場面でこそ，地域福祉の理念から公的機関による申立てにつなげる必要があり（老人福祉法32条，知的障害者福祉法28条，精神保健福祉法51条の11の2），今後はこのような観点からも検討を進めたい[62]。

さらに，今日の介護政策の流れとして，居宅介護サービスや認知症患者の受け皿となる認知症対応型通所介護，小規模多機能型居宅介護，認知症対応型共同生活介護等の地域密着型での介護サービスが推し進められ，一定程度の要介護や日常生活が困難なほどの認知症者が介護福祉施設等への入所対象者とされ[63]，本人・家族が望むかどうかにかかわらず在宅での介護を受ける者が増える。このような流れの中，認知症高齢者の鉄道事故により，妻と子の責任が問われ，平成26年名古屋高判は夫婦間の民法752条の協力・扶助義務を前提とした介護義務を信義則上導きだし，妻に民法714条責任を認められた[64]。この判決は，家族介護を法的義務とは位置づけない近年の流れに反

---

60) 大村・前掲注5）267頁では，介護を扶養義務の中で捉える方策について，親に対する扶養義務が希薄なものであることと平仄が合わず，そもそも扶養義務は純粋に経済的なもので介護とは無縁であると指摘する。
61) 水野紀子「家族法の弱者保護技能について」太田知行＝荒川重勝ほか編『民事法学への挑戦と新たな構築』655頁以下（創文社，2009）では日本での家族内での横暴な代理者の問題について指摘し，家族内の問題として放置する日本法の問題点を指摘する。
62) 全国に先駆けて地域福祉の理念に基づき市民後見の普及を目指した大阪市の取組みとして，岩間伸之＝井上計雄ほか編『市民後見人の理念と実際』（中央法規，2012）。
63) 医療介護推進法の整備に伴い，2014年改正（2015年8月施行）介護保険法8条を参照されたい。
64) 名古屋高判平成26年4月24日判時2233号25頁，金判1445号24頁。下級審である名古屋地判平成25年8月9日判時2202号68頁では，妻の民法709条責任，長男の民法714条責任を認めている。

するだけでなく，夫婦間，親子間で介護保険サービスを受けながら家族内での介護を実現しようとする家族を支援しようとする社会福祉の理念を没却し，認知症者を家から締め出す契機となり得る。在宅介護を中心とした福祉政策の一つに据える限り，このような類似の問題は起こり得る。このような状況で生じた損害について誰が負担するべきなのか，このような観点からも含めて考察を深めたい。[65]

（甲南大学法科大学院教授）

---

65) 水野紀子「精神障害者の家族の監督者責任」岩瀬徹＝中森喜彦ほか編『刑事法・医事法の新たな展開　下巻』249頁（信山社，2014），同「日本における家族・地域の変容と制度設計のあり方」実践成年後見50号32頁（2014）。

# 第Ⅲ部
# 相続と財産管理

# 遺産分割前の財産管理

床 谷 文 雄

## 第1 はじめに──本稿の課題

### 1 遺産の承継の形態と遺産の管理

　死者の財産の承継の仕方については，法制として幾つかの形態が存在している。イギリス法（英米法系諸国において基本的には共通）では，死者に代わる人格代表者（personal representative）すなわち，遺言で定められた遺言執行者（executor）又は裁判所の任命する遺産管理人（administrator）が定められ，人格代表者を通じて遺産の清算・承継・分配が行われる。これを遺言検認（プロベート）手続ないし遺産管理手続と呼ぶ。ここでは，相続財産（死者の死亡とともに消滅するものを除く一切の権利義務）は，相続の開始によって直ちに共同相続人に移転するのではなく，人格代表者に帰属し（このことは遺言の有無にかかわらない。），人格代表者は，裁判所の監督の下に，遺産の評価，財産目録の作成，相続財産の管理，換価，債権の取立て，遺産債務（葬儀費用，租税債務も含む。）・遺贈等の弁済など遺産の清算手続を進め（清算主義），残余財産を共同相続人に分配する（この移転させる面を指して移転主義とも呼ばれる。）。したがって，遺産の分配前の財産管理は，人格代表者において全面的に行われるので，遺産管理上の相続人との権限関係の競合などは存在しない。

　これに対して，ドイツ，フランスを代表とする大陸法系の諸国では，死者の財産は，一定の者に，包括かつ当然に承継される。すなわち，相続人は，相続財産を包括的に（積極財産も消極財産も）承継する（包括承継主義）ので

あり，遺産管理人ではなく，相続人が債務の清算等の責任を負うことになる。ただし，ドイツ法の場合は，共同相続財産を共同相続人の合有関係にある特別財産と構成し，共同相続財産は，まず清算手続を経て，残余財産が分割され，各共同相続人に個別的に帰属するものとされているのに対して，フランス法では，相続財産は通常の共有の法的規制に従い，相続の開始と同時に直接に相続人に移転するが，可分債権債務は当然に分割されて各共同相続人に帰属する一方，その他の相続財産は共同相続人の共有となり，遺産分割の効果として相続開始時に遡及して各共同相続人に帰属するものとされている[1]。もっとも，近時は，フランス法についても清算主義的要素が濃くなっているとの理解もみられる[2]。

清算主義を取らない日本民法の下で，遺産分割の過程において，清算的要素を解釈論的にどのような形で，どの程度採用できるか，という問題意識からの研究もかねてなされている[3]。また，日本法においても，相続人の存否が不明な場合には，相続財産は法人とされ（民951条），相続債権者，受遺者，特別縁故者などの利害関係人又は検察官の請求により，家庭裁判所は，相続財産の管理人を選任しなければならない（民952条，家事手続203条1号）。この場合の相続財産の管理人は本稿の対象とするものではないが，本稿で述べる他の「相続財産の管理人」と同様に，「不在者の財産の管理人」の権利義務に関する規定（民27条から29条まで）が準用され（民953条），また受任者に関する規定が準用される（家事手続208条・125条），相続債権者及び受遺者に対する弁済の手続を担う清算のための相続財産の管理者である。相続人不存在の場合の相続財産法人と同じく，相続人が存在する場合の相続財産についても法人化して，財産管理人を置き，清算の手続を取らせるべきであるとい

---

1) 猪瀬慎一郎「共同相続財産の管理」中川善之助先生追悼現代家族法大系編集委員会編『現代家族法大系5（（相続Ⅱ）遺産分割・遺言等）』2頁以下（有斐閣，1979）では，共同相続財産の法律構成を，イギリス型，ドイツ型，フランス型の3つの型に分類している。
2) 宮本誠子「フランス法における可分債務の相続と清算」金沢法学55巻2号232頁（2013）は，「フランス法は包括承継の制度を採りながら，清算のしくみを組み込んでいると言える。フランス法には遺産を遺産分割時までは一体に保ち，積極財産と消極財産を清算し，残った積極財産を各相続人に割り当てるという制度が隠されていると言える。」と指摘する。
3) 有地亨「第三者による遺産の管理㈠──相続における清算的要素の導入の契機としての遺言執行者の権限の検討──」法政研究35巻4号425頁以下（1969）。

う立法論も存在する。[4]

　死者の有していたもの（財産・地位）を誰が承継するかについても，その定め方は法制によって異なる。承継者については，死者の意思により定まる者，すなわち遺言によって[5]相続人として定められる者（指定相続人あるいは遺言相続人）が相続することを認める法制（例えばドイツ法）もあれば，法律の規定が定める者のみが相続人として財産を承継するものとされている法制（日本法）もある。本稿は，遺産分割前の財産管理を論じるものであるから，元来，相続人が単独である場合（旧法での家督相続）は対象外であるし，遺言によって，全ての遺産が特定の者に帰属すべきことが定められているような場合（全部「相続させる」旨の遺言，同旨の包括遺贈，相続分指定）は，遺言執行者の権限がどこまで及ぶかが問題となるが，これも本稿では対象外としている。もっとも，遺言の目的が特定の財産又は遺産の一部に限定されているときは，その遺言の目的部分については遺言執行者が財産管理人の役割を担い，他の部分については，共同相続人のための財産管理が問題となり，財産管理人の選任・関与も問題となり得る。

## 2　相続による包括承継と遺産の共有

　民法は包括承継主義を採用し，財産の種類（人的財産〔動産〕か物的財産〔不動産〕か）を問わず，相続開始と同時に，被相続人に属した，一身専属権を除いた一切の権利義務が相続人に承継され（民896条・899条），相続人が数人いるときは，相続財産は，その共有に属するものとされている（民898条）。この共同相続財産（遺産）の帰属形態については，合有とするもの（ゲルマン法）と共有とするもの（ローマ法）がある。かねて，我が国の学説においても合有説と共有説の対立があったが，大審院以来，判例は共有説で確定しており，学説も，現在ではこれを支持する者が多い。ただし，共同相続人による遺産の共有（遺産共有）については，遺産の分割に向けた目的的共有で

---

4) およそ全ての遺産を法人化して，遺産管理人を置き，清算させるということは現実的ではないであろうが，限定承認や財産分離などの清算的要素のある制度の活性化を運用上，また立法上進めるべきであるという考え方は従来からみられたところである。
5) 相続人の地位を設定する契約，すなわち相続契約を認める法制もある。日本法では，相続契約は認められていないが，包括遺贈（民990条）がそれに近似するものと解されている。

299

あることから，通常の物権的共有とは異なる側面があることを認める見解が有力である。

民法では，共同相続において，各共同相続人は観念的には相続開始と同時に被相続人から直接に権利を承継するのであり，遺産分割はこの既成の効力を宣言するにすぎないという考え方（宣言主義）が採られている。これによると，遺産分割後は，遺産共有の状態は存在しなかったものと解することになる。他方，遺産分割により，各共同相続人が被相続人から承継した各相続財産の持分を相互に交換し合い，各相続財産の持分は移転して，当該相続財産が共同相続人各自の単独所有になるという考え方（移転主義）もある。これによれば，相続開始によって相続分に応じた持分による共有が生じるが，遺産分割の過程を経て共有が遡及的に解消されることになる。

いずれにしても，死者が死亡の際に残した個々の財産がその承継者に名実ともに帰属するまでの過程において，遺産[6]がどのように管理されているか，また管理されるべきかが問題となる。

## 3 遺産管理に関する民法の規定の不備

「共同相続財産の管理」あるいは「遺産の管理」と題する従前の論考が共通して指摘していることは，民法には，遺産の管理に関する統一的，体系的な規定が置かれておらず，推定相続人の廃除又はその取消しに関する審判が確定する前に相続が開始したとき（民985条）のように相続人の範囲が明らかになっていない場合，相続の承認・放棄のための限定された熟慮期間における相続財産の管理（民918条），限定承認（民926条・936条），財産分離（民943条・950条），相続人が不分明ないし不存在のとき（民952条・953条）など相続財産に関する清算手続に関わる場合のように，特定の局面又は限定された期間の制約がある場合に限り，相続財産の管理に関して，相続人の義務及

---

[6] 民法では，「相続財産」と「遺産」の2つの用語を用いている。現行法上は，両者は同義であり，区別する実益はないというのが通説的理解であるが，使い分けされているという理解もある。本稿では，分割されるまでの被相続人の財産を総体的・包括的に捉えるときに「遺産」とする。「遺産の共有」ないし「遺産共有」という表現はこれになじむ。ただし，判例は，「特定の遺産」という表現もするので，「相続財産」との区別は特に意識されていないようである。床谷文雄＝犬伏由子編『現代相続法』2頁（有斐閣，2010）参照。

び相続財産管理人の選任など財産の保存のための処分について規定していること，他方で，相続において最も通常の場合である単純承認後の遺産の分割までの間については，格別の相続人の管理義務の規定が存在しないこと，それ故，分割前の共同相続財産の管理について，立法的解決が望まれるということである[7]。

本稿の課題は，遺産分割前の相続財産の管理につき，民法の規定の不備を補うべくこれまでなされてきた議論を整理した上で，立法的な解決に向けて一歩を進めることである。

## 第2 相続人の廃除又は取消しの事件が係属しているとき

### 1 相続財産の保存のための管理

推定相続人の廃除又はその取消しの請求があった後その審判が確定する前に相続が開始したときは，家庭裁判所は，親族，利害関係人又は検察官の請求によって，遺産の管理について必要な処分を命ずることができる。推定相続人の廃除の遺言があったときも，同様である（民895条1項，家事手続189条・別表第一88の項）。ただし，推定相続人の廃除請求をした被相続人が事件係属中に死亡した場合において，同人がさらに遺言で同一事由により同一推定相続人の廃除の意思を表示して遺言執行者を指定していたときには，家庭裁判所は改めて民法第895条により遺産管理人を選任してこれに手続を受継させる必要はなく，同遺言執行者が手続を受継することができるとした事例がある（名古屋高金沢支決昭和61年11月4日家月39巻4号27頁）。

この場合の遺産の管理についての処分は，推定相続人が遺産の管理あるいは処分に関与した後に廃除又は廃除の取消しが確定することで，相続人間において，あるいは第三者との関係で混乱が生じるのを防止し，また，相続財産の管理不十分から，財産が滅失・毀損・散逸することを防ぐためであるから，法定相続人の一人につき相続欠格事由の存否が争われている場合，嫡出否認，親子関係不存在確認，婚姻無効など相続人の地位（相続権不存在）に

---

[7] 野田愛子「共同相続財産の管理」加藤一郎＝米倉明編『民法の争点Ⅰ』（ジュリスト増刊）249頁（1985），千藤洋三「共同相続財産の管理」川井健ほか編『講座 現代家族法 第5巻遺産分割』35頁（日本評論社，1992）。

関わる確認訴訟が継続している場合など，相続人が不確定で相続財産が浮動的状態に置かれる場合についても，民法第895条の類推適用により，廃除の請求があった場合と同様に取り扱うべきものと解されている。[8]

## 2 遺産の管理に関する処分

遺産の管理について必要な処分としては，諸事情に応じて，相続財産の換価，封印，処分禁止，遺産の保存のための管理人の選任などが行われる。遺産の管理人が選任されたときは，遺産管理人には，不在者の財産管理に関する規定（民27条から29条まで）が準用され（民895条2項），管理人は，財産目録作成義務（民27条），担保提供義務（民29条1項）を負い，民法第103条に規定する保存・利用・改良行為をする権限を有し（これを超える行為を必要とするときは家庭裁判所の許可を要する。民28条），報酬を請求することができる（民29条2項）。また，管理者の改任等に関する規定が準用され（家事手続189条2項による同125条1項から6項までの準用），管理人については，受任者の善管注意義務（民644条），受取物の引渡し等の義務（民646条），金銭の消費についての利息支払・損害賠償責任（民647条）及び費用等の償還請求権等（民650条）が準用される（家事手続189条2項・125条6項）。[9]

## 3 遺産の管理人と相続人の権限の関係

遺産の管理人が選任されたときは，明文の規定はないが，制度の目的を貫くために，廃除の請求を受けている推定相続人だけではなく，他の相続人も遺産の管理処分権限を失うものと一般に解されている。[10] しかし，例えば，子のうちの1人につき廃除の請求がなされている場合に，配偶者及び他の子が遺産の管理処分権限を失うものとする根拠は明確ではない。遺産の管理人は，廃除の請求の相手方である推定相続人の法定相続分についてのみ管理権限を

---

8) 中川善之助＝泉久雄編『新版注釈民法(26)相続(1)』353頁（有斐閣，1992）〔泉久雄〕。
9) 準用されている民法第27条以下に対応する不在者の財産の管理に関する家事事件手続法第146条第6項も準用されることになろうが，同規定も同旨で，民法第644条以下の規定を準用するものである。
10) 中川＝泉編・前掲注8) 354頁〔泉〕，松尾知子「相続財産の管理―相続人による管理と各種相続財産管理人の権限―」野田愛子・梶村太市総編集『新家族法実務大系第3巻 相続〔1〕』43頁（新日本法規，2008）。

有し，他の共同相続人の管理権限（管理義務）には影響を与えないと考えることもできる。廃除の取消しの請求の場合は，廃除によって推定相続人の地位を得ている者の遺産管理権限が失われる（むしろ停止するというべきか。）と解される[11]。

## 第3 相続の承認・放棄前（熟慮期間中）の遺産の管理

### 1 相続人の相続財産管理義務

相続人は，自己のために相続の開始があったことを知った時から3か月以内に，相続について，単純若しくは限定の承認又は放棄をしなければならない（民915条1項本文）。共同相続の場合，この熟慮期間は相続人毎に期間が進行するが，現在では，ほとんどの相続において，被相続人の死亡（相続開始）から3か月が経過すれば，共同相続人の全てについて単純承認をしたものとみなされているであろう（民921条2号）。この短い熟慮期間の間，相続財産は共同相続人への帰属関係が未確定の状態に置かれる。いわば，推定相続人は，熟慮期間後に最終的に相続財産が帰属することになる相続人から，一時的に委託されているがごとき状態である。しかし，限定承認や相続の放棄の件数は少なく，例外的であり[12]，ほとんどの相続で単純承認となるため，自分の財産を自分に託しているがごとき状態である。したがって，相続人は，善管注意義務ではなく，自己の固有財産におけるのと同一の注意をもって，相続財産を管理する義務を負うものとされている（民918条1項）。

### 2 管理権限の内容

一般の共有の規定に従い，各共同相続人は，保存行為（財産の滅失・毀損を防止して，現状及び経済的価値を維持する行為）を各自で行うことができる

---

11) 中川＝泉編・前掲注8）354頁〔泉〕では，廃除の取消しの相手方とされている相続人が遺産の管理処分権を失うと述べる（同旨の学説を引用する。）が，当該相続人は廃除により相続人の地位に伴う遺産の管理処分権を失っているので，この説明は適切ではない。
12) 年間死亡数は約126万人であるが，相続の限定承認の申述受理事件の新受件数は833件（平成24年司法統計年報家事編による。），相続の放棄の申述の受理事件の新受件数は169,300件である（同年）。

(民252条ただし書)。通常，管理とは，共有物を維持することを目的とし，保存だけではなく，利用，改良行為を包含した総称であり，処分に対する概念として用いられるが，管理と処分との間には保存のための処分など交錯する場合もあり，両者の区別を明確な線で画することはできないといわれる。[13] 処分行為あるいは処分行為に準じる財産の変更行為は法定単純承認の効果をもたらす（民921条1号）と考えられるので，相続財産の管理に係る相続人の権限は，基本的に保存行為及び通常の管理行為（財産の性質を変更しない範囲で収益を図る利用行為を含む。民252条本文により相続分の割合の多数決による。）に限定されるであろう。

具体的な保存・管理行為の例を挙げれば,[14] 遺産に属する物の修理・修繕，不法占有者等に対する妨害排除請求，消滅時効の中断，民法第602条に定める期間を超えない賃貸借，相続財産に属する法律関係につき，解除・告知・取消し・債権譲渡の通知・弁済の提供・申込みへの承諾など意思表示を受けることは許されると解されている。[15] 相続を原因とする相続人全員を登記権利者とする保存登記又は移転登記の申請も保存行為である。また，遺産に属する不動産について全く実体上の権利を有しないのに持分移転登記を経由している者に対し，単独で，その持分移転登記の抹消登記手続を請求することができる（最判昭和31年5月10日民集10巻5号487頁，最判平成15年7月11日民集57巻7号787頁）。[16]

相続債務の弁済が保存行為に当たるかどうかについては，見解が分かれている。[17] 売らなければ痛んでしまい，あるいは時機を失してしまい商品価値を失う商品を販売するような場合は，単純承認にならない保存のための処分

---

13) 猪瀬・前掲注1) 6頁。
14) 保存行為及び管理行為の詳細については，猪瀬・前掲注1) 6頁以下，右近健男「相続財産の管理と相続回復請求権」民商法雑誌創刊50周年記念論集1巻123頁以下（1986）参照。
15) 谷口知平＝久貴忠彦編『新版注釈民法(27)相続(2)（補訂版）』482頁（有斐閣, 2013）〔谷口知平＝松川正毅〕。
16) 昭和31年判決では，登記簿上所有名義者たるものに対してその登記の抹消を求めることは，妨害排除の請求に外ならずいわゆる保存行為に属すると判示しているが，平成15年判決では，共有者の一人は，その共有権に基づき，共有不動産に対して加えられた妨害を排除することができるということのみを明示している。
17) 谷口＝久貴編・前掲注15) 484頁で，松川教授は，相続債務の弁済は，保存行為とはならず管理人の権限でないと述べている。

304

と解される。遺産に属する財産の賃貸関係を継続することは問題ないが，新たに賃貸すること，大幅な利用方法の変更，改良行為は相続財産から新たな利益を得たり，相続財産を変質させたりするものであるから，単純承認をしたものとみなされるべき場合が少なくない。

熟慮期間中は相続人による管理が原則であるが，共同相続人間で相続財産管理人を選任することに合意があれば，共同相続人の内の一人（相続人代表者）又は数名を，あるいは中立的な第三者を財産管理人に選ぶ（委任する。）こともできる。この場合は，相続人による管理の委任関係になるので，管理人には委任の規定が適用される。このような場合は，熟慮期間経過後についても，その定められた財産管理人が管理を継続することが考えられる（後述第4・3）。

### 3 家庭裁判所による相続財産の管理人の選任その他の保存処分

共同相続人間に利害の対立がある場合，あるいは，相続財産の性質・価額に照らしてみて，相続人に管理を委ねると遺産の適正な管理・保存に問題が生じるおそれがあるときは，[18] 利害関係人又は検察官の請求によって，家庭裁判所は，相続財産の保存に必要な処分を命ずることができる（民918条2項，家事手続201条・別表第一90の項）。保存に必要な処分としては，例えば，相続財産目録の作成，財産の封印，換価その他の処分禁止，占有移転禁止などのほか，相続財産の管理人を選任することが考えられる。この場合，共同相続人の中から管理者を選任することもできるとする説と，相続人以外の者から選任すべきであるとする説がある。[19]

この相続財産の管理人には，不在者の財産管理に関する規定（民27条から29条まで）が準用される（民918条3項）。管理人については，さらに受任者の善管注意義務（民644条），受取物の引渡し等の義務（民646条），受任者の金銭の消費についての利息支払・損害賠償責任（民647条）及び受任者によ

---

18) 潮見佳男『相続法（第5版）』113頁以下（弘文堂，2014）参照。谷口＝久貴編・前掲注15）486頁以下は，相続人遠隔居住，所在不明，管理能力不足，共同相続人間の紛争などによる管理の困難な場合を，処分を命ずべき場合として挙げている。
19) 谷口＝久貴編・前掲注15）487頁〔谷口＝松川〕では，管理人の資格につき制限はないから相続人の一人が選任されることもできるが，相続人の管理に対する不安に対して保存処分として選任されるのであるから相続人以外から選ぶのが妥当であろうという。

る費用等の償還請求権等（民650条）が準用される（家事手続146条6項）。

## 4 相続財産の管理人の権限と相続人の管理権限との関係

管理者は，相続財産に属する権利の行使及び義務の履行をなし得るほか，態度未決定の相続人の一種の法定代理人として相続財産を管理する者として，遺贈の取消し，遺留分減殺請求，相続回復の訴えなどもできると解する説がある。[20] しかし，遺留分減殺請求は相続権を前提とするものであり，相続の承認・放棄は相続人自身が決すべきことであるとすれば，管理人が遺留分減殺請求をすることはできない。相続回復の請求も，相続権を侵害された相続人自身又はその者の固有の法定代理人（親権者・後見人）がすべきである。

管理人の選任により相続人の管理権限が停止されるかについては，これを肯定する説[21]と，相続人の管理権限を停止させるためには裁判所が管理人の選任とともに相続財産の処分（占有移転等）禁止を命ずることを要するものとする否定説[22]がある。相続人確定までの暫定的遺産管理は保存のための管理であるので，清算目的の遺産管理の場合と異なり，相続人を完全に排除するまでの合理的必要性が常にあるとはいえないので，否定説を支持すべきであろう。

## 第4 相続の承認・放棄から遺産分割の終了までの遺産の管理

### 1 限定承認がされた場合

#### (1) 限定承認者による管理

限定承認をした相続人については，その固有財産におけるのと同一の注意

---

20) 片岡武＝金井繁昌ほか『家庭裁判所における成年後見・財産管理の実務（第2版）』257頁（日本加除出版，2014）。
21) 於保不二雄「共同相続における遺産の管理」中川義之助教授還暦記念家族法大系刊行委員会編『家族法大系Ⅶ（相続(2)）』101頁（有斐閣，1960）は，明文規定（民944条1項ただし書）のある財産分離の場合とその他の場合とを区別すべき実質上の理由もなく，また，裁判所の必要処分に委ねた法意からしても，同様に解すべきであろうという。上田徹一郎「遺産の管理」林良平＝佐藤義彦編『ハンドブック民法Ⅲ（親族・相続）』220頁（有信堂高文社，1989）も，管理の競合を認めることは，相続人による管理ができないか適切でない場合は相続財産管理人を選任して共同相続人全員のために管理をさせるという趣旨からも，また事態を錯雑させるおそれがある点からも，適切でない，とする。
22) 谷口＝久貴編・前掲注15) 489頁〔谷口＝松川〕。

をもって，相続財産の管理を継続しなければならないものとされている（民926条1項）。この場合，利害関係人又は検察官の請求があるときは，家庭裁判所は，相続財産の保存に必要な処分として，相続財産の管理人を選任することができる（民926条・918条2項・同3項）。

(2) **相続人が数人ある場合の相続財産の管理人**

相続人が数人あるときは，限定承認は，共同相続人の全員が共同してのみすることができる（民923条）。家庭裁判所は，限定承認の申述を受理したときは，この数人の共同限定承認者のために，その中から，職権で，相続財産の管理人を選任しなければならない（民936条1項，家事手続201条3項・別表第一94の項）。相続財産の管理を単一化し，適切に清算事務を遂行させるためであり，この管理人は，「相続人のために，これに代わって」，相続財産の管理及び債務の弁済に必要な一切の行為をする（民936条2項）。これは一種の法定代理人であると解されている[23]。相続財産の管理人には，固有財産におけるのと同一の注意義務が課されるが，家庭裁判所による相続財産の管理人の選任その他相続財産の保存に必要な処分の規定も準用され（民936条3項・926条・918条2項・同3項），受任者の報告義務等の委任の規定が準用される[24]。

相続財産管理人以外の共同相続人が相続財産を自由に処分する権限を有するときは，清算事務の執行に支障を来すおそれがあることから，他の限定承認者は，相続財産の管理権限を失うことになるものと解される[25]。

(3) **代表者たる管理人と家裁が選任する相続財産管理人の権限の関係**

共同相続人による限定承認の場合に相続人から選任される管理人（民936条1項）と，利害関係人の請求によって家庭裁判所が選任する財産管理人（民936条3項・926条2項・918条3項）は併存し得るであろうか。請求によって選任された相続財産管理人に清算の権限があるか，そして，相続人の権限

---

23) 谷口＝久貴編・前掲注15) 604頁〔松原正明〕。
24) 谷口＝久貴編・前掲注15) 606頁〔松原正明〕は，不在者財産管理人の規定も準用される（民936条3項による同926条2項の準用）とするが，これが準用されるのは，民法第926条第2項が準用する同第918条第3項により家裁が選任した相続財産管理人についてではなかろうか。また，家事事件手続法第125条の準用について肯定説と否定説があり得るところ，谷口＝久貴編・前掲注15) 605頁〔松原正明〕は両説の論拠を説明した上で肯定説を支持するが，私見は，前記と同様の理由で否定説に立つ。
25) 京都地判昭和44年1月29日判タ233号117頁。

が管理人に集中するかどうかについては，説が分かれている。[26] 相続財産の管理人は，相続財産の保存に必要な処分として選任されることから（民918条2項・3項），代表者たる管理人の管理では不適当な場合において，清算目的の遺産管理人として相続財産の管理人の選任がされるので，代表者たる管理人は管理権を失うと解すべきである。[27]

## 2 相続の放棄をした者による管理

### (1) 放棄者による管理

相続の放棄をした者は，その放棄によって相続人となった者（他の共同相続人又は次順位相続人）が相続財産の管理を始めることができるまで，自己の財産におけるのと同一の注意をもって，その財産の管理を継続しなければならない（民940条1項）。相続放棄者は，初めから相続人とならなかったものとみなされる（民939条）ので，放棄後は他人の財産の管理人となるが，受任者に課される善管注意義務（民644条）ではなく，注意義務が軽減され，実質的に，放棄前の熟慮期間中の固有財産におけるのと同一の注意義務（民918条1項）と変わりがない。他方，受任者同様に報告義務（民645条），財産引渡義務（民646条）を負い，費用償還請求権（民650条1項・2項）を有する（民940条2項）。

### (2) 相続財産の管理人の選任等

相続放棄者の管理能力が十分ではない場合，あるいはその管理が不適切な場合は，家庭裁判所は，利害関係人又は検察官の請求によって，いつでも，相続財産の管理人の選任その他相続財産の保存に必要な処分を命ずることができる（民940条2項・同918条2項・3項，家事手続201条10項・別表第一90の項）。

相続財産管理人が選任されたときは，放棄者の管理継続義務は終了すると解されている。[28] 管理人には，委任に関する規定が準用される（家事手続146条6項）。他の共同相続人又は次順位相続人が相続財産の管理を始めることができるようになった時点で，相続財産管理人の任務は自動的に終了するもの

---

26) 野田・前掲注7）249頁。
27) 上田・前掲注21）221頁。
28) 松尾・前掲注10）40頁（終了ではなく停止するという。），谷口＝久貴編・前掲注15）635頁〔犬伏由子〕。

308

と解される。

## 3 単純承認後の遺産の管理

単純承認後の遺産の管理に関しては,前述の通り,民法・相続編に特別の規定がないため,遺産共有における共有者（共同相続人）による遺産管理を基本とすることになる。この場合の管理の態様については,物権編の「共有」に関する規定に頼らざるを得ない。分割前の遺産の共同所有（遺産共有）を物権編（民249条以下）にいう「共有」と解する判例・学説においては,当然にこれらの規定が適用されるとするが,遺産共有をいわゆる「合有」と解する学説においては,物権編の「共有」に関する規定を類推適用ないし準用すべきものとなる[29]。遺産共有はいずれ遺産分割によって解消されるまでの過渡的形態であるが,その間,共同相続人間において,あるいは第三者をも巻き込んで様々な遺産に関わる取引や遺産に属する財産の変化が生じ得る。それ故,遺産分割を前提とする共同相続人間及び共同相続人と第三者間の利害調整が遺産管理の中心問題である。

### (1) 合意による遺産管理の原則

遺産共有の関係にある相続人の全員の合意によって,遺産の管理方法を定め,又は特定の若しくは複数の者に財産管理を委託することができる。委託する者は,相続人であっても（銀行等による相続人代表者決定の要求はこれに該当する。）,第三者であっても良い。管理人の管理に関する権利義務については,委任契約ないし委任の規定による[30]。

相続人の間で遺産の管理方法について合意がないときは,判例・学説は,共有の規定を基本としつつ,遺産共有の特質及び遺産分割の目的に従って修正しつつ対応している。しかし,共同相続人間で遺産の管理について合意が

---

[29] 「類推適用」と「準用」の意義をどのように解するかにより,論者によって,また時代的にも両者のいずれと解するかが異なっている。例えば,泉久雄「遺産の管理」谷口知平＝加藤一郎編『新版・民法演習5（親族・相続）』144頁（有斐閣,1981）は準用とする。他方,猪瀬・前掲注1）5頁は,「共同相続財産の管理については,民法に特別の規定がないので,基本的に民法249条以下の共有の規定が適用されることに変りがない。」とする。

[30] 上田・前掲注21）215頁以下は,第三者を管理人とする場合は委任契約を認めるべきであるが,共同相続人を管理人とした場合には組合の規定（民670条2項・3項など）による（受任者の管理権の定めがない場合は民103条による。）ものとしている。

成立しない場合は，遺産管理方法をめぐる紛争を続けるのではなく，早急な遺産分割の協議，調停，審判の手続を取るべきである。

### (2) 遺産の管理方法

#### ア　保存行為

保存行為は，各共同相続人が単独ですることができる（民252条ただし書）。具体的にどのようなものが保存行為と解されるかは，熟慮期間中における遺産管理（第3・2）において述べたところを参照されたい。

#### イ　通常の管理行為

通常の管理行為は，各相続人の持分の価格（相続分の割合）に従い，過半数で決する（民252条本文）。これには利用行為も含まれる。改良行為（財産の使用価値・交換価値を高める行為）も，物又は権利の性質を変えない範囲内であれば（民103条2号参照），通常の管理行為に含まれる。遺産に属する土地・建物についての短期賃貸借契約，使用貸借契約を締結すること，賃料の取立てなどは，これに属する。契約の解除については，判例は管理行為であるとし，共同相続人の持分の過半数決議をもって解除する意思が形成されないと，解除はできないと解している（最判昭和29年3月12日民集8巻3号696頁，最判昭和39年2月25日民集18巻2号329頁）が，解除することが決議せられた上は，その意思表示は共同相続人の誰からでもできるものと解するべきであるとの指摘がある。[31]

#### ウ　相続財産の占有をめぐる争いがある場合

遺産に属する不動産の管理をめぐっては，その利用方法等をめぐって，相続人間で争いが生じることも多い。例えば，共同相続人の一人が遺産に属する土地家屋に相続開始前から居住している場合，相続開始後，他の共同相続人（多数持分権者）から明渡しを請求することができるかという問題がある。共有者の権利として，共同相続人は，各自，遺産に属する個々の相続財産の全部につき，その相続分に応じて使用・収益をすることができる（民249条）。問題は，相続分を超える使用をしている場合に，多数決により明渡しを認めるかである。判例は，多数持分権者から少数持分権者に対して共有物の明渡

---

31) 谷口知平「共同相続財産の管理」奥田昌道ほか編『民法学7（親族・相続の重要問題）』230頁（有斐閣，1976）。

*310*

しを請求するためには，明渡しを求める理由を主張・立証しなければならないと判示している（最判昭和41年5月19日民集20巻5号947頁）[32]。また，明渡しが認められない場合でも，占有者の相続分を超える使用については，不当利得返還義務が問題となり得る。もっとも，相続開始前から被相続人と同居していた相続人との間には，使用貸借契約があったものと推定される場合が多いであろうし，この場合は，不当利得は問題とならない。判例も，共同相続人の一人が相続開始前から被相続人の許諾を得て遺産である建物において被相続人と同居してきたときは，特段の事情のない限り，被相続人と同居の相続人との間において，被相続人が死亡し相続が開始した後も，遺産分割により建物の所有関係が最終的に確定するまでの間は，引き続き同居の相続人にこれを無償で使用させる旨の合意があったものと推認されるのであって，被相続人が死亡した場合は，この時から少なくとも遺産分割終了までの間は，被相続人の地位を承継した他の相続人等が貸主となり，右同居の相続人を借主とする右建物の使用貸借契約関係が存続することになるものというべきであると判示している（最判平成8年12月17日民集50巻10号2778頁）。

エ　相続財産の変更・処分行為

共有物の変更は，全共有者の同意でしなければならない（民251条）。相続財産の変更も，同様であり，各相続人は，他の相続人の同意を得なければ，相続財産に変更を加えることができない。例えば，不動産の用途変更などがこれに該当する。遺産に属する物の売却（換価）なども変更行為に当たる。処分行為は，変更行為と同じく，全相続人の合意でしなければならない。被相続人が契約していた貸金庫の開披は，銀行実務では，処分行為と捉えられているため，相続人全員の立会いを求めている[33]。

相続人は，個々の相続財産の持分の自由な処分をすることも認められている（最判昭和50年11月7日民集29巻10号1525頁）。他の相続人の相続分について

---

32) 右近・前掲注14）129頁は，本判決が，少数持分権者の占有を目的物の全体に対する利用権から引き出しながら，同じく目的物に対する利用権を有する多数持分権者に明渡しの理由の主張立証を求めることは承服しがたいと批判している。また，このような共同相続人間の明渡しの争いは管理行為と考えるのではなく，遺産分割の請求として把握すべきであるという学説も有力である。有地亨「遺産の管理」谷口知平＝加藤一郎編『新民法演習5（親族・相続）』221頁（有斐閣，1968），泉・前掲注29）152頁参照。
33) 片岡武＝菅野眞一編著『新版　家庭裁判所における遺産分割・遺留分の実務』129頁（日本加除出版，2013）。

*311*

処分することは当然できない。判例は，相続財産に属する不動産につき遺産の分割前に単独所有権移転の登記をした共同相続人中のある者及びその者から移転の登記を受けた第三取得者に対し，他の共同相続人は，自己の持分を登記なくして対抗することができると判示している（最判昭和38年2月22日民集17巻1号235頁）。

オ　遺産分割の対象性が争われる財産（可分債権）の管理

被相続人の財産の中には，相続財産ではあるが，判例・通説において，遺産分割の対象とはならないと解されているものもある。すなわち，共同相続された財産中に金銭その他の可分債権があるときは，その債権は，法律上当然に分割され，各共同相続人がその相続分に応じて権利を承継するというのが確定した判例である（最判昭和29年4月8日民集8巻4号819頁）。そうであれば，遺産管理の対象とはならないことになるが，家庭裁判所の実務上，相続人の合意があれば遺産分割の対象となるとされており，その限りでは，遺産管理の対象となり得る。不可分債権や，単純な金銭債権ではなく当然分割に不適な要素を含む債権，遺産に属する株式，国債，投資信託受益権などは，当然分割されないものとされているので（最判平成26年2月25日民集68巻2号173頁），動産，不動産，現金などと同様に，遺産管理の対象となる。

これに関連するが，預金者の共同相続人の一人は，共同相続人全員に帰属する預金契約上の地位に基づき，金融機関に対し，被相続人名義の預金口座についてその取引経過の開示を求める権利を単独で行使することができるとされている（最判平成21年1月22日民集63巻1号228頁）。これも一種の保存行為と解されているが，共同相続人としての相続財産の保存のための行為というよりは，各共同相続人に帰属した固有の権利を確認するための請求というべきであろう。

(3)　遺産の分割の調停・審判の申立てがあった場合

ア　保全処分による財産管理者の選任

家庭裁判所は，遺産分割の審判又は調停の申立てがあった場合において，財産の管理のため必要があるときは，申立てにより又は職権で，保全処分として，「財産の管理者」[34]を選任し，又は事件の関係人に対し，財産の管理に

---

34) 民法の遺産管理関連規定のほとんどで，「相続財産の管理人」と表現しているが（民

関する事項を指示することができる（家事手続200条1項）。これは遺産分割審判（旧家審9条1項乙類10号）前の保全処分（旧家審15条の3）として旧家事審判法の下でも存在したが，家事事件手続法では，旧家事審判規則第106条第1項において準用する旧規則第23条第1項の規定を維持しつつ，調停申立てがあった場合に適用を拡大したものである。選任された財産の管理人については，改任等家庭裁判所による規制に関する規定（家事手続125条1項から6項まで）及び不在者の財産管理に関する規定（民27条から29条まで）が準用される（家事手続200条3項）。これにより，善管注意義務（民644条）等の委任に関する規定も準用される（家事手続125条6項の準用）。

　　イ　財産の管理者の権限と相続人の権限

　遺言執行者の場合（民1013条）と異なり，相続財産管理者については，相続人が財産の管理処分権を失う旨の実体法上の規定はないので，相続人は相続財産に対する管理・処分権を失わないものと解されている。しかし，相続人は，財産管理者の管理権行使を受忍する義務を負うので，管理者の管理権行使と抵触するような管理権の行使は許されないと解する余地がある（東京高判平成5年10月28日判時1478号139頁）。

　⑷　調停・審判外での遺産管理人の選任

　遺産の分割調停・審判の手続が開始して，その保全処分として選任するのではなく，遺産分割協議の場面でも，遺産管理人を選任することができるものとすべきか。この場合についても遺産管理人が機能する場合があり，立法論として主張されているところである。相続人の一部が所在不明なときは，利害関係人又は検察官の請求により（民25条），不在者の財産管理人が選任されるが，不在者も含めて，中立かつ客観的な立場から，家庭裁判所が選任した遺産管理人が遺産の清算，処理を行うものとすることも立法論としてはあり得る。この場合は，管理人に処分権を付与し，他方で，相続人の処分権の制限をする必要がある。共同相続人が遺産に属する財産，例えば利用して

---

918条3項），推定相続人の廃除又は取消しの請求後に相続が開始した場合について選任されるものは，「遺産の管理人」としている（民895条2項）。これに対して，家事事件手続法（保全処分）では，「財産の管理者」と表現する（家事手続200条1項）。遺産分割の実務では，保全処分として選任した場合の「財産の管理者」を便宜上「遺産管理人」と呼び（片岡＝金井ほか・前掲注20）276頁），相続人不存在の場合の「相続財産の管理人」を相続財産管理人と呼んで，区別している。

*313*

いない不動産（空き家など）を長期にわたり放置しているような場合，公益的観点から利害関係人又は検察官が申立てをして，遺産管理人に遺産の清算を進めさせることも考えられる[35]。

## 4 遺言がある場合

### (1) 遺言執行者による管理

被相続人の遺言があるときは，遺言者（若しくは遺言者の委託した第三者）が指定した遺言執行者，又は家庭裁判所により選任された遺言執行者（民1006条・1010条）は，相続人の代理人とみなされ（民1015条），遺言執行に必要な範囲で相続財産の管理をする権利義務を有する（民1012条）。

被相続人の遺言がある場合には，遺言執行に必要な範囲で遺言執行者が相続財産を管理することがある（民1012条）。

### (2) 相続人による管理

相続財産につき執行を要する遺言がある場合でも，遺言執行者が指定されておらず，利害関係人による遺言執行者選任の請求もない場合は，原則通り，相続人が相続財産の管理及び遺言を執行することになる。利害関係人又は検察官の請求によって家庭裁判所が財産管理人を選任することができる。財産管理人は財産目録を作成するなど不在者財産管理人と同様に義務を負い（家事手続200条・民27条から29条までの準用），管理の権限を得る（民918条2項・3項）。

相続人なくして死亡した被相続人が遺言により遺言執行者を選任していても，相続人不存在手続により相続財産管理人が選任された場合には，遺贈物件も含めて相続財産全体の管理は相続財産管理人においてなすべきであるとした事例がある（東京家審昭和47年4月19日家月25巻5号53頁）。

---

[35] 東日本大震災において多くの方が犠牲となり，多くの相続が開始することになったが，相続人が生死不明である，所在不明である，あるいは遠隔地に避難しているため，遺産の分割等の処理ができないという場合も少なくない。遺産管理人の制度は，こうした場合にも，任務の場があるのではないだろうか。

## 5 財産分離の請求があった場合

### (1) 家庭裁判所による管理人の選任その他の処分

相続債権者又は受遺者は，相続開始の時から3か月以内に（相続財産が相続人の固有財産と混合しない間は，その期間満了後も同様），相続人の財産の中から相続財産を分離することを家庭裁判所に請求することができる（民941条1項）。また，相続人が限定承認をすることができる間又は相続財産が相続人の固有財産と混合しない間は，相続人の債権者は，家庭裁判所に対して財産分離の請求をすることができる（民950条1項）。

この財産分離の請求があったときは，家庭裁判所は，相続財産の管理人の選任その他「相続財産の管理」について必要な処分を命ずることができる（民943条，家事手続202条・別表第一97の項）。選任された相続財産管理人については，不在者の財産管理人の権利義務に関する規定（民27条から29条まで）が準用される（民943条2項）。

### (2) 財産分離の請求後の相続人による管理

相続人は，単純承認をした後でも，財産分離の請求があったときは，以後，家庭裁判所が相続財産の管理人を選任しない限り，その固有財産におけるのと同一の注意をもって，相続財産の管理をしなければならない（民944条1項）。注意義務は軽減されているが，他の権利義務は委任の規定が準用されている。すなわち，受任者の義務と責任に関する民法第645条から第647条まで，並びに受任者による費用等の償還請求等に関する第650条第1項及び第2項の規定が準用される（民944条2項）。

### (3) 相続財産の管理人と相続人の権限の関係

財産管理人が選任されていないときは，相続人による管理が継続し，財産管理人が選任されたときは，相続人は相続財産の分別管理の義務を免れる。いずれにしても，相続債権者及び受遺者に対する弁済は，相続人が行う（民947条）。

# 第5 相続開始後に生じた遺産に関連する財産の管理

遺産分割前の財産管理は，本来の管理対象は被相続人が残した遺産であるが，現実には，名実ともに被相続人が残した財産だけではなく，相続開始後

に遺産に属する個々の財産につき得られた果実や使用利益，個々の財産が毀損・滅失等により保険金・損害賠償金等に変化したものにも及ぶことが多い。遺産分割の際にはそれらのものも考慮に入れて協議・調停が行われることがある。そこで，これらについても簡単に触れておきたい。[36]

## 1 相続財産の果実と収益

相続財産に属する不動産等の賃料などの収益等は，被相続人生前中から利用されていた口座に引き続き振り込まれることもあるが，相続開始後は，遺産分割までの間，相続人の合意により，別途設けた保管金口座に振込先を指定する場合もある。いずれにしても，相続開始から遺産分割までの間に遺産である賃貸不動産を使用管理した結果生ずる金銭債権たる賃料債権につき，判例は，これは遺産とは別個の財産というべきであって，各共同相続人がその相続分に応じて分割単独債権として確定的に取得し，この賃料債権の帰属は，後にされた遺産分割の影響を受けないとしている（最判平成17年9月8日民集59巻7号1931頁）。[37]

## 2 代償財産

相続不動産を相続人全員の合意で売却した場合，当該財産は遺産の分割の対象から逸出し，各相続人は，第三者に対し，持分に応じた代金債権を取得する（最判昭和52年9月19日判時868号29頁）。相続人の一人が相続財産を滅失・費消した場合，他の共同相続人に対する損害賠償請求権が発生する。これも遺産の管理の対象ではない。

---

36) なお，相続財産からの収益と同様に，相続財産の管理のために生じる費用についても，その範囲，実体上の帰属，遺産分割審判の対象となるかという手続問題などがあるが，本稿では立ち入らない。遺産の管理費用については，さしあたり神田孝夫「相続財産の収益・管理費用」山畠正男＝泉久雄編『演習民法（相続）（新演習法律学講座7）』161頁（青林書院，1985），千藤洋三「共同相続人間の遺産管理と管理費用」判タ688号293頁（1989）参照。
37) この判決につき，二宮周平『家族法（第4版）』329頁以下（新世社，2013）では，超過特別受益者であっても，相続開始後の賃料債権について権利を得ることになること，遺産分割までに，借主から敷金返還請求や修繕請求があった場合に，原資となる賃料債権だけが可分債権として分割されてしまうと，請求を受けた相続人が資金不足で対応できない事態も生じかねないと指摘して，公平性を欠くと批判し，本件の特殊事情の下でのみ正当化できるものとする。

## 第6　終わりに

　於保不二雄教授は，半世紀以上前の論文で，「相続法においては，共同相続について管理人制度を設けなかったことは最も根本的な欠陥であるといわざるをえない。」と指摘した上で，立法論として，「共同相続財産の管理については，民法899条の次に，『相続人が数人あるときは，家庭裁判所は，利害関係人又は検察官の請求によって，相続財産の管理について必要な処分を命ずることができる。家庭裁判所が相続人に代わって相続財産を管理すべき者を選任した場合には，第27条乃至第29条の規定を準用する。』という一条を加え，かつ，管理人の選任について適当な公示方法を講じたならば，これで必要かつ十分であろうと思われる。」と述べている[38]。これを支持する学説は多いが，どのような場合に遺産管理人が活用できるのか，さらに具体的に検討する必要があるであろう。また，相続財産管理人が選任された場合の，相続人の管理権限との競合関係につき規制する必要があるので，遺言執行者の選任の場合に準じて，相続人の管理権限を制限する規定も併せて置くべきであろう。

　　　　　　　　　　　　　　　（大阪大学大学院国際公共政策研究科教授）

---

38）於保・前掲注21）104頁。

# 相続債務の処理

宮 本 誠 子

## 序

　民法896条本文は「相続人は，相続開始の時から，被相続人の財産に属した一切の権利義務を承継する。」と定め,[1] 相続についての包括承継の原則を規定している。[2] 被相続人に属した権利義務は一括して全体として相続人に承継される。被相続人の債務（以下「相続債務」という。）もそこに含まれ，清算されることなく相続人に承継される。

　相続人が複数いる場合には，被相続人の財産は，遺産共有を経て，遺産分割により各相続人に分配されるが，ここでも相続債務の清算はなされない。そして，相続債務の承継について，我が国の立法者は，諸外国には，相続分に応じて承継するという分担主義を採る国と，債権者は相続人のいずれに対しても全部の支払いを主張することができるという連帯主義を採る国とがあると指摘した上で，連帯主義を採用する国が多数であり，債権者保護の観点から優れるものの，共同相続人の１人の負担が多くなる点や，共同相続人の１人が多くを負担しても，連帯債務の規定に従って相続人間で求償できるとはいうものの，この場合，相続人の無資力リスクは，他の相続人が負担することになる点が問題になるとし，その反面，分担主義を採れば，相続債権者は各相続人に対して相続分に応じた額を請求するしかないから，相続人の無

---

1) 明治民法1001条「遺産相続人ハ相続開始ノ時ヨリ被相続人ノ財産ニ属セシ一切ノ権利義務ヲ承継ス但被相続人ノ一身ニ専属セシモノハ此限ニ在ラス」を引き継いだ。
2) 梅謙次郎『民法要義巻之五　相続編』121頁（有斐閣，復刻版，1984）。

*319*

資力リスクは相続債権者が負担することになると述べて，さらに，債務の連帯責任は当事者の意思によるべきものであるところ，相続は当事者の意思によらずに開始するから，連帯主義は適切でないとして，分担主義を採用した[3]。

判例もこの考えを引き継いでいる。まず，大決昭和5年12月4日民集9巻1118頁（以下「昭和5年決定」という。）は，債務者について相続が開始し，相続債権者は相続人3人に対する執行文の付与を受けたが，執行裁判所が相続人中の1人Xに対して債務全額分の強制執行のための差押え決定をしたため，Xが異議を申し立てた事案[4]において，「遺産相続人数人アル場合ニ於テハ共同相続人ハ相続分ニ応シテ被相続人ノ権利義務ヲ承継スルモノニシテ其ノ相続分ハ別段ノ指定ナキトキハ平等ナレハ被相続人ノ金銭債務其ノ他可分債務ニ付テハ各自分担シ平等ノ割合ニ於テ債務ヲ負担スルモノニシテ連帯責任ヲ負ヒ又ハ不可分債務ヲ負フモノニ非サルコトハ民法第千三条（筆者注：現行899条）第四百二十七条ノ規定ニ依リ明ナリ」と判示し，相続債務が相続開始時に分割されるとの立場を示した（以下「当然分割説」という。）。

続いて，最判昭和34年6月19日民集13巻6号757頁[5]（以下「昭和34年判決」という。）も，債権者から連帯債務者の相続人らへの支払請求について，原審が相続人ら全員に全額についての支払義務があるとしたのとは異なり，昭和5年決定等を引用しながら，連帯債務もその可分性については通常の金銭

---

3) 法務大臣官房司法法制調査部『日本近代立法資料叢書7　法典調査会民法議事速記録七』555～556頁（商事法務研究会，1984），穂積陳重発言。
4) 事案の概要は次のとおり。Y銀行は合名会社B銀行に対して手形金請求訴訟を提起したが，Bには支払能力がなく，当時の商法63条（「会社財産ヲ以テ会社ノ債務ヲ完済スルコト能ハザルトキハ各社員連帯シテ其ノ弁済ノ責ニ任ズ」。平成17年会社法施行前の商法80条，現行会社法580条1項1号に当たる。）に基づき，その社員ら3人に対して手形金請求訴訟を提起し，勝訴した。その後，社員の1人につき相続が開始したため，Yは相続人3人に対する執行文の付与を受けたが，執行裁判所が相続人中の1人Xに対して全額分の強制執行のための電話加入権及び不動産の差押え決定をしたため，Xが異議を唱え，「各相続人ノ相続分ハ何レモ相続財産ノ三分ノ一タルヘク継承スヘキ義務モ亦三分ノ一タル」と主張した。なお，合名会社社員が負っていたのが連帯債務である点は，本判決では考慮されておらず，連帯債務に関しては後の大判昭和16年5月6日新聞4706号25頁及び最判昭和34年6月19日民集13巻6号757頁で示されることになる。
5) 事案の概要は次のとおり。A，Aの子B，Bの妻Y1は債権者Dに対して連帯債務を負っていたところ，Aが死亡し，次いでBも死亡した。Bの相続人は妻Y1のほか，子Y2，Y3，Y4及び訴外Cであった。債権者Dは本件債権をXに譲渡し，対抗要件を備え，XがYらに対して支払い請求をした。原審は，Yらがいずれもその全額につき支払義務があるとの見解を示したので，Yらが上告した。

債務と同様で[6],「債務者が死亡し,相続人が数人ある場合に,被相続人の金銭債務その他の可分債務は,法律上当然分割され,各共同相続人がその相続分に応じてこれを承継するものと解すべき」と判示し,当然分割説の立場を明らかにした。

ただし,このような判例の立場を肯定したとしても,相続債務を,遺言,すなわち被相続人の意思により法定相続分と異なる割合で分割させることが可能かは問題として残された。昭和5年決定及び昭和34年判決はともに,遺言が存在せず法定相続分しか問題にならない事案であったからである。また,相続人の意思によって法定相続分とは異なる割合で負担させることが可能かも検討の余地がある。相続債務は相続開始時に各相続人の分割単独債務となり,遺産分割においてはもはや問題とならないのか,相続債務も考慮して遺産分割を行うことも可能なのか,あるいは相続債務も考慮して遺産分割を行うべきなのか,昭和5年決定,昭和34年判決は相続債権者との関係についての事案であったが,相続人間においても同様の処理をするのかを検討する余地はなお残されている。

相続債務が各相続人の分割単独債務となるとすると,相続人の1人が遺産分割前に他の相続人のために弁済した場合,どのように処理すべきかも問題となる。さらに,相続債務を清算すべきではないかという主張もかつてからなされてきた[7]。相続債権者は財産分離制度を用いれば,相続債務の当然分割にかかわらず,相続人の無資力リスク負担を免れるが,財産分離制度を用いず,しかも相続の包括承継の原則を維持しながら,遺産の積極財産から弁済を受けるなど,相続債務の清算を行う可能性はあるだろうか。

本稿では,フランス法が包括承継の原則を維持しながら,相続債務をどのように扱っているのか,遺産共有や遺産分割の規定及び判例を分析し,その理論を明らかにする(第1)[8]。そして,我が国での相続債務の当然分割説及び最近の最高裁判決を検討し,フランス法から示唆を得ながら,今後の方向性

---

6) 大審院が既に連帯債務についても当然分割の考えを示していた(前掲注4)・大判昭和16年5月6日)。
7) 有地亨「第三者による遺産の管理(一):相続における清算的要素の導入の契機としての遺言執行者の権限の検討」法政研究35巻4号425頁(1969)。
8) 宮本誠子「フランス法における可分債務の相続と清算」金沢法学55巻2号209頁(2013)も参照。

を探ることとしたい（第2）。

## 第1 フランス法における相続債務の処理

　フランス法には可分債権債務関係当然分割の規定がある。まず，その意味を確認し(1)，相続債務も遺産分割において考慮されることを明らかにする(2)。そして，判例及び立法によって相続債務の清算が実質上認められてきたことと(3)，こうした処理を支える考え方を考察する(4)。

### 1 相続債務の当然分割

　フランス民法典は1220条[9]で，相続債務につき，「可分の債権債務関係も，債権者と債務者の間においては，不可分であるかのように履行されなければならない。その可分性は，債権者及び債務者の相続人に対してのみ適用され……債務者の相続人は，債務者を代表する者として責任を負う部分についてでなければそれを弁済する義務を負わない。」と定めている。本条は債権債務関係に関する一般規定を定める章に置かれている。我が国ではボアソナード草案459条となり，旧民法財産編439条を経て，現行民法427条につがなる規定である。[10]

　フランス民法典は，相続の章にある873条でも「相続人は，相続債務……についてその者の相続分に従って個人的に……責任を負う。」とする。本条は1220条を相続の場面で確認したものとされている。[11] 1220条及び873条により，相続によって債務者が複数になった場合，債権債務関係の可分性が認め

---

[9] フランス債務法改正案では，その1224条の1で「不可分でない限り，債務は債権者又は債務者の相続人の間で当然に分割される。当該相続人は，債権者の代表として把握し又は債務者の代表として責任を負う部分についてでなければ，債務の支払を請求し又は債務を支払う責任を負うことができない。」とされ，1220条の内容が引き継がれている（Cf. P.Catala, *Avant-Projet de réforme du droit des obligations et de la prescription*, Ministère de la Justice, La documentation Française, 2006, p.123）。

[10] 旧民法財産編の段階で，フランス民法典1220条第2文に該当する条項は消滅したものの，1220条全体の趣旨が解釈において我が国で引き継がれていると説明されている（谷口知平＝久貴忠彦編『新版注釈民法(27)　相続(2)〔補訂版〕』350頁〔伊藤昌司〕（有斐閣，2013））。

[11] C.Jubault, *Droit civil, Les successions, les libéralités*, 2e éd., Montchrestion, 2010, n° 970.

られ，各相続人の債務に対する責任は自己の相続分に限られると説明される。[12]

このように相続債務が当然に分割することを，フランスでは伝統的に，相続債務に対する責任との関係で説明している。相続債務に対する相続人の責任は原則として無限責任である（旧724条，2001年12月31日の法律第1135号による旧723条，2006年6月23日の法律第728号（以下「2006年の法律」という。）[13]によよる新785条1項のほか，限定承認に関する旧802条1号前段，新791条3号，担保に関する旧2092条，新2284条）。[14] 無限責任を負うと，被相続人が無資力であった場合，相続人は相続債務に対して，自己の財産を引当てとしてでも責任を負う。すなわち相続人は原則として被相続人の無資力リスクを負担していることになる。他方で，相続債権者にとっては相続人の固有の財産からの債権回収が可能となる。そこで，相続債務を分割し，相続人は無限責任を負うが，相続分に応じた限度でよいとすることで，責任の範囲を制限し，他方で，相続債権者には，分割によって生じる相続人の無資力リスクを負担させる。このように，相続債務の当然分割は，相続人と相続債権者に，被相続人の無資

---

12) M.Grimaldi, *Droit civil, Succession*, Litec, 6e éd., 2001, n° 589. 判例としては，Cass.1re civ., 16 juillet 1992: JCP éd N.1993.2, p.169; D.1993.171; Cass.2e civ., 10 octobre 1995: Bull.civ. I, n°358; Cass.1re civ., 19 mars 1996: Bull.civ. I, n°146, p.102; D.1996, IR p.103 等がある。

13) 相続及び恵与の改正を定める法律（Loi n° 2006-798 du 23 juin 2006 portant réforme des successions et des libéralités（JO, 24 juin 2006, p.9513））で，相続の規律にさらに自由を与え，遺産の管理を容易にし，相続を迅速かつ単純にすることが目的とされた（Projet de loi portant réforme des successions et des libéralités, Exposé des motifs）。本法律全体を紹介するものとして，ミシェル・グリマルディ（北村一郎訳）「フランスにおける相続法改革（2006年6月23日の法律）」ジュリ1358号68頁（2008），幡野弘樹「相続及び贈与・遺贈法改正」日仏法学25号218頁（2009）がある。なお，恵与 (libéralités) とは，贈与・遺贈といった無償処分の総称である。

14) 旧724条は相続人が「相続債務の負担の全てを弁済する義務のもと」，権利や訴権を取得すると定めていた。2001年の法律による723条が，「包括的に又は包括名義で相続を承継する者は，相続債務について無限責任を負う。」と明示し，2006年の法律は，この723条を削除して，新785条1項において，「相続を単純承認した包括的又は包括名義での相続人は，遺産に属する債務……について，無限に責任を負う。」とした。
　また，限定承認に関する旧802条1号前段，2006年の法律による新791条3号は，限定承認の効果として，「相続人が受けた価額を限度としてでなければ，相続債務支払の義務を負わないこと」としており，その反対解釈から，単純承認の場合は無限責任とされる。担保に関する旧2092条，2006年3月23日のオルドナンス第346号による新2284条も，「いかなる者であっても個人的に義務を負ったのであれば，現在及び将来のあらゆる動産及び不動産をもって，責任を負う。」としており，そのような被相続人の地位を承継した相続人の責任も無限責任と説明される。

323

力リスクと相続人の無資力リスクを分散させたものと説明されている。

## 2　当然分割と遺産分割　—遺産分割における内部関係の調整—

　フランス民法典にはさらに，870条本文に，「各共同相続人は，相続債務……について，遺産を取得する割合に応じて，それらの者の間で分担する。」とする規定があり，本条における「遺産を取得する割合に応じて」「分担する」ということの意味，また，1220条及び873条は相続分に応じた責任を規定しているため，1220条及び873条と本条との関係が問題となる。この点については，伝統的に，1220条及び873条は相続債権者との関係で責任を負う場面での規定であり，相続開始により各共同相続人が相続分に応じて責任を負うことになる旨を定めたものであるのに対し，870条は共同相続人間での分担を意味すると説明される[15]。1220条及び873条は相続債務の当然分割の規定であるが，この分割は遺産共有中の，相続債権者と相続人間における「仮の分割」をいい，遺産分割のための計算（liquidation）[16]がなされ，「遺産を取得する割合」が明らかになると，870条により，相続人間では「最終的な負担」割合が確定し，最終的には遺産を取得する割合に応じて債務を負担する。

　そして，遺産共有中の対外関係を定める「仮の分割」割合と，遺産分割時に確定する共同相続人間での「最終的な負担」割合とが異なる場合は，遺産分割のための計算の中で調整を行う。すなわち，873条がそのただし書で，「その者（相続人）が，（他の）共同相続人に対して……，それらの者が分担しなければならない割合に応じて求償することを妨げない。」と規定し，また，旧832条が「現物での割当分（lot）[17]の不平等は，定期金又は金銭での払

---

15) M.Grimaldi, supra note 12), n° 588; C.Jubault, supra note 11) nᵒˢ 994 à 996.

16) 《liquidation》は多様な意味で用いられ（Cf.Jubault, supra note 11), n° 1187），「清算」と訳すべき場合もあるが，ここでは，積極財産をもって消極財産を消滅させる「清算」とは異なり，遺産分割の対象財産及びその評価を確定し，各人に帰属させるべきものを計算することをいう（C.Jubault, supra note 11), n° 1188）。「数額確定」という訳語も当てられる（山口俊夫『フランス法辞典』343頁（東京大学出版会，2002））。

17) 日本法では，民法903条により算出されている「遺産分割手続における分配の前提となるべき計算上の価額又はその価額の遺産の総額に対する割合」を「具体的相続分」等と読んでいる（最判平成12年2月24日民集54巻2号523頁）が，フランスでは，遺産分割のための計算（liquidation）をなした結果，「相続人に帰属することになった財産の総体」を「割当分（lot）」といい（松川正毅「遺産分割と遡及効」占部洋之ほか編『現代民法

戻し（retour）によって償う。」としており，共同相続人間での求償が遺産分割時に金銭での払戻しによってなされる。この求償金を講学上「清算金（soulte）」という[18]。現在では，2006年の法律による864条4項が「財産体のその価値において平等な割当分を形成することができない場合には，その不平等は清算金によって償われる。」としており，条文上も「清算金」との用語が用いられている。

1220条及び873条での「仮の分割」に清算金での調整を加えることで，最終的な負担割合を「遺産を取得する割合」に合致させている。相続分[19]と「遺産を取得する割合」（ここでいう遺産は「積極財産」を指すことになろう。）が異なる場合としては，例えば不動産の細分化を避けるために，相続人の1人に不動産の全体を割り当てるような分割をした場合がある[20]。

遺産分割のための計算は，割当分を構成することによってなされ，割当分には積極財産と消極財産が含まれる。割当分を平等にするために，相続債務の負担割合を調整する必要があれば，相続人の1人に清算金の支払義務を課し，他の相続人に清算金を受領する権利を付与する。相続債務の当然分割は「仮の分割」であり，当然に分割して各相続人に帰属すること，さらには遺産分割の対象外であることを意味するのではない。相続債務は遺産分割の計算の中でも考慮され，清算金という制度のおかげで，相続人間での負担割合は遺産分割時に見直すことができる。

## 3 フレコン判決とその立法化

他方で，フランスでは古くから，相続債権者の保護の必要性も指摘されて

---

学の理論と実務の交錯：高木多喜男先生古稀記念』301頁注2）（成文堂，2001）），遺贈等により取得した積極財産のほか，相続債務などの消極財産も含まれる点で，日本の具体的相続分とは異なる。
18)「清算金」については，直井義典「フランスにおける不分割財産分割」香川大学法学会編『現代における法と政治の探求』161頁（成文堂，2012）も参照。
19) フランスには指定相続分の制度はなく，「相続分」は我が国でいう法定相続分を指す。指定相続分は我が国独自の制度とされている（中川善之助編『註釈相続法上』162頁〔加藤一郎〕（有斐閣，1954），山畠正男「相続分の指定」『家族法体系Ⅵ　相続(1)』270頁（有斐閣，1960））。
20) Cf.B.Beignier, J.-M.do Carmo Silva et A.Fouquet, *Liquidations et régimes matrimoniaux et de successions, Méthodes exercices et corrigés*, 2ᵉ éd., par J.-Mo do Carmo Silva, Defrénois, 2005, p.73).

きた。相続債務の当然分割により，相続債権者は相続人の無資力リスクを負担することになる。相続債権者には財産分離制度の利用が認められてはいるものの，フランスの財産分離は，「被相続人の資産（patrimoine）[21]と相続人の資産を完全に分離するという集合的なものではなく」，「遺産を構成する財産が売却又は差押えされるたびに，そのうちの無資力相続人の割合について相続債権者が優先権を主張できるという個別的なもの」にとどまっており，相続債権者保護に十分な制度とはいえない[22]。債権者は債務者の資産規模を考慮して，契約を締結するが，債務者の死亡により，その相続人の資産規模の影響も受けるところ，それは不公平であるとして，学説は，「相続債権者が共有財産を直接差し押え，債権の全額回収を受けることを認めるしかない。」と主張した[23]。

これを受けて，破毀院審理部1912年12月24日判決[24]（「フレコン判決」と呼ばれる。）は，「確かに，相続債務は相続人間で当然に分割されるが，相続債権者が被相続人の生前に有していた担保（gage）（筆者注：債務の引当てとなる債務者の財産をいう。）は，遺産分割がなされるまでは，分割できない状態で（indivisible）遺産全体において存続し続ける。したがって，X（相続債権者）は，いまだなされていない遺産分割に関与し，遺産を構成する財産全体から債権の全額につき弁済を受ける権利を有する。」と判示した。本判決は，相続債務の当然分割にも言及しており，相続債権者が各相続人に相続分に応じた弁済請求をなし得ることも確認している。その上で，遺産分割前であれば，遺産を構成する財産全体から債権の全額について弁済を受けることも可

---

21) 資産（patrimoine）とは「人に帰属する財産（biens）と債務によって構成される権利の総体」，「ある人の財産及び債務の集合であり，法的な包括体すなわち積極財産と消極財産とを分離できない変動的な財産体とみなされるもの」をいう（Aubry et Rau, *Cours de droit civil français d'après la méthode de Zachariae*, t.6, 4e éd., 1874, pp.229 à 230）。

22) H.Capitant, *L'indivision héréditaire*, Rev.crit., 1924, pp.25 à 26; H.Capitant, F.Terré et Y.Lequette, *Les gradns arrêts de la jurisprudence civile*, t.1, 12e éd., Dalloz, 2007, p.635, n° 3.

23) H.Capitant, supra note 22), p.26.

24) Cass.Req., 24 décembre 1912: S.1914.1.201; H.Capitant, F.Terré et Y.Lequette, supra note 22), p.639. 本判決については，宮本誠子「可分債務の相続と清算」松川正毅ほか編『判例にみるフランス民法の軌跡』85頁（法律文化社，2012）も参照。伊藤昌司「フランス2006年相続法改正の問いかけ」田井義信編『民法学の現在と近未来』350頁（法律文化社，2012）でも言及されている。

能だとしたものである。

　この判決は，遺産共有に理論を与える判例の1つと位置づけられる。フランスでは，1804年民法典では我が国と同様に遺産共有中の財産管理の規定を持たなかったが，19世紀後半，遺産共有中の権利義務関係が理論化され[25]，20世紀に入るとそれが修正され，判例理論として確立し[26]，さらに共有の規律に関する1976年12月31日の法律第1286号（以下「1976年の法律」という。）[27]で立法化された。1804年当時，立法者は遺産分割はすぐになされるべきで，遺産共有は例外的状態であると考えていたが，実際には遺産共有状態は長く続いた。そこで，1976年の法律では，遺産共有が複数の財産を包括的に共有する状態で，継続するものであることを前提に，遺産共有中の財産の管理が規律された。フレコン判決は19～20世紀に構築された共有の判例理論の1つであり，その後，破毀院が広く適用して確立された理論となり，さらに1976年の法律により815条の17で立法化された。

## 4　相続債務の清算のための理論

　こうして現在では，815条の17が第1項で「共有が生じるより前に共有財産に対して権利行使できた債権者……は，遺産分割前に積極財産において先取りして弁済を受ける。このような債権者はさらに，共有財産の差押え及び売却を行うことができる。」と定めるに至っている。第1文の「共有財産に対して権利行使できた債権者」には，相続開始前に債務の弁済期が到来し，被相続人の責任財産を差し押え，債権回収を図ることが可能な状況にあった債権者のほか，弁済期が到来していなかった債権の債権者も含まれると解さ

---

[25] 来栖三郎「共同相続財産に就いて—特に合有論の批判を兼ねて㈢」法協56巻5号912頁（1938）（『来栖三郎著作集Ⅲ　家族法・家族法判例評釈〔親族・相続〕』209頁（信山社，2004）所収），有地亨「共同相続関係の法的構造㈠」民商法雑誌50巻6号835頁（1964），丸山茂「共同相続財産の包括性に関する一考察」九大法学42号163頁（1981）の研究がある。

[26] 山田誠一「共有者間の法律関係㈢（四・完）—共有法再構成の試み」法学協会雑誌102巻3号492頁（1985），102巻7号1292頁（1985）の研究がある。

[27] Loi n° 76-1286 du 31 décembre 1976 relative à l'organisation de l'indivision（JO, Lois et décrets, 1977, pp.19 à 23）．稲本洋之助「《indivision》の制度的変遷について」山口俊夫編『野田良之先生古稀記念—東西法文化の比較と交流』451頁（有斐閣，1983），丸山・前掲注25）163頁の研究がある。

れている[28]。また,「先取りして」は優先することを意味する。相続債権者は,財産分離の方法を採らずとも,相続人の債権者に優先して,「遺産分割前に」,遺産の中に「流動資産があれば,それを債務の弁済に充てるよう請求できる」。こうして,相続債権者には遺産分割の際,財産の分配に先立って,遺産の積極財産から弁済を受けることが認められている。

このような処理が認められる根拠は何か。相続債権者は,債務者の生前にはその資産から債権回収が可能である。債務者が死亡すると,その資産は相続人の資産と混合するが,遺産分割前であれば,遺産を構成する財産の帰属が確定していないため,被相続人の資産であった遺産という財産体が,被相続人の人格が継続しているかのように,なお独立して観念することができる。このように,相続開始後も遺産を,相続人の財産とは別個の1つの独立財産体と把握することで,相続債権者にとっては,被相続人の生前と同様に,被相続人の資産を債権の引当てとすることが可能となる。この点を,学説の中には,フレコン判決は,財産体が「分割できない状態」であるとして,遺産分割前に「遺産が分割して相続人の財産となることを否定し」,「消極財産の弁済のために」「遺産分割までは遺産が被相続人の生前にあった状態で残る。遺産は1つ(の資産)であり,分割できない(財産の集合体)」であると説明するものもある[29]。

また,815条の17第1項第2文は,相続債権者が遺産分割を待たずに,遺産の積極財産を差し押さえて債権回収を図ることを認めたものである[30]。相続債権者が遺産から弁済を受ける場合,請求の相手方は相続人とされる[31]。相続人は,相続債務の分割により自ら責任を負っている分を弁済したか否かにかかわらず,相続債権者が追及するところの遺産を管理・所持している者として被告になる。言い換えると,相続人が遺産を管理・所持しているという視点があるからこそ,遺産の積極財産からの債権回収が可能となる。

フランスでは,我が国と同様,遺産分割の遡及効の原則を維持している(883条)。遡及効を貫くと,遺産共有中になされた行為は無効となるが,遺

---

28) M.Dagot, L'indivision, JCP 1977. I .2858, n° 444.
29) M.Grimaldi, supra note 12), n° 614, a).
30) M.Dagot, supra note 28), n° 450.
31) M.Grimaldi, supra note 12), n° 614.

産共有中に適切になされた管理行為の効力は失わせるべきではない。そこで，判例理論，そして1976年の法律が，遺産共有中の管理について明確にし，また，遺産分割の遡及効にかかわらず，すなわち後になされた遺産分割での財産の帰属と関係なく，遺産共有中になされた行為が無効とはならない場合を明確にしている。それによると，管理行為・処分行為は相続人全員の合意のある場合に効力を維持する（815条の3第1項）。それゆえ，相続人が全員の合意で遺産の積極財産を売却する等して金銭を得，それをもって債務を弁済することも可能である。815条の3は2006年の法律によって，債務の弁済を目的として動産を処分する場合には，相続分による3分の2の合意で有効になし得ると改正され，相続債務の清算はより行いやすくなっている。

## 第2 日本法における相続債務の処理

日本法における相続債務に関しては，最判平成21年3月24日民集63巻3号427頁[32]（以下「平成21年判決」という。）を分析しながら，相続債務の当然分割が維持されていることを確認し(1)，指定相続分に応じた分割と相続債権者との関係(2)及び相続人間での求償関係について分析する(3)。相続債務を清算する可能性についても若干触れたい(4)。

---

32) 評釈・解説等として，金亮完・速報判例解説（法セミ増刊）5号105頁（2009），塩月秀平・金法1877号6頁（2009），青竹美佳・判例セレクト2009Ⅰ23頁（法教353別冊付録，2010），浅井憲・平成21年度主要民事判例解説（別冊判タ29号）68頁（2010），近江幸治・リマークス41号74頁（2010），神谷遊・現代民事判例研究会編『民事判例Ⅰ2010年前期』184頁（日本評論社，2010），塩崎勤・銀行法務21 714号15頁（2010），潮見佳男・金法1905号22頁（2010），田中淳子・法時82巻10号117頁（2010），田中壮太・公証法学39号67頁（2010），辻博明・岡山大学法学会雑誌60巻2号391頁（2010），西希代子・民商142巻3号314頁（2010），同・平成21年度重要判例解説（ジュリ臨時増刊1398号）105頁（2010），村重慶一・戸籍時報652号71頁（2010），柳勝司・名城ロースクール・レビュー17号91頁（2010），吉永一行・法セミ661号128頁（2010），且井佑佳・同志社法学63巻2号409頁（2011），高橋譲・ジュリ1421号98頁（2011），竹部晴美・法と政治61巻4号345頁（2011），高橋譲・法曹時報64巻6号92頁（2012），同・最高裁判所判例解説民事篇平成21年度225頁，宮本誠子・本山敦＝奈良輝久編『相続判例の分析と展開』（金判増刊1436号）116頁（2014）がある。第1審（福岡地判平成19年2月2日民集63巻3号438頁）を紹介したものとして，星野雅紀編『遺留分をめぐる紛争事例解説集』53頁（新日本法規，2008）があり，原審（福岡高判平成19年6月21日民集63巻3号446頁）の評釈等としては，本山敦・月報司法書士432号32頁（2008），同・判タ1263号68頁（2008），安部光壱「遺留分減殺額と相続債務との関係」生野正剛ほか編『変貌する家族と現代家族法』290頁（法律文化社，2009）がある。

## 1 相続債務の承継

我が国の学説は、遺産共有の法的性質論ともあいまって、可分債務として当然分割させるか、不可分債務等と扱うかといった債務の帰属に着目した議論が中心であった。[33] 遺産共有について共有説の立場を採り、可分債務は法律上当然に相続分に応じて分割され、各相続人に帰属するという立場と、合有説を採り、債務は合有債務として相続人全員で負担し、遺産分割手続を経るという立場があり、さらに、主に共有説を支持しつつも、当然分割説に立った場合に、相続債権者が相続人の無資力リスクを負担することになる点を考慮して、金銭債務を性質上の不可分債務として処理すべきとする有力な主張もあった。

また、法定相続分とは異なる割合での分割の可否という点では、序で述べたように、判例のいう「相続分に応じてこれを承継する」の「相続分」に、指定相続分が含まれるかという問題も提起され、相続分の指定がある場合には、相続債務は指定相続分に応じて承継されるとの見解が多数であった。[34]

平成21年判決は、財産全部を相続させる旨の遺言がある場合の、遺留分額算定における相続債務の加算額が争われた事案において、財産全部を相続させる旨の遺言には相続分の指定（民902条）が含まれると解した上で、[35] 相続

---

33) 学説については、甲斐道太郎「債務の共同相続と債権者」判タ403号22頁以下（1980）、右近健男「債務の相続」星野英一編『民法講座第七巻』417頁以下（有斐閣、1984）、中川善之助＝泉久雄『相続法〔第4版〕』235頁以下（有斐閣、2000）、谷口＝久貴・前掲注10）302〜303頁〔潮見佳男〕等参照。

34) 我妻榮＝立石芳枝『親族法・相続法』431頁（日本評論社、1952）、中川淳『相続法逐条解説（上）』221頁（日本加除出版、1985）、鈴木禄弥『相続法講義〔改訂版〕』132頁（創文社、1996）、橘勝治「相続債務と公正証書」公証113号38頁（2004）、内田貴『民法Ⅳ〔補訂版〕』380頁（東京大学出版会、2005）、谷口＝久貴・前掲注10）167頁〔有地亨・二宮周平〕等。ただし、平成21年判決のように、相続分の指定が相続させる旨の遺言によってなされている場合、内田恒久『判例による相続・遺言の諸問題』177頁、181頁（新日本法規、2002）は、相続させる旨の遺言が元来特定の積極財産を目的とし、相続債務には及ばず、相続債務は法定相続分により相続人らに分割帰属するとする。特定の相続人に相続債務の支払をさせる趣旨を遺言に含めるには、その意思を別途遺言で示しておくことが必要で、これは当該相続人が他の相続人に分割帰属した債務の弁済をするという負担付きの遺言となる。そうすることで、対外的には法定相続分による分割帰属がなされているものの、内部的には遺言者の意思による割合で負担させることができるとしている。

35) 特定の遺産を特定の相続人に相続させる旨の遺言の法的性質については、最判平成3年4月19日民集45巻4号477頁が、その趣旨が遺贈であることが明らかであるか又は遺贈と解すべき特段の事情のない限り、当該遺産を当該相続人をして単独で相続させる遺

分の指定がある場合の相続債務の承継に言及した初めての最高裁判決である[36]。本判決は,「相続人のうちの1人に対して財産全部を相続させる旨の遺言により相続分の全部が当該相続人に指定された場合,遺言の趣旨等から相続債務については当該相続人にすべてを相続させる意思のないことが明らかであるなどの特段の事情のない限り,当該相続人に相続債務もすべて相続させる旨の意思が表示されたものと解すべきであり,これにより,相続人間においては,当該相続人が指定相続分の割合に応じて相続債務をすべて承継することになると解するのが相当である。」と判示している。

本判決は,債務が分割承継するとしている点で,従来からの当然分割説を踏襲したものではある。その上で,まず,相続債務の承継割合が遺言の趣旨等,被相続人の意思によるとしており,被相続人の意思により,法定相続分

---

産分割の方法が指定されたものと解すべきで,何らの行為を要せずして,当該遺産は,被相続人の死亡の時に直ちに相続により承継されると判示しており,また,特定の遺産の価額が当該相続人の法定相続分を超える場合について,裁判例は,相続分の指定(民902条)を含む遺産分割方法の指定であるとしていた(東京高判昭和45年3月30日家月23巻1号65頁,東京高判昭和60年8月27日家月38巻5号59頁,札幌高決昭和61年3月17日家月38巻8号67頁,東京地判昭和61年11月28日判時1226号81頁等)。よって,財産全部を相続させる旨の遺言が相続分の指定を含むとの解釈は,従来の立場に沿うものである。ただし,そもそも平成3年判決の立場に対して学説からの批判が根強い。

36) 事案としては遺留分減殺額の算定が争われたものである。Aは,自己の有する財産全部をYに相続させる旨の公正証書遺言(以下「本件遺言」という。)を作成し,死亡した。Aの法定相続人は子X及びYである。Aは,相続開始時,4億2,700万円の共同住宅・店舗及びその敷地(以下「本件不動産」という。)を含む積極財産約4億3,231万円と,長期借入金約4億523万円を含む消極財産約4億2,483万円を有していた。長期借入金は,本件不動産の建築資金として借り入れられた金銭債務である。XはYに対して遺留分減殺請求の意思表示をした。その後,Yは,本件不動産についてAからの相続を原因とした所有権移転登記を経由した。そこで,Xは本件不動産の共有持分権の移転登記手続を求めて本件訴訟を提起した。これに対しYは価額弁償の意思表示をした。

相続債務がある場合の遺留分侵害額は,最判平成8年11月26日民集50巻10号2747頁によると,被相続人が相続開始時に有していた財産の価額にその贈与した財産の価額を加え,その中から債務の全額を控除して遺留分算定の基礎となる財産額を確定し,それに法定の遺留分の割合を乗じるなどして算定した遺留分の額から,遺留分権利者が相続によって得た財産の額を控除し同人が負担すべき相続債務の額を加算して算定されるが,本件では,加算すべき「同人が負担すべき相続債務の額」の具体的内容が争われた。Xは,Aの消極財産のうち可分債務については法定相続分に応じて当然に分割され,その2分の1(相続債務約4億2,483万円×1/2=約2億1,241万円)をXが負担することになるため,約2億1241万円を加算すべきと主張した。これに対し,Yは,本件遺言によりYが相続債務を全て負担することになる,Xの遺留分侵害額算定において,遺留分の額に相続債務の額を加算することは許されないと主張した。遺留分侵害額は,Xの主張によると,(積極財産約4億3,231万円 − 消極財産約4億2,483万円)×1/4=約187万円に,約2億1,241万円を加えた約2億1,428万円となるが,Yの主張によると約187万円となる。

*331*

とは異なる分割割合での相続債務の「承継」を認めたものといえる。そして，その被相続人の意思解釈において，相続分の指定がある場合には，原則として指定相続分が相続債務にも及ぶとしている。相続分の指定がある場合，相続債務についても当然に指定相続分に応じた分割がなされるというのではなく，第一に被相続人の意思によるとするものであるため，例えば，遺言で積極財産の分割割合とは別に，相続債務の負担割合が指示されていた場合には，[37] そのような意思に従って分割承継されることになろう。

## 2 指定相続分に応じた分割と相続債権者

相続債務の指定相続分に応じた承継を認めたとして，ただ，これを相続債権者に対抗し得るかについては，学説の多くは否定的見解を示し，[38] 被相続人の意思のみで相続債務の負担割合を変更すると相続債権者に不測の損害を被らせることになること，形式的画一性こそが相続法の承継秩序と取引の安全を調和させる手段であること等を理由に，相続債権者の承諾が必要だとしていた。[39] 相続債権者が法定相続分に従って債務の履行を求めた場合，相続人は指定相続分による分割承継がなされたことを抗弁として主張することはできず，[40] 弁済義務を負い，指定相続分に応じた割合を超えた部分は，相続人間での求償によって処理することになる。

この点，平成21年判決は，「もっとも，上記遺言による相続債務についての相続分の指定は，相続債務の債権者（以下「相続債権者」という。）の関与なくされたものであるから，相続債権者に対してはその効力が及ばないもの

---

37) 相続人が子A，Bで，遺産の中心が営業資産であり，被相続人の営業資産をAが継ぐことになっている場合に，遺言で，営業資産及びそれに伴う債務全てをAに相続させつつ，Bの遺留分を考慮して，代償分割を指示することもあろう。
38) 我妻＝立石・前掲注34) 431頁，中川・前掲注34) 221頁，鈴木・前掲注34) 132頁，泉久雄「被相続人が相続開始時に債務を有していた場合における遺留分の侵害額の算定」リマークス16号92頁（1998上），橘・前掲注34) 公証38頁，内田・前掲34) 380頁，谷口＝久貴・前掲注10) 167頁〔有地亨・二宮周平〕等。
39) 我妻＝立石・前掲注34) 431頁，中川・前掲注34) 221頁，鈴木・前掲注34) 132頁，中川＝泉・前掲注33) 258頁，内田・前掲34) 380頁等。
40) 実務では，相続の要件事実について，原告は，被相続人の死亡と，被告が被相続人の相続人であることを示せば足りるという立場（非のみ説）が採られており（加藤新太郎編『民事訴訟実務の基礎【解説篇】〔第3版〕』76～77頁参照（弘文堂，2011)），法定相続分に応じた承継がなされる場合でも，責任が相続分の限度であることは抗弁になる。

と解するのが相当であり，各相続人は，相続債権者から法定相続分に従った相続債務の履行を求められたときには，これに応じなければならず，指定相続分に応じて相続債務を承継したことを主張することはできないが，相続債権者の方から相続債務についての相続分の指定の効力を承認し，各相続人に対し，指定相続分に応じた相続債務の履行を請求することは妨げられないというべきである。」と判示した。相続債権者は指定相続分に応じた請求か，法定相続分に応じた請求かを選択することができる。そして，法定相続分に応じた請求がなされた場合[41]，多くの学説と同様，指定相続分による相続債務の分割を相続債権者に対抗することはできないとする（なお，従来の判決との整合性という点では，最判平成5年7月19日家月46巻5号23頁及び最判平成14年6月10日家月55巻1号77頁との関係が問題となる。）[42]。最近でも，被相続人は自らの債務について処分権限を有さないという前提を採り，相続分の指定は法定相続分からの変更であると考えると，この変更は免責的債務引受の要素をもち，相続債権者には対抗できないという結論につながりやすいとされており[43]，判決の結論に沿う。法定相続分に応じた支払がなされた場合には，後は，相続人間の求償によって調整することとなる。

## 3　相続人間での求償

平成21年判決に対しては，法定相続分に応じた弁済をなすと，相続人間で

---

41) ただし，Yの主張によると，本件では，相続債権者とYの間では，当初からYのみを相続債務の承継人とすることが当然の前提とされていた（民集63巻3号440頁）。
42) 平成5年判決は，相続分の指定がなされた場合の，相続不動産に対する第三者の権利取得に関する事案において，指定相続分を超える部分は無権利の登記であり，登記に公信力がない以上，第三者の取得する持分は指定相続分にとどまるとの判示をして，法定相続分による場合と同様の，無権利構成による処理をした。遺言者の意思による相続分の指定を，対外関係にも及ぼせており，対外関係（対第三者関係）においても，指定相続分を優先させたものといえるが，本判決では相続債務の指定相続分に応じた分割について，相続債権者に対抗できないとしたため，平成5年判決との関係が問題となる。また，平成14年判決は，特定の遺産を特定の相続人に相続させる旨の遺言による不動産取得の第三者対抗問題につき，相続による承継であることを理由に，同様の処理をした。この点，本判決は「相続させる旨の遺言による」相続分の指定で，相続債務が指定相続分に応じて「承継」されることが，相続債権者に対抗できないものとしており，平成14年判決との関係も問題となる。潮見・前掲注32）25頁，西・前掲注32）323頁等を参照。
43) 潮見佳男『相続法』106頁（弘文堂，第5版，2014）。窪田充見「金銭債務と金銭債権の共同相続」論究ジュリ10号122頁（2014）も参照。

の求償関係が生じるため，他の相続人の無資力リスクを負担することになるという指摘がなされている。また，求償関係の法律構成についても検討が必要で，指定相続分が法定相続分を上回った相続人Aと，下回った相続人Bがおり，Bが法定相続分に応じた支払を余儀なくされた後の法律関係としては，BのAに対する不当利得返還請求が成立する（民703条），利害関係者Bによる第三者弁済がなされたとみる（民474条1項），弁済による代位とみる（民500条，501条），債権者準占有者に対する弁済とみる（民478条）等が考えられるとされている。[44]

ところで相続債務の求償関係は，平成21年判決事案のように，①被相続人の意思により法定相続分とは異なる割合で分割承継していた場合のほか，②相続開始後，相続人の意思によって（法定・指定）相続分とは異なる割合で負担することにした場合にも生じ得る。

②は，相続分に応じて分割承継された相続債務を，共同相続人の合意により協議分割・調停分割の対象にする場合等，債務者らの意思によって，債務引受を行うものである。分割帰属されたものの変更であり，相続債権者の承諾がなければ，相続分で分割承継した債務について免責されず，併存的債務引受となり，債務者の承諾があって初めて免責の効果が確定する（免責的債務引受）。[45]

裁判例の中には，②を遺産分割事件においてなし，債務引受をさせた事例もある。大阪高決昭和43年8月28日家月20巻12号78頁は，夫が死亡し，妻と子が相続人である遺産分割事件の抗告審において，夫が負担していた住宅ローンは，相続債権者である住宅金融公庫に対する関係では法定相続分に応じて分割承継されたことになるが，家屋その他の相続不動産全部を妻に帰属させるのを相当と解すべき事情が存し，かつ，本件では遺産分割まで妻がこのローンを支払っていたことから，子が承継した分の債務を妻に引き受けさせるとした。

相続人間での求償関係はさらに，③相続人の1人が遺産分割前に相続債務全体を弁済した場合にも生じる。他の相続人が負担する債務を弁済したこと

---

44) 田中淳子・前掲注32) 12頁参照。
45) 床谷文雄＝犬伏由子編『現代相続法』97頁〔吉田克己〕（有斐閣，2010），潮見・前掲注43) 106頁。

になり，求償は本来，通常の民事訴訟手続によるべきであって，遺産分割の審判事件によるべきではないとされる（大阪高決昭和31年10月9日家月8巻10号43頁）。しかし，遺産分割の趣旨に照らして，遺産分割の際に清算させてよいとする裁判例もある[46]。大阪高決昭和46年9月2日家月24巻10号90頁は，相続財産に関する費用が相続財産の中から支弁される（民885条）ことを確認し，「相続人の一部の者が遺産分割前に被相続人の債務を弁済したような場合には，その債務並に弁済がいづれも正当と認められる限り，同様に遺産分割手続中で清算するのが相当である。」とする。また，大阪家審昭和47年8月14日家月25巻7号55頁は，被相続人の金銭債務及び未払い入院費用について，「相続人の一人が同費用を立替支出したとしても，相続債務たる本質に変りはないから，いずれも原則的には遺産分割の対象とならない。」としつつ，「相続人の一人が遺産分割前に相続債務を弁済した場合には，その債務は元来共同相続人が相続分に応じて負担すべきものであり，弁済した相続人は他の共同相続人に対し求償権を有すること明らかであるから，該債務に対する清算は，共同相続人間の債権債務関係であるにせよ，第三者に影響を及ぼすこともないのであるから，民法第906条の趣旨にてらし，便宜，遺産分割審判の対象として差し支えないが，該債務が特定できないなど特段の事情がある場合は，これを分割の対象から除外し，通常の相続債務に関する共同相続人間の清算の問題として別途の解決に委ねるのが相当である。」としている。

　こうした②③の場合の清算方法を参考にすると，①の場合に生じた求償関係も遺産分割で清算する可能性があるようにも思われる。遺産分割が未了であれば，相続人間の関係を清算することで，他の相続人の無資力リスク負担への懸念は軽減されよう。

## 4　相続債務の清算の可能性

　相続人間での求償関係ではなく，相続債務自体を清算することは可能であろうか。清算が制度上なされるのは，限定承認，財産分離，相続人不存在，

---

[46] 遺産分割外で清算すべきとする審判等もある。仙台家審昭和49年3月30日家月27巻7号62頁，大阪高決昭和49年9月17日家月27巻8号65頁，長崎家審昭和51年12月23日家月29巻9号110頁。

相続財産の破産の場合のみである。[47] 限定承認は，相続債権者が相続人の固有財産に対して追及するのを制限するもので（民922条），第一種財産分離も，相続財産と相続人の固有財産を分離し，相続債権者に相続財産から優先的に弁済を受けさせるものであり（民942条），相続債務を終局的に清算するというには不十分である。また，相続財産の破産も，「相続財産をもって相続債権者及び受遺者に対する債務を完済することができないと認めるとき」が破産手続開始原因であり（破産法223条），相続財産が無資力の場合に限られ，相続債権者が相続人の無資力リスクを回避するためのものではない。

単純承認ではなく，限定承認を原則とすべきという主張もある[48]が，清算をなすこれらの制度を参考にしつつ，相続財産等の状況による相続人の保護，債権者の保護という観点ではなく，相続によって生じた権利義務関係の統一的解決という観点から，相続債務の清算を行うことを模索すべきであろう[49]。その際に，相続の包括承継の原則を維持したまま，遺産分割の中に清算の仕組みを取り入れているフランス法は大いに参考になると思われる。[50]

## むすび

フランスでは，包括承継の原則を維持しながら，相続債務の清算が行われている。これは，相続開始後も遺産を1つの独立した財産体とみて，遺産共有中の財産管理の視点を持っているからこそである。

確かにフランスでは，公証人（notaire）がほとんどの相続に関与し[51]遺産

---

47) 遺言による清算の指示に関しては，松川正毅「相続における債務の清算と遺言」名古屋大学法政論集254号945頁（2014）。
48) 中川善之助編『註釈相続法上』12頁〔中川〕（有斐閣，1954），川崎秀司「限定承認，本則論考」東北法学会雑誌1号26頁（1950），泉久雄「相続人の責任の根拠に関する覚書」専修大学論集25巻25頁（1961），同「相続人の有限責任」法学27巻2号62頁（1963），山中康雄『市民社会と親族身分法』343頁（日本評論社，1949）等。
49) より具体的な，相続債務の清算の可能性については，限定承認等の制度における清算の仕組みのほか，相続財産に関する費用（民885条）の意味も含めて検討することを今後の課題としたい。
50) ドイツ法でも，遺産分割に際してまず相続債務の弁済することが要求されており（ドイツ民法2046条1項），清算を終えた残余財産が分配される（同2047条1項）。フランスの理論はドイツ法を参考に構築されたものといわれる。高木多喜男「遺産分割と債権者」判タ403号34頁（1980）も参照。
51) 不動産がある場合等，公証人の関与が必須とされる場合につき，金子敬明「相続財産

の管理を行っており，相続債務の清算もそれゆえ実現できているものといえ，それに対して我が国にはそのような役割を担う者が存在しない。[52] 我が国において，現行法を基礎としつつ，相続債務の清算を行うためには，公証人の存在も考慮すべき事柄の1つであり，他方で，フランス法の理論を参考にしながら，被相続人の財産を遺産分割までは1つの財産体として捉え，また，遺産共有中の財産管理にも着目すべきと思われる。

　前者は，被相続人の人格が相続開始後もなお続いているかのように扱うことである。限定承認等財産の分離を認める制度が既存しており，遺産を相続人の財産と混合させずに考えることは不可能なことではないと思われる。後者について，我が国の民法に遺産管理の規定が欠けていることは古くから指摘されてきたことである。立法での対応が求められる分野の1つであろう。

（金沢大学大学院法務研究科准教授）

---

の重層性をめぐって(5)」法協121巻6号752頁注(6)（2004）参照。
52）日仏のインフラの相違については，水野紀子「日本法の現状と課題——贈与と遺贈の解釈を素材として」論究ジュリ10号98頁（2014），同「日本相続法の特徴について」同編著『信託の理論と現代的展開』195頁（商事法務，2014）が詳細に論じ，法的プロフェッショナルの必要性を説いている。

# 遺言能力とその判断方法

松 井 和 彦

## 第1 問題の所在

　遺言をするためには，遺言能力が必要であり（民963条），遺言能力を欠く状態で作成された遺言は，無効である（以下，このことを「遺言無能力の法理」と呼ぶ。）。しかし，我が民法典には，遺言能力を直接定めた規定が少なく，満15歳に達した者が遺言能力を有することを定めた民法961条がある程度である。

　その他にも，制限行為能力に関する規定が遺言には適用されないことを定めた民法962条，成年被後見人も事理弁識能力を回復している間は一定の要件の下で遺言をなし得ることを定めた民法973条1項など，遺言能力に関連する規定が幾つかあるが，いずれも遺言能力を一般的に定めたものではない。このため，遺言能力とはどのような能力で，その有無をどのように判断するのかは，解釈に委ねられることになる。

　伝統的通説は，遺言能力を意思能力と同等のものであるとして，行為能力に達することを要しないと述べてきた。下級審裁判例は，伝統的通説に従いつつ，具体的な判断に当たっては，事案ごとに諸事情を総合的に勘案するという方法をとっている。しかし，近時，伝統的通説による遺言能力概念は批判に曝されており，再検証すべき時期に来ている。また，このことと関連して，遺言能力の判断枠組みに関する理論的な解明は十分でない。そこで，本稿は，この2つの問題について，ドイツ法を参照し，我が国の解釈論への示唆を得ることを目的とする。

なお，我が国の遺言法は，フランス法の影響を大きく受けており,[1] ドイツ法とはやや系譜を異にする。しかし，我が国において遺言能力概念を論じる際にしばしば引き合いに出される意思能力・行為能力論は，ドイツ法の影響を強く受けており，遺言能力に関してもドイツ法の影響が全くないわけではない[2]。そして，後述するとおり，ドイツにおいては，我が国の意思能力に対応するといわれる，通常の財産取引に必要な能力（行為能力：Geschäftsfähigkeit）と遺言能力は，基本的に同じものと考えられている。したがって，ドイツ法を比較検討対象の一つに加え，我が国における遺言能力論の参考とすることは許されるであろう。

## 第2 我が国における理論状況

ドイツ法の状況をみる前に，我が国におけるこれまでの理論状況を整理し，その到達点を確認しておく。

### 1 起草者の理解

遺言能力に関する諸規定の起草過程については，優れた先行業績がある[3]。そこで，本稿では，これらに依拠して次のことを確認するにとどめる。

第1に，起草者は，遺言者の最終意思をできる限り尊重すべきであるという考えを基礎として，遺言能力に関する諸規定を起草した[4]。

第2に，起草委員の一人である穂積陳重によれば，遺言年齢を満15歳としたのは，一定の年齢に達した未成年者は大抵の行為をする能力を有すると考えられたことに加え，婚姻適齢や養子縁組の年齢が参考とされ[5]，また，旧来より我が国では慣習的に満15歳をもって「大人ニ為ル時期デアル」と考えら

---

1) 伊藤昌司『相続法』38頁（有斐閣，2002）。
2) 熊谷士郎『意思無能力法理の再検討』43頁（有信堂，2003）参照。
3) 右近健男「遺言能力に関する諸問題」久貴忠彦編代『遺言と遺留分 第1巻』43頁以下（日本評論社，2001），鹿野菜穂子「高齢者の遺言能力」立命249号1045頁以下。
4) 梅謙次郎『民法要義巻之五相続編』259頁（明法堂，1901）。
5) 旧民法によれば，婚姻適齢については，男性は満17歳，女性は満15歳であった（旧民765条）。また，養子縁組については，満15歳に達した未成年は父母の代諾によることなく養子となることができた（旧民843条1項）。もっとも，父母の同意は必要とされた（旧民844条）。

れてきたためであった[6]。この説明からは，遺言について判断能力が低くてよいと考えられていたわけではなく，むしろ，満15歳に達した者には十分な判断能力が備わっていると考えられていたことが窺われる。他方，同じく起草委員の一人である梅謙次郎は，死に臨んだ未成年者は成年に達するまで遺言を待つことができないので，判断能力を寛大にしたのだと説明しており[7]，梅は，遺言について判断能力を低くすることもやむなしと考えていたようである。

　第3に，行為無能力（制限行為能力）規定を遺言に適用しないとした（民962条）のは，①遺言者の最終意思の尊重という観点からは，遺言は他人の代理や同意を要することに馴染まないし，②遺言者が生存中に遺言を他人に知られることを望まないことがあり，さらに，③禁治産者も本心に復している間に死後処分をすることを妨げる理由はなく，むしろこれを認めることが最終意思の尊重に資するし，④準禁治産者は基本的に能力者であり多くの外国法も心神耗弱者等に遺言能力を承認している，ということがその理由であった[8]。

　これらのことから，起草者が遺言に必要な能力の程度をどのように捉えていたのかを読み取ることは難しい。また，必要とされる精神能力の程度についても，たしかに，起草者は，遺言者の最終意思を尊重するため，できるだけ広く遺言能力を認めたいと考えていたようであるが，そうであるからといって，起草者が，遺言能力の水準を殊更に低く考えていたとは即断できない。遺言能力の判断方法についても，言及されていない。

## 2　伝統的通説

　初期の学説は，遺言能力を意思能力又は弁識能力のことであると述べ，そこで要求される精神能力の程度は行為能力の水準に達することを要しないという意味で用いた[9]。その根拠として，遺言者の最終意思をできる限り尊重す

---

[6] 法務大臣官房司法法制調査部監修『法典調査会民法議事速記録七』624頁（商事法務，1984）。
[7] 梅・前掲注4）261頁以下。
[8] 法務大臣官房司法法制調査部・前掲注6）626頁以下。
[9] 柳川勝二『日本相続法註釋』271頁（巖松堂書店，1920），和田于一『遺言法』36頁（精興社書店，1938），近藤英吉『判例遺言法』28頁（有斐閣，1938）。牧野菊之助『日

べきこと，遺言の効力が生じるのは遺言者が死亡した後であるから遺言者保護の要請が働かないこと等が挙げられた。[10] しかし，その判断方法と関連づけて遺言能力概念に言及したものは少ない。その中にあって，牧野菊之助は，「遺言ナルモノハ本来自由意思ノ発動タルコトヲ要スル以上ハ是非ヲ弁別シテ意思ヲ表示スル力アル者カ自由ニ之ヲ表示スルコトヲ要スルハ勿論ナレハ自己ノ意思ヲ表示スルノ能力ヲ缺ク者ニ遺言能力ナキハ論ヲ俟タス」と述べる。ここでは，①是非の弁別をなし得ること，②自由な意思表示をなし得ること，という２つの要素が挙げられていることが注目される。[11]

その後の学説も，遺言能力について，意思能力とほぼ同義であり，行為能力において要求される精神能力に達することを要しないとの説明を繰り返し，通説を形成していった。[12][13] 他方，遺言能力の有無については，これを事実問題であると簡潔に言及されるにとどまり，その判断方法について詳細に論じられることはなかった。

## 3　遺言能力に関する下級審裁判例の展開

遺言能力の判断方法について展開が見られるようになったのは，これに関する下級審裁判例の蓄積に伴うものであり，比較的最近のことである。

### (1) 判断方法の確立

遺言能力の有無が争点となった裁判例が現れるようになったのは，昭和40年代頃からである。初期の下級審裁判例を概観すると，遺言能力を，意思能

---

本相続法論』411頁（巌松堂書店，第4版，1914）も同旨か。
10) 近藤・前掲注9) 28頁。
11) 牧野・前掲注9) 415頁。
12) 穂積重遠『相続法第二分冊』344頁（岩波書店，1947），中川善之助監修『註解相続法』271頁〔小山或男〕（法文社，第3版，1952），中川善之助編『注釈民法(26)』44頁〔中川善之助〕（有斐閣，1973），深谷松男『現代家族法』248頁以下（青林書院，第3版，1997）など。
13) その根拠に，遺言制度の歴史的経緯が加えられた。すなわち，ローマ法における遺言制度は，相続人指定の方法として発生・発達したのであり，それゆえ，遺言は身分行為と観念されてきた。このような歴史的経緯が，遺言者の意思の尊重という考えとあいまって，遺言能力を財産行為における行為能力よりも低くてよいと解されるようになったという指摘である。中川善之助＝泉久雄『相続法』488頁以下（有斐閣，第4版，2000）。しかし，現代の遺言においては，身分行為のみならず財産行為も行うことができるのみならず，むしろ財産行為の方が多いとの指摘があり，このような歴史的経緯は，もはや妥当しない。鈴木禄弥『相続法講義』142頁（創文社，改訂版，1996）参照。

力であり遺言者の全般的な事理弁識能力であると捉え，医学的見地からの心身の健康状態のみから遺言能力の有無を判断したものが多い。[14] ここでは，遺言前後における遺言者の病状や医学的な診断結果に加え，遺言作成までの病状の経過，遺言作成の前後における遺言者の生活状況や挙動（見当識障害の有無及び程度，異常行動の有無，病院関係者や家族と意思疎通をすることができていたかどうか等）が，遺言時における遺言者の全般的な精神能力を推認させる事情として考慮されている。これに加えて，遺言者が遺言をするに至った動機や遺言内容の複雑さを考慮した裁判例もあるが，少数にとどまっている。[15]

平成に入った頃から，遺言能力の有無が争点となった下級審裁判例が徐々に増えていく。この頃から，裁判所は，遺言能力を意思能力と同じであるとの一般論を維持しつつも，[16] その具体的内容を，当該遺言の内容やその意義を理解し判断する能力であると捉え，医学的見地からの心身の健康状態のみならず，動機の有無，遺言作成の経緯，遺言内容の複雑さ，遺言内容の合理性，遺言作成時の状況などの諸事情を考慮するようになっていき，[17] 裁判例がさらに増加する平成10年代以降，この判断方法は定着していく。[18] 例えば，痴呆性高齢者の遺言能力の有無が問題となった事案において，京都地判平成

---

14) 東京地判昭和41年8月6日金判20号11頁，大分家審昭和46年6月22日家月25巻1号93頁，東京高判昭和52年10月13日判時877号58頁，千葉地判昭和61年11月10日判時1227号127頁，東京地判昭和62年9月16日判タ665号181頁など。
15) 浦和地判昭和58年8月29日判タ510号139頁，大阪高判昭和60年12月11日家月39巻1号148頁，大阪地判昭和61年4月24日判時1250号81頁。
16) 東京地判平成23年12月27日LEX/DB25490797（判例集未登載）は，遺言能力がそれほど高い精神能力であることを要しない旨を明言する。
17) 静岡地沼津支判平成元年12月20日判タ719号187頁，大阪高判平成2年6月26日家月43巻8号40頁，東京地判平成4年6月19日家月45巻4号119頁，宮崎地日南支判平成5年3月30日家月46巻5号60頁，名古屋高判平成5年6月29日家月46巻11号30頁，名古屋高判平成9年5月28日判時1632号38頁，東京地判平成9年9月25日判タ967号209頁など。
18) 東京高判平成10年8月26日判タ1002号247頁，東京高判平成12年3月16日判時1715号34頁，名古屋地判平成13年11月30日LEX/DB28071152（判例集未登載），横浜地判平成18年9月15日判タ1236号301頁，大阪高判平成19年4月26日判時1979号75頁，東京地判平成20年8月26日判タ1301号273頁，東京地判平成20年10月9日判タ1289号227頁，大阪高判平成21年6月9日判時2060号77頁，東京高判平成22年7月15日判タ1336号241頁，東京地判平成23年12月21日LEX/DB25490285（判例集未登載），横浜地横須賀支判平成24年9月3日判時2193号23頁，東京地判平成24年9月6日LEX/DB25496614（判例集未登載），京都地判平成25年4月11日判時2192号92頁など。

343

13年10月10日は,[19] 遺言能力の判断方法について,「遺言者の痴呆の内容程度がいかなるものであったかという点のほか,遺言者が当該遺言をするに至った経緯,当該遺言作成時の状況を十分に考慮した上,当該遺言の内容が複雑なものであるか,それとも,単純なものであるかとの相関関係において慎重に判断されなければならない。」と一般論を述べた。また,同様の事案において,東京地判平成16年7月7日は,[20] 遺言能力について,「遺言には,遺言者が遺言事項(遺言の内容)を具体的に決定し,その法律効果を弁識するのに必要な判断能力(意思能力)すなわち遺言能力が必要である。」と述べた上で,その判断方法について,「遺言の内容,遺言者の年齢,病状を含む心身の状況及び健康状態とその推移,発病時と遺言時との時間的関係,遺言時と死亡時との時間的間隔,遺言時とその前後の言動及び精神状態,日頃の遺言についての意向,遺言者と受遺者との関係,前の遺言の有無,前の遺言を変更する動機・事情の有無等遺言者の状況を総合的に見て,遺言の時点で遺言事項(遺言の内容)を判断する能力があったか否かによって判定すべきである。」と判示した。

他方で,医学的見地からの心身・健康状態のみから遺言能力を判断した裁判例も散見されるが,[21] その多くは,遺言者の見当識障害が重度であり,他の諸事情を考慮するまでもなく,医学的見地からみた全般的な精神能力のみから遺言能力の有無を判断することができる事案であったことが推測される。

こうして,近時の下級審裁判例は,①遺言能力を意思能力であると解し,②その判断方法としては,医学的見地からみた遺言者の精神状態を軸としながらも,それだけではなく,遺言内容の複雑さ,遺言作成の動機や遺言者と受遺者との関係に照らした遺言内容の合理性,遺言作成の経緯,遺言作成時の状況などの諸事情を勘案して,遺言能力の有無を判断するに至っている。

(2) **遺言を用いた遺産詐取の防止**

遺言能力を否定した裁判例の中には,第三者が,遺言者の判断能力低下[22]

---

19) 裁判所ウェブサイト。
20) 判タ1185号291頁。
21) 東京地判平成6年2月28日金判979号35頁,東京地判平成18年7月4日判タ1224号288頁,東京地判平成24年5月25日LEX/DB25494592(判例集未登載),東京地判平成24年7月30日LEX/DB25495370(判例集未登載)など。
22) とりわけ,高齢の遺言者が認知症(アルツハイマー型であるか否かを問わず)に罹患

に乗じて自らの利益となる遺言を作成させ，遺産を不当に取得しようとしたのではないかと疑われる事案（以下では，このような事案を「遺言を用いた遺産詐取」と呼ぶ。）が散見される。例えば，前掲東京地判の事案では，弁護士が遺言者に対して字の練習をすると説明を行い，当該弁護士が作成した遺言書の文案を書き写させて，当該弁護士の依頼人である遺言者の妹に全財産を遺贈する旨の自筆証書遺言を作成した（しかも，当初は公正証書遺言を作成する予定であったが，遺言者が疲れているからと言って公証人役場に行くことを嫌がったため，その場で自筆証書遺言を作成するに至った）という経緯が考慮されている。また，東京地判平成18年7月25日の事案では，遺言者が作成した先行遺言の内容に不満を抱いた遺言者の子が，遺言者を旅行に連れ出し，あらかじめ用意していた，自らに全財産を相続させる旨の文案を遺言者に示してこれと同内容の遺言書を作成させた。[23] さらに，東京高判平成25年3月6日の事案では，[24] 遺言者が依頼していないにもかかわらず，遺言者の妹と公証人との間で遺言内容が打ち合わされ，その打合せに携わった妹が同席して，この妹に全財産を相続させる旨の公正証書遺言が作成された。

　遺言能力の判断に際して，遺言作成の経緯及び遺言作成時の状況を考慮することは，このような「遺言を用いた遺産詐取」を防止するために一定の役割を果たしている。

### (3) 一人に全財産を遺贈する旨の遺言の評価

　遺言内容の複雑さという場合，何をもって「複雑」と評価するのかをめぐっては，裁判例においてばらつきがある。裁判例の多くは，単に遺言書の文言から，すなわち遺産の配分方法が複雑か否かという観点から，複雑さを問題にしている。例えば，「Aに全財産を遺贈する（相続させる）」という遺言は，単純な内容であるから，判断能力が相対的に低くても理解が可能だという結論に至る。[25] しかし，遺産や推定相続人が多い場合や，遺産の中に遺

---

している事案が多い。
23) 判時1958号109頁。
24) 判時2193号12頁。
25) 静岡地沼津支判平成元年12月20日判タ719号187頁，大阪高判平成2年6月26日家月43巻8号40頁，東京地判平成5年8月25日判時1503号114頁，名古屋高判平成9年5月28日判時1632号38頁，京都地判平成13年10月10日LEX/DB28071416（判例集未登載），大阪高判平成19年3月16日裁判所ウェブサイト，東京地判平成20年8月26日判タ1301号273頁，大阪高判平成21年6月9日判時2060号77頁，東京地判平成23年12月21日LEX/

言者が経営する中小企業の株式やその営業所となっている不動産が含まれている場合など，遺言者の全財産が一人に帰属したときに利害関係人に大きな影響が及ぶことがあり，このように複雑な事情を背後にもつ遺言は，その文言のいかんにかかわらず，作成に際して複雑な思考と慎重な判断を要するとも考えられる。近時は，遺言内容の複雑さをこのように捉える裁判例もある。[26]

## 4 近時の学説の状況

下級審裁判例が採用する遺言能力の判断方法に対して，学説は，基本的にこれを支持している。[27][28] その上で，学説の中には，具体的な判定基準として，①遺言の内容を理解し，その法的効果を認識していること，②対象財産が多額になる場合には，自己の財産の状態と範囲を認識していること，③遺言をすることによって，相続人から不平・不満が生じる可能性を認識していること，④なぜ特定の者に多額の財産を与えるのかの理由・動機に納得し得るものがあること，ないしは不自然でないこと，⑤遺言者の真意性を挙げるものがある。[29] また，遺言の作成状況によって，要求される判断能力の程度が異なり得ることを指摘する見解が現れている。[30]

---

DB 25490285（判例集未登載），東京地判平成23年12月27日LEX/DB 25490797（判例集未登載），横浜地横須賀支判平成24年9月3日判時2193号23頁。
26) 高知地判平成24年3月29日判夕1385号225頁，京都地判平成25年4月11日判時2192号92頁。
27) 村田彰「高齢者の遺言」新井誠ほか編『高齢者の権利擁護システム』86頁以下（勁草書房，1998），升田純『高齢者を悩ませる法律問題』220頁（判例時報社，1998），篠田省二「遺言能力について」公証120号14頁，高村浩「遺言と意思能力」高村浩編『民事意思能力と裁判判断の基準』135頁以下（新日本法規出版，2002），二宮周平「認知症高齢者の遺言能力」棚村政行ほか編『家族法の理論と実務』772頁以下（日本加除出版，2011）など。
28) この背景には，意思能力論の影響があると思われる。すなわち，意思能力は，かつては事理弁識能力と同視され，おおむね7歳の未成年者と同等の精神能力であると説明されるなど，全般的な精神能力であるかのように理解されていた。しかし，近時は，当該行為との関係で相対的に意思能力の有無が判断されるという理解が支配的となり，下級審裁判例もこの立場に依拠している。そこで，意思能力の有無に関する判断方法が，遺言の場面における意思能力であると把握される遺言能力についても及ぼされたと考えられる。鹿野・前掲注3）1056頁以下，鹿野菜穂子「遺言能力」野田愛子ほか編『新家族法実務大系4』57頁以下（新日本法規出版，2008）参照。意思能力の判断に関する近時の裁判例を分析したものとして，澤井和子「意思能力の欠缺をめぐる裁判例と問題点」判タ1146号87頁以下参照。
29) 二宮周平『家族法』380頁（新世社，第4版，2013）。
30) 他からの希望や影響が全くない状態で遺言が作成された場合には，意思能力がかなり

他方，遺言能力に要求される精神能力の程度について，通常の財産取引に必要な能力よりも低いと捉える伝統的通説及び下級審裁判例を批判し，両者を同等に扱うべきことを主張する見解が有力に主張されている[31]。この見解は，遺言を用いた遺産詐取事案に対して，遺言無能力の法理によって対応できないかという問題意識に基づく。

　こうして，目下の課題は，遺言を用いた遺産詐取の問題を視野に入れつつ，①伝統的な遺言能力概念の妥当性を検証すること，②遺言能力の有無を判断する際に考慮すべき諸要素を理論的に整序し，判断枠組みを明らかにすることだと整理することができる。そこで，この手掛かりを，ドイツ法に求めることにしよう。

# 第3　ドイツの遺言能力概念

## 1　遺言自由の原則と遺言能力

　ドイツにおいても，我が国と同様，遺言自由が原則とされている（基本法14条1項）[32]。遺言自由の原則は，遺言の作成，変更及び取消しを遺言者の意思に委ねるというものであり，相続法における私的自治の原則の表れである。この原則の前提をなすのが，遺言者が自由な意思決定をすることのできる精

---

　　低下していても遺言能力が認められるが，他からの影響が極めて強く，動機レベルとはいえ本人意思が事実上他者の影響のもとに形成されているのではないかと思われる場合には，他からの影響を排除しつつ自己決定する能力はかなり高いレベルでの意思能力でなければならないという。大塚明「実務から見た高齢者の遺言と『遺言能力』」久貴忠彦編代『遺言と遺留分　第1巻』75頁以下（日本評論社，2001）。
31）伊藤昌司「遺言自由の落とし穴」河野正輝ほか編『高齢者の法』184頁以下（有斐閣，1997），同・前掲注1）36頁以下，右近・前掲注3）59頁，鹿野・前掲注3）1058頁，同・前掲注28）54頁以下，二宮・前掲注29）377頁，窪田充見『家族法』448頁（有斐閣，第2版，2013）。
32）基本法14条1項は，次のように規定している。
　　「所有権及び相続の権利は，保障される。その内容及び制限は，法によってこれを定める。」
　　ここにいう相続の権利には，被相続人がその望む人に自らの財産を相続させる権利と，被相続人の死亡とともに財産法上の地位を取得する相続人の権利が含まれる。そして，被相続人及び相続人は，相続の権利に対する国家の介入から保護されている。これが基本法14条1項である。遺言自由の原則は，このことの帰結であると解されている。K.W. Lange, Erbrecht, 2011, §11 Rn.4 (S.45).

神状態にあること，すなわち遺言者が遺言能力を有することである。[33] なぜなら，遺言者がこのような精神状態にない状況で作成された遺言は，その者の真意から出た意思表示とはいえず，私的自治の観点から尊重すべき対象とならないからである。

このような基本思想のもと，ドイツ民法（BGB）は，一定の年齢に達した者は遺言能力を有するとの推定を前提に，その年齢と，その年齢に達していても遺言能力を有しない者を定めている。本稿の問題意識との関連で重要なのは後者であるが，前者についても，ドイツの遺言能力概念の全体像を把握するため，一瞥をしておく。

## 2　年齢による基準

満16歳に達した未成年者は，法定代理人の同意を得ることなく，遺言を作成することができる（BGB2229条1項2項）。この規定は，我が民法961条に相当する。ただし，満16歳に達した未成年者は，公証人に口述筆記してもらうか，又は開封した状態の遺言書を公証人により公証してもらうことによって遺言を作成することのみが認められ，いわゆる自筆証書遺言を作成することや，封をした状態の遺言書を公証人により公証してもらうことによって遺言を作成することはできない（BGB2233条1項，2247条4項）。[34] これは，未成年者による軽率な判断を防ぐため，遺言の法的な射程について公的な第三者による助言や忠告を介在させようとするものである。[35] このように，BGBは，満16歳に達していても未成年者には遺言が関係者に及ぼす影響等について思慮し判断をする能力が十分に備わっていないことが多いと考えている。その結果，完全な遺言能力を取得するのは満18歳，すなわち成人に達した時であり（BGB2条），これは，通常の財産取引に必要な能力を取得する年齢と同じである（BGB107条以下参照）。

---

33) Soergel/Mayer, Bürgerliches Gesetzbuch, 12. Aufl. 2002, § 2229 Rn.2 [**im folgenden zit. Soergel/Mayer**]; Burandt/Rojahn/Lauck, Erbrecht, 2011, § 2229 Rn.1.

34) このような遺言能力は，制限遺言能力（eingeschränkte Testierfähigkeit）と呼ばれることもある。Vgl. K.W. Lange, a.a.O. (Fn.32), § 11 Rn.18 (S.51).

35) Hagena, Münchener Kommentar zum Bürgerlichen Gesetzbuch, 6. Aufl. 2013, § 2233 Rn.1, 4 [**im folgenden zit. MünKom/Hagena**]; Baumann, Staudingers Kommentar zum Bürgerlichen Gesetzbuch, 2012, § 2229 Rn.12. [**im folgenden zit. Staudinger/ Baumann**]

## 3 精神活動の障害による基準

BGB2229条4項によれば,年齢にかかわらず,疾病による精神活動の障害,心神耗弱又は意識障害により,自らが発する意思表示の意味を理解し,この理解に従って行為することができない者は,遺言を作成する能力を有しない。このように,BGBは,遺言能力を直接に定義するのではなく,遺言能力を欠く者(遺言無能力者)を定めることを通じて,遺言能力を裏から規定している。

遺言能力は,遺言の領域における「行為能力」(前述のとおり,我が国の意思能力に対応するといわれる。以下,ドイツ法の文脈で「行為(無)能力」という場合には,この意味で用いる。)であり,遺言能力規定は,行為能力規定の特則と位置づけられる。[36] このことは,BGB2229条4項の歴史的経緯から明らかである。すなわち,BGB制定当初は,精神障害等による遺言無能力を直接定めた条文がなく,この問題は行為無能力に関するBGB104条2号及び105条2項の枠内で論じられていた。[37] これらの条文の文言及びここで確立された解釈論が,1938年の旧遺言法(遺言の作成及び相続契約に関する法律:Gesetz über die Errichtung von Testamenten und Erbverträgen) 2条2項に受け継がれ,[38] これが1953年にBGBに取り込まれる形で現在の2229条4項となった。このため,行為能力概念と遺言能力概念は基本を同じくしており,現在でも,行為無能力に関するBGB104条2号及び105条2項の解釈論が,2229条4項の解釈論にもほぼ妥当すると解されている。[39] 遺言無能力に関する判決や学説の中に,行為無能力に関する判決や学説が引用されることも少なくない。[40]

---

36) MünKom/Hagena, § 2233 Rn.1; Palandt/Weidlich, Bürgerliches Gesetzbuch, 73. Aufl. 2014, § 2229 Rn.1. [im folgenden zit. **Palandt/*Bearbeiter***]
37) Leonhard, Bürgerliches Gesetzbuch, Erbrecht, 2. Aufl. 1912, § 2229, II (S.370); Kipp, Lehrbuch des Bürgerlichen Rechts, Das Erbrecht, 1923, S. 33f. ; Strohal, Planck's Kommentar zum Bürgerlichen Gesetzbuch, 4. Aufl. 1930, § 2229 Anm. 1b(S.700).
38) Vogels/Seybold, Gesetz über die Errichtung von Testamenten und Erbverträgen, 1949, § 2 Bem. 5.
39) Flume, Allgemeiner Teil des Bürgerlichen Rechts, 2. Bd. 1965, § 13, 3(S.185); K. W. Lange, a.a.O. (Fn.32), § 11 Rn.16(S.50); Burandt/Rojahn/Lauck, a.a.O. (Fn.33), § 2229 Rn.1, 2; MünKom/Hagena, § 2229 Rn.1; Staudinger/Baumann, § 2229 Rn.12.
40) OLG München, Beschl. 14. 8. 2007, FamRZ2007, 2009, 2011は,遺言能力を,行為無能力者もなし得る「自然な意思」の形成及び表示の能力と完全な行為能力の中間的な段階

なお，世話制度──我が国の（広義の）成年後見制度に類似する──の適用を受ける者（被世話人）も，BGB2229条4項の要件を満たす限りにおいて，世話人の同意を得ることを要せず，単独で遺言をすることができる（BGB1903条2項）[41]。つまり，世話制度の適用を受けることは，遺言能力に何らの影響も及ぼさず，BGB2229条4項の要件を満たす者は，単独で遺言をすることができる[42]。

## 4 具体的判断基準

前述のように，BGB2229条4項によれば，疾病により精神障害等を有する者が遺言能力を有するか否かの判断基準は，当該遺言者が，①自らが発する意思表示の意味を理解し，この理解に従って行為することができるか否か，②①の能力の欠如が，疾病による精神活動の障害，心神耗弱又は意識障害によるものであるか否か，である。このうち，本稿の問題関心との関わりで重要なのは，①である。判例・通説は，次の2つの解釈によって①の基準を具体化している。

### (1) 遺言に対する理解力

BGB2229条4項の文言を素直に読めば，同項は，遺言とは関係なく，一般的な理解・判断能力と行為規律能力を問題にしているようにみえる。しかし，判例・通説は，遺言というものの意味を具体的に理解している必要があると解し，この理解に基づいて，それがもつ射程及び人的・経済的関係に対する影響を考慮して明確な判断をする能力を有することが必要であると解している。法的・経済的効果について正確に認識している必要はないが，単に，遺言作成の事実及びその内容に対する一般的な理解を有しているだけでは足りない[43]。遺言能力は，遺言に関する自己決定を担保するために要求されて

---

のものであるという当事者の主張を明確に否定している。
41) 1992年に世話制度が導入される以前は，禁治産制度が存在し，禁治産者は遺言無能力者とされていたため，禁治産者が作成した遺言は，原則として無効であった（BGB旧2229条3項）。
42) ドイツの世話制度については，ベームほか著・新井誠監訳『ドイツ成年後見ハンドブック』（勁草書房，2000），神野礼斉「ドイツ世話法の概要」新井誠ほか編『成年後見法制の展望』148頁以下（日本評論社，2011）参照。
43) BGH, Urt. 29. 1. 1958, FamRZ 1958, 127, 128; BayObLG, Beschl. 31. 1. 1991, BayObLGZ 1991, 59, 63; OLG Köln, Beschl. 20. 12. 1993, NJW-RR 1994, 396; OLG Hamm,

いるのであるから，遺言者には，自律的に行動し，経済領域において責任ある決定をなし得る精神能力が備わっていることが求められる。[44] このような発想は，行為能力と同様であるが，遺言能力は，遺言内容が及ぶ範囲（射程）を考慮することができなければならない点において，このような考慮の能力が不要と解されている行為能力よりも高度な理解・判断能力を要すると解されている。[45]

　ただし，判例・通説は，遺言者が当該遺言の内容を理解し，これに基づいて当該遺言を作成する能力を有する必要はないと解している。すなわち，遺言の難易度・複雑さに応じて，要求される遺言能力の程度を段階づけて考えること（段階的遺言能力）は，法的安定性を害する等の理由から，否定されている。[46] このため，理解力の有無は，遺言者の全般的な心身の健康状態をもとに判断され，医師の診断に基づく医学的見地からの心身の健康状態のほか，遺言者の挙動や見当識の有無が，その考慮要素と位置づけられる。[47]

　これに対して，学説においては，段階的遺言能力を肯定すべきとの見解が

---

Beschl. 12. 11. 1996, FamRZ 1997, 1026, 1027; OLG Frankfurt/M, Beschl. 19. 2. 1997, FamRZ 1997, 1306, 1307; OLG Braunschweig, Beschl. 4. 11. 1999, FamRZ 2000, 1189; BayObLG, Beschl. 9. 3. 2005, ZEV 2005, 348, 349. 学説もこれを支持する。Soergel/Mayer, § 2229 Rn.10f.; Reimann/Bengel/Mayer/Voit, Testament und Erbvertrag, 5. Aufl. 2006, § 2229 Rn.11; Nieder/R. Kössinger/W. Kössinger, Handbuch der Tentamentsgestaltung, 4. Aufl. 2011, § 7 Rn.11; Staudinger/Baumann, § 2229 Rn.14; MünKom/Hagena, § 2229 Rn.21f.

44) BVerfG, Beschl. 19. 1. 1999, BVerfGE 99, 341, 351; Soergel/Mayer, § 2229 Rn.8.
45) BGH, Urt. 14. 7. 1953, NJW 1953, 1342; Nieder/R. Kössinger/W. Kössinger, a.a.O. (Fn.43), § 7 Rn.11 (S.375f.); Staudinger/Baumann, § 2229 Rn.16; Bamberger/Roth/Wendtland, Kommentar zum Bürgerlichen Gesetzbuch, 3. Aufl. 2012, § 104 Rn.10; Palandt/Ellenberger, § 104 Rn.5.
46) OGH, Urt. 12. 5. 1949, OGHZ 2. 45, 53f.; OLG München, a.a.O. (Fn.40), S. 2009; Soergel/Harder, Bürgerliches Gesetzbuch, 11. Aufl. 1992, § 2229 Rn.9; Langenfeld, Testamentsgestaltung, 2002, Rn.28; Kroiß/Ann/Mayer, BGB, Erbrecht, 3. Aufl. 2010, § 2229 Rn.2; K. W. Lange, a.a.O. (Fn.32), § 11 Rn.21; Burandt/Rojahn/Lauck, a.a.O. (Fn.33), § 2229 Rn.5; Bamberger/Roth/Litzenburger, a.a.O. (Fn.45), § 2229 Rn.4; Palandt/Weidlich, § 2229 Rn.1. 行為能力についても同様で，行為内容に応じた段階的行為能力は，判例・通説により否定されている。この背景には，ドイツにおいては，行為無能力・遺言無能力の法理は，判断能力の劣る者を一定の法律行為から排除することで法秩序を維持することを主な目的とする制度であるという理解が存する。熊谷・前掲注2）193頁以下，273頁以下参照。
47) OLG Hamm, a.a.O. (Fn.43), S. 1027f.; OLG Frankfurt/M, a.a.O. (Fn.43), S. 1307f.; OLG München, a.a.O. (Fn.40), S, 2012.

有力に主張されており、[48] 裁判例の中には、これに従うものが散見される。[49] その論拠として挙げられているもののうち、本稿の問題関心との関連で注目すべきは、①判例・通説によれば遺言者が現実に理解できない内容の遺言が有効になり得る、[50] ②このため遺言者の判断能力低下に乗じて自己の利益となる遺言を作成させ遺産を不正に取得する第三者が現れるのを防止できない、という指摘である。[51]

また、遺言者が当該遺言を作成したことについて合理的な動機が存するか否か、遺言内容が諸事情に照らして合理的なものか否かも、遺言内容それ自体が良俗に反する場合（BGB138条）は格別、遺言能力との関係では、考慮されない。[52] ただし、学説の中には、遺言者が遺言内容それ自体を理解できるだけでは足りず、それが恣意的で不公平な内容である場合には、自らの遺言によって推定相続人の期待を裏切る結果になること、及びこのような遺言であっても遺言自由に観点から許されることを認識してあえて作成したのでなければならないと主張する論者もいる。[53] この見解によれば、不合理な内容の遺言については、遺言者がそのことを認識していたのかどうかが問われるため、比較的高い理解力が要求されることになろう。

(2) **自由な意思決定**

さらに、遺言者は、精神活動の障害等や、利害関係を有する第三者に影響

---

48) Flume, a.a.O. (Fn.39), § 13, 5(S.188); Dittmann/Reimann/Bengel/Reimann, Testament und Erbvertrag, 2. Aufl. 1986, § 2229 Rn.40; Reimann/Bengel/Mayer/Voit, a.a.O. (Fn.43), § 2229 Rn.12; Nieder/R. Kössinger/W. Kössinger, a.a.O. (Fn.43), § 7 Rn.5 und 15; Straudinger/Baumann, § 2229 Rn.19; MünKom/Hagena, § 2229 Rn.15. Vgl. auch Gebhauer, Die Lehre von der Teilgeschäftsunfähigkeit und ihre Folgen, AcP153(1954), 332, 363; Müller, Betreuung und Geschäftsfähigkeit, 1998, S. 22.
49) RG, Urt. 21. 3. 1938, JW1938, 1590, 1591; OLG Köln, Urt. 29. 1. 1960, NJW1960, 1380; BayObLG, Beschl. 5. 12. 1991, NJW1992, 2100. 2101.
50) 私的自治の観点から問題性を指摘するものとしてReimann/Bengel/Mayer/Voit, a.a.O. (Fn.43), § 2229 Rn.12.
51) Flume, a.a.O. (Fn.39), § 13, 5 (S.188); Dittmann/Reimann/Bengel/Reimann, a.a.O. (Fn.48), § 2229 Rn.40; Nieder/R. Kössinger/W. Kössinger, a.a.O. (Fn.43), § 7 Rn.15.
52) OLG Frankfurt/M, Beschl. 5. 9. 1995, FamRZ1996, 635, 636; BayObLG, 24. 10. 2001, BayObLGZ, 2001, 289, 295; Burandt/Rojahn/Lauck, a.a.O. (Fn.33), § 2229 Rn.3; Staudinger/Baumann, § 2229 Rn.15; MünKom/Hagena, § 2229 Rn.22.
53) Soergel/Mayer, § 2229 Rn.11; Reimann/Bengel/Mayer/Voit, a.a.O. (Fn.43), § 2229 Rn.15; Burandt/Rojahn/Lauck, a.a.O. (Fn.33), § 2229 Rn.12; MünKom/Hagena, § 2229 Rn.22.

されることなく，自由な意思決定を行うことができなければならない。[54] 精神活動の障害に即していえば，遺言無能力とされるのは，「その思考や意思決定が，社会生活関係における一般的な取引通念に即した価値判断に依拠するのではなく，病的な感覚や病的な理解及び思考に影響され，事実上，自由な意思決定ができず，むしろその病的な作用に支配されている者」である。[55] 第三者からの影響についても，同様のことがいえる。第三者からの質問や提案に対して機械的にしか反応できず，自ら思考し判断することができない場合に，自由な意思決定をなし得ないと評価される。[56] 他方，当該遺言につき利害関係を有しない中立的な第三者から法的助言を受けたにとどまる場合や，利害関係を有する第三者から遺言内容について一定の提案を受けたり，文案を作成してもらったりした場合，このことが直ちに「自由な意思決定」の否定につながるわけではない。[57] なぜなら，当該助言や提案に従うか否かを遺言者がその自由意思に基づいて決定できることが十分あり得るからである。このように，自由な意思決定の有無は，疾病による精神活動の障害や第三者に影響を受けることなく自律的に遺言が作成されたか否かによって判断される。したがって，ここでも，遺言内容が合理的でないことそれ自体は問題とならない。[58]

このような解釈論は，第三者が単に一定の提案をしただけでなく，第三者が遺言者の精神活動の障害に乗じて助言を行い，遺言者がこの助言に対して自らの判断を伴うことなく従った場合に，遺言無能力を理由に遺言の効力を否定するのに資する。[59] たしかに，第三者の不当な圧力が強迫に該当する場

---

54) OLG Hamm, a.a.O. (Fn.43), S. 1027; OLG Frankfurt/M, a.a.O. (Fn.43), S. 1307; BayObLG, a.a.O. (Fn.43), S. 349. 行為無能力に関するものとして，RG, Urt. 19. 1. 1922, RGZ 103. 399, 401; RG, a.a.O. (Fn.49), S. 1591; BGH, a.a.O. (Fn.45), S. 1342; BGH, Urt. 19. 6. 1970, NJW 1970, 1680, 1681; BGH, Urt. 5. 12. 1995, NJW 1996, 918, 919.
55) OLG München, a.a.O. (Fn.40), S. 2011.
56) OGH, a.a.O. (Fn.46), S. 53; BGH, a.a.O. (Fn.45), S. 1342; Soergel/Mayer, § 2229 Rn.13.
57) BGH, a.a.O. (Fn.54), S. 1681; BayObLG, Beschl. 2. 11. 1989, FamRZ 1990, 318, 320; Reimann/Bengel/Mayer/Voit, a.a.O. (Fn.43), § 2229 Rn.17; K. W. Lange, a.a.O. (Fn.32), § 11 Rn.27 (S.54); Nieder/R. Kössinger/W. Kössinger, a.a.O. (Fn.43), § 7 Rn.12; Staudinger/Baumann, § 2229 Rn.14, 48; MünKom/Hagena, § 2229 Rn.24.
58) BayObLG, Beschl. 21. 7. 1999, FamRZ 2000, 701, 703; OLG München, a.a.O. (Fn.40), S. 2011; Soergel/Mayer, § 2229 Rn.11.
59) Reimann/Bengel/Mayer/Voit, a.a.O. (Fn.43), § 2229 Rn.17; Staudinger/Baumann,

合には，強迫による死因処分の取消しを定めたBGB 2078条2項により遺言を取り消すことができ[60]，さらに，不当な圧力によって自由な意思決定・意思表示が完全に失われた場合には，意思の不存在として当該遺言は無効となる。しかし，第三者の不当な圧力が強迫に至らない場合や，強迫の立証が困難な場合もあり，遺言無能力の法理は，このような場合の受け皿として機能するのである。

## 第4 日本法への示唆

ドイツの判例・通説によれば，遺言能力は，遺言者の全般的な精神能力であり，遺言者が当該遺言の内容を正しく理解し判断する能力を有していたかは問われない。これに対して，我が国においては，遺言能力の有無は，当該遺言を基準に個別に判断される。このため，ドイツにおける遺言能力の概念及びその判断方法を全てそのままの形で我が国に持ち込むことはできない。しかし，それでもなお，我が国の遺言無能力の法理にとって，次のような示唆を得ることができると思われる[61]。

### 1 遺言能力の概念

ドイツにおいては，遺言に必要な能力（遺言能力）は，通常の財産取引に必要な能力（行為能力）の一種と位置づけられ，両者は基本的に同じものと解されている。前者が後者よりも低い水準の精神能力でよいという理解は，見当たらない。ドイツでも，遺言自由の原則のもと，遺言者の最終意思は尊重されるべきものとされているが，それは通常の財産取引で妥当する当事者意思の尊重と何ら変わらず，最終意思であること，遺言であることは，遺言者の意思をより尊重すべきことの理由とはならない。むしろ，遺言の方が，通常の財産取引よりも利害関係人（他の推定相続人）に大きな影響を及ぼす

---

§ 2229 Rn.48f.
60) Soergel/Mayer, § 2229 Rn.14; Reimann/Bengel/Mayer/Voit, a.a.O. (Fn.43), § 2229 Rn.17.
61) 大島俊之「遺言能力」中川淳先生還暦祝賀論集『現代社会と家族法』495頁（日本評論社，1987）もBGB 2229条4項に注目する。

ため，その影響を認識し考慮することのできる能力を有する必要があり，この点において通常の財産取引において要求されるよりも高度な精神能力が要求されている。

　また，ドイツにおいては，本人保護の必要性がないということも，遺言能力の水準と関連づけられていない。たしかに，遺言が効力を生じる時点では遺言者は死亡しているため，遺言者が財産上の不利益を被ることはなく，この意味では，意思決定過程に対する第三者からの不当な介入から，遺言者を保護する必要はないともいえる。しかし，そのような不当な介入によって遺言者の真意が歪められ，この歪められた意思に基づいて遺言がされた場合に，このような遺言者の真意を反映しない遺言に法的拘束力を認めることは，私的自治の原則という観点から許されないというべきである。したがって，遺言者の財産上の利益を保護する必要がないことは，遺言に必要な判断能力が低くてよい理由にはならない。法律行為が有効になるためには，当該法律行為が行為者の自由な意思決定に基づくものでなければならず，その前提として，一定の理解力，理性的な思考力，自律的な判断力が行為者に備わっている必要がある。遺言もその例外ではない。

　このように，ドイツ法の検討からは，遺言に必要な能力が通常の財産取引に必要な能力よりも低くてよいという我が国の伝統的通説には，合理的根拠がなく，見直しを要することが分かる。

## 2　遺言能力の判断方法

　ドイツの遺言能力は，通常の財産取引に必要な能力と同様，①遺言内容及びその影響の範囲を理解できること，②自由な意思決定ができること，という2つの要素を軸に定義され，これらの要素が，遺言能力の有無を判断する際の基準に据えられる。この判断基準は，我が国の下級審裁判例が遺言能力を判断する際に考慮する諸要素を，どのような視点から評価し，遺言能力の有無という判断に結びつけるべきかに関する基本的な指針となり得る。

　これまでの我が国の下級審裁判例は，①の視点から諸要素を評価することが多かったが，ドイツでは①と並んで②の要素も重要視されており，我が国においても，諸要素を評価する際に②の視点がもっと意識されるべきであろう。すなわち，第三者が遺言作成を主導し文案を作成した場合や，少なくと

も遺言作成に関与した場合には，遺言者の健康状態や遺言内容の複雑さは，その内容を理解し得たかどうかだけでなく，その遺言が及ぼす影響を顧慮してその是非を自律的に思考し判断することができたか否かという観点から評価されなければならない。その際，遺言を作成する動機がないことや，遺言内容に合理性がないことは，遺言者の自由な意思決定が阻害されていたことを推認させる事実の一つと位置づけられる。また，遺言作成の経緯や遺言作成時の状況についても，遺言者が，第三者の関与に対して，自らの思考を伴わずいわば機械的に応答するのではなく，遺言内容を自律的に思考し判断することができたか否かという観点から評価されなければならない。このことは，遺言を用いた遺産詐取事案において，遺言無能力の法理による遺言の無効を帰結するのに資する。

### 3 単純な文言の遺言の評価

　遺言内容の難易度・複雑さを考慮する際，例えば，「全財産をAに遺贈する（相続させる）」という遺言は，我が国の下級審裁判例によれば，財産ごとに異なる受遺者を指定する遺言に比べて文言が単純であるため，相対的に低い判断能力があればよいと考えられる傾向にある。しかし，ドイツにおいては，遺言能力が肯定されるためには，遺言がもつ影響力を考慮する能力を有する必要があると解されており，この点において，行為能力よりも高度な判断能力が要求されている。ドイツの遺言能力は，遺言内容と相対的に判断されるものではないが，単純な文言の遺言を評価する際に，このような解釈は我が国の解釈論に一定の示唆を与えるように思われる。

　たしかに，遺言の効力が生じる時点では遺言者は死亡しているので，遺言を作成するに際して，自らの財産上の利害得失を考慮する能力を有する必要はない。しかし，通常の財産取引とは異なり，遺言は，（他の）推定相続人に影響を及ぼす可能性があり，さらには，下級審裁判例が示すように，遺産の中に遺言者が経営する中小企業の株式が含まれている場合には，その株式を誰が承継するかが当該企業の将来に大きな影響を及ぼす可能性がある。このように，遺言内容が単純であるか否かは，遺言の文言のみから判断することができないことが分かる。遺言による財産処分は，法定相続の結論を変更することを意味するのであるから，法定相続の結論との違いを遺言者におい

て理解し，その上で判断することができたか否かが重視されるべきであろう。

## 第5 結びにかえて

　第三者が遺言者を欺罔して錯誤に陥らせ，これに基づいて遺言を作成させた場合には，遺言者又はその法定相続人は，民法96条1項に基づき遺言を取り消し，又は民法95条に基づき遺言の無効を主張できる可能性がある。しかし，詐欺の要件は厳格であり，訴訟で証明することも難しいし，錯誤が動機の錯誤にとどまる場合には，原則として民法95条が適用されない。遺言無能力の法理は，これらを補完する機能を果たすことで，遺言を用いた遺産詐取から遺言者と遺産を保護し，もって遺言自由の原則の実質化に資することが期待される[62]。

　もっとも，満15歳に達した者の遺言能力は推定されるため，訴訟では，遺言能力を争う側が遺言能力の欠如を主張立証しなければならず，遺言者が死亡している段階でこれを立証することは，時として容易でない。つまり，遺言無能力の法理にも限界がある。公正証書遺言における遺言能力の有無が争われた裁判例が少なくないことを考えると，公正証書遺言の作成プロセスの中に，遺言意思に対する第三者の不当な介入を排除するための方策を講じることが必要であろう[63]。

（大阪大学大学院高等司法研究科教授）

---

[62) このことは，通常の財産取引において，意思無能力の法理に同様の役割が期待されるのと同様である。熊谷・前掲注2）9頁参照。
[63) 鹿野・前掲注28）64頁以下は，公正証書遺言作成の嘱託をなし得る主体を遺言者本人に限定すべきであると主張する。これに加えて，二宮・前掲注27）787頁以下は，公証人があらかじめ作成した遺言内容を読み上げ，遺言者がその内容を確認するという口授の方式を採用すべきでないこと，遺言作成の理由を遺言者に説明させその内容を書面に残し遺言者に自署させるべきこと，日常的に同居している配偶者，子，受遺者などを遺言作成の場に同席させてはならないこと，遺言作成に関わった弁護士等が証人となってはならないことを主張する。いずれも重要な指摘である。

# フランスにおける遺言執行者・死後委任

幡 野 弘 樹

## 第1　はじめに

### 1　日本における遺言執行者の権限をめぐる問題状況

　日本法上，遺言執行者の権限をどのように解するかという問題がある。この問題は，大きく分けて2通りの仕方で現れることになる。

　第1に，ある権限が，遺言執行者に認められるか否かが直接問題となることがある。たとえば，最判平成11年12月16日民集53巻9号1989頁は，特定の不動産を特定の相続人甲に相続させる趣旨の遺言がなされるとともに遺言執行者が指定されているときに，遺言執行者に登記手続をする権限がある場合について，次のように判示している。「不動産取引における登記の重要性にかんがみると，相続させる遺言による権利移転について対抗要件を必要とすると解すると否とを問わず，甲に当該不動産の所有権移転登記を取得させることは，民法1012条1項にいう『遺言の執行に必要な行為』に当たり，遺言執行者の職務権限に属するものと解するのが相当である。もっとも，登記実務上，相続させる遺言については不動産登記法27条により甲が単独で登記申請をすることができるとされているから，当該不動産が被相続人名義である限りは，遺言執行者の職務は顕在化せず，遺言執行者は登記手続をすべき権利も義務も有しない」，「しかし，本件のように，甲への所有権移転登記がされる前に，他の相続人が当該不動産につき自己名義の所有権移転登記を経由したため，遺言の実現が妨害される状態が出現したような場合には，遺言執行者は，遺言執行の一環として，右の妨害を排除するため，右所有権移転登

記の抹消登記手続を求めることができ，さらには，甲への真正な登記名義の回復を原因とする所有権移転登記手続を求めることもできると解するのが相当である。この場合には，甲において自ら当該不動産の所有権に基づき同様の登記手続請求をすることができるが，このことは遺言執行者の右職務権限に影響を及ぼすものではない」。ここでは，相続させる旨の遺言により特定の不動産を特定の相続人に移転された場合に，遺言執行者の登記手続権限があるのか否か，あるとすればどのような場合かが問題になっており，それに対して最高裁は，原則として登記手続権限を認めつつ，当該不動産の登記名義がどこにあるかにより，遺言執行者の職務が顕在化しない場合もあるという解釈を示している。

　第2に，遺言により遺言執行者が指定されているが，遺言執行者の権限が明示されておらず，遺言の解釈あるいは補充により遺言執行者の権限を確定すべき場合もある。たとえば，最判平成5年1月19日民集47巻1号1頁（以下「平成5年判決」と表記する。）は，遺言者が，遺産全部を公共に寄付する旨の遺言をするとともに，別の遺言書により遺言執行者を指定した事案において，遺言者の相続人（遺言者の妹）との間で本件遺言の有効性が問題となった事案である。最高裁は，次のように述べている。「本件遺言は，右目的を達成することのできる団体等（原判決の挙げる国・地方公共団体をその典型とし，民法34条に基づく公益法人あるいは特別法に基づく学校法人，社会福祉法人等をも含む。）にその遺産の全部を包括遺贈する趣旨であると解するのが相当である」，「本件遺言執行者指定の遺言及びこれを前提にした本件遺言は，遺言執行者に指定した被上告人（筆者注：遺言執行者）に右団体等の中から受遺者として特定のものを選定することをゆだねる趣旨を含むものと解するのが相当である」，「そして，前示の趣旨の本件遺言は，本件遺言執行者指定の遺言と併せれば，遺言者自らが具体的な受遺者を指定せず，その選定を遺言執行者に委託する内容を含むことになるが，遺言者にとって，このような遺言をする必要性のあることは否定できないところ，本件においては，遺産の利用目的が公益目的に限定されている上，被選定者の範囲も前記の団体等に限定され，そのいずれが受遺者として選定されても遺言者の意思と離れることはなく，したがって，選定者における選定権濫用の危険も認められないのであるから，本件遺言は，その効力を否定するいわれはないものというべ

きである」。以上のように，直接的には，遺産全部を公共に寄付する旨の遺言の有効性が問題となっているが，遺言執行者にどの公共の団体に遺産を寄付するかについて選定することを委ねているかどうかについて，遺言の解釈も問題となっている。そして，そのような遺言の解釈の前提には，遺言執行者に受遺者の選定を認めることができるのかという問題も存在する。

いずれの場合についても，遺言執行者の権限を広く解すべきか，狭く解すべきなのかという理解が，直接・間接にそれぞれの問題を規定しているということができる。それは，遺言執行者の権限の限界をどこに設定するべきかという問題と密接に関連している。遺言執行者の権限を検討するに際し，考慮すべきファクターとしては，遺言者の利益（とりわけ遺言の自由とその実現），受遺者の利益，相続人の利益，そして遺言執行者自身の利益（及び平成5年判決が指摘しているように権限濫用の防止），さらには特定の者の利益を超えた法的安定性と多様である。これらのファクターがどのように作用すると遺言者の遺言の自由に対する限界となり得るのかがここでは問題となっているといえる。さらに，近時は，信託法との関連を意識する論稿も増えている[1]。相続法上の公序と信託法はいかなる関係に立つのかが，さらに問題となる。

もっとも，民法上，遺言執行者の権限の限界について，意見が一致していない場面もある。たとえば，平成5年判決の評価をめぐり，伊藤昌司教授は，全部を公共に寄付する旨の遺言を，国・地方公共団体をその典型とし，公益法人あるいは学校法人，社会福祉法人等への包括遺贈と解したことに「受遺者が特定されていないでも，その特定を遺言執行者に委ねた遺言は有効であるという大胆きわまる一般論」を打ち出したものであると評している。なぜ大胆かというと，「受遺者が特定するまでの遺贈目的物の権利主体は誰かという問題もあるし，こういう委託が特定遺贈のみでなく包括遺贈としても可能かどうかの問題もある」としている。ただし，遺言執行者の指定ではなく，遺言信託として構成して，「信託の枠の中で効力を判断する道も開かれるのではないか」としている[2]。これに対し，新井誠教授は，受遺者の選定を遺言執行者に委託する旨の遺言は有効であると解している。その解釈の前提には，

---

1) このような視点から，遺言執行者の権限の問題を論ずるものとして，関連する論稿も含めて，竹下史郎『遺言執行者の研究』199〜219頁（成文堂，2005，初出は1998）。
2) 以上につき，伊藤昌司・平成5年度重判（ジュリ臨増1046号）100頁（1994）。

比較法上の日本法の位置づけに対する理解がある[3]。まず，英米法では，遺言信託受託者（testamentary trustee）がその裁量権に基づいて受益者を選定すること（裁量信託）は極めて一般的であるとする。これに対し，ドイツ法では，原則として，被相続人が受遺者の選定を第三者，相続人，生残配偶者等に委ねることはできない旨の明文の既定がある（ドイツ民法2065条2項）。ただし，例外的に，被相続人は多数の者のうち誰が遺贈を受けるべきかを遺贈の負担を受ける者又は第三者が定めなければならない，という方法で多数の者に遺贈することができる旨の規定がある（2151条1項）。この例外規定は，機能的に英米法の裁量信託に類似した役割を持つとする。これに対し，日本法では，信託法が存在し，遺言信託により裁量信託を設定することは理論的に可能なはずであるとする。その上で，遺言者が遺言書作成の時点では受遺者を具体的には特定し得ないような場合，「遺言者の死亡した時点における種々の事情を勘案しつつ，しかも遺言者の意思に沿いながら受遺者を選定することは遺言執行の一部である」と解している。同教授は，遺言執行者と信託受託者の連続性を強調した解釈を展開している[4]。

## 2　本稿の問題意識

本稿は，フランスの遺言執行者についての現行法の規律を紹介するものであり，1で掲げた日本法上の問題に直接応答するものではない。もっとも，日本よりも遺言執行者の権限を限定的に理解しているフランス法との比較をし，日本法の相対的な特徴を明らかにするとともに，フランス法から日本の遺言執行者制度の解釈に対する示唆を見出すことができないか，手がかりをつかみたいと考えている。

ところで，フランスでは，2001年12月3日法律及び2006年6月23日法律[5]により，相続法の規律が全面的に見直されるに至っている。遺言執行者の規

---

3) 新井誠・民商109巻3号84頁以下（1993）。
4) とりわけ新井・前掲注3）86〜87頁を参照。なお，以上のような伊藤教授と新井教授の対比は，竹下教授の分析に負っている（竹下教授による評価も含め，竹下・前掲注1）208〜210頁）。
5) 同法律については，ミシェル・グリマルディ（北村一郎訳）「フランスにおける相続法改革（2006年6月23日の法律）」ジュリ1358号68頁以下（2008）。

律[6]は2006年法律により改正されているが，後に本論で述べるとおり，遺言執行者の規律の前提に存在する公序を緩和する制度が新たに創設されている。それが，被相続人が，生前に，相続開始の時から，受任者に相続財産の一部又は全部を管理する任務を委ねることを認める，死後委任mandat à effet posthumeという制度である[7]。フランス法上の遺言執行者の規律の背後にある公序原則に関心を持つ本稿の問題関心からすると，遺言執行者だけでなく，その公序原則の緩和を認めた死後委任制度にも検討対象を広げることが望ましい。なお，本稿のフランス法における検討対象による制約により，信託との関係という視点からの分析は，さしあたり検討対象の外に置くこととしたい。

　そこで以下では，フランスにおける遺言執行者，死後委任という2つの制度について，遺言執行者の権限，死後委任の受任者の権限に主たる関心を置きつつ，2つの制度の前提にある公序原則はいかなるものなのかについても検討を行うことにしたい。そして，最後に，簡単に日本法との比較を行うこととしたい。

## 第2　フランスにおける遺言執行者

### 1　関連条文

　はじめに，関連条文の訳を挙げておく。いずれの条文も，2006年6月23日法律による改正を経ている。

【民法典第3編　所有権を取得するさまざまな仕方　第2章　恵与　第5節　遺言による処分　第7款　遺言執行者】

---

6) フランスにおける遺言執行者の規律について，2006年改正前の法状況を伝えるものとして，金子敬明「相続財産の重層性をめぐって(5)」法協121巻6号773頁以下（2004）。
7) フランスの死後委任制度については、既に中原太郎「フランス民法典における『信託』について」水野紀子編著『信託の理論と現代的展開』345～350頁（商事法務，2014）において詳しい紹介がなされている。そこでは，フランス法において，受益者への恵与の意図をもったフィデュシは無効とされた（2007年2月19日法律によるフランス民法典2013条）理由は，死後委任制度に内在しているのではないかという問題意識からの検討があり，本稿の問題意識からも重要な意義を有する。

第1025条　① 遺言者は，その者の意思の執行を監視し，又は実現するため，1人又は数人の完全な能力を享受する遺言執行者を選任することができる。
　　　　　② 自らの任務を承諾した遺言執行者は，それを遂行する義務を負う。
　　　　　③ 遺言執行者の権限は，死亡を原因として移転しない。

第1026条　重大な理由がある場合，裁判所は，遺言執行者を解任することができる。

第1027条　数人の遺言執行者が〔就職を〕承諾をした場合には，〔遺言執行者の〕一人は，他の者を待たずに単独で行為することができる。ただし，遺言者が異なる定めをした場合，又はそれらの者の職務を分割した場合には，その限りでない。

第1028条　① 遺言執行者は，遺言又は遺贈の有効性又は執行に異議がある場合，訴訟に参加する。
　　　　　② 全ての場合において，遺言執行者は，有効性を主張するために，又は係争中の条項の執行を要求するために介入する。

第1029条　① 遺言執行者は，遺言の十全な執行のために有益な保存措置を講じる。
　　　　　② 遺言執行者は，相続人の立会いの下で，又は相続人を適法に呼び出したのちに，第789条に規定された方式において，相続財産の目録を調整させることができる。
　　　　　③ 遺言執行者は，相続財産の緊急の負債を弁済するのに十分な資金がない場合には，動産の売却を要求することができる。

第1030条　遺言者は，遺言執行者に，自由分の範囲内において，相続財産である動産の全部又は一部の占有possessionを取得する権限，及び特定遺贈の弁済をするために必要な場合にはその動産を売却する権限

を与えることができる。

第1030条の1　①　承認をした遺留分のある相続人がいない場合，遺言者は，相続財産である不動産の全部又は一部を処分する権限，元本を受け取り又は投資する権限，負債及び負担の支払いをする権限及び相続人と受遺者の間で残存財産の分与又は分割を行う権限を与えることができる。
　　　　　　　②　相続財産である不動産の売却は，遺言執行者により相続人に通知された後でなければ，行うことができない。これに反してなされた売却は，対抗不能となる。

第1030条の2　遺言が，公証遺言の性質を有する場合，第1008条に規定された占有付与は，第1030条及び第1030条の1に規定された権限の執行に当たっては要求されない。

第1031条　第1030条及び第1030条の1に規定された権限は，遺言の開封から2年を超えない期間の間，付与することができる。裁判官は，1年の延長を認めることができる。

第1032条　遺言執行者の任務は，裁判官による延長の場合を除いて，遺言の開封より最大2年で終了する。

第1033条　①　遺言執行者は，任務終了後6月以内に報告を行う。
　　　　　②　遺言の執行が執行者の死亡により終了した場合，報告義務はその相続人が負う。
　　　　　③　遺言執行者は，無償受任者の責任を負う。

第1033条の1　遺言執行者の任務は，処分者の権能及びなされた役務を考慮して特定名義の恵与がなされた場合を除いて，無償である。

第1034条　任務の行使に当たり遺言執行者が負担した費用は，相続財産の負

担とする。

## 2 背景

遺言執行者の権限は，歴史とともに変遷が見られる[8]。遺言執行者という用語自体，13世紀末以前には見られない。中世の慣習法地方を中心に，遺言執行者制度は，慈善事業への遺贈legs pieuxから生まれた。一般に，慈善事業への遺贈は，聖職者（しばしば施物分配司祭aumônier[9]）により執行された。執行者は，慈善事業への遺贈の義務を履行し，葬儀を執り行い，不法行為から生じた賠償を行い，債務の支払いをした。このような仕組みは，イギリスでさらに発展したが，フランスでは15世紀以降衰退の道をたどった。主たる原因としては，ローマ法の復興の影響や相続人が遺産占有saisineにおいて優位性を持つことが確認されたこと[10]などが挙げられる。

ナポレオン法典も，この流れを引き継ぎ，遺言執行者の権限は限定されたものとなっていた。たとえば，遺言者は，遺言執行者に動産の全部又は一部の占有権saisineを与えることができた（民法典旧1026条1項）が，遺言執行者に占有権を与えなかったときは，その者は占有権を要求できなかった（旧同条2項）。また，この占有権も，遺言者の死亡から起算して1年と1日以上存続することができなかった（旧同条1項）。そこで，遺言執行者に与えられた役割は，遺言が執行されることを監視すること（旧1031条4項）や，遺言の執行について紛争があるときに，その有効性を主張するために参加すること（同条項）などに限られていた。

遺言執行者に関する規定は，2006年6月23日法律により全面的に見直されている。新たな規定は，1804年以降の判例やカルボニエ，カタラらによる「立法の提案」[11] そして公証人の要望などを踏まえて作成されたものである。

---

8) J.-Ph. Lévy et A. Castaldo, *Histoire du droit civil*, Dalloz, 2ᵉ éd., 2010, n° 936 et s..Ph. Malaurie, Droit civil : *Les successions, les libéralités*, Defrénois, 5ᵉ éd., 2012, n° 506.

9) 施物分配司祭aumônierの主たる役割は，施し物aumôneを分配することにある。当時の遺言執行者の呼び名は，さまざまであった（Lévy et Castaldo, *supra* note 8, n° 936）。

10) 1320年と1340年に，パルルマンは，遺言執行者は動産に対してしか遺産占有を有さないとの判決を下している（Lévy et Castaldo, *supra* note 8, n° 941）。

11) J. Carbonnier, P. Catala, J. de Saint Affrique et G. Morin, *Des libéralités : Une offre de loi*, Defrénois, 2003.

とりわけ公証人団体はさらなる遺言執行者の権限の増大を主張していた[12]が，わずかな権限の増大と期間の長期化が認められたにすぎない。以下では，遺言執行者の法的性質，選任，権限，期間及び解任・辞任それぞれにつき，とりわけ権限の問題を中心に概観してゆく。

### 3 法的性質

遺言執行者は，遺言者が自身の財産上，非財産上の最終意思の執行を「監視」し，又は「実現」する任務を与えられた者である（1025条1項）。ここでは，典型契約類型の一つである委任契約における受任者との比較をしながら，遺言執行者の法的地位を確認しておきたい[13]。

受任者の地位と遺言執行者の地位を比較すると，共通点と相違点がある。まず，共通点，あるいは連続性がある面としては，以下の点が挙げられる。第1に，遺言執行者も，受任者と同様，人的要素を考慮して任務を与えている。したがって，遺言執行者が死亡した場合，その任務は終了し，遺言執行者が有していた権限や債権債務関係は，遺言執行者の相続人ではなく，遺言者の相続人に移転する（1025条3項参照）。第2に，無償が原則であるという点（1033条の1）も，委任契約の無償性の原則（1986条[14]）と共通する。

相違点としては，以下の点が挙げられる。第1に，委任契約については，委任者と受任者の合意により成立する。これに対し，遺言執行者は，遺言者の単独行為である遺言により，任務が与えられる（1025条1項）。ただし，遺言執行者の任務に法的効果が生ずるには，遺言執行者の承諾が必要である（1025条2項）。この承諾は，遺言者の生前になすこともできるが，生前に法的効果は生じない。また，死後に承諾をした場合には，遺言者と合意をしたとはいえない。第2に，フランスでは，学説上，委任契約は法律行為を対象とすることしかできないというのが伝統的な立場である[15]。これに対して，遺

---

12) F. Letellier, « La réforme de l'exécution testamentaire : à propos de la loi du 23 juin 2006 », *Dr. famille,* novembre 2006, étude 47, n° 1.
13) F. Terré, Y. Lequette et S. Gaudemet, Droit civil : *Les successions, les libéralités,* Dalloz, 4ᵉ éd., 2013, n° 468.
14) 民法典1986条　委任は，反対の合意がない場合には，無償である。
15) Ph. Malaurie, L. Aynès et P.-Y. Gautier, *Droit civil : Les contrats spéciaux,* Defrénois, 4ᵉ éd. 2009, n° 541. 主として，事実行為を対象とする契約は，請負契約か雇用契約と性質決定される。ただし，委任契約においても，法律行為に付随した事実行為の履行を

言執行者の任務の対象は，しばしば事実行為を対象とすることがある。第3に，委任契約は，第2004条が「委任者は，良いと思うときにその委任状を撤回することができる」と規定しており，委任者による自由な撤回を認めている。これに対し，遺言者は，遺言執行者への効果が遺言者の死後に発生する以上，遺言者により撤回はなされない。裁判所が，重大な理由がある場合に限り，遺言者を解任することができる（1026条）。

### 4 選 任

遺言執行者は，遺言により選任される（1025条1項）。遺言者は，1人又は数人を遺言執行者として選任することができる。複数の遺言執行者がいる場合のそれぞれの遺言執行者の権限については，第1027条に規定されている。法人も，遺言執行者になることができる。[16] 遺言執行者の能力について，第1025条第1項は，「完全な能力を享受する遺言執行者」と規定している。遺言執行者の能力についての基準時は，遺言の開封時となる。

### 5 権 限

2006年6月23日法律は，遺言執行者の権限につき，大きく2つのカテゴリーに分けている。第1が通常の任務であり，法律上当然に遺言執行者に付与される権限である。第2が補強された任務であり，遺言者は，遺言執行者の任務を拡張することができる。単なる拡張ではなく，遺言執行者の法的性質自体が変わり，清算人に近づくと述べる見解もある。[17]

(1) **通常の任務**

遺言執行者の通常の任務は，遺言の執行を「監視する（注意深く見守る）veiller」（1025条1項）ことにあり，より具体的には，第1028条及び第1029条が規定する。

第1に，第1028条は，総じていえば，遺言執行者に，遺言の執行の義務を負う者を監視し，コントロールする任務を負わせている。遺言者が特別の定

---

含むことはできる。
16) F. Letellier, *supra* note 12, n° 7は，民法典はこの点につき言及がないのは，自然人と法人を区別する理由がないためであると述べている。
17) Ph. Malaurie, *supra* note 8, n° 510.

めをせず，遺言者に通常の任務のみを負わせる場合には，遺言執行者自らは，遺言に示された条項を実現することができない点には注意が必要である[18]。第1028条第１項は，他の者が遺言又は遺贈の有効性又は執行に異議を申し立てる訴訟を提起した場合に，遺言執行者が自動的に訴訟に参加する旨規定している。同条第２項は，遺言執行者は，有効性を主張する立場，又は係争中の条項の執行を要求する立場を採ることを義務付けている。破毀院第１民事部2008年５月15日判決は，「遺言執行者は，受遺者の名において，受遺者の集団的な利益のために，遺言者の意思の履行を相続人から獲得するために訴訟を提起する権限を有する」と判示している[19]。

第２に，第1029条第１項は，遺言執行者に，遺言の十全な執行のために有益な保存措置を講じる権利を認めている。同条第２項で認められている，相続財産目録を調整させる権限[20]も，受遺者を害する形で相続積極財産を隠匿する行為を防止するという意味で，第１項の規定を具体化するものと位置

---

18) 遺贈について，誰に対して引渡し請求を行うかについてここで見ておこう。前提として，フランス法においては，包括遺贈と包括名義の遺贈の区別が存在する。包括遺贈とは，遺言者がその死亡時に残す財産の総体を１人又は数人の者に与える遺言による処分（1003条）を指す。相続人と同様，相続財産全体に対して包括的な権利を付与している点に特徴を有する。これに対して，包括名義の遺贈とは，遺言者が，法律がその者に処分することを許す財産の２分の１，３分の１のような割合持分又はその全ての不動産，又はその全ての動産，又はその全ての動産もしくはその全ての動産の一定の割合部分を遺贈するもの（1010条１項）である。

包括遺贈の引渡し請求については，遺留分権を有する相続人がいる場合といない場合とに分けて規律されている。遺留分権を有する相続人がいる場合，それらの相続人が，遺言者の死亡により，相続財産の全ての財産の占有権saisineを法律上当然に取得する。そして，包括受贈者は，遺言に含まれる財産の引渡しを相続人に対して請求する義務を負う（1004条）。遺留分を有する相続人がいない場合，包括受遺者は，引渡し請求する義務を負うことなしに，遺言者の死亡により法律上当然に占有権saisineを取得する（1006条）。

包括名義の遺贈の引渡しについて見ると，包括名義の受遺者は，遺留分を有する相続人がいる場合にはそれらの者に対して，遺留分を有する相続人がいない場合には包括受遺者に対して，包括受遺者もいない場合にはその他の相続人に対して，引渡し請求をする義務を負うことになる（1011条）。

特定遺贈の場合は，包括名義の受遺者についての第1011条に従って，引渡し請求を行う（1014条）。

なお，遺産占有saisineについては，金子・前掲注６）７・８頁も参照。

19) Cass. Civ. 1er, 15 mai 2008, *Bull. civ. I*, n° 139 ; *JCP* G 2009. I. 109, n° 2, obs. R. Le Guidec.

20) 旧法下では，目録の調整を要求するのは，遺言執行者の義務であった（F. Letellier, *supra* note 12, n° 13）。

づけることができる。その他の保存措置の例としては，担保の取得や係争物寄託を行うことなども考えられる。[21] 同条第３項では，相続財産の緊急の負債を弁済するのに十分な資金がない場合に，遺言執行者に，動産の売却を要求する権限を認めている。相続人が，動産の売却を行わない，あるいは負債の弁済を行わない場合には，急速審理裁判官juge des référésが競売を命ずることとなろう。[22]

### (2) 拡張された任務

遺言者は，遺言執行者に対する任務を拡張・強化することができる。それが，第1025条第１項でいうところの，遺言の執行を「実現する」任務である。任務をどのように拡張できるかは，遺留分を有する相続人の有無によりかなり異なる。なお，遺留分権利者は，直系卑属（913条）と配偶者（914条の１。ただし，配偶者は直系卑属がいない場合のみ。）であり，遺留分の割合は，被相続人が，子を１人残した場合は1/2，２人残した場合は2/3，３人以上残した場合は3/4である（913条）。配偶者に関しては，遺留分は1/4である（914条の１）。

遺留分を有する相続人がいる場合，遺言執行者の任務の拡張は，相対的に限定される。第1030条は，この場合，遺言執行者に２つの権限を与えることができるとしている。１つが，動産の全部又は一部を占有possessionする権限であり，もう１つが，特定遺贈の弁済をするために必要な場合に，その動産を売却する権限である。ただし，いずれも遺留分の及ばない自由分の範囲内に制限される。第1030条は「特定遺贈の弁済」という文言を用いているが，実際に動産を売却することにより履行が可能になるのは，一定金額の遺贈のみということになる。[23] そして，動産を売却した後，実際に遺贈の弁済をするのは，相続人であると解されている。[24] 相続人のみが，受遺者の権限を確認することができるためである。なお，旧第1026条及び第1027条によれば，遺言者は，遺言執行者に遺留分の制限なく動産の占有権saisineを与えることができ，遺言執行者は，相続人が金銭の遺贈の弁済をしない限り，相続人に

---

21) F. Letellier, *supra* note 12, n° 13.
22) F. Letellier, *supra* note 12, n° 14.
23) F. Letellier, *supra* note 12, n° 17.
24) F. Terré, Y. Lequette et S. Gaudemet, *supra* note 13, n° 470, p. 431.

対して動産の占有権の移転を拒むことができた。現第1030条は，立法者が，遺留分を有する相続人に対してそこまで強い権限を与えることを望まなかったことを意味する。

遺留分を有する相続人がいない場合，第1030条の1は，遺言者は遺言執行者に「相続財産である不動産の全部又は一部を処分する権限，元本を受け取り又は投資する権限，負債及び負担の支払いをする権限及び相続人と受遺者の間で残存財産の分与又は分割を行う権限」を与えることを認めている。テレ教授らの教科書，マロリーの教科書[25]では，この場合，遺言執行者は，一種の「清算人 liquidateur」としての地位が与えられていると評されている。これらの権限を与えられた遺言執行者がいる場合，相続人は，遺産占有を有することに基づいて認められていた管理権限の大部分を失うことになる。テレ教授らの教科書では，実際の弁済は遺言執行者が行うとしても，遺贈の有効性を確認する権限は相続人のみが有する以上，遺贈の引渡し権限そのものは相続人に残るとしている[26]。また，被相続人に対して提起された訴訟に対して防御権を行使する権限も，相続人に残される。

他方で，相続人の権利を保護するための2種類の規定を用意している。第1に，遺言執行者が第1030条及び第1030条の1に規定された権利を行使するためには，遺言が公証遺言によってなされたのではない場合，第1008条[27]に規定された占有付与を大審裁判所長から獲得しなければならない（1030条の2）。第1008条の占有付与envoi en possession手続は，包括受遺者に関する規定であり，遺産占有saisineを認めるための手続ではなく，包括受遺者としての地位を確認する手続きに過ぎない。第1006条により，遺留分を有する相続人がいない場合，包括受遺者は，引渡し請求する義務を負うことなしに，遺言者の死亡により法律上当然に遺産占有を開始するからである。この手続きを，公証遺言がなされた場合を除いて，遺言執行者が第1030条及び第1030

---

25) F. Terré, Y. Lequette et S. Gaudemet, *op. cit., loc. cit.* Ph. Malaurie, *supra* note 8, n° 510.
26) F. Terré, Y. Lequette et S. Gaudemet, *op. cit., loc. cit.*
27) 第1008条　包括受遺者は，第1006条（筆者注：前掲注18）を参照。）の規定する場合において，遺言が自筆証書又は秘密証書である場合には，寄託証書を添付した申請書の下部に記入する裁判所長の命令によって，占有付与の手続を経る義務を負う。

条の1に規定された権限を行使する際に要求している[28]。第2に,不動産の売却は,相続人に事前の通知がなされなかった場合,相続人に対して対抗できない(1030条の1項)。この規定により,当該不動産の売却が無用の場合や条件が望ましくない場合に,相続人に反対する機会が与えられることになる。

さて,ここで,なぜ遺留分を有する相続人がいるか否かで異なる規律に服せしめているのかについて述べておきたい。それは,フランスにおいては,遺留分にいかなる負担も課してはならないという公序則があるためである[29]。この公序則は,「遺留分は,相続財産及び相続権に対する持分であり,法律が遺留分権利者と呼ばれる一定の相続人に,その者が相続に招致され,承認をした場合に,負担のない帰属を保障している」と規定する現第912条第1項において条文化されている。遺留分権利者がいる場合,たとえ遺言執行者に自由分の範囲内で権限を与えたとしても,遺留分権利者に対する負担とみなされ,その権限付与は無効となる。旧法下の判例では,この原則に対するいかなる緩和も認めていなかった[30]。そして,この原則に対する例外を正面から認めたのが,2006年法律により導入された死後委任制度である。この制度については,後述する。

## 6 期間及び終了

遺言執行者の任務は,通常の任務であれ拡張された任務であれ,遺言の開封から2年で終了するが,裁判官は延長を認めることができる(1031条及び1032条)。第1030条及び第1030条の1に規定された任務について,裁判官が認めることができる延長は最大1年間となる(1031条)。つまり,遺言執行者の権限の拡張を認める場合については,最大3年という期限が課されてい

---

28) レトリエ氏(公証人)は,遺言執行者と包括受遺者を同視して,第1008条の手続を利用させることができるのは,遺留分権利者のいない第1030条の1のケースのみであり,遺留分権利者のいる第1030条のケースの場合にまで同様の手続を要求することは一貫性がないと批判する(F. Letellier, *supra* note 12, n° 22)。

29) Ph. Malaurie, *supra* note 8, n° 616 ; F. Letellier, *L'exécution testamentaire*, thèse Paris II, Defrénois, 2004, n° 484. 邦語文献としては,グリマルディ・前掲注5) 75〜76頁。

30) F. Letellier, *supra* note 29, n° 486. レトリエ氏は,この原則は遺留分の正当化根拠(家族内への財産保持の必要性)の弱体化とともに,正当性が失われつつあると批判する(F. Letellier, *supra* note 29, n° 487 et s.)。

る。これに対して，通常の任務については，裁判官は，遺言の執行に必要であれば，制限なく延長を認めることができる。

期間の満了の場合のほか，任務遂行が完了した場合，重大な理由により，裁判官により解任された場合（1026条）にも任務が終了する。

任務が終了した場合，6か月以内に，遺言執行者は相続人に対して報告を行わなければならない（1033条1項）。遺言執行者の死亡により任務が終了した場合，報告義務は執行者の相続人が負う（1033条2項）。

そして，遺言執行者は，無償受任者と同様の責任を負う（1033条3項）。ただし，第1033条の1が，報酬を受け取る可能性を認めており，報酬を受け取る場合には，より厳しい基準で遺言執行者の責任は判断されることとなろう。

## 第3 フランスにおける死後委任

### 1 関連条文

【民法典第3編　所有権を取得するさまざまな仕方　第1章　相続　第6節　受任者による相続財産の管理　第1款　死後委任】

第812条　① 全ての者は，1人又は数人の自然人又は法人に，特定の1人又は数人の相続人の利益のために，遺言執行者に与えられた権限を留保して，一部又は全部の相続財産の管理を委任することができる。
② 相続人も，受任者となることができる。
③ 受任者は，民事上の完全な能力を享受していなければならず，相続財産の中に職業上の財産が含まれている場合には，管理禁止の処分を受けていない者でなければならない。
④ 受任者は，相続財産の清算の任務を負った公証人であってはならない。

第812条の1　受任者は，相続人の中に未成年者又は被保護成年者がいても，その権限を行使する。

第812条の1の1　① 委任は，相続人の人格又は相続財産の観点から重大かつ正当な利益によって正当化され，かつ明確に理由づけがなされている場合でなければ，有効とはならない。
　② 委任は，2年を超えない期間を定めて与えられ，相続人又は受任者により提起された裁判官の判決により1又は数回延長することができる。ただし，委任は，相続人の不適性，年齢，又は職業上の財産を管理する必要があることを理由として，5年の期間を定めて与えることができ，同様の条件の下で延長をすることができる。
　③ 委任は，公署〔証書の〕形式で与えられ，承諾されなければならない。
　④ 委任は，委任者の死亡前に，受任者により承諾されなければならない。
　⑤ 委任者及び受任者は，他方の当事者に自らの決定を通知した後においても，履行をする前に委任の放棄をすることができる。

第812条の1の2　受任者によりその者の任務の枠内で実現された行為は，相続の〔承認・放棄の〕選択に対しては，効力を有さない。

第812条の1の3　委任の対象となったいかなる相続人も相続を承認しない間は，受任者は，第784条に規定された推定相続人に認められた権限しか有さない。

第812条の1の4　死後委任は，本款の規定と抵触しない限りにおいて，第1984条から第2010条までの規定に従う。

第812条の2　① 委任は，反対の合意がない限り，無償である。

② 報酬が規定された場合，報酬は委任状において明示的に定められていなければならない。報酬は，相続財産から取得され，受任者の管理から生じた果実及び収入の一部に対応する。果実及び収入が十分でない場合，又は存在しない場合，報酬は，元本から補充し，又は元本の形式で取得することができる。

第812条の3　受任者の報酬は，相続財産の負担であり，報酬が相続人の遺留分の一部又は全部を奪う効果を有する場合には，減殺の権利を与える。委任の対象とされた相続人又はその代理人は，それらの者が期間又は委任から生ずる負担との関係で報酬が行き過ぎであることを証明するとき，報酬の改定を裁判所に請求することができる。

第812条の4　①　委任は，以下の出来事の1つにより終了する。
　　一　規定された期限の到来
　　二　受任者の放棄
　　三　重大かつ正当な理由の欠如又は喪失，又は受任者による任務の不十分な履行mauvaise exécutionの場合における，利害関係を有する相続人又はその代理人の請求による裁判上の撤回
　　四　相続人と死後委任の名義人である受任者との間の合意による委任契約の締結
　　五　委任〔契約〕に指定されている財産の相続人による譲渡
　　六　自然人である受任者の死亡又はその者に対する保護措置の開始，又は法人である受任者の解散
　　七　関係する相続人の死亡又は，保護措置の場合，後見裁判官による委任終了の判決
②　複数の相続人のために与えられた1つの委任は，それらの者のうち1人にしか関係しない終了原因により，完全に

*375*

は終了しない。同様に，受任者が複数の場合，1人に対して生じた委任の終了は，他の者の任務を終了させない。

第812条の5　① 重大かつ正当な理由の喪失を理由とする撤回は，受任者による報酬の名義で受け取った金額の全部又は一部の返還の理由とはならない。ただし，金額が，期間あるいは受任者が実際に行った負担の観点から，行き過ぎであった場合にはこの限りでない。

② 撤回が受任者の不十分な履行により生じた場合，受任者に対し，損害の賠償とは別に，報酬の名義で受け取った金額の全部又は一部を返還する義務を負わせることができる。

第812条の6　① 受任者は，自らの放棄の決定を関係する相続人又はその代理人に対してした後でなければ，委任の履行の継続を放棄することができない。

② 受任者と関係する相続人又はその代理人との間の反対の合意がない限り，放棄は，通知から3月の期間を経過した後に効力を生じる。

③ 損害の賠償とは別に，元本から報酬を受け取る受任者に対し，受け取った金額の全部又は一部を返還する義務を負わせることができる。

第812条の7　① 毎年及び委任終了時に，受任者は，関係する相続人又はその代理人に対し，自ら行った管理の報告をするともに，行った行為の全体を通知する。それがない場合，全ての利害関係人は裁判上の撤回を請求することができる。

② 委任が受任者の死亡により終了した場合，この義務は，その者の相続人に課せられる。

## 2　背　景

死後委任の制度は，2006年6月23日法律により新たに導入されたものであ

る。ドゥ・リシュモン議員が2006年5月10日に元老院に提出した報告書[31]によると，この制度は，相続財産の管理に困難性がある場合，相続財産に企業を含む場合，相続人があまりに若い場合，あまりに経験不足な場合を想定して導入された制度である。この死後委任が認められることにより，被相続人は，生前に，相続開始の時から，受任者に相続財産の一部又は全部を管理する任務を委ねることができる。

死後委任は，フランス相続法にある2つの大原則と抵触する[32]。第1が，被相続人は，相続人から相続権を奪うことなしに遺産占有を奪うことはできないという原則である。遺産占有を奪うためには，推定相続人の相続権を遺言により奪うしかない。これに対し，死後委任は，第三者に相続財産の管理を委ねることにより，相続人の相続権を奪うことなく相続人から相続財産の管理権を奪うことを可能にする点に大きな特徴がある。第2が，遺留分はあらゆる負担から自由でなければならないという原則である。したがって，被相続人は，遺留分の対象となる財産につき，第三者に管理を委ねることはできない。これに対し，死後委任は，遺留分の対象となっている財産についても第三者に管理を委ねることができる点にも大きな特徴がある。

さらに，死後委任の導入には，信託の影響があることも指摘されている[33]。ただし，死後委任の受任者は，相続財産に対して所有権を持つわけではない。もっとも，完全な所有権を有するわけではないにしても，受任者が第三者の利益と計算のために排他的な財産管理権を有するという意味では，信託と類似する側面もある[34]。

このように死後委任は，フランス法の原則との抵触という点からも，アングロ・サクソン法の影響という点からも，立法時に大いに注目された制度である[35]。以下では，死後委任の法的性質と受任者の権限を中心に概観しよう

---

31) H. de Richemont, *Rapp. Sénat* n° 343, 2005-2006, p. 130.
32) F. Terré, Y. Lequette et S. Gaudemet, *supra* note 13, n° 864, p. 777. グリマルディ・前掲注5）75～76頁。
33) H. de Richemont, *op. cit., loc. cit.*
34) グリマルディ・前掲注5）76頁。
35) マロリー教授は，「この改革（筆者注：死後委任）は，内密に，そして容易にあらゆる相続法の規範，とりわけ遺留分を回避してしまうことができる」，「経済理論は，企業の存続を相続人の権利よりも優先させている」と述べており，批判的である（Ph. Malaurie, *supra* note 8, n° 168)。

377

と思う。

## 3 法的性質

　まず，死後委任という名称にもかかわらず，委任とは少なからぬ相違点がある[36]。第1に，委任契約に関する第1984条第1項は，「委任（中略）は，ある者が他の者に，委任者のために，かつ，委任者の名において何らかのことがらを行う権限を付与する行為である」と定義している。死後委任の場面では，受任者に権限を与えるのは被相続人であるが，受任者は被相続人ではなく相続人のために行為を行う。第2に，通常の委任は，受任者が委任者の権限を奪わない。つまり，委任者は，受任者に委ねた行為について，委任者自ら行うことも可能である。これに対して，死後委任については，対象となった財産について相続人の管理権が奪われる。第3に，死後委任には，その効果を強制する側面がある。すなわち，死後委任の効果が生じると，その委任の効果を相続人に対して強制することができる。相続財産に対する管理権を奪われた相続人は，原則として，死後委任を終了させることはできない。せいぜい，対象となる財産を譲渡することにより受任者の管理から逃れることしかできない（812条の4第1項5号）。この点も，通常の委任において，委任者は「よいと思うときにその委任状を撤回することができる」（2004条1項）ことと比べると，死後委任の特徴であるといえる。

　さらに，死後委任を代理なき委任であると評価する学説もある[37]。第812条は，「特定の1人又は数人の相続人の利益のために，（中略）一部又は全部の相続財産の管理を委任することができる」と規定している。「相続人の利益のためにpour le compte et dans l'intérêt de」という文言が用いられているが，「相続人の名においてau nom de」という文言は用いられていない。これは，死後委任は，受任者が他人のために，しかし自らの名において行為を行う間接代理であると理解する立場である。この立場に従うと，受任者は第三者との関係で，自らが当事者となり，権利を有し義務を負うことになる。先に，信託との関連について指摘したが，この立場は，その点に通常の委任

---

36) F. Terré, Y. Lequette et S. Gaudemet, *supra* note 13, n° 862, pp. 775-776.
37) G. Wicker, *J.-cl. civil*, V° Successions, Mandats successoraux, Le mandat à effet posthume, n° 10. F. Terré, Y. Lequette et S. Gaudemet, *op. cit., loc. cit.*

と信託の中間的な性質を見出している[38]。

　遺言執行者と死後委任の受任者の関係については，以下のような位置づけができる[39]。どちらも被相続人に指名され，相続開始時に効力が発生する点では共通である。しかし，遺言執行者は，遺言により効果が発生し，死後委任の受任者は合意により発生する。さらに，両者は役割を異にしている。遺言執行者は，遺言の十全な執行が役割であり，そこでは遺言者の意思の実現が目指されている。これに対し，死後委任の受任者は，「相続人の利益のために」相続財産の管理を行うことを役割としている。そして，両者ともに任命されることがあるとしても，優先されるべきは，遺言者の意思を実現する遺言執行者の任務ということになる。それが，第812条第1項で「遺言執行者に与えられた権限を留保して」と規定し，死後委任の受任者の任務より遺言執行者の任務を優先している趣旨である。

## 4　要　件

　死後委任の成立要件は，かなり厳格である。第812条の1の1第1項は，「相続人の人格又は相続財産の観点から重大かつ正当な利益によって正当化され，かつ明確に理由づけがなされ」なければならないとしている。死後委任は，相続人から管理権を奪うとともに，遺留分に対して負担をもたらすものともなる。それにもかかわらず，死後委任に効果を認めるのは，「重大かつ正当な利益」を原因として有している場合のみということになる。さらに，この重大かつ正当な利益は，明確に理由づけされていなければならない。これは，「合意は，その原因が表明されていなくても，なお有効である」と規定する第1132条の例外と位置づけられる。より具体的には，特定の相続人や相続財産について困難があること，そしてその困難を受任者が適切に解決できることを提示する必要がある[40]。人的な要因に関しては，ある相続人について年齢や適性，能力や遠隔地に住んでいることなどが要因となり得る。さらに，複数の相続人間の不和や利益相反なども要因となり得る。相続財産については，企業の承継の困難さ，専門性などが要因となり得る。

---

[38]　G. Wicker, *supra* note 37, n° 13.
[39]　F. Terré, Y. Lequette et S. Gaudemet, *supra* note 13, n° 467, p. 428.
[40]　F. Terré, Y. Lequette et S. Gaudemet, *supra* note 13, n° 871, p. 782.

また，死後委任は，「公署〔証書の〕形式で与えられ，承諾されなければならない」(812条の1の1第3項)。この要件がみたされない場合，死後委任は無効となる。同条第1項において，「重大かつ正当な利益」の正確な理由づけが要求されているために，公証人の関与が必要とされている。

　受任者には，「1人又は数人の自然人又は法人」(812条1項) が就任できる。相続人も，受任者となることができる (同条2項)。ただし，受任者は，相続財産の清算の任務を負った公証人であってはならない (同条4項)。なお，テレ教授らの教科書は，同一人物が，死後委任の受任者と遺言執行者を兼ねることができると述べている。[41] なぜなら，遺言執行者の任務は，受遺者の利益のために遺贈を履行することにあり，死後委任の受任者の任務は，相続人の利益のために相続財産の全部又は一部を管理することにあり，その任務を異にしているが，どちらも被相続人の意思の実現の追求を目指しているからである。その他，受任者の要件としては，完全な能力者であること (812条3項)，委任者の死亡前に受任者が承諾すること (812条の1の1第4項) なども課されている。

　なお，死後委任の撤回は，委任者の死亡前であれば，委任者からも受任者からも自由にすることができる (812条の1の1第5項)。

## 5　権　限

　受任者の権限は，2つの時期に分けて規律されている。まず，第1の時期は，相続人が相続を承認する前の時期である。その時点では，「第784条に規定された推定相続人に認められた権限しか有さない」(812条の1の3)。第784条第1項は「純粋な保存行為又は監視行為及び一時的な管理行為は相続の承認をもたらすことなく行うことができる」と規定しており，受任者はこれらの行為をなし得ることとなる。

　第2の時期は，相続人が相続を承認した後の時期である。その時点から受任者は第812条第1項が規定するように，「相続人の利益のために，(中略) 一部または全部の相続財産の管理」ができることとなる。ここでの管理行為の意味が問題となる。

---

41) F. Terré, Y. Lequette et S. Gaudemet, *supra* note 13, n° 867, p. 778.

ところで，不分割財産に関する第815条の3第1項は，次のように規定している。
　「3分の2以上の不分割権を有する不分割権利者は，その〔3分の2の〕多数により，以下のことをすることができる。
　一　不分割財産に関する管理行為を行うこと
　二　1人又は複数の不分割権利者又は第三者に管理の一般的な委任をすること
　三　不分割財産の負債及び負担を弁済するために不分割動産を売却すること
　四　農業，商業，工業又は手工業の用途を有する不動産を対象とする賃貸借以外の賃貸借を締結し，更新すること」
　第2号の管理の一般的な委任に関して，第815条の3第3項は「不分割財産の通常の経営」に属さないものについては，管理の一般的な委任には含まれず，全ての不分割権利者の同意が必要であるとしている。そこから，「不分割財産の通常の経営」については，管理の一般的委任の対象であることが分かる。より一般的に管理行為とは，資産の通常の利用ないし経営であり，実質を損なうことなく資産を利用する行為を指す。[42] したがって，たとえ売却行為であっても，農業経営に収穫を売却する行為や，商売を営んでいる会社で商品を売ることは管理行為となる。[43]
　これに対し，死後委任における管理行為の意味は，どのように解すべきか。第815条の3第1項第2号の「管理の一般的な委任」は，全相続人のうち3分の2の持分の同意が必要な行為であるが，死後委任は，被相続人の委託行為であり，いわば全相続人が同意したのに等しい行為がある。しかも，公証証書が要求されるとともに「重大かつ正当な利益」について正当化しなければならないなど，厳格な要式行為に服している。以上のようなファクターに鑑みて，死後委任の受託者は，第815条の3第1項第2号の「管理の一般的な委任」以上に重要な行為をなし得るという主張も存する。[44] この立場によれば，よりダイナミックな資産の管理形態が可能となる。たとえば，経済状

---

42) F. Terré, Y. Lequette et S. Gaudemet, *supra* note 13, n° 832, p. 752.
43) F. Terré, Y. Lequette et S. Gaudemet, *supra* note 13, n° 873, p. 784.
44) G. Wicker, *supra* note 37, n° 55.

況に合わせて，資産の経営形態を変更することも可能であるとしている。

死後委任の受任者の管理に服することとなった場合の相続人の法的地位については，まず，対象となった財産の管理権は，受任者に移るので，相続人自身が管理行為をすることはできない。その一方で，相続人は，管理権に服する財産から生じた利益を収受する権利を有することとなる。

## 6 受任者の権利および義務

報酬については，委任は，反対の合意がない限り，無償である（812条の2第1項）。報酬を定める場合には，委任状に明示的に定めておかなければならない（同条2項）。報酬は，相続財産から取得され，受任者の管理から生じた果実及び収入の一部に対応する（同条項）。ここでは，純利益の何パーセントという形で報酬を定めることが想定されている。[45] このような形で報酬が規定されれば，相続財産自体を害することにならないという利点もある。果実及び収入が十分でない場合，又は存在しない場合，報酬は，元本から補充し，又は元本の形式で取得することができる。

また，受任者の報酬は，相続財産の負担となり（812条の3），相続債務と同一の取扱いがなされる。そして，報酬が相続人の遺留分の一部又は全部を奪う効果を有する場合には，減殺の権利を与える（同条）。その他，「期間又は委任から生ずる負担との関係で報酬が行き過ぎである」とき，相続人（又はその代理人）は，報酬の減額を裁判所に請求できる（同条）。

受任者の義務としては，管理行為の範囲内で，受任者は，任務遂行義務を負うことになる。第812条の1の4で委任の規定の準用がされているが，第1991条第1項に基づき，「受任者は，その任にとどまる限り委任を遂行する義務を負い，その不履行から生じることがある損害賠償の責任を負う」こととなる。また，第812条の7は，毎年及び委任終了時に，受任者（受任者死亡時にはその相続人）に報告義務を課している。

## 7 期間および終了

期間は，原則2年である（812条の1の1第2項）。相続人又は受任者は，

---

45) F. Terré, Y. Lequette et S. Gaudemet, *supra* note 13, n° 874, p. 785.

裁判官に対して，1回又は数回期間の延長を求めることができる。例外的に，3つの場合，すなわち，相続人の不適性，年齢，職業上の財産を管理する必要性を理由として死後委任を行う場合には，5年の期間を与えることができる。そして，原則の場合と同様の方法で，期間の延長を求めることができる。

終了原因については，第812条の4に列挙されているが，詳しい紹介は省略する。

## 第4 おわりに ── 日仏の対比 ──

本稿の問題関心は，遺言執行者の権限について，日本よりも遺言執行者の権限を限定的に理解しているフランス法との比較をし，日本法の相対的な特徴を明らかにするという点にある。そのような視点から，本論における検討の重要なポイントをまとめると，以下のようになる。

フランスにおける遺言執行者は，「通常の任務」しか負わない場合には，遺言執行者自らは，遺言に示された条項を実現することはできない。あくまでも，遺言の執行を「監視する」（1025条1項）ことしかできない。被相続人は，相続人から相続権を奪うことなしに遺産占有saisineを奪うことはできず，遺贈の義務者は，原則として，[46] 遺産占有を有している相続人ということになる。もっとも，フランス法では，遺言執行者に対する任務を拡張・強化することを認めている。ただし，遺留分を有する相続人がいるか否かにより，どれだけ拡張・強化することができるかが異なっている。遺留分を有する相続人がいない場合には，第1030条の1により，遺言執行者に一種の「清算人」としての地位を認めることも可能となっている。これに対して，遺留分を有する相続人がいる場合に拡張できる権限は限定されている（1030条）。そして，遺留分を有する相続人の有無により拡張できる権限に差異を設けている背後には，遺留分にいかなる負担も課してはならないという公序原則が存在する。

これに対し，日本民法第1012条第1項は，デフォルト・ルールとして「遺言執行者は，相続財産の管理その他遺言の執行に必要な一切の行為をする権

---

46) 遺贈の種類や遺留分権利者の有無により，遺贈義務者が異なることは注18) を参照。

利義務を有する」と規定しており，遺言執行者の有する権限ははるかに大きい。さらに，第1013条では「遺言執行者がある場合には，相続人は，相続財産の処分その他遺言の執行を妨げるべき行為をすることができない」と規定し，相続人の相続財産に対する処分権限を奪っている。このような日本法の立場の背景として，明治民法の起草者富井政章が，遺言の執行を相続人が行うことは，受遺者と利害が対立することから極めて危険であると考えていたという指摘[47]が重要である。

このような日仏の差異を前にして，被相続人は，相続人から相続権を奪うことなしに遺産占有を奪うことはできないという原則，遺留分はあらゆる負担から自由でなければならないという原則というフランスにおける2つの公序原則が，日本法においても示唆をもたらすような普遍的な意義を有するのかがさらに問題となり得るものと思われる。[48] そのような観点からも，2006年法律により，これら2つの公序原則に対する例外として，死後委任制度が創設されるに至ったというのは，少なからぬ意味があろう。[49] この制度の導入により，被相続人は，生前に，相続開始の時から，受任者に相続財産の一部又は全部を管理する任務を委ねることができることとなった。ただし，死後「委任は，相続人の人格又は相続財産の観点から重大かつ正当な利益によって正当化され，かつ明確に理由づけがなされている場合でなければ，有効とはならない」（812条の1第1項）という規律など，要件が厳格に定められており，上記の公序原則が全面的に放棄されたわけではないことに注意が必要である。また，遺言執行者と死後委任の受任者との関係について，第812条第1項が死後委任の受任者の任務より遺言執行者の任務を優先している点，同一人が遺言執行者と死後委任の受任者を兼任することも学説上可

---

47) 竹下・前掲注1) 54頁。
48) 遺留分権利者と遺言執行者の関係という問題については，ドイツ法において，遺言執行者を指定して遺贈がなされたが，遺留分侵害がある場合に，遺留分権利者の保護を図る規定（ドイツ民法2306条）を検討する，篠森大輔「遺留分を侵害する遺贈の執行と遺言執行者：ドイツ法の検討」九大法学85号1頁以下（2003）が興味深い。
49) さらに，遺留分はあらゆる負担から自由でなければならないという原則に関していえば，フランスでは2006年法律は，それまでの遺留分減殺の現物返還の原則を放棄し，価額減殺を原則とする立場に転換をしている（フランス民法典924条1項）。このような転換にもかかわらず，遺留分はあらゆる負担から自由でなければならないという原則は放棄しなかったのかも問題となるように思われる。本稿では明らかにし得なかったが，今後の課題としたい。

能であると解されている．つまり利益相反にあたり得るというよりもむしろ，どちらも被相続人の意思を実現するものであると考えられている点も興味深い。

　結局，遺言執行者・死後委任に関するフランス2006年法の立法紹介の域を出ることのないまま，紙数が尽きてしまった。制度の論理がかなり異なるこの分野におけるフランス法と日本法の対比を通じて，いかなる示唆をもたらし得るかも含めて，今後の課題としたい。

(立教大学法学部法学科教授)

# 信託による財産承継にあたっての受託者の権限と義務

道垣内　弘人

## 第1　はじめに

### 1　具体的な議論の必要性

　信託における受託者の権限は,「信託の目的の達成のために必要な行為をする」ことである（信託26条)[1] 受託者の義務としては，善良な管理者の注意，忠実義務などが定められているが，いずれも「信託事務の処理」とそれに関連する行為について課されているものであり，権限を行使するにあたっての義務である。そうであるならば，受託者の権利と義務は，当該信託の目的ごとに異なってくるものであり，一律にその内容を語ることはできない。信託財産について，それを処分する権限あるいは義務があるかどうかも，信託の定めにより，また，明示の定めがないときには，信託目的に照らして定まる。

　そして，権限や義務の具体的内容は，「財産承継」といったレベルでの目的特定によっては明らかにならない。例えば，Aが生存中はAに受益させ，A死亡後にBに受益させるという信託においても，Aの生活を重視し，Bには結果として残った財産があれば受益させるというものなのか，Bの受益が重要であり，Aの生存中は財産の維持を重視するのかといったことは信託ご

---

1) なお,「信託財産に属する財産の管理又は処分」については，信託目的の達成に必要か否かを問わず，受託者の権限に属するというのが立案担当者の説明である（寺本昌広『逐条解説新しい信託法〔補訂版〕』103頁（商事法務，2008)，村松秀樹ほか『概説新信託法』74頁（きんざい，2008))。しかし，当然ではない（道垣内弘人「ぼろは着ててもこころの錦（その2）」法学教室347頁70頁以下（2009))。

とに異なる。また，Aが死亡後，B，C，Dの3人を受益者とする信託であっても，B，C，Dの平等を重んじるべき場合もあれば，三者の生活上の必要に応じて受益させるべき場合もある。いずれであるかによって，受託者の権限・義務は異なる。当該財産を家産として維持することが信託の目的となっていれば，その財産について，受託者は処分をしてはならない。逆に，財産を適当に処分しながら，受益者の生活を維持することが信託目的であれば，当然に処分権限はある。

このように考えてくると，具体的な個々の信託と切り離して，信託による財産承継にあたっての受託者の権限と義務を一般的に検討することには意味がないことがわかる。

## 2　本稿で扱う事例と問題

(1)　そこで，本稿では，問題を一つに絞る。

　　財産承継のための信託利用の例としては，中小企業庁の「信託を活用した中小企業の事業承継円滑化に関する研究会」が平成20年9月に公表した「中間整理」に，【スキーム4】として次のようなものがあげられている。すなわち——，中小企業の経営者で自社株式の大多数を保有するAが，自分の生存中は，自分で会社経営を行うが，その後は，二男Cに経営を委ね，さらにその後は長男Bの子であるDに経営を委ねたいと思っている。そこで，Aは，生存中にA所有の自社株式のすべてを信託財産として信託を設定し，A死亡後にはBおよびCを受益者として配当等を受けさせるが，信託財産である株式の議決権を受託者が行使するにあたっては，Cが議決権行使の指図権を有することとする（これにより，Cの経営判断を覆すような議決権行使を不可能にする）。そして，Cの死亡後は，Dを単独受益者とし，Dが議決権行使の指図権を有することとする。そして，然るべき時点で信託を終了させ，Dに信託財産である株式が交付される。

(2)　さて，このような信託におけるCによる指図権行使については，もう一人の受益者であるBの利益に配慮した指図にしなければならないか，また，自らの死亡後，Dに株式が交付されることを考慮し，Dの利益に配慮しなければならないか，という問題が生じる。もっとも，これも当該信託の目的との関係で決まるものであるから，その問題の検討は省略する。ここで

扱おうとするのは，Cによる指図の内容が信託目的に反するとき，受託者は，それに従う義務があるか，逆に，それに従わない義務があるか，という問題である。

信託において，受託者は受益者の利益を守るために様々な義務を負う。そうであるならば，上記のような場合にも，受益者の利益を守るために，指図に従わない義務，あるいは，指図の撤回を求める義務があるとも考えられないではない。

以下，検討していく。

## 第2 指図権者による指図に従うことが信託契約によって定められているとき，受託者が有する権限と負う義務について

### 1 信託契約に従う義務と受託者

信託における受託者は，原則として広い裁量権を有するとともに，受益者の利益を図るべく，高いレベルの義務を負うことになる。しかしながら，受託者が裁量権を有するのも，高いレベルの義務を負うのも，信託事務の範囲であることに注意しなければならない。

### 2 英米法におけるルール

(1) まず，わが国信託法の母法である英米法におけるルールから見ていこう。

イングランド信託法において，「受託者の義務に関するすべてのルールのうち最も重要なものである」[2]と評されているのは，「信託証書の指示に従う義務」である。「受託者は，法または信託証書の諸条項によって自らに付与された権限の範囲を超えてはならない」[3]というわけである。

ここにいう「信託証書の指示」には，裁量や権限の分配を含む。そして，「この裁量や権限は，信託の存在のために必要な二当事者，すなわち一以上の受託者および一以上の受益者（受託者兼受益者である者も存在しうるし，実際，しばしば存在する）に帰属しうるだけでなく，委託者や第

---

2) D. Hayton et al. (ed.), Underhill and Hayton : Law relating to Trusts and Trustees 614 (17th ed., 2006).
3) Id.

三者に帰属させることができる。委託者が受託者や受益者でない場合でも，当該第三者が当該信託に何らの関係がない場合でもかまわない。

そして，一定の権限を委託者や受益者に帰属させるということは，長い間行われてきたのである。」[4]

このように委託者に一部の裁量や権限が帰属していることも，「信託証書の指示」であり，裁量権が与えられた者からの指示に，受託者は従わなければならない。

(2) たしかに，この責任は例外のない厳格責任ではない。指示内容が違法であるときや実施不能であるときは，例外となる。また，1925年受託者法61条は，「受託者が，誠実かつ合理的に行動し，信託違反をしたこと，および，受託者の信託違反となった事項について裁判所の指示を得なかったことについて，相当な理由を示しうるときは，裁判所は，当該事項について受託者の責任の全部または一部を免除することができる。」としている。

しかし，「これらの例外に依存することを予定して行動を起こすのは，馬鹿な受託者のみである。」[5] と評されている。つまり，賢明な受託者は指示に従っておく，ということである。

(3) 以上のことは，アメリカ法でも同様である。次のようにいわれる。

「信託の条項によって，受託者の行為が，一定の局面では，他者の支配に従うべきことが定められることがある。そのような支配権限が与えられるのは，共同受託者，受益者，委託者のほか，本来，当該信託に関係のない第三者でもあり得る。」[6]

「委託者は，信託投資に関する条項を定める権限を有し，当該条項は受託者を拘束する。たとえば，委託者は，受託者に対し，特定の債券に投資すべく指示をし，または単に投資することを許可することもあり，あるいは，受託者に対し一定範囲の債券に投資するよう指示をすることもある。」[7]

---

[4] A. J. Oakley, Parker and Mellows : The Modern Law of Trusts 203（9th ed., 2008）.
[5] G. Thomas and A. Hudson, The Law of Trusts 283 n.13（2nd ed., 2010）.
[6] W. F. Fratcher, Scott on Trusts, II A, p.562-563（3rd ed., 1987）.
[7] G. G. Bogert and G. T. Bogert, The Law of Trusts and Trustees, sec. 680（Rev. 2nd ed., 1982）.

## 3 わが国信託法の解釈

(1) そして,わが国における信託法も,以上のことを当然に前提としている。

平成18年改正前の信託法20条は,「受託者ハ信託ノ本旨ニ従ヒ善良ナル管理者ノ注意ヲ以テ信託事務ヲ処理スルコトヲ要ス」と規定していた。そして,改正後の信託法29条1項は,これを引き継ぎ,「受託者は,信託の本旨に従い,信託事務を処理しなければならない。」としている。

ここでは,「信託の本旨」という言葉が用いられていることが問題となる。たしかに,改正後の信託法の説明において,「信託の本旨」という言葉を用いている理由について,

「委託者は,受託者の信託事務の処理によって信託の目的が達成されることを期待していると考えられるところ,この目的の達成のためには,受託者は,信託行為の定めに形式的に従っているだけでは足りず,信託行為の定めの背後にある委託者の意図,すなわち,信託の本旨に従って信託事務を処理することが求められていると解すべきであるからである。」[8]

と説明されていた。ここからすると,信託設定にあたっての受託者の権限の定めは,決定的な重要性は有しないようにも思われる。

しかしながら,以上の叙述は,受託者の義務を考える際に,「信託の本旨」という言葉が,「契約における信義則と同様の機能を果たす」[9]ことによって,義務の内容が実質的に定められる,ということであり,信託設定に際して定められた権限範囲が,「信託の本旨」という言葉によって拡大するものではない。

そして,あくまで,

「善管注意義務や忠実義務は,信託行為によって受託者に与えられた権限を行使する際の義務であり,受託者に与えられた権限がもともと縮小されている場合には,その権限の範囲内でしか問題にならない」[10]

のである。

(2) なお,民法上の委任契約に関連して,「委任者が事務を処理する方法について指示を与えたときは,受任者は,一応これに従うべきではあるが,そ

---

8) 寺本・前掲注1)112頁。
9) 能見善久『現代信託法』68頁(有斐閣,2004)。
10) 能見・前掲注9)43頁。

の指示の不適当なことを発見したときは，直ちに委任者に通知して指示の変更を求めるか，または指示から離れることについて許諾を求むべきである。」[11]とされていることも問題になると思われるかもしれない。

しかし，この見解の論者自身が，「受任者がいかなる範囲まで委任者の指示に従うべきかは，委任の目的たる事務についての委任者・受任者それぞれの有する知識・才能・手腕及び委任者の受任者に対する信頼の程度などからこれを決定すべきである。」[12]と述べているように，これは，一般的には，専門的な能力が十分でない素人が，専門家に委ねる，という場合を念頭に置いた叙述である。

## 4  中小企業の経営権承継のための信託における受託者の権限と義務

それでは，本稿で扱っているような信託，つまり，中小企業の経営権承継のための信託における受託者の権限範囲はいかなるものであるのか。

この考察において重要になるのは，わが国の信託の特徴に関する次のような指摘である。

「商事信託にとって本質的なのは何らかの商事性を有するアレンジメントであり，そのアレンジメントを管理・実行する任務を引き受けるのが受託者であり，そのアレンジメントに実質的な出捐をし，そのアレンジメントの利益を享受するのが受益者である。」[13]

「民事信託においては，受託者が信託財産について排他的な管理・処分権限を有することが信託の本質的な特徴であるとされている。しかしながら，商事信託においては，信託財産が中心ではなく，アレンジメントが中心である。したがって，受託者が信託財産とされるものについて排他的な管理・処分権限を有することは必ずしも本質的ではない。どのようなアレンジメントが個々の商事信託において要求されるかが重要であり，受託者は，個々のアレンジメントに応じた権限を有し役割を果たすべきことが要求されるべきである。」[14]

---

11) 我妻榮『債権各論中巻2（民法講義Ⅴ3）』671頁（岩波書店，1962）。
12) 我妻・前掲注11) 671頁。
13) 神田秀樹「商事信託の法理について」信託法研究22号54頁（1998）。
14) 神田・前掲注13) 70頁。

能力のない素人が，一人の専門家が専門的な能力に基づいて行う裁量に完全に依存するという状況においては，当該専門家には広い権限が与えられ，その範囲に見合った義務が課されることになる。しかし，現実の取引においては，様々な当事者がどのように権限を分担することが，当該取引を最も効率的に運用しうるかを，リスクとコストも考慮しながら検討し，それに応じたアレンジメントが行われるのである。

　中小企業の経営権承継のために信託は，まさに，Cの経営判断を阻害しないようなアレンジメントとして設定されたものである。議決権の行使判断については，Cの判断を阻害してはならず，その決定について受託者は何らの権限も有しない。

　したがって，受託者は，Cの議決権の行使判断については善管注意義務等の義務を負うことはないのが原則である。受託者は，本件スキームに応じて，善良な管理者の注意に従って信託財産である株式を管理すべきであり，それで足りるのである。

## 第3　指図権者の指図の適切性を確保する義務

### 1　受託者への管理委託の趣旨

(1)　上記で明らかにしたように，議決権行使の態様についての決定について受託者は権限を有せず，受託者はそれについて善管注意義務等の義務を負うことはないのが原則である。しかしながら，受託者は，財産管理の一内容として，指図権者の指図の適切性に注意し，必要があれば，指図に従わない義務，あるいは，指図権者に対してアドバイスをする義務を負うのではないか，が問題になる。

(2)　もちろん，このような義務が，契約上，明示に存在しているわけではない。もっとも，次のようにも説かれる。すなわち，「助言義務が契約内容になっていなくても，信義則上，助言義務を負わされる場合が考えられる」のであり，「『相談に応じた』という積極的な行動があると，相手方は適切な助言が受けられるであろうと信頼するので，このような信頼を基礎として助言義務が生じる可能性がある」。また，「助言をする義務はなかったのに，助言をしてその内容が不適切であったことで，相手方に損害を生じさせた場合」，

「付随義務の違反」[15]とされうる。

(3) しかし，中小企業の経営権承継のために信託は，まさに，Cの経営判断を阻害しないようなアレンジメントとして設定されたものである。Cの判断の妥当性に受託者が口を挟むことは，法が予定していないことを重視すべきである。

仮に助言する義務があるとしても，それは，Cの判断が法令に反し，または，たとえば，信託条項において，会社の売却が禁止されているにもかかわらず，企業買収に応じる指図を行うなど，信託目的に反することが明白な場合などに限るべきであろう。

## 2 アメリカ法の状況

(1) 参考までにアメリカ法をみてみよう。アメリカ法においては，信託は各州法の問題である。

(2) かつてのアメリカ法の傾向を示すのは，信託法リステイトメント第2版185条である。

同条は，「信託条項に基づいて，ある者が一定の範囲における受託者の行為を統制する権限を有するときは，なされようとしている権限の行使が信託条項に違反し，または，その者が当該権限を行使するにあたって負う信認義務に違反しない限り，その権限が行使されたところに従って，受託者は行為しなければならない。」としていた。

これに従うと，受託者は，権限行使者の義務違反について調査しなければならないようにも読める。

しかし，これは現在の信託実務に適合的ではなく，この内容を州法として規定しているのは，2007年の段階で，インディアナとアイオワにとどまる。[16]

(3) これに対して，全米での統一信託法の制定を目指す試みである「統一信託法典（Uniform Trust Code）」は，その808条b項において，次のように規

---

15) 能見善久「『企業年金の受託者責任』についてのコメント」能見善久編『信託の実務と理論』11頁（有斐閣，2009）。
16) R. W. Nenno, "Directed Trusts: Can Directed Trustees Limit Their Liability?", p.4 (2007) (http://www.wilmingtontrust.com/repositories/wtc_sitecontent/PDF/lib-WP-directed.pdf)。

*394*

定した。すなわち,「信託条項が,撤回可能信託の委託者以外の者に,受託者の一定の行動を指図する権限を与えている場合,受託者は,その指図権の行使に従って行動しなければならない。ただし,そのような権限の行使が明白に信託条項に反する場合,または,そのような権限の行使をすれば指図権限を有する者が信託受益者に対して負う信認義務に著しく違反することを受託者が知っている場合にはこの限りでない。」というわけである。

ここでは,受託者が善意の場合には「明白に信託条項に反する」ことを要求している。そして,このことは,「受託者に最小限の見逃し責任を負わせるもの」[17]と説明されており,「相互チェックは職務分担と基本的に矛盾するものであり,相互チェックすると時間がかかるからこそ職務分担が認められているのである。受託者が行うチェックは機動性を失わないことが要請されている。受託者が悪意の場合はさておき,善意の場合には『明白な』違反とされているのは,こうした趣旨を考慮しているからである。」[18]と評価されている。

そして,このような規律は,2007年の段階で,17州により採用されており,主流となっている。[19]

(4) しかし,デラウエアなどの9州は,権限のある者からの指図に従っている限り,受託者は責任を問われないとしており,現在,明文規定を有しないニューヨーク州においては,このことが明確に規定されるべきだとも主張されている。[20]

(5) 以上からすると,仮に助言する義務があるとしても,それは,Cの判断が法令に反し,または,たとえば,信託条項において,会社の売却が禁止されているにもかかわらず,企業買収に応じる指図を行うなど,信託目的に反することが明白な場合などに限られるとする主張は,比較法的にも支持されるというべきである。

---

17) Uniform Trust Code, se.808 comment.
18) 福井修「職務分担型の信託における責任」富大経済論集58巻1号29頁 (2012)。
19) R. W. Nenno, ibid., p.5.
20) C.R.Radiga, J.F.Hillman & P.K.Kelly, "Does New York Need a Trust Code?", New York Law Journal Trusts & Estates, vol. 244, No.58 (2011).

# 第4 まとめ

(1) 以上につき，簡単にまとめておく。
　① 具体的な個々の信託と切り離して，信託による財産承継にあたっての受託者の権限と義務に意味はない。
　② 中小企業の経営権承継のために信託は，まさに，後継者の経営判断を阻害しないようなアレンジメントとして設定されたものである。議決権の行使判断については，後継者の判断を阻害してはならず，その決定について受託者は何らの権限も有しない。したがって，受託者は，後継者の議決権の行使判断については善管注意義務等の義務を負うことはないのが原則である。受託者は，本件スキームに応じて，善良な管理者の注意に従って信託財産である株式を管理すべきであり，それで足りる。
　③ 中小企業の経営権承継のために信託は，後継者の経営判断を阻害しないようなアレンジメントとして設定されたものであり，後継者の判断の妥当性に受託者が口を挟むことは予定されていない。仮に助言する義務があるとしても，それは，後継者の判断が法令に反し，または，たとえば，信託条項において，会社の売却が禁止されているにもかかわらず，企業買収に応じる指図を行うなど，信託目的に反することが明白な場合などに限るべきであろう。

(2) 信託だからといって，受託者が何でも責任を負い，全力を尽くして公平に利益を守ってくれるわけではない。もちろん，そういうアレンジメントとして信託を設定することもできるが，現在，検討されている資産承継のための信託はそのようなものではない。

（東京大学大学院法学政治学研究科教授）

# 民法（債権関係）の改正に関する要綱仮案と「遺贈の担保責任」

潮 見 佳 男

## 第1 本稿の目的

　遺贈の担保責任に関する規定として，民法は，996条から998条までの3か条の規定を設けている。

　それによれば，特定物の遺贈の場合においては，他人物の遺贈は，原則としてその効力を生じないが，遺言者が，その権利が相続財産に属するかどうかにかかわらず，これを遺贈の目的としたものと認められるときは，その遺贈は有効である（民996条。同条本文は，特定物の遺贈における遺言者の通常の意思の推定規定としての性質を有する。）。そして，他人物の遺贈が有効であるとき，遺贈義務者は，その権利を取得してこれを受遺者に移転する義務を負う（民997条1項。他人物売買に関する民560条と同質の規定である。）。この権利取得が不可能な場合や，取得のために過分の費用を要する場合には，遺言中で遺言者が別段の意思を表示しているのでなければ，遺贈義務者は，その「価額の弁償」（受遺者が弁償を請求した時点における権利の時価の弁償[1]）をしなければならない（同条2項）。他方，特定物が遺贈された場合において，目的物の上に権利の負担があったときや（権利の瑕疵），目的物に質的・量的瑕疵があったときに（物の瑕疵），どのように処理するのかを直接に定めた規定はない（民551条に対応する規定がない。）。

---

1) 中川善之助＝加藤永一編『新版注釈民法(28)〔補訂版〕』250頁〔阿部徹〕（有斐閣，2002。以下「新版注民(28)」で引用）など，相続法学説での通説。

これに対して，不特定物の遺贈の場合においては，受遺者が遺贈された物についての権利者から追奪を受けたときは，遺贈義務者は，「売主と同じく，担保の責任を負う。」（民998条1項）。しかし，「担保の責任」の具体的な内容は，規定中には明示されていない。他方，目的物に質的瑕疵があったときには，遺贈義務者は，「瑕疵のない物をもってこれに代えなければならない。」（民998条2項）。ここでは，遺贈義務者の代替物引渡義務が定められている。そして，遺贈義務者が代替物の引渡しをすることができないときには（追完不能），不完全履行を理由とする損害賠償責任が発生する。

遺贈の担保責任に関する上記の諸準則について，我が国では，売買その他契約における担保責任に関する準則と違い，理論面での分析が停滞している。契約における担保責任に関して，法定責任説と契約責任説の間で華々しい議論が展開されてきたのとは対照的である。しかも，後者の領域で蓄積された学理的な成果が，遺贈の担保責任の領域にはほとんど反映されていないという奇妙な状況すらみられる。その理由が，遺贈の担保責任が一般の担保責任に関する準則の特則である（したがって，特則の妥当する場面のみを論じればよい）との安心感にあるのか，家族法を専門領域とする研究者が財産法の領域における担保責任論，ひいては契約法・債務不履行法のめまぐるしい展開についていけないことにあるのか，財産法を専門領域とする研究者が相続法の領域における問題の存在に気付いていないことにあるのかは，分からない。いずれにしても，遺贈の担保責任は，担保責任法という一つの法分野の中で，他から隔絶された領域を形成し，今日に至っている。皮肉なことに，戦後すぐの時代までは契約法における担保責任の理論との学理レベルでの交流がされていた（後述する加藤一郎，鈴木禄弥らの研究）のに対して，このような交流は，時代を下るにつれ，希薄になっている（注釈書といわれるものの記述内容の変遷をみれば，明瞭である。）。

そのような中，債権法・契約法の領域では，周知のように，2009年に設置された法制審議会民法（債権関係）部会のもとで，その現代化を目指した民法改正の動きが進められてきた。そして，同部会は，2014年8月26日に，民法（債権関係）の改正に関する要綱仮案（以下「要綱仮案」[2]という。）を，「定

---

2) 法制審議会民法（債権関係）部会資料（以下「部会資料」という。）83-1をもとにし

型約款」に関する部分を保留の上で承認した。要綱仮案では，売買を中心とする担保責任の規律に対して，いわゆる契約責任説の考え方（権利供与義務の承認及び瑕疵なき物〔特定物・不特定物〕の給付義務の承認）を基礎に据えた大幅な改正の方向——担保責任の解体と債務不履行責任への一本化——がされるとともに，贈与の担保責任を定めた民法551条についても，契約責任説を基礎に据えた大幅な改正の方向が示されている。

このような流れは，遺贈における担保責任の領域にも波及し得るものである。もとより，今回の民法（債権関係）の改正対象，したがって，要綱仮案には，遺贈の担保責任に関する諸規定は入っていない。そのため，遺贈の担保責任の規定が現民法のままであったとしたならば，そこに含意されている内容及びこれと結びつけられた理論が，民法（債権関係）の改正によって影響を受けるのか否か，影響を受けるとすれば，要綱仮案の提示するパラダイムの下で，どのような影響を受けるのか，影響を受けないとすれば，要綱仮案の提示するパラダイムの下で，そのことがどのように正当化されるのかを検証しなければならない。さらに，必要になれば，遺贈の担保責任に関する規定の改正の在り方にも言及することが迫られる。

本稿は，以上に示した問題意識の下で，遺贈の担保責任に関する現在の理論的到達点を整理して，その特徴を明らかにするとともに，法制審議会民法（債権関係）部会で承認された要綱仮案における売買と贈与の担保責任の処理を概観し，そこでの改正の方向を踏まえたときの遺贈の担保責任に関する準則の在り方に迫るものである。

## 第2 「遺贈の担保責任」に関する相続法学説の現況

### 1 特定物の遺贈の場合

特定物の遺贈における「担保の責任」について，支配的な相続法学説では，特定物の遺贈では「追奪担保も，瑕疵担保もない」[3]とされる。そこでは，

---

て取りまとめられたものである。なお，部会資料は，法務省ホームページ（http://www.moj.go.jp/shingi1/shingikai_saiken.html）より取得可能である。

3) 中川善之助編『註釈相続法（下）』122頁〔加藤一郎〕（有斐閣，1955。以下「註釈下」で引用），柚木馨『判例相続法論』398頁（有斐閣，1953），中川善之助＝泉久雄『相続

次のような理解をするものが多い。[4]

・「特定の物または権利の移転を目的とする債務は、その目的物を現状のままで債権者に引き渡せばよい。売買などの有償契約では、対価との関係で債務者に担保責任が課されるが、贈与、遺贈などの無償行為では、債務者は目的たる物または権利の瑕疵について担保の責任を負わないのが原則である。民法551条はこの趣旨を明言する。」

・「遺贈の目的が特定物であるときは、遺贈義務者は、その物または権利を、遺言が効力を生じた時の状態で、受遺者に帰属させればよい。この点について、学説に異論はない〔引用略〕。これは、起草者が遺贈義務者の責任について特則のない限り債権法の一般原則に拠らしめようとしたこと、および本条の反対解釈から、明らかである。しかし、遺言者が特に遺贈義務者に責任を負わせる旨を表示しているときは、例外的に責任を負う。997条・1000条但書のような場合である。」

ここで、相続法における支配的見解は、贈与と遺贈が無償である点において共通することに着眼し、贈与に関する民法551条が無償行為における「担保の責任」に関する通則を成しているとの理解のもとで、民法551条から、「無償行為において、義務者は『担保の責任』を負わない」との準則を導き出し、これを手掛かりとして、特定物遺贈における債務の内容を「現状引渡し」に限定し、かつ、遺贈義務者の「担保の責任」を否定するという解釈論を展開している。[5] なお、民法551条が特定物の贈与に関する規定があることは、自明の理であるかのように解されている。[6]

## 2　不特定物の遺贈の場合

### (1) 規範構造面での説明

#### ア　緒　論

不特定物の遺贈における「担保の責任」については、民法998条の規定が

---

法（第4版）』594頁（有斐閣、2000）など。
4) 本文での引用は、新版注民(28)261頁〔上野雅和〕による。
5) 註釈下122頁〔加藤〕は、「遺言者が、遺贈義務者に責任を負わせようとした場合には、例外的に責任を負うことになる（たとえば、997, 1000但）」という。
6) 財産法学における通説も、この点に関しては、同様の理解をしている。差し当たり、我妻榮『債権各論　中巻一』232頁（岩波書店、1957）。

ある。そこでは，1項で，「不特定物を遺贈の目的とした場合において，受遺者がこれにつき第三者から追奪を受けたときは，遺贈義務者は，これに対して，売主と同じく，担保の責任を負う。」とされ，2項で，「不特定物を遺贈の目的とした場合において，物の瑕疵があったときは，遺贈義務者は，瑕疵のない物をもってこれに代えなければならない。」とされている。

ここでは，①遺贈の目的物である不特定物が追奪された場合と，不特定物に瑕疵があった場合とが区別されていること，②後者については，瑕疵のない物による追完が義務付けられていること（受遺者は追完請求権を有すること），③前者については，遺贈が無償行為であるにもかかわらず，遺贈義務者が「売主と同じく，担保の責任」を負うことが，条文構造から導くことのできる特徴となっている。

このうち，③に関して，売主の「担保の責任」の意味するものが何かをめぐり，とりわけ追完請求権の位置づけについて，ニュアンスを異にする見解が主張されている。

イ 〔追完請求権成立＋追完不能〕構成

現在は少なくなったが，一方で，不特定物の遺贈においては，特定物の遺贈と異なり，遺贈目的物につき権利の瑕疵があった場合に，遺贈義務者に対する受遺者の追完請求権，裏返せば，他の不特定物（種類物）を調達して受遺者に交付すべき遺贈義務者の義務が認められることを積極的に説く立場がある。

この立場は，不特定物の売買と不特定物の遺贈とを同列に置き，「不特定物をもって，遺贈の目的とした場合においては，遺言者の意思を推測すると，遺贈義務者が完全な権利を有する物を与えることを期待していたであろう。従って，自己の権利に属しない物を与えた場合においては，義務を尽くしたものとはいえない」とし，また，民法560条を参照しつつ，「不特定物の遺贈は，結局それだけの利益を与えるのが趣旨であるから，追奪されたときは，損害賠償でなく，更めて有効な弁済をする」のが「原則」であるとした上で，追奪された場合には，権利の移転が不能となったものと捉え（追完不能），遺贈義務者の追奪担保責任は損害賠償となると構成する[7]。

---

7) 中川善之助代表『註解相続法』362頁以下〔小山或男〕（法文社，1951）。

ウ 〔追完請求権不成立〕構成

他方で，不特定物の遺贈においては，遺贈目的物につき権利の瑕疵があった場合には，そもそも追完請求権が成立しないとする立場もある。現在の支配的な相続法学説は，この立場に依拠し，売主の「担保の責任」とは損害賠償と解除のみであると考え，その上で，単独行為である遺贈について解除は考えられないから，結局，民法998条1項にいう「担保の責任」とは，損害賠償のみを指すものと解している。この立場は，「追奪の場合の売主の担保責任（561）は買主の側からの契約解除と損害賠償の請求である」と断じる注釈[8]に，端的に表れている。ここでは，同条1項の「担保の責任」には，追完請求権は含まれていないものと捉えられている。[9][10]

そして，この立場は，上述したことを踏まえ，上記アの②に関して，民法998条2項で物の瑕疵の場合にのみ追完請求権が認められている ── 追奪の場合には追完請求権は認められない ── のが，民法998条の特徴である点が強調されている。

もとより，この立場に立脚する見解の中では，不特定物の遺贈における権利・物の瑕疵の場合に，(a)追完請求権が認められるのが原則であって，例外的に民法998条1項で，追奪の場合に追完請求権を排除する立法がされてい

---

8) 新版注民(28)251頁〔上野〕。ほかにも，島津一郎＝松川正毅編『基本法コンメンタール相続（第5版）』185頁〔山口純夫〕（日本評論社，2007。以下「基本法コメ」で引用）。
9) 本文で示した見解とはニュアンスを異にするのが，我妻榮＝唄孝一『判例コンメンタールⅧ 相続法』281頁以下（日本評論社，1966）。そこでは，不特定物の遺贈の場合に，「相続財産のうちに該当する物がない場合にも，遺贈者はこれを調達して受遺者に給付しなければならない」（遺贈の趣旨が相続財産のうちにある不特定物の一定量（例えば特定の倉庫にある麦10俵）をやるというのであれば，その倉庫の中に麦がある限り民法998条1項が適用される ── 倉庫の中になければ，民法996条，997条による ──）とした上で，同条1項の定める追奪担保責任の内容として，①目的物の所有権を所有者から取得し，相手方に取得させること，②目的物の所有権を取得させることができないときは，損害賠償の責任を負うことであるとする。民法998条1項の場面では，所有者からの追奪により①が不能となっていることが想定されていて（追完不能。したがって，追完請求権なし），また，相続財産の中に不特定物が存在しない以上は，②によるしかないという理解であろう。
10) その上で，我妻榮＝立石芳枝『親族法・相続法』595頁（日本評論新社，1952），註釈下121頁〔加藤〕，我妻＝唄・前掲注9）282頁，鈴木禄弥『相続法講義（改訂版）』124頁（創文社，1996）は，遺贈義務者が代物を給付して担保責任を免れることは認めてよいという。受遺者からの追完請求権は認められないが，遺贈義務者からの一種の追完権を認めるべきであるとの主張である。

ると理解すべきなのか[11] それとも，(b)受遺者の救済としては損害賠償請求権が基本であり，例外的に民法998条2項で，物の瑕疵の場合に追完請求権を特別に認める立法がされていると理解すべきなのか[12]という点での捉え方の違いが存在する。

### エ　立法過誤論──〔追完請求権成立〕構成

相続法学説の中では，民法998条1項につき，立法過誤を主張する有力学説も存在する点に注意が必要である。

そこでは，ドイツ民法2182条は不特定物の売買の場合に売主の権利供与義務を認める立場を基礎にして，不特定物の遺贈の場合にも遺贈義務者の権利供与義務（受遺者からみれば代物請求権）を肯定する立場から立法されている[13]のに対して，ドイツと異なる日本民法の売主の担保責任（なお，ここで

---

11) 我妻＝立石・前掲注10）596頁，中川＝泉・前掲注3）594頁。
12) 基本法コメ184頁〔山口〕。なお，民法旧規定を起草した富井政章起草担当委員の発言，すなわち，原案1001条2項（現民法998条2項に相当〔ただし，民法旧規定の原案1001条には，ただし書があり，「故意ニ瑕疵ヲ隠秘シタルトキハ受遺者ハ其権利ヲ行使スルニ代ヘ又ハ之ト共ニ損害賠償ノ請求ヲ為スコトヲ得」〕）がなければ「通常ノ損害賠償ト云フコトニナラウ」との発言や，法典調査会の審議の際の梅謙次郎委員の発言，すなわち，追奪の場合は「代リノ物ヲヤル」ということにはならない（義務の不履行の責任としては「損害賠償ノ責」が生じる）のに対して，物の瑕疵，例えば，遺贈の目的物である米百石が虫食いであった場合には，「相当ノ米ヲヤラウ」ということであるから，「瑕疵ナキ物」をもって代えることを要するとの発言も，この観点に出たものと思われる。いずれの発言も，法務大臣官房司法法制調査部監修『法典調査会民法議事速記録7』746頁（商事法務）。
〔参考：民法旧規定起草委員提出原案1101条〕
①　種類ノミニ依リテ定マリタル物ヲ以テ遺贈ノ目的トナシタル場合ニ於テ受遺者カ追奪ヲ受ケタルトキハ遺贈義務者ハ之ニ対シテ売主ト同シク担保ノ責ニ任ス
②　前項ノ場合ニ於テ物ニ瑕疵アリタルトキハ遺贈義務者ハ瑕疵ナキ物ヲ以テ之ニ代フルコトヲ要ス但故意ニ瑕疵ヲ隠秘シタルトキハ受遺者ハ其権利ヲ行使スルニ代ヘ又ハ之ト共ニ損害賠償ノ請求ヲ為スコトヲ得
13) ドイツ民法2182条1項は，「種類のみによって指定された対象が遺贈された場合には，遺贈義務者は，民法433条1項1文〔筆者注：売買契約における売主の引渡義務及び所有権供与義務〕，436条〔売買目的物である土地についての公的負担を理由とする売主の責任〕，452条〔登録された船舶の売買〕及び453条〔権利の売買〕の規定により売主が負うのと同一の義務を負う。遺贈義務者は，435条〔売買目的物の権利の瑕疵〕の意味において権利の瑕疵がない対象を受遺者に供与しなければならない。444条〔瑕疵を理由とする買主の権利を減免する合意の効力〕は準用される。」と定めている（2001年債務法改正後，さらに，2009年の相続法及び消滅時効法改正法〔Gesetz zur Änderung des Erb- und Verjährungsrechts vom 24.09.2009（BGBl. I S.3142）m.W.v. 01.01.2010〕で文言表現の変更を受けた現在の条文による。なお，1900年民法に対して，僅かな字句修正を除き，本質的部分に変更はない。）。なお，ドイツでは，特定物の遺贈については，遺贈義務者は物の瑕疵担保責任も権利の担保責任も負わないという理解がされている。

想定されているのは，特定物売買の場合に権利供与義務を認めない立場から捉えられた権利の担保責任である。）を民法998条に取り込んだために，不特定物の遺贈の場合において受遺者から履行請求権（追完請求権）を奪うという結果をもたらしたと批判されている。[14] その上で，立法論としては，追奪の場面でも，遺贈義務者に対する受遺者の追完請求権を認めるべきであるとされている。[15]

　この観点から理論的に整理をするならば，鈴木禄弥が示す次のような理解に至るのが，もっとも整合的である。

　「ⓐ売主の追奪担保責任は，そもそも，特定物売買の場合の問題と解すべきであるから，これを，不特定物遺贈につき準用するのは，理論的に正しくなく，したがって，ⓑ不特定物遺贈のうちでも，相続人が限定種類債務を負う場合はともかくとして，普通の種類債務を負う場合には，998条1項を適用して相続人の担保責任の問題とすべきではなく，さらに，ⓒ不特定物遺贈の目的物が追奪された場合にも，物に瑕疵がある場合（998条2項）と同様に，受遺者に代物の請求権を認め，相続人に代物の給付による免責を認めるべきである。」（傍点は，原文による。）[16]

(2)　追奪の場面で追完請求権を否定した実質的理由からの説明

　上記(1)に示した追完請求権に関する権利の瑕疵と物の瑕疵の場合の違いについては，実質的な価値判断の点から，これを正当化するものもある。梅謙

---

差し当たり，Erman/Michael Schmidt, BGB 13.Aufl., §2182 Rn.1.
　なお，我が国の民法（債権関係）の改正要綱仮案では，贈与において，ドイツ民法とは異質な準則とそれを支える考え方が採用されたため，今後は，遺贈の担保責任に関する民法998条関連の議論をするに当たり，民法998条がドイツ法を参考にしたものであるとはいえ（富井起草担当委員の発言。法典調査会民法議事速記録7・746頁参照），ドイツ法の議論をそのままの形でスライドさせることができなくなる点に，特に留意すべきである。
14)　鈴木禄弥＝唄孝一『人事法Ⅱ　相続法』14頁（有斐閣，1975）。
15)　註釈下122頁〔加藤〕，我妻＝立石・前掲注10）596頁，柚木・前掲注3）398頁（不特定物の遺贈の場合において，追奪がされたときに有効な履行をすることができなくなるということ自体を疑問視），我妻＝唄・前掲注9）282頁。
16)　鈴木・前掲注10）124頁。なお，本文脚注の引用は省略した。同書124頁は，さらに，民法998条2項に関しても，「不特定物債務については担保責任の問題は生じえず」，瑕疵のある物を給付したのは「一種の債務不履行（いわゆる不完全履行）」だから，受遺者は「完全な履行」を求めることができる（遺贈義務者は「代わりの完全な給付をする義務を負う」）という。ここでは，他の相続法学説と異なり，担保責任＝法的責任説に立脚した場合の考え方として，極めて一貫した立場が貫かれている。

次郎が『民法要義』で示したものが，これである。

　それによれば，民法旧規定1100条[17] 1 項（現民法998条 1 項に相当する。）で，追完請求権を否定したのは，「遺贈ノ場合ニ於テハ不特定物ト雖モ多クハ現在遺言者ノ財産中ニ在リシ物ヲ以テ遺贈ノ目的ト為ス場合多キガ故ニ，其物ニ付キ遺言者ガ完全ナル権利ヲ有セザルコトヲ発見シ即チ受遺者ガ追奪ヲ受クル場合ニ於テハ，業ニ既ニ相続財産ヲ処分シ了ハリタル後ナルコト多カルベク，従テ損害賠償ヲ為サシムルノ外アラザルコト多カルベシヲ察シ，本条第 1 項ニ於テハ，単ニ売主ト同ジク担保ノ責ニ任ズベキコトヲ云ヘリ」[18]という点にあるとされる。ここでは，不特定物が遺贈の対象とされた場合には，不特定物であるとはいえ，遺贈の対象となる財産（＝不特定物）が相続財産に属していることが遺贈の前提を成していること（単なる不特定物を無償処分するというものではないこと），そして，遺贈の対象である不特定物が属する相続財産自体が追奪時には既に処分済みで残りがなくなっていることが多いところ，追奪後に追完請求権を認めることによって不都合が生じ得ることを慮る視点がうかがわれる。要するに，民法旧規定1100条 1 項にいう「担保ノ責」（同書によれば，「遺贈義務者ノ担保義務」）とは，梅によれば，もっぱら損害賠償を指すものとして捉えられていた。[19]

　他方，民法旧規定1100条 2 項（現民法998条 2 項に相当する。）で，追完請求権を肯定したのは，「物ニ瑕疵アリタル場合ニ於テハ特定物ニ付テハ其瑕疵アル物ヲ遺贈シタルモノト視ルガ故ニ敢テ担保ノ義務ヲ生ゼザルベシト雖モ，不特定物ノ場合ニ於テハ遺言者ハ瑕疵アル物ヲ与フルコトヲ命ジタルニ非ザルヲ以テ，寧ロ瑕疵ナキ物ヲ与フベキモノタルコトハ固ヨリ云フヲ俟タザル所ナリ。故ニ遺贈義務者ガ瑕疵アル物ヲ以テ之ニ代ヘザルコトヲ得ザルモノ

---

17）〔民法旧規定1100条〕
　① 不特定物ヲ以テ遺贈ノ目的ト為シタル場合ニ於テ受遺者カ追奪ヲ受ケタルトキハ遺贈義務者ハ之ニ対シテ売主ト同シク担保ノ責ニ任ス
　② 前項ノ場合ニ於テ物ニ瑕疵アリタルトキハ遺贈義務者ハ瑕疵ナキ物ヲ以テ之ニ代フルコトヲ要ス
18）梅謙次郎『民法要義　巻之五相続編』（有斐閣，大正 2 年版の1984年復刻版による。）358頁。不特定物の売買・贈与の場合には，売主・贈与者には権利に瑕疵のない物を与える義務があり〔不特定物の遺贈の場合との違い〕，その義務が履行されないときに，相手方が不履行を理由とする損害賠償を請求する権利があるということを所与としている。基本法コメ184頁〔山口〕も，この見方を支持する。
19）梅・前掲注18）358頁。

トセリ」[20]という点にあるとされる。ここでは，遺贈の対象となる財産（＝不特定物）は相続財産に属しているため，追奪におけるのと同様の配慮をする必要はない上に，遺贈に基づいて遺贈義務者が「瑕疵のない物」を供与する義務を負うことが強調されている点が重要である。それとともに，梅が，上記の指摘のほか，「物ノ瑕疵ヲ発見スルハ概シテ権利ノ瑕疵ヲ発見スルヨリ容易ニシテ従テ遺贈ノ履行ノ後直チニ之ヲ発見スルコト多カルベク，他ノ瑕疵ナキ物ヲ以テ之ニ代フルコトヲ命ズルモ実際ニ於テ困難ナルコトアラザルベキコトヲ予想シタルモノナラン」[21]と述べて，追奪の場合には相続財産が既に処分されているという事態が典型的であるということとの違いを間接的に示唆している点も，注視に値する。

　梅による理由づけに対しては，加藤一郎により，理由づけとして十分とはいえないとの指摘がされている。加藤は，追奪の場合について，「相続財産中にない不特定物を遺贈することはかなり多いであろうし，また，相続財産中にある不特定物を遺贈した場合でも，相続財産中に代りの物があることが少なくないであろう」として，梅による理由づけを批判する。そして，立法論としては，民法998条2項のように，「代りの物の給付義務」を認めるべきであろうという[22]。もっとも，「相続財産中の不特定物を遺贈し，それが追奪されて代りの物が相続財産中にないときは，この規定のように，代りの物の給付義務でなく担保責任を認める方が妥当であろう」[23]としていることから，結局は，加藤にあっても，追完請求権を否定する実質理由は梅が示したものと共通するということができる（両者は，不特定物の遺贈の典型例が何であるかについての認識を異にするだけである。）。

　なお，加藤は，不特定物の遺贈における目的物の瑕疵の事例（民法998条2項の守備範囲のもの）についても，他に瑕疵のない物が相続財産中に存在していたが，それが処分されてしまっているときには，遺贈義務者は「追完不能の不完全履行」として損害賠償をしなければならないといい，また，指定された範囲内の物全てに瑕疵があったときには，遺贈義務者は代わりの物を

---

20) 梅・前掲注18) 358頁。
21) 梅・前掲注18) 359頁。
22) 註釈下121頁〔加藤〕。
23) 註釈下121頁〔加藤〕。

給付する義務はなく，受遺者は瑕疵のある目的物の給付をもって満足しなければならないという[24]。後者の場合はもとより，前者の場合も，「追完不能」という表現と，ここで民法998条1項と同様の価値判断を基礎に据えていることからすれば，これらの場合には，民法998条2項の規定文言にもかかわらず，遺贈義務者に対する受遺者の追完請求権（瑕疵のない物の引渡請求権）を否定する趣旨であろう。

### (3) 不特定物の遺贈の類型化

民法998条にいう不特定物の遺贈は，不特定物の遺贈がされた全ての場合を射程に入れているものとはいえないのではないか。「遺贈の担保責任」に関する支配的な相続法学説は，このことを暗黙の前提としているように思われるが，これを明示し，かつ，遺贈義務者の責任の内容と結びつけて整理するものは，意外に少ない。そのような中では，加藤一郎による次の整理が際立っている[25]。

加藤によれば，「不特定物の遺贈」の場合には，「その物が相続財産中にないときでも，遺贈義務者はそれを調達して受遺者に移転する義務を負う」。加藤は，この場合を民法998条の射程外であると理解している。そして，種類債権の一般法理に即した処理をすること[26]を企図している。

他方，加藤によれば，「不特定物の遺贈でも，遺言者所有の倉庫中の麦10俵というように，相続財産中の不特定物の一定量を指示した場合」において，その目的物が相続財産中にないときには，民法996条・997条が適用され，「遺贈は原則として効力を失う」が，「目的物が相続財産中にあるときは，やはり不特定物の遺贈の一種（限定種類債権となる）として，いちおう本条〔引用者注。民998条〕の適用を受ける」[27]。

---

24) 註釈下122頁〔加藤〕。
25) 註釈下120頁〔加藤〕。中川淳『相続法逐条解説（下巻）』242頁（日本加除出版, 1995）も，この枠組みと内容に従った解説をしている。
26) 註釈下120頁〔加藤〕。
27) 註釈下120頁〔加藤〕。さらに，相続財産のうちの畑1反というように，遺贈の目的物に個性があるために選択債権である場合にも，遺言の解釈により，遺贈義務者に民法998条1項と同様に担保責任を認めるのが適当であるという。

## 3 「遺贈の担保責任」に関する相続法学説の特徴

以上に概観した「遺贈の担保責任」に関する支配的な相続法学説には，その思考の枠組みにおいて，次のような顕著な特徴がある。

第一に，「遺贈の担保責任」に関する支配的な相続法学説は，「担保の責任」という場合に，「担保の責任」とは債務の履行があったと評価された後の法定責任であるということを疑うことなく，立論をしている[28]。契約法においては担保責任を債務不履行責任の特則とみる契約責任説が権利の担保責任の場面のみならず，物の瑕疵担保責任の場面でも多数かつ有力説となっているのとは，対照的である。善解するならば，相続法学説がここでの問題を論じるに当たり，民法551条を基礎に据えて「担保の責任」を捉え，かつ，同条にいう担保の責任を法定責任説の立場から理解したために，「担保の責任」＝「法定責任」という図式を採用した――言い換えれば，特定物を対象とする無償行為においては「特定物を現状のまま引き渡すこと」のみが債務であるに違いないという考え方（特定物ドグマ）を，疑うことなく採用した――のであろう。もっとも，批判的にみるならば，加藤や鈴木らを除く相続法学説の多くが戦後，とりわけ，1960年代以降の契約法学における担保責任論の展開から何も学ぶことなく，「担保の責任」＝「法定責任」という枠組みを維持したのではないかとも指摘することができる（「担保の責任」について債務不履行構成を検討せずに，漫然と「担保の責任」＝「法定責任」という図式を採用する相続法学の諸説の姿勢からは，後者にように解さざるを得ない面が大きい[29]）。

---

28) 中川＝泉・前掲注3）594頁が，本文で述べたように理解を基礎に据えておきながら，その一方で，「不特定物の遺贈にあっては，遺贈義務者は，受遺者に対し，売主と同じく，追奪担保と瑕疵担保の責任を負う」（下線は，筆者による。）というのは，「担保の責任」に関する論理矛盾を犯している。後者のように「担保の責任」を捉えるのは，まさに契約責任説（担保責任を債務不履行責任の特則とみる立場）の主眼とするところであるからである。中川＝泉・前掲注3）の立場を論理的に一貫させるには，民法998条2項に定められているのは「担保の責任」ではない――現に同条2項には「担保の責任」という字句表現もない――というべきであった。鈴木・前掲注10) 124頁の指摘と比較せよ。

29) 担保責任の法的性質を踏まえたときに遺贈の担保責任の規律がもつ重要性を，とりわけ法定責任説を擁護する立場から，契約責任説の主張も踏まえ，論理的に分析した下森定「不完全履行と瑕疵担保責任――不代替的特定物売買における瑕疵修補請求権を中心に――」加藤一郎先生古稀記念『現代社会と民法学の動向（下）』351頁以下（有斐閣，1992）の指摘に対して，最近の相続法学においては言及すらないのは，その表れである

第二に,「遺贈の担保責任」に関する支配的な相続法学説は,「担保の責任」＝「法定責任」という図式を採用するに当たり,贈与の担保責任に関する民法551条が「担保の責任」＝「法定責任」という図式を採用しているのか,それとも,同条は契約責任の枠組みの下でも説明をすることができるのではないのかという点についての検証をしていない。民法551条は,契約責任説の立場からも説明ができないわけではない[30]。あえていうならば,ドイツ民法の学説継受がされた後に我が国の契約法学において支配的地位を獲得した伝統的な担保責任学説の作り出した「担保の責任」＝「法定責任」という図式が民法551条の枠組みと結果的に強い整合性を有していたというだけのことであった[31]。

　第三に,遺贈が無償行為であるにもかかわらず,民法998条1項が「売主」と同様の担保責任を不特定物遺贈における遺贈義務者に課しているのはなぜなのかという点について,支配的な相続法学説は,正面から答えようとしていない。これに代わって答えるならば,支配的な相続法学説は前記のように,贈与の場合には「担保の責任」すら認められないということから立論をする結果として,無償行為についてはおよそ「担保の責任」を観念することができないといわざるを得ず[32],それゆえに,不特定物遺贈における目的物追奪

---

といえる。ちなみに,民法998条のいう「担保の責任」を,契約法における担保責任に関する契約責任説(債務不履行責任説)と同様の観点から捉えたときには,同条1項から代替物引渡請求権が導かれる可能性を否定することができない。潮見佳男『相続法(第5版)』290頁(弘文堂,2014)。

30) 潮見佳男『基本講義　債権各論Ⅰ(第2版)』104頁(新世社,2009)。我妻・前掲注6)232頁も,「無償契約としては,そうした責任〔引用者注。贈与者の担保責任〕を負わせることは妥当でない」との理解を示す一方で,それと合わせて,「<u>特定のものを贈与する場合には,そのものの現状のままで与える意思である</u>——物質的な瑕疵(例えば与えた時計がこわれているとき)や権利の欠缺(例えば与えた不動産に地上権がついているとき)があっても,そのものを完全なものについて(修繕したり地上権を消滅させて)与えるというまでの意思がない——<u>のを通常とする</u>」(下線は,筆者による。)という理解を示していた。

31) とはいえ,民法551条の原案550条の起草担当委員であった穂積陳重は,贈与のような無償の行為の場合には,売買と違い,受贈者は代価なしにもらうのだから,「夫レ丈ケノモノヲ貰フ」のが当然であると捉えていた(法典調査会民法議事速記録3・844頁)ことからすると,担保責任の理解としては,性質が合意内容をなさないという法定責任説的な観点に立脚していたものと考えられる。

32) 新版注民(28)261頁〔上野〕,基本法コメ185頁〔山口〕。鈴木・前掲注10) 123頁は,「特定物遺贈については,遺贈の無償性と,998条の反対解釈とから,担保責任の問題は生じない」という。

の場面で遺贈義務者に「担保の責任」を課すためには，有償契約である売買では認められている「担保の責任」を取り込まなければいけなかった[33]と説明すべきなのであろう。

　第四に，「遺贈の担保責任」に関する支配的な相続法学説からは，「担保の責任」の法的意味とは別に，少なくとも不特定物の遺贈の場合には追完請求権が認められるべきか否かに関する価値判断が決定的に重要であるということがうかがえる。しかし，そうであれば，逆に，特定物の遺贈の場合において物に瑕疵があった場合に，「特定物ドグマ」を離れ，追完請求が認められるべきか否かに関する価値判断を試みるという姿勢があってもよいのではないかとの印象を受ける。しかしながら，支配的な相続法学説は，このことに正面から向き合おうとしていない。

## 第3 売買・贈与における担保責任規定の改正 ——「担保責任」のカテゴリーの消失

### 1　売買における担保責任規定の改正

　債権法の現代化に向けた民法（債権関係）の改正を審議してきた法制審議会民法（債権関係）部会は，中間試案作成に当たって既に，売買において瑕疵のない物を引き渡すこと，瑕疵のない権利を供与すること[34]が，いずれ

---

33) 他方で，基本法コメ185頁〔山口〕のように，遺贈の目的が不特定物である場合は種類物はなくなることがないから，遺贈義務者はこれを他から入手して受遺者に渡さなければならないということを強調した場合には，「担保の責任」＝「法定責任」という考え方（法定責任説）を貫徹すれば不特定物遺贈の場合にはおよそ「担保の責任」など観念することができず（なぜなら，種類物を渡すことができないというのは遺贈義務の不完全履行〔債務不履行〕であるから），したがって，民法998条1項が「担保の責任」を負うとするのは体系的にみて論理矛盾を犯しているということになるはずである。鈴木・前掲注10) 124頁。しかしながら，この点に関して，鈴木以外に，「担保の責任」＝「法定責任」という図式のもとで説明をする支配的な相続法学説からの説明はない。

34) 正確にいえば，要綱仮案は，「瑕疵」という概念に代えて「契約不適合」という概念を意図的に採用した。したがって，今後は法改正がされれば，「瑕疵」担保責任という表現は，法令上の用語からは消えることになる。また，要綱仮案は，担保責任の法的性質を契約責任（債務不履行責任）と捉え，債務不履行の体系に一本化した。したがって，論理的には，「担保責任」（「担保の責任」）という制度も表現も，消え去るべきものとなる（せいぜい，目的物の契約不適合〔債務の内容への不適合〕を理由とする責任という場面の集合名詞以上の意味を持たなくなる。）。

も売主の売買契約上の義務となることを基礎に据えることとして，民法（債権関係）の規定の改正作業を行った。要綱仮案もこの基本的考え方に立脚したものである。[35] この基本的考え方は，中間試案の補足説明で，次のように明確に説明されている（下線は，筆者による。)。[36]

- 「目的物が種類物か特定物かによって救済の体系を峻別し，前者については一般原則によるとして買主の追完請求権や損害賠償請求権や契約の解除権を肯定しつつ，特定物である場合には民法第570条によるとして売主の追完義務を一律に否定するという，典型的な法定責任説の考え方が，非常に硬直的であって工業製品が目的物の中心となっている現代の取引実務に適合的でないとの認識は，広く共有されていると考えられる。そうすると，<u>民法において規定すべき売主の義務としては，目的物が種類物であるか特定物であるかを問わず，売主は当該売買契約の趣旨に適合した目的物を引き渡す契約上の義務を負っているとするのが適切である。</u>

  以上を踏まえ，引き渡された目的物が契約の趣旨に適合しないことが売主の債務不履行を構成することを明確にするために，本文(2)[37]は，売主が買主に引き渡すべき目的物は，それが特定物か種類物であるかを問わず，種類，品質及び数量に関して，当該売買契約の趣旨に適合したものでなければならないものとするものである。これにより，民法第565条（数量不足及び一部滅失）及び第570条（隠れた瑕疵）の適用場面をカバーする。」

- 「いわゆる権利の瑕疵と称される場面，すなわち民法第563条（権利の一部が他人に属する場合），第566条（地上権等がある場合）及び第567条（抵当権等がある場合）の適用場面については，<u>売主の義務を基本的に契約上の義務と整理した上で，その規定内容を明確化すること</u>が相当である。」

---

35) 部会資料75A・8頁以下，19頁以下。部会資料は，前述したように，法務省ホームページ（http://www.moj.go.jp/shingi1/shingikai_saiken.html）より取得可能である。
36) 商事法務編『民法（債権関係）の改正に関する中間試案の補足説明』403頁以下（2013）。
37)「引き渡された目的物が……契約の趣旨に適合しないものであるときは，買主は，売主に対し，債務不履行の一般原則に従って，その不履行による損害の賠償を請求し，又はその不履行による契約の解除をすることができるものとする。」

要綱仮案も，以上の考え方を基礎に据えたものである[38]。ここからは，物の契約不適合（瑕疵）・権利の契約不適合（瑕疵）を理由とする売主の責任に関する要綱仮案の規律体系のもつ次のような特徴が浮かび上がる。すなわち，要綱仮案が採用しているのは，①売買契約において，契約の内容に適合した権利や物を供与すべき売主の義務を認めた上で（「性質は契約内容にならない」という特定物ドグマの否定），②権利又は物の種類・品質・数量が売買契約の内容に適合しない場合には，およそ特定物・不特定物（種類物）に関係なく，買主は売主に対して追完請求権を有するし，売買契約上の債務の不履行を理由とする損害賠償請求権や解除権を有する（債務不履行への一元化と「担保責任」の解体）という規律体系である。

## 2 贈与における担保責任規定の改正

要綱仮案は，贈与目的物の瑕疵を理由とする贈与者の責任に関する民法551条の規定に対しても，その基礎部分に重大な修正を加えている。

要綱仮案の考え方によれば，贈与のような無償契約においても，贈与の目的物が特定物である場合に，贈与者は単に「この物」（特定物）を引き渡せば引渡義務が履行されたというものではない。贈与者は，当該売買契約の趣旨に適合した性質の物を引き渡す義務を負う。このように，引渡義務の内容

---

38) 要綱仮案では，次のような項目と提案が示されている。
【売主の追完義務】
　売主の追完義務について，次のような規律を設けるものとする。
　(1) 引き渡された目的物が種類，品質又は数量に関して契約の内容に適合しないものであるときは，買主は，売主に対し，目的物の修補，代替物の引渡し又は不足分の引渡しによる履行の追完を請求することができる。ただし，その不適合が買主の責めに帰すべき事由によるものであるときは，この限りでない。
　(2) (1)本文の規定にかかわらず，売主は，買主に不相当な負担を課するものでないときは，買主が請求した方法と異なる方法による履行の追完をすることができる。
【損害賠償の請求及び契約の解除】
　損害賠償の請求及び契約の解除について，民法第565条及び第570条本文の規律を次のように改めるものとする。
　3(1)及び4の規定による権利の行使は，第11の規定による損害賠償の請求及び第12の規定による解除権の行使を妨げない。
【権利移転義務の不履行に関する売主の責任等】
　権利移転義務の不履行に関する売主の責任等について，民法第561条から第567条まで（同法第565条及び期間制限に関する規律を除く。）の規律を次のように改めるものとする。
　3から5までの規定は，売主が買主に移転した権利が契約の内容に適合しないものである場合及び売主が買主に権利の全部又は一部を移転しない場合について準用する。

が契約の趣旨に照らして確定されることは，贈与においても，売買ほか有償契約と異ならない。また，そもそも，要綱仮案は，債権法の現代化に向けた改正に当たり，「物の性質は契約内容になり得ない」との特定物ドグマの考え方を否定して立案されている。このことは，要綱仮案の規律が，「特定物ドグマに則った法定責任説」を採用しているものではないこと，したがって，「今回の改正の基本的な考え方」（個々で想定されているのは，契約責任説の考え方である）と齟齬するものでないこと，この規律が「契約に適合したものの移転等をすることが贈与者の債務の内容となることを基本的な前提とした上で，当事者の意思に照らすと，その内容はより軽減されたものであるのが通常であると整理するのが相当である」との観点から立てられたものであって，「特定物ドグマに立脚しているとの誤解」を避けるために推定ルールという形態をとったことを記した立案担当者の説明[39]に明確に表れている。

もっとも，引渡義務の内容を契約の趣旨に照らして確定するに当たり，当事者の意思が不明である場合のデフォルト・ルールを定めたものとして，要綱仮案は，「贈与者は，贈与の目的である物又は権利を，贈与の目的として特定した時の状態で引き渡し，又は移転することを約したものと推定する。」旨の規定を設けることを示している[40]。

およそ，引渡義務の内容が契約の趣旨に照らして確定されることは，贈与に限らず，物の引渡しを目的とする契約上の債務一般に妥当することであるから，わざわざ贈与に限った特別の規定を設ける必要はないはずである。それにもかかわらず，要綱仮案の規律が設けられたのは，民法551条1項が存在していたという事実の影響するところが大きい。民法551条1項は，「贈与者は，贈与の目的である物又は権利の瑕疵又は不存在について，その責任を負わない。ただし，贈与者がその瑕疵又は不存在を知りながら受贈者に告げなかったときは，この限りでない。」とするものであって，理論的には，「性質は契約内容とならない。」との特定物ドグマを基礎に据えた法定責任説の

---

39) 部会資料81B・19頁。法制審議会民法（債権関係）部会における要綱仮案のとりまとめの最終段階で審議資料とされたものである。
40) 部会資料83-1・51頁。提示された規律は，特定物に限定して適用される規定でない点に注意せよ。そもそも，同項は，贈与の目的物が特定物か種類物（不特定物）かという点で区別をする立場を排斥している（もっとも，後述するように，推定ルールが種類物の贈与では機能しないと立案担当者が考えている点には，留意すべきである。）。

考え方により一貫した説明をすることができるものであった。そのため，債権法の現代化に向けた改正で，引渡債務の内容が契約の趣旨に照らして確定されるという立場，すなわち，契約責任説の立場を採用することとなった段になって，この規定の改正ないし削除は必定のものとなった。

ところが，既に存在している規定を削除するというところにまで踏み込むには，相応の立法事実が必要であるところ，民法551条1項は，当時の実務においてそこまでの問題を抱えていたわけではなかった。そのため，民法551条1項の「削除」が法制執務的に困難な状況で，残される選択肢は，民法551条1項をどのように「改正」するかということしかない状況に置かれた。そこで，規定を残すとした場合に考えられたのは，贈与契約の特性を反映した引渡義務のデフォルト・ルールを策定するということであった。

その際，贈与契約の特性をその無償性に求めたときには，例えば，「贈与の目的が物であるときは，引き渡されるべき物の性状及び数量に関して贈与者が負う義務の内容は，贈与が無償であることその他当該贈与契約の趣旨を考慮してこれを定める」というような規定を設けることも，理論的にはあり得た。しかし，契約の趣旨から贈与の無償性を切り出して別枠に立てることを始めとして，条文化する際の法制執務面での限界があり，要綱仮案で提示された文言表記に落ち着いたという経緯がある。[41]

要綱仮案で維持された規律の規定ぶりは「推定する」という異例な書き方となっているが，その趣旨とするところは，この規律が任意法規であること，贈与契約において「性質は契約内容とならない」との特定物ドグマを採用しているものではないことを示すことにある。[42] 正確にいえば，贈与契約においても，他の契約と同様に，「贈与者が贈与の目的である物又は権利をどのような状態で引き渡すかは，個々の贈与契約の内容によって定まる」との不文のルールが前提とされた上で，「贈与者は，贈与の目的である物又は権利を，贈与の目的となることが確定した時の状態で引き渡し，又は移転することを約した」ことを推定し，個々の贈与契約における引渡債務の内容がそう

---

41) 法制審議会民法（債権関係）部会第93回会議（2014年7月8日。本稿校正時点（同年10月10日）では議事録未公表）における潮見発言と，これを受けた村松秀樹関係官の発言を参照せよ。
42) 部会資料81B・20頁。

ではないことを主張する者がこの事実について主張・立証責任を負うべきであるとしたものである[43]。

なお、この関連では、次の2点に留意が必要である。

第一は、種類物の贈与と上記の推定規定の関連である。これについては、要綱仮案策定段階において、立案担当者から、「種類物の贈与については、この推定規定は直ちに及ぶものではなく、特定前に引き渡そうとしていた物に破損等が生じた場合に、これをそのまま引き渡せばよいことにはならず、契約の趣旨に適合する別の物を引き渡すことが必要となることが前提である。」[44]との説明がされている。

第二は、他人物贈与の処理である。この問題に関して、要綱仮案策定段階においては、立案担当者から、当初、物の瑕疵と権利の瑕疵について上記の推定規定を設けるとした場合には、「実際に贈与者が他人物を取得したときに、同様の推定が働くと整理するのが適切であ」って、「贈与者は、贈与の目的である権利又は物を取得した場合には、契約締結時の状態で移転し、又は引き渡す義務を負うものと推定される」との方向性が示されていた[45]。もっとも、その後、①他人物贈与の贈与者の責任については、取得義務を負うかどうかは契約の趣旨によって異なることが予想されること、②他人物贈与についての理論的蓄積が乏しいため、現時点で明白なデフォルト・ルールを設けることが必ずしも適当とはいえないことが考慮され、この種の任意法規（推定規定）は設けられないことになった[46]。

# 第4 「遺贈の担保責任」の行方

## 1 基礎となるべき視点——民法（債権関係）改正の方向性との調和

上述した民法（債権関係）の改正の方向を見据えたとき、「遺贈の担保責

---

[43] 部会資料81B・19頁及び法制審議会民法（債権関係）部会第93回会議（2014年7月8日）における委員・幹事等の発言を参照せよ。
[44] 部会資料76B・14頁。
[45] 部会資料76B・14頁。
[46] 部会資料81B・20頁及び法制審議会民法（債権関係）部会第93回会議（2014年7月8日）における潮見発言（この発言は、上記部会資料の説明を支持する旨の発言であり、これに対する反論は部会会議で出なかったことから、上記部会資料の説明に従い、立法化が断念されたものとみてよい。）。

任」をどのように捉え，法的に構成していくかを考える上でも，民法の体系全体の整合性を確保するため，この改正の方向と矛盾する考え方は採用されるべきではない。このとき，「遺贈の担保責任」を論じるに当たり，支配的な相続法学説が前提としてきた幾つかの基本的な視点に対して，重要な転換が求められるべきこととなる。

　第一に，「担保の責任」という言葉から何かが一義的かつ明確に出てくることではないということを理解する必要がある。むしろ，要綱仮案の下では，体系的にみれば，担保責任が解体され，債務不履行責任へと統合されることとなった。そして，一部の特則のみが個々の契約類型ごとに残されることとなった。このような流れの中では，「贈与の担保責任」においても，この文脈で「担保の責任」という表現に結びつけられた意味ないし効果を個別に探求することが強く求められることになる（立法論的には，売買や請負におけるのと同様，「担保の責任」という概念は廃棄されるべきものである。）。

　第二に，要綱仮案が示した民法（債権関係）の改正の方向は，担保責任に関して従前の法定責任説の考え方を否定し，契約責任説の考え方を基礎に据えている点を理解する必要がある。「性質は契約内容とならない」などというドグマ（特定物ドグマ）は，要綱仮案の下では，契約法では排除されている。そのようななかで，特定物ドグマと結びついた法定責任説を基礎に据えた見方を「遺贈の担保責任」において維持することは，体系内矛盾を犯す。

　第三に，要綱仮案は，特定物の贈与において，現民法が基礎に据えている「特定物贈与では，この物を引き渡せば足りる」との考え方を排除している点に留意すべきである（これは，上記第二の点に関連する。）。支配的な相続法学説は，贈与に関する民法551条が特定物の贈与を想定している点に着目し，ここから，無償行為における権利・物の瑕疵に関する無償行為者の無責を導き，これを特定物遺贈の場面にも妥当させるという解釈論を展開してきた。しかし，要綱仮案は，この解釈を覆すものである。このことを理解することなしに贈与の担保責任を語ることは，もはやあり得ない解釈の作法である。

　第四に，要綱仮案は，その全体を通じて，法律行為の内容，したがって，債務の内容は，当該法律行為の趣旨・目的（さらには社会通念）に照らして確定すべきであるとの姿勢をとることで一貫している。この思考方法は，遺贈においても，妥当すべきものである。特定物遺贈・不特定物遺贈の担保責

任をめぐる問題も，それぞれの遺贈において遺言者がいかなる趣旨・目的（さらには社会通念）で当該遺贈をしたのかを探求することから始め，さらに，デフォルト・ルールとして何が適切であるかという方向へと解明を進めるのが適切である。

## 2 不特定物の遺贈について

上記1の第四点として触れたことは，不特定物の遺贈に関しては，既に支配的な相続法学の一部においても，意識されている。

すなわち，第2の2(3)で示したように，遺贈対象である不特定物の所在に着目し，遺贈の趣旨・目的を考慮に入れた類型化が図られているからである。そこでは，(a)遺贈の対象を遺産内にある不特定物に限定している場合と，(b)遺産内外を問わず，社会に存在している不特定物をも対象としている場合とが，当該遺贈に即して区別されることを踏まえた立論がされている。

ここで，この区別に従ったとき，要綱仮案の方向と整合性のある形で捉えるならば，不特定物遺贈において，権利供与義務及び法律行為の内容に適合した目的物を引き渡す義務については，どのように考えるのが適切であろうか。

まず，権利供与義務についてみれば，不特定物を目的とする遺贈である以上は，(a)の場合であれ，(b)の場合であれ，遺贈義務者の権利供与義務（受遺者の権利供与請求権）を認めるのが整合的である。その上で，(a)の場合には，引き渡された物が所有者から追奪されたときには，制限種類債権と同様に捉え，もはや他の種類物が相続財産中に存在していなければ，遺贈義務者による追完が不能となり（追完請求権の限界），受遺者には追完（履行）に代わる損害賠償請求権しか残されていないものとみるべきである。これに対して，(b)の場合には，引き渡された物が所有者から追奪されても，遺贈義務者の追完義務・受遺者の追完請求権はなお存続する（履行不能となっていない）ものとみるべきである。この観点からは，民法998条1項に関しては，①上記(b)を前提とした規律を原則に据え，(a)については追完請求権の限界事由として再構成するとともに（〔追完請求権成立＋追完不能〕構成），②引き渡された目的物が所有者により追奪された場合には，受遺者は遺贈義務者に対する履行に代わる損害賠償を，要綱仮案が新設の提案をしている「履行に代わる損害

賠償」の規律[47]に従い請求することができる旨の規定へと再編するのが適切であると考える。

もっとも，民法997条2項は，特定物の遺贈の場合に，権利供与義務が認められる場面におけるこの義務の履行不能を理由とする損害賠償を，遺言者の別段の意思表示がなければ，目的物の「価額の弁償」[48]に限っている。これは，履行利益のうちの一部に賠償範囲を限定したものということができるものであるが，遺贈において，受遺者に保障されるべき地位は原則として遺贈の目的物と等価値の利益を保持することに尽きるとの判断があるのであれば，この趣旨は，特定物の遺贈が有効にされ，かつ，権利供与義務が履行不能となった場合に限らず，不特定物の遺贈の場合にも等しく妥当すべきものである。

ともあれ，同条1項の「担保の責任」は，このような形で具体的に規定されるのが望ましいし，規定改正がない状況下では，「担保の責任」に，上記のルールを読み込むのが望ましい。

次に，遺贈の内容に適合した物を引き渡す義務についてみれば，支配的な相続法学説は，民法998条2項が明記していることもあって，上記の(a)であれ，(b)であれ，不適合な物が引き渡された場合には，受遺者が遺贈義務者に対して追完請求をすることができることに異論を示していない。もっとも，要綱仮案が，不完全履行の場合に種々の追完の可能性を認めることを所与としている中では，同条2項は，追完の内容について，「瑕疵のない物をもって」代える義務に限定している点に特徴があるとみることができる。これは，遺贈義務者の負担をも考慮したときに，あり得る限定の仕方であると思われる。その意味では，民法998条2項は，このままでも要綱仮案の立場と整合

---

47) 要綱仮案第11の2「債務の履行に代わる損害賠償の要件」の内容に即してみたとき，ここでは，①履行不能を理由とする履行に代わる損害賠償と，②明確な履行拒絶を理由とする履行に代わる損害賠償，③催告後相当期間経過による履行に代わる損害賠償の可能性がある（ただし，③については，上記2には明記されていない。もっとも，2では契約解除権の発生を理由とする履行に代わる損害賠償が認められているところ，この類型が現民法下における履行遅滞後の催告無応答を理由とする履行に代わる損害賠償の規律を一般化したものであることからすれば，本稿で扱っている場面で，上記③をここから導くことは不自然ではない。）。
48)「価額の弁償」という言葉自体が適切であるとは思われない。立法技術的には「価額の賠償」とするのが望ましいが，本稿では，この言葉を用いておく。

的であるといえる。もっとも，同条2項は，追完請求権（瑕疵のない物をもって代える義務〔代替物引渡義務〕）のみを規定している。この場合にも，追完に代わる損害賠償に関しては，要綱仮案が新設を提案している「履行に代わる損害賠償」（填補賠償）の規律の下で認められることになるが，同条1項が履行に代わる損害賠償の効果を内包しているのであれば，1項とともに，2項でも，受遺者が遺贈義務者に対してこの種の損害賠償を請求することができる旨を明記しておく方が，立法論的には望ましいであろう。なお，民法997条2項における「価額の弁償」の限定を維持するのであれば，同様の限定がここでも妥当すべきことは，権利供与義務の箇所（本項目の前段）で述べたとおりである。

### 3 特定物の遺贈について

特定物の遺贈については，上記1で見たところから明らかなように，「遺贈の担保責任」をめぐる従前の説明に対して，本質的な変更が加えられる必要がある。

もっとも，権利供与義務に関しては，特定物の遺贈では，遺贈者の「普通ノ意思」[49] を考慮して，他人物遺贈を原則として無効としているところ（民996条),[50] これ自体は，不合理というべきものではない。他方，例外的に遺贈義務者の権利供与義務が認められる場合（民997条1項）にあっては，要綱仮案の考え方からは，その履行不能が問題となったときは，受遺者が遺贈義務者に対して履行に代わる損害賠償を請求できることが導かれるものの，同条2項が履行利益の賠償を「価額の弁償」に限定している点に留意する必要がある。さらに，要綱仮案との整合性からは，「価額の弁償」が認められる場面を，履行に代わる損害賠償の規律に即して拡張するのが適切である。

次に，遺贈の内容に適合した物を引き渡す義務についてみれば，支配的な相続法学説がいうのとは異なり，個々の特定物の遺贈の趣旨・目的（さらには社会通念）に照らして，いかなる品質・数量の特定物を引き渡すことが遺

---

49) 梅・前掲注18) 354頁。
50) 近時の学説には，他人物遺贈を原則として無効とする理由を遺贈の無償行為性に認めるものがあるが（例えば，新版注民(28)243頁〔阿部徹〕），この理由づけは，要綱仮案の下ではもはや成り立たない。第3の2を参照せよ。

贈義務者に義務付けられているのかを探求するのが，第一義的な解釈の作法となる。すなわち，遺贈義務者が遺贈の目的である物をどのような状態で引き渡すかは，個々の遺贈の内容によって定まる。特定物の遺贈であるとの理由のみから，現状引渡しをすれば免責されるという結論を導くことは，もはや要綱仮案の下ではできない（特定物ドグマの否定）。個々の遺贈の趣旨・目的（さらには社会通念）に照らして判断した結果として，遺贈義務者にいわゆる瑕疵のない物を引き渡す義務（追完義務），追完に代わる損害賠償義務（ただし，「価額の弁償」に限る。）が肯定される場面が出てき得る。その上で，デフォルト・ルールとしては，特定物遺贈と特定物贈与の同質性に鑑み，遺言者は贈与の目的である物を遺言の効力発生時の状態で引き渡すことを約したものとするのが，要綱仮案の考え方とは整合的であろう。

（京都大学大学院法学研究科教授）

# 第 IV 部
## 実務家の視点から

# 説明義務に関する2, 3の論点についてのスケッチ
## ～金融商品取引事件を題材に～

古 谷 恭一郎

## 第1 はじめに

　金融商品[1]に関する裁判は，やりとりされる資金が高額に及ぶことが多く，また，商品の仕組みの複雑さもあいまって，その解決に困難を感じることが多い事件類型のひとつである。

　以下では，金融機関と会社[2]との間の金融商品取引事件のうちスワップ取引の裁判例を概観し，説明義務にまつわる幾つかの問題点について検討する。前半（第3）は，公序良俗違反の法律構成又は説明義務違反を媒介としない不法行為の法律構成が，事案によってはより事態に適合的なのではないかという問題意識の記述であり，この点に関連しては，既に論者から指摘のあるところである。後半（第4）は，説明義務違反の効果論に属する損害賠償額の算定方法についての記述であり，この点についても従前から議論があるところである。

　検討した裁判例（以下は単に「裁判例」ということがある。）は，スワップ取引に関するもので，容易に入手できる法律雑誌に掲載された事件に限定され

---

1) 金融商品取引法においては，金融商品はデリバティブ取引の原資産として定義されているが（同法2条24項），本稿ではデリバティブ取引の対象となる商品も含む広い意味で用いることとする。
2) 検討した裁判例の当事者には学校法人も含まれるが，以下は会社を念頭に置いて記述することとする。

ており，その概要は後記のとおりである。

　問題の複雑さに加え，検討した裁判例が狭い範囲に限定されていることもあって，本稿の検討は不十分なものに終わっている。その意味で，以下の記述は，とりあえずの処方箋というにはほど遠く，ごく大雑把なスケッチにとどまる。なお，実務における経験について言及した部分は，限定された個人的な経験に基づくものであることを予めお断りしておく。

## 第2　裁判例における原告の主張とこれに対する判断

　裁判例における，原告の主たる主張は，公序良俗違反，優越的地位の濫用，錯誤，適合性原則違反，説明義務違反であり，それらに対する裁判所の判断は，後記のとおりである。

　以下，各主張について概観する。

### 1　公序良俗違反

　公序良俗違反については，検討した裁判例で，これを認めたものはない。

　公序良俗違反の規定（民法90条）は，私的に形成された合意の効力を否定する一般条項であり，その適用は厳格にされることが一般的である。公序良俗違反の適用可能性については，後に改めて言及する。

### 2　優越的地位の濫用

　優越的地位の濫用とは，自己の取引上の地位が相手方に優越していることを利用して，正常な商慣習に照らして不当に，継続して取引する相手方に対して，当該取引に係る商品又は役務以外の商品又は役務を購入させることなど（私的独占の禁止及び公正取引の確保に関する法律（以下「独占禁止法」という。）2条9項5号規定の各行為）を行うことである。[3] 裁判例においては，公序良俗違反の根拠として，また，不法行為の根拠として，主張されている。

　民事訴訟における不法行為や公序良俗違反の要件の充足において，独占禁止法違反は必要条件ではないとされる。十分条件性については，基本的に肯

---

[3]　白石忠志『独占禁止法』263頁（有斐閣，第2版，2009）。

定する見解があり[4],実務家からの指摘としても,両者の判断における考慮事情は相当程度重なり,優越的地位の濫用が肯定される場合には,それでもなお公序良俗違反等に該当しないと判断されることは多くないとするものがあるところである[5]。

公取委平成17年12月26日勧告審決（審決集52巻436頁）は,都市銀行が継続的取引関係にある融資先事業者に対して,その優越的地位を濫用して,金利スワップの購入を余儀なくさせたとして排除措置を命じており[6],裁判例における主張においても,同審決は度々援用されている。

検討した裁判例で,独占禁止法違反を認定したものはない。

## 3　錯　誤

錯誤に関する中心的な論点は,買主が当該金融商品のリスクについての認識を誤り,その誤った認識に基づいて購入の意思表示をしたか否かである。

リスクについては,各分野でそれぞれの定義がされているところであるが,ここでは,さしあたり買主が損失を被る危険性と定義し,これを分節し,(A)どのような場合に（どのような条件が実現したら）,(B)どの程度の損失（場合によっては利益）が生ずるのか（いくら損する（得する）のか）,そして,(C)そのような事態に至る可能性（蓋然性）はどのくらいあるのかに分けた上で検討してみる。

(A)及び(B)については,商品の内容によっては,さらに①どのようなメカニズムで条件が実現するのか,②条件が実現した場合にどのようなメカニズムで損失が発生するのかが問題となり得る。これらの点についての認識,理解が必要か（その点の認識,理解があって初めて十分な意思決定があったといえるのか）が議論となり得るが,これらの点についての認識,理解は必要がないという前提で以下検討を進めることとする。

(A)については,基本的には,為替,金利,商品価格等の動向に規定され,付加的条件（ギャップ,レバレッジ等）が組み合わされている場合は,その分,条件もこみ入ったものになる。

---

4) 白石・前掲注3）648頁。
5) 秋吉信彦「民事訴訟における優越的地位の濫用」ジュリ1442号59頁。
6) ジュリ1313号267頁。

もっとも，裁判例における買主は，一定の企業規模を有する会社であり（その規模の程度や組織の在り方はさまざまであるが），(A)についておよそ認識し，理解することが困難であるという事態は，条件が非常に複雑な構造を有する場合を除き，考えにくいといえそうである。

　(B)については，裁判例における金融商品の多くにおいては，一定の数式が与えられており，為替や金利等の数値を代入すれば，損失額（利得額）が自動的に算出される仕組みになっている。この点についても(A)におけると同じく，買手において，認識，理解が困難という状況は，一般的には考えにくいように思われる。

　(C)は，将来予測にかかわることであり，ここでは，会社側が確かな相場観を持っているかどうかがものをいう。確かに，会社たるもの相応の見通しを持っていることが望ましく，そうあるべきなのかもしれないし，さらに，それを持っているのが通常であるということもできるのかもしれない。仮に，そのようにいえるのであれば，会社側が相応の相場観を有する（有していて然るべきである）ことを前提に，(C)を判断することになる。

　しかし，裁判例及び実際の事件では，会社側が果たして相応の相場観に立って購入の選択をしたといえるのか判然としない事案がある。そこでは，相場観というよりは，金融機関に対するかっこ付きの信頼感，あるいは，確実な根拠を欠く楽観が大きく作用している可能性を否定できない。また，その種の主観的状況が買主に生じる過程で金融機関担当者のミスリーディングな説明が一役買っていたり，遠景に金融機関との関係維持促進を企図する会社の思惑が見えるケースもある。この点は，後記3で改めて検討する。

　錯誤の一般論については，活発に議論がされているところであるが[7]，どの見解に立つとしても，買主たる会社が為替や金利について知識と経験と（相応の）相場観を有することを前提にするならば，売主たる金融機関側が断定的な説明をするといったような特別の事情が認められないような状況下においては，意思表示に錯誤が認められる可能性は必ずしも高くないと思われる。

　検討した裁判例において，錯誤を認めたものはない。

---

7) 森田宏樹「「合意の瑕疵」の構造とその拡張理論」NBL 482号22頁等。

## 4 適合性原則違反

　適合性原則とは,顧客の知識,経験,財産の状況及び金融商品取引契約を締結する目的に照らして不適当と認められる勧誘をしてはならないというルールをいい(金融商品取引法40条1号参照)。一方で顧客ごとに当該商品について当該顧客にふさわしい説明をしなければ当該商品を勧誘してはならないという意味で適合性原則という概念が使用されることもあり,後者を広義の適合性原則と呼ぶことがある。[8] 以下,特に断らない限り適合性原則とは前者を指すこととする。

　適合性原則は,取締法規上の行為規制であり,この原則の違反が不法行為法上も違法とされるかについては議論があるが,最一小判平成17年7月14日民集59巻6号1323頁は,この点について,証券会社の担当者が,顧客の意向と実情に反して,明らかに過大な危険を伴う取引を積極的に勧誘するなど,適合性の原則から著しく逸脱した証券取引の勧誘をしてこれを行わせたときは,当該行為は不法行為法上も違法となる旨判示している。[9] なお,適合性違反を根拠に公序良俗違反が主張されることもある。

　検討した裁判例において,適合性原則違反を認めたものはない。

## 5 説明義務違反

　説明義務については,その根拠,妥当範囲,要件,効果のそれぞれについて,突っ込んだ検討がされている。[10]

　金融商品における説明義務については,平成25年に重要な最高裁判決が出され(最一小判平成25年3月7日裁判集民事243号51頁,159頁・最三小判平成25年3月26日),これらの最高裁判例の射程については,現在議論がされているところである。[11]

　検討した裁判例においては,説明義務違反を認めたものが複数あり,義務の内容は多岐にわたる。説明義務違反の内容を,前記の最高裁判例の射程を

---

8) 山下友信・神田秀樹編『金融商品取引法概説』372頁(有斐閣,2010)。
9) 最高裁判所判例解説(民事篇)平成17年度(下)361頁。
10) 中田裕康・山本和彦・塩谷國昭編「説明義務・情報提供義務をめぐる判例と理論」判例タ1178号,福島良治「デリバティブ取引の説明義務」金法1444号36頁等。
11) 「デリバティブ取引に関する裁判例を考える(上)」金法1984号68頁等。

踏まえつつ，精緻化していくことが今後の課題であろう。

前記の金融商品のリスク，すなわち，(A)リスク発現の条件，(B)損失の大きさ，(C)条件実現の可能性の大きさのうち，(C)の条件実現の可能性について，それが実現した場合の損失の大きさを含めて，どの程度の現実味を持って買手がリスクを想定（想像）できるような内容の説明が必要か，今後の検討課題である。

この点に関しては，金融庁策定にかかる監督指針（「主要行等向けの総合的な監督指針」）が顧客に対するリスクの説明における留意事項を例示しているところである。[12]

# 第3 問題場面の設定と検討

## 1 問題となる場面

下級審の裁判例の検討からいうと，会社が何の目的でこの商品を買ったのか，いまひとつよくわからない場面に遭遇する。

一般的には，会社がスワップ取引を行う目的のうち主なものとして，ヘッジ目的及び投機目的が考えられる。[13)14)]

例えば，後記裁判例【⑧】において，仮に，日本本社が輸入製品をドル建てで大量に購入していたり，インドネシアの子会社が長期運転資金を日本本社より円建てで調達していたりするような事情があるとすれば，通貨スワップ取引を行うことには十分な合理性があるということになろう。[15] 専らヘッジ目的で行われた取引であれば，会社における現在及び将来のヘッジの必要性，購入対象商品のヘッジの機能を踏まえながら，説明義務の内容は画されていくことになると思われる。

---

12) 同監督指針Ⅲ-3-3-1-2(2)参照。
13) デリバティブ取引の利用目的は，大きく①ヘッジ目的と②リスクテイク目的があるとされ，前者は，デリバティブ取引の最も基本的かつ重要な利用目的であるとされる（三菱東京UFJ銀行 市場企画部／金融市場部『デリバディブ取引のすべて—変貌する市場への対応—』3頁（きんざい，2014））。
14) ヘッジ目的の取引について，「デリバティブ取引に関する裁判例を考える（中）」金法1985号52頁参照。
15) 前掲13) 265頁，274頁。資本取引の為替リスクのヘッジについて，一定の条件のもとでは為替予約より通貨スワップに優位性があることをわかりやすく解説している。

この点に関し，前記の最高裁判決は，固定金利の水準が金利上昇のリスクをヘッジする効果の点から妥当な範囲にあることについて金融機関が説明しなかったとしても，説明義務違反があったということはできないと判示しているところである。

　また，後記裁判例【3】における事実認定のとおり，会社が投機を主たる目的としてスワップ取引を行っていたのであれば，それに対応する判断の枠組みで検討することになるであろう。投機目的の証券取引で，リスクの大きい商品を購入したものの，その思惑が外れて大きな損失が出るという展開は珍しいことではない。

　後知恵でものをいうならば，相場の読みが外れてすっかり色褪せてしまった商品は，もともと色褪せていたようにも見える。そんな商品ではあるが，仮に，買主がそれを承知の上で敢えて勝負に出たケースであれば，その後の展開による帰結は買主の自己責任に属するというべきであるし，一方，仮に，販売担当者が言葉巧みにそのリスクを覆い隠して買主に買わせたようなケースであれば，生じた損失については売主が責任を負うべきことであろう。投機目的の事件の実際は，これらのふたつのケースを両極端に置いて，その間で多様性を見せる。

　小賢しい後知恵を脇に置くことは当然の前提として，裁判例の事実関係を検討すると，なお商品購入の目的が判然としない場合がある。

　リスクヘッジの目的からみると，会社としてどの程度リスクをヘッジする必要があるのか，必要があるとしても果たして契約したスワップ取引に対応するようなニーズがあるのか（契約対象が予想取引量を大幅に上回るような場合），はっきりしないことがあり（裁判所にとっては勿論のこと，会社にとってもはっきりしていないのではないかと思われる場合がある。），また，金融機関の側でも，リスクをどのように把握したのか，また，その把握したリスクをどのように評価したのか，わかりにくい事例がある。

　投機（リスクテイク）の目的からみると，旨味の乏しい商品を購入しているように見える場合がある。ことの発端は，販売者がリスクヘッジ商品として当該金融商品の購入を持ちかけた場合が多く，この点は，投機目的の顧客が自ら証券会社のドアを叩くのとは事情が異なる。本気で投機をするつもりなら，より低いリスクでより高い利益を狙える商品があるようにも思われる

ケースもある。[16][17]

　リスクヘッジ，投機以外の会社の目的として，金融機関からの利益提供を期待し，あるいは金融機関による不利益な対応を回避する目的が考えられる。裁判例においては，販売者側に利益提供等を示唆する行為があったことを明示的に認定しているものはない。しかし，現実の取引において，このような目的，思惑が存在している場合は，一定数存在するように思われる。[18] もっとも，実際の裁判においては，金融機関との関係維持促進という目的（以下「関係維持目的」という。）の存在（少なくともその存在可能性）は，それが事実として認定されて初めて判断の枠組みや判断の過程に影響を及ぼす要因として考慮されることになる。以下においては，関係維持目的が主たる目的として，又は，少なくともリスクヘッジ目的や投機目的と同程度の強さを持って併存するものとして存在することが認定された場面を念頭において検討することとする。[19]

## 2　検　討
### (1)　説明義務の射程

　前記のような設定場面において，買主は何らかの法的保護を付与されるべきであるのか，付与されるべきであるとすると，どのような条件のもとに付与されるべきなのか，その法的構成はどのようなものになるのかは，検討の余地がある。

　取引に入る前に，取引に入るかどうかの判断を買主において慎重に行えるような仕組みを作っておくことは重要であり，説明義務はこの文脈で位置づ

---

16) 発端はともかく，商品自体が投機対象としても十分に魅力的という場合はあるであろうし，投機を主目的として，又は，リスクヘッジと投機の一石二鳥を考えて購入に踏み切ることも又あるのであろう。
17) 会社側が購入を決定するまでの意思決定過程は外部からはわかりにくい。裁判例の中には，社長が独断で，あるいは少数の腹心の助言を得て，購入を決めているようなものもある。法人である以上，意思決定はかくあるべきであると言い切れるものでないなら，当該法人の事業目的，組織形態等に応じて，意思決定過程の態様に合わせた検討が必要となる。
18) 前掲注14）53頁　森下発言参照。
19) なお，この点に関しては，公正取引委員会が行った法人事業者に対するアンケートがある（山口晴久「「金融機関と企業との取引慣行に関する調査報告書」の概要」金融法務事情1618号24頁）。

けられる。何を説明するべきかを洗練していくことに加え，原初的な工夫を行うことで説明を効果的なものにすることも大切である。例えば，平板な説明書の読み聞かせではうまく伝わらない内容であっても，販売担当者において，強調して説明すべき部分を拾い出して読む，繰り返し読むなどといった工夫をすることによって，初めてうまく買主に伝わることは十分に考えられるところである。負の情報の重要性，その伝わりにくさの程度に応じて，口頭（及び書面）で，警告を発することは重要である[20]（その際，説明の内容自体が買主にもたらす冷水効果は大きいと思われるが，丁寧に説明を行おうとする姿勢が言語外のメッセージとしてもたらす効果もまた無視できない。）。

　上記のようなやり方で説明を充実させることの重要性は改めていうまでもないが，それにより会社の自己責任を問う基盤が整ったと常にいえるのかについては，なお疑問が残る。取引関係（年月が浅い場合（新規の場合など）もあれば，長年の付合いという場合もある。）を基礎とする信頼関係（片思いである場合がある。）を下敷きとしながら，将来の取引関係構築への期待（思い込みである場合もある。）が影響して，認知に緩みや歪みが生じた買主とそのあたりの事情を（ある程度又は十分に）認識している（可能性のある）売主との関係が問われる場面は，警戒的な買主に対して，売主が必要十分な情報を提供すれば，当該買主が自律的判断をすることが可能になり，自己責任を問う基盤が整備されるという状況とは趣を異にする。説明義務は，買主において説明を受けることで十分な情報を入手し，その上で適切な判断をすることが期待できる（仮に適切な判断をし損ねたとしてもその責任を買主に負担させることが正当化される）関係があって十全に機能するものであるが，ここは，仮に情報提供がされたとしても，購入者において，情報を分析し，その上で行為に出ることを期待しにくい事態であり，その結果として生ずる状態につき買主だけに責任を問うことには疑問がある。仮に意思決定の自由を「自己の私的なことがらについて必要十分な情報を前提に決定する自由」と定義するのであれば，少なくとも対象商品を購入するか否かの意思決定の自由の阻害状況はここでは見出しにくいように思われるが，そうであっても，買主だけ

---

20)「証券会社の投資勧誘と自己責任原則（座談会）」民商法雑誌113巻4・5号47頁, 前掲注14）60頁　森下発言参照。

が責任を負担することの妥当性についてはなお，検討の余地がある。意思決定の自由の侵害のかわりにここで見出されるのは，買主側の見通しの甘さ，将来の展開についての厳しい予想力の欠如ということになろうか。

(2) **公序良俗違反**

見通しの甘さ，予想力の欠如は，専ら買主の支配領域に属することがらであるが，それは売主との取引関係に相当程度規定される心理的態様でもあり，仮に，売主において，そのこと（見通しの甘さ，予想力の欠如から契約締結に至るであろうこと）を予見，認識した（場合によってはそれを利用した）という状況が認められるのであるならば，加えて，その契約内容をそのまま通用させることが著しく買主を害する事態を惹起するのであるなら，その契約に由来する損失をひとり買主の負担とすることは不当であると思われる。

このような事態に対する否定的表現（法的構成）のひとつとして，公序良俗違反が考えられる。

公序良俗違反の一般的な適用に関しては，類型としての暴利行為の抽出を前提に，一定の範疇における積極的適用を主張する見解[21]及び憲法論的な観点から公序良俗理論の積極的活用を主張する見解[22]があり，いずれも極めて示唆に富む。また，金融商品取引に限定した場面において，公序良俗違反の可能性を指摘する見解もある。[23]

これらの見解の趣旨を踏まえつつ，設定場面への対応を考えるならば，要件論における不明確性や効果の硬直性（ゼロか100か[24]）という課題を抱えつつも，当該契約内容の適正，当事者の主観的態様（特に買主の契約締結目的と売主のこれについての認識），営業担当者の勧誘の態様を含めた契約締結に至る経緯の総合考慮が可能な枠組みとして，公序良俗違反の適用可能性が検討されて良いと思われる。[25]そして，公序良俗に違反するか否かの判断においては，契約内容の適正，ここでは，給付の不均衡の有無及び程度が大きな意味を持ち，具体的には，契約締結時における商品の時価評価額，契約コスト，

---

21) 大村敦志『公序良俗と契約正義』（有斐閣，1995）。
22) 山本敬三『公序良俗論の再構成』（有斐閣，2000）。
23) 磯村保「契約成立の瑕疵と内容の瑕疵（2・完）」ジュリ1084号81頁。
24) この点については，一部無効の議論があり得る。松岡久和「原状回復法と損害賠償法」ジュリ1085号91頁参照。
25) 前掲注14) 44頁は，公序良俗違反該当性の判断要素について検討を加えている。

金融機関の利潤（手数料）等から給付の不均衡を判断すべきことになると思われる。[26] もっとも，手数料については，一方で，その算定の困難さが指摘されており，[27] 他方で，金融機関が過剰な利潤を乗せているような事案においては，その事態は是正されるべきであるといえ，この点は今後の課題である。[28] なお，ヘッジ目的が併存しているような事案においては，ヘッジの必要性と当該商品との対応関係（過剰なヘッジであるならば，どの程度過剰であるのかなど）も考慮する必要がある。

公序良俗違反の判断においては，給付の不均衡に加え，当事者双方の主観的態様，契約締結に至るまでの経緯もまた重要な考慮要素となってくる。対象となる金融商品については，当該事案を離れた一般的な記述が可能であるが，主観的態様等の要素は事件ごとの個性が極めて強く，事案の個別性を慎重に吟味していく必要がある。[29]

公序良俗違反の適用可能性を検討するに当たって，より困難な問題として，私的合意の形成領域に対する司法介入の当否とその限界という論点が控えている。[30]

### (3) 不法行為

設定場面に対するもうひとつの否定的表現として，不法行為が考えられる。

---

[26] 時価評価額の算定については，前掲注13) 93頁，杉本浩一・福島良治・若林公子『スワップ取引のすべて』150頁（金融財政事情研究会，第4版，2011）参照。

[27] 福島良治「店頭デリバティブ取引のプライシングや手数料の説明に関する補論」金法1978号73頁は，困難な理由として，金融業者等の使用するモデルによって時価評価額が異なること，契約期間や取引相手（顧客）の信用リスクに見合う引当てが必要であること，取引開始後の時価や信用リスクが変化すること，選択するヘッジ手法によりリスクが異なることなどを指摘している。なお，手数料（利潤）については，取引元本に対する比率等で判断すべきであるという主張がされている（福島・前掲75頁）。手数料については，時価評価額との関連（時価額のマイナスの大きさと手数料の大きさが相関していないか。）を検討する必要もあると思われる。

[28] この点については，給付の不均衡（あるいはその基礎となる評価額等の事実関係）について説明義務を認める考え方があり得る。これは，給付の不均衡についての基礎情報を付与した上で買主の判断を待つもので，私的合意への介入の度合は低い。

[29] 本稿で検討した裁判例に限っても，事案は多様である。また，個人的な経験からいっても，（デリバティブ関連事件は，多くて年に数件担当する程度であるが，それでも），購入者の個性，販売者（現場担当者）の個性，両者の関係は，どれをとっても多様であり，プロといっていいような全てをわかった買主もいれば，短期間にねじこむような格好で商品を立て続けに売り込む売主もある。

[30] この点についての論考として，能見善久「違約金・損害賠償額の予定とその制限」法学協会雑誌102巻5号，大村・前掲注21)，山本・前掲注22) がある。

ここでの不法行為は，販売者側における契約の勧誘行為であり，それに続く買主の応諾行為（法的には契約の申込みである場合もある。）により契約が成立し，その結果買主の財産権が侵害される結果が生じる。過失は，買主の財産権を不法に侵害しないように行為すべき義務の違反であり，義務が発生する前提として，客観的事情として給付の不均衡が必要と解され，主観的事情である売主の認識又は予見（及びそれらの可能性）としては，当該商品の属性についてのそれに加え，関係維持目的の存在についての認識（又は認識可能性）が必要になると考える[31]。買主側の応諾行為の態様は過失相殺において考慮することになるが，買主の応諾行為については，観点を変えると，売主と買主の共同不法行為に近似するもの（それによって買主自らの財産権を侵害する）と考えることも可能であるように思われる。当該商品の属性（及び給付のバランス），当事者の主観的態様，契約に至るまでの経緯は，過失又は違法性判断において検討され，契約成立時点以降の各当事者の行為，例えば，その後の買主の不適切な対応や売手のフォローの無さは，損害の拡大の場面における拡大原因として，損害及び過失相殺（又はその拡張理論）において考慮されることになる[32]。なお，有効な取引行為について，不法行為を認めることの評価矛盾については指摘があるところであるが[33]，この点は，法律行為制度と不法行為制度は別個の制度であるとして，不法行為の成立を肯定する見解[34]に与したい[35]。

---

31) 関係維持目的の存在やそれについての認識は，当該金融商品のリスク及びその現実化とは異質のものであるから，その点は違法性判断において行うことも考えられる。
　本文のように解すると，契約締結に際して売主に「過失」がある場合のうち一定の場面において不法行為を認めることになる。
　一般的には，買主の財産権を侵害する可能性のある勧誘行為と損害の間には，買主の自由な意思決定（に基づく契約締結）が介在するから，不法行為は成立しないのが原則であるが，設定場面では，買主の意思決定の介在による責任の切断が（半ば）解除されると評価すべきである。なお，本文のように解すると，錯誤論において一般的には錯誤が成立しないとされる主観的理由の錯誤の一部を不法行為に取り込むことになる。
32) ここでの不法行為は，契約関係に入る直前の準当事者間の関係を律するものであるから，契約上の債権債務関係に近づけて考える立場もあり得る。
33) 潮見佳男「規範競合の視点から見た損害論の現状と課題(1)」94頁ジュリ1079号。
34) 松岡・前掲注24) 89頁。
35) なお，設定場面は，関係維持目的の存在を前提としているが，買主がリスクヘッジの目的だけを有しているような場合においては，別の考慮が必要となる。

(4) 補足1（錯誤，詐欺，公序良俗違反及び不法行為の関係）

設定場面における錯誤，詐欺，公序良俗違反及び不法行為の関係を，単純化して視覚的に説明すると，図のようになる。

詐欺，錯誤，公序良俗及び不法行為の成否を決する重要な要素は，買主の主観的態様，売主の主観的態様及び給付の不均衡であるという前提を置いた上で，また，錯誤と詐欺における誤った認識の対象を給付の不均衡に限定し，それぞれを，X軸，Y軸，Z軸にとる。X軸は，買主の意思の瑕疵の大きさ（契約締結時における意思と真意（給付の不均衡についての実体を認識していたら抱いたであろう意思）の懸隔度）とする（原点に近いほどその隔たりは大きく，原点から離れるほどその隔たりは小さくなる。）。Y軸は，売主の給付の不均衡についての認識（認識可能性）の程度とする（原点に近いほど認識は確定的なものになり，原点から離れるほど認識（可能性）それに対する非難可能性は低くなる。）。Z軸は，給付の不均衡の大きさとする（原点に近いほど不均衡は大きくなり，原点から離れるほど不均衡は小さくなる。）[36][37]。

錯誤[38]と詐欺の成否は主として買主の意思決定の瑕疵の程度と売主の主観的態様によって規定されると解されるから，その成立範囲は，図2のXY平面のようになる[39]。これと給付の均衡との関係を考えると，XY平面の錯誤部分を原点OからZ₁まで移動させたときの通過部分が錯誤の成立範囲となり（以下「錯誤空間」という。），XY平面の詐欺部分を原点OからZ₂まで移動させたときの通過部分が詐欺の成立範囲となる（以下「詐欺空間」という。錯誤空間と詐欺空間の重なる空間を以下「錯誤詐欺空間」という。図1参照。）[40]。

公序良俗違反の成否は，X，Y，Zに規定されるという前提を置くと，公序良俗違反の成立範囲は，Xk，Yk，Zkを通過する面とXY，YZ，Z

---

36) ここでは関係維持目的の認識（認識可能性）があることを前提としている。
37) 給付の不均衡の判断要素は前記(2)のとおりである。
38) 錯誤は動機の錯誤に限り，ここでは表示行為の錯誤は除外する。
39) 0〜X₁を錯誤が重大な場合とし，0〜X₂を不均衡につき認識なしとする。原点〜Y₁を故意（これに準ずる態様），0〜Y₂を認識可能性ありとする。便宜上，動機の錯誤による無効は，相手方に認識可能性がある場合に認められるという見解に立つこととする。0〜Z₁は不均衡が重大で錯誤をもたらす程度であることとし，0〜Z₂はサギの成立をもたらす程度であることとする。
40) なお，給付の均衡は，錯誤においては要素性の判断において，詐欺においては欺罔行為の違法性において，それぞれ考慮される。

433

第Ⅳ部　実務家の視点から

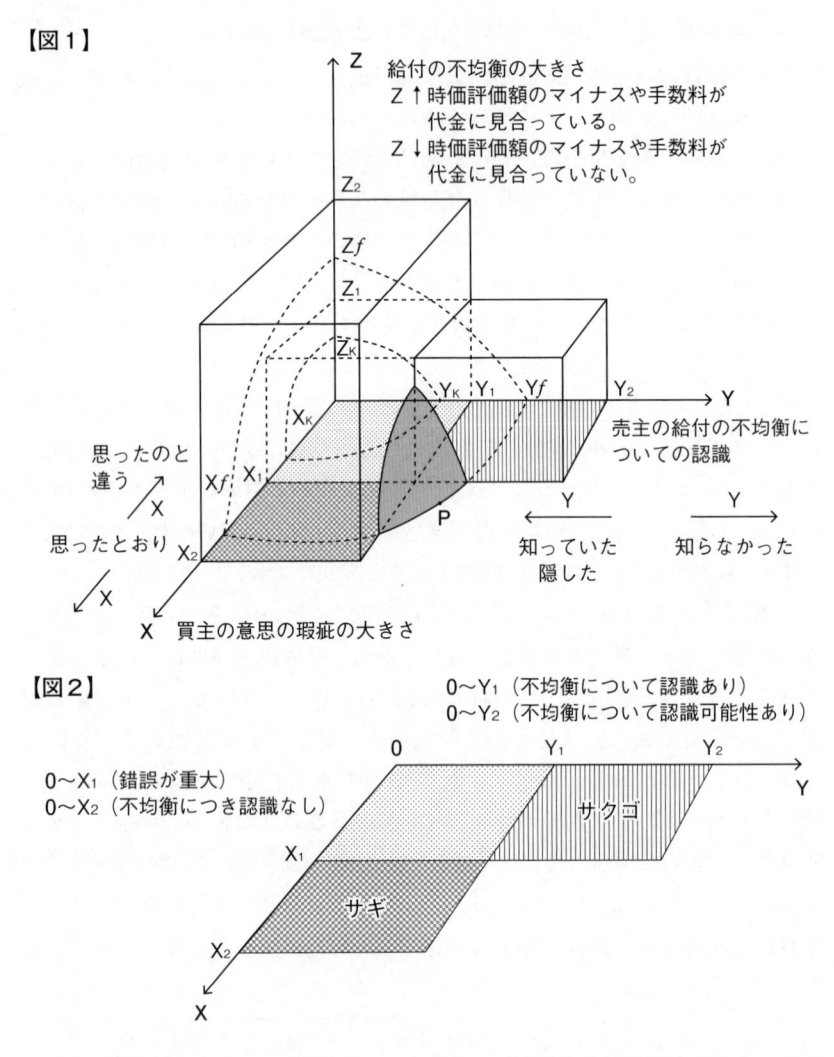

【図1】

Z　給付の不均衡の大きさ
Z↑時価評価額のマイナスや手数料が代金に見合っている。
Z↓時価評価額のマイナスや手数料が代金に見合っていない。

Y　売主の給付の不均衡についての認識

思ったのと違う ↗ X
思ったとおり ↙ X

X　買主の意思の瑕疵の大きさ

← Y 知っていた 隠した　　Y → 知らなかった

【図2】

0～Y₁（不均衡について認識あり）
0～Y₂（不均衡について認識可能性あり）

0～X₁（錯誤が重大）
0～X₂（不均衡につき認識なし）

サクゴ
サギ

Xの各平面で構成される空間（この空間を以下「公序良俗違反空間」という。）で表される[41]私法的合意に対する司法の介入を可及的に謙抑的にすべきであるという立場からは，Xk，Yk，Zkは原点0に近づくことになるから，

---

41) 実際の公序良俗違反の成否の判断においては，X，Y，Z以外の諸要素も考慮することになる。なお，Xk，Yk，Zkを通過する面は平面であっても，曲面であってもかまわないし，原点0に対して凸でも凹でも構わない。

434

結果的に公序良俗違反空間は錯誤詐欺空間に包摂されることになる。

　不法行為の成否は，X，Y，Zに規定されるという前提を置くと，その成立範囲は，Xｆ，Yｆ，Zｆを通過する面とXY，YZ，ZXの各平面で構成される空間（この空間を以下「不法行為空間」という。）で表される。仮に，買主の関係維持目的を売主が認識しつつ，給付の不均衡が大きく（Zは原点に近いところに位置する），買主において給付の不均衡を認識しておらず（もっともその錯誤は重大であるとまではいえず），そのことについての買主の落度は小さく，[42] 一方，売主において給付の不均衡を認識することは可能だったという場合に不法行為が成立するという判断に立つならば，そのときの事態は例えばXY平面上の点Pで表すことができる。不法行為空間は点ｐを通過するか，これを包摂する面，すなわちXｆ，Yｆ，Zｆを通過する面とXY，YZ，ZX各平面で構成されることになる。この場合，不法行為空間は，詐欺錯誤空間に包摂されないから，非包摂部分（灰色の空間部分）においては，いわゆる評価矛盾という状況が生じる。[43]

### (5)　補足2（裁判例を概観しての印象）

　後記の裁判例を概観しての印象は，実際に生起した事象そのものは類似していたとしても，裁判体の認識作用を通じて構成される事実関係は，どの側面から光を当てるかによって，かなり異なるものになるのかもしれないということである。[44] 事実関係を構成する過程においては，当該裁判体が理解するところの自己責任の意義，[45] その自己責任の担い手たる人間のイメージ，[46] 私的合意への司法的介入の限界についての認識[47] が分かちがたく作用して

---

[42] 買主の意思の瑕疵の大きさ（X軸）においては，契約時の意思と真意のずれが大きくなったことについて買主の帰責性を考慮するのが相当である（その場合，帰責性が大きいほど，買主の要保護性は希釈される。）。

[43] 契約締結行為は詐欺錯誤空間又は公序良俗違反空間に含まれない限り，契約は維持され，その限度で相手方の保護と法律関係の安定が実現される。これは私的自治のひとつの帰結であり，灰色の空間は，損害賠償を認める方法で相手方の保護と法律関係の安定を破ることになり，その意味で私的自治と緊張関係に立つ。

[44] どの側面からどのような光を照射すべきかを定めるのは，法解釈の役割である。

[45] 川浜昇「ワラント勧誘における証券会社の説明義務」民商法雑誌113巻4・5号640頁。

[46] ダニエル・カーネマン『心理と経済を語る』（楽工社，2011），多田洋介『行動経済学入門』（日本経済新聞社，2003）参照。

[47] 前掲注30）参照。

おり，それぞれがひどく入り組んでいて，解きほぐすことは難しい。

## 第4 説明義務違反による損害賠償額の算定

### 1 裁判例

売買において，説明義務違反が認められるとした場合，その損害賠償額の算定には多くの困難が伴う。

検討した裁判例のうちの認容事例においては，損害額を差引計算後の支出額とした上で過失相殺をしているものが多い。

スワップ取引における説明義務違反における損害賠償額の算定においては，説明義務違反により侵害される法的利益は何か，その利益侵害の金銭評価をどのように行うべきか，という説明義務違反一般に生ずる問題と，将来の不確定要因により定期的に（各支払時に）利得又は損失が確定されていくという商品の特性を金銭的評価の場面でどのように反映させるのかというスワップ取引固有の問題がある。ここでは，主として前者について検討する。

### 2 説明義務違反があった場合の損害賠償額の算定

#### (1) 最高裁判例

説明義務違反とその損害賠償額の算定については，金融商品以外に不動産取引事件や医療事件においても議論がされているところである。[48]

説明義務違反により侵害される法的利益に関しては，最一小判平成16年11月18日（民集58巻8号2225頁）が，分譲住宅の譲渡契約に関する事件において，分譲住宅の譲渡契約の譲受人が同契約を締結するか否かの意思決定をするに当たり価格の適否を検討する上で重要な事実につき譲渡人において説明をしなかったことを慰謝料請求権の発生を肯認し得る違法行為と評価すべきである旨判示し，その上で譲渡価格と説明義務違反後の値下げ後の譲渡価格との差額の請求を否定している。同判決は，財産的利益に係る意思決定権侵害を理由とする慰謝料請求を初めて認めた最高裁判決であると位置づけられてお

---

48) 不動産売買の説明義務の裁判例の分析については，中川博文「不動産売買における説明義務・情報提供義務について」判タ1395号36頁が詳細である。

り,[49] その射程については議論がある。

(2) **場面設定**

以下，商品の属性（商品の性能で代表させることとする。）についての説明義務違反があり，意思決定権が侵害された状態で意思決定がされて契約締結に至り，その結果，損害が生じたという場面について検討することとする。前記の関係維持目的が認められる場合については，ここでは検討の対象としない。

商品の属性以外の点についての説明で，その説明内容が意思決定に影響を及ぼすものはさまざまであるが，その場合の損害の把握及び損害額の算定は困難なことが少なくない。例えば，不動産取引における，物件の近くを地下鉄が通る予定であるという話や，近隣で同種物件がより低価格で売りに出される予定であるという話があるような場合を考えると，いずれの予定も売主が統御できるわけではなく，関与できる可能性も低いものであるから（もっとも後者の場合で，売主が自ら別の格安物件を売りに出すような場合は別である。），説明義務の有無自体に慎重な検討が必要になる。そして，仮に適切な説明（「近くに地下鉄が通るという話は採算がとれないことがはっきりして立ち消えになった」「来週，本件物件より2割安の物件が売りに出される」）がされた場合，買主は取引を思いとどまった可能性が十分にあるが，その一方で，たとえ説明を受けても，なお当初の予定どおり購入に踏み切った可能性も否定できず，さらには，知らされた新事実をもとに，買主が売主に対して値引きを迫った可能性も十分にある。

(3) **自己決定権侵害との関係**

自己決定権の内実について,[50] 又それを財産に関する意思決定（以下「財産的意思決定」という。）との関係においてどのように位置づけるかについては議論がある。[51]

個人の自由な意思決定が，個人の人格又は自律にとって重要な価値を有することはいうまでもなく，その価値は，意思決定の結果や成果物の価値に従

---

49) 最高裁判所判例解説（民事篇）平成16年度（下）693頁。
50) 笹倉秀夫『法哲学講義』145頁（東京大学出版会，2002）。
51) 錦織成史「取引的不法行為における自己決定権侵害」ジュリ1086号86頁，安永正昭判例評釈　判時1912号195頁，中川・前掲注48）。

属(劣後)するという性質のものではない。意思決定の過程には，その結果の意義に尽きない固有の意義があることは当然であり，意思決定の対象が個人の人格又は自律に直接かかわる生命，身体，思想，信条等である場合はなおのことである。

　もっとも，ここでの設定場面では，商品の性能についての説明義務違反が問題となり，個人の人格や自律に直結する事項が問われているわけではない。加えて，前記の地下鉄の話や安売り物件の話に見られる困難さ，すなわち説明義務違反と契約締結との因果関係に複数の強力な不確定要因が入り込むという困難さからは一応逃れているといえる(とはいえ，目的物の機能が本来のそれより劣っていたというような単純なケースと異なり，スワップ取引におけるその商品の属性であるリスクについては，将来生起する，売主において統御又は関与困難な事象が，その引き金を引くわけであるから，地下鉄や安売り物件の話と連続している。)。

　これらのことからすると，意思決定の結果や成果物において，もし意思決定の歪みを矯正するような形で損害の把握(損害額の算定)ができるものならば，その場合には，敢えて意思決定の侵害(自己決定権の侵害)を独立した損害として評価しなくても許容されるものと思われる。

　意思決定権の侵害とそれに後続する意思表示(契約締結)を通じての財産権侵害の関係については，後者を後続侵害と位置づけて，帰責できるかを問う考え方が既に示されているところである[52]。また，設定場面においては，前者と後者の手段目的関係からして，後者がより高次元の損害たる事実であると位置づけることも可能であるように思われる。

(4) **機会の喪失理論**

　この点に関連して，機会の喪失理論からの検討がされている[53]。論者は，説明義務違反による金融商品購入の場面に機会の喪失理論を適用し，ワラントを購入しないという機会の喪失を損害と見る。その主張の骨格は，ある機会を得て法的な地位を取得することができる状況を設定した上で，その機会を得る可能性の大きさ(確率)と可能的利益額を定め，損害を期待値で算定す

---

52) この点は，松岡・前掲注24)の89頁の指摘による。
53) 小粥太郎「説明義務違反による不法行為と民法理論(下)」ジュリ1088号94頁。

438

るものであるように解される。例えば，論者は，弁護士の過失により上訴期間を徒過した依頼者の損害賠償額の算定の例について，損害額は勝訴の確率に応じて算定されるとする。[54] 原審の主張立証資料を並べて相応の実務経験を有する法律家の目で吟味した場合に認容される可能性とその場合の認容額（の予想）を正確に把握することができるという前提を置くことが許されるのならば，その期待値を損害額とすることには相当の根拠があるということができる。[55]

(5) **検　討**
　ア　一般の売買

　まず，比較の対象として，動産を例にとって一般的な売買における問題を検討し，次いで，スワップ取引について簡単に言及する。[56]

　動産売買契約において，目的物については市場価格が存在するものとし，買主は，担当者の誤った説明により実際には付いていない機能が当該動産には付いていると誤信したと仮定する。機能が付いている場合の価格は12万円（V1），付いていない場合の価格は7万円（V2），契約金額は8万円（P）であったとする。[57]

---

54) 小粥太郎「「説明義務違反による損害賠償」に関する二，三の覚書」自由と正義1996年10月号46頁。
55) 例えば，何らかの妨害行為により宝くじ購入の機会を逃した者について考えると，賞金とその確率分布は人為的に設定されているから，宝くじの持つ期待値は一義的に決まる。もっとも，その算定された期待値から宝くじの購入額を控除した金額（これは必然的にマイナスになる。）がそのまま損害額になるわけではなく，必要的コストに加え，一攫千金の可能性（夢）の持つ価値を考慮する必要がある。なお，宝くじについて前述のリスクA，B，Cを考えてみると，どんなときに賞金がもらえるか(A)，幾らもらえるか(B)は明確であり，当選の可能性はどのくらいか(C)については，正確な数字は知らないが，感覚としてはわかるという購入者が多いと思われる。又，自動車保険について考えると，どんな事故で保険金がおりるか(A)，保険金は幾らか(B)は明確であり，(C)については，正確な数字は知らず，感覚としてはわかりにくいという購入者が多いといったあたりであろうか（多くの購入者は，もらい事故は別として，自分さえ気をつければ事故は防げるから，数字には興味がないということかも知れない。）。スワップ取引については，金利や為替がどうなったら取得分（支払分）が増えるか(A)は明確であるが，その金額は幾らか(B)は，理解しにくく，契約当初に支払うわけでもないので実感が湧きにくく，(C)については（その分野の専門家でない限り）わかりにくいといえそうである。
56) 以下の記述は，多くを小笠原奈菜「当事者が望まなかった契約の適正化と情報提供義務(3)」（法政論叢第54，55合併号）に負っている。
57) 通常であれば，買主が売買契約の錯誤無効を主張することが考えられるが，ここでは錯誤無効の主張は考慮の外に置く。なお，売買の錯誤無効の主張が可能である場合に不法行為に基づく損害賠償請求ができるかについては，可能であることを前提に検討を進

まず，不法行為又は債務不履行責任として，商品の価値下落分（V1-V2）5万円を通常損害とし，転売利益等がある場合にはそれを特別損害として考える方法がある。

また，買主の誤認識に基づく取引について，買主にそこまでの保護を与える必要はないとして，現実の支出額から実際の商品の価格を控除して（P-V2）を損害額とする考え方もあると思われる。

この点に関しては，説明義務違反に起因する機能（性能）の誤信は，用益物権等が付着した物を購入した場合における用益物権不存在の誤信に類似するということも可能であり（もっとも，ここでは買主の「誤信」や売主の「故意過失」は問題とならない。），そうであるとすると，民法566条の類推適用によって解決を図る方法もあり得る。民法566条の担保責任については，立法論として代金減額請求権を認めるのが適切であるとしつつ，現行法の解釈としては，損害賠償の中で対価的調整を考慮して目的物の価値の不足分の賠償を肯定していく方向で捉えるべきであるとする指摘がされているところである[58][59]。

### イ スワップ取引

契約時点で不法行為が成立しない取引については，その後，買主にとって予想外の展開になったとしても，買主が責任を負うことになる。

次に，契約時点で不法行為が成立し，その後，取引が終了した（双方が全支払を終えた）場合はどうか。

契約成立の時点でも損害の発生を観念することができるが，スワップ取引における損害については難しい問題が多い[60]。

契約成立後，「想定外の損害」が買主に生じたような場合，金融機関は，

---

める。
[58] 潮見佳男『債権各論Ⅰ』146頁（信山社，2002）。
[59] ドイツではこの点に関連する議論があるようであり，その中でカナーリスは巧みな算定方法を提案している。小笠原・前掲注56）18頁参照。
[60] 例えば，リスクについての説明不足や誤った説明があった場合について考えると，リスクについての説明不足または誤説明は，本文ア「一般の売買」における機能についての誤説明とは（同じく「属性」についての説明であるとはいえるとしても）質的に異なり，市場価格も存在しないことから，（たとえ解約清算金の問題を捨象したとしても）スワップ取引の問題を一般の売買に引きつけて検討することには困難が大きい。

当該「損害」について責任を負うことになると解される[61]。もっとも，過失相殺あるいは共同不法行為者間の求償関係に準ずる減責による調整が必要である。このような形での損害賠償請求が認められるのであれば，説明義務違反により生じた意思決定の歪みがそこで矯正されたと評価することも可能であるように思われる。

## 第5 終わりに

以上，会社と金融機関の間のスワップ取引の裁判例を中心に説明義務とそれにまつわる論点について検討した。実務では大きな役割を占める過失相殺については検討ができなかったし，一応の検討を行った箇所についても，課題が多く積み残されている。これらの点については，別の機会があれば，改めて検討してみたいと思う。

前記の平成22年の金融庁の監督指針（注12参照）については，その趣旨に則った運用が行われ，現に想定最大損失額の開示や時価情報の提供などがされるようになっているという指摘があるところである[62]。そのような運用が定着していくのであれば，それは何よりの処方箋というべきであるし，既にそれが実務上定着しているというのであれば，事件のうちの一部に見られる病理的現象は，既に過去のものとなったというべきなのかも知れない。

\*　　　\*　　　\*

松川先生には，大阪大学ロースクール立上げの時から今日までご指導を頂

---

61) ここでの「損害」については複雑な検討を要する。まず売主の説明義務違反により，買主が想定するシナリオの幅が狭まったのか，狭まったならどのように狭まったのかを検討する必要がある。そして，仮に狭まったとした場合，買主が想定していた（売主の誤説明を前提にしたとしても想定して然るべきであった）負のシナリオと売主が不適切な説明によって覆い隠したそれより悪いシナリオと現実に生起したシナリオの3者間のそれぞれの間の隔たりの大きさを測定した上で売主が賠償すべき損害の範囲を画する作業が必要となる。さらに，契約後，予想外に買主にとって好ましい展開になった場合の利益は全て買主が取得するという点で片面的な構造になっており，この点の調整も必要になる。
62) 前掲注14) 48頁，49頁　浅田発言。

いている。特に，阪大ロー時代は，裁判所からの派遣教員であった私に対して，学問的な面ではもとより，教授会での立ち居振る舞いはじめ，ロースクールの教員生活全般にわたり，丁寧に教えて下さった。そのおかげで，私は，阪急石橋駅から待兼山キャンパスまでだらだらと続く坂道を，足取りも軽いうちに何とか3年間通い続けることができた。松川先生には，改めて深く感謝する次第である。今回は，松川先生への恩返しというには，あまりにも内容の乏しいものになってしまったが，それは私の能力的制約からくるものであり，先生には宥恕を乞うほかない。先生の今後のますますのご活躍を祈念しつつ，ペンを置くこととする。

(東京高等裁判所判事)

説明義務に関する2,3の論点についてのスケッチ～金融商品取引事件を題材に～（古谷恭一郎）

# 最高裁判例及び下級審裁判例

### 最高裁判例

【1】最高裁第一小法廷平成25年3月7日判決（原審福岡高裁平成23年4月27日判決　第1審福岡地裁大牟田支部平成20年6月24日判決）（裁判集民事243号51頁）

（第1審における請求）
　説明義務違反等の債務不履行又は不法行為に基づく損害賠償請求等
（契約内容）
　円変動金利と円固定金利を交換する金利スワップ契約
（当事者）
　Xは，パチンコ店の経営等を目的とする株式会社。主たる取引銀行は訴外B銀行。B銀行からの借入金は約15億円（平成15年）。Yは銀行。Xは，Yから本件スワップ契約締結前に1億5000万円を借入れ。
（契約締結）
　平成16年3月4日，本件スワップ契約締結（1件。元本3億円）。
（原審の判断）原告・控訴人の請求一部認容（過失相殺4割）被告・被控訴人上告
（最高裁の判断）破棄自判（上告人敗訴部分破棄。同部分につき被上告人の控訴棄却）
　①中途解約時において必要とされるかもしれない清算金の具体的な算定方法，②先スタート型とスポットスタート型の利害得失，③固定金利の水準が金利上昇のリスクをヘッジする効果の点から妥当な範囲にあることについて，上告人が説明しなかったとしても，説明義務違反があったということはできないと判断。

【2】最高裁第三小法廷平成25年3月26日判決（原審福岡高裁平成23年4月27日判決　第1審福岡地裁大牟田支部平成20年11月21日判決）（裁判集民事243号159頁）

443

(第1審における請求)
　説明義務違反の不法行為に基づく損害賠償請求等
(契約内容)
　円変動金利と円固定金利を交換する金利スワップ契約
(当事者)
　Xは，建築用仮設資材のリース等を目的とする株式会社。主たる取引銀行は訴外G銀行。G銀行からの借入金は全体の約9億6000万円のうち5億円（平成14年10月）。Yは銀行。Xは，Yから本件スワップ契約締結前に4000万円を借入れ。
(契約締結)
　平成15年7月9日及び平成16年6月18日，本件スワップ契約締結（2件。元本4億5000万円）。
(原審の判断) 原告・控訴人の請求一部認容（過失相殺4割）被告・被控訴人上告
(最高裁の判断) 破棄自判（上告人敗訴部分破棄。同部分につき被上告人の控訴棄却）
　判断内容は，最高裁第一小法廷平成25年3月7日判決の最高裁の判断欄の記載内容と同じ。

## 下級審の裁判例

【①】 仙台地裁平成7年11月28日判決（金融法務事情1444号64頁）
裁判例【②】の第1審

(請求)
　説明義務違反の不法行為に基づく損害賠償請求
(契約内容)
　ユーロ円の借入れと豪ドル固定金利と円固定金利を交換
(当事者)
　Xは，不動産賃貸業者。
(契約締結に至るまでの経緯)

XがYからの5億円の借入れ（変動金利）の金利の支払に負担を感じ，Y銀行担当者がXに対し，為替相場の変動を利用して金利負担を軽減する金融商品として本件商品ともう1件の商品を紹介。Xは，本件商品を選択。
（契約締結）
　平成2年10月4日，本件スワップ契約締結（元本5億ユーロ円）。
（裁判所の判断）請求棄却
　説明義務違反（消極）

## 【②】仙台高裁平成9年2月28日判決（金融商事判例1021号20頁）
裁判例【①】の控訴審

（裁判所の判断）控訴棄却
　説明義務違反（消極）

## 【③】東京地裁平成10年7月17日判決（判例タイムズ997号235頁）

（請求）
　説明義務違反等の不法行為に基づく損害賠償請求等
（契約内容）
　ドイツマルクと欧州通貨単位の通貨スワップ契約
（当事者）
　Xは，光学機械器具の製造販売等を目的とする株式会社。資本金6000万円。売上高188億円（平成9年）。銀行借入金73億円（平成元年）。
（契約締結）
　Yが商品を紹介。平成元年9月8日～平成3年11月22日，本件スワップ契約締結（5件。元本総額142億円）。
（裁判所の判断）請求棄却
　Xは，為替リスクヘッジ目的ではなく，収益を目的し，本件スワップ契約を自ら望み，複数のプランから敢えて危険の高い取引を選択したと認定。①公序良俗違反（消極）②　錯誤無効（消極）③　適合性原則違反（消極）④説明義務違反（消極）⑤　損害拡大回避義務違反（消極）

## 【④】東京地裁平成18年8月2日判決（金融法務事情1795号60頁）

（請求）
　金利差額の支払請求等
（契約内容）
　円金利スワップ契約
（当事者）
　Xは株式会社。Yは銀行。
（裁判所の判断）請求認容
　公序良俗違反，優越的地位の濫用（抗弁。消極。Xはメインバンクでないとし，本件取引の諾否と長期貸付けとの結び付きは不明確と判断）

## 【⑤】東京地裁平成21年3月31日判決（金融法務事情1866号88頁）

（請求）
　金利差額金の不当利得返還請求及び説明義務違反等の不法行為に基づく損害賠償請求等
（契約内容）
　米ドル金利スワップ契約
（当事者）
　Xは，資金の投資運用等を目的とする株式会社。Yは，証券会社。
（契約に至る経緯）
　Xは，Yとの金融商品取引で約5億5000万円の損失を出した。その後，Yの提案により本件スワップ契約①を締結し，その後，本件スワップ契約①によりXの現金収支に悪影響が出ることが予想されたことから，そのリスクヘッジのために本件スワップ契約②を締結した。
（契約締結）
　平成16年6月15日及び同年11月25日，本件スワップ契約締結（2件。元本総額1億5000万米ドル）。
（裁判所の判断）一部認容（過失相殺原告3分2）
　①　錯誤無効（消極）②　説明義務違反（積極。Y内部で取引の顧客適合性

を判断するために組織された委員会が要求していた手続が履践されていないことを認定）③　過失相殺（原告3分の2）

## 【⑥】東京地裁平成23年6月9日判決（金融法務事情1931号113頁）

（請求）
　本件スワップ契約に基づく差金決済金支払債務の不存在確認等
（契約内容）
　銅の固定価格とロンドン金属取引所における同数量の同の円建て価格を5年間，毎月交換するコモディティ・スワップ契約（商品価格と金利等を交換するスワップ契約）
（当事者）
　Xは，非鉄及び鉄金属類の買取り，販売等を目的とする株式会社。主たる事業のひとつが銅スクラップ取引。資本金2000万円。売上高16億5000万円。経常利益400万円。
　Y1は損害保険業を営む株式会社。Y2はXのメインバンク。XのY2との取引開始から本件スワップ契約までの借入額は3億8000万円。
（契約に至る経緯）
　Y2担当者が銅価格の変動リスクをヘッジする商品として，銅のコモディティ・スワップ契約を提案し，Xは，平成20年3月12日，訴外Aとコモディティ・スワップ契約を締結。その後，AからXに対し，Aの信用不安により追加のスワップ契約を締結できない旨申入れ。Y2担当者がAにかわるスワップ契約の相手としてY1を紹介。
（契約締結及びその後の経過）
　平成20年8月12日，本件スワップ契約締結。同年12月，Xは差金決済を拒絶。平成21年12月15日，Xは本件スワップ契約解約。
（裁判所の判断）請求棄却
　①　公序良俗違反（消極・Xの投機目的の可能性，ヘッジ目的を認定）②　優越的地位の濫用（消極）③　説明義務違反（消極）④　適合性原則違反（消極）

## 【⑦】大阪地裁平成24年2月24日判決（判例時報2169号44頁）

※　為替予約取引の事案である。

（請求）
　説明義務違反等の不法行為に基づく損害賠償請求等
（契約内容）
　豪ドルと円の為替予約契約
（当事者）
　Xは，大学等を設置する学校法人。
　Yは証券会社。
（契約締結及びその後の経過）
　平成20年1月24日，本件スワップ契約締結。平成21年3月，Xは本件スワップ契約を解約し，Yに解約料12億6270万円を支払。
（裁判所の判断）一部認容（過失相殺原告8割）
　①　公序良俗違反（消極）②　適合性原則違反（消極）③　説明義務違反（積極　中途解約の場合の解約手数料についての説明は極めて不十分）④　解約料算出の不合理性等（消極）⑤　過失相殺（原告8割）

【8】東京地裁平成24年9月11日判決（判例時報2170号62頁）

（請求）
　説明義務違反等の不法行為に基づく損害賠償請求等
（契約内容）
　米ドルと円の通貨スワップ契約
（当事者）
　Xは，土木建築の設計，額縁の製造，販売等を目的とする会社で，インドネシアに額縁部門の子会社を所有。
　Yは証券会社。
（契約締結及びその後の経過）
　平成19年6月29日〜平成20年4月16日，本件スワップ契約締結（3件）。平成20年10月22日，本件スワップ契約を合意解約。Xは，Yに対し，中途解約にかかる解約清算金として23億5000万円を支払った。

説明義務に関する2, 3の論点についてのスケッチ～金融商品取引事件を題材に～（古谷恭一郎）

（裁判所の判断）一部認容（過失相殺原告7割）
　①　適合性原則違反（消極）②　説明義務違反（積極　本件取引の時価評価額の変動要素の具体的内容，その変動によるリスクの有無及び程度等の説明が不十分と判断）⑤　過失相殺（原告7割）

【⑨】東京地裁平成25年4月16日判決（金融法務事情1984号162頁）

（請求）
　適合性原則違反等を理由とする債務不履行または不法行為に基づく損害賠償請求等
（契約内容）
　米ドルと円の通貨スワップ契約
（当事者）
　Xは，大学等を設置する学校法人。金融商品を購入して余剰資金を運用。
　Yは証券会社。
（契約締結）
　平成18年12月13日～平成20年5月29日，本件スワップ契約締結（4件。元本総額13億円）。
（裁判所の判断）被告の清算合意の抗弁を認めて請求棄却。
　①　公序良俗違反（消極・本件取引は賭博罪の構成要件に該当しない　②　清算合意の抗弁（積極）

### 参考（一方当事者は個人）

【⑩】東京高裁平成9年5月28日判決（金融法務事情1499号32頁）
【⑪】東京地裁平成7年11月6日判決（金融法務事情1455号49頁）

（請求）
　債務不履行（顧客による決済金不払）に基づく解除に伴う損害賠償請求
（契約内容）
　スペインペセタ固定金利と円固定金利を交換

449

(当事者)
　Xは銀行，Yは個人（会社の代表取締役）。
(契約締結に至るまでの経緯)
　XとYはかねてから懇意な取引関係にあり，Xは，常にYグループ総体に対し常に10億円以上の融資残高があった。Xは，Yに対し，2億円（2年間）の預金協力を依頼し，Yは，資金を保険会社から借り入れることとし，借入金利と預金金利の差額として2年間で3000万円の超える損失を被る見通しであったが，預金協力を行うこととした。Xは，預金協力によりYが被る損失が小さくなるような資金の運用方法を助言し，その一環として本件スワップ取引を紹介した。
(契約締結及びその後の経過)
　平成2年8月27日，本件スワップ契約締結（元本10億円）。
　当初の予想に反し円高が進んだことから，Yが決済金の支払を拒み，Xは，Yの債務不履行を理由に本件スワップ契約を解除した。
(裁判所の判断)　X銀行の請求は認容（控訴審判決）
　Y主張（Xによる詐欺）については消極（Yは平素財テクを行い投資に関心ありと認定）。

## 【⑫】東京地裁平成9年10月31日判決（金融法務事情1515号49頁）

(請求)
　説明義務違反等の不法行為に基づく損害賠償請求等
(契約内容)
　円ローン（3億円）と豪ドルと円の通貨スワップ契約の組合せ
(当事者)
　Xは個人（会社の代表取締役）
(契約締結)
　平成2年7月26日，本件スワップ契約締結（5件。元本総額142億円）。
(裁判所の判断)　請求棄却
　①　説明義務違反（消極）②アフターフォロー義務違反（消極）③中途解約に応ずべき義務違反（消極）

# 家族法と倒産法との交錯

遠 山 信一郎

## 第1 家族法と倒産法の共通法務——適正な財産管理

　家族法の世界では，破綻に直面したり，問題を抱えた家族生活の再生を図り，それが果たせない場合は，身分関係・財産関係の適切な清算を図ることが実務法曹の日常的プラクティスといえる。

　家族法の実務的世界は，大きくは「婚姻法」「親子法」「扶養法」「後見法」「相続法」で構成されており，家庭裁判所家事部門では「離婚」「遺産分割」「成年後見・保佐・補助」が近時の三大実務といえる[1]。

　他方，倒産法の世界では，事業再生や個人の経済生活の再生を図り，それが果たせない場合には，適正な財産関係の清算（債権者への平等弁済等の債務整理）を図るのが，実務法曹の日常的プラクティスである。

　倒産法の実務的世界は，裁判所が関与する「法的整理手続」と関与しない「私的整理手続（集団的和解手続）」とで構成されている。法的整理手続としては「民事再生」「会社更生」「破産」「特別清算」「特定調停」などの制度が整備されている。それらを事業や経済生活の「再生」を目的とする「再生型」と清算を目的とする「清算型」とに分類すると次頁の【図1】【図2】のとおりとなる。

---

1) 最高裁判所事務総局「裁判の迅速化に係る検証に関する報告書（概要）」73頁以下（平成25年7月）。なお，現在の家事事件の実務では，面会交流調停・審判事件（親子法）に注目が集まっている（最一小決平成25年3月28日民集67巻3号864頁）。

*451*

## 【図1】

| | | 法的整理 | 私的整理 |
|---|---|---|---|
| 再生 | 1 | 民事再生（民事再生法） | 中小企業再生支援協議会<br>株式会社地域経済活性化支援機構<br>事業再生実務家協会<br>（事業再生ADR）　　　　　　　等 |
| | 2 | 会社更生（会社更生法） | |
| | 3 | 特定調停（特定債務等の調整の促進のための特定調停に関する法律） | |
| 清算 | 4 | 破産（破産法） | |
| | 5 | 特別清算（会社法） | |

## 【図2】

| 清算モード | 債務者 | 再生モード |
|---|---|---|
| 特別清算<br>法人破産 | 大会社<br>中小会社 | 会社更生<br>民事再生<br>特定調停 |
| 個人破産 | 個人事業者 | 民事再生<br>（小規模個人再生手続）<br>特定調停 |
| 個人破産 | サラリーマン | 民事再生<br>（給与所得者等個人再生手続）<br>特定調停 |
| 法人破産 | その他<br>医療法人<br>宗教法人<br>協同組合等 | 民事再生<br>特定調停 |

したがって，家族法と倒産法は，個人生活の「再生と清算」という共通目的[2]をもち，そこでの共通法務は「適正な財産管理」であると実感している[3]。

そこで，本稿では「相続財産の破産等に関する特則」と「破産管財人・親権者・後見人の財産管理権の適正行使の担保システム」をテーマとして取り上げてみたい[4]。

また，法的整理手続を債務者の性格別に対応させると下図のとおりとなる。

## 第2 相続財産の破産等に関する特則

### 1 相続財産の破産手続

相続財産が債務超過である場合に，相続財産について行われる破産手続である。

---

2)「再生と清算」は対立した実務ではなく，過去の「清算」は個人生活の未来への再スタート（再生）という役割をも担っている。
3) 筆者の成年後見人・成年後見監督人・民事再生監督委員・個人再生委員・破産管財人としての長年の執務経験からの実務感覚である。
　遠山信一郎「ドキュメント成年後見人の仕事」JA金融法務2003年10月増刊号11頁以下，遠山信一郎＝久米川良子＝古笛恵子「高齢者との金融取引」JA金融法務2011年10月増刊号，遠山信一郎「個人再生委員雑感」金判1144号2頁，同「個人再生はたいへん，されど楽し」金法1658号56頁以下，同「再生債務者ないし債務者代理人は，監督委員に対していかなる報告，説明，情報開示を行う必要があるか」民事再生実務合同研究会編『民事再生手続と監督委員』140頁以下（商事法務，2008），同「再生計画の変更申立てがされた場合，個人再生委員はどのように手続に関与しますか」鹿子木康＝島岡大雄編『個人再生の手引』432頁以下（判例タイムズ社，2011），同「特殊な債権者を擁する破産事件(Ⅶ)─学校の破産」園尾隆司ほか編『新・裁判実務大系28　新版破産法』393頁（青林書院，2007）。
4) 家族法と倒産法との交錯場面では，他にも様々なテーマが存在する。
　1　離婚後の離婚当事者の破産
　2　離婚訴訟中の当事者の破産
　3　離婚給付への否認権行使
　4　扶養債権の破産法・民事再生法の取扱い
　5　相続人の破産管財人の遺産分割協議への参加の可否
　6　破産管財人の遺留分減殺請求訴訟，遺言無効確認訴訟の当事者適格
　島岡大雄＝住友隆行＝岡伸浩＝小畑英一編『倒産と訴訟』198頁以下（商事法務，2013），全国倒産処理弁護士ネットワーク編『破産実務Q&A150問』（金融財政事情研究会，2007），『破産実務Q&A200問』（金融財政事情研究会，2012）。

(1) 相続財産の破産手続開始の申立て
　① 管　轄

　相続財産についての破産手続開始の申立ては，被相続人の相続開始の時の住所又は相続財産に属する財産が日本国内にあるときに限りすることができる（破産法222条1項）。

　管轄は，第一次的には被相続人の相続開始の時の住所地を管轄する地方裁判所であるが（同条2項），第二次的には相続財産に属する財産の所在地（債権については，裁判上の請求をすることができる地）を管轄する地方裁判所が管轄裁判所となる（同条3項）。

　② 破産原因

　相続財産の破産については債務超過のみが破産原因となる（破産法223条）。

　③ 申立人

　破産手続開始の申立権者は，相続債権者又は受遺者のほか，相続人，相続財産の管理人又は遺言執行者（相続財産の管理に必要な行為をする権利を有する遺言執行者に限る。）である（破産法224条1項）。

　④ 申立期間

　相続財産については，財産分離の請求（民941条1項）をすることができる間に限り，破産手続開始の申立てをすることができる。ただし，限定承認又は財産分離があったときは，相続債権者及び受遺者に対する弁済が完了するまでの間も，破産手続開始の申立てをすることができる（破産法225条）として，破産手続による厳格な清算手続の機会を保障している。

(2) 破産手続開始と相続開始の時期

　破産手続開始の申立て後，破産手続開始の決定前に，債務者について相続が開始したときは，破産手続は当然には続行しないが，裁判所は，相続債権者，受遺者，相続人，相続財産の管理人又は遺言執行者の申立てに基づいて，当該相続財産について，その破産手続を続行する旨の決定をすることができる（破産法226条1項）。

　この申立ては相続開始後1か月以内にする必要がある（同条2項）。1か月以内にこの申立てがない場合は同期間が経過した時に，同期間内に続行の申立てがあった場合で当該申立てを却下する裁判が確定したときはその時に，それぞれ破産手続は終了する（同条3項）。また，続行の申立てを却下する

裁判に対しては，即時抗告をすることができる（同条4項）。
　破産手続開始決定後に破産者について相続が開始したときは，当該相続財産について，その破産手続が当然に続行する（破産法227条）。
### (3) 相続人等の説明義務
　相続財産の破産の場合，相続人等は説明義務を負う（破産法230条1項各号）。
### (4) 相続財産の破産における否認
　否認に関する規定（破産法6章2節）の適用については，被相続人，相続人，相続財産の管理人または遺言執行者が相続財産に関してした行為は，破産者がした行為をみなされる（同234条）。
　受遺者に対する担保の供与又は債務の消滅に関する行為がその債権に優先する債権を有する破産債権者を害するときは，当該行為を否認することができる（破産法235条1項）。
　また，否認後の残余財産について，破産管財人は，相続債権者に弁済をした後，否認された行為の相手方にその権利の価額に応じて残余財産を分配しなければならない（破産法236条）。
### (5) 破産手続廃止の申立て
　破産債権者の同意による破産手続廃止の申立ては，各相続人がなし得る（破産法237条）。
### (6) 破産債権者
　相続財産の破産においては，相続債権者・受遺者が破産債権者となる。両者の間では，相続債権者の債権が受遺者の債権に優先する（破産法231条2項）。限定承認の場合（民931条）及び財産分離の場合（民947条3項，950条2項）と同様の扱いである。
　したがって，相続債権者について劣後的破産債権を含め全額の弁済がされた後に，受遺者に対する配当がされる。
　さらに，相続人が破産債権者となる場合がある。第一に，相続人が被相続人に対して権利を有していた場合は，混同による債権消滅の例外として，権利は消滅しなかったものとみなされ，相続債権者と同一の権利を有する（破産法232条1項）。第二に，相続人が相続債権者に対して自己の固有財産をもって弁済等の債務消滅行為をしたときは，相続人は，その出捐額の範囲内で，当該相続債権者の権利を代位行使できる（同条2項）。

相続人の債権者は破産債権者としてその権利を行使することができない（破産法233条）。

(7) 破産手続と限定承認又は財産分離との関係―破産手続の優先

相続財産についての破産手続開始の決定は，限定承認又は財産分離を防げない。

これは，相続財産の破産は，相続財産の清算手続にとどまり，限定承認や財産分離の実体法的効果[5]がなく，請求に期間制限があるためである。

ただし，破産手続開始の決定の取消し若しくは破産手続廃止の決定が確定し，又は破産手続終結の決定があるまでの間は，限定承認又は財産分離の手続は中止する（破産法228条）こととして，家庭裁判所の関与を背景とした簡易かつ緩やかな清算手続[6]よりは，破産管財人の厳格な規律の下での財産管理をベースとした清算手続を優先させることとしている。

この「破産手続の優先」は，「清算における正義―公平・平等・衡平」[7]を重視するゆえである。破産手続が，相続財産の厳正な清算についてのセーフ

---

5) 相続財産の破産は，相続財産の清算手続にとどまり，直ちには，限定承認や財産分離の実体的な効果，すなわち，相続財産の清算後に残存する債務についての相続人の責任免除（民922条）や相続人の固有財産についての相続債権者の劣後化（民948条，950条2項）をもたらさない。したがって，制度利用者としては，地方（破産）裁判所と家庭裁判所との手続の併用を検討する場合が生ずる。
6) 民法上，相続財産と相続人の固有財産とを分離して相続財産の清算を行う制度（分離清算）としては，相続人のイニシアティブによる限定承認（民915条1項，922条以下），相続債権者又は受遺者のイニシアティブによる財産分離（民941条）がある。また，相続人の不存在の場合は，包括承継者が存在しないため，相続財産は清算され，残余財産が国庫に帰属し（民959条），国庫帰属までの清算の過程における権利義務の帰属点として相続財産は法人とされる（民951条）。分離清算の仕組みの類似点としては以下のとおりである。
   1 相続債権者及び受遺者への公告と除斥（民927条，941条2項，942条，950条2項，957条）
   2 相続人又は相続財産の管理人による相続財産の管理・換価及び債務の弁済（民926条，932条，929条〜931条，936条，943条，944条，947条2項，950条2項，953条，957条2項）
   3 相続債権者への平等弁済（民929条，947条2項，950条2項，957条2項）
   4 相続債権者の受遺者に対する優先（民931条，947条3項，950条2項，957条2項）
   5 公告等の懈怠や優先関係に反する弁済に対する相続人又は相続財産の管理人の損害賠償責任（民934条，947条3項，950条2項，957条2項）等。
   ただし，家庭裁判所の監督や利害関係の監視が十分に機能せず，清算手続がブラックボックス化している懸念が否めないところが大きな課題といえる。
7) 伊藤眞『破産法・民事再生法』12頁以下（有斐閣，2007）。

ティネットの役割を果たしており，その活用が望まれる[8]。

## 2 相続人の破産の特則

相続開始後（被相続人死亡後）に，相続人について行われる破産手続である。

### (1) 単純承認，相続放棄，限定承認，財産分離に関する特則

破産手続開始の決定前に破産者のために相続の開始があった場合において，破産者が破産手続の決定後にした単純承認及び相続放棄は，破産財団に対しては，限定承認の効力を有する（破産法238条1項）。ただし，相続放棄の場合については，破産管財人は，相続の放棄があったことを知ったときから3か月以内に家庭裁判所に申述することにより相続放棄の効力を認めることができる（同条2項）。

また，相続人についての破産手続開始の決定は，限定承認又は財産分離を妨げない。ただし，当該相続人のみが相続財産につき債務の弁済に必要な行為をする権限を有するときは，破産手続開始の決定の取消し若しくは破産手続廃止の決定が確定し，又は破産手続終結の決定があるまでの間は，限定承認又は財産分離の手続は中止する（破産法239条）。

なお，相続人について破産手続開始の決定があった後，当該相続人が限定承認をしたとき，若しくは当該相続人について財産分離があったとき，又は，限定承認若しくは財産分離があった後に相続人について破産手続開始の決定があったときは，破産管財人は，当該相続人の固有財産と分別して相続財産の管理及び処分をしなければならない（破産法242条1項）。破産管財人が相続財産の管理及び処分を終えた場合において，残余財産があるときは，その残余財産のうち当該相続人に帰属すべき部分は，当該相続人の固有財産とみ

---

8) 利用の実情：近時の司法統計には相続財産破産の事件数についての統計がないため，最近の動向は不明であるが，統計がある限りでは相続財産破産の利用は低調であり，年間数十件にとどまっている。利用されない理由としては，相続財産が債務超過であることが明らかであれば通常は相続放棄が選択されること，相続財産破産の制度があまり知られていなかったこと，相続財産がそれほど大きくない場合には簡易な清算手続である限定承認で足り，破産管財人を必要的に選任して債権調査等を行う破産手続は時間も費用も過重であることなどが指摘されている（伊藤眞＝岡正晶＝田原睦夫＝林道晴＝森下淳一＝森宏司『条解破産法』1411頁（弘文堂，初版，2010），片岡武＝金井繁昌＝草部康司＝川畑晃一『家庭裁判所における成年後見・財産管理の実務』407頁（日本加除出版，第2版，2014）。

なす。この場合，破産管財人は，その残余財産について破産財団の財産目録及び貸借対照表を補充しなければならない（同条2項）。

#### (2) 相続人の破産手続参加に関する特則

相続人について破産手続開始の決定があった場合には，相続債権者及び受遺者は，財産分離があったとき，又は相続財産について破産手続開始の決定があったときでも，その債権の全額について破産手続に参加することができるが（破産法240条1項），限定承認の場合には権利行使が制限される（同条4項）。

また，相続人及び相続財産等について連続して破産手続が開始した場合は，相続人の債権者の債権が他の債権に優先するとされている（同条2項・3項）。

相続人について破産手続開始の決定があった後，限定承認又は財産分離の手続において相続債権者等が弁済を受けた場合であっても，その弁済を受ける前の債権の額について破産手続に参加し得る（破産法241条1項）が，配当受領や議決権行使は制限される（同条2項・3項）。

### 3 受遺者の破産の特則

相続人の破産に関する規定は，包括受遺者について破産手続開始の決定があった場合にすべて準用される（破産法243条）。

なお，破産手続開始の決定前に破産者のために特定遺贈があった場合において，破産者が当該決定の時においてその承認又は放棄をしていなかったときは，破産管財人は，破産者に代わって，その承認又は放棄をすることができる（破産法244条1項）。この場合には，遺贈義務者等の催告権に関する規定（民987条）が準用される（破産法244条2項）。

## 第3 破産管財人・親権者・後見人の財産管理権の適正行使の担保システム

### 1 三職の財産管理権の適正担保システム
#### (1) 破産管財人

破産管財人は，破産財団に属する財産を管理する破産法上の包括的執行機関として，否認権を行使して破産財団を増殖し，財団所属財産を管理及び処

分して金銭に換価し，他方，債権調査で不当な破産債権の主張（届出）に異議を述べ，正当に配当に加わる資格がある債権者を確定した上，配当を行うものである[9]。

その職務執行は，善良な管理者の注意をもってする義務を負い，破産裁判所の監督を受け，一定の行為をするには破産裁判所の許可を要する。

破産裁判所が適格な破産管財人を選任し[10]，さらに適切な管財業務への介入（許可・求報告等）をすることにより，破産管財人の財産管理行為の適正さが担保されているといえる。

さらには，債権者集会手続を中心とした最大の利害関係人である債権者の監視・関与システムが破産管財人の財産管理を「劇場化」して，その透明性を担保している。

(2) **親権者**

親権者の子の財産についての代理権が制限されるのは，「利益相反行為」に該当する場合のみで，その場合は，その子のために特別代理人を選任することを家庭裁判所に請求しなければならない（民826条）。

ここでの財産管理は，「密室状態」[11]にあると懸念されるところである。

(3) **後見人（未成年・成年）**

後見人の被後見人の財産についての管理権が制限される場合としては，「利益相反行為」（民860条），「被後見人の居住用不動産の処分」（民859条の3），

---

9) 破産管財人の法律上の地位については，「職務説」「破産債権者代理説又は破産者代理説」「破産財団代表説」「破産団体代表説」「受託者説」「管理機構人格説」など諸説あるが，長年，多数事件の破産管財人（包括的執行官）として破産債権者への「公平・平等な配当」及び「情報の配当」（園尾隆司＝杉浦徳宏＝國井恒志＝植村京子編著『少額管財手続の理論と実務』74頁注14）及び注16）（経済法令研究会，2001）を実践してきた経験からは，「管理機構人格説」が最も適合する説明である。
　伊藤・前掲注8）140頁以下。
10) 破産管財人は，「法律事務のるつぼ」ともいうべきものなので，破産管財人には，熟達の弁護士が選任されているのが，破産管財実務であるといえる。
　鹿子木康＝島岡大雄編，東京地裁破産実務研究会著『破産管財の手引』（金融財政事情研究会，2011），東京地裁破産再生実務研究会編著『破産・民事再生の実務（第3版）』（金融財政事情研究会，2014）。
11) リスクマネジメント論やコンプライアンス論では「業務の密室化」が不祥事の温床と把握されている。
　遠山信一郎＝久米川良子＝田村恵子「JAコンプライアンス・不祥事防止の決め手は何か」JA金融法務2002年10月増刊号，遠山信一郎「JAコンプライアンス・不祥事防止態勢の作り方」JA金融法務2010年10月増刊号。

「後見監督人がある場合の一定の法定事項についてのその同意」(民864条)である。

法制度上、裁判所による監督(民863条以下)、後見監督人による監督(民848条以下)が、整備されており、とりわけ未成年後見では、定期的に調査官調査が入り、財産管理等を細かく監督されている実務のもと、相当程度透明性が確保されているといえる。

### 2 利益相反の場合の「特別代理人制度」の課題

特別代理人制度については、「特別代理人の選任や、特別代理人の代理行為については、特別の制約や監督機関は設けられていない。そこで、特別代理人は、申立人である親権者の推薦する親族や知人の中から選任されることが多いために、親権者の『ロボット』にすぎないことが多い。このような原状を前提にすると特別代理人の選任は、単に、形式を整えるためだけであることが多く、その機能は、子の保護というよりも、むしろ有効に利益相反行為を行うことにあるといわざるをえない。」[12]

「特別代理人制度が子(被後見人)の利益保護のために十分に機能していないことは従来から指摘されているところであり、立法論として何らかの実効性のある制度を検討すべきであることはいうまでもない」[13]などの有力な指摘がなされている。他方、実務では、特別代理人選任申立時に、特別代理人の代理行為まで特定して申立てがなされ、裁判所の監督を受けることで、子の保護を図っている。筆者は、裁判所の実務的対応を、より後押しする意味で、水野紀子教授の以下の改正提案に賛同したい。[14][15]

---

12) 角紀代恵「連帯保証等と利益相反行為」水野紀子=大村敦志=窪田充見編『家族法判例百選 第7版』89頁(有斐閣、2008)。
13) 田中通裕「相続放棄と後見人の利益相反行為」水野=大村=窪田編・前掲注3)『家族法判例百選 第7版』99頁。
14) 広島高裁岡山支判平成23年8月25日判時2146号53頁は、遺産分割のために選任された特別代理人(未成年者の兄)が自分に有利な分割協議をした事案で、特別代理人に損害賠償を命じた事案であるが、このような事態が暗数化していることへの懸念は否定できない。
15) 水野紀子「家族法改正—婚姻・親子法を中心に—親権法」ジュリ1384号72〜73頁。

> 民法826条　改正条文
> ① 親権を行う父又は母とその子との利益が相反する行為については、親権を行う者は、その行為の許可を家庭裁判所に請求しなければならない。
> ② 親権を行う者が数人の子に対して親権を行う場合において、その一人と他の子との利益が相反する行為については、親権を行う者は、その行為の許可を家庭裁判所に請求しなければならない。
> ③ 家庭裁判所は、当該利益相反行為が子の不利益になる場合には、その行為を許可しない。
> ④ 家庭裁判所の許可を得ずになされた利益相反行為は、無効とする。
>
> 現行826条は、もともとは「自己契約・双方代理」であっても親ができる必要があるという立法趣旨の条文であったが、判例は、無理を重ね、もっとあいまいな行為をこの条文の対象として子の保護を図ってきた。このねじれの構造を解消するために、許可制とする条文を起草した。特別代理人制度を廃止する。特別代理人制度については、制度を維持して代理人の裁量権を認めれば、柔軟な対応（継続的契約など）が図れるかとも考えたが、その場合には許可の範囲を広げておけばよいと思われる。

さらに、家庭裁判所において、「利益相反の範囲」のガイドラインを作成公表して、適正に運用されれば、取引の安全（予測可能性）にも資するといえる[16]。

### 3　制度設計案

親権者・後見人の財産管理権の適正行使担保システムについては、破産管財人のそれにならって「親権者・後見人の財産管理処分行為のうち、家庭裁判所の指定する重要なものはあらかじめ家庭裁判所の許可を有効要件とする」旨の制度設計を提案したい[17]。

その理由とするところは以下のとおりである。

---

[16] 利益相反行為の判断基準としては、大きく「外形説」と「実質説」とに分けられるところであるが（島津一郎＝松川正毅編『基本法コンメンタール親族　第5版』219頁以下（日本評論社、2008）、窪田充見「家族法──民法を学ぶ(15)親権」法学教室345号57頁以下）、家庭裁判所が従前の判例及び学説を整理・参考にしてガイドラインを作成・公表することが望まれるところである。

[17] 水野紀子教授は、親権者による子の財産の処分については、以下の立法提案をされている。筆者は広く重要財産の処分については、家庭裁判所の事前許可にかからしめることで、不祥事リスクをより効果的に回避できると考えている。

## (1) 契約に基づかない財産管理関係の規律

民法上，契約に基づかない他人のための財産管理関係は，①不在者の財産管理人，②親権者，③法定後見人（未成年・成年）などが代表例である[18]。

契約に基づかないので，財産権者本人は，自己の計算や意思決定がなく，自己責任を負う立場にない。言い方を換えれば，財産権者本人は，その財産管理について管理者を「信じて託して」はいない。その代わりに，家庭裁判所ひいては社会が「信じて託して」いるわけである。管理者は，その社会的信託（負託）に応じて財産権者の財産保護のために忠実にその管理行為を行う責務を負う立場に立つのである[19]。

---

追加条文
親権を行う父母は，自己の管理下にある，子が相続によって取得した財産を処分するに当たって，家庭裁判所にあらかじめ許可を得なければならない。

1　未成年子が取得する重要な財産は，主として相続財産であると考えられるので，相続財産だけをターゲットにして，家裁の許可制を課すことにした。独民1640条の財産目録の調製義務，仏民の単純法定管理行為を参照して，目録提出義務を課すことも考えたが，日本では難しいだろうと判断して採らなかった。相続財産と並んで無償供与財産を掲げるのが通常であろうが，生前贈与については，現行830条で対応するにとどめる。
2　取引の相手方としては，未成年子名義の不動産などを取得するに当たって，それが相続財産として子のものになったという経緯は予測できるであろうから，その場合は家庭裁判所の許可を要することになる。許可がなければ無効という効果は規定しなかったが，当然である。相手方は，相続財産とは思わなかったことに無理がなければ，表見法理で救済される余地がある。

---

18) 他には，①推定相続人の廃除確定前の遺産の管理人（民895条），②相続の承認又は放棄前の相続財産の管理人（民918条），③相続放棄の場合における相続財産の管理人（民940条），④限定承認の場合における相続財産の管理人（民936条2項，918条2項），⑤財産分離における相続財産の管理人（民943条1項），⑥相続人不存在による相続財産管理人（民952条，953条），⑦遺言執行者（民1010条），⑧共同相続人の単純承認後から遺産分割終了前までの遺産管理人（明文上の規定なし）などがある。
片岡＝金井＝草部＝川畑・前掲注8）。
19) 契約に基づく他人のための財産管理関係としては，「委任」（民643条），「信託」（信託法）が代表例である。
「委任」による財産管理契約については日本弁護士連合会法的サービス企画推進センター遺言信託プロジェクトチーム『高齢者・障害者の財産管理と福祉信託』（三協法規出版，2008）参照。
「信託」については遠藤英嗣『新しい家族信託』（日本加除出版，2013），NPO法人遺言・相続リーガルネットワーク編『実例にみる信託の法務・税務と契約書式』（日本加除出版，2011）参照。
樋口範雄教授は，アメリカ契約法において「信託的関係（fiduciary relation）の拡張」

そこでは，管理行為を外部から規制する手段として，「家庭裁判所の許可」判断の介入が有効に機能することが期待できるし，本人保護の生命線の一つといえる。

ちなみに，民法28条は，不在者の「管理人は第103条に規定する権限を超える行為を必要とするときは，家庭裁判所の許可を」有効要件としているが，契約に基づかない財産管理関係における本来あるべき管理適正化システムであると考える[20]。

(2) 取引の安全

制限能力者（未成年者，被後見人等）との取引相手は，制限能力について

---

の傾向があることを指摘する。

「ボストン大学のフランケル教授……によれば，信託的関係とは，契約のように関係内容を当事者が定める自由を広くもちながら，契約と異なり，契約当事者が自らの利益を自ら守るというのではなく，一方（信託では受益者にあたる人）が他方（受託者にあたる人）に対し，その利益を守ってもらえるとあてにしてよいような関係である。その例としては，本人と代理人，寄託者と寄託を受けた者（受寄者），株主と会社の取締役や役員，相続人と遺産管理人・遺言執行者，破産債権者と破産管財人，被後見人と後見人，さらには患者と医師。あるいはまた子どもと親，依頼人と弁護士，そしてこれは先ほど論じたが被保険者と保険会社などがあげられる。」（下線は筆者による。）

「現代においては，分業が発達し，自分のことだから何もかも自分でやるということができない。病気になれば医師に，法律問題なら弁護士に，あるいは投資の問題なら信託銀行や投資顧問に頼らざるをえない。このような状況において，契約当事者のそれぞれが自らの利益の最大化だけをはかればよいとする伝統的な契約法理ではなく，相手に自分のために働くことをあてにしてよいとする法理の発展が期待される。フランケル教授によれば，それが信託法理の拡張である。英米法においては，信託的関係において受託者の信託違反には重い制裁が課され，信託違反を抑制するための賠償が課される。それは，不誠実な契約違反という不法行為を認めて救済をはかるのと方向を同じくする。

したがって，契約関係の中でも，信託的契約関係であるとして，受託者的立場にあるものに受認者の義務（fiduciary duty）を課し，それに基づく法的救済を用意するという場合がある。その動向にも注目すべきであるが，いずれにせよ伝統的な契約法の枠の外での発展として位置づけることが可能である。」樋口範雄『アメリカ契約法　第2版』80～81頁（弘文堂，2010）。

この見解からは，「破産債権者と破産管財人」「子どもと親」「被後見人と後見人」の財産管理関係は，「信託的な関係」という共通基盤をもつ制度ということになる。そこでの法律規律も共通であるべきこととなる。

さらに，親権及び後見は，制限能力者の利益保護を共通の目的として，上記共通の信託的関係にあることから，共通の法的規律に服するべきものといえる。その意味で，かつて議論された「親権・後見一元論（親権をなくして後見に一元化する）」は，すこぶる先見性を有していたといえる（大村敦志『家族法　第3版』110頁（有斐閣，2010））。

また，民法827条の「親権を行う者は，自己のためにするのと同一の注意をもってその管理権を行わなければならない。」とする規定は，現在の家族社会においては全く合理性を有しないものといえる。

20) 片岡＝金井＝草部＝川畑・前掲注8) 143頁以下。

善意であるからといって保護されない現行制度の下では，重要な財産取引の相手方にとっては，家庭裁判所の要許可事項について，裁判所の許可を得て取引をする仕組みの方が，取引の安全に資するといえる。そこでは，家庭裁判所において「許可」についての明確なガイドライン（運用基準）を作成し公表することが必須となる。

## 第4 財産管理における倫理と規制

### 1 本人保護のための二本柱

他人のための財産管理関係において，財産権者本人保護を図るためには，管理者の内面に義務付ける実践倫理と，その外面から規制する法的若しくは社会的システムの両面からのサポートが不可欠である。

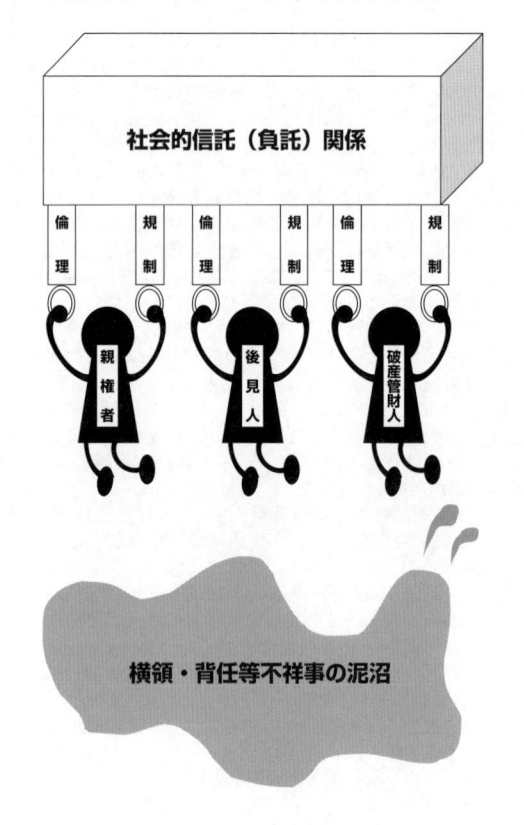

## 2 管理者の内面に義務付ける実践倫理

「本人の利益を犠牲にして自己又は第三の利益を図ってはいけない」という基本倫理は，信託（負託）を受けて他人の財産を管理・処分する者の根元的な実践倫理である。

倫理の中でも士業（弁護士・司法書士・税理士等）の職業倫理が制度的に整備されているので，制度的に全く保障のない親族的・家族的倫理よりも，不祥事リスクへの抑止力が高いといえる。[21]

とりわけ，弁護士の職業倫理については，法科大学院で「法曹倫理」が必修科目，司法研修所で研修科目とされ，さらに各単位弁護士会に弁護士登録後の定期的な倫理研修受講を義務付けて，いわば生涯倫理教育システムが駆動している。[22]


## 3 管理者の外面から規制する法的・社会的システム

倫理だけでは，管理者の適正な財産管理を担保することはできない。

外的規制としては以下の仕組みが考えられる。

(1) 家庭裁判所に対する後見人等の報告・連絡・相談の徹底運用
(2) 財産管理の重要事項（利益相反取引・重要な財産処分・借入など）についての家庭裁判所の許可を有効要件とすること
(3) 管理者選任要件として，倫理及びスキルについての研修履修[23]
(4) 管理者選任要件としての損害賠償保険付保[24]

---

21) 東京三会有志・弁護士倫理実務研究会編著『弁護士倫理の理論と実務』（日本加除出版，改訂，2013），髙中正彦『弁護士法概説（第3版）』（三省堂，2006）。
22) 親族後見人の方が第三者後見人に比して横領等の不祥事が多いという現実に対する対策として，東京家庭裁判所は次のような運用を開始している。
　① 平成24年2月より後見制度支援信託を開始。
　② 親族後見人の後見監督人（弁護士等）は，6か月ごとに現金出納帳，通帳等の原本確認，財産状況と収支状況の報告を後見人から受け，問題があれば裁判所へ報告する業務を徹底する。
23) 各単位弁護士会は，所属会員弁護士に向けて，適時研修会を実施している。
　・東京弁護士会「成年後見の実務」LIBRA 2010年12月号
　・東京三会高齢者・障害者の権利に関する連絡協議会「後見等監督人マニュアル」（2012年5月）
　・大阪弁護士会高齢者・障害者総合支援センター『新版　成年後見人の実務（追補版）』（大阪弁護士協同組合，2012）
24) 平沼高明『専門家責任保険の理論と実務』（信山社，2002），山下典孝「弁護士賠償責

東京三弁護士会は，東京家庭裁判所に成年後見人等を名簿推薦する弁護士には，弁護士賠償責任保険付保を義務付けている。しかし，管理者の故意の横領・背任による本人の損害についての賠償は付保されないので，本人（被害者）の救済としては不十分である。故意特約の保険設計の検討が望まれるところである[25]。

(5) 管理者の担保提供[26]

横領・背任という故意行為を防止する究極の防止策は，管理財産に応じた担保を管理者に提供させることといえる。現行民法では，「不在者の財産管理人」（民29条1項）及び「第三者が無償で子に与えた財産の管理者」（民830条4項）の場合に，制度として用意されている。

(6) 市区町村・関係団体（社会福祉協議会・包括地域支援センター等）を中心とした地域社会（ボランティア・NPO・町内会・金融機関等）ネットワークによる支援・モニタリング[27]

(弁護士・中央大学法務研究科教授)

---

任保険契約に関する一考察」保険学雑誌606号（2009），同「法律専門職業人賠償責任保険における一考察」青竹正一先生古稀記念論文集『企業法の現在』所収（信山社，2014）。

[25] 保険法17条（保険者の免責）は，いわゆる「故意免責」で規定するが，本条は，任意規定であるので，「故意免責」をしない損害保険の設計は可能である。
福田弥夫＝古笛恵子編『逐条解説改正保険法』53頁（ぎょうせい，2008），石山卓磨編著『現代保険法（第2版）』220頁（成文堂，2011）。

[26] 遠藤浩＝良永和隆編『基本法コンメンタール民法総則（第6版）』85頁（日本評論社，2012），我妻榮＝有泉亨＝清水誠＝田山輝明『コンメンタール民法　総則・物権・債権（第2版追補版）』107頁（日本評論社，2010），谷口知平＝石田喜久夫『新版注釈民法(1)（改訂版）』461頁以下（有斐閣，2002）。

[27] 社会福祉協議会や包括的地域支援センターなどの課題については，赤沼康弘編著『成年後見制度をめぐる諸問題』379頁以下（新日本法規，2012）参照。

# 親族後見人に対する監督と支援

多 田 宏 治

## 第1 問題の所在

　平成12年4月に成年後見制度が開始されてから，その利用件数は確実に増加してきている。ちなみに，平成25年12月末日現在で，成年後見制度（成年後見・保佐・補助・任意後見の制度を，以下「成年後見制度」という。）の利用者数は176,564人で，平成22年から平成25年までの間に，年平均約12,000人ずつ増加している。[1] このまま推移すると仮定して単純に計算すれば，平成36年には，利用者数は30万人を突破することになる。

　利用件数が増加する一方で，親族の後見人の不正行為の発生が問題となっている。最高裁判所事務総局家庭局の調査によれば，平成22年6月から平成24年3月までの22か月間で親族後見人等（親族の成年後見人，保佐人，補助人及び未成年後見人）による不正行為は判明しただけでも，538件（うち，未成年後見人選任事件は63件），被害総額は約52億6,000万円であった。毎月24件程度の不正行為が発覚し，約2億4,000万円の被害が判明しており，1日当たり約800万円の被害が発生していることになる。同じ期間中の専門職後見人（司法書士，弁護士，社会福祉士等）の不正行為は，12件，被害総額は約2億円である。[2] 専門職後見人に比較すると，親族後見人等の不正行為がいかに多いかが分かる。

---

1) 最高裁判所事務総局家庭局「成年後見関係事件の概況―平成25年1月〜12月」。
2) 最高裁判所事務総局家庭局第一課長浅香竜太，同局付内田哲也「後見制度支援信託の目的と運用」市民と法76号13頁，17頁（2012年8月）。

このような親族後見人等の不正行為の増加を反映してであろうか、[3] 親族後見人（親族の成年後見人・保佐人・補助人を，以下「親族後見人」という。）が選任される割合が，平成12年度は約91％もあったが，徐々にその割合は減り続け，平成24年には初めて5割を切って約48.5％となり，平成25年には，さらに減少して約42.2％となった。[4]

一方で，平成25年に発表された厚生労働省資料[5]によれば，65歳以上の高齢者のうち，認知症の人は，平成24年時点で推計15％で，約462万人，認知症になる可能性がある軽度認知障害（MCI）の人が約380万人とされる。さらに，内閣府の資料[6]によれば，精神障害者が約320万人，知的障害者が約55万人といわれる。先に成年後見制度の利用が増えていると述べたが，実際は，必要とされているニーズに，現在の成年後見制度はまだ十分に応えきれていない状況である。

このような状況の下で，後見人（成年後見人・保佐人・補助人を，以下「後見人」という。）の受け皿として，親族後見人よりも第三者後見人，特に，専門職後見人を選任する割合が増えているが，このまま推移するとすれば，専門職後見人の今後の供給は明らかに不十分であるとの指摘がなされている。[7]そこで，親族後見人でなく，専門職後見人でもない市民後見人に期待が集まってきているが，まだまだ将来は明確ではない。

振り返ってみれば，日本の成年後見制度において，後見人の受け皿という観点でみた場合には，親族後見人の占める位置は極めて大きなものがある。選任される割合が減少したといっても5割近くあるわけで，親族後見人の存在なくして，日本の成年後見制度は存在しないという現状でもあるということができる。したがって，親族後見人の選任割合が著しく低下しているということは，今後ますます顕在化してくるであろう後見人の受け皿の問題をどうしていくかという視点からは大変由々しき問題であるといえる。

3) 東京家庭裁判所判事小西洋「東京家庭裁判所本庁（後見センター）における成年後見事件の実情と取組み」実践成年後見47号77頁。
4) 最高裁判所事務総局家庭局「成年後見関係事件の概況—平成12年〜平成25年」。
5)「都市部における認知症有病率と認知症の生活機能障害への対応」（厚生労働省研究班代表者朝田隆筑波大学教授）。
6)「平成25年版障害者白書」内閣府。
7) 上山泰「専門職後見人の現状と市民後見人システムの充実に向けて」実践成年後見28号63頁以下。

本稿では，親族後見人の不正行為の防止を図りつつ，後見人の受け皿として親族後見人の可能性を拡げていくためにはどうすればよいのかという課題について検討してみたい。①まず，日本の成年後見監督制度（成年後見監督・保佐監督・補助監督・任意後見監督の制度を，以下「成年後見監督制度」という。）の概観をみて，②イギリスとドイツにおける成年後見監督の制度にふれ，③親族後見人の特徴と問題点を押さえた上で，家庭裁判所が親族後見人の不祥事に対してどのように対応しているのかを検討し，④不祥事対策の一つとして活用されつつある後見監督人について，実務家の視点から問題点と課題を摘出し，⑤親族後見人の不正を防止しつつ，親族後見人を支援するシステムの構築について検討する。なお，意見にわたる部分については，筆者個人の見解であることをあらかじめお断りしておく。

## 第2 日本の成年後見監督制度の概観

### 1 平成11年の民法改正

平成11年に民法が改正され，新しい成年後見制度が導入されるとともに，成年後見監督制度も幾つかの点で改正された。

法定後見においては，後見監督（成年後見監督・保佐監督・補助監督を以下「後見監督」又は「法定後見監督」という。）を家庭裁判所と後見監督人（成年後見監督人・保佐監督人・補助監督人を以下「後見監督人」又は「法定後見監督人」という。）に担わせるという点は，そのまま継承されたが，前者に対しては現行規定（民863条。以下，条文は後見についてのみ記載）のままであったのに対して，後者に対しては，以下の改正が行われた。改正点として，①職権による後見監督人の選任と被後見人（成年被後見人・被保佐人・被補助人を以下「被後見人」という。）の選任請求権を認めたこと（民849条），②法人後見監督人や複数後見監督人を認めたこと（民852条による843条4項，859条の2の準用），③保佐監督人や補助監督人の創設（民876条の3，876条の8），④後見監督人に対する報酬の付与が可能となったこと（民852条による862条の準用）が挙げられる。

これらの改正は，後見監督人に対する後見監督制度充実の観点からなされたものである。特に，旧法下では，後見監督人の選任は本人の親族や後見人

の請求によるものとなっていたので、ほとんど選任されていなかった。職権による後見監督人選任の道を開いたことと後見監督人に対して報酬を付与することが可能となったことで後見監督人の適任者を確保しやすくなった。そのことにより家庭裁判所による後見監督に加えて、後見監督人による後見監督という制度を活用できることとなった意義は大きい[8]。

また、新しく創設された任意後見においては、必置機関として任意後見監督人が創設された。

## 2 家庭裁判所による監督
### (1) 法定後見の場合

家庭裁判所は、いつでも、後見人に対し後見事務の報告や財産目録の提出を求めることができ、又は、後見事務や被後見人の財産状況の調査をすることができる（民863条1項）。さらに、後見監督人、親族等の請求又は職権にて、後見事務について必要な処分を命ずることができる（民863条2項）。必要な処分とは、後見事務に関して監督上必要な一切の措置をいう[9]。

そして、家庭裁判所は、後見人に不正な行為等があった場合には、後見監督人、親族等の請求又は職権にて、後見人を解任することができる（民846条）。また、親族等の請求又は職権にて、後見監督人を選任することもできる（民849条）。

### (2) 任意後見の場合

任意後見の場合は、法定後見の場合と異なり、家庭裁判所は任意後見監督人を通して間接的に監督していくシステムを採用している。家庭裁判所は、任意後見監督人に対して、任意後見人の事務の報告を求め、任意後見人の事務や本人（以下、任意後見契約の委任者を「本人」という。）の財産状況の調査を命じ、任意後見監督人の職務に対し必要な処分を命ずることができる（任意後見7条3項）。任意後見の場合には、職権による任意後見人の解任はできず、任意後見監督人や親族等の請求によって任意後見人を解任できる（任意後見8条）。

---

8) 小林昭彦＝大門匡編『新成年後見制度の解説』180頁以下（金融財政事情研究会、2000）。
9) 於保不二雄＝中川淳編『新版注釈民法(25) 親族(5)』441頁〔中川淳〕（有斐閣、2004）。

## 3　後見監督人による監督
### (1) 法定後見監督人の場合

後見監督人の職務内容としては，民法851条で，①後見人の事務を監督すること，②後見人が欠けた場合に，遅滞なくその選任を家庭裁判所に請求すること，③急迫の事情がある場合に，必要な処分をすること，④後見人と被後見人との利益が相反する行為について被後見人を代表することが規定されている。

①が主たる職務であり，後見監督人は，いつでも，後見人に対して後見事務の報告，財産目録の提出を求め，後見事務，財産の状況を調査することができるし（民863条1項），家庭裁判所への後見事務に関する必要な処分請求（民863条2項）や後見人の解任請求（民846条）もできる。

さらに，後見人が，本人に代わって営業を行うとき若しくは，民法13条1項各号の行為をするときは，後見監督人の同意が必要である（民864条本文）。後見人が，後見監督人の同意を得ずに上記の行為を行った場合は，本人又は後見人は，その行為を取り消すことができる（民865条1項）。ただし，保佐監督や補助監督には，民法864条の規定が準用されていないので，保佐人や補助人が営業若しくは民法13条1項各号の行為をするときでも，保佐監督人や補助監督人の同意を必要としない。

### (2) 任意後見監督人の場合

任意後見監督人の職務としては，①任意後見人の事務の監督，②家庭裁判所への定期的報告，③急迫の事情がある場合に任意後見人の代理権の範囲内で必要な処分をすること，④任意後見人と本人との間で利益相反する行為について被後見人を代表すること（任意後見7条1項各号）である。①が主たる職務であり，そのために，任意後見監督人から任意後見人への報告請求権等がある（任意後見7条2項）のも法定後見監督人と同じである。

## 4　家庭裁判所による監督と後見監督人による監督の関係

法定後見監督の場合，家庭裁判所は，後見監督人が選任されていたとしても，必要な場合は，直接に後見人を監督できる（民863条1項）。したがって，法定後見の場合，後見人に対する後見監督責任を最終的に負うのは家庭裁判所であり，後見監督人の選任も家庭裁判所による広い意味での後見監督の一

種と考えることができる。これに対して，任意後見監督の場合，家庭裁判所は，直接に任意後見人を監督することができない。家庭裁判所は，任意後見監督人の報告を通じての間接的な監督に止まる。そのため任意後見では，任意後見人に定期的に家庭裁判所に対して報告をすることを義務付けている。

そして，法定後見監督と任意後見監督は，後見人の職務の適正を担保するために置かれる機関である点は共通しているが，法定後見監督人は，任意機関（「必要があると認めるとき」（民849条）に選任）であるのに対し，任意後見監督人は，必置機関（任意後見契約発効の条件，任意後見2条1号）である点が異なる。

## 第3　イギリスやドイツの成年後見監督制度について

諸外国の成年後見監督制度と比較することで，日本のシステムの特徴なり，問題点なりが把握しやすくなるのではないかと考え，ここでは，イギリスとドイツについて概観してみることにする。法制度の歴史も国情や文化も異なるので単純な比較は慎まなければならないであろうし，知識や情報を持ち合わせていない筆者にとって全体像を描写できるわけでもないが，筆者の手にすることのできた文献を参考にして検討してみた。

### 1　イギリスの場合

イギリスの成年後見制度においては，法定後見が必要な場合，裁判所自体が決定を行うことが優先され，法定後見人の任命は例外として位置づけられているという。[10] 特に，身上監護についての申立てに顕著であって，2010年度には，1,283件の申立てがあったが，裁判所が判断を下したのは218件で，その中で法定後見人が任命されたのは106件であった。これに対し，同年，財産管理に対する申立てが18,360件あったが，裁判所が判断を下したのが，

---

10）菅富美枝「『意思決定支援』の観点からみた成年後見制度の再考」法政大学大原社会問題研究所＝菅富美枝編著『成年後見制度の新たなグランド・デザイン』245頁（法政大学出版局，2013）。なお，イギリスの後見制度を俯瞰するためには，2005年意思能力決定法について検討する必要があるが，本稿では紙幅の都合で触れていない。上記書籍や菅・後掲注16）の書籍を参考にしていただきたい。

15,624件で，その中で法定後見人が任命されたのは9,437件であった[11]。成年後見制度の利用が低迷していると指摘される[12]我が国において，2013年には，33,832件の申立てがあり，法定後見人が31,703件選任されていることと比較するならば，我が国の人口の約半分であるイギリスにおいて，法定後見人の選任が意外に少ないのが分かる。

イギリスにおいては，国家が，未成年や知的・精神的障害ゆえに自ら管理できない財産を管理してきた歴史がある。現在でも，裁判所受託局という国家機関がそれらの者の財産を直接管理している。いわば，国による信託制度である[13]。現在では，裁判所受託局への預託を原則としつつも裁判所が認める場合にはそうしなくともよい運用に変わりつつあるという。この場合に，例外的に法定後見を選任するに際して，裁判所は通常より後見損害賠償額[14]を高額にするよう命じたり，後見人の権限の範囲を制限したりする。後見人の権利制限の例としては，①後見人の任命期間を限定する，②裁判所の許可を得ずに使用できる金額を制限する，③裁判所の事前の許可なく不動産の売却等一切の処分を禁じる等である[15]。

イギリスでは，本人の財産の保護を図るために，以上のような方策を用意した上で後見庁[16]による定期的な監督（一番厳しいレベルで，会計報告のほか，後見庁に所属する経験豊かな人々による訪問を受ける。）や一般の人々からの通報・調査制度がある[17]。

「イギリスの法定後見制度における裁判所の役割は，法定後見人の任命や監督ではなく，裁判所こそが後見内容の決定主体であるという原則に基礎づ

---

11) 菅・前掲注10）243頁。
12) 原勝則厚生労働省老健局長＝新井誠中央大学教授「リニューアル記念対談　市民後見と成年後見制度の今後」実践成年後見47号1頁。
13) ベン・ラスコンベ「イギリス社会における裁判所受託局の役割」前掲注10）281頁以下。
14) イギリスでは，例外的に法定後見人を選任するときは，後見人の不適切な行為によって本人に与えた損害を填補するために損害賠償保険をかけることを裁判所から命ぜられるのが通常である。裁判所により，適正な後見損害賠償保険金額が決定される。菅・前掲注10）244頁以下。
15) 菅・前掲注10）247頁。
16) 「後見庁とは，任意後見契約を登録し，法定後見人を監督し，任意後見人や法定後見人に寄せられた危惧について調査する機関である」（菅富美枝『イギリス成年後見制度にみる自律支援の法理』45頁以下（ミネルヴァ書房，2010））。司法省の下に置かれているが，司法機関たる保護裁判所から分離されている。
17) 菅・前掲注10）251頁。

けられている。こうした体制は，家庭裁判所による任命後は，法定後見人が原則として独占的に本人に代わって意思決定する権限を包括的に与えられる構造となっているわが国の体制とは，大きく異なるものといえよう。」[18] したがって，イギリスには，後見監督人の制度はない。

## 2 ドイツの場合

ドイツの成年後見監督制度の内容は，我が国の制度とほぼ似通っている。[19] 裁判所による監督制度と後見監督人による監督制度があることも同じである。異なっているのは，法定後見における裁判所の監督において，①世話人に対する強制金を課すことができること，②世話人の独立性の尊重を重視していること等である。また，被世話人の父・母・配偶者・生活パートナー・直系卑属が世話人の場合，裁判所に対する財産管理についての計算報告義務が免除されることも注目してよい。任意後見においては，ドイツには我が国のような任意後見制度（任意後見契約の発効を任意後見監督人の選任を停止条件としている制度）はなく，ドイツの任意代理制度は，原則として裁判所の監督を前提としていない。ただし，医療行為や強制入院に対する同意については，法定後見と同様に裁判所の許可が必要とされている。

法定後見監督人の制度について，ドイツでは，重大な財産管理を伴う世話においては原則として世話監督人が選任されるべきとする民法上の規定がある点が我が国と異なっている。この点で，ドイツでは裁判所の裁量を制限しているのに対し，我が国では裁判所の裁量を認める規定（民849条）となっている。また，ドイツでも任意代理監督世話人の選任を認めているが，我が国と異なり必置機関ではなく，実際上選任されることは稀であるという。

法制度としては日本とドイツにさほどの違いはないように思われるが，成年後見制度の利用者数は雲泥の違いがある。人口が，日本は約1億2,000万人，ドイツは約8,200万人，成年後見制度利用者数は，日本が2013年で約17万6,500件（法定後見と発効後の任意後見を含む。），任意後見契約締結数の2013年までの累計数で約8万6,000件，ドイツは世話（法定）後見で，2009年末で

---

18) 菅・前掲注16) 42頁以下。
19) ドイツの後見監督制度に関して，神野礼斉「日独における後見監督制度の比較」実践成年後見30号17頁以下を参照した。

130万件近くに達しており，予防的代理権（任意後見）の登録件数で，2010年末で約123万件である[20]。なぜ，これほどまでに大きな差異を生じたのであろうか。

ドイツでは，世話（後見）制度が，世話官庁（自治体の担当課）や民間の世話協会（NPO法人，宗教法人等）によって支えられ，裁判所は両支援組織によるバックアップを受けていて，それが法律上明確に規定されている。このことがドイツ成年世話法が利用されている最大の理由であるとの指摘がある[21]。そして，世話官庁は，被世話人の調査と裁判所への報告や被世話人にふさわしい世話人候補者の推薦を行っている。世話協会は，名誉職世話人（多くは，利用者の家族，我が国の親族後見人であるが，ボランティアの第三者，我が国の市民後見人も含む。）[22]の研修や監督を実施している。このように，行政，民間，司法が三位一体の関係を法律によって形成し，世話制度を推進しているという。

## 3 小 括

イギリスとドイツにおける成年後見監督制度等をみてきたが，そのことで，幾つかの点で日本との違いが，ある程度鮮明になったのではないかと思う。

イギリスにおいては，①法定後見の分野では，国が被後見人の財産を直接管理し，被後見人のために裁判所が意思決定することが原則となっており，後見人による財産管理や意思決定は例外的取扱いであるということ，かつ，後見監督人の制度はないこと，②例外的に後見人が任命された場合，損害賠償保険をかけることや後見人の権限の範囲を制限すること（裁判所の許可なく，後見人が使用できる金額を制限したり，不動産の売却等を禁止する等），③定期的な監督は，裁判所ではなく後見庁が行うこと等が特筆される。

ドイツにおいては，①後見監督の制度自体は日本と類似しているが，裁判

---

[20] 日本の件数は，最高裁判所事務総局家庭局・前掲注1）及び，法務省登記統計。ドイツの件数は，上山泰「成年後見制度の運用状況」新井誠＝赤沼康弘＝大貫正男編『成年後見法制の展望』58頁，64頁（日本評論社，2011）。
[21] 新井誠「成年後見法体系の構築—ドイツ成年者世話法とわが国の成年後見制度の比較から学ぶもの—」実践成年後見33号10頁以下。
[22] 上山泰『専門職後見人と身上監護』304頁以下（民事法研究会，第2版，2010）。神野礼斉「ドイツにおける成年後見人の養成」実践成年後見18号8頁以下，9頁の図では，名誉職世話人は家族が全世話人の60％，その他の者が6％との表示がある。

所は，世話官庁（行政）や世話協会（民間）の支援を受けて世話制度を推進させており，大事なことはそのことが法律に基づいており，国の政策として整備されていること，②ドイツにおける日本と雲泥の差がある利用件数は，これらの公的な支援システムに支えられていること，③後見監督人については，重大な財産管理を伴う世話において後見監督人の選任を義務付けていること等を挙げることができる。

両国の日本との異なる点については，日本の成年後見制度，成年後見監督制度にとって大いに参考になる点が含まれていると思われる。

## 第4 親族後見人の特長と問題点及びその不祥事に対する裁判所の対応

### 1 親族後見人の特長と問題点

親族後見人は，被後見人をよく知っている親族としての親愛なる感情に基づくきめ細やかな後見事務（特に身上監護事務）が期待できるという特長がある。本人も自らの子等の親族が後見人となって世話してくれていると随分と安心なことであろう。親族後見人の後見監督人を経験した筆者は，親子関係にある場合に，施設や入院先に，ほぼ毎日訪問する親族後見人の姿に接して，第三者後見人にはない親族後見人の良さを改めて思い知った。ドイツでは，まず，名誉職世話人を選任し，それがいない場合に，職業世話人となる[23]。そして，本人をよく知っている家族や知人等が名誉職世話人となっている。日本の市民後見人のように本人を知らない人が後見人に選任される社会とは全く異なる。日本における親族後見人の位置づけを本人の身上監護重視の視点から見直す作業も必要ではないだろうか。

親族後見人の問題点として，①後見事務の知識や経験が不足している，②被後見人の財産と後見人としての自分の財産を混同しがちである，③親の財産は自分のものという意識が強く，親の財産を自分や自分の家族のために使うことに罪悪感が少ない，特に，親族後見人に多額の負債があったり，失業したり，事業が苦しいときなどに顕著に現れる，④親のために親の財産を積極的に使うと相続財産が減るので，親の身上監護のための積極的な財産の活

---

23) 神野・前掲注22) 8頁，上山・前掲注7) 68頁。

用が消極的になる場合があり得るという意味で，利益相反的な関係に立つ等が挙げられる。[24]

課題となるのは，このような親族後見人の，後見人としての特長を活かしながら後見人としての問題点を克服していくための対応が家庭裁判所においてどのようになされているのかという点である。

## 2 親族後見人に対する家庭裁判所の対応

ここ数年，親族後見人の不正行為が続発していることは，「第1 問題の所在」で述べた。また，以下の〈表1〉[25]のとおり，後見人等の解任件数は増加の一途である。また，後見人等の辞任件数も増加し続けているが，この辞任の中には，家庭裁判所による解任に近い辞任勧告によるものも多く含まれていると思われる。[26]

親族後見人の不正行為の防止のために，家庭裁判所が採った対応としては，①家庭裁判所の限られた人的資源の下ではあるが，家庭裁判所による後見監督事務の具体的な運用について様々な工夫をしてきたこと，②平成24年2月1日から後見制度支援信託の運用を開始したこと，③専門職による後見人や後見監督人の活用をすることを挙げることができる。

限られた人員の下では，家庭裁判所としては，親族後見人の不正防止のためにあらゆる手段を検討するのが精一杯のところであって，親族後見人の良さを引き出し活用するための支援的な活動は家庭裁判所単独では期待するのは困難ではないかと思われる。

---

24) 坂野征四郎「成年後見人等の選任・解任・後見監督の実務」野田愛子＝梶村太市総編集『新家族法実務大系』第2巻499頁（新日本法規，2008），辻川圭乃「親族後見の意義と課題」実践成年後見30号26頁以下。
25) 最高裁判所事務総局による司法統計年報（第2表）「家事事件・調停の事件別新受件数―全家庭裁判所」
26) 坂野・前掲注24) 514頁。

〈表１〉後見等監督処分・後見監督人選任等の新受件数

| | 後見等監督処分（甲21） | 後見人等の解任（甲16） | 後見人等の辞任 | 成年後見監督人の選任 | 保佐監督人の選任 | 補助監督人の選任 | 任意後見監督人の選任 |
|---|---|---|---|---|---|---|---|
| 平成12年 | 3,669 | 71 | 150 | 76 | 5 | 4 | 26 |
| 平成13年 | 7,096 | 110 | 199 | 124 | 8 | 2 | 93 |
| 平成14年 | 12,454 | 153 | 327 | 196 | 22 | 3 | 134 |
| 平成15年 | 18,250 | 204 | 415 | 234 | 15 | 7 | 188 |
| 平成16年 | 25,396 | 195 | 494 | 166 | 21 | 4 | 222 |
| 平成17年 | 32,004 | 294 | 709 | 234 | 29 | 2 | 294 |
| 平成18年 | 40,281 | 297 | 883 | 1,071 | 38 | 9 | 365 |
| 平成19年 | 53,070 | 372 | 1,045 | 702 | 56 | 7 | 441 |
| 平成20年 | 56,993 | 431 | 1,319 | 870 | 51 | 12 | 466 |
| 平成21年 | 56,720 | 443 | 2,058 | 996 | 71 | 24 | 553 |
| 平成22年 | 46,218 | 480 | 1,824 | 1,499 | 100 | 31 | 613 |
| 平成23年 | 40,475 | 582 | 2,010 | 1,626 | 137 | 24 | 665 |
| 平成24年 | 43,448 | 883 | 2,577 | 2,110 | 191 | 41 | 709 |

## 3　家庭裁判所の後見監督に関する運用上の工夫

　家庭裁判所の後見等監督処分は、〈表１〉のとおり、平成20年までは年々増加する一方であったが、平成21年からはやや減少し始め、平成22年には前年に比べて約１万件も減少している。ここでいう後見等監督処分とは、家事事件手続法に基づく家庭裁判所が行う家事審判事項である（家事手続別表第一第14項・第34項・第53項，旧家審９条１項甲類21号）。主な事項として、後見人に対して後見事務報告を求める等の処分がある（民863条）。裁判所内において、事件によっては、後見等監督処分を省略する取扱いが始まったのであろうか，それとも、家庭裁判所による後見等監督処分を行う上での限界点に達したのであろうか。

　後見事件が増大していく中で、家庭裁判所内の限られた人員にもかかわら

ず，家庭裁判所は，後見監督事務のうち省略できるところはできるだけ省略し[27]，監督のやり方にメリハリを付けて，参与員を活用するなど様々な工夫をしながら，後見監督を実施してきた。例えば，東京家庭裁判所本庁（後見センター）では，親族後見人の監督・支援という点でみても，①親族後見人の選任当初の支援のために専門職後見人を期間限定で選任したり，②親族後見人には，選任時に職務を理解してもらうため説明会を開催したり，③親族後見人に対し，選任直後だけでなく，その後に継続研修を開催したり，④他団体（公益社団法人成年後見センター・リーガルサポート東京支部や社会福祉協議会等）が開催する研修会の案内をしたり，場合によっては参加を促したり，⑤調査人（家事手続124条1項）を専門職団体から推薦を受けて選任し調査を命じたり，⑥次に触れる後見制度支援信託を活用したり等している[28]。

しかしながら，全国全ての家庭裁判所の本庁や支部において，東京家庭裁判所本庁のような親族後見人に対する細やかな支援・監督を行っていくことはなかなか難しいのではなかろうか[29]。

## 4 後見制度支援信託の導入

後見制度支援信託とは，本人の財産のうち，日常的な支払に必要な金銭は，預貯金として親族後見人の管理下に止め，日常的には使用しない金銭を信託銀行等に信託するものである[30]。この制度を利用するときは，信託契約締結までは専門職後見人を選任し，専門職後見人が信託条件を設定した後に辞任し，親族後見人に後見事務を引き継ぐことになっている。臨時にまとまった

---

27) 家庭裁判所が事件数の増大に対して，合理的運営，事務の省略化をしていくことは，やむを得ず，その努力に対して敬意を表したい。しかし，一方で省略化の問題点もある。省略された事務手続の中で筆者が非常に問題だと考えるのは，鑑定手続及び本人との面談の省略である。ちなみに，平成25年には，鑑定の実施は全体の約11.6％となった。そして，鑑定を実施しない場合は，おおむね本人との面談も省略されている。成年後見制度は本人の権利を剥奪・制限することになるので，やはり，慎重な手続が必要ではないだろうか。そのためには，当然，裁判所の人員の増大が必要であることはもちろんのことである。
28) 小西・前掲注3）79頁以下。
29) 東京家庭裁判所本庁以外の最近の家庭裁判所本庁の後見監督の実情については，実践成年後見41〜46号，48号に掲載されている。仙台・広島・名古屋・神戸・横浜・札幌・福島の各家庭裁判所の論説が参考になる。
30) 浅香＝内田・前掲注2）16頁以下。

額の支出が必要なときは，その理由を説明して家庭裁判所に指示書を発行してもらい，信託財産の払戻しを受けることになる。

　家庭裁判所の後見監督は事後チェックの方法であり，不正防止のためには，より強力な事前チェックの手段が必要と考え導入されたものである。イギリスにおける国による信託の手法と似通っているが，後見制度支援信託は，民間の金融機関を利用している点で異なる。

　後見制度支援信託を利用できない場合として，①信託対象財産は，金銭のみとされるので，不動産や株式等の信託できない財産が全体の財産に占める割合が高い場合，②遺言の存在が明らかな場合，③専門職後見人を選任すべき場合（専門的知見を要するとき，親族間に紛争があるとき，親族後見人対象者がいないとき）等がある。また，東京家庭裁判所では，今のところ，後見制度支援信託は，現預貯金1,000万円以上を対象としている。[31]

　後見制度支援信託は，正式な法律上の制度ではなく，裁判所の運用による実施状況であり，法律で定めなくてよいかどうかについては今後の課題である。被後見人の財産を凍結させることで，被後見人の身上監護が消極的になる可能性がある等として，この制度に反対する意見もあり，[32]今後の展開を注視したい。

## 5　後見監督人の活用
### (1)　後見監督人の活用の現状

　平成12年4月に，新成年後見制度が開始してからの後見監督人選任の状況については，前掲の〈表1〉のとおりである。平成22年頃からやっと家庭裁判所も意識的に活用を検討し始めたといった状況ではないだろうか。

　後見監督の点においては，平成11年の民法改正によって，後見監督人を職権で選任できるようになり，かつ，報酬の付与も可能となり，専門職を後見監督人に選任しやすくなったにもかかわらず，平成17年までは家庭裁判所は

---

31) 小西・前掲注3）79頁。平成26年5月から500万円以上と変更している（東京家庭裁判所後見センター後見センターレポートvol.5）。
32) 日本弁護士連合会2011年3月27日付け『最高裁判所提案「後見制度支援信託」に関する意見書』，同年10月18日付け『最高裁判所提案「後見制度支援信託」導入の条件及び親族後見人の不祥事防止策についての意見書』を参照。いずれも日本弁護士連合会のホームページ掲載。

この制度をあまり活用してこなかったといえる。平成18年は，障害者自立支援法の施行に伴う非常に多くの法定後見開始申立てがあって，これに対応するため家庭裁判所として多くの後見監督人を選任した年であって，この年，後見監督人の選任件数が初めて1,000件を超え，前年度の4倍を超えた。この辺りから裁判所は後見監督人の制度を活用し始め，平成22年頃から親族後見人の不正行為を防止するための対策の一つとして，その活用を意識し始めたのではないだろうか。

　そして，今までは専門職後見人の選任が圧倒的に多かったが，専門職後見監督人の選任も増えてきたということは，家庭裁判所が，親族後見人の不適切な行為や不正行為を防止するために，専門職を後見人に選任する場合と後見監督人に選任する場合とを事案の内容によって使い分ける工夫をし始めたものと考えられる。ちなみに，東京家庭裁判所においては，流動資産が数千万円を超える事案では，親族後見人に対して，専門職後見監督人を選任する取扱いが多くなる傾向にあるそうだが，[33] ドイツでの取扱いを実務運用上取り入れた形となっている。

### (2) 家庭裁判所が専門職後見監督人を選任する場合

　家庭裁判所は，必要があると認めるときは，被後見人，その親族若しくは後見人の請求により又は職権で，後見監督人を選任することができる（民849条）。それでは，ここでいう「必要があると認めるとき」とは，具体的にどのような場合をいうのであろうか。

　東京家裁後見問題研究会[34] によれば，「一般論としていえば，後見センターでは，本人の財産管理等をより適正に行う観点から，親族後見人候補では不十分であり，専門職関与の必要性があると判断した場合」をいい，この場合に，専門職後見人や専門職後見監督人を選任することになるという。そして，具体例として，①親族間に被後見人の財産管理をめぐり紛争が生じている場合（この場合は，専門職後見人の選任となる。），②財産問題で第三者と紛争が生じている（又は生ずる可能性が高い）場合，③財産管理が適切に行われなかった事例を集積した結果から，財産状況等として，ア．被後見人に賃

---

33) 東京家裁後見問題研究会編著「後見の実務」別冊判タ36号42頁。
34) 東京家裁後見問題研究会編著・前掲注33) 41頁以下。

料収入等の事業収入がある場合，イ．被後見人の財産（流動資産）が多い場合（後見の開始後に流動資産の増加が見込まれる場合も含む。），ウ．後見人候補者が被後見人の財産を運用することを考えている場合，エ．被後見人の財産状況が不明確である場合，オ．後見人候補者が自己若しくは自己の親族のために被後見人の財産を利用（担保提供等を含む。）し，又は利用する予定がある場合，カ．後見人候補者が適正な後見等の事務を行わないリスクがある場合が挙げられている。②③において，問題が深刻なケースは専門職後見人を選任することが多いと考えられるので，これらの場合に，親族後見人に対して専門職による支援・援助で足りると判断した場合に，専門職後見監督人が選任されていると思われる。

次に，後見監督人の役割と課題について，実務家の視点から検討してみたい。

# 第5 後見監督人の役割と課題

## 1 後見監督人制度の意義と役割

後見監督人には，親族後見人の不正行為を防止するための本来的事務としての監督業務を行うとともに，親族後見人の相談に乗り，様々なアドバイスを行うといった支援業務の2つの業務をこなしていく役割を担うことが裁判所からは期待されている。この2つの業務は，選任された理由によって，ケースバイケースで，どちらに比重を置くべきかを念頭に置きながら，様々なニュアンスとバリエーションを持ちながら進めていかねばならない。この点で，後見監督人の制度は，マンツーマンで，助言等により親族後見人の資質を高めながら，不正行為の発生を防止させていくという意味で，本稿の検討課題である，親族後見人の不正行為の防止を図りつつ，後見人の受け皿としての可能性を拡げていく制度として有意義な制度であるといえる。

さらに，親族後見人が後見人としての経験を積むことで，その中から市民後見人を目指そうとする人も生まれるかもしれないし，そこまでいかなくとも，成年後見制度を国民の中へ浸透させていくために，長い目で見ると，広報的な役割を果たしてくれるかもしれない。

それでは，現在の実務の中でどのような問題点や課題があるのかを検討し

てみよう。

## 2　課題
### (1)　後見監督人の養成及び後見監督実務遂行上の課題

　専門職団体の中でも，後見監督人の選任数の増加に伴い，後見監督人養成上の課題が徐々に鮮明になってきた。まずは専門職団体における後見監督人養成のための研修の充実が必要である。

　ところで，実際の監督事務は，本来の監督の側面と支援の側面の2つの微妙なバランスの上に成立している。支援活動を行うためには，後見監督人は後見人の実務経験が豊富であるにこしたことはない。また，後見監督人が実際に後見人としての経験を有していない場合，十分な監督業務をこなせるのか疑問である。したがって，専門職団体は家庭裁判所に後見監督人候補者を推薦するときには，後見人の経験者を推薦するのが望ましいし，家庭裁判所もこのことを念頭に置いて選任するのが望ましい。

　後見業務自体，百人百様であって，基本を押さえた上でケースバイケースの対応が求められる。専門職団体における後見監督人養成の課題は，基本的なことは会員に研修で伝えつつ，具体的事務の遂行段階では，会員に対する相談支援体制をしっかり構築していくことである[35]。

　また，実際に監督実務を遂行する上で克服すべき課題としては，監督するという側面と支援するという側面は，場合によれば，相反する方向性を持つ[36]。この相反する要請を一人の後見監督人が行うことに無理はないかという問題がある。親族後見人との関係において適度の緊張関係を維持しつつも，信頼関係を構築していかなければならないわけで，どちらが欠けても監督実務はうまく遂行できない。親族後見人との間での信頼関係が壊れてしまうと監督事務の遂行が困難となりかねないという実務遂行上の課題がある。

---

[35) 実務家の実践として参考になるものとして，川本俊六「集団申立てに伴う後見監督人就任」実践成年後見24号130頁以下，青柳周一「成年後見人の事務費・日当と本人の諸経費支出のコントロール，施設入所への対応」実践成年後見27号111頁以下，西塔祐一郎「親族後見人と後見監督人」実践成年後見37号26頁以下がある。
36) 高橋圭司「後見監督人の実務」公益社団法人成年後見センター・リーガルサポート編著『成年後見教室——課題検討編』150頁～151頁，167頁（日本加除出版，2010）。

### (2) 報酬の問題

専門職後見監督人を選任する上でネックになるのは，報酬の問題である。数千万円程度の預貯金がある被後見人でないと後見監督人の制度は活用できていないのが実状である。ドイツの法律は，世話監督人については，重大な財産管理を伴う世話において世話監督人の選任を義務付けているが，そもそも後見監督人の制度はそのような制度であると割り切って利用するべきであろうか。

東京家庭裁判所における後見監督人の報酬の目安が裁判所のホームページで公開されている。おおむね，後見人の報酬の約半分くらいであろうか。後見監督業務が軌道に乗るまでの事務遂行に対しては支援的業務が多く困難なことも多々あるので，その報酬額についてはもう少し検討されるべきではないだろうか。

### (3) 人的資源の問題

専門職後見人・後見監督人候補者の人数も徐々に増えているが，成年後見制度利用の需要に追いつかない地域もある。将来，専門職後見人が不足することも視野に入れるならば，専門職を後見人として活用するケースと後見監督人として活用するケースを上手に使い分けをしていく必要があろう。さらに，親族後見人選任直後から一定の期間のみ専門職の後見人・後見監督人を選任して，親族後見人が単独で事務遂行できるようになったら専門職は後見人・後見監督人を辞任するといった専門職の活用の仕方等，専門職の人的資源は有限なので，事件の内容にふさわしい専門職の選任や活用の仕方を工夫していく必要がある。

### (4) 預金の引出しの制限

日本の後見監督制度には，法律上，家庭裁判所の監督にせよ，後見監督人の監督にせよ，後見人の権限を事前に制約する手段はほとんど与えられていない。後見制度支援信託は，裁判所による運用としての試みであって，法律で明記された制度ではない。イギリスのように，後見人の権限の範囲を制限すること（①後見人の任命期間限定，②裁判所の許可を得ずに使用できる金額の制限，③裁判所の事前の許可なく不動産を売却する等一切の処分の禁止等）についての立法化は検討する価値はあると考える。

上記の②を後見監督人を活用して実現しようとするものとして，後見監督

人の民法13条1項1号の同意権を活用した手法を提唱する見解がある[37]。被後見人の預貯金が高額の場合に，定期預金にさせて，必要なときに解約するときには，民法13条1項3号の「重要な財産に関する権利の得喪を目的とする行為」に該当し，後見監督人の同意を要するとするものである。このような解釈に基づく金融機関の運用が実施されるならば，後見制度支援信託よりも簡便で臨機応変に対応できる制度となるであろうが，現在のところ，金融機関側は，このような解釈を採用していない。

以上みてきたように，本稿の目的である親族後見人の不正行為を防ぎつつ，親族後見人として養成・支援していく観点からは，後見監督人の制度は一定の役割を果たし得るが，その限界もあることが分かった。次に，その限界を克服する方策について検討してみたい。

## 第6 親族後見人を支援する制度の確立を目指して

### 1 親族後見人の現状

親族後見人は，今まで家庭裁判所による後見監督の客体として考えられてきたわけであって，親族後見人に積極的な価値を見いだした上で，後見人の受け皿として育てていくという観点から検討されてはこなかったように思われる。

親族も一旦後見人に選任されると義務違反や不正行為に対しては民事上，刑事上の責任を問われる。最高裁判所平成24年10月9日決定[38]では，後見人の後見事務は公的な性格を有するという理由で，親族後見人に対して，刑法255条による244条1項（親族間の犯罪に関する特例）の準用を否定した。つまり，被後見人が後見人の配偶者・直系血族又は同居の親族であって，この親族後見人が，被後見人との間で横領罪を犯した場合，刑は免除されないことになる。

一方で，公的な性格を有する親族後見人には，公的な支援制度は用意されていない。親族後見人には，①研修制度がない（せいぜい家庭裁判所による選

---

37) 土肥尚子「成年後見監督人の権限と職務」赤沼康弘編著『成年後見制度をめぐる諸問題』226頁以下（新日本法規，2012年）。
38) 最決平成24年10月9日刑集66巻10号981頁（業務上横領被告事件）。

任時の2時間程度の講習会がある程度であるが，この講習会さえもない家庭裁判所の本庁・支部も多いのではないだろうか。），②後見活動の支援制度がない（家庭裁判所に対する問合せ程度で，具体的な相談に乗ってもらい，活動を支援してくれるような制度はない），③損害賠償保険制度には当然加入していないという状況である。専門職後見人や市民後見人には，バラツキはあるものの，研修による養成制度，支援・監督制度，損害賠償保険制度があることと比較すると非常に心許ない状態である。親族後見人の不正行為の中には，適切な支援活動がなされていれば生じなかった事件も数多くあったのではないかと思う。親族後見人の不正行為の防止策としては，根底には，親族後見人に対する支援活動が制度的に構築される必要がある。

ところで，親族後見人は，現状では，やむを得ない必要に迫られて後見人になったというケースが多いのではないかと思われる。例えば，認知症高齢者の親の定期預金の解約，保険金の受領，不動産の売却，遺産分割協議のために仕方なく後見人選任の申立てをして，子である自分が後見人に選任されるといったケースがほとんどかもしれない。したがって，親族後見人に対する支援といっても，モチベーションは市民後見人と比較してはるかに低いと予想される。親族後見人の現状を踏まえた研修なり，相談・支援の制度が必要であろう。

問題は，親族後見人に対する支援を誰がどのようなシステムで実施するのが良いのかという点である。まずは，現行制度の下で考えられるシステムを検討し，その後，抜本的な方策を検討したい。

## 2　現行制度の下での支援システムの構築について
### (1)　家庭裁判所による親族後見人に対する研修の実施

家庭裁判所によっては，既に実施しているところもあるが，選任直後の親族後見人に対する初歩的研修会を家庭裁判所の本庁，支部の全てで開催することは不可欠である。この最初の研修会が一番効果的である。要は，全ての裁判所で実施することである。そのためには，家庭裁判所における人員の増強を図ることが大前提となる。

そして，継続的な研修も行うべきである。親族後見人のほとんどは知識不足であり，情報不足である。何も知らない人間が不正行為と理解しないまま

結果的に不正行為を働いてしまうことのないように国家として研修を行う責務があると考える。
　既に述べたように、東京家庭裁判所では、後見人選任直後の説明会や継続研修会を開催しているが、要は全ての本庁・支部でこれを実施することである。これらの研修を実施することは、家庭裁判所による後見監督事務を円滑に進める上でも大きなメリットがあるものと思われる。
　(2)　専門職団体等における研修会の活用
　人的・物的増強がなく、家庭裁判所だけで研修を実施するのが困難である場合には、家庭裁判所としては、親族後見人向けの研修会を開催している専門職団体や社会福祉協議会等の研修会の案内をしたり、親族後見人に研修に参加するように促すことも考えられてよい。実際、前述したように、東京家庭裁判所では、既に実施されている。
　また、全国各地で市民後見人の養成・支援活動が進められているが、親族後見人も、それらの研修会の一部に参加できるようにするとか、相談を受け付けるとかできないものであろうか。

## 3　親族後見人を支援するための新しいシステムの構築

　家庭裁判所における裁判官、裁判所調査官、裁判所書記官等の人員を増強し、家庭裁判所の監督機能を強化していくことは必要不可欠のことである。しかし、これからも累積的に増大していく成年後見制度の利用に対応するためには、家庭裁判所単独で行うには限界がある[39]。
　行政や民間団体を巻き込んで親族後見人の支援システムを構築していくべきである。この場合、ドイツの世話官庁や世話協会の活動が非常に参考になる。
　第1に、親族後見人や市民後見人を養成・支援する公的な支援センターを

---

[39] 最近、親族後見人の横領事件で、担当家事審判官の後見監督に過失があったとして231万円の国家賠償責任を認めた判決が出た（広島高判平成24年2月20日金判1392号49頁）。本判決について、現行の成年後見制度の限界を表現しているとの評釈がある（藤原正則「成年後見人に選任された知的障害者が成年後見人の財産を横領し、国家賠償が請求され、後見監督事件での家事審判官の後見監督に過失があったとされた事例」実践成年後見43号98頁以下）。

各市町村に設ける必要がある。[40] 現在，全国各地で市民後見人を養成・支援するためのセンター作りが始まっているが，市民後見人の養成とともに，喫緊の課題として親族後見人の支援も重要であるとの認識の下[41]，推し進めていくべきである。このセンターにおいて，親族後見人に対する定期的な研修を実施したり，親族後見人が気軽に相談でき，助言を受けられる体制を整えていくことが理想である。

　第2に，長期的な展望に立った場合，司法と行政の役割分担について法的に整備すべきである。[42] 現在，家庭裁判所が実施している後見監督のうち，純粋に司法判断が必要な部分についてのみを家庭裁判所に残し，支援的な活動部分については，行政が担っていくような体制を構築していく方向である。[43] もちろん，法的な整備が前提となる。

# 第7　おわりに

　今から9年前の平成17年1月に刊行された東京家庭裁判所後見問題研究会編著「東京家裁後見センターにおける成年後見制度運用の状況と課題」判タ1165号59頁に，「家庭裁判所が今後とも事務処理の改善や工夫を繰り返したとしても，また，当事者の力をより効率的に活用する運用を実現できたとしても，さらに，専門家が後見人等に選任される事案が大きく増加したとしても，中長期的な将来においては，家庭裁判所，当事者及び第三者の専門家だけで，膨れ上がった成年後見制度を支えていくことは困難である。」「今後は，家庭裁判所，当事者及び第三者の専門家の枠を超えて，社会全体が成年後見制度を支える方向へと進んでいかなければならないのではないかと考えられる。」との記載がある。

　そろそろ，この中長期的な将来に向けて，「社会全体が成年後見制度を支える方向」を真剣に検討しなければならない時が来ていると思う。親族後見

---

40) 日本成年後見法学会編集「第8回学術大会〔統一テーマ　公的支援システムの具体的あり方―横浜宣言の実質化に向けて〕論点整理・パネルディスカッション」成年後見法研究9号73頁。
41) 上山・前掲注22) 219頁以下。
42) 日本成年後見法学会編集・前掲注40) 73頁以下。
43) 冨永忠祐「後見監督における司法と行政の役割」成年後見法研究8号88頁以下。

人の不正行為を防止するという課題は，親族後見人を支援するという課題と深く結びついており，司法が行政や民間団体と連携するシステムを法的に整備する方向で，これらの課題は検討されるべきである。

（司法書士・公益社団法人成年後見センター・リーガルサポート副理事長）

# 第 V 部
## フランス法の視点から

# 民法典からみる相続財産管理の形態としての不分割および分割について

ルイ＝オーギュスタン・バリエール

　松川正毅先生は，フランス法に精通した人物であるというだけではない。非常に親仏家であり，フランス式の生活方法について，常に新鮮な好奇心を示していた。リヨンでの幾度にもわたる滞在のうちのあるとき，彼は家族の家（maison de famille）に対してとりわけ興味を示していた。実をいうと，家族の家というものは，規則的なものというより感情的なものである。城や藁葺きの家のようなものかもしれない。大きさや市場価値はあまり重要ではない。大切なことは，それが家族の思い出のコンセルヴァトワールであるということであり，《沈黙してはいても死んだ者の声が震える》〔フランソワ・モーリアック（François Mauriac）〕ということであり，しかし，ヴァカンス中や年末の休暇中には，新たな世代の子どもたちの叫び声と泣き声と笑い声とが響きもするということであり，そしてまた家族が集結する《中心地（point central）》[1]となっているということであり，家族の構成員にとって人生の困難にぶつかったときの避難場所となりうるということである。

　家族の家は，しばしば両親の死亡時に遺贈される資産の大部分を構成する。遺贈資産は，少なくとも数人の相続人に移転されるときには，不分割（indivision）という法制度のもとに置かれる。不分割とは，《分割されていな

---

**凡例**　《○○》：原文でも《○○》のママ，「○○」：原文ではイタリック，〔○○〕：原文では（○○），［○○］：訳者による補足，［＝○○］：別訳語の提案，（○○）：原語の併記．

1) この表現はナポレオン・ボナパルト（Napoléon Bonaparte）が《父の住宅（maison paternelle）》について用いたことに由来する〔Fenet, *Recueil complet des travaux préparatoires du Code civil*, tome 12, p. 314〕．

いものの状態》²⁾,あるいは《1つの物……または複数の物の総体を分割するまで,その物またはその物の総体に対して,同じ性質の権利〔所有権,虚有権,用益権〕を有し,かつ各人がその持分(quote-part)……を有する複数の者の間に存在する法的状況》³⁾と定義されることができた。これらの定義から確認できるように,また用語の語源⁴⁾が示しているように,不分割は,分割の前提条件としてしか認識されていない。ところが,死亡とこの法律行為との間には,常に時が流れている。したがって,不分割資産はこの期間どのように管理し(gérer),不分割財産管理の最後の行為とみなすことのできる分割をどのように行えば,家族という集団や家族経営企業の利益を守ることができるのかという問いが生じる。これらの問いに対する答えは,民法典の公布以降,大きく変化した。

中世末期〔15世紀〕から,家族財産法は,所有権と,したがって不分割に対する個人主義的発想の影響を受けることになる。個人主義的発想とは,ローマ法⁵⁾

---

2) Dalloz, *Répertoire méthodique, alphabétique de législation, de doctrine et de jurisprudence*, 1845-1870, tome 27,《Indivision》の用語。
3) Gérard Cornu (Direction), *Vocabulaire juridique*, Paris PUF, 9ᵉ édition, 2011,《Indivision》の用語。
4) 不分割(*indivision*)という用語は,ラテン語のindivisusから来ている。これは,分割されていない,という意味を持つ。*Le Robert, Dictionnaire historique de la langue française*, 1992 のindivisの用語を参照。
5) ローマ法は元々,非常に際立って家族の重要性を定めていたが,より個人主義的な発想に向かって進展した。
  例えば共和制ローマの頃には,故人の相続人は,家族の所有地の共同開発を続けることが多かった。したがって相続人の地位は「兄弟姉妹共産制(*consortium*)」の規律に支配されており,そこでは家族の強い団結が想定されていた。兄弟姉妹共産制の構成員は,単独で,共通の財産の管理行為や処分行為をすることができたのである。十二表法〔紀元前450年頃〕では,相続債権および相続債務は,法律上当然に兄弟姉妹共産制の構成員間で分割されることが明記されていた。兄弟姉妹共産制は分割によって終了したが,構成員全員が合意すれば,分割方法に条件をつけることができた。分割は,団体の構成員から請求することもでき,それは「家産分割請求」訴権(l'action *familiae erciscundae*)の方法によった〔以下を参照。Jean Gaudemet, Emmanuelle Chevreau, *Droit privé romain*, Paris, Montchrestien, 2009, p. 117 ; Jean Gaudemet, *Etude sur le régime juridique de l'indivision en droit romain*, thèse Strasbourg, 1934, p. 10 et suivantes〕。
  ローマ帝政期の頃〔紀元1世紀から3世紀〕には,家族の連帯は弱まり,様々な訴権が認められて,不分割権利者の権利義務の範囲を画定していった。それ以降,相続以外に起源を持つ不分割が存在することが明確にされた〔Gaudemet, *Etude(…), ouvrage cité* p.31 et suivantes〕。公正な解決策を探求する中で,古典主義時代の法律家たちは,《定めなければならない解決策はそれぞれ性質が異なっていたため,それに従い》〔Jean

に着想を得つつ，封建時代における所有権の集団的把握[6]には反発すること

> Gaudemet, Etude (…), ouvrage cité p. 212]，いくつもの訴権の形態を認めていた。本研究にはあまり関係しない訴権形態であるが，共通の奴隷を別々に利用しようとする場合，2つの形態が存在する。1つ目は全員一致の形態で，とりわけ地役権の設定または消滅のためと不分割財産全体の譲渡のために必要であった〔Gaudemet, Etude(…), ouvrage cité p. 214 et suivantes〕。この全員一致は，委任や事務管理においても言及されうるものであった。というのも，これらの場合，《行為の由来は1人の者だけにあるにもかかわらず，その基礎には，[他の不分割権利者]全員の同意（assentiment）があるのであって，委任の授与の際には事前に，行為の追認の際には事後であるにせよ，それが示されている》からである〔Gaudemet, Etude(…), ouvrage cité p. 230〕。2つ目の訴権形態は，《各人による個別の活動（activité）》であり，不分割財産における各人の持分について，あるいはその全体について行使されうるものであった〔Gaudemet, Etude(…), ouvrage cité p. 240〕。各不分割権利者は，持分に応じて，不分割財産の果実を享受することも，持分を譲渡することもできた〔Gaudemet, Etude(…), ouvrage cité p. 242〕。各不分割権利者は，共通の財産について管理行為をすることでき，また他の不分割権利者に対して，共同の費用の分担を請求することができた〔Digeste de Justinien, 10, 3, 3 et 4〕。ただし，各不分割権利者は，フォートを犯すことがあればそれに対して責任があり〔Digeste de Justinien 10, 2, 25, 16〕，特に，各不分割権利者は，他の不分割権利者のした過去の法律行為を「禁止する〔jus prohibendi〕」ことができた〔Digeste, 10, 3, 28〕。原則として，不分割権利者は，自らの持分に関する限りで訴えを提起することができた〔Digeste 21, 2, 64, 4〕。しかし，[当時の]法律家たちは，これらの個別の解決から，一般的な概念を引き出すことはしなかった〔Gaudemet, Etude(…), ouvrage cité p. 504〕。
>
> 東ローマ帝国〔紀元4世紀から6世紀〕では，変遷の全体的な方向として，一方で，より大きな意思自治が不分割権利者に与えられていたが，他方で，不分割権利者間の利害対立を調整するために分割訴権が利用され，その結果として，より頻繁に裁判所が介入することとなった〔Gaudemet, Etude(…), ouvrage cité p. 435〕ほか，複数の契約外債務間での不分割の分類〔Institutes de Justinien, 3, 27, 3 et 4〕，《財産とは異なる財産体であり，固有の利益を有するもの》についての不分割の編成〔Gaudemet, Etude(…), ouvrage cité p. 501〕がなされた。このことは，4世紀に共同不分割権利者（coïndivisaire）の先買権が一時的に存在したことと，非常に限られたケースから多くの規準が出てきたことに表されている〔Gaudemet, Etude(…), ouvrage cité p. 477 et suivantes〕。

6) 封建時代〔11世紀～13世紀〕の所有権に関するこの集団的発想は，以下のように説明することができる。まず，ゲルマンの影響が色濃い前時代の慣習の踏襲，次に，封建時代の強硬さ（dureté）である。その強硬さがゆえに，個々人は共通財産（communauté）を形成せざるをえず，そうして攻撃から自分を守っていた〔とりわけ，Paul Ourliac, Jean Louis Gazzaniga, Histoire du droit privé françaisais de l'an mil au Code civil, Paris, Albin Michel, 1985, p. 19, p. 31, p. 41を参照〕。これらの集団的所有権（propriétés collectives）の最も顕著な発現は，家族的共同体（communauté familiales）と黙約共同体（communauté taisible）であった。これらの共同体では，人々は必ずしも家族関係にある必要はないという理解が許されていた〔Ourliac, Gazzaniga, ouvrage cité p. 43, p. 264, Jean-Philippe Lévy, André Castaldo, Histoire du droit privé, Paris, Dalloz, 2002, n° 1001 et n° 1081〕。共同体のこのような現象は，中世末期から後退した。その後退は，いくつかの州〔とりわけパリの州〔＝イル＝ド＝フランス〕〕においては，他の州〔フランスのサントル州〕よりも急速なものであった。

493

を望んでいたものである。アンシヤン・レジーム末期の立法者は，不分割に紛糾と紛争の根源があると考え，不分割に関するローマ法の解決法を適用していた。その中でも，とりわけドマ（Domat）[7]とポティエ（Pothier）[8]は，フランス法の発展に大きな影響を与えた人物である。《indivision》という用語が，18世紀末に現れており，[9]その他の言葉――とりわけ，ポティエが使っていた《communauté》という言葉――と置き換わったのが，個人主義の発想が台頭してきた頃であったことは明白である。

この個人主義的発想は，革命期〔1789～1799〕に大成功を収めた。この発想は，所有権は単一であることを前提としていた。革命家たちはこの性質と相いれないアンシヤン・レジーム時代の制度を，すなわち二重の所有権（double domaine）〔上級所有権（domaine direct）および下級所有権（domaine utile）〕[10]や，他人の土地で猟をする権利，領主買戻し権および血族買戻し

---

[7] Jean Domat, *Les lois civiles dans leur ordre naturel*, Livre 2, titre 5〔《合意によらずして共通の目的物を有するに至った者》〕．ドマはとりわけ次の点を主張する。《分割する共通の目的物を有する［複数の］者は，それぞれ，常に自由である。そして，それらの者は一定期間分割の延期を認めることができるけれども，分割がされてはならないというわけではない。なぜなら，共通の目的物を分割せずに占有していることによって，いつまでも分割の機会が残されざるをえないことは，良俗に反するように思われるからである》〔Livre 2, Titre 5, section 2, 11〕．

[8] ポティエは，その著書*Traité des successions*（§1 et suivants）の第4章および*Traité de la société*の補遺においてこの問題を扱い，その中で，《共通財産の準契約（quasi-contrat de communauté）》，すなわち不分割の規準を説明している〔§181以下を参照〕．

*Traité des successions*においては，次のように指摘する。《……この共通財産制は，少なくとも常には，現代のような人々に有用であるとはいえない。そのような人々の間で平和を維持するためには，各人が別々に自分のものを持たなければならない……。ゆえに，共通財産制は，その性質上，永続的なものではない。共通財産制の当事者間で分割することが要求されており，分割によって，各当事者はそこから離脱することができるのである》（§1）．

*Traité de la société*の補遺においては，次のように明言する。《遺言者がその財産を数人の受遺者に残しているが，その財産を分割せずに永遠に共通財産のままとすることを条件としている遺言によっても，準組合員（quasi-associés）の全く分割しないことで一致した合意によっても，分割請求は排除されえない。遺言におけるこのような条項および合意は，それらが無期限であるときには，無効である。しかし，それらが一定の期間に制限されているときには，有効であり，実行されなければならない》（§197）．

[9] *Le Robert, Dictionnaire historique de la langue française, ouvrage précité*を参照．

[10] 二重の所有権概念について，David Deroussin, Histoire du droit privé, (XVIe-XXIe siècle), Paris, Ellipses, 2010, n° 440, 452, 454を参照．カンバセレス（Cambacérès）が1793年に国民公会で提示した民法典第一草案に含まれる規定は，この新たな発想をうまく表現している。すなわち，《2人の人間は，同時にも別々にも，同じ物の全体につい

権[11]などの制度を廃止した。所有権には，物に対する排他的かつ絶対的な権利の行使が認められるべきであった[12]。それが，市民にとっての保障となっていたのであり，[13]財産の，考ええる最良の活用を認めるべきであった[14]。

したがって，複数の所有権というこの形態，つまり不分割は，所有権のこのような発想と矛盾するものと思われていた。だからこそ，民法典の編纂者は，不分割は一時的で不安定な状態にあるもので，分割がなされなければならないものと考えたのである。立法組織の議会で立法準備作業の際に述べられた護民官シメオン（Siméon）の一節は，このことをよく示している。《分割が必要なのは，不分割が，しばしば誰にとっても有用ではないからである。すなわち，あらゆる場合において，ある者が不分割を終了させる権利を持つには，その者だけ気に入らなければ十分である。いつまでも不分割にとどまる義務があるともいえない。永遠の共同体（societé）は我々の利益の流動性とは相いれない。［民］法典は，極めて賢明にも，分割を延期する旨の合意を5年に制限している。この期間の満了後は，合意は効力を失う。そこで，更新される必要がある》[15]。

このような考え方に従い，民法典815条は，最初の起草の際には次のように規定されていた。《いかなる者にも不分割にとどまることを強制することはできない。分割はいつでも請求することができる。［法律による］禁止およびこれに反する合意がある場合にも同様とする。ただし，一定期間分割の延期を合意することができる。この合意は，5年を超えて義務づけることはできない。ただし，この合意は更新することができる》。民法典815条は，不分割対象物の管理の編成およびその方法について，何ら補足的な説明はしていない。被相続人が遺言執行者を指定することができたのは，相続財産を管

---

て所有者となることはできない》（Livre 2, titre 2, article 1 §2, 3, dans Fenet, *Recueil complet des travaux préparatoires du Code civil*, tome 1, p. 38）。

11) この点について，David Deroussin, *ouvrage cité*, n° 525を参照。
12) 民法典544条：《所有権は，物について法律または規則で禁じられる使用（usage）を行わない限りで，それを「もっとも絶対的な方法で」収益し，処分する権利である》。
13) 1789年の人および市民の権利宣言は，所有権を人権の中に置いている（2条）。
14) トレヤール（Treilhard）は，民法典準備作業に際して次のように主張している。すなわち，ただ《制約のない不動産所有権だけが，一定の支払い能力を保証する》（Jean-Louis Halpérin, *Le code civil*, Dalloz, 2003, p. 112による引用）。
15) Fenet, *Recueil complet des travaux préparatoires du Code civil*, tome 12, p. 238.

理するためというより，清算するためであった。[16] たった一つの条文が，様々な不分割権利者間で利益共同体が存在する基礎となっていた。それは民法典旧841条であり，相続財産持分の取戻し権を規定していた。[17]

要するに，不分割は，《個々の所有権の偶然かつ暫時の悪化（altération）》[18]と考えられていたのであり，分割により可及的速やかに終了させるべきものであって，時宜的にも，論理的にも，編成する必要はなかったのである。そのような風潮の中では，極めて短期間のうちに分割を行うことは，良い管理であると考えられていた。不分割の暫時的な性質は，分割が——フランス法においては常に——確認的であるという原則によって，さらに強められていた。[19]

分割の規準は平等原則に基礎づけられていたが，ここでもまた，アンシャン・レジーム時代の法律，すなわち子どものうちの1人——たいていの場合，年長者——の優遇を認めていた法律への反動がある。とりわけ，民法典832条では，《割当分（lots）の形成および構成に当たっては，可能な限り，相続財産を細分化すること，および経営を分割することを避け》ることが推奨されていたけれども，同条がその2項において規定するように，《可能な場合には，それぞれの割当分に，同質または同価値の動産，不動産，権利または債権を同量入れなければならない》のであった。民法典826条も同じく平等の精神で，以下の規定を置いていた。《各共同相続人は，相続財産の動産および不動産の現物の持分を請求することができる》。

19世紀の立法者は，これらの規準から理屈を立て，また民法典の沈黙を補

---

16) 民法典1025条以下。
17) 民法典（旧）841条：《故人の相続人でなく，ある共同相続人からその相続権を譲渡されたすべての者は，故人の親族も同様に，共同相続人全員またはその1人から譲渡の価額の償還を受けることによって，分割から退くことができる》。この規定は，シャボー・ドゥ・ラリエ（Chabot de l'Allier）が裁判所へのその公式声明で述べたように，遺産の不分割（indivision successorale）に入る部外者（étranger）は，《ほとんど常に，家族内の不和と分割における紛争をもたらす》という理由で，正当化されていた（Fenet, Recueil complet des travaux préparatoires du Code civil, tome 12, p. 211）。
18) フランシス・デライ（Francis Delhay）の博士論文（thèse）（La nature juridique de l'indivision, Contribution à l'étude des rapports de la notion d'indivision avec les notions de société civile et de personnalité morale, Paris, LGDJ, 1968）の序文におけるジャン・パタラン（Jean Patarin）の表現を引用。
19) 民法典883条：《各共同相続人は，その割当分に含まれるすべての財産（effet）または競売によりその者が取得することとなった財産（effet）を，単独で直ちに相続したものとみなされる》。1976年12月31日の法律は，この条文に別の2つの項を追加している。

充しなければならなかったため，不分割理論を強引に組み立てた。すなわち，分割は，判例が可能な限り平等にしようとしたが，経済的かつ社会的に有害な帰結をもたらす法制度であったところ，その避けられない分割に備えて，不分割権利者個人の権利を守るという理論であった。しかしながら，立法者が家族の資産管理を体系的に編成しようと介入したのが，死亡と分割の間に横たわるこの重大な局面の最中というのでは遅すぎる。まさに法律の時間は，《一定で，単調で，普遍的な時間》ではなく，《不規則なリズムで，人々と社会に生きる》[20] 時間である。換言すれば，長年の間，優先されたのは不分割権利者の個々の権利であり，それが不分割対象物の管理を不安定なものにしていたけれども，近時の法改正においては，共通利益がそれ以上に考慮され，それ以降，不分割対象物のより望ましい管理が可能となっている。

## 第1 個人の利益の考慮

19世紀の学説は，かつての立法者に影響を受けており，民法典815条の起草を起草とする個人主義的で自由主義的なイデオロギーに広く依拠していた[21]。それゆえ，不分割権利者の個々の利益を優先させて，不分割における共通利益を認めようとしなかった。そしてそれは，共通利益の適切な管理を非常に難しくした。もっとも，この不分割制度はフランス社会の要請に合致しておらず，ただ，多くの人々の意識とは合致していた[22] ゆっくりと，1804年に置かれた制度の短所を修正するための補正措置が持ち込まれていくことにな

---

20) Jean Gaudemet, Le temps de l'historien des institutions, *L'avenir du droit, Mélanges en l'honneur de François Terré*, Dalloz/éditions du Jurisclasseur, 1999, p. 95.
21) 例えば，以下を参照。Troplong, *Du contrat de société civile et commerciale*, Paris, C. Hingray, 1843, tome 1 n° 25, p. 35：《共通財産体は，法律があまり好意的でない扱いをする状態である。それは殴り合いと憎しみを生む。そしてしばしば，不分割対象財産中に残された利益の発展を停滞させる》。ドゥモロンブ（Demolombe）も，相続法概論（Traité des successions）の中で，この論拠を用い，さらに公共の利益に関連したその他の論拠も付け加えている。すなわち，《……不分割は，所有権の流通や私的および公的な和解および信用の発展の妨げとなるだけでなく，財産の適切な維持・改良と農業および産業の拡大の妨げともなる》（*Traité des successions*, tome 3, 1879 n° 486）。
22) Le droit de succession dans le Code civil, *Le code civil, 1804-1904, livre du centenaire*, Paris, Arthur Rousseau, 1904, p. 297 et suivantes et notamment p. 314； Georges Ripert, *Le régime démocratique et le droit civil moderne*, Paris, LGDJ, 53 も参照。

る。

## 1 個人の権利のみの考慮

不分割対象物の管理の問題について，民法の規定が簡潔であったため，注釈者（commentateur）らは，条文の文言にはないとしても少なくともその精神において1804年の立法者が打ち立てた基本原則，つまり，不分割にとどまる義務は誰にもなく，不分割の性質上，不分割権利者は分割を5年間延期するよう決定することができるという原則の尊重に努めつつ，この制度を明確にしようとした。

学説による最初の議論は，遺言者がその死後5年間は分割を行わないよう命じることができるのか，という点に向けられた。条文の文言上は，それは禁止されているように見える。《合意する（convenir）》という動詞が815条2項で用いられており，これは数人の当事者間での合意（accord）を想定しているのに対して，遺言は，単独行為であるからである。とはいえ，民法典の最初の注釈者の1人であるデルヴァンクール（Delvincourt）は，《一般に，遺言者は，法律で禁止されていないすべての条件を課すことができる》ことをその理由として，既にこれを認めていた。[23] しかしながら，この見解に対しては，とりわけマルカデ（Marcadé）が異議を唱えた。マルカデは，《分割を妨げるすべての合意および［遺言者による］禁止》は認められないという原則を強調し，例外は，最大5年の期間についてなされる合意しか予定されていないとする。さらに，この区別は，不分割が，《とりわけ強制されているとき》に不都合をもたらすという事実から説明できるという。すなわち，この場合には，各不分割権利者は，《その意に反して，信頼していないかもしれない複数の共同所有者（copropriétaires）とともに》不分割状態にあるからであり，これは，《頻繁に困難を来すおそれ，また，いずれにせよ不分割目的物の極めて不適切な管理をもたらすおそれの原因》[24] となるというので

---

23) *Cours de Code Napoléon*, Paris, Gueffier, tome 1, 1813, p. 214 et p. 671 note 3. 同旨のものとして，以下も参照。Demolombe, tome III, n° 511 (qui s'appuie sur l'opinion de Pothier), et références citées.

24) V. Marcadé, *Cours élémentaire de droit civil français*, 4e édition, 1850, Paris, de Cotillon, 1850 n° 815. 19世紀の立法者が，ある時代には主張されていたような，条文上の論拠のみにとどまっていなかったことは，2番目の論拠に示されている。この問題に

ある。この法律上の論点は，20世紀初めまで議論された[25]。

　しかしながら，民法典は，不分割権利者間で合意がない場合における不分割財産制度を明確にしていなかった。したがって，この制度は，学説が，所有権，相続および組合契約に関する民法典の規定に依拠しつつ，ローマ法規範の精神に則って作り上げた[26]。オーブリ（Aubry）とロー（Rau）は，この理論について古典主義的な立場を示しており[27]，不分割権利者間には《単なる共同（communauté）の関係，すなわち「組合意思なき」（*sine affectu societatis*）関係》しか存在しないとする発想に根拠を置いていた。このことから，次の5つの原則に特徴づけられていた。

① 　各不分割権利者は，《自己の抽象的持分について，この持分の専ら観念的な性質と矛盾しない所有権固有の権利を享受し，合意なくこれを行使することができる》。

② 　不分割権利者の持分は，《特定物を構成せず，不分割権利者のいずれも，その共同当事者の同意なくして，不分割対象物の全体についても，その物に由来する物質の最小部分についても，所有権の現時的かつ直接の行使をもたらす事実行為または法律行為をすることはできない》。

③ 　すべての不分割権利者は，《不分割対象物の目的に従い，これを享受することができる》が，他の不分割権利者が《当該不分割対象物をその権利に従って使用すること》を妨げてはならない。

④ 　すべての不分割権利者は，他の不分割権利者に対して，《その利益に応じて，物の維持費用および保存費用を分担して支払う》よう強制する

---

　ついて整理した．Philippe Rémy, Eloge de l'exégèse, Droits, n° 1, 1985, p. 115 et suivantes, notamment p. 116を参照。

25) 特に，以下を参照。Aubry et Rau, *Cours de droit civil français*, 4e édition, Paris, Marchal et Billard, tome 6, 4e édition, 1873, § 622 et références citées ; Laurent, Principes de droit civil français, tome 10, 3e édition n° 243 p. 273. さらに，20世紀のものとして，以下を参照。Ambroise Colin, Henri Capitant, *Cours élémentaire de droit civil français*, Paris, Dalloz, tome 3, 1916, p. 506.

26) 民法典公布後のフランス法におけるローマ法および旧法の使用について，Marie-France Renoux-Zagamé, Additionnel ou innovatif ? Débats et solutions des premières décennies de mise en œuvre du Code civil, *Droits*, n° 41, 2005, p. 19 et suivantes, notamment p. 29 et suivantesを参照。

27) Aubry et Rau, *Cours de droit civil français*, ouvrage cité, tome 2, 4e édition, 1869, § 221.

第Ｖ部　フランス法の視点から

ことができる。《ただし，他の不分割権利者が自己の権利を放棄することによってこの義務を免れるときはこの限りでない》。
⑤　各不分割権利者は，《いつでも，不分割対象物の分割を請求することができ，また，その性質や目的を理由として，強制不分割に従わなくてよい》。この原則は，公序として，判例により認められている。[28]

このような仕組みの中では，不分割権利者の権利は共存させるほかない。各不分割権利者は，自己の利益になるが他の不分割権利者にとっては重要でない利益が最大になるように，不分割を形成している財産を利用することができる。ただし，それらの財産について，他の不分割権利者の権利を侵害しないことを要件とする。[29] 民法典1220条によれば，各不分割権利者は，その持分を限度として，相続債権の支払を求める権利を有し，[30] また，反対に，持分の限度においてのみ，相続債務を負う。各不分割権利者は，共通の不動産における自己の不分割の持分について，約定抵当権を譲渡することもできる。[31] さらに，その持分を放棄することもできる。[32]

相関的にみて，各不分割権利者の権利を尊重する原則によると，不分割財産に変革（innovation）をもたらすためには全員の一致を得ることが必要となる。[33] もっとも，学説は，多数決の掟が作用することを認めていない。[34] 同様に，管理行為，[35] とりわけ，不分割権利者の１人がある不分割財産を賃貸

28) Cour d'appel de Nancy, 12 mars 1846, Colnat, Dalloz, 1846, II, 120. Voir en ce sens Demolombe, ouvrage cité n° 486, p. 432.
29) この規準は，民法典（旧）1859条２項の類推による推論（raisonnement par analogie）から引き出された。すなわち，《各組合員は，組合に帰属する物につき，用益的使用権により定められた目的のために使用し，かつその物を組合の利益に反して，または自らの権利に従ってそれを使用する組合員を妨げるように利用するのでなければ，これを利用することができる》。
30) Demolombe, Traité des successions, ouvrage cité, n° 477 qui cite Bourges, 6 août 1828, Vallet, Dalloz, 1829, II, 292 ; Paris, 19 janvier 1831, Filassier, Dalloz 1831, II, 104.
31) Aubry et Rau, ouvrage cité, § 221, p. 406.
32) Aubry et Rau, ouvrage cité, § 221, p. 405.
33) この規準は，組合に関する民法典（旧）1859条４項の類推による推論から引き出された（《組合員の１人は，組合に属する不動産を変革することはできない。その者が当該不動産をその組合に有利に保持するときも，その他の組合員がこれに同意しない場合には，これと同様とする》）。
34) Troplong, Du contrat de société civile et commerciale, ouvrage cité tome 2, n° 725 p. 216.
35) Cour de cassation, chambre civile, 22 novembre 1852, Sirey, 1853, I, 73.

借することは，他の不分割権利者に対して，その同意を得ていなければ対抗することはできない[36]。

これらの規準は，不分割対象物の管理を非常に難しいものにしていた。というのは，各不分割権利者が分割を請求するに当たって，その分割がその他の不分割権利者にとっては適さないときであったとしても，各自の利益にとって最も有利なときを選ぶ余地を与えたことで，共同相続人間での紛争の原因となっており，しかも，その［＝不分割の］終了を急がせていたからである。そういうわけで，不分割権利者の1人は，複数の不分割権利者間の合意に基づき共通の利用に供されていた不分割財産について，他の権利者の反対にかかわらず分割を請求することができるとする判決が，幾度も出された[37]。

分割に関しては，これらの規準に基礎を置く平等原則によれば，家族経営企業を継ぎたいと願う者が，共同相続人に賠償する金銭上の手段を持たないときには，閉業せざるをえなかった。それは，平等原則が判例によって極めて厳格に適用されればされるほど，顕著であった[38]。これが農業の企業であるとき，遺産は経営不可能になるまで細分化されていた[39]。それゆえ，企業主は，経営をやめさせるよりは，子を1人しか持たないことを好んだ。次のように表現される。《アンシヤン・レジーム［＝旧制度］は長男を作ったが，

---

[36] Aubry et Rau, tome 4, 1871, § 364 spécialement note 5を参照。

[37] Cour d'appel de Rennes, 27 mai 1812, *Sirey*, 1815, 2, 102 ; Cour de cassation chambre civile 15 février 1813, *Sirey* 1813, 1, 316 ; Cour de cassation, chambre civile, 18 novembre 1818, *Sirey*, 1819, 1, 229 ; Cour de cassation, chambre des requêtes, 9 mai 1827, *Sirey* 1827, 1, 471.

[38] Ambroise Colin, Le droit Le droit de succession dans le Code civil, *article précité*, p. 316

[39] 小説家バルザック（Balzac）は，その著作の中で同時代の大混乱を描き，登場人物の1人にこう言わせている。《この病弊の原因は，財産の平等分配を規定する民法典の相続の章にあるのです。この槌が絶えず振り下ろされて，土地を粉々にし，財産を個別化して，それに必要な安定性を奪っているのです。そして，それは分解するばかりで決して組立て直すことがないために，結局のところ，フランスの息の根を止めることにもなるでしょう》（「村の司祭」第4章［加藤尚宏訳167頁より］）。この分析にはアンブロワーズ・コリン（Ambroise Colin）が異議を唱え（*article précité* p. 312），マルセル・プラニオル（Marcel Planiol）も次のように述べていた。すなわち，《別々に経営するには狭すぎる小さな区画があることは，間接的に，より大きな所有権を構成することになりやすい。なぜなら，そのような区画は，結局それを占有する者が転売するからである》（Marcel Planiol, *Traité élémentaire de droit civil*, Paris, 8e édition, tome 3, 1921, n° 2318, note 2を参照）。

ヌーヴォー・レジーム［＝新制度］は一人息子を作る》[40]。ここから，少なくとも部分的には，18世紀末から1940年にかけてのフランスの人口統計の［下方への］傾きが説明される[41]。このとき，人口は，同時代の大敵であったドイツに追い越された。ドイツは，農業経営を守ることのできる規準を知っていたのである[42]。

よって，この法律に補正措置を持ち込まなければならなかった。

## 2 補正措置

民法典の制度に局部的な治療薬を与えたのは，より直接的に社会の要請に直面した裁判官である。立法者が部分的な解決策を与えるよりも，学説が新たなシステムを提示するよりも前のことである。

事実として，ナポレオン法典の編纂者が予測していたよりもずっと頻繁に，不分割は続いていた──なお続く──。19世紀の判例において，訴訟が起こるよりも前に不分割が長期間続いていた複数の事例を取り上げることができる。すなわち，8年間または13年間農地を享受していた兄弟の事例[43]や，不分割状態の家族の土地については，［本人が］死亡するまで，つまり1861年から1891年にかけて，息子，兄（弟），甥および甥の息子たちによって管理された事例[44]がある。さらに，この時代に生存配偶者の権利が増大したこと[45]によって，不分割の期間は長くなり，子どもたちは，生存配偶者が家

---

40) Citée par Ambroise Colin, Le droit de succession dans le Code civil, *article précité*, p. 314.
41) François Terré, Yves Lequette, Sophie Gaudemet, *Droit civil, Les successions, Les libéralités*, Dalloz, 2013 p. 18 spécialement la note 4.
42) *Anerbenrecht*は，農業従事者が，1人の相続人*Anerbe*に対して，他の相続人に補足金支払（soulte）の方法により賠償することを負担させて，その経営を移転することを認めていた（この制度について，Marcel Planiol, *Traité élémentaire de droit civil, ouvrage cité*, n° 2319 et références citéesを参照）。
43) Cour de cassation, chambre civile, 22 novembre 1852, *Sirey* 1853, I, 73 ; Cour d'appel de Bordeaux, 11 avril 1845, *Sirey* 1846, II, 315 cité par Francis Delhay, *La nature juridique de l'indivision, ouvrage cité* n° 191.
44) Cour d'appel de Dijon, 29 novembre 1893, *Dalloz* 1896, II, 315 cité par Francis Delhay, *La nature juridique de l'indivision, ouvrage cité* n° 191.
45) 生存配偶者の相続権の変遷について，Jean-Philippe Lévy et André Castaldo, *Histoire du droit civil*, Dalloz, 2002, n° 859 et suivantsを参照。

族の住居に住み続けることを許していた[46]。

指摘したように，不分割権利者の1人が，事実として不分割対象物の管理を行っており，その他の不分割権利者はそれに任せていた[47]。この枠組みの中で行われる法律行為は，厳格法上，取り消されうるものであった。しかしながら，判例は，いくつかの事例においてこれを有効とした。そのために，判例は，まず黙示の委任の概念に頼った[48]が，この概念は，《不分割という単なる事実から，共同当事者間の契約的地位の存在，すなわちそのうちの1人が受任者であり，その他の者は共同委任者である》[49]ことを想定するものであったため，これを用いるのは困難であった。そういうわけで，判例は，事実上の管理人により行われた行為を有効とするために，次第に，事務管理の概念[50]や，さらには不当利得[51]の理論を好んで用いるようになった。

不分割対象物の管理に対する拒絶反応を改善するため，破毀院は，裁判所が，また，緊急の場合には急速審理手続裁判官が，その措置を有用と考えるときには，相続のための臨時管理人を選任することを認めた[52]。

さらに，様々な破毀院判決は，死亡と分割との間に流れえた時間を考慮することで，不分割に特徴的な財産体（une masse de biens）を識別することに貢献しているようである。はじめは被相続人の死亡時に被相続人に属していたもので構成されるこの財産体の積極財産は，不分割財産から作られる果実

---

46) Henri Capitant, L'indivision héréditaire, *Revue critique de législation et de jurisprudence* 1924 p. 19 et suivantes et spécialement p. 20.
47) Francis Delhay, *ouvrage cité*, n° 192.
48) Francis Delhay, *ouvrage cité*, n° 192および引用されている参照判例の中でも，特に，以下を参照。Cour de cassation, chambre des requêtes, 14 juillet 1838, *Dalloz*, 1838, 1, 324（この事案では，原告はローマ法を引合いに出していた。）; Cour d'appel de Bordeaux, 13 juin 1848, *Sirey* 1852, II, 246 ; Cour d'appel de Toulouse, 4 mars 1867, *Sirey*, 1867, II, 351. この著者は，黙示の委任は，《実際のところ，企業の法律行為に対する共同当事者の黙示の同意でしかない》と指摘する (*ouvrage cité*, n° 200)。
49) Francis Delhay, *ouvrage cité*, n° 193.
50) Francis Delhay, *ouvrage cité*, n° 193および引用されている参照判例の中でも，特に，以下を参照。Cour d'appel d'Alger, 5 mai 1896, *Dalloz*, 1899, II, 405 ; Cour de cassation, chambre civile, 1er juillet 1901, *Sirey*, 1905, I, 510. Voir déjà Pothier, *œuvres* éditions Bugnet, tome 5, n° 170 p. 143.Duranton, *Cours de droit français*, XIII, n° 638 alinéa 2.
51) Cour de cassation, chambre des requêtes, 20 décembre 1910, Sirey, 1912, I, 305.
52) 特に，Cour de cassation, chambre des requêtes 15 avril 1924, *Dalloz* 1924, I, p. 169 note Savatierを参照。

によって増やされるし,[53] 同様の解決は増価にも適用される。[54] さらに,ある不分割財産の売却の収益は,物上代位の作用によって共通の財産体（la masse commune）を増加させる（ショレ対デュムラン判決）。[55] 消極財産に関しては,破毀院は,民法典1220条は相続債権者に対抗できず,また,《被相続人の債権者が被相続人の存命中に有していた担保は,その死後も,分割まで,相続財産全体について不可分のものとして存続し続ける》（フレコン判決）[56] とした。

しかし,これらの判決は,根本的には不分割制度を修正することを認めてはいなかった。一方,1900年1月1日に施行されたドイツ民法典には,個人の持分が存在しない集団的所有権の可能性,すなわちフランス語で《共通の手による所有権（propriété en main commune）》と表現された,「団体法的原理（*Gesammte Hand*）」が限定されていた。複数の博士論文が,この制度に捧げられた。[57] ルイ＝ジョセランド（Louis-Josserand）は,法学教授の新たな世代に属し,民法典に対するうやうやしさは比較的小さい。彼は,フランス民法典100周年の書物において,反響を呼ぶ論説を書いた。その中で彼は,フランスの不分割を批判し,[58] このドイツ法の制度から着想を得ることを推奨している。[59]

---

53) Cour de cassation, chambre civile, 28 mars 1884, *Dalloz* 1884, 1, 329. Cour de cassation, chambre civile, 11 mars 1891, *Dalloz* 1891, 1, 295.
54) Jacques Flour, Plus-values et fruits des biens indivis, *La semaine juridique (JCP)*, 1943, I, 336.
55) Cour de cassation, chambres réunies, 5 décembre 1907, Chollet contre Dumoulin *Dalloz*, 1908, 1, 113, conclusions Baudouin, note A. Colin ; *Sirey*, 1908, 1, 5, note Lyon-Caen ; voir aussi Henri Capitant, François Terré, Yves Lequette, *Les Grands arrêts de la jurisprudence civile*, tome 1, 12eme édition n° 119.
56) Cour de cassation, chambre des requêtes, 24 décembre 1912, *Consorts Frécon contre Dame Frécon, Dalloz* 1915, 1, 45 ; *Sirey*, 1914, 1, 201 ; voir aussi Henri Capitant, François Terré, Yves Lequette *Les Grands arrêts de la jurisprudence civile*, tome 1, 12e édition, n° 107.
57) とりわけ,ジョゼフ・リコル（Joseph Ricol）の博士論文,*La copropriété en main commune (《gesammte hand》) et son application possible en droit français*, thèse, Toulouse, 1907。また,Gustave Siesse, *Contribution à l'étude de la communauté d'héritiers en droit comparé*, Paris, LGDJ, 1922も参照。
58) Essai sur la propriété collective, *Le code civil, 1804-1904, livre du centenaire*, Paris, Arthur Rousseau, 1904, tome 1 p. 357 et suivantes, notamment p. 374.
59) Louis Josserand, Essai sur la propriété collective *article précité*, I, p. 375 et suivantes。ウィリアム・ドロスの指摘を参照。William Dross, *Droit civil, Les choses*, Paris LGDJ, 2012, n° 157-3 p. 305によれば,同著者［ルイ＝ジョセランド］の批判は,《技術的なことよりも,思想的な理由から理解できる》。

しかしながら，この時代のフランスの立法者は，近代家族を考慮して民法典815条1項に置かれた原則に対して，いくつかの例外しか設けていなかった。例えば，低廉な住宅に関する1894年11月30日の法律[60]は，子の単独での請求または配偶者の請求に基づいて，家を不分割のままにしておくことを認めており，その決定は治安裁判官によりなされた。類似の仕組みが，家族財産に関する1909年7月12日の法律[61]により設けられたが，これらの規範は成功をみなかった。いずれにせよ，それらは例外にすぎず，不分割の一般原則はやはりなお不安定なままであった。それゆえ，多くの意見機関が，遺産の不分割の一般原則について全体的な改革を提案した。

立法研究協会（La Société d'études législatives）[62]は，不分割対象物の管理を改善することを提案した。そのために，同協会は，不分割財産は1人または数人の管理人（gérant）により管理（administrer）されるようにすることを推奨していた。管理人は，原則として，不分割権利者の1人で，《被相続人とともに資産の管理に携わっていた》者か，あるいは，極めて主観的になりうる選択の領域に属するがゆえにより異論のありうる方法であるが，《個人的な事情や態度からその役割を果たすのに最もふさわしいとして任命される》者でなければならなかった。そのような者がいない場合には，成年の不分割権利者と，未成年の不分割権利者の代理人による選挙が予定されていた[63]。そして，不分割権利者間で合意が得られない場合には，この任命は，不分割が開始した地の急速審理手続裁判官によってなされなければならなかった。このように任命された管理人は，同じ条件で罷免の可能性があった。いずれ

---

60) 何度も修正されているが，とりわけ，1906年4月12日の法律，1908年4月10日の法律，1922年12月5日の法律および1937年2月13日の法律による修正があり，1978年6月10日の法律で廃止された。
61) 18条および19条。19条は，生存配偶者への全部の分与を規定していた。この正文は，空文化により廃止されたものと考えることができる（この意味で，François Terré, Philippe Simler, *Les biens*, Dalloz, 2010, n° 565を参照）。
62) 立法研究協会は，1901年に創設されたが，その目的は，《とりわけ法典および法律の改正を容易にするため，あらゆる法律分野，特に私法分野の立法研究に新たな発展をもたらすこと》（…）(Statuts, article 3, *Bulletin de la société d'études législative*, 1ère année 1901-1902, Paris, éditeur Arthur Rousseau, 1902, p. 5) にあった。同協会は，当初，レイモン・サレイユ（Raymond Saleilles）により主導された。
63) 持分が確定されている場合には，指名は，構成員の持分のうち，不分割対象物の4分の3に相当する多数によってなされなければならなかった。確定されていない場合には，指名は，不分割対象物の構成員の4分の3の多数によってなされなければならなかった。

にせよ，訴訟の期間中に，急速審理手続裁判官により臨時管理人が任命される手段が予定されていた。提案は，管理人が自由に管理行為を行うことができるということと，その管理を報告しなければならないことを定めていた。また，管理人は，不分割権利者の過半数の合意を得た後でなければ，ある金額以下の有体動産または不動産株式を貸出し，抵当に入れ，または売却することはできないことを明記していた。管理人は，この金額を上回る価値の不動産株式または建物については，不分割権利者全員の合意がなければ売却することはできなかった。管理人は，市民生活および裁判におけるあらゆる行為について，不分割権利者を代表していた。

立法研究協会は，不分割制度をより安定させることも提案していた。そのために，相続財産持分の取戻し権を先買権に替えることを推奨していた。また，不分割の部外者に対して，不分割の持分を売却することの承認を導入することも提案していた。この承認は，相続財産の4分の3に相当する不分割権利者の多数によって与えられなければならなかった。さらに，低廉住宅に関する法律に着想を得つつ，次の2つの場合における分割延長の手段を設けることをも強く勧めていた。すなわち，1つ目は，死亡した夫（époux）に残された未成年の子が存在する場合である。請求は生存配偶者またはすべての相続人によりなされ，この延長は，最も年少の未成年の直系卑属が成年に達するまで続くというものであった。2つ目は，生存配偶者が《財産の共同所有者であるが，この財産の個人的かつ直接の管理は夫婦の一方により引き受けられていた》場合である。この場合［生存配偶者とは］妻を想定しており，延長は最大5年間起こりうるというものであった。

分割延長の手段は，中小規模農業経営のための1938年6月17日のデクレ＝ロワにおいて再び設けられた。この正文は，優先分与（attribution préférentielle）の手段も規定していた。それは，経営の維持を保障するためであり，[64] 分割に当たっては，価値的平等が現物的平等よりも優先されていた。[65]

---

64) 1938年6月17日のデクレ＝ロワは，1940年7月20日の法律および1940年11月9日の法律により修正された。特に，以下を参照。Gabriel Marty, Les réformes récentes du droit successoral en vue de lutter contre le morcellement de certains biens et spécialement des exploitations rurales à caractère familial, *La Semaine juridique* (*JCP*) 1941, I, 182).

65) 民法典832条の起草は，この意味で，デクレ＝ロワにより修正された。1804年のその起

第二次世界大戦後，民法典改正委員会――民法典を社会の変化に適合させるために，アンリ・カピタン協会[66]の提案で，フランス共和国臨時政府により設置[67]――は，明らかに，この問題に関する立法研究協会の作業に着想を得ていた。[68]先人と同様に，同委員会も不分割がより安定するように手直ししたかったのである。同委員会は，2つの不分割制度を創設することを提案していた。1つは約定のもの，もう1つは法定のものである。前者の場合，同委員会が提案したのは，不分割を編成するという合意が5年を超えない一定の期間内で締結――既に民法典に規定が設けられていたように――されうるだけでなく，不確定の期間でも締結しうるというものであった。そして，この場合には，分割は，《それが悪意または時宜に適さないものでない限り》[69]いつでも提起されうることを提案し，その方式は，組合の終了に関する民法典1869条から取り入れられていた。[70]

　後者の場合，同委員会の案では，分割請求権の原則を維持するとともに，相続財産持分の取戻し権を先買権に替えるものとされていた。[71]

　改正委員会は，立法研究協会が提案した管理人についての規定をほぼそのまま踏襲した。すなわち，管理人は，不分割権利者によって，またはその中の無能力者（incapable）についてはその法定代理人によって，数の上でも持分の上でも過半数に指名されなければならなかった。それがない場合は，管理人は，裁判所長による急速審理で指名されえた。管理人は，同じ条件で罷

---

草に際しては，この条文は次のように規定していた。《割当分の形成および構成においては，可能な限り，遺産を細分化すること，および経営を分割することを避けなければならない》。新たに起草されたのは，次のようなものであった。《割当分の形成および構成においては，遺産を細分化すること，および経営を分割することを避け「なければならない」》。これは，すべての遺産の不分割を対象とする一般規定であった（Gabriel Marty, *article précité*, n° 24を参照）。

66) フランス語による法律家協会は，アンリ・カピタン教授（1865～1937）の権威のもと，フランス語圏出身の法律家により創設された。それがのちに，フランスの法文化のためのアンリ・カピタン協会となった。

67) 民法典改正委員会は，1945年6月7日のデクレにより設置された。Léon Julliot de la Morandière, La réforme du Code civil, *Dalloz* 1948, chronique, page 117 et suivantesを参照。

68) 不分割の編成に関する立法研究協会の草案が，同委員会の作業の冒頭に示されている。

69) 不分割に関する一般規定の第3条。

70) *Travaux de la commission de réforme du Code civil, ouvrage cité* p. 183を参照。

71) 同委員会が採用した規定の第8条。

免された。[72] 改正委員会はまた，管理人の権限についても，極めて直接的に，立法研究協会の作業に着想を得ていた。[73] もっとも，《不動産または営業資産が契約締結の際には賃貸借（location）に充てられていなかったとき，これらを賃貸借（bail）に供するためには》，管理人は，数の上でも持分の上でも不分割権利者の過半数の承認（autorisation）を得なければならない[74]とする規準を加えていた。立法研究協会の案との関係におけるこの新たな規定の加筆は，第二次世界大戦後，立法措置により，農地賃貸借[75]住宅賃貸借[76]および商事賃貸借[77]について，賃借人に対して極めて重要な権利が認められたという事実から説明がつく。

同委員会が作成した条項は，不分割財産の利用および享受に当たっては，各不分割権利者の独占権（droit privatif）を取り決めなければならないとする要件も定めていた。[78]

同委員会は，さらに，遺産の不分割についての特別の規準も定めていた。すなわち，被相続人とその配偶者の住居として使用されていた不動産について，不分割を維持する原則を踏襲した。また，生存配偶者とすべての相続人に対して，治安裁判官へ請求する手段を与えていた。同裁判官は，相続資本（fonds successoraux）の受託者または相続財産の債務者から，《緊急の必要に対処する用途としての債権者への前渡金（provision）》を徴収する権限を有していた。[79] 条項は，次のようにも定めていた。《経営が被相続人またはその配偶者によって保障されてきた商業，産業，手工業および農業［経営の］企業》は，《現下の利益と，とりわけ家族が不分割財産から取り出すことにな

---

72) 同委員会が採用した規定の第4条。
73) 同委員会が採用した規定の第5条。
74) 同委員会が採用した規定の第5条2項。
75) 1945年10月17日のオルドナンスは，小作人（fermier）および分益小作人（métayer）のために，賃貸借契約の無期限更新権を創設した。
76) 1948年9月1日の法律は，賃借人のために，賃貸借契約の終了後も同様にその場所を保持する権利を規定していた。
77) 1953年9月30日のデクレ＝ロワは，賃借人が賃貸借契約の更新権を商取引することを認めた。これらの新たな立法規準が理由となって，賃貸借契約をすることは，全く管理行為ではなくなっていた。René Verdot, *La notion d'acte d'administration en droit privé français*, Paris, LGDJ, 1963を参照。
78) 同委員会が採用した規定の第6条。
79) 同委員会が採用した規定の第81条。

る生活費を考慮した》[80] 第一審裁判所の判決により，不分割を維持することができるというものである。

最後に，第65回フランス公証人会議が1967年に開催され，これはフランスの立法者にしばしば影響を与えてきた行事である[81]ところ，同会議は，独自の提案をした。それによると，すべての遺産の不分割において，管理（administration）権限を有する1人または数人の管理人を任命する手段が，民法典の規律の中に導入される。これらの管理人は，数人の不分割権利者または債権者の申請により，数の上でも持分の上でも過半数で選ばれる。ただし，少数派の不分割権利者には裁判所へ訴える手段を与え，《この任命は任意的または家族的特性が維持されなければならない》[82]ものとしていた。また，同会議は，不分割が法律上維持される場合には，管理人の任命を義務とすることも提案した。[83] 相続財産の取戻しを先買権に替えること[84] 相続債権者と不分割権利者個人の債権者との相続財産の清算（règlement）における区別をつけること[85]，および，不分割権利者に対し，不分割に関する合意の期間を全員一致で定める自由を残しておくこと[86]という要請も表明した。さらに，不分割に関する法規から生じた実務上の問題に直面した公証人会議は，財産目録が非常に重い形式なので，これを簡易な分割明細目録（un simple état descriptif de division）に替えること，限定承認に関して，相続債権者が名乗り出ることのできる手続を規定すること，また，――不分割に関する1つの合意が締結されているときには――，第三者がそれを知ることのできるように，その合意の公示を編成することを提案した。

これらの業績は，改正の準備に当たって立法者により役立てられ，[87] そこ

---

80) 同委員会が採用した規定の第82条。
81) Jean Hilaire, *La science des notaires*, Paris, PUF, 2000, p. 270 et p. 279を参照。
82) 65ᵉ Congrès des notaires de France (1967), L'indivision, Essai d'organisation dans l'évolution du droit, Procès-verbaux des commissions et des séances d'ouverture et de clôture, imprimerie de Bussac, Clermont Ferrand, 1968, p. 132.
83) 65e Congrès des notaires de France, *Procès verbaux*, ouvrage cité, p. 133.
84) 65e Congrès des notaires de France, *Procès verbaux*, ouvrage cité, p. 132.
85) 65e Congrès des notaires de France, *Procès verbaux*, ouvrage cité, p. 132.
86) 65e Congrès des notaires de France, *Procès verbaux*, ouvrage cité, p. 133.
87) ジャン・フォイエ（Jean Foyer）が作成した報告書を参照（*Journal officiel Documents Assemblée nationale*, n° 1604, séance du 30 avril 1975, p. 21 à 23）。同報告書は，とりわけ，不分割に関する法律の正文の元となった議員提出法案が，その要点には民法典改

では，ますます共通利益，つまり家族の利益だけでなく国家の利益もが重視された。

## 第2　共通利益の考慮

20世紀の前半においては，不分割と分割に関する改正は局部的なものであり，いくつかの社会階層だけに関係するものであったが，第五共和政以降は，それらの改正がより重要視された。立法者は，経済的理由により，あるいは家族に関する支配的な考え方に応じて，優先分与の範囲を何度も修正した。その発展の一般的な方向は，領域の拡大であった[88]。1961年12月19日の法律[89]，1970年12月23日の法律[90]，1972年1月3日の法律[91]，1980年7月4日の法律[92]，1982年7月10日の法律[93]，1999年11月15日の法律[94]，2001年12月3日の法

---

正委員会草案の規定を踏襲していることを指摘する。

[88] 優先分与の変遷について，François Terré, Yves Lequette, Sophie Gaudemet, *ouvrage cité* n° 1112を参照。

[89] 1961年12月19日の法律は，優先分与の特権を，組合（société）という形で経営されていない商業，産業，手工業経営の企業へ拡大した。同法律は，優先分与の範囲を所有権または居住用建物の賃借権へも広げている。また，不分割の維持についても修正した。特に，Jean Chevallier, La loi du 19 décembre 1961 sur le maintien de l'indivision et l'attribution préférentielle, *La Semaine juridique (JCP)*, 1962, 1, 187を参照。

[90] 1970年12月23日の法律は，優先分与の特権を，包括受遺者または包括名義受遺者へ拡大し，この場合には経済的利益を家族の利益に優先させることとした。Michel Dagot, La nouvelle extension du champ d'application de l'attribution préférentielle résultant de la loi n° 70-1265 du 23 décembre 1970, *La Semaine juridique (JCP)*, 1971, 1, 2387を参照。

[91] 親子関係に関する1972年1月3日の法律は，姦通の被害者である配偶者と子のための保障を整備することで，婚姻外で生まれた子の権利を増大させた。同法律は，姦生子は，彼ら［＝姦通の被害者である配偶者と子］からのいくつかの相続財産の優先分与の請求，または彼らが別荘として所有している居住用建物の［優先分与の］請求に対抗することはできないと規定していた（民法典761条（廃止））。

[92] 1980年7月4日の法律は，優先分与の特権を，とりわけ，農業企業の或る経営形態へ拡大した。すなわち，農業用不動産管理団体である。特に，Michel Dagot, Retouches 1980 au droit des partages successoraux : incidence de la loi du 4 juillet 1980 d'orientation agricole sur le droit des successions, *JCP*, 1980, 1, 3000を参照。

[93] 1982年7月10日の法律は，優先分与の範囲を，組合の形で経営する家族経営企業へ拡大した。特に，Michel Dagot, Retouches 1982 au droit de l'attribution préférentielle, *JCP* 1983, 1, 3118を参照。

[94] パクス［＝民事連帯協約］に関する1999年11月15日の法律は，パクスのパートナーに対して，いくつかの任意の優先分与の特権を与えた。

律[95])がある。これらの様々な改正は,この制度の領域を拡大し,その受益者の増加に寄与した。

不分割の権利については,不分割の編成に関する1976年12月31日の法律[96])によって,より体系的な改正がなされた。その後,2006年6月23日の法律において,相続法および恵与法の全体的な改正が実現された。

## 1 不分割の編成に関する1976年12月31日の法律

1976年の法律は,大法学者であるジャン・フォイエ[97])の特徴が認められるところ,同法律は,個人の意思の優位性の原則を再検討することはなかった。不分割は望まれた状態ではなく,従わされた状態(état subi)であることがその理由である。[98]) しかしながら,立法者は,不分割権利者が不分割[財産]体の管理に当たって共通利益を強化する必要性を感じるという事実を考慮に入れた。そういうわけで,民法典改正委員会の要請に理解を示しつつ,2つの不分割制度を区別した。すなわち,すべての不分割に対して法律上当然に適用される法定の制度と,約定の制度の区別である。[99])

法定不分割[100])に関して,立法者は自らの原則を大きく変えることはしなかったが,判例と,かつて規定することができていた正文に広く着想を得て,その原則を修正した。

こうして,法律は常に分割請求権[101])を宣言するものの,この分割に対する権利は,ある不分割権利者が他の不分割権利者の不分割を維持する意思を妨げないように修正される。[102]) そのようにして,[1976年の]法律は再び,

---

95) 2001年12月3日の法律は,家族の住居の優先分与を,当該住居の動産にも拡大した。もっとも,この法律は,1972年の法律で創設された,姦通の被害者である配偶者と子に有利な規定を廃止した。
96) 1976年12月31日の法律の規定は,1978年6月10日の法律で何点か修正された。
97) ジャン・フォイエについては,*Jean Foyer, auteur et législateur*, Paris, Paris, PUF, 1997を参照。
98) Jean Foyer, *rapport précité*, p. 26. したがって,《拒否することが共通利益を真に危険にさらす場合でない限りは,共同相続人を他の多数派の意思に従わせる決定的な理由は全くない》(Jacques Foyer, *rapport précité*, p. 24)。
99) Jean Foyer, *rapport précité*, p. 24を参照。
100) 民法典815条から815条の18まで。
101) この分割は,不分割権利者またはその債権者の1人もしくは数人により請求される(民法典815条の17第3項)。
102) この新たな考え方は,民法典815条1項の起草に表されている。すなわち,いかなる

1961年12月19日の法律に含まれていた，不分割を維持する様々な規準を設けた。[103] しかし，この点に関する次のような革新も行った。すなわち，不分割にとどまることを望む不分割権利者は，《直ちに［分割を］行うことが共同不分割権の価値を侵害するおそれがある場合には》[104] 分割が2年間猶予される（soit sursis）ことを請求し，あるいは裁判所に対して，分割を請求した者の持分を，現物または価額で分与するよう請求することができる[105] ものとした。さらに，各不分割権利者は自己の持分に基づいて財産の前払金を取得することができるが，その付与は大審裁判所長の評価に委ねられているところ，[106] 裁判所長は，介入した分割において，不分割権利者の権利に基づいて財産の前払を命じることもできる。［1976年の］法律は，相続財産の取戻し権を先買権——あるいは競売における代置権（droit de substitution）[107]——に替えたが，これは，立法研究協会，民法典改正委員会および第65回公証人会議の要請に応じたものである。

不分割対象物の管理に関しては，不分割権利者がそのうちの1人または数人に対して，管理の包括委任，あるいは《不分割財産の通常の経営と関連しないすべての行為を目的とする》[108] 特定委任を与える可能性もあったものの，全員一致の規準が維持されていた。[109] しかしながら，財産の保全の必要性によって正当化される特例が定められており，それは，《このような特例は，反対者を含む全員の利益となるため》[110] であった。このような考え方に従い，各不分割権利者は，不分割財産の保存に必要な行為を単独で遂行することができ，そうした目的で，自己が実効的占有者（détenteur）である不分割の資産（fonds del'indivision）を利用し，また，その［他の］不分割権利者らに対

---

者も不分割にとどまることを強制されず，かつ，「分割が判決または合意により延期されない限りにおいて」〔強調は著者〕いつでも分割をもたらすことができる。
103) 民法典815条および815条の1。2006年の法律により新たに820条から824条までに置かれた。
104) 1976年起草の民法典815条2項。2006年の法律以降は，民法典820条を参照。
105) 民法典815条3項（1976年起草）。2006年の法律以降は，民法典824条を参照。
106) 民法典815条の11第4項。
107) 民法典815条の14および815条の15。
108) 民法典815条の3（この条文の規定は，2006年の法律により根本的に修正された。）。
109) 民法典815条の3（この条文の規定は，2006年の法律により根本的に修正された。）。
110) Jean Foyer, *rapport précité*, p. 27を参照。

して自己とともに必要な支出をさせることができた——できる——[111] それ以前の判例の経験と，夫婦間の権限の点で夫婦財産制について認められている規準に従い，民法典815条の 3 は次のように規定する。すなわち，他の不分割権利者が知っており，かつ彼らから異議が申し立てられないで，単独で管理行為を行った不分割権利者は，彼らから黙示の委任を受けたものとみなされる。不分割権利者がこれらの管理行為を他の不分割権利者の知らないうちに行っていた場合には，当該不分割権利者は，これを事務管理として有効とするよう請求することができる。[112] ただし，この場合に，処分行為や賃貸借の締結・更新は含んでいない。[113] その他の技術として，これも不分割についての拒絶反応を避けるためのものであるが，基本的夫婦財産制 (régime matrimonial primaire) の影響を受けているものがある。例えば，意思が表明できない不分割権利者の他の者による裁判上の代理，[114] 共通利益を危険にさらす不分割権利者の［同意の］拒否を無視して，ある行為を裁判上承認 (consentement) すること，[115] 裁判所長による急速審理で定められる緊急の措置[116] のようなものである。

立法者は，1976年にも，不分割財産体という，《資産上，その構成員の個人的利益と区別される》[117] 不分割概念に対応するものの存在を認めた。こうして，不分割財産からの果実および収入は，《仮の分割がなく，または収益の分割を定めるその他のすべての合意がない限り，不分割財産を増大させる》。[118] 積極財産に関しては，815条の17第 1 項が，フレコン判決の解決策を踏襲し，かつ，それを《不分割財産の保存または管理から生じた債権の》債権者に広げ，そのようにして不分割財産体の輪郭を明確にしている。

不分割権利者の 1 人が管理を続けている農業経営または営業財産があると

---

111) 民法典815条の 2 。
112) 民法典815条の 4 第 2 項。
113) 民法典815条の 3 第 4 項。
114) 民法典815条の 4 。
115) 民法典815条の 5 。
116) 民法典815条の 6 および815条の 7 。
117) ディディエ・マルタンの用いる表現を踏襲したものである。Didier Martin, *article précité*, p. 227.
118) 民法典815条の10第 1 項。この規定は，2006年から同条 2 項にある。

き,[119] 各不分割権利者もまた,不分割財産から生じた利益に対する権利を有している。[120] これについて,すべての不分割権利者は,純益(bénéfices nets)における自己の年次的持分を請求することができることが明らかにされている。[121] 各不分割権利者は,不分割における権利に応じて,損失を負担しなければならない。伝統的な理論に従い,各不分割権利者は不分割を構成する財産を,《その用途に従い,その他の不分割権利者の権利と両立する限りで》[122] 使用することができる。もっとも,これらの個人の権利を認めるのはしばしば困難であるから,民法典改正委員会が望んでいたように,裁判所長には,この権利行使を仮に決定する手段が用意されている。[123] 815条の13も,不分割対象物の保存および管理費用に関する判例を踏襲している。[124]

以上の制度は,ある種の不分割には適していない可能性があったため,立法者は,別の制度,つまり約定制度を用意した。[125] この制度も,かつての労作の影響を受けた。合意の期間についてもそうであり,ここでは一定期間〔最大5年間〕を定めることができるが,正当な理由があれば定められた期限前に分割を行うことができる。ただし,この期間は,不確定の期間を定めることもできる。後者の場合,分割は,《それが悪意または時宜に適さないものでない限り》[126] いつでももたらされうる。これは,民法典改正委員会が推奨した解決策であった。不分割の合意が処分行為と解されていたのは,共同契約当事者(cocontractants)は,《不分割財産における自己の持分について,分与を受ける権利の行使に向けた期間を放棄する》[127] ことになるからである。そういうわけで,不分割の締結のためには,不分割権利者全員の合意が必要である。その重要性がゆえに,合意はいくつかの形式を備えていなけ

---

119) Jean Foyer, *Rapport précité*, p. 29.
120) 民法典815条の10第3項(この条文の規定は,2006年の法律により根本的に修正された。)。
121) 民法典815条の11。この規定は,元老院の要請で追加されたものである(Jean Foyer, *Rapport précité* p. 26)。
122) 民法典815条の9。
123) 民法典815条の9。
124) note Patarin sous Cour de cassation, 1ère chambre civile, 23 juin 1964, *JCP* 1964, II, 13819を参照。
125) 民法典1873条の1から1873条の18。
126) 民法典1873条の3。
127) Jean Foyer, *rapport cité*, p. 30.

ればならない。すなわち，書面でなされなければならず，いくつかの特記〔不分割財産の特定および各不分割権利者に属する持分の表示〕[128] も入っていなければならない。また，管理人の任命とその権限の範囲に関する規定や，当該不分割対象物の管理に関する特別の規準を入れることもできる。[129]

2006年6月23日の法律は，これ以上に，不分割の集団的利益を重視した。

## 2 相続および恵与の改正に関する2006年6月23日の法律[130]

1976年12月31日の法律は不分割についてしか扱っていなかったが，2006年6月23日の法律は，大学教員の業績と公証人に対して行われた諮問に影響を受けており，[131] ずばぬけて規模が大きい。というのも，相続法と恵与法の全体を改正しているからであり，その目的は，自己の相続を組織するためのより多くの自由を与え，相続財産の清算を迅速かつ簡便にすること，および，相続資産の管理を活性化することにある。[132]

分割に関して，2006年法は価額分割の原則を置いた[133] かつての判例[134] による解決を確立したのである。2006年法は，優先分与に関する以前の改正の補強も行った。特に，経営への参加の概念をより広義に捉えることによって，その範囲を新たな受益者へも拡大した。また，新たな企業，とりわけ自由企業（entreprise libérale）へも拡大した。

不分割に関しては，委任に訴えやすくし，管理の規準を柔軟にした。相続

---

128) 民法典1873条の2。
129) 民法典1873条の5以下。
130) Loi n° 2006-728 du 23 juin 2006 portant réforme des successions et des libéralités, Journal officiel 24 juin 2006. この法律について，特に，以下を参照。Jérôme Leprovaux, Les nouvelles règles de gestion de l'indivision successorale issues de la loi du 23 juin 2006, JCP édition notariale et immobilière 2006, 2386.
131) 同法律は，ジャン・カルボニエ（Jean Carbonnier）教授とピエール・カタラ（Pierre Catala）教授の指導による作業グループの提案と，2003年7月に公証人に対して行われ，3000人の公証人が回答した調査結果に影響を受けていた。以下を参照。l'exposé des motifs du projet de loi présenté par Monsieur Pascal Clément, Ministre de la justice, enregistré à la présidence de l'Assemblée nationale le 29 juin 2005（document n° 2427）.
132) l'exposé des motifs du projet de loi présenté par Monsieur Pascal Clément, Ministre de la justice, document n° 2427 déposé le 29 juin 2005を参照。
133) 2006年起草の民法典826条：《分割における平等とは，価値における平等である》。
134) 特に，ショレ（Chollet）対デュムラン（Dumoulin）判例。民法典815条の10を参照。

515

人が委任者を選任する手段は維持している。[135] 裁判上の委任へも訴えやすくしている。今後は，共同相続人の1人と債権者だけでなく，すべての利害関係人と検察官も，裁判上の委任者の選任を請求することができる。[136] さらに，立法者は，2006年に，確かでかつ正当な利益を証明することを要件として，被相続人に対して死後委任[137]を認める大改革を行った。原則として，この委任は，2年を超えない期間についてなされ，延期することもできる。しかしながら，《相続人の年齢の不適格性，または財産を専門的に管理する必要性を理由に》，[138] 5年とすることもできる。行為の重要性と委任者に与えられた権限の広さを考慮すると，この委任は，公署形式を備えていなければならず，[139] また，この委任を正当化する正当かつ確かな利益の存在とその永続性について，裁判所のコントロールが行われる。[140]

管理の規準に関しては，立法者は，不分割権利者が単独ですることのできる保存行為の範囲を拡大した。[141] 特に，不分割［財産］の債務と負担の支払に必要な管理行為および処分行為をするために，もう不分割権利者全員の同意を得る必要はなく，共同不分割権利者の権利に対して3分の2の多数であればよい。2009年5月12日の法律はこの集団的利益の重要性をさらに強調した。すなわち，いくつかの要件はあるが，《不分割権の少なくとも3分の2について，名義を有する（titulaire）1人または複数人の不分割権利者の請求により》，[142] 大審裁判所が不分割財産の放棄を許可することを認めたのである。これらの場合には，集団的利益は個人の権利に優先する。この不分割の新たな制度は，集団的所有権ではなく，多数の所有権という形態を確たるものにしている。[143]

---

135) 民法典815条の3（2006年の法律で起草）。
136) 民法典813条の1から814条の1。
137) 民法典812条。
138) 民法典812条の1の1。
139) 民法典812条の1の1第3項。
140) 民法典812条の6。クロード・ブレネー（Claud Brenner）による指摘を参照。Claude Brenner, La gestion de l'indivision, Dalloz, 2006. 2559.
141) 民法典815条の2第1項。
142) 民法典815条の5の1。
143) Frédéric Zenati, La propriété collective existe-t-elle ? *Mélanges en l'honneur du professeur Gilles Goubeaux*, Paris, Dalloz, 2009, p. 589 et suivantes, spécialement p. 592 et suivantesを参照。

最後の分析は，不分割と分割である。これらは，19世紀初めには，「家族資産の分解（désagrégation）方法」として考えることができていたが，次第に「家族資産の管理方法」に変わっていった。この変化は，判例によって口火が切られ，学説によって体系化され，立法者によって確立されたのであり，このことは，民法典は生きた作品であって，その品質の維持は法学の貢献にかかっていることを示している。これからの不分割は過渡的な制度であり，多少とも長い期限の後に，不分割権利者間での財産の適切な分配が可能となるはずである。例えば，不分割にある企業の所有者は，不分割の後に組合を設立することができるし，状況の進展に応じて，優先分与に訴えることもできる。

家族の家に関しては，松川先生が関心を示していた。現在の不分割制度は，その法的基礎を強化し，また，それが突然終わりになることを避けることもできる。もっとも，家族の家は，この作品を作るだけの長い時間が経ったときには，これを保存するために，十分な金銭的手段を用いて不分割権利者の1人への分与の対象とするほうが良い。というのは，家族の家は，目に見えないが抗しがたい力，代々家族構成員を疎遠にする力に，いつまでも抵抗することはできないからである。

（リヨン第3大学法学部教授）

翻訳　福岡大学法学部専任講師　白須真理子

# 《それぞれの人にそれぞれの家族があり，それぞれの人に「それぞれの権利」がある》
―ヨーロッパにおける家族と人権をめぐる自由な話題[1]

ユーグ・フルシロン

　2013年は，フランス家族法にとって大変動の年となった。というのも，5月17日に審署されたのは,《すべての者のための婚姻》に関する法律[2]であった。国会やメディアの枠を越えた議論によって，フランス社会は大きく二分されていた。数十万の人々が通りに降り立ち，婚姻および養子縁組の途を同性間に開放することに賛成して，あるいは反対して，デモを行ったのである。論争の中心は，人権にあった。《すべての者のための》婚姻および養子縁組を支持する者は，婚姻する権利や家族を形成する権利を引合いに出して，これらの権利は性的傾向によって差別されるものではないとした。法律に反対する者は，子の権利の擁護者を自任していた[3]。

---

凡例　《○○》：原文でも《○○》のママ，「○○」：原文ではイタリック，〔○○〕：原文では（○○），［○○］：訳者による補足，［＝○○］：別訳語の提案，（○○）：原語の併記。

1) 本稿は，数年前に松川正毅教授の御招待にあずかり日本で行った講演会に着想を得ている。この論考の献呈が，感謝と変わらぬ友情の証となりますように。
2) 同性カップルに婚姻の途を開いた2013年5月17日の法律第2013-404号については，特に，以下を参照。H. Fulchiron, *Le mariage pour tous. Un enfant pour qui ?*, JCP 2013, 658, J. Hauser, *Loi ouvrant le mariage aux couples de personnes de même sexe et autres sujets*, JCP éd. Not., 1165, *Du mariage pour tous à la famille homosexuelle*, Rev. droit de la famille, Dossier, n° 16 à 34, *Mariage, la réforme !* Dossier AJ fam. p. 331 s., *La loi du 17 mai 2013 et la réforme du mariage*, Dossier Defrénois, 719 s., adde H. Fulchiron, *La reconnaissance de la famille homosexuelle : étude d'impact*, Dalloz, 2013, p. 100.
3) この議論の法的アプローチとして，例えば，Revue Droit de la familleは，この法律のために2つの号を割いている。Dr. famille, janvier 2013, dossier 《Le mariage pour

519

数年前から，家族は，権利の基本権化と呼ばれるものの最適な一例となっていた[4]。今日では，基本権は，家族に関する制度，すなわち婚姻とカップル，親子関係と血縁，親権と親性（parentalité），相続，夫婦財産制などの制度を形作っている。今や，家族に関する最も由緒ある制度は，個人の権利および自由というふるいにかけられている[5]。

　これは，家族法の真の変革に関わる問題である。数千年の間，そもそも個人というものは，この分野に関しては，逆説的に脇役を演じてきたにすぎなかった。個人は常に家族に関する制度の中心にあったが，権利や自由に関しては，個人の役割は長年この上なく制限されていた。一番にあったのは，社会的で文化的なモデルに応じて作られ，組織された，家族という集団である。個人はその集団の中に含まれるけれども，単なる構成員にすぎず，集団の構造や機能，合目的性そのものが個人よりも優先されていた。

　婚姻の規律を考えてみよう。なるほどローマの伝統に従い，個人の同意なき婚姻は存在しない。しかし同意するときには，個人は，その権利と義務とが課される制度に従っていた。同様のことが，親子関係の規律〔特に，親子関係が婚姻に基づいて形成されるとき〕や，相続の規律についてもいえた。

---

tous》, et Dr. famille juillet-août 2013, dossier, 《Du mariage pour tous à la famille homosexuelle》を参照。交わされた議論の全容については，国民議会に出された報告書（E. Binet, *Ouverture du mariage aux couples de personnes de même sexe*, Rapport fait au nom de la Commission des lois de l'Assemblée nationale, n° 628, janvier 2013, 2 vol.）および元老院での報告書（J.P. Michel, Rapport fait au nom de la commission des lois, n° 437, mars 2013, 2 vol.）を参照。

4）この問題の全体については，マリー・テレーズ・ムルダー＝クライン（M.T. Meulders-Klein）の基礎を成している以下の論文を参照。《Internationalisation des droits de l'homme et évolution du droit de la famille : un voyage sans destination ?》, *in La personne, la famille et le droit, trois décennies de mutations en Occident*, Bruylant-LGDJ, 1999, p. 495 s.

5）例えば，2013年の判決（Civ. 1ère 4 décembre 2013, D. 2014, 179, note F. Chénedé, H. Fulchiron, *La cour de cassation, juge des droits de l'homme ?*, D. 2014, p. 153）においても，破毀院は，欧州人権条約，特にその8条〔私生活および家族生活を尊重される権利〕の擁護者となった。破毀院は，8条という査証だけをもって，事実審裁判官の判決を破毀したのである。事実審は，民法典161条に基づき，義父（beau-père）と，その息子と離婚した女性との間で挙式された婚姻は無効であることを宣言していた。破毀院によると，婚姻を無効とすることは，この事案の場合，妻に関して〔訳注：義父は2005年に死亡〕，《この結合が，異議なく挙式され，20年以上続いている以上，「私生活および家族生活を尊重される権利の行使という点において，不当な介入の性質」》を帯びているのであった。

《それぞれの人にそれぞれの家族があり，それぞれの人に「それぞれの権利」がある》（ユーグ・フルシロン）

家族のモデルは，時代により，また社会により変化してきたが，いずれにせよ，《社会の基本構造》，《国家の苗床》というよく知られた2つの表現で表されるものとしての家族の中では，個人の権利や自由といったものの居場所はほとんど残されていなかった。

数年で，ときに強い拘束を伴ったこの制度上の枠組みは，基本権の影響を受けてあらゆる部分が破綻した。明らかに，現代における家族の変貌は，現代社会を覆すヨリ深遠な力に原因がある。すなわち，婚姻数の減少，婚姻外結合の急増，婚姻外での出生の増加〔今日，フランスでは，カップルの第一子の大半が婚姻外で生まれている。〕，単親の家族および再構成家族の発展，そしてごく近況では，同性愛者の要求の増大もあり，同性愛者が，カップルとして，さらには家族として生活することを社会的に認めるよう要求している。さらに，より近時には，分類（genre）に関する問いの復活も挙げることができる[6]。根本に関するこれらの動きは，基本的権利および自由が作用する場面を大きく超えている。しかし，基本的権利および自由は，ハンドルとして，エンジンとして，アクセルとして，これらの動きの発展に寄与したといえるだろう。いずれにせよ，これらは，数年のうちに，家族と家族法とを変貌させる法律上の道具となったのである。

実のところ，家族は，初めから，人権を保護する主要な正文の中にあった。世界人権宣言[7]や，ヨーロッパについていえば欧州人権条約が想起され，同人権条約8条は私生活および家族生活を尊重される権利を確認していた[8]。しかし，少なくとも初めのうちは，これらの正文は，家族についてかなり伝統的な見方を示していた。それは，婚姻に基づく家族であった。中間的な組織として国家から個人を守り，かつ，そのような組織の中でいちばんの弱者で

---

6) これらの変遷について，le rapport du groupe de travail présidé par I. Théry, *Filiation, origines, parentalité* : le droit face aux nouvelles valeurs de responsabilité générationnelle, Rapport pour le Ministère de la famille, La Documentation française, 2014. を参照。
7) 16条3項：《「家族は，社会の自然かつ基礎的な単位であり，社会および国による保護を受ける権利を有する」》。また，市民的および政治的権利に関する国際規約23条1項：《「家族は，社会の自然かつ基礎的な単位であり，社会および国による保護を受ける権利を有する」》。
8) さらに，より近時には，欧州連合基本権憲章［33条1項］は以下のように宣言する。《家族は，法的，経済的および社会的領域において，その保護を保障される》。

521

ある女性と子どもを守る家族であった。さらに，大抵の場合，原則の宣言は，国家がそれを尊重することを誓うものであったが，国家に対抗しうる権利を個人に与えたものではなかった。

　法律の面では，革命は，ヨーロッパにおいて，1979年に，欧州人権裁判所でのマルクス（Marckx）判決[9]とともに起こった。国家および法律〔この事案では，ベルギー国およびベルギーの法律〕が，初めて，私人の申立てにより，欧州人権条約8条に規定された私生活および家族生活を尊重される権利に違反しているものとされたのである。国家に対抗しうる権利，これは国家が尊重しなければならず，また尊重させなければならない権利であり，今回の事案がそうであったように，当該国家の実定法を完全に改正することになる可能性を有している。それ以後，欧州人権裁判所は，欧州人権条約を現代における変化と必要性に照らして読み，精力的に解釈して，絶えず多くの大胆な判例を展開してきた。そして，ヨーロッパ諸国に，家族に関する国内法の改正あるいは国内判例の見直しをさせることとなった判決は，もはや数え切れないほどにある。[10]

　次になされたのは，子どもの権利条約についての議論であり，内容についてではなく，条項の拘束力について，激しい論争を呼び起こした。単なる原則の表明にすぎないのか，それとも国家に対抗できる権利なのか。フランスでは，この問題に関して，最上級裁判所であるコンセイユ・デタと破毀院は分裂した。もっとも，後に破毀院は，コンセイユ・デタがしたのと同様に，条約の条項の中には，フランスの裁判官に直接に対抗できるものもあることを事実上認めた。[11] これにより，フランスの立法者は，子どもの権利を完全に見直さざるをえなくなった。[12]

---

9) マルクス対ベルギー，欧州人権裁判所1979年6月13日判決（Marckx c. Belgique, Cour EDH 13 juin 1979），Grands arrêts de la Cour EDH, F. Sudre (dir.), PUF, 7ème éd., 2013, n° 51 et réf. cit.
10) cf. F. Sudre, Droit européen et international des droits de l'homme, PUF, 11ème éd., 2012.
11) Civ. 1ère 18 mai 2005, D. 2005, 1909, note V. Egea, Defrénois 2005, 1419, p. 1419, note J. Massip.
12) cf. le dossier de la Revue Droit de la famille, sous la direction de P. Murat et de A. Gouttenoire,《La convention internationale des droits de l'enfant, vingt ans après, commentaire article par article》, Dr. famille 2009, n° 13 à 52.

《それぞれの人にそれぞれの家族があり，それぞれの人に「それぞれの権利」がある》（ユーグ・フルシロン）

今日，フランスのような国においては〔しかしこの指摘はすべての法治国家に当てはまるが〕，家族に関する基本権のコントロールは一層厳しくなっている。家族法のいかなる正文も，基本権に適合していることが確かめられないかぎりは，議会で採決されえない[13]。憲法院，コンセイユ・デタおよび破毀院は，基本権というものさしで実体法規範を判断することを受け入れている。いずれにせよ，欧州人権裁判所が監視している。また，欧州人権条約8条に規定する私生活および家族生活を尊重される権利に対して，同裁判所が与えた大きさも知られている[14]。欧州連合のレベルでは，欧州司法裁判所もまた，各加盟国が，各条約および欧州連合基本権憲章によりすべての欧州市民に認められている権利と自由を尊重するよう気を配っている。

要するに，基本権の尊重を保障する正文と，何よりもコントロールする司法機関が，数年のうちに増加し，より高度な問題についてのてこ入れ効果を著しく増大させた。驚くべきような進展〔例えば，同性婚や，同性の親から成る家族（la famille homoparentale）を思い起こすことができる。〕が，数年のうちに起こった。ところで国内の裁判官や議会は，〔その是非はともかく〕基本権の尊重を保障するために機能しているという確信がなければ，おそらく，これほどまで先に進むことはなかったであろう。

基本権の影響を受けた家族法のこのような変貌は，西欧の法制度においては，次の二つの大きな進展に表されている。すなわち，

一つは，家族法が人の権利および自由（droits et libertés de la personne）に基づいて再構築されていることであり，もう一つは，家族法が新たな価値をもたらす存在となっていることである。

---

13)《すべての者のための婚姻》に関する法律に対してかけられた狭義のコントロールについて，Décision du déc. 17 mai 2013, n° 2013-669 DC, sur laquelle, cf. not. B. Mathieu, Les《questions de société》échappent au contrôle de constitutionnalité, JCP G 2013, act. 588, F. Chénedé, La nouvelle leçon de démocratie du Conseil constitutionnel, AJ Famille, 2013, 332を参照。

14) Cf. not. F. Sudre (dir.), Le droit au respect de la vie familiale au sens de la convention européenne des droits de l'homme, et, tout particulièrement, l'article de F. Sudre,《La《construction》par le juge européen du droit au respect de la vie familiale》, Nemessis, Bruylant, 2002, p. 11 et réf. cit.

# 第1 人の権利および自由に基づき再構築された家族法

《西洋の》家族は，今日，自由と平等という二つの柱に基づいて構築されている。ほかに，フランスの標語におけるのと同様に，三つ目の柱がある。すなわち，友愛，というよりも，連帯が，家族関係の一体性を保障している。自由，平等，連帯。これらは，欧州連合基本権憲章の編纂者が，《欧州市民の基本的地位 (statut)[15]》となるべきものを編み出す上で取り上げたキーワードでもある。

## 1 自 由

(1) 自由，これはまず，「婚姻する自由および家族を形成する自由」であり，とりわけ世界人権宣言，欧州人権条約〔第12条〕または欧州連合基本権憲章〔第9条〕で保障されている自由である

ヨーロッパでは，〔欧州評議会の〕ストラスブールの裁判所〔＝欧州人権裁判所〕および〔欧州連合の〕ルクセンブルクの裁判所〔＝欧州司法裁判所〕が，国内の憲法裁判所と同様に，婚姻する権利を念入りに監視して，例えば投獄や移民管理政策と関連する不当な制限に対抗している。[16] より人目を引くものとしては，時には判例に強いられた国もある〔特に，カナダの場合はそうであった。[17]〕にせよ，婚姻する権利によって，世界中の一定の立法者が，同性間に婚姻の途を開いたということがある。たとえ差別の論拠が論

---

15) 今では欧州司法裁判所で用いられる慣例的表現に従っている。
16) 1993年8月13日のフランス憲法院の判決を参照。同判決は，フランスへの入国および外国での滞在に関する新法を厳しく審査したものであるが，《「婚姻の自由……は，個人の自由の構成要素の一つである」》と述べている。*Grandes décisions du Conseil constitutionnel*, P. Gaïa et al. 17ème éd., Dalloz, 2013, n° 46. さらに，投獄された者も婚姻する権利を奪われえないことを明確にしたものとして，欧州人権裁判所2010年1月5日 第22933/02号，フラシク対ポーランド (Cour EDH, 5 janvier 2010, n° 22933/02, *Frasik c. Pologne*) および第24033/00号，ヤレモヴィッツ対ポーランド (n° 24033/00, *Jaremowicz c. Pologne*), Dr. famille 2010, n° 37, note V. Larribau-Terneyre.
17) いくつもの地方の上級裁判所が，2000年代初めに，同性婚の禁止は権利および自由に関するカナダ憲章に反していることを明言し，それを受けて，連邦政府は，2005年7月20日の法律を採択し，同性婚を認めた〔この法律の適用についてまとめたものとして，D. Goubau, *Le mariage pour tous, dix ans après..., l'expérience canadienne*, Rev. dr. fam. 2013, n° 34を参照〕。

《それぞれの人にそれぞれの家族があり，それぞれの人に「それぞれの権利」がある》（ユーグ・フルシロン）

議されうるとしても，また，アメリカ合衆国最高裁判所[18]や欧州人権裁判所[19]がこの問題に関して最大限の慎重さを示しているようであるとしても，このことはいえる。

とはいえ，変化は始まっており，基本権を参照することは武器になる。そしてこの武器は，集合的無意識におけるのと同様に法的事実においても，あまりに強力であるため，例えば《すべての者のための》婚姻に対する権利に反対しようとするときの論拠〔伝統や自然など〕は，ほとんど聞こえないようになる。

家族を形成する権利については事情が異なるのかもしれない。婚姻する権利と家族を形成する権利は，しばしば同じ条項中に見られるが，実際には，二つの別々の権利である[20]。一方で，家族を形成する権利は，今日では，婚姻外で行使されうることが認められている[21]。他方，婚姻する権利は，家族を形成する可能性によって決まるわけではない[22]。つまり，子孫をもうける

---

18) 1996年9月21日の婚姻防衛法（Le *Defense of Marriage Act*）〔DOMA〕によれば，連邦制にある諸州は，他の州で挙式した同性婚を承認しないことができた。そして，連邦〔法〕の管轄に属する問題として，婚姻は，1人の男性と1人の女性との結合であると定義している。2013年6月26日の判決は，アメリカ合衆国対イーディス・ウィンザー（*U.S. contre Edith Windsor*）事件であった。この判決において，アメリカ連邦最高裁判所は，5：4で法律を一部無効とした。この事案では，ニューヨーク州の女性が妻（epouse）の死後に行う連邦税の支払が争点となっていた。婚姻防衛法において，用語の連邦法上の意味において，このカップルが婚姻しているものとはみなされなかったのである。また，同性婚の禁止を目的としてカリフォルニア州で行われた住民投票について，2013年6月26日のホリングスワース対ペリー判決（la décision *Hollingsworth v. Perry* du 26 juin 2013）も参照。
19) 欧州人権裁判所〔2010年6月24日判決〕，シャルクとコプフ対オーストリア（Cour. EDH, *Schalk et Kopf c. Autriche*），JCP 2010, 1013, note H. Fulchiron.
20) 欧州人権条約は，その12条で，《婚姻する権利および家族を形成する権利》〔欧州人権裁判所が両権利を分けて考えることを妨げないこと〕を肯定しているが，〔欧州連合基本権〕憲章9条は，《婚姻する権利》と《家族を形成する権利》とを区別している。この2つの権利の分離は，同性婚の途を開いた諸国が求めたものである。
21) 欧州人権裁判所のマルクス判決（前掲）を参照。家族生活の概念については，F. Sudre, *op. cit.*, n° 311 et réf. cit., not. F. Sudre, 《La 《construction》 par le juge européen du droit au respect de la vie familiale》, *in* F. Sudre (dir.), *Le droit au respect de la vie familiale au sens de la Convention européenne des droits de l'homme*, Némésis-Bruylant, 2002, p. 11 s.を参照。
22) グッドウィン対イギリス判決（l'arrêt *Goodwin, c. Royaume-Uni*）において（Gr. Ch. 11 juillet 2002, Grands arrêts, n° 45 et réf. cit.），欧州人権裁判所は，次のように述べている。《「あるカップルが子を懐胎し，または子を養育できないとしても，それ自体ではそのカップルから婚姻する権利が奪われたとはみなされない」》。

525

可能性や，あるいは養子縁組によって子を迎え入れる可能性は，婚姻の本質ではないということである。次のようにいうこともできる。婚姻は，同性カップルであることのみを根拠としては禁止されえない。

しかしながら，欧州人権裁判所も欧州司法裁判所も，家族を形成する権利を単なる《個人の選択の実現手段》へと変質させることを拒んでいる。すなわち，家族を形成したいという単なる欲求を保護し，かつ保障することを拒んでいる[23]。そのような欲求は，《家族を持つ権利（droit à une famille）》であって，《家族を形成する権利（droit de fonder une famille）》ではないということである。《家族を持つ権利》は，とりわけヨーロッパ諸国に対して，婚姻したカップルにも婚姻外カップルにも，異性カップルにも同性カップルにも，養子縁組と生殖補助医療技術を開放するよう強いることになるであろう。欧州人権裁判所は，同性カップル間での養子縁組に関するガスとデュボワ（Gas et Dubois）対フランス判決において，特に各国間のコンセンサスがないことを盾に取って，このこと［＝家族を持つ権利は保障しないこと］を再確認した[24]。しかし，明日はどうなっているだろうか[25]。多くの国において，

---

[23] 欧州人権裁判所にとって，私生活および家族生活を尊重される権利は，《「家族の存在を前提とする」》（マルクス判決。前掲）。よって，フレテ対フランス判決（l'arrêt *Fretté c. France*）においては，家族を形成するという単なる欲求，とりわけ養子縁組によってそれをかなえる欲求は，［欧州人権条約］8条によって保障されていないと述べる（26 février 2002, JCP 2002, II, 10074, note A. Gouttenoire et F. Sudre）。それでも，欧州人権裁判所は，養子縁組をする権利も〔シュヴィッツゲーベル対スイス，2010年6月10日［判決］（*Schwizgebel c. Suisse*, 10 juin 2010）, JCP 2010, act. 702, obs. B. Beldaを参照〕，生物学的な親となる権利も〔ディクソン対イギリス，2007年12月4日［判決］（*Dickson c. Royaume-Uni*, 4 déc. 2007）, Gr. Ch. JCP 2008, 110, note F. Sudreを参照〕，なお保護している。

[24] Cour EDH 15 mars 2012, n° 25951/07, *Gas et Dubois c. France*, JCP 2012, n° 589, obs. A. Gouttenoire et F. Sudre. フランスの規律の役割は，《配偶者（conjoint）》の子の養子縁組の余地を，夫（epoux）または妻（epouse）に対して残しておくことに行きつく。ただし，コンキュビナージュの当事者（concubinまたはconcubine）は除かれる。欧州人権裁判所は，《「同性にせよ異性にせよ，［婚姻と］法的に近似する状況にあるカップル〔コンキュビナージュ，パクス〕には，［婚姻と］同じ効果は認められない。すなわち，単純養子縁組は否定される」》と考えている。申立人〔この場合は，女性カップル〕の性的傾向に基づいた取扱いの相違はなかったが，それでも，当時，養子縁組の途が開かれていた婚姻は，異性カップルのために用意されたものであった。

[25] X対オーストリア，2013年2月19日大法廷判決第19010/07号（un arrêt *X. et al. c. Autriche*〔Grde chambre 19 février 2013, n°19010/07〕）, Revue Dr. famille 2013, comm. Cl. Neirinckにおいては，以下のとおり。オーストリア民法典は，異性コンキュビナージュカップルが子を養子にとることは認めているが，同性コンキュビナージュ

同性カップルが養子縁組をしたり，生殖補助医療に頼ったりする可能性について，激しい議論がなされていることは周知の事実である[26]。そして，おそらくこのような子どもに関する問題こそが，フランスにおいて，数十万の人々を通りに降り立たせたのである。

(2) カップルにとっての自由，それは別々に生きる自由でもある

欧州人権裁判所は，離婚する真の権利をずっと認めてこなかった。しかし，ヨーロッパの法律が一致して進展していることを考えると，同裁判所の抵抗する資格には疑問も生じうる。小さなマルタ島でさえ，欧州連合に加入して数年で，離婚を認める決心をしなければならなかったのである[27]。EU法に関しては，例えば，離婚の準拠法に関する規則を見れば，容易な離婚，[社会的に]広く受け容れられた離婚を明らかに優遇していることが示されている[28]。この領域では，ヨーロッパの進展は，世界水準に照らせばより一般的な動きを反映させているにすぎない。

(3) 最後に，カップルにとっての自由，それは婚姻外で生きる自由でもある

ここでもやはり，婚姻モデルによるか，あるいはより契約的なモデルによるかはともかく，婚姻していないカップルに開放された地位の多様化が世界で見られる。

確かに，同性か異性かにかかわらず，コンキュビナージュ当事者のために，特別の地位を作ることを各国に強制するものは何もない。ヨーロッパでは，欧州人権裁判所が，既述のシャルクとコプフ（Schalk et Kopf）対オーストリ

---

カップルには認めていない。欧州人権裁判所によれば，法的には同じ立場にあるカップルに対するこの違いは，性的傾向に基づいた差別であるが，それについて，オーストリア政府は，《子にとって，同性カップルに養育されることや，法的に母親が2人または父親が2人いることは，有害であるだろうこと」》を証明していない以上，この差別が比例性に適い正当な目的を追求したものであることを立証していないことになる。

26) cf. *Filiation, parenté, origines : le droit et l'engendrement à plusieurs*, H. Fulchiron et J. Sosson（dir.），Bruylant, 2013.
27) ヨーロッパにおける離婚について，*Le divorce en Europe*, Rapport du Centre de droit de la famille et de l'Institut de droit comparé de Lyon, H. Fulchiron et F. Ferrand（dir.），Ministère français de la Justice, 2013 et réf. cit.を参照。
28) Règlement（UE）n° 1259/2010 du Conseil du 20 décembre 2010 mettant en œuvre une coopération renforcée dans le domaine de la loi applicable au divorce et à la séparation de corps.

ア判決において，このことを確認した。[29] これに対して，同性・異性双方のコンキュビナージュ当事者に与えられた保護は，たとえ地位が同等であることが義務であるとは〔まだ？〕認められていなくとも，それぞれに認められた権利として，次第に関連づけられている。[30] 平等は，こうして自由と交替する。

## 2 平 等

差別の拒否は，現代における家族法の核心にある。男女の平等，子の平等，家族の平等。これらは，現代における平等のトリプティック〔＝三連祭壇画〕となる三つの画である。

### (1) 男女の平等

「男女の平等」とは，婚姻に関する，すなわち婚姻中およびその解消時のことである。平等原則が徐々に認められ，男女それぞれの権利と義務を同一のものにしている。欧州人権裁判所はこの点にとりわけ執着しており，またフランス破毀院はあらゆる批判を見越して，例えばイスラム法の離縁（répudiation）は，欧州人権条約およびその議定書〔1984年11月22日の欧州人権条約追加議定書5条〕が保障する男女間の平等原則に反するため，国際的事案に関するフランスの公序に違反していると判示した。[31]

### (2) 子の平等

平等は，とりわけ親子関係の形成における子の平等と，相続法における子の平等を承認している。

ヨーロッパでは，マルクス対ベルギー判決[32] により，自然子の母が行う認知の権利義務が嫡出子の母については免除されているために，婚姻中に生まれた子と婚姻外で生まれた子との差別を作り出しているとされて久しい。ヨーロッパ諸国の大多数はそこから重大な帰結を引き出し，嫡出親子関係と

---

29) *supra*.
30) もちろん，設けられた差異が，例えば性的傾向に基づく差別となっていてもいけない。
31) Civ. 1ère 17 février 2004（5 arrêts）, D. 2004, 825 concl. F. Cavarroc, P. Courbe,《Le rejet des répudiations musulmanes》, D. 2004, 815 : H. Fulchiron,《Requiem pour les répudiations musulmanes ?》JCP 2004, II, 10128, Rev. crit. DIP 2004, 423, note P. Hammje, JDI 2004, 1200, note L. Gannagé.
32) préc.

《それぞれの人にそれぞれの家族があり，それぞれの人に「それぞれの権利」がある》（ユーグ・フルシロン）

自然親子関係の分類そのものをすっかり削除した[33]。

同様に，フランスは，父母の相続において姦生子には嫡出子よりも少ない権利しか認めていなかったために，欧州人権裁判所からその立法が違反しているものとされ，それを修正しなければならなかった[34]。

そうすると，人〔男，女，子ども〕の平等の先に現れるのは，家族の平等である。

(3) 家族の平等

欧州人権裁判所を例にとろう。同裁判所は，一貫して，欧州人権条約8条にいう《家族》は，婚姻に基づいた関係に限らないという考えを示している。すなわち，家族生活を尊重される権利は，実際上の家族生活が存在する以上は，あらゆる形態の家族に当てはまる[35]。もちろん，欧州人権裁判所は，婚姻に基づいた家族の保護は《正当》であり，《賞賛に値する》目的を成していると評価しており，例えば，遺族年金を受給する権利の開始を，婚姻の存在に従わせること自体は，欧州人権条約に違反しないとする[36]。したがって，婚姻によってつくられた家族と婚姻外でつくられた家族間の平等には，〔まだ？〕ドグマは確立されていない。しかしヨーロッパにおいては，多くの国々においてもそうであるように，取扱いの相違はすべて差別を疑われる[37]。その相違が合理的かつ正当であることの証明は，各国が行うのである。

自由，平等。その最も優れた部分は，個人に向けて，あるいは個人の権

---

33) フランスの場合について，Ph. Malaurie et H. Fulchiron, *La famille, op. cit.*, n° 942 et réf. cit.を参照。
34) マズレク対フランス，欧州人権裁判所2000年2月1日判決（l'arrêt *Mazurek c. France*, Cour EDH 1er février 2000), *Grands arrêts Cour EDH, op. cit.*, n° 54 et réf. cit.を参照。確かに，裁判所が指摘するように，家族の保護はなお正当な目的であるとはいえ，姦生子の相続権の縮減は，この目的のための手段としては不均衡である。そして，《「いずれにせよ，姦生子がその責めに帰すべきでない事実を非難されるべきではないであろう」》。早速翌年に，フランスの立法者はそこから結論を導いた。2001年12月3日の法律により，最後の差別を削除したのである。欧州人権裁判所は，この点に最大限の注意を払っており，権利の平等とは価値的平等のみならず，現物における平等をも想定していることを明言していた〔アイネズ対オーストリア，1987年10月28日判決（arrêt *Inze c. Autriche*, 28 oct. 1987)〕。
35) Cf. *supra* et réf. cit.
36) Cf. *supra*.
37) とりわけ，同性カップルによる養子縁組の問題や，登録パートナーシップ制度により与えられる権利の問題について，cf. *supra* et réf. cit.

利・選択・願望に向けてもたらされるところである。ところが，家族は，その定義がどのようなものであれ，一体性の種をなくしては生きられない。この一体性は，法的には，連帯ということになる。

## 3　連　帯

連帯の原則は，国際的に主要な正文において，大きな存在感を示している[38]。このような集合的な連帯とは別に，家族の中での連帯というものもある。これは何よりもまず親と子ども間の連帯であり，また，家族的集団の構成員間での連帯である。

### (1)　子どもとの関係における親の連帯

この連帯は，とりわけ，親責任（responsabilité parentale）という考えを通じて現れる。子に対する親の権力（puissance）を表した権利としてではなく，子の利益〔子どもの権利条約が定める原則を踏襲した，欧州連合基本権憲章24条所定の[39]，子の「最善の」利益〕を目的とする責務（fonction）として認識するのである。実際には，子どもの権利としての認識といえる。

それと関連して，欧州人権裁判所は，《「親とその子にとって，一緒にいるということは，家族生活の基本的要素となる」》ことを認めた[40]。そしてこの問題に関して，公権力の介入に制限を設ける判決は極めて多い[41]。しかしながら，集団に課せられた義務の先に見えるのは，両親の個人的状況，とりわけ離別後がどのようなものであろうと，両親は継続性を保障しなければならないという使命を与えられているという考えである[42]。

---

38)　例えば，参照，欧州連合基本権憲章［前文］第2段落：《「その精神的および道徳的遺産を意識し，連合は，人間の尊厳，自由，平等および連帯という不可分かつ普遍的な諸価値を基礎とする。連合は，民主主義の原則および法治国家の原則に基礎づけられる。連合は，連合市民権の確立および自由，安全，正義の領域の創出によって，その活動の中心に個人を据える」》。

39)　24条2項：《「子どもに関連するあらゆる措置は，それが公的機関または私的機関のいずれによってなされるとしても，子どもの最善の利益がまず考慮されねばならない」》。

40)　オルソン対スウェーデン，1988年3月24日［判決］第59段落（*Olsson c. Suède*, 24 mars 1988, par. 59)。

41)　cf. A. Gouttenoire et P. Bonfils, *Droit des mineurs*, Dalloz, 2ème éd. 2014. Adde A. Gouttenoire, 《La vie familiale à l'épreuve de l'assistance éducative》, in F. Sudre (dir.), *Le droit au respect de la vie privée et familiale au sens de la Convention européenne des droits de l'homme, op. cit.*, p. 287 s. et réf. cit.

42)　参照：フランス民法典373条の2：《「両親の離別は，親権行使の帰属（dévolution）

《それぞれの人にそれぞれの家族があり，それぞれの人に「それぞれの権利」がある》(ユーグ・フルシロン)

《基本的 (primaire)》集団内におけるこのような連帯は，両親と未成年の子が作り出すものであるが，これは，拡大された家族的集団の構成員間での連帯にも妥当するのだろうか。

(2) 家族的集団の連帯

実をいうと，このような連帯は，ヨーロッパの判例や正文の中にはっきりとは表れていない。これは驚くべきことであろうか。個人の権利が確立された制度において，集団の連帯が集団としてその位置を見出すことは難しい。外部からの不当干渉 (ingérance) に対する集団それ自体の保護でさえ，必ずしも明確には表れない。家族の住む領土から離されることに対して外国人に認められた保護は，これに関して適切な例を提供している。この保護は，欧州人権条約の保障する私生活および家族生活を尊重される権利に基づいているが，集団の構成員たる一個人または複数人に関するものであって，集団それ自体に関するものではない。すなわち，家族の保護というよりは，私生活および家族生活の尊重に向けた個人の権利の保護なのである[43]。

家族法はもはや，個人の権利の集まりでしかないのであろうか。《基本権化》した家族はもはや，最善のときには一致し，最悪のときには競合する，権利と自由とを保有する人の集まりでしかないのであろうか。

このような問いに直面するとき，基本権に育てられたこの家族法を支える新たな価値について考えるべきである。

## 第2 新たな価値をもたらす家族法

このような現代の家族法に新たなスローガンを用意しなければならないとすれば，家族法は人の権利および自由を基礎として作られた，というよりも再建されたのだから，ここでさらに，三つの言葉を取り上げることができる

---

の規定に影響を及ぼさない。
父母のそれぞれは，子との人格的関係を維持し，子と他方の親との絆 (lien) を尊重しなければならない」》。
43) 家族生活という点での外国人の保護については，F. Sudre, *Droit européen et international des droits de l'homme*, op. cit., n° 372 s. et réf. cit. を参照。この問題の全体については，*Les étrangers et la Convention EDH*, H. Fulchiron (dir.), LGDJ, 1999 を参照。

であろう。多元主義，自由主義，個人主義の三つである。

## 1 多元主義

多元主義は，家族法を大きく超える価値である。欧州連合条約は，《「多元主義，非差別，寛容，正義，連帯および男女の平等を特徴とする」》理想的な社会に言及しており，多元主義をとりわけその中心に据えている。家族に関しては，多元主義は，家族の生活形態の現代における多様性を確認するだけでは足りず，その尊重を明確にし，ある意味ではその促進を保障する。それは国内法秩序においても，国際法秩序においても確かなことである。

### (1) 国内の多元主義

欧州人権裁判所は，繰り返し，例えば表現の自由について，次のように述べてきた。表現の自由は，《「好意的に受け入れられ，あるいは無害または重要でないとみなされる情報や思想（idées）についてだけでなく，傷つけ，不快感を与え，または不安にさせる情報や思想についても妥当する。このようなことは，多元主義，寛容および寛大さ（l'esprit d'ouverture）からの要請であって，これらがなければ民主的社会とはいえない[44]」》。

そして，表現の自由，信教の自由[45] 政治的自由[46] または性的自由[47] についていえることは，もう数年前には不快感を与えていたであろう，そして厳しく抑圧されていたかもしれない家族の生活形態についてもいえる。[48] 例えば性転換について考えてみると，今日，原則においても結果的にも，基本権

---

44) フォン・ハノーファー対ドイツ，2012年2月7日［判決］（*von Hannover c. Allemagne*, 7 février 2012), aff. n° 40660/08, 60641/08).
45) ムーヴマン・ラスエリヤン対スイス，2012年7月13日［判決］（*Mouvement Raëlien c. Suisse*), 13 juillet 2012, req. n° 16354/06を参照。
46) 福祉党ほか対トルコ，2003年2月13日［判決］（*Refah partisi et autres c. Turquie*, 13 février 2003), req. n° 41340/98, 41342/98, 41343/98 et 41344/98.
47) 同性愛の事案について，ルスティ＝プレアン・ベケット対イギリス，1999年9月27日［判決］（*Lustig-Prean et Beckett c. Royaume-Uni*, 27 septembre 1999）を参照。
48) さらに，文化的多元主義について，アルージ対フランス，2012年10月4日［判決］（*Harroudj c. France*, 4 oct. 2012, req. n° 43631/09）は，カファーラ（kafala）に関して宣告されたものである。それによれば，養子縁組を禁止するイスラム法の原則を尊重しつつ，子にとっての影響を徐々に薄れさせることによって，フランスは，《「外国出身の子の統合の促進を望みながら，子をすぐには出身国の法原則から切り離さない。よって文化的多元主義を尊重し，公的利益と申立人の利益との公正な均衡に留意している」》。

の名の下に，ますます広く認められている。[49] 婚姻外結合についても考えてみよう。なるほど国家は，婚姻外カップルのための地位を創設する義務は負っていないが，それを創設する場合には，例えば住居に関することなどパートナーに与えられた権利が，夫婦との関係で差別的にならないよう配慮しなければならない。[50] いくつかの国では，自由結合における生存当事者〔特に［他方当事者の］死亡または離別の場合〕の権利をすべて拒否することが差別に当たらないかどうかが考え始められている。[51]

もちろん，同性婚についても考えてみよう[52]。とりわけ，両親を同性とする血族親子関係（homoparenté）の問題，すなわち同性カップルによる養子縁組について，あるいは生殖補助医療技術に訴えることについて，さらには同性カップルが同性の両親として真の《家族》になることを認めるための，父による懐胎（pères porteuses）について考えよう。ここでもまた，個人の権利と自由が登場する。[53]

例はもっと挙げることができるだろう。一つ確かなことがある。それは，多くの国内法を動かす多元主義は，個人の権利および自由の促進によって，いわば育てられているということである。そして国内で認められるこの動きは，それ自体，国際法の発展によって促進されている。

(2) **国際的多元主義**

実際，ますます多くの人々が世界を往来し，人とともに家族内の地位（statut familial）も行き来している。数年前にはなお，各国内法は，外国で形成された家族状況（situation familiale）を承認することについて，とりわけ公序を根拠に厳しくコントロールしていた。この点でも状況は大きく変化し

---

49) 結果という点については，婚姻している者の性転換に関して，欧州人権裁判所2012年11月13日［判決］，H対フィンランド（CEDH, 13 nov. 2012, *H c. Finlande*, *requête* n° 37359/09）を参照。
50) *supra*.
51) 有名な「ローラ（Lola）」事件は，2013年1月24日にカナダの最高裁判所で慎重に審理された。世論を二分した司法上の大長編物語の幕切れに，裁判所は次のような判断を示した。すなわち，ケベック民法典が定めるように，婚姻したカップルに認められるいくつかの権利を事実上の結合関係には認めないとすることは，権利および自由に関するカナダ憲章に合致する。
52) cf. *supra*.
53) cf. par ex. *Mariage, conjugalité, parenté, parentalité*, H. Fulchiron (dir.), Dalloz, 2011.

た。

　着目すべきは，国際的な条約であり，あるいはヨーロッパ圏においては，国際私法に関する連合の規則である。これらの正文の編纂者が示した熱心さは，外国で形成された家族状況を認めやすくする傾向にある。それは，人の身分の継続性，すなわち徐々に個人の真の権利となっている継続性を保障するためである。[54]

　この現象はヨーロッパにおいて特に際立っている。とりわけ欧州人権裁判所[55]と欧州司法裁判所[56]の，外国で正当に形成された家族状況を承認する原則の確立に向かう一連の判決そのものが，まさにそのことを物語っている。[57]

　したがって個人の権利および自由を尊重することによって，一定の国においては，その国では作られなかったであろう状況が，その国でいくつかの効果を生み出すことが認められるようになっている。さらに，国際的な淵源を持つこの多元主義は，当然に国内法に対して《伝播》の効果を持つことになる。例えば，フランスまたはスペインで有効に挙式された同性婚が，イタリアで効力を生み出す以上，当初はイタリア国内の公序に根本的に反するように見えた制度をいわば移植し，またいずれにせよ《標準化する》おそれはないだろうか。[58]そしていったん移植されると，新たな形の差別について話を

---

54) Cf. *Vers un droit européen de la famille*, H. Fulchiron（dir.), Dalloz 2014.
55) ワーグナー対ルクセンブルク，欧州人権裁判所2007年6月28日［判決］(Cour EDH, 28 juin 2007, *Wagner c. Luxembourg*), n°76240/01, Rev. crit. DIP 2008, p. 830, note P. Kinsh, JDI 2008, note L. d'Avout, p. 183, D. 2007, p. 2700, note F. Marchadier ; ネグレポンティ＝ギアニシス対ギリシャ欧州人権裁判所2011年5月2日［判決］(Cour EDH 2 mai 2011, n°56759/08, *Negrepontis-Giannisis c. Grèce*), Rev. crit. DIP 2012, p. 817, note P. Kinsh, JDI 2012, comm. 7, note A. Dionisi-Peyrusseを参照。
56) ガルシア＝アヴェッロ対ベルギー，欧州司法裁判所2003年10月2日［判決］(CJCE 2 octobre 2003, *Garcia-Avello c. Belgique*), aff. C-148/02, JDI 2004, p. 1225, note S. Poillot-Peruzzetto, D. 2004, p. 1476, note M. Audit, Rev. crit. DIP 2004, p. 192, note P. Lagarde ; グルンキン＝パウル事件，欧州司法裁判所2008年1月14日［判決］(CJCE, *Grunkin-Paul*, 14 octobre 2008), aff. C-353/06, Rev. crit. DIP 2009, 80, note P. Lagarde, JDI 2009, 203, note L. d'Avout, ザイン＝ヴィトゲンシュタイン対オーストリア，欧州司法裁判所2010年12月22日［判決］(CJCE 22 décembre 2010, *Sayn-Wittgenstein c. Autriche*), aff. C-208/209, RTDE 2011, p. 571, note E. Pataut.
57) Cf. P. Lagarde (dir.), *La reconnaissance de situations en droit international privé*, éd. Pédone, 2013.
58) cf. H. Fulchiron, *Le mariage entre personnes de même sexe en droit international privé au lendemain de la reconnaissance du 《mariage pour tous》*, JDI 2013, p. 1055 s.

《それぞれの人にそれぞれの家族があり，それぞれの人に「それぞれの権利」がある》（ユーグ・フルシロン）

始めるのであろう……国内と外国との間の差別について。

　もちろん，このような展開は不可避ではない。したがって，外国で有効に作られた状況の受入れを拒否するために，国はいくつかの基本原則〔社会そのものを構成している原則〕を持ち出すことはできるであろう。ザイン＝ヴィトゲンシュタイン判決（arrêt Sayn-Wittgenstein）において，欧州人権裁判所は，次のことを認めた。すなわち，ドイツで養子縁組により取得した姓（nom）をオーストリアで認めないことは，往来の自由を妨害することになるが，そのような妨害は公序と結びついた理由によって正当化されうる。そして，裁判所が明言するように，《「公序は，現実的かつ十分に重大な脅威，すなわち社会の基本的利益を侵害する脅威がある場合に限り，援用される[59]」》ことが了解されている。

　しかし，グローバル化した世界では，人々は家族内の地位を伴って往来する。そのような中で，生まれた国における権利を尊重して作られた状況を拒否することは，ますます難しくなっている。また，国内の裁判官が拒否しようとするときには，裁判官が家族法の新たな《価値》にあまりにも反対しているように見えるため，納得されない場合もある。例えば，代理懐胎に関するフランス破毀院の最近の判例[60]を思い出そう。フランスでは人体の不可処分性の原則，人の身分の不可処分性の原則，そして身体における人の尊厳の尊重の原則により代理懐胎が禁止されているところ，これを守ることを重視して，裁判所は，代理懐胎によって外国で生まれた子の親子関係をフラン

---

[59] 欧州人権裁判所によれば，《「基本的自由を制限する措置は，その措置が，保障しようとする利益の保護のために必要であり，かつその目的が，より制限の小さい措置によっては達成することができない場合においてのみ，公序を理由として正当化されうる（前掲オメガ（*Omega*）判決〔2004年10月14日，C-36/02, Rec. p. I-9609〕第36段落およびジパ（*Jipa*）判決〔2008年7月10日，C-33/07, Rec. p. I-5157〕第29段落を参照）」》〔第90段落〕。そして，《「この場合，ある加盟国が，平等原則を守るという目的を実現させるために，国民（ressortissant）による貴族の称号や貴族的性質の取得，占有，利用といった，それによってその姓の持主がそのような位階の名義人（titulaire）であると信じさせうることを，すべて禁じることに，比例性がないということはできない。民事的身分に関して管轄を有するオーストリア当局は，主要申立人のような姓に貴族的性質を認めることを拒否しながらも，自ら追求する憲法上の基本的な目的の実現を保障するために必要な限界を越えてはいないように思われるのである」》〔第93段落〕と結論づける。

[60] Civ. 1ère 13 septembre 2013, n° 12-18.315 et n° 12-30.138, obs. C. Petit, D. 2013, p. 2377, note M. Fabre-Magnan, p. 2384, H. Fulchiron et Ch. Bidaud-Garon, *Dans les limbes du droit*, D. 2013, p. 2349.

スの身分登記簿（les registres français de l'état civil）に記載することを拒否している。さらに，生物学上の父に関して，フランスで成立した親子関係の破棄（destruction）を命じている。裁判所によれば，《「出生は，フランスの法律に違反した代理懐胎の合意を含む全体的なプロセスの帰結であ」》り，フランス法においては絶対的無効の合意であって，このような違反があると，そうして作られた状況から何らかの法的な結論を引き出すことはできないことになろう。結論として，裁判所は次のように述べる。《「このような違反があるときには，子どもの権利条約3条1項で保障される子の最善の利益も，人権および基本的自由の保護に関する条約［＝欧州人権条約］8条における私生活および家族生活の尊重も，有益に適用されることはない」》。外国で代理懐胎によって生まれた子の地位を承認することで，国内法にある禁止［の要素］が弱められるとしても，それでも子の権利を否定することまでできるのだろうか。

以上から見えてくるように，多元主義は，現代における家族法が有するもう一つの基本的価値と相伴う。それは，自由主義である。

## 2 自由主義

自由主義とは，家族の生活形態を選択する上でますます大きくなっている自由を個人に委ねる意思だけをいうのではなく，[61] 家族に関して今日意思自治に与えられた重要性や，さらには，最も自由主義的な家族制度に好意的な思想形態に与えられた重要性をも意味しなければならない。最も自由主義的な家族制度とは，すなわち，ここでもまた基本的権利および自由の名の下に，個人に最も大きな自由を与えている制度である。

(1) 意思自治の進行

数千年の間，家族法は，既述のように公序の砦であり，個人的な選択の余地が少ししか残されていない強行法の象徴そのものであったけれども，現代における家族法は，個人の意思に広く門戸を開いている。[62] 離婚に関してそ

---

61) cf. *supra*.
62) cf. *La contractualisation du droit de la famille*, D. Fenouillet et P. de Vareilles-Sommière (dir.), LGDJ, 2001. *Adde* dans une perspective plus générale, J. Hauser, 《La loi, le juge et la volonté en droit de la famille》, Mélanges Simler, 2006, p. 155 s.

れは確かであり，合意離婚 (divorve par consentement mutuel) または少なくとも約定による離婚は，多くの国において離婚の《モデル》[63]になっている。親権に関してもそれは確かであり，法律は，子の利益を理由に，両親間の合意を奨励している。ローマ法から培ったラテン系を伝統とする国々にとっては，強行規定のまさに中心であった分野，すなわち相続および遺留分の分野においても，それは確かである[64]。

真に不可侵である唯一の関係であるように見えた親子関係でさえも，言及され始めている。養子縁組は確かに個人の意思にその根拠を置いていたが，養子縁組はまったくの社会的行為であり，それによって公権力が，子と家族との親族関係を法的かつ象徴的に作り出していたのである。そして血縁関係に基づく親子関係においては，意思は，補充的な役割しか果たしていなかった。これは，父子関係および母子関係の不確実性を考慮してのことである〔認知，および，フランス法においては身分占有の機能を参照のこと[65]〕。今日，親子関係は，生物学的なものにますます深く根を下ろしているにもかかわらず，また，科学の進歩によって出自の生物学的真実にアクセスできるようになったにもかかわらず，生殖のコントロール〔すなわち，避妊，または，肉体的行為からは分離された《子をもうける (engendrement)》手段に途を開く生殖補助技術〕は，意思に基づいた親子関係という新たな考え方の発展を促進する。同性カップルの要求と，いくつかの国における代理懐胎の容認によって，子を1人または複数の《意図された親 (parents d'intention)》と結びつけるという，親子関係の新たな形態を認めることとなった。血縁によ

---

63) cf. *Le divorce en Europe*, F. Ferrand et H. Fulchiron (dir.), rapport préc.,
64) 欧州連合の中では，相続に関する判決の承認および実行，公式証書の受理および実行，並びに欧州相続証明書の作成についての2012年7月4日の議会および評議会規則第650号が，遺留分の公序としての性質に止めの一撃をもたらしたようである。故人 (défunt) の最後の常居所に関する法律の管轄について原則を置いて以降，実際に，相続に適用される法律を選ぶことができるようになっている。その選択は，被相続人 (de cujus) の国内法〔または国内の諸法律の一つ〕の利益になるようにしかなされえないが〔第22条〕，「〔被相続人による〕法の宣言 (*professio juris*)」がない場合に適用される法律により，場合によっては内包する遺留分の規定を排除するこのような可能性が開かれたことは，王様は裸であることを示している。Cf. not. sur le débat, M. Grimaldi, *Brèves réflexions sur l'ordre public et la réserve héréditaire*, Defrénois 2012, p. 760, comp. A. Bonomi et P. Wautelet, *Le droit européen des successions*, Bruylant, p. 525 et s.
65) cf. P. Murat, 《Rattachement familial et contrat》, *in La contractualisation du droit de la famille, op. cit.*, p. 133 s.

る親子関係や養子縁組という伝統的な仕組みを模倣して,あるいは成功の程度は様々であるが,新たな親子関係の創設方法を考え出して,結びつけるのである[66]。逆説であることは明白である。生命に対するこのようなコントロールは,自然の制限を超えることを可能にし,そうして科学を,個人に向けて,個人の願望に向けて,あるいは個人の幻想かもしれないものに向けて,用いるのである。このようなコントロールは,子をもうけること,および親子関係において,意思に中心的役割を与えることになる。子を作るのは,意思,すなわち《親計画》である。科学技術と遺伝物質（matériel génétique）は,もはや道具でしかない。そうすると,代理母の場合のように,道具化（instrumentalisation）が人間に直接に関わるときには,何といえばよいだろうか。

意思自治はここで,新たな種類の権利をよりどころにしていないだろうか。つまり子への権利（droit à l'enfant）というべきか。私が望むような子,私が一緒に居たいと思う子,そして何よりもまず,私のための子,への権利といえるだろうか。そして,例えば親子関係をあらゆる生物学的な考慮から切り離し,親計画やカップルの計画,あるいは個人の計画にしかもはや根拠を置かせないようにするとき,どのような親子関係について論じるのであろう。

最後の指摘は挑発的な形で述べたが,自由主義の二つの側面の間に存在する関係を顕にしている。すなわち,一方は自由化,すなわち,ある意味では個人の解放という側面であり,個人に認められ,個人的成熟に確かに寄与するこの新たな自治［＝意思自治］を伴う。他方は,自由主義的な「イデオロギー」の側面である。このことは,家族に関しても,経済に関するのと同じく,有名な文句で表現できるであろう。なすに任せよ,いくに任せよ［＝レッセフェール・レッセパッセ］。これは,法的に,いつかは最も自由主義的な制度の大勝利を指向するイデオロギーである。

(2) **最も自由主義的な制度の大勝利に向けて？**

実際,あらゆる事柄に関するのと同様,家族に関しても,法制度が,窓を持たないモナドのように公序および警察法という鎧を着て互いに独立している,ということはもはやない世界,しかし反対に,財産が交換され,人々が

---

66) Cf. *Parenté, filiation, origine : le droit et l'engendrement à plusieurs*, op. cit.

538

《それぞれの人にそれぞれの家族があり，それぞれの人に「それぞれの権利」がある》（ユーグ・フルシロン）

その権利や地位を伴って往来するがゆえに，法制度が絶えず交わり，さらには競合する世界において，基本権を認めることは，保障にもなるけれど，同時に脅威にもなるように思える。

保障になるというのは，基本権の特徴である普遍主義によって，個人は，自らの人権や家族内の地位が，国境を越えても否定されないという確信をもって往来することができるからである。そしてそのような事情があるとすれば，まさしくこの権利の名の下に，自らの地位を尊重するよう求めることができるであろう。

脅威になるというのは，個人の権利および自由の名の下では，束縛する場所（cadre）である〔《家族よ，お前たちが憎い》——アンドレ＝ジイド（André Gide）〕だけでなく，保護する場所であり，とりわけ構造的な場所である家庭（cadre familial）が，多くの権利に分裂する可能性があるからである。そして法制度が競合する中では，最も優位を占める確率が高いと思われるのは，明らかに，最も自由主義的な制度，つまり最も構造的でない制度である。

ここで，現代における家族法を支える三つ目の価値に言及する。おそらく最も立派（riche）であるけれど，最も重大なあいまいさの原因となり得る価値，個人主義である。

## 3　個人主義

基本権および人の自由に基づいて，すなわち個人に基づいて家族法を再構築することは，現代の家族および家族法の変貌を考えると，抗いようのない発展であるように思われる。しかし，権利の衝突を生じさせる危険はないだろうか。

### (1)　抗いようのない発展か？

実際，個人の権利および自由は，現代法の根拠そのものである。別の比喩を使えば，法治国家の支柱である。家族に関しては，これらは，規律の枷や，人がその中で生活していたところの拘束から個人を解放した。しかしそれは，挑戦ともなる発展である。すべてが個人と，個人の権利および自由から構築され，あるいは再構築されるとして，集団としての家族には何が残っているだろうか。家族には何が残っているのだろう。時に重苦しい存在であり，しかし先述のとおり，保護するとともに構造的な存在でもある家族には，何が。

そして，法律家の管轄を大きく越えたこのような議論に立ち入らないとすれば，個人の，すなわち個人それぞれの権利および自由の強調が個人間の権利の衝突を引き起こしうることを確認するだけではないだろうか。

(2) 個人間の権利の衝突へ？

各人に認められる権利と自由が調和し，完璧に調整されたまとまりを成していると想像することは，明らかに机上の空論である。権利間の衝突はますます多く存在し，あるいは存在することになって，その間で均衡を図ることはますますデリケートになるだろう。

女性に匿名出産の機会が与えられているということは，このような《権利の衝突》を例証するものとして，おそらく最もデリケートなものの一つとなっている。望まない子との間に親子関係が成立しないことについては母親の権利が介在しており，子が出自を知ることには子の権利が介在しており，母親の決断にもかかわらず父親が直系卑属をもうけることには父親の権利が介在している。そして，その間に子を委ねられた養親の権利も介在しているし，また，いうまでもなく祖父母の権利なども介在している。問題となっている利益間で，どのように重さを量るのだろうか。優位に立つのは，どの権利で，どの利益であろうか。子が出自を知る手段を用意していたことを理由に，フランス法は，欧州人権裁判所から称賛を受けた[67]。これに対して，イタリアは，同裁判所によれば，母親に《盲目的な選択》を与えており，問題となっている様々な利益間の調和と均衡をとるよう努めておらず，その評価の余地（marge d'appréciation）を超えた[68]。

そして，このような権利や利益の衝突から生じる状況の例はいくつも挙げることができよう。権利を認めることは必要な事柄であるが，そのことと，こうした権利間の調整を保障することとは別であり，後者ははるかに難しい。

---

67) 欧州人権裁判所2013年2月13日［判決］，オディエーヴル対フランス（Cour EDH 13 février 2003, *Odièvre c. France*), JCP 2003, I, 120, note Ph. Malaurie, II, 10049, note A. Gouttenoire-Cornut et F. Sudre, D. 2003, 1240, note B. Mallet-Bricout, Revue Dr. famille 2003, 58, obs. P. Murat

68) 欧州人権裁判所2012年9月25日［判決］，ゴデッリ対イタリア（Cour EDH, 25 septembre 2012, *Godelli c. Italie*, n° 33783/09）

《それぞれの人にそれぞれの家族があり,それぞれの人に「それぞれの権利」がある》(ユーグ・フルシロン)

## 結　語

　家族の事柄に基本権が侵入したことによって,根本的な大変動が起こった。しかも基本権は,我々がおそらく不可侵と信じ,少なくとも永遠のものと信じていた制度,すなわち,婚姻と親子関係という制度の根拠そのものをも再検討に付させた。同性間に婚姻を認めるならば,今日における婚姻とは何なのか。さらに,結合（alliance）とは何なのか。3人も4人も5人も6人もが同じ親計画にかかわりうるというとき,今日における親子関係とは何なのか[69]。基本権は,家族生活という構造の中で,個人に新たな自由を与えた。残された問題は,こうして得られたものを,個々としても集合としても,どうできるかということである。

　ジャン＝カルボニエは,1970年のフランス家族法大改正の父であるが[70],法的多元主義についての見解を,次のような有名な表現によって端的に示していた。《「それぞれの人にそれぞれの家族があり,それぞれの人にそれぞれの法がある（*A chacun sa famille, à chacun son droit*）」》。今日,我々の家族法のペディメントには,まったく異なる格言が刻まれうるだろう。《「それぞれの人にそれぞれの家族があり,それぞれの人にそれぞれの権利がある（*A chacun sa famille, à chacun ses droits*）」》。

《2014年2月3日脱稿》

（リヨン第3大学法学部教授）

翻訳　福岡大学法学部専任講師　白須真理子

---

69) Cf. H. Fulchiron et J. Sosson (dir.), *Parenté, filiation, origines : le droit et l'engendrement à plusieurs, op. cit.*
70) in *Essais sur les lois*, Ed. Defrénois, 1979, p. 167.

# 画家，家族及び著作権

ジャック・ラリュー

## はじめに

「Bartavelle」（ハイイロイワシャコ）という奇妙な名前を持つこの伝説の鳥は，『父の大手柄』やプロヴァンスを舞台にしたその他のマルセル・パニョルの作品に没頭していない人たちにはほとんど知られていない。松川正毅教授は知っているはずである。それに加えて，彼は，カスレにもフォワグラにも，ポイヤックワインにも精通しているし，教育功労賞（パルムアカデミック）やモリエールの言語の複雑さ，博士論文の公開口頭審査の落とし穴，破毀院の判例，ポール・クローデルの作品，エリック・サティのジムノペディ等々にも通じている。トゥールーズ大学の博士号を持つ松川教授はフランス文化，とりわけオック地方の文化についての玄人である。これは，ガロンヌ川における長い留学期間の成果であり，それゆえ，彼は，多くの人から真の駐日トゥールーズ大使とみなされている。確かに，この論文集にフランス人法学者が参加していることは彼の親仏家ぶりで説明できるが，家族法に詳しくない者が，卓越した家族法学者の一人に敬意を表するためには，どう手をつけたらよいのだろうか。幸いに，松川教授はただ法学者というのみではない！彼はアーティストでもあり，彼の心と人生の中でピアノと音楽は大きな位置を占めている。この芸術及び美学の世界への関心は，筆者がそれを利用して入り込んでいく小さな入口となり，筆者は，自分の唯一有する知的財産法の知識を携えて，ある純然たる民法学者に捧げる論文集に滑り込んでみる。

もちろん，松川正毅教授の音楽への情熱を考えると，知的財産法と家族法

の複雑な関係を説明するために，幾つかの音楽家の例を挙げるのが適切な判断であったかもしれない。確かに，カミーユ・サン＝サーンスの著作物における司法の判断によって，知的財産法典第123の6条による生存配偶者への特別用益権の付与要件は明確になった。[1] 同様に，ジャン＝フィリップ・ラモーのオペラ「レ・ボレアド」は王による禁止で上演できなかったが，その作曲から2世紀後に再発見されたことで，公表の概念及び遺作に関する学術的議論を引き起こした。[2] しかし，著作権の分野においては，音楽家[3]の貢献よりも画家の貢献の方が豊富であり，華々しいものであると認めなければならない。画家に関してベルナール・ベニエ（Bernard Beignier）教授は，「アーティストらは，その死後に法学作品のようなものを有していたのではないかと法学者らを自問させるのである」とまさに当を得た指摘をしていた。実際，著名な画家の家族に関する事件によって，豊富な判例が蓄積され，著作権の重要な概念は洗練された。また，これらの事件は，一方で著作権と，他方で夫婦財産制及び相続権との関係の発展を示すものともなっている。このため，以下では，まず最初に画家の婚姻について検討し，その後，画家の相続を検討する。

## 第1 画家の婚姻

配偶者にどんなに徳があり思いやりがあるとしても，アーティストは（自分のアートが婚姻後も長らえるならば）[4] 手厳しくて気まぐれな妾（あるいは愛人）を常に持ち続ける。これは自分の著作物である。さらに，法は，全ての適切さを無視し，この婚姻外の関係を保護している。なぜなら，著作者とその著作物との間にある強くて特別な関係は，著作権の一身専属的な制度の中心にあるからである。配偶者は，この関係の継続に対して目をつぶるべきで

---

1) Paris, 8 janv. 1926, DH 1926, p. 88.
2) 多数の訴訟も引き起こした。TGI Paris, 26 janv. 1989, RIDA 4/1989, p. 348, P.-Y. Gautier; Paris, 22 nov. 1990, JCP G 1991, II, 21736, M. Gautreau; TGI Paris, 12 sept. 2007, JCP E 2008, 2130, n° 1, M.-E. Laporte-Legeais.
3) とりわけ，Cass. civ., 25 juin 1902, Charles Lecocq, DP 1903, 1, p. 5, note A. Colinを参照。
4) Alfonse Daudet, Les femmes d'artistes, Lib. Alphonse Lemerre, 1896, Prologue p. 6.

あるだけではなく，法によりこの関係の浮き沈みに鼻面を突っ込まないことが義務付けられている。しかしながら，このような配偶者の寛容さは，自分に何らかの有利な経済的効果をもたらす。

　配偶者の一方が著作者[5]である場合に，その夫婦関係の原則は知的財産法典第121の9条第1項が規定している。すなわち，「いかなる夫婦財産制においても，かつ，婚姻契約におけるいずれの反対の条項が無効となるとしても，著作物を公表し，その利用の条件を定め，その同一性を保全する権利は，著作者である配偶者又は夫婦のうちそのような権利の移転を受けた者に固有のものとする。この権利は，持参財産とすることはできず，また，共通財産制又は後得財産共通制によって取得することもできない」[6][7]。

　この公序規定は，一般法の夫婦財産制の適用を除外し，知的財産法典における著作者人格権に関する節に置かれているにもかかわらず，著作財産権にも適用される。これは，いずれの夫婦財産制においても，著作者独占が固有財産にとどまることを意味する。著作者人格権の場合も同様である。著作者である配偶者のみが，未公表の著作物を公表し，氏名表示権が尊重されるために必要な措置をとり，また，自分が対象となる侵害と戦う権限を有する。同様に，経済的な面において，著作者だけが著作物の利用方法を決める。著作財産権は固有財産として扱われており，配偶者は関連する作品の著作者自身であるか，あるいは，著作者の権利承継人でしかない[8]。要するに，婚姻中においても，著作物の完全な支配はアーティストに残されていることが分かる。しかし，著作物の利用により得られる収益についてはこの限りでない。

　この点に関して，第121の9条第2項は「精神の著作物の利用又は利用権

---

5) この規定は，実演家（artistes-interprètes）の場合に適用できない。
6) J.-M. Olivier, La propriété littéraire et artistique et les régimes matrimoniaux : Defrénois 2001, art. 37403, p. 1098 s.,この規定が適用された最新の判例については，Paris, 10 janv. 2014, RG 11/10379, Bernard Buffet, LEPI Mai, n° 072, A.Leboisを参照。
7) フランス知的財産法典の訳出に当たっては，大山幸房訳『フランス知的所有権法典』公益社団法人著作権情報センターのホームページ（http://www.cric.or.jp/）を参考にした。
8) これは，民法典1405条が定める法定共通制の一般原則に関連している。民法典1405条は，「夫婦が婚姻の挙式の日に所有若しくは占有を有していた財産，又は夫婦が婚姻中に相続，贈与，若しくは遺贈によって取得する財産は，固有財産にとどまる」と規定する。法務大臣官房司法法制調査部編『フランス民法典―家族・相続関係―』（法曹会，1978）を参照。

の全部若しくは一部の譲渡から生ずる財産的収益は，夫婦財産制の普通法に従う」と定めている。そのために，共通財産制では著作物の収益は共通であり，婚姻解消の際に分割されなければならない。これは専ら，婚姻中に取得した収益，すなわち，この収益の請求期限や収受期限を問わず，夫婦が婚姻していた期間内にその発生事実のある収益をいう[9]。これに該当するのは，著作物の利用権の全部若しくは婚姻中に同意された利用権の一部の，あるいは，婚姻中に完了され比例報酬を発生させている利用行為の一括譲渡から生ずる収益であろう[10]。

上記の規定は幾つかの解釈の困難さを引き起こし，それに対する対応は著名な画家[11]の著作物に関する家庭内紛争の際に行われてきた。

## 1 フェルナン・レジェの独占：特有財産か共通財産か

以前の判例では，財産的独占は共通財産[12]とされていたのに，1957年3月11日の法律により，独占は共通財産制の支配から脱するという規定が設けられた。ここで，適用時期の問題が生じた。実際，第121の9条第3項によると，第2項（学説によって1項も加え[13]）のルールは，1957年の法律の施行日以前に，すなわち，1958年3月12日以前に婚姻が成立した場合に適用できない。

フェルナン・レジェは1952年に動産後得財産共通制（communauté de meubles et acquêts）でナディアと婚姻した。ナディアには前婚の子であるワンダがいた。レジェは1955年に死亡し，ナディアは唯一の相続人となった。ナディアは，1957年に同様の夫婦財産制でジョルジュ・ボーキエと再婚した。ナディアが1982年に死亡し，包括受遺者であり夫であるジョルジュと娘のワンダが残された。ジョルジュはワンダのために，遺言の全ての条項を放棄した。そして，ナディアとの共通財産を分割すること，また，フェルナン・レ

---

9) この考えについては，A. Lucas, H.-J. Lucas, A. Lucas-Schloetter, Traité de la propriété littéraire et artistique, LexisNexis, 4e éd., n° 159を参照。
10) M. Vivant et J.-M. Bruguière, Droit d'auteur et droits voisins, Dalloz, 2e éd., n° 325 s.
11) それだけではなく，フランス民謡のアーティストのものも含む。Paris, 22 avr. 1982, Léo Ferré : D. 1984, jurispr. p. 397, note J. Ghestin ; Cass. civ. 1, 19 nov. 2008, n° 06-19612, Léo Ferré.
12) Cass. civ., 25 juin 1902, Charles Lecocq, préc. : l'auteur continuant, semble-t-il, d'exercer son droit moral.
13) A. Lucas et alii, Traité, op. cit., 161.

ジェの著作物に対する利用権を分配し，ともに管理することについて，ワンダと合意した。ジョルジュは1987年[14]にシモーヌと再婚し，1997年に死亡して，妻のシモーヌが相続人となった。ジョルジュの死亡の数か月前に，ワンダが死亡しており，3人の子を残していた。ジョルジュの妻シモーヌは，モントリオール美術館がフェルナン・レジェの著作物から着想を得たアクセサリーを製作することに許可を与えようとした。

しかし，ワンダの相続人が反対した。彼らは，ジョルジュは1982年に遺言の全ての条項を放棄していたため，自分たちがレジェの著作者人格権の唯一の権利者である，また，1957年3月11日の法律（現行の第121の9条）の直接適用により自分たちが利用独占の唯一の権利者になったと主張した。彼らは，再婚後にナディアの独占が特有財産となり，共通財産制の支配から脱したとし，ナディアの死後にこの特有財産が娘のワンダのものになり，その後ワンダの子らのものになったと主張した。このため，彼らによると，ジョルジュはナディアとの共通財産からその利用独占に対する権利を要求することができず，最後の妻であるシモーヌにその権利が譲渡されなかったことになる。

まず著作者人格権に関して問題となったのは，ジョルジュはレジェの著作物の保護及び促進のために人生の一部を捧げたにもかかわらず，財産権の放棄により著作者人格権の行使を失ったか否かということである。破毀院は，控訴院の次の判断を維持した。すなわち，ジョルジュは「その配偶者の相続により請求できた権利も『遺言の全ての条項』による利益も，『無条件に』放棄した。無条件であったこの放棄は，完全かつ明確であり，死者の人格継承者となること及びその著作物に対する著作者人格権利者となることを放棄する意思を明らかにしたものである」[15]。

次に，財産権に関して，破毀院は一つの区別をした。破毀院は，第3項の留保が第1項には関係のないことであり，その結果，新法のこの部分は即時適用できる，すなわち，独占の固有の性質は1958年以前に成立した婚姻に関係するものであるとしている。しかし，法律の非遡及性の原則に基づき，破毀院は，この規律がその後に公表される著作物のみにしか適用できないこと

---

14) 包括共通制で再婚した。
15) Cass. civ. 1, 3 déc. 2002, n° 01-01256, JCP G 2004, II, 10038, S. Durrande.

を明らかにしている。すなわち，「利用独占（monopole d'exploitation）を特有財産とするこれらの規定は，法律が施行された1958年３月11日以降に公表された文学的芸術的著作物に対して即時に適用することができる」ことになる。結論としては，その日以降に公表されたフェルナン・レジェの著作物が特有財産となり，その日以前に公表された著作物が共通財産となった[16]。しかし，破毀院によると，本件での著作物は全て1955年以前に創作されたものであった[17]。このため，いずれも新法には従わない。その結果，ジョルジュの妻であるシモーヌは利用独占の権利者であり，レジェの相続人とともに，半分についての共同所有者であると言える[18]。

## ２　ピエール・ボナール，フランシス・ピカビアと，著作者人格権が有形物の性質決定に与える影響

　婚姻前及び婚姻中にアーティストが描いた絵はどのように扱われるべきだろうか。絵画のような著作物の場合は有形物（support matériel）が無形の著作物を具現するため，困難な問題が生じる。これらによって，裁判所は夫婦財産法の幾つかの側面について検討することとなり，豊富な判例が生み出された。

　日本美術に関心を持ったことから「日本的なナビ」（Nabi japonard）と呼ばれた**ピエール・ボナール**は，1925年に法定共通財産制でマリア・ブールサンと婚姻した。マリアは1942年に死亡し，ボナールは共通財産の清算を行わずにその５年後の1947年に死亡した。その後，清算の時が来た。当時，法定共通財産制では婚姻前の動産と婚姻中に取得した財産が含まれていた。そこで，婚姻解消時にアトリエ内にあった未公表の絵画でも共通財産として扱われるべきなのか，それとも，特有財産として扱われるべきなのかが問題となった。

　これらの問題に対する答えは，著作物とその有形物との関係に認められる

---

16) Ch. Alleaume, Droit de la Famille, n° 4, avril 2003, comm. 50.
17) 破毀院は，まず著作物の公表を言及し，それからその創作を言及した。ところが，この２つの出来事が必ずしも同じ日付であるとは限らない。C. Caron, CCE 2003, comm. 67.
18) CA Paris, 9 févr. 2005, Dr. Famille, n° 12, Décembre 2005, comm. 273, Ch. Alleaume.

強さに左右される。破毀院[19]はその影響を最小にした。破毀院は，動産が共通財産の一部であることを認めて，「一般法では絵画の著作物をその適用から外すというような例外が全く認められていない」と強調し，婚姻解消時に共通財産は「婚姻前及び婚姻中にいずれかの配偶者により創作された，このような性質を持つ全ての著作物」を含むべきであると結論づけた。しかし，その延長で，破毀院は「これらの財産を共有状態に置くことは著作者人格権を侵害することなくなされる」と明確に述べた。著作者人格権のどのような特質（その特有性はこの議論の対象外）が問題となり，共通財産から有形物を除く力を持つのだろうか。判例は撤回権（droit de repentir）と公表権（droit de divulgation）に言及している。

① 撤回すること

破毀院は，物質的なもの（objets matériels）である絵が共通の運命に置かれている動産として特性を持つとしている。その理由は，著作者が行使し続ける著作者人格権にも，そして特に，「分割を行うまでに自分の人格に本質的に属し，排他的に属する権限，すなわち，自分の独創を変更する権限，完成させる権限，そして，配偶者が侮辱されないように取り壊す権限」[20]にもある。これは，1965年以前の制度においては，婚姻前及び婚姻中に創作された全ての絵が，画家のアトリエに置いてある絵を含めて，共通財産となるが，著作者が撤回権を行使することによって共通財産から除かれることができるということを意味している。

この理論は，ピカビア第1事件において破毀院により繰り返されている。**フランシス・ピカビア**は1953年に死亡し，法定共通財産制のもとで再婚した妻のオルガと，初婚から生まれた相続人を残した。問題となったのは，当時描かれた絵が共通財産に含まれるのか，あるいは，相続財産に直接入るのかということである。控訴院は，著作物を公表するまで，著作者は常にそれを変更しあるいは破壊することができるから，未公表の絵画の著作物は著作者の人格財産の一部であり（「魂をカンバスに描いた」と述べたのはピカビアではなかったのか。），共通財産から除かれるとしていた。破毀院[21]は，「ピカビア

---

19) Cass. civ., 4 décembre 1956, Bonnard, Gaz. Pal. 1957, 2, 56.
20) 前掲注19)。
21) Cass. civ. 1, 4 juin 1971, Picabia, n° 69-13874, D. 1971, 585, Lindon ; Gaz. Pal. 1971, 2,

の未公表の絵画著作物は婚姻中に描かれたものであるが，ピカビアは決してこれらを変更したり，破壊したりする意思を表示していない」[22]と指摘した。言ってみれば，撤回権（これは著作者の死亡時に消滅する。）の行使のみが，婚姻しているアーティストの作品が後になってから共通財産から脱することを可能とする。この判例によると，撤回権を行使することの留保付きで，未公表の絵は原則として夫婦の共通財産の一部となる。

　この理論はまず，撤回権が既に公表されている著作物に対してしか行使することができないという点で欠陥を持つ[23]。また，この理論は公表に何の効力も与えないという点にも欠陥がある。

　② 公表すること

　ボナール事件において移送を受けた控訴院は，絵を共通財産にすることのできる主な出来事が公表であるとした[24]。控訴院は，「絵画著作物は，その創作の時から有形の所有権となる余地があるが，しかしながらアーティスト自身から切り離さない限り，共通財産には属しないということになる。夫婦財産制に関する規律は，精神の著作物の創作者が持つ権利，すなわち，著作物を自由に公表するまでにそれを変更しあるいは破壊する権利を侵害することができない」と述べた。そして，公表権はアーティストのみのものであると強調した上で，控訴院は「このため，未公表の著作物は共通財産の分割に含まれない。なぜなら，市場価格がないからではなく，著作者自身から切り離せず非売品の性質を持つからである」[25]と結論づけた。上告の対象とならなかったこの判決は，最も合理的な説明を提供していると思われる。確かに，著作者は自分のスケッチやカンバス，下絵[26]の持ち主であり，満足できなかったり，試みが創作の計画から外れていったりした場合に，これを消すことができるのは当然のことである。著作者が試みに満足した時，それにサイ

---

p. 702.
22) 批判的な検討については，R. Sarraute, Que reste-t-il du droit de divulgation de l'artiste ? Gaz. Pal. 1971, 2, p. 542を参照。
23) H. Desbois, RTDcom 1957, 90.
24) CA Orléans, 18 févr. 1959, D. 1959, 440.
25) Rapp. :CA Bordeaux, Ch. civ. 1, 17 mars 2008, RG 06/05158, JurisData:2008-359273.
26) もし単なるスケッチであれば，「仕事の道具」に近づける研究の道具としてみなされ，現行の民法典1404条2項に基づき，共通財産に含まれない。A. Lucas, Traité préc., note 118, p. 170.

ンをし，公表権を行使する。へその緒はそこで切られるのである[27]。
　これは撤回権ではなく，創作の自由と公表権に関することである。著作物が公表されれば，その有形物が共通財産に属し，著作者の死亡までは撤回権の対象となる可能性がある。

## 3　ピンカス・クレメーニュ：有形物と著作物の区別

　現代画家であり，エコール・ド・パリの画家であったピンカス・クレメーニュの絵画がきっかけで，破毀院は，有形物と著作物の区別を通じて，――永遠の問題であるが――何が共通財産に属して一般法に従うのか，何が共通財産に属せず第121の9条によるのかということを明確にすることが求められた。アルフレッドは，ピンカス・クレメーニュの息子であり，1955年から動産後得財産共通制で婚姻していたところ，未公表の絵画を相続した。1997年以降，妻と別居していたアルフレッドは，娘であるジャネットのために遺言書を作成し，ピンカス・クレメーニュから相続していた著作者人格権及び著作財産権を遺贈した。アルフレッドの死亡後，その妻が夫婦財産制に基づき，相続人らの著作物に対する権利を争った。これに対して相続人らは，1957年の法律（現行第121の9条）がその前に成立した婚姻に即時適用され，その後に公表された著作物は「著作者である配偶者又は夫婦のうちそのような権利の移転を受けた者に固有のものである」と主張した。この立場は，上述したフェルナン・レジェ事件の判例に従ったものであろう。
　しかし，彼らは著作権の微妙な点を考慮に入れていなかった。知的財産法典第111の3条は次のように定めている。「第111の1条に定める無形財産の所有権は，有形物の所有権とは別個独立のものである」。これは，絵画の著作物に対する著作権が有形物としてのカンバス自体には及んでいないということを意味する。したがって，アルフレッドは，一方では絵画の所有権を，他方でその著作物に対する著作権を相続財産として取得していた。彼は動産後得財産共通制[28]で婚姻しており，それは各配偶者が相続及び贈与により取得した全ての動産を共通財産とするものであるため，絵画は有形動産とし

---

27) A. Lucas et alii, Traité préc., 163.
28) 1965年7月13日の法律の以前の法定夫婦財産制である。

て共通財産に属していた。これに対して，1958年以降に公表された絵画に対する著作権は固有財産に属し，その後，アルフレッドの子らに移転した。破毀院は，「控訴院は，2000年4月17日付の自筆遺言によりアルフレッドが娘のジャネットに，父であったピンカスの唯一の相続人として相続した著作者人格権及び著作財産権を遺贈したことを確認しつつ，著作権が有形物の所有権から独立しているという規律に基づき，婚姻中に相続により取得したピンカスの著作物の有形物は共通財産に属すると結論した。すなわち，公表されたか否かを問わず，係争中の絵画は有体財産（biens corporels）として積極共通財産に属するべきである」[29)]とした。相続人らは，著作者は主に絵画の販売から収入を得るため，造形の著作物の場合に有形物の所有権がなければ著作財産権は価値がないと説明しようとしたが，破毀院は，有形所有権と無形所有権の独立という伝統的原則を固持した。破毀院によると，公表は有形物の状況に対して何の影響も与えず，絵画は有体動産（meubles corporels）であって最初からそのように扱われる（ピカビア事件による判例）[30)]旧一般法における夫婦財産制では，完了・未完了を問わず，絵画は直ちに共通財産に属する。しかし，現行の後得財産共通制（communauté réduite aux acquêts）[31)]によって婚姻している夫婦の場合は，民法典1404条及び1405条の適用によりその解決方法が異なるだろう。前者の規定は，「一身専属性を持つ全ての財産は，婚姻中に取得されたとしても，性質による固有財産となる」としており，この表現には絵画も含まれると考えられる。

　このように，絵画のような造形芸術の著作物は有体動産と無形財産という二重の性質を持つため，ごく普通の動産として扱ってはならない。フェルナン・レジェが次のように宣言した。「もし私の絵画が，あるアパルトマンの部屋を支配したら，人々や家具など全てに強い印象を与えたら幸いに思う。私の絵画は最も重要な役割であるべきだ！」。よって，画家らの絵画は特別な位置を占めており，その分類についての様々な問題を夫婦財産制の観点から発生させている。ここで注目すべきことは，絵画とアーティストそのもの

---

29) Cass. civ. 1, 12 mai 2011, n° 10-15667; JCP G 2011, 899, A. Lucas; D. famille 2011, 112, B. Beignier.
30) Cass. civ. 1, 4 juin 1971, Picabia, préc.
31) C. Caron, CCE 2011, comm. 82 ; comp. : A. Lucas et alii, Traité, préc., 162.

との特別の関係に必ずしも敏感ではない裁判所が，共通財産の範囲を決めることになると，有形物・無形著作物という二分法に基づいて解決を行うということである。相続に関しては同様であろうか。

## 第2 画家の相続[32]

著作者人格権の移転と著作財産権の移転は同様の方法で行われるものではない。この違いは，著作者人格権，特に公表権を有する者が著作物利用権を受ける者でない場合に困難さをもたらす。

### 1 死後における著作者人格権

著作者人格権には，公表権，修正・撤回権，氏名表示権，同一性保持権が含まれる。修正・撤回権は著作者の死亡とともに消滅する[33]が，それ以外の権利は著作者の近親者に承継される。著作者の死亡後は，著作者人格権が「著作物のために」働くことになる[34]。

著作者人格権の永久性は，著作者の死後も存続すること，無期限に代々承継されることを正当化している。これは主に家族間での問題となるが，それだけとは限らない。「1957年3月11日の法律の第6条は，著作者人格権が著作者の相続人に移転され得ると定めているが，だからといってその移転は著作者の最初の承継人に対するものに限定されているわけではない。ここでの相続人とは，著作者の直接の相続人だけでなく，さらにその相続人も意味しており，このような承継は無期限に繰り返される。なぜなら，同条が定めているように，著作者人格権は永続し，譲渡不能で，かつ，時効にかからないからである。」[35]

絵画芸術によって，判例は法典の曖昧な規定を明らかにし，著作者人格権を分割すると結論した。すなわち，公表権の移転の規律（後述(1)）は，その

---

32) D. Martin, La dévolution successorale des droits d'auteur : thèse Besançon, 2009.
33) CA Paris, 17 déc. 1986, Utrillo, JCP 87, II, 20899, B. Edelman; cependant : Tciv. Seine, 10 oct. 1951, Bonnard, D. 1952, p. 390, H. Desbois.
34) Desbois cité par A. Lucas et alii, Traité préc., 602.
35) CA Paris, 17 déc. 1986, Utrillo, préc.

他の著作者人格権の移転の規律（後述(2)）とは異なるとした。

(1) ザッキンと公表権の相続上の移転

著作者の生存中に公表されなかった著作物を死後に公表することは，注意を怠って行うべきではない。公表は著作者の名声にかかわる重要な決意であり，経済的効果をもたらすものである。なぜなら，「著作物を誕生させることはささいなことではない」[36]からである。ベニエ教授が説明するように，公表の特権を行使することによって，死後の権利者は，著作者を生き返らせ，死亡によりその完成が妨げられていた著作物に最後の仕上げをする。したがって，公表する権利は，通常の規律によって移転するのではなく，信頼できると思われる人に移転される。第121の2条は，死亡した著作者への忠誠及びその考え方の近さに基づいて，その権利行使の順序を定めている[37]。すなわち，「著作者の死後は，遺作を公表する権利は，著作者が指定する1人又は2人以上の遺言執行人がその生存中に行使する。遺言執行人がいない場合又はその死後は，著作者の別段の意向がない限り，次に掲げる者が，次の順序でこの権利を行使する。すなわち，子孫，夫婦別居の確定判決を受けていない，又は新しい婚姻を契約していない配偶者，相続財産の全部又は一部を相続する子孫以外の相続人，及び将来の包括財産の包括受遺者又は受贈者」。

そのため，家族や配偶者に対して不信感を抱く著作者は，自然人や法人，財団などを遺言執行人に指定することができる。遺言執行人が指定されなかった場合又は遺言執行人が死亡した場合，公表権の行使は家族（血族・姻族）の優先を前提とする順序で行う。すなわち，直系卑属（相続放棄をした場合を含む。），生存配偶者（再婚又は別居の確定判決の場合を除く。），相続の承認をした相続人（直系尊属，傍系親族），包括受遺者である。

オシップ・ザッキンは，キュビスムの画家・彫刻家であり，1967年に死亡した。その配偶者であるヴィランティーヌ・プラックスが包括受遺者に指定された。そして，1981年に死亡したヴィランティーヌ・プラックスは，パリ市を包括受遺者に指定した。その後，ザッキンの婚外子であるニコラは，

---

36) B. Edelman, D. 1991, p. 532 s.
37) B. Edelman, D. 1991, p. 532 s.

1983年の判決によりその父子関係が認められたため，パリ市を相手に対して，父の著作物に対する著作財産権及び著作者人格権を請求した。この事案において破毀院は慎重に，3種類の特権と，3つの移転方法とを区別した[38]。

財産権について注目すべきことは，ザッキンの相続が開始した1967年の時点においては婚外子には相続権がなかったことである。公表権以外の著作者人格権に関して，これは相続上の移転の一般ルールに従って移転するため，破毀院は次のように判断した。すなわち，「包括受遺者は包括遺贈を受けるとともに，遺留分の権利者がいたとしても，特に著作者人格権は取得する。オシップ・ザッキンはヴィランティーヌを包括受遺者に指定したことがあったため，これを踏まえて控訴院は，知的財産法典第121の1条に基づいて，ヴィランティーヌが著作者人格権を有することを認めた」[39]。

最後に，公表権に関しては，相続人が包括受遺者に優先されるべきである。著作者により包括受遺者として指定されたヴィランティーヌは合法的にその公表権を行使することができたが，ニコラと著作者との間の父子関係が認められると，彼のみが遺作の公表権を有する。ここで血縁関係が優先されるのは，前述したように，著作者が生存中にしていただろうものを完成させる問題があり，第121の2条に記載されている先順位の者が，著作者の考えに入り込むより適切な者であるとみなされていることにある[40]。

(2) ユトリロ，ジャコメッティ，ピカビア，その他：公表権以外の著作者人格権の相続上の移転[41]

第121の1条によると，生存中に「著作者は，その名前，資格及び著作物の尊重を要求する権利を享有する」。死亡時に，この権利は，公表権と異なり，通常のルールに従って移転される[42]。そのため，著作者人格権は，著作者が指定した親族以外の者に与えられることがある。これは，**モーリス・ユトリロ**の相続に関する事案での破毀院が想起されるためである。モーリス・

---

38) Cass. civ. 1, 15 mai 2013, n° 12-12356, Zadkine; LEPI sept. 2013, n° 8, 106, A. Lebois.
39) Rapp. : Cass. civ. 1, 17 déc. 1996, n° 94-18985, Picabia.
40) 第2世代への譲渡の問題については，X. Linant de Bellefonds, Droit d'auteur et droits voisins, Dalloz 2e éd., 680を参照。
41) S. Durrande, Les héritiers du droit au respect, D. 1989, ch. p. 189.
42) これに反する考えとしては，Paris, 20 décembre 1990, D. 1991, p. 532, B. Edelmanがある。

555

ユトリロはルーシー・バロアに自己の財産の包括贈与をした。そして，ルーシー・バロアは死亡時に，ジャン・ファブリを，自己の財産の包括受遺者に指定した。ジャン・ファブリは，モーリス・ユトリロのある絵の氏名表示権について争ってみたが，控訴院は，1957年の法律第9条（現行の第121の2条）の定めるところにより，彼が著作者と無関係であることを理由に，その著作者人格権を行使することを拒否した。しかし，破毀院[43]は，公表権の特別な規律はその他の著作者人格権には適用されないとした。その結果，ジャン・ファブリは，ユトリロの著作物の氏名表示権を保持することができた。

死後の著作者人格権は，死者のアーティストとしての名声を守ることを目的とするものである。そのため，著作者人格権が，著作者自らが指定した受遺者（知的財産法典第121の1条5項）[44]及び著作者から特に信頼を得た者に移転されるのは当然である。死亡を原因として，処分することさえも認められる。[45] 少数説に立った判例のせいで**アルベルト・ジャコメッティ**の妻は，夫から遺贈された[46]著作者人格権を，ジャコメッティの相続人の見解に反して，自分の秘書に与えることができなかったが，破毀院は，遺留分権利者がいたとしても，「精神的相続人」といえる包括受遺者が著作者人格権を取得し得るとする原則を明確に定めた。ベニエ教授が指摘するように，「受遺者こそが遺言者の人格承継者である。そのため，無遺言相続でない場合は遺留分権利者を遺言者の人格継承者とみるべきではない。遺留分は公序規定であり，遺留分権利者は財産のみを承継する者とされる」。この規律は，ピカビア第2事件において適用された。[47]

上述したように，**フランシス・ピカビア**には前婚の子が4人いた。彼はオルガと再婚し，彼女を包括受遺者に指定した。ピカビアの死亡時に，その孫らは，自分たちが著作者人格権の権利者であるとマスコミに対して宣言し，ピカビアの作品等を保護するために財団を設立した。ピカビアの妻は，自ら

---

[43] Cass. civ. 1, 11 janv. 1989, n° 87-11976, Utrillo, JCP G 1989, II, 21378, A. Lucas; D. 1989, 308, Edelman.
[44] Cass. civ. 1, 14 mars 2006, n° 04-11268, César; Cass. civ. 1, 15 mai 2013, n° 12-12356, Zadkine, préc.
[45] A. Lucas et alii, Traité préc., 615.
[46] Paris, 23 sept. 1997, Giacometti, D. 99, somm. 65, C. Colombet. しかし，故人はただの要請しか表明していない。
[47] Cass. civ. 1, 17 déc. 1996, Picabia, JCP G 1997, II, 22888, B. Beignier.

を著作者人格権の権利者として認めるよう求め，ピカビアの孫らに対して訴訟を提起した。破毀院は次のように判断して請求を認容した。すなわち，「包括受遺者は，包括財産を取得することができ，またとりわけ，遺留分権利者がいたとしても，著作者人格権の権利者になることもできる」[48]。しかし，遺贈は著作者人格権のみには及ばないという見解もある。[49]

　相続放棄は，相続人はこれにより被相続人の人格承継者としての地位を放棄する旨を明示するものであり，死後の著作者人格権の行使ができなくなるという効力をもたらすとすることもできたであろう。しかし，民法典805条が「相続放棄をした者は，相続人とならなかったものとみなす」と定めているにもかかわらず，これとは異なる態度が示されている。[50] この判例を批判する学説[51]もあれば，支持する学説もある。後者は，死後の著作者人格権の継続が主に「精神的相続」と関わっているとする。[52] 著作者の死後にその人格を保護し続けるために，財産を相続する必要はない。

　(3)　藤田（嗣治），ジャコメッティ：死後の著作者人格権の行使

　多くの場合には，死後の著作者人格権は複数人間で，とりわけアーティストの家族の間で分割される。著作者人格権の永久性の結果として，何世代も経つと，共同権利者が数多く生じ，それぞれが著作者人格権の行使について様々な異なる意見を持つことになるだろう。しかし，こういった意見の不一致は，数少ない権利者の間にも生じる可能性がある。例えば，破毀院が2005年2月15日[53]に判断を下した事案において，死亡した画家の甥4名のうち，2名が，氏名表示権を根拠に，スカーフ企業が画家の氏名を表示せずにその著作物を再現することを認めた。上告人は「相続上の移転に関する一般原則に従い，共同不分割権利者に帰属する際に著作者人格権は，権限の付与又は裁判所の許可がある場合を除き，全ての権利者の同意のみによって行使されることができる」と主張したが，これに対して破毀院は，「共同相続人は，

---

48) これに反する考えとしては，Paris, 12 mars 1999, Gaz. Pal. 1999, 2, somm. p. 600がある。
49) A. Lucas et alii, Traité préc., 616.
50) Cass. civ. 1, 15 févr. 2005, n° 03-12159, Maeght, Bull. civ. I, n° 84 ; CCE 2005, comm. 62, C. Caron.
51) A. Lucas et alli, 617. CA Paris, 11 déc. 2000, F. Léger, JCP G 2002, II, 10119, F. Sauvage.
52) B. Beignier, JCP G 1997, II, 22888, préc.
53) Cass. civ. 1, 15 févr. 2005, Maeght, préc.

単独でこの権利の保護を請求する当事者適格及び正当な利益を有する」[54]と答えた。

アンドレ・ルーカス（André Lucas）教授が説明するように，「著作者の死亡において，著作者人格権は変貌を遂げる……その性質が変わって，忠実義務の手段となる」。また，立法者は，相続人の権利の行使を制限している。死後の著作者人格権は，相続人の自己満足のための手段ではなく，フランソン（Françon）教授がいうように，「機能的権利（droit fonction）」であり，その行使は死亡した著作者の利益に従い行わなければならない[55]。知的財産法典第121の３条は次のように定める。「第121の２条にいう死亡著作者の代理人に公表権の行使又は不行使の明らかな濫用がある場合には，大審裁判所は，適当ないずれの措置も命ずることができる。それらの代理人の間に争いがある場合，認められる権利継承人がいない場合，又は相続人の不存在の場合も，同様とする」。当初は公表権のみを対象としていたこの規定の範囲は，全ての著作者人格権に拡大された。著作者の相続人，そして著作者が指定した受遺者はなおさら，著作者の意思に従って行動すると推定されている。彼らの行為は忠実の推定[56]を受けているため，裁判官に対して措置を求めることができるのは「明白な濫用」の場合のみである。ただし，この理論は相続人と第三者との関係に関してのみしか利用されない。この場合，第三者が「明白な濫用」の証明責任を負う。これは，破毀院がフジタ事件[57]において指摘したように，議論の余地のない明白な事実の証明である[58]。他方，死亡著作者の相続人間に争いがある場合は，パリ控訴院がジャコメッティ事件において指摘したように，単純濫用の証明で足りる[59]。

---

54) また，同様の判例としては，Cass. civ. 1, 30 janv. 2007, n° 04-15543, Victor Hugoがある。
55) A. Françon, La protection du droit moral de l'auteur relatif à une œuvre tombée dans le domaine public, Mélanges Cabrillac, 1968, p. 180.
56) A. Lucas et alii, Traité, préc., 619 ; Cass. civ. 1, 24 oct. 2000, n° 98-11795, Malaussena, RTD Com 2001, p. 94, A. Françon.
57) Cass. civ. 1, 28 févr. 1989, n° 87-13540, Foujita, D. 1989, 557, S. Durrande.
58) TGI Paris, 1er déc. 1982, D. 83, IR, 94, C. Colombet.
59) CA Paris, 11 janv. 2013, Fondation Giacometti, JurisData n° 2013-000887; CCE Avr.

## 2　著作財産権の移転

　著作物に関する著作財産権は，著作者の死後にも存続する[60]。著作者の家族は，アーティストの気まぐれな機嫌を我慢したり，インスピレーションを得ることに貢献したり，愛情の込もった世話をしたりするので，これらに対するある程度の見返りを得る。著作財産権の移転は一般法によって行われるが，知的財産法典第123の6条が生存配偶者に特別用益権を認めていることに注意する必要がある。この用益権は，生存配偶者が民法典756条以下によって取得する相続の財産に対する権利に加えられ，遺留分を有する相続人の権利の割合に従って縮小される。

　他方，この著作財産権は期間が限定されており，存続するのは著作者が死亡した後の70年間である。戦争中に被った減益分を補填するために，第一次・第二次世界大戦後には戦時加算が導入された。保護期間が50年から70年となった際，この戦時加算を廃止すべきであるかという問題が提起された。そして再び，判例は，絵画芸術によって新たな原則を設けることとなった。破毀院はモネ事件において，「70年という期間は，ヨーロッパ共同体において著作権の保護期間を統一するために設けられており，戦争を理由に一部の加盟国が定めた保護期間の延長を含めたものである」[61]と判断した。

　著作者の死後に公表された著作物は，著作者の生存中に公表された著作物と区別する必要がある。

### (1)　有史以前の洞窟壁画と死後公表の著作物の利用権

　遺作とは，著作者の死亡前には公表されていなかった著作物である。法律は，遺作の公表が著作者の死亡後70年以上経過したか否かによって，遺作の利用権利者が異なると定めている。もし遺作が死後70年以内に公表されれば，著作者の権利承継人がその利用権を有する。しかし，誰からも忘れられた著作物が，著作者の他の著作物が既に公有財産となっているにもかかわらず，公表されることもある。著作物を化体する有形物（原稿，絵画，彫刻など）の所有権者が，その公表を行い，利益を得る。すなわち，知的財産法典第123の4条は有体物の所有権者に25年間の排他的利用権を与えている。フラ

---

60) ここで，譲渡される有体物の所有権と知的財産権とを区別する必要がある。Cass. civ. 1, 25 janv. 2005, n° 02-10370, Sonia Delaunay.
61) Cass. civ. 1, 27 févr. 2007, n° 04-12138, ADAGP (Claude Monet).

ンス法は，元の有体物の「所有者」にしかこの権利を認めていない[62]。このため，3万6千年前に描かれたショーヴェ洞窟の華やかな壁画が，発見者らによる請求の対象となった。実は政府が，ある映画会社に対して，洞窟内の水牛や虎，犀などの絵で飾られている壁を撮影する許可を与えていたため，ショーヴェ洞窟の発見者らは，第123の4条に基づく権利を認めるよう訴訟を提起した。しかし，裁判官は次のように厳格に判断した。すなわち，「ショーヴェ洞窟の所有権は，フランス国に帰属するため，著作物（サイン，絵画，デッサン）を発見した被控訴人らは，遺作の所有権者のみに該当する知的財産法典第123の4条3項の適用を請求することができない」とした。しかし，この点に関して，EU指令2006/116は所有権者の資格を求めておらず，フランス法はこれと矛盾している[63]。ただし，これらの絵画は，間違いなく描かれた当時にその部族の構成員に公表されていただろう。よって，実際には遺作ではない[64]。

(2) モネ，ユトリロ，ブラック及びダリ：追及権の移転

追及権は，図表及び造形の著作物の著作者のみに与えられた権利である（知的財産法第122の8条，ベルヌ条約14の3条，2001年9月27日EU指令2001/84/EC）。なぜなら，彼らはめったに自らの著作物の複製又は上演・演奏から経済的利益を受けないからである。そのため，美術市場の専門家が介入して，著作物の有形物が転売された場合に，全ての転売から利益を享受する。これにより，高価格で転売された著作物は，アーティストがその利益の一部を受け取ることができる。それは主に彼の割当額の上昇，すなわち彼の仕事に帰するべきものだからである。したがって，自らの将来生活を保障する権利である以上，それを譲渡することを許すわけにはいかないのである。フランス法では，追及権が有償・無償を問わず，譲渡不能とされているが，相続することは可能である。第123の7条によると，追及権は「いずれの受遺者及び権利譲受人も排除して」，相続人が承継し，配偶者がその用益権を受ける。

---

62) Cass. civ. 9 nov. 1993, Jules Verne, n° 04-12138, D. 1994, p. 155, A. Françon.
63) 第4条「何人も著作権の保護期間の満了後に，合法的に始めて著作物を公表し，又は，合法的に公衆に未公表著作物を公開する場合，著作財産権の相当の保護を受ける」。
64) Cf C. Caron sous Nimes 30 oct. 2001, CCE 2002, 2e espèce, comm. 138; JurisData n° 2001-18431.

シスレー事件[65]で認められたように，承認した相続人は追及権を承継し，70年間保護される。

　裁判官らは長い間，追及権に狭義での家族的な性質を保つことを試みてきた。この権利は知的財産の中でも特殊な性質を持ち，これは，その範囲を限定しようとする裁判官の意思に間違いなく影響を与えた。こうした判例の歩みは驚くほど一連の絵画の流派のように現れている。

　**モネ事件**　当初は，追及権が第1世代の相続人に限定されており，彼らの死亡によって消滅するとされていた。そのため，パリ控訴院は，モネの一人息子のいとこが追及権を相続することはできないとした。[66] 破毀院は適切にこの判決を否定し，知的財産法における「相続人」とは「法定相続順位における著作者の法定相続人のことを意味する」[67]とした。

　**ユトリロ事件**　前述したように，モーリス・ユトリロは妻のルーシー・バロアを包括受遺者に指定し，1955年に死亡した。そして，ユトリロの妻は1965年に死亡し，前婚の娘であり遺留分の権利者であるY夫人と包括受遺者であるファブリを残した。Y夫人が競売史（commissaires-priseurs）に対して追及権の支払を請求した時に，控訴院はそれを否定した。破毀院は，控訴審において「Y夫人はユトリロの親族ではないことが確認されたため，モーリス・ユトリロの相続人として認められず，その結果，バロア夫人の死亡によって追及権を取得することはできないと正確に判断された」と指摘し，控訴院の判決を維持した。したがって，破毀院は，著作者と死後の追及権の権利者との間に親族関係を求めていることが分かる。この血縁関係の存在という要件は，追及権の権利者を狭い家族の範囲に限定しており，法律の用語からみると完全に不当である。

　**ブラック事件**　ジョルジュ・ブラックの用益権者である妻は，夫より数か月しか長く生きなかったため，追及権はブラックの甥であるジャックに移転された。1972年にジャックが死亡し，彼の配偶者が全ての財産を相続したが，ジョルジュ・ブラックの五親等であり，ジャックの六親等であるいとこらは，

---

[65] T civ Seine, 5 févr. 1937, Sisley, DH 1937, p. 198 ; Gaz. Pal., 1937, 1, p. 351.
[66] CA de Paris, 7 janv. 1970, Monet, D.1970, p. 548, Plaisant ; RTD com. 1970, p. 703, Desbois.
[67] Cass. civ.1, 9 févr.1972, n° 70-11033, Monet, D. 72, 289.

自らが追及権の権利者であると主張し、ジャックの妻の権利を争った。いとこらは、「ジャックの妻はジョルジュ・ブラックと親族関係がないため追及権を承継することができず、この権利は、アーティストの家族であるジャックの後順位相続人に移転されるべき」と主張した。破毀院は、法律が「追及権について著作者の法定相続人と後順位相続人を区別していない」と判断し、彼らの上告を棄却した[68]。このため、血縁関係の存在に基づくいかなる要件もがこのように拒否されており、民法典の定める相続上の移転に関する規律を単純に適用することになる[69]。

**ダリ事件** フランス法は、遺言による追及権の相続を禁止している。これは全ての欧州諸国、とりわけスペインには当てはまらない。また、EU指令は広く著作者の「権利承継者」を対象としている。それゆえ、受遺者を排除するフランス法がEU指令に反するか否かが問題となり[70]、サルバドール・ダリの相続事件に際して、それを先行問題 (question préjudicielle) として欧州司法裁判所の判決が求められた[71]。ダリは1989年に死亡し、法定相続人5名がいた。遺言により、ダリはスペイン国を自分の知的財産権の包括受遺者として指名した。これらの知的財産権の管理は、ダリ自身が1983年に設立したスペイン法での財団、ガラ・サルバドール・ダリ財団(以下、「ダリ財団」という。)が行っている。フランスの著作権管理団体は、フランスにおけるダリの著作物の著作権については、その使用料の徴収を行い、ダリ財団に支払っていた。しかし、追及権については、フランス法が追及権の権利者として受遺者(すなわちダリ財団)を排除しているため、フランスの著作権管理団体はフランス法に従い、追及権分をダリの相続人らに直接支払っていた。ダリ財団は、フランス法がEU指令に反することを理由に、ダリの相続人ら

---

68) Cass. civ.1, 11 janv. 1989, n° 86-19496, Braque, D.89, 308.
69) Cass. civ.1, 10 juin 1968, Dufy, D. 1968, 633; RTD com. 1969, 78, Desbois.
70) この排除は、1957年の法律より前の法律には存在しなかった。TGI Paris, 4 avr. 1973, Utrillo, D. 74, p. 611;しかし、1920年の法律(旧制度)に基づき、もし追及権の第一権利者が受遺者だったら、当該の第一権利者の相続人らは追及権を受けることができない。なぜなら、彼らは「法定移転の継続」を通じてアーティストと関連していないからである。Cass. civ. 1, 3 déc. 2002, n° 00-15113, Fernand Léger, CCE 2003, comm. 12, Ch. Caron; Dr. Famille 2003, comm. 50, Ch. Alleaume.
71) CJUE, 15 avr. 2010, aff. Fundación Gala-Salvador Dalí, C-518/08, JCP G 2010, 510, L. Marino.

への支払を争ったが，欧州司法裁判所はこれを否定した。欧州司法裁判所は，「権利承継者」を対象とするEU指令6条は，国内法が権利承継者を相続人に限定することを否定するものではないとし，同規定は，追及権の譲渡不能性と首尾一貫していると述べた[72]。

　画家のハンス・アルトゥングの相続においては，第123の7条の違憲審査さえ行われたが，憲法の適合性が認められた。憲法先決問題（question prioritaire de constitutionnalité）の審査を求められた憲法院はまず，この規定の立法目的を探っていった。憲法院は追及権の家庭的な要素を強調した。すなわち，「立法者は，追及権を認めることによって，図表及び造形の著作物の著作者がその著作物の最初の譲渡以降，転売の価格上昇による利益の一部を受け取ることを可能にした。追及権を譲渡不能としつつ，著作者の相続人への移転を保障することにより，当該規定は，著作者の保護を強化し，かつ，著作者の死後にその保護を著作者の家族に広げることを目的としている」。立法者は，受遺者と法定相続人の場合のように異なる立場にある人たちに異なった取扱いをしても許されるため，受遺者から追及権を排除することによって，同規定が法の下の平等の原則に反するとは言えないと，憲法院は判断した[73]。この見解は，受遺者が死者の真の継承者であると考える人により間違いなく批判されるだろう。

　(3)　藤田死亡後の妻と著作財産権における利用の濫用

　知的財産法典第122の9条は，死後の著作者人格権の行使における濫用に関する，前述した第121の3条と対をなすものである。同条は，「死亡著作者の代表者による，利用権の行使又は不行使の明白な濫用」[74] を罰している。これは，承継人が死亡著作者の意思よりも自らの好みを優先することを避けるためである。

　この点は，仏日の心理劇であるフジタ事件によって華々しく説明される。1968年に主人（藤田嗣治）が死亡した後，その最後の妻であり唯一の相続人

---

72) しかし，最終的に，破毀後の移送を受けた裁判所はスペイン法が適用されるべきであるとした。TGI Paris, 8 juill. 2011, Fundación Gala-Salvador Dalí, Propr. Intell. 2011, p. 403, A. Lucas.
73) Conseil constit., 28 sept. 2012, n° 2012-276 QPC, Fondation Hans Hartung, D.2012, 2241.
74) 1985年7月3日の法律第660号により導入された。

第V部　フランス法の視点から

である堀内君代は，藤田の著作物に対する著作権を行使していた。1980年代の間中，君代は藤田の著作物に関する書籍のフランス版について全て猛反対し，そして，とりわけ，藤田の著作物の出版計画があったフランスの出版社の依頼を断った。このため，出版社は，現行の第122条の9条に相当する規定を引用し，藤田の著作物の普及が不十分であることを主張した。一体，藤田の妻は著作財産権を濫用したのだろうか。フランスの出版社は，藤田の妻の頑なな拒否が国有文化財を害することを懸念した文化大臣の支持を得て，フランス国籍を取得した藤田が自分の著作物の普及を制限することを決して望まなかったと主張した。裁判所は，本件の出版社は非常に評判が良いだけに，彼女の主張には合理性がないとし，利用権の不行使の明白な濫用が存在すると認めた[75]。また，控訴院は，著作者の明らかな意思（volonté connue de l'auteur）・著作物の利用状態・出版拒否の理由という3つの基準に基づき，本件における濫用の評価を行った[76]。自分の著作物が広く影響を与えるようにという著作者の生前の意思表示があったことを指摘し，控訴院は出版社側の主張を認めた。その理由は次のとおりである。すなわち，「秘めた利益にかられた行動により，藤田の妻は，藤田の人生及び絵画に関する書籍がフランスにおいて実際入手できなくなるほど，正当な理由なくフランスでの夫の著作物の普及を妨げた」。そして，彼女は，「生前に既に有名であり，その先の栄光を望んでいた，非常に優れたフランス人アーティストの名声を不朽にすることを侵害している」と結論した。しかし，この判決は破毀院により破棄された[77]。破毀院は，彼女が「1987年1月26日，彼女自身の協力で藤田の『作品集』を製作し出版することを内容とする契約を，この作品集がフランスで公表されないと主張せずに，アシェット書店の子会社であるアシェット・ジャパンと締結していた」以上，彼女の利用権の未行使に，「明白な濫用」（abus notoire），あるいは，破毀院による「明らかな濫用」（abus manifeste）があったことを控訴院は十分に示さなかったと批判した。その後，この事件

---

75) TGI Nanterre, 15 sept. 1986, Foujita, D. 1987, Somm. 156.
76) Cf. observations de B. Edelman sous CA Versailles, 3 mars 1987, Foujita, D. 1987, 382.
77) Cass. civ. 1, 28 févr. 1989, n° 87-13540, Foujita, préc.

はレンヌ大審裁判所に移送された[78]。同裁判所は，藤田の妻の拒否が不当なものであることを示すために努力した。それは，とりわけ，「藤田は疑いなく自分の著作物の普及を強く望んでいた」，また，妻が出版に反対する際に持ち出した理由が明らかに正当なものではないからである。こうして，東洋絵画と西洋絵画の関連性を見事に具現した，この日本人の巨匠に敬意を表して作られた本は，ようやくフランスで出版されることができたのである！

(トゥールーズ大学法学部教授)

翻訳　お茶の水女子大学基幹研究院人間科学系准教授　マルセロ　デ　アウカンタラ

---

78) CA Rennes, 16 nov. 1990, Sarl Art Conception Réalisation (Foujita), JCP G, 1991, II, 21775, S. Hovasse-Banget.

# 尊属分割はどうなったのか

ミシェル・グリマルディ

　尊属分割（partage d'ascendant）は，その精神を理解するのも，その実践スキルを身につけるのも，最も困難な制度の一つであることを考慮すれば，ある日本人法学者が1980年代に，日本法及びフランス法における尊属分割に関する比較研究を思い切って行うには果敢な挑戦と才能が必要であった。このような功績を挙げたのが松川正毅教授であり，彼は1986年に尊属分割の比較研究に関する博士論文[1]をトゥールーズ大学に提出された。ここで彼に捧げているオマージュは自然にわき出てきたものである。なぜなら，まず，このオマージュは，フランスから届けるものであるが，松川教授ほどフランスの精神と文化に詳しい日本人は少ないからである。そして，これは松川教授が大変没頭された制度の現在の姿を，その光と陰とともに再検討しようとするものであるからである。

## 第1　被相続人による分割

　恵与分割（libéralité-partage）とは，被相続人が自ら自己の財産を分割する行為であり，2006年6月23日法律第728号による相続及び恵与（贈与・遺贈）に関する法改正に至るまで，尊属分割と呼ばれていた。恵与分割により，被相続人は，法律によって定められている相続人以外の者を受遺者に指定して財産を相続させ，また，法律によって定められている相続人を除くことがで

---

1) Tadaki Matsukawa, *Études comparatives du partage d'ascendant en droit français et en droit japonais*, th. Toulouse, 1986.

きるだけではなく，本来相続人らが行う遺産分割も自ら行うことができる。

具体的に言えば，法律は二つの方法により遺産の分割を認めている。一つは遺言分割（民法典1079条以下）であり，被相続人の最後の意思表示によって，死亡時に行われる分割である。もう一つは贈与分割（民法典1076条以下）であり，かなり奇妙であるが，死亡前に行われる分割である。

前者では，遺言に遺産分割の記載があるのは，遺産分割が遺言者の意思による法律行為であるからだが，この遺言は遺贈であるとは言えない。なぜなら，卑属に割り当てられた財産の所有権を卑属自身に移転するという必要は全くないからである。彼らは無遺言相続の法定相続人として法律に基づいて財産を取得する。この被相続人の意思表示は，卑属が，共有状態ではなく，被相続人が卑属間に分割した状態で，財産を取得するという効果のみを持つ。相続財産は既に分割された状態で，卑属のもとに思いがけず転がり込んでくるのである！

分割が予先的に行われる後者では，各卑属が，被相続人から割り当てられた財産の所有権を生存中に取得できる恵与でなければならない。しかし，ここで誤ってはいけないのは，この贈与が，尊属による生前の分割を実現するために必要な手段であるにすぎないということである。贈与は分割の要件の一つではなく，その執行方法である。すなわち，贈与分割は，財産を子らに対して贈与し，その後，彼らが自分で分割するものではなく，尊属が分割を行い，分割された財産を子らに贈与するものである。この点に関しては，破毀院の1849年6月4日判決がより正確に述べている。「贈与は，この分割方法の原理であると同時に法的形態である……贈与分割の中に，一方で，父の子らに対する贈与により，贈与された財産の共有所有権を子らが直ちに取得するという契約と，他方で，贈与者と無関係で，受贈者らのみでその財産を分割するという契約の，二つの異なる，独立した契約を見出すことはできないだろう……契約の全ての条項が一家の主の定めた目的に向かって一致しており，このような契約の一体性を，法律行為の性質をゆがめることなくそんなふうに壊すことはできない」[2]。

そうすると，一方では，利用されている用語を理解することができる。卑

---

2) Cass. civ., 4 juin 1849 : DP 1849, 1, 307.

属らは共同分割者（copartageants）ではなく，共同被分割者（copartagés）であり，これは，分割における主役が彼らではないことを意味する。他方では，制度の重要な側面も理解することができる。すなわち，推定相続人が割当分（lot）を承諾する時に効力が生じるこの分割はそもそも被相続人による行為であるから，推定相続人に分割する能力が求められないこと，また，協議上の分割で許可されている条項――かつての等質性適用除外条項（clauses dérogatoires à l'égalité en nature）[3]あるいは現在の満期払いの清算金のスライド排除条項（clauses excluant l'indexation des soultes payables à term）（民法典1075条の4）――が権威の濫用のおそれで禁止されていること，さらに，共同被分割者の一人に対する分割の撤回は他の共同被分割者の分割を無効としないこととされている[4]。

　この点に関して，2006年6月23日の法改正は，この制度を変えたのではなく，その範囲を広げるにとどまった。法律は以前，遺産分割が相続人の問題であり，彼らの合意あるいは裁判所の判断により行われるものであるとして，被相続人とは無関係であるとした。そして，法律が，尊属による分割を例外的に卑属に対してのみ認め，卑属以外の他の相続人に対して認めなかったのは，そこに，親権の適切かつ正当な復活，家庭の司法官としての分別ある行為を見出していたからである。2006年以降，この制度は一般化されている。すなわち，全ての者が，自己の財産を卑属に限定せずに，全ての相続人に対して分割を行うことができ，尊属分割は恵与分割となってきた。しかし，贈与分割及び遺言分割が被相続人の権威を示す行為であることは変わらない。ただ，この権威は，もはや尊属としての権威ではなく，所有権者としての権威である。もはや家族的権威ではなく，経済的権威であり，より現代の風潮に同調していると言える。

# 第2　二重進化

　この制度はナポレオン法典制定以来，大きく変化してきた。被相続人自ら

---

[3] Cass. req., 18 août 1859 : DP 1859, 1, 410.
[4] Cass. 1re civ., 4 juill. 2006, n° 04-16.272 : JurisData n° 2006-034410 ; Bull. civ. 2006, I, n° 146 ; RTD civ. 2007, p. 614, obs. M. Grimaldi.

が行う分割という趣旨は当初から維持されているにもかかわらず、公証人の実務慣行や判例、法律が、この制度の内容を大きく作り替えたため、その性質は徹底的に変化し(A)、そのメカニズムはひどく複雑になった(B)。

## A  贈与分割の性質の変化[5]

この変化は三つある。

## 第3  分割することと利益を与えること

第一に、尊属分割は以前から、単なる分割ではなくなり、自由な側面も持つようになった。分割の手段であると同時に恵与の手段でもあり、混合行為となった。ところが、混合的な法律行為については多くの場合、その法規則を明確にすることが困難であることは言うまでもない。

実務は贈与分割に割当分の超過分という条項を挿入することにより上述の変化を準備していた。この条項は、一つの持分の価額が他の持分の価額を超過すれば、当該受益者はその超過分を、持戻義務を免除された先取分として取得することを内容とする。過剰損害（lésion）による行為取消しの危険性を排除するために、この条項は不平等な分割を補強した。学説上、とりわけサヴァティエ（René Savatier）は次のように述べ、この変化を正当化した。すなわち、被相続人は自己の財産を分割することが認められており、自由分の範囲内で子らに財産上の利益を与えることができるため、「分割の厳格なルール」[6]に縛られる必要性はなかったという。1971年7月3日の法律により、尊属分割における過剰損害のサンクションが廃止され、持分の少ない子には、その遺留分の保護のため、減殺請求訴訟のみが認められ（民法典1075条の3）、この変化は明確に認められた。分割は、結果として純粋な配分的機能から解放され、自由な側面を明確に持つようになった。贈与はもはや遺産分割の道具というだけではなくなっており、贈与分割は遺産分割であると同時に贈与

---

5) ここで主に検討するのは、贈与分割についてである。
6) *Les libertés de l'ascendant en matière de donation-partage et les limites de la notion de partage d'ascendant* : Defrénois 1952, art. 27036.

ともなっていた。

　遺言分割に関しても同様のことが言えるだろう。民法典1079条は「遺言分割は分割の効果のみを生ずる」とし，「その受益者は相続人の資格を有する」としていたが，共同被分割人である二人の子のうち一人が，もう一人の持分の２倍を合法的に得ることができていたため，偽りの印象を与えていた。2006年６月23日の法律は，この規定を適切に修正し，今後は「遺言分割が遺産分割の効果を生ずる」とし，「その受益者は相続人の資格を有する」を削除した。

## 第4　別個の行為による贈与分割

　第二に，1971年以前から既に実務では，贈与分割を二段階に分解していた。すなわち，最初に贈与し，その次に分割するという二段階である[7]。被相続人の指示に従うならば，分割は被相続人の死亡後に行われてもよいということさえも判例上認められた。1971年の法律は，このようなやりすぎにうまく終止符を打って，被相続人が二つの行為に関与することを求めた（民法典1076条２項）。

　それにもかかわらず，このような，連続する二段階での分解は，贈与分割が，1849年の破毀院判決が正確に述べたような，贈与の形で行われる分割というのではなく，分割のための贈与であるという見解を巧みに裏付けていることには変わりない[8]。

　また，とりわけ，贈与分割がこのように分解されると，二つの行為の間に期間が生じるから，相続人は，その法規則がなお相当難解である不分割状態（indivision）に置かれてしまう。例えば，被相続人が予告していた分割を行わなかった場合についてどう考えるのか。相続人の一人が，いかなる者も不

---

[7] P. Catala, *La réforme des liquidations successorales*, Defrénois, 3e éd., 1982, n° 117.
[8] 　贈与と分割は唯一と同一の行為により行われるにもかかわらず，この誤解は時々自らの構成にも見られる。例えば，不分割権利者間において締結される《droits des parties》という条項は，通常の分割でよく用いられているが，贈与分割ではそぐわない。なぜなら，被相続人は，割り当てられた財産に対して，相続人から直接与えられた権利しか持たないのに，相続財産全体に対しての権利（どこから？）を持っており，それは分割により実現されると思わせるからである。

分割状態にとどまってはならないという憲法原則[9]を根拠に，被相続人に対して分割を求めることができるのか。そして，誰が割り当てるべきなのか。これは確かに共同相続人のみではない。なぜなら，分割する権限はまだ被相続人にあるからである。割当分を形成し，各子らに与えるべきなのは，被相続人である。最も合理的な解決方法は，被相続人から予告された分割を得られていない相続人がその恵与を自分に関して解除してもらうということであろう。被相続人に押し付けられた分割は，その制度の性質を変えるもの[10]であるため，当該相続人に関する贈与の消滅，すなわち，以前の状態に戻ることにより，そのわなから逃れられるだろう。

## 第5 不分割持分の贈与分割

第三に，相続人に不分割の持分（quotes-parts indivises）を与えるというユニークな贈与分割が増えている。不思議なことに，被相続人は不分割を避けるどころか，不分割を作り出す。そのため，この行為はもはや予先的分割ではなく，予先的不分割である。要するに，その行為名が表明していることの真逆である。このように脱線する原因は税金対策に対する強迫観念にある。すなわち，贈与分割が税金面で優遇されていた時代においては，本当は贈与するつもりがなく（よって用益権を留保する。），分割するつもりもない（よって不分割の持分を付与する。）人たちが，贈与分割を用いているのが見られた。そして，税務当局（administration fiscale）は見て見ぬ振りをしていた……この作戦を見ていない場合は別であるが……。

破毀院は，2013年3月及び11月の二つの反響を呼ぶ判決により，これらの悪習に見事にストップをかけた。破毀院は，「2006年6月23日の法律の制定前の民法典1075条を考慮すると，贈与分割とは尊属が贈与された財産をその卑属間に具体的に分割する場合のみであるゆえに，当事者が与えた性質決定（qualification）を問わず，本件においてなされた行為は，3人の恵与受益者

---

9) Cons. Const., 9 nov. 1999, n° 99-419 DC : JCP G 2000.I.210, obs. N. Molfessis, et 870, obs. T. Revet.
10) M. Grimaldi, *Pas de donation-partage sans partage, A propos de Cass. 1re civ., 20 nov. 2013* : Defrénois 2013.1259.

のうちの二人に共同不分割権のみを与えており，分割することができず，したがってこの行為は生存者間の贈与となる」[11]とした。相続人を共同不分割権利者とする贈与分割は，共有持分を内容とする通常の贈与にすぎない。

## B 贈与分割の複雑化

その複雑化の原因は三つある。

## 第6 合同贈与分割

第一に，実務は合同贈与分割（donations-partages conjonctives）を作り出した。父又は母が自己の財産を分割できるだけでは十分ではなく，さらに，これを一つの同一の証書によって合わせて行えること，すなわち，分割を一度でできるようにそれぞれの固有財産を同じ財産体に混同できること，又は共通財産体に属する財産を容易に分配できることが必要とされた。

しかし，二つの行為を一つにすることは決して単純化を約束しなかった。子らの一人が母の相続において一部又は全部の父の財産を取得することができるようになるためには，甚だしい困難を解決する必要があった。例えば，一人の尊属贈与者に対する忘恩行為又は負担の不履行による贈与分割の撤回の場合は，どのような返還を請求することができるのかという問題もあり，先死した配偶者の相続はその相続開始時から分配することができるのか，あるいは先死した配偶者が同意した遺贈の引渡しまで繰り延べするという相関義務とともに，生存配偶者の死亡まで待つ必要があるのかという問題もある。

判例と法令が採用した解決方法が知られている。原則として，返還については，尊属の一人は，自らが子に与えた財産しか請求することができないため，子が何も取得しなかったら，尊属は何も請求することができない[12]。また，

---

11) Cass. 1re civ., 20 nov. 2013 : Defrénois 2013.1259, obs. M. Grimaldi. V, déjà, Cass. 1re civ., 6 mars 2013 : Defrénois 2013.463, note F. Sauvage ; RTD civ. 2013.424, obs. M. Grimaldi.
12) G. Champenois et S. Gaudemet, *Les donations-partages conjonctives et cumulatives*, Defrénois 2014, p.383 et s.

合同贈与分割の減殺は生存配偶者の死亡後でなければ請求することができず（民法典1077条の2第2項），そして先死した配偶者の相続における子らの遺留分の評価は生存配偶者の死亡時まで持ち越される[13]。

後者の解決方法はあまり時宜を得ておらず，実務においてあまり用いられていないが，この制度の新たな観点を生み出すために再検討する必要があるだろう[14]。父の財産と母の財産はその所有者を問わずに分割されるため，各子らは，それぞれの親から割当分を持つというべきではなく，贈与された財産全体に対する父の財産の割合と母の財産の割合に相当する持分を持つというべきであろう。そうであるならば，相続財産の構成を問わず，それぞれの割当分について，一部を先死した配偶者の死亡時に評価し，一部を生存配偶者の死亡時に評価することができない理由はない。また，減殺の訴えは先死した配偶者の死亡時から行使し得るということを認めない理由はない。

例えば，ジャンとジャックという二人の子がいて，合同贈与分割により，前者は父の不動産を，後者は母の不動産を与えられることとなった。不動産は全く同じであり，その価格は，父の死亡時に600，母の死亡時に1800である（父が先死したとする。）。父の財産と母の財産はそれぞれが全体の半分に相当すると，ジャンとジャックの遺留分は，父の相続では200（600÷3＝200），母の相続では600（1800÷3＝600）である。ここで見てきたように，父母の財産の代替可能化（fongibilisation）により，二人の遺留分を父母それぞれの死亡時に明確に計算することが可能となる。

## 第7 累積的贈与分割

第二に，累積的贈与分割（donation-partage cumulative）は合同贈与分割に沿って発展してきた。累積的贈与分割は，生存配偶者が合同贈与分割のような広い分割を行うための手段であるという点で，合同贈与分割に似ている。しかし，累積的贈与分割は，合同贈与分割と異なり，どうしても，相続開始

---

[13] Cass. 1re civ., 16 juin 2011 AJ fam. 2011.443, obs. C. Vernieres ; JCP N 2011.1237, note Zalewski : RTD civ. 2011.789, obs. M. Grimaldi.
[14] 前者の解決方法に関しては，v. Y Flour et M. Grimaldi, note sous Cass. 1re civ., 29 mai 1980 : D. 1982.18.

前の二つの予先的分割を混合することにあるのではなく，先死した配偶者の相続開始後の遺産分割を生存配偶者の相続の予先的分割につけることにある。生存配偶者は，自分の支配下で行われる唯一の分割を目指して，先死した配偶者から相続した財産とともに，自己の財産の全部又は一部を子らに贈与する。ここでも，二つの行為が一つになったが，今回はその二つの行為は性質の異なったものである。一つは相続開始後の遺産分割であり，もう一つは将来相続の遺産分割である。

そこから，次のような困難な問題が発生する。例えば，過剰損害は認められないものであるから，相続開始後の分割では過剰損害による取消しは可能であるのに，1971年以降，将来相続の分割では過剰損害による取消しは不能となった。[15] 破毀院は，十分な説明をせずに，過剰損害による取消しを認めなかった。[16] おそらく，密接に絡み合った二つの分割の中の一つにおいて過剰損害を原因とする取消しをすることは極めて困難であることによって正当化されるだろう。

## 第8 隔世的贈与分割

第三に，一連の恵与の中で，隔世的贈与分割（donation-partage transgénérationnelle）は2006年6月23日の法律により一連の恵与の中に導入されたものである（民法典1078条の4以下）。この制度は，2006年から認められた放棄相続人の代襲相続（民法典754条）と同様に，世代を超えた相続移転を可能とした見事なイノベーションである。相続開始により相続人となった子が相続放棄をして，自身の子にその地位を与え，相続人の子が相続人に代わって相続することができるのと同じように，父から贈与分割を受ける子は，当然のことながら贈与者の同意を得た場合，将来相続の予先的分割において，その地位を自身の子に与えることができる。

しかし，隔世的贈与分割の効果は非常に複雑である。なぜなら，この恵与

---

15) *Supra*, n° 1.
16) Cass. 1re civ., 22 nov. 2005 : D. 2006.902, note Mahinga ; JCP 2006.II.10026, note F. Sauvage ; 2008.I.108, obs. R. Le Guidec ; RLDC 2006/28, note J. Maury ; AJ fam. 2006.36, obs. F. Bicheron ; RTD civ. 2008.802, obs. M. Grimaldi.

は，財産を処分する処分者とそれを放棄する子の二つの自由な意図に基づくからである。公証人の事務所を出る時は，孫は二重に感謝の意を表すべきであろう。恵与した者への感謝と自己の子らのために辞退した者への感謝である。以上のことから，この恵与贈与行為を前述の二人の相続では考慮する必要がある（民法典1078条の8以下）。処分者の相続では，処分者たる被相続人が自己の子らに財産を与えたものとされる。このことは株分け（souche）から理解される。辞退した子の相続では，自己の子らが祖父によって割り当てられた財産を受け取ったのは，辞退した子からであるとされる。一方では，対象財産は処分者の相続において持ち戻され得る（これにより，恵与を受けなかった子やその当時まだ生まれていなかった子など，予先的分割で何も取得しなかった子がいる場合に，子らの間の平等を保障することができる。）。他方では，対象財産は遺留分と自由分の計算のために考慮され，子らの遺留分に計上される（自己が同意した恵与の受益者のためになる。）。このように，自己の子らの分割行為に同意することにより，彼らの間の平等性を侵害するリスクを避けつつ，自らの無償処分を行う自由を維持する。

＊　　　＊　　　＊

　以上，フランス法における恵与分割の現状について概観した。クラシックであるこの恵与分割制度は，バロックとなってきたのだろうか。音楽愛好家でもあるこのオマージュの対象者は，これがどうお耳に響いているのかをいつか教えてくるだろう。

（パリ第2大学教授）
　翻訳　お茶の水女子大学基幹研究院人間科学系准教授　マルセロ　デ　アウカンタラ

財産管理の理論と実務

定価：本体7,000円（税別）

平成27年6月22日　初版発行

| 編集代表 | 水野　紀子 |
| | 窪田　充見 |
| 発行者 | 尾中　哲夫 |

発行所　日本加除出版株式会社

本　社　郵便番号 171-8516
　　　　東京都豊島区南長崎3丁目16番6号
　　　　ＴＥＬ（03）3953-5757（代表）
　　　　　　 （03）3952-5759（編集）
　　　　ＦＡＸ（03）3953-5772
　　　　ＵＲＬ　http://www.kajo.co.jp/

営業部　郵便番号 171-8516
　　　　東京都豊島区南長崎3丁目16番6号
　　　　ＴＥＬ（03）3953-5642
　　　　ＦＡＸ（03）3953-2061

組版・印刷　㈱郁文／製本　牧製本印刷㈱

落丁本・乱丁本は本社でお取替えいたします。
Ⓒ 2015
Printed in Japan
ISBN978-4-8178-4236-7 C3032 ¥7000E

---

**JCOPY**　〈出版者著作権管理機構　委託出版物〉

本書を無断で複写複製（電子化を含む）することは、著作権法上の例外を除き、禁じられています。複写される場合は、そのつど事前に出版者著作権管理機構（JCOPY）の許諾を得てください。
また本書を代行業者等の第三者に依頼してスキャンやデジタル化することは、たとえ個人や家庭内での利用であっても一切認められておりません。

〈JCOPY〉　HP：http://www.jcopy.or.jp/，e-mail：info@jcopy.or.jp
　　　　　電話：03-3513-6969，FAX：03-3513-6979